2023年国家出版基金资助项目

“十四五”时期国家重点图书、音像、电子出版物出版专项规划项目

中国古代教育经济思想史稿

郭华 著

陕西新华出版
陕西人民教育出版社
·西安·

图书在版编目（CIP）数据
中国古代教育经济思想史稿 / 郭华著. -- 西安：陕西人民教育出版社，2025.5. -- ISBN 978-7-5757-0422-9
Ⅰ. G40-092.2
中国国家版本馆 CIP 数据核字第 202417Y1U3 号

中国古代教育经济思想史稿

ZHONGGUO GUDAI JIAOYU JINGJI SIXIANG SHIGAO

郭 华 著

出 品 人 李晓明 叶 峰
出版发行 陕西人民教育出版社
地 址 西安市丈八五路 58 号
邮 编 710077
经 销 各地新华书店
印 刷 西安创维印务有限公司
开 本 787 毫米×1092 毫米 1/16
印 张 33
字 数 650 千字
版 次 2025 年 5 月第 1 版
印 次 2025 年 5 月第 1 次印刷
书 号 ISBN 978-7-5757-0422-9
定 价 99.00 元

序　郑欣淼

我和郭华同志相识于20世纪70年代后期，并一起工作过十多年，后来彼此的工作单位都有多次变化，相见少了，但联系从未间断。

20世纪80年代是令人难忘的时代，拨乱反正、改革开放，社会呈现出一派朝气蓬勃的景象。而那个时候我们所在的工作单位，更是生动活泼、求真务实，学习的风气特别浓。郭华最为年轻，学习的劲头最足。当时十年动乱结束不久，大量图书逐渐重新出版，强烈的求知欲驱使他总是从微薄的工资中挤出一点钱来买书。记得那时西安南郊的李家村新华书店，还为我们几位“热心顾客”开了一个“专柜”，每有新书到来先投入柜中，等我们挑选。这样的买书经历持续了数年，成为今天温馨而美好的回忆。

沉思好学的性格、善于研究问题的特点、宽松自由的环境，使郭华开始了对学术的追求。但他选择研究教育问题，则是我没有想到的。他的教育研究完全是个人爱好，与本职工作并没有直接关系。其间，他的工作虽几次调整，所从事工作的性质也大不相同，但他对教育问题的关注和研究一直没有中断，坚持在学术之路上跋涉，这自然是难能可贵的。

郭华的教育研究始于20世纪80年代，早在中共陕西省委研究室工作期间，时有相关文章见诸报刊，1989年又出版了《邓小平教育经济学思想探析》一书，获得陕西省社会科学优秀成果二等奖，新华社还为此书的出版发了消息。该书也引起国内学术界的注意，中国教育经济学研究会会刊《教育与经济》对此书的内容做了介绍，称其出版“填补了国内教育经济学研究的空白”。

之后，郭华把目光放在中国教育的现实问题上。他在搜集和掌握大量国内外有关教育问题材料的基础上，对我国教育事业的希望与忧虑做了宏观比较、微观分析，于1993年出版了《报复在21世纪——中国教育若干问题初探》，这本书同样引起学界的关注。学界普遍认为此书以翔实的材料、具体的数据、真实的记录告知世人：我们在教育上的失误，已造成何等巨大的危害，这给我们敲响了一记沉重的警钟！

如果说《邓小平教育经济学思想探析》是探讨教育理论问题，《报复在21世纪——中国教育若干问题初探》是研究教育现实问题，那么，第三部作品——《中国古代教育经济思想史稿》则是郭华对于教育历史问题的梳理研究。它以教育经济学理论为基础，从浩瀚的历史典籍中，对中国古代教育家、思想家以及政治家的有关观点进行梳理，再从教育对人的个体发展影响、对提高人的素质、促进科学与技术进步、调整生产力与生产关系等诸多方面进行分析，全面论述教育在促进经济发展、保障社会稳定和维护国家治理中的推动作用，这对我们今天的经济发展、社会进步、民族复兴，都具有重要的现实意义。

据郭华介绍，此书1999年就写出了初稿。但他自己并不满意，此后的二十年间，他继续收集相关资料，不断修改，使本书在材料搜集、理论探讨、结构安排等方面都有所提高。例如，本书研究的时代起于远古、止于清朝早中期，在参考相关学术著作的基础上，为了便于读者阅读，保持历史的连续性，作者尽可能以朝代分段独立设章。对北宋先有辽、西夏与之对峙，南宋与金相持的这段复杂历史，则将北宋、南宋独立设章，历史脉络清晰；对五代十国、辽金西夏等存续时间短、彼此交叉存续的政权，也简述其文教政策及特点，论述教育对经济社会发展的影响；我国学界对元朝教育史的研究相对薄弱，成为古代教育史研究的缺憾，作者尽量对现有资料、学者的研究成果进行梳理、提炼，并消化吸收，把元朝教育经济思想单独设章，便于读者对教育经济思想的历史形成、发展过程系统了解，这些都是本书的特点。在以朝代设章的基础上，作者又以人物和学术流派分节，既论述重要学术观点和思想，又结合教育经济思想对当时经济社会特别是维护社会稳定、巩固王朝统治的作用进行总结，具有鲜明的特点。

据了解，对于我国古代教育经济思想，相对系统、完整的研究和理论探索还比较少，更没有看到相关学术专著的出版。郭华经过二十年的努力，大力挖掘资料，认真梳理研究，终于完成了《中国古代教育经济思想史稿》一书。书中的一些观点也许值得商榷，论述也未必完全严谨缜密，但这种敢于探索的精神无疑是值得肯定的。该书的出版，亦可为关注中国古代教育经济思想研究的学者提供一些参考。

教育与人才培养紧密相连，教育是立国之本。现在来看，郭华同志致力于教育研究是颇有意义的。教育研究的天地又是如此广阔，作为他的一位老朋友，我在祝贺新书出版的同时，相信他不会停下研究的脚步，一定会有新的追求、新的探索、新的成果！

2018年5月20日

目　录

CONTENTS

第七章 唐朝的教育经济思想及五代十国教育

第八章 北宋的教育经济思想

第十章 辽、西夏及金朝的教育经济思想

第十一章 元朝的教育经济思想

第十二章 明朝的教育经济思想

第十三章　清朝早中期的教育经济思想

绪　　论

打开这本书的读者，也许会觉得“中国古代教育经济思想”有些陌生。教育经济学作为一门新兴学科，从产生到形成学科体系仅仅几十年时间。但说到中国古代教育思想，很多人便非常熟悉，往往能如数家珍。其实，在中国古代教育思想中，隐含着丰富的教育经济思想元素。在古代，由于人们的认知和生产力水平有限，教育对生产发展的促进作用还不太明显，人们也不可能对教育的作用做出量化评价，但这丝毫不影响人们对教育经济社会作用认知的深化。

本书以教育经济学理论为基础，对我国古代教育家、思想家的有关观点进行梳理，再从教育经济学的角度，综合论述教育在促进经济发展、保障社会稳定、维护统治秩序方面的作用。

一

教育经济学最早产生于20世纪初，但教育自产生起就与经济社会发展有着密切联系。古代中国和外国的一些教育家、思想家，对教育与经济之间的关系作过不少论述。

在我国，先秦诸子即认识到发展教育能够使经济发展、国家富强。从春秋战国时期到明清时期，众多的思想家、政治家都认识到了教育与经济之间的关系，如孔子的“庶、富、教”思想，说明了人口、经济、教育三者之间的关系；清初颜元的“实学”“实行”思想，更是认为经济是教育发展的基础；等等。

在欧洲，古希腊的柏拉图也论述过教育对生产所起的作用。但是，由于当时生产力水平和科学技术水平低下，生产劳动基本上还处于相对简单的阶段，知识和科学在生产中的应用还很少，因而人们也只是认识到教育与经济之间存在一些联系，还不能充分认识到教育对经济增长的重大意义，也不可能形成完整的教育经济思想体系。

17 世纪到 19 世纪初，古典经济学和庸俗经济学产生并得到了发展，一些学者注意到人的素质对生产力的影响，并根据相关理论，对教育的经济意义作了进一步的论述，提出了一些教育经济思想。但由于当时生产力发展水平以及经济学和教育学自身发展的限制，独立的教育经济学科还不可能形成。

提出教育经济观点的西方学者主要有大卫·李嘉图和马歇尔等。大卫·李嘉图提出教育投资的基本思想，马歇尔提出生产要素包括教育，教育要由国家投资，等等。这个时期，众多的教育经济思想初步形成，这为以后教育经济学的创建和发展提供了基础。

20 世纪 20 年代，教育经济学以独立学科的形式出现在苏联，它创建的标志是苏联著名经济学家、科学院院士斯特鲁米林于 1924 年发表的《国民教育的经济意义》一文，这是世界上第一篇教育经济学论文。在文中，斯特鲁米林第一次计量了苏联教育投资对国民收入的贡献和收益率。该文主要由两大部分组成：第一部分讲述体力劳动与学校教育的关系，第二部分讲述脑力劳动与教育程度的关系。他提出了教育对劳动生产率的提高有作用，学历与劳动生产率成正比，与年龄相比教育程度对劳动生产率的作用比较持久，办教育比搞建设的收益更大等观点。斯特鲁米林的这篇论文具有很高的价值，但在当时并未引起国内外学术界的关注。几十年后，人们才注意到它并给予了高度的评价。

20 世纪 60 年代初，美国经济学会会长舒尔茨发表了题为《人力资本投资》的就职演说，其被认为是教育经济学的“独立宣言”。舒尔茨的人力资本理论区别了以往物力资本的概念，提出了人的劳动能力也是一种资本，可以带来收益。人力资本是推动国家经济增长和经济发展的重要因素，人力资本的收益比物力资本带来的收益还要大，要发展经济，就要重视人力资本的投资。又因为人力资本投资的重要源泉是教育，所以也要重视教育投资。从这个意义上说，西方人力资本理论是教育经济学产生和形成的直接理论来源。

1962年，英国经济学家韦锥出版了《教育经济学》一书，标志着教育经济学的产生。次年，国际经济学学会召开年会，主题为“教育经济学的问题”，会议发言被汇集成册出版，这部论文集的出版，使社会各界承认了教育经济学的存在，为以后教育经济学在世界范围内的发展奠定了基础。

20世纪50年代末60年代初，西方教育经济学作为经济学的一个分支学科而出现。关于教育与经济之间的关系、教育对经济增长和经济发展的作用、教育对劳动生产率的作用等研究，使人们清晰和实证地认识到教育的人力资本投资属性。20世纪70年代初出现的筛选理论和劳动力市场分割理论，以及70年代末出现的教育的社会化理论，从不同侧面对人力资本理论提出了挑战和批判，同时丰富了教育经济学的基本理论。由于20世纪六七十年代的教育投资没有带来预期的经济繁荣，各国的教育投资热情在80年代中期开始有所下降，教育支出出现萎缩。尽管如此，人力资本理论在教育经济学中的主导地位并没有在根本上受到动摇。人们对教育投资的社会经济效益仍然予以高度关注，这方面的研究继续为人力资本理论提供着有力的支持。近些年，数字经济的出现及其与教育的关系开始引起人们的关注。高等教育系统成为研究学术、传播知识和培养人才的重要阵地，教育在数字经济社会、信息化时代中的作用更加明显，不容忽视。

20世纪70年代末以来，我国教育经济学的研究者们对教育在我国社会主义经济增长和经济社会发展中的作用进行了广泛的探讨。得出的结论是：一方面，经济增长本身要求教育部门输送大批有一定技术文化水平的劳动者；另一方面，教育事业的发展始终是同一国的国力相适应的，经济越发达，越有可能提供较多的教育费用，促进教育的发展。

20世纪80年代以来的实践，使人们充分认识到教育和经济社会发展关系的重大意义：单靠发展社会生产，是不可能建成高度繁荣的经济强国和高度文明的社会的。教育是培养人、造就人的事业，无论是社会整体道德水平的提高、个人道德素养的提升，还是劳动者自身的发展，都离不开教育。教育发展既促进经济发展，又促进社会进步。教育的发展、科学技术的进步和劳动者素质的提高，必将促进经济社会的繁荣昌盛。

二

1980年以前，我国的教育经济学尚处于萌芽阶段，虽然关于教育和生产力以及教育与经济增长关系的文章时常见诸报刊，但仍以介绍苏联和西方的教育经济学观点为主。1979年，全国教育科学规划会议正式提出要建设我国的教育经济学。次年8月，中央教育科学研究所在北京召开全国教育经济学研究工作交流会，许涤新、于光远、董纯才等著名经济学家和教育家，在会上倡导建立我国的教育经济学。20世纪80年代，国内陆续翻译出版了一批教育经济学著作，我国学者也撰写出版了一批研究专著。1984年10月，中国教育经济学研究会正式成立，学会会刊《教育与经济》于1985年在武汉公开出版。

教育经济学研究会的成立和杂志的出版发行，促进了教育经济学研究的发展，形成了良好的学术研究氛围。在不同的历史时期和发展阶段，研究人员密切联系国家发展战略，提出了一系列符合我国实际的、具有实际操作意义的研究成果，其在促进教育发展的同时，有力促进了经济社会的协调发展。20世纪80年代初，教育经济学紧密联系当时国家战略发展规划，提出到20世纪末我国人均国民生产总值达到或接近1000美元时，教育投资占国民生产总值的比例应达到4%的政策建议，并被纳入国家发展战略，这为教育经济学的进一步发展打开了广阔天地，奠定了良好的基础。教育经济学在我国落地生根，并与我国的政治经济和教育环境相结合，取得了令世界瞩目的成果。

20世纪90年代后，伴随着我国社会主义市场经济的发展和完善，教育事业进入稳步发展提高的轨道。在义务教育的普及与高等教育的规模扩张和质量提升过程中，教育经济学针对当时提出的时代问题和要求，展开了一系列理论和实证研究，为教育决策和管理提供了宝贵的理论支撑。教育经济学的研究内容得到了进一步的丰富和发展，教育经济学的量化研究范式也逐步赢得学界的广泛认可，教育经济学的学科地位逐渐得到加强。例如：提出我国未来高等教育总体规模扩大，应采取以“内涵式”为主的发展战略，即主要通过挖掘现有高等学校潜力，提高高校的内部效率，扩大现有学校的平均办学规模以实现高等教育总体规模的发展，对高等教育发展政策的制定产生了有力影响。在对教育投资的内部效率进行广泛讨论和研究的基础上，学者对教育经费在三级教育中的分配、在学校之间的分配、在学校内部的分配，以及高等教育投资体制等问题进行了规范研究和实证研究，就不同类别地区的教育发展和教育投入进行了差异比较，提出了我国教育财政体制的改革应加强省级统筹的政策建议。然后，就不同类别地区的教育发展和教育投入进行了差异比较，提出了我国教育财政体制的改革重点应加强省级统筹的政策建议。

从 20 世纪 90 年代末到 21 世纪初，教育经济学者主要从教育收益的水平和特征来论证高等教育成本分担的合理性，即接受教育既能给受教育者带来个人收益，又能对国家和社会的公共利益做出贡献。利用国家统计局的抽样调查数据，对 1990 年至 1999 年期间我国城镇个人教育收益率的动态变化进行实证研究，发现我国教育的个人收益率是逐年上升的，教育对个人收入增长呈现直接效应；显示教育对收入增长的影响作用，在很大程度上是通过就业途径的选择来实现的。此后，通过对教育收益率的跟踪研究，发现教育促进个人收益率提高的势头一直持续到 21 世纪初。

教育投入与产出之间的关系，是教育经济学关于学校教育效率研究的另一重要问题。教育成本是教育经济学的一个核心概念，是估算教育收益、衡量教育效益、评估教育项目、进行教育发展研究不可或缺的信息，成为研究和探讨的学术热点。随着改革开放以来的教育大发展及教育体制改革的推进，随着居民的教育需求日益高涨，这一研究受到了越来越多学者的关注，也成为教育经济学的重点研究课题。

在 21 世纪的首个十年中，与我国的公共财政体制一样，我国教育财政体制经历了一系列重要的改革节点。从“以县为主”到“新机制”，再到“实现 4%”，教育经济研究在教育财政责任的分配与落实中均起到了重要的推动和指导作用。

21 世纪的第二个十年，中国教育发展呈现诸多深刻变化。这一时期，教育经费短缺的困难得到相当程度的缓解，但教育资源配置的结构性问题，尤其是教育发展不均衡的矛盾日渐突出：在高等教育方面，世纪之交我国高等教育以跨越式发展实现大众化，高校毕业生规模持续扩大，就业压力增加；20 世纪 90 年代开始的一流大学建设，依靠规模扩张的外延式发展模式亟须向提升质量和效率的内涵式发展转型。面临新时期的新形势，我国教育经济学研究者关于教育财政体制的研究也在继续拓展和深入。学者认为，实现义务教育均衡发展的关键是实行省级统筹，重点是确保义务教育阶段教师工资福利待遇的不断提高，中央政府应通过省级财政转移支付承担义务教育均衡发展的财政责任。实行省级统筹符合义务教育的一般特性和我国的现实国情，同时也使义务教育均衡发展具有较为充足的经费保障。

中国教育经济学研究虽然起步较晚，但开端良好，发展迅速。1979 年，建立我国教育经济学学科的倡议正式提出，1984 年，教育经济学硕士学位专业点获准设立，1996 年，教育经济学博士生开始招生。据不完全统计，2018 年，全国共有 87 个硕士学位专业点和 17 个博士学位专业点招收教育经济学的研究生。中国教育学会教育经济学分会（前身为全国教育经济学研究会）成立以来，历次年会的与会人数都有所增加，从 20 世纪 90 年代中期的数十人，到 2005 年前后的百余人，再到 2010 年以后的数百人，参会人数规模最大的一次是 2012 年，达到 600 余人。

从知识属性上看，教育经济学属于经济学与教育学的交叉学科，具有显著的应用价值和实践意义，也为教育学和其他学科的发展做出了丰富的知识贡献。中国教育经济学在以学术研究支持和推动国家教育改革和政策制定方面的作用和贡献，鲜有其他研究与之比肩，从教育投资占国民经济合理比例的研究到国家财政性教育经费占国内生产总值 4%政策的制定和实施，从高校规模效益研究到高校合并和内涵发展的政策，从高等教育对短期经济发展的贡献到高校扩招政策，从高等教育成本分担研究到高校收费政策，从政府的教育财政责任研究到农村义务教育经费保障机制改革政策，我国教育经济学研究的政策影响力无论是在教育学众多分支中，还是在整个社会科学领域，乃至在全球学术界都表现突出。

在研究范式和研究方法方面，教育经济学研究者主要采用经济学的概念和方法范式，有时也与管理学、社会学、心理学、政治学等有所交叉。从 21 世纪之初至今，我国教育经济学在研究内容方面得到了相当大的发展，研究资料的质量和研究工具的运用水平也得到了显著提升。在 21 世纪，我国的教育经济学在研究概念和研究方法方面逐渐接近国际主流水平。

虽然在 50 多年的发展历程中，中国教育经济学研究者并没有完全局限于沿用外来理论，例如转型国家劳动力市场化程度与教育收益率的关系、中国财政体制下的教育财政研究等，都是运用传统的理论概念并结合中国实践而取得的发展性成果。然而总体上说，我国教育经济学领域还处于西方理论和概念的主导之下，本土的系统化理论体系构建薄弱；在研究方法方面也处于跟随状态，方法和范式的创新还比较欠缺。另外，学术队伍能力以及研究质量水平差异较大，在学术成果的可靠性、科学性水平方面还有很大的提升空间。

我国拥有当前世界最大的教育体系，中国教育所植根的独特的历史和文化，以及中国经济社会和教育的高速度和多样化发展，不但向我国教育经济学研究者提出了诸多重大理论和实践问题，也为教育经济学的发展提供了丰富的研究对象和实验田地，更为有关学术研究提供了越来越多的有形和无形资源。可以预见，在这个需要理论创新而且一定能够产生理论创新的时代，中国未来的教育经济学将大有可为。

三

教育经济思想既是教育经济理论产生的源头，也是教育经济学的核心和灵魂。教育经济思想起源于人们对教育在生产中所起作用的认识。教育和经济发展有着不可分割的联系，人们对教育经济问题的探究已有几千年的历史。在我国，人们早就认识到教育在社会生产生活中的作用。原始社会时，人们就有了这种强烈的意识；封建时期的政治强盛、经济繁荣更是离不开教育的发展和支撑，社会进步也使得教育经济思想意识得到进一步的继承和发挥。深入挖掘和研究我国古代教育经济思想，是我们义不容辞的责任。在这里，我们从教育经济学的角度，对我国古代教育思想进行梳理归纳，便于大家对教育经济思想进行认识和理解。

1. 教育的作用

教育起源于人类的生产劳动和社会生活，必然对经济社会产生影响。

齐文化先师姜尚的教育思想在历史上享有重要地位，其中最突出的就是他富国强兵的社会教化思想。《史记·鲁周公世家》中记载，其“简其君臣礼，从其俗为也”，就属于这方面的教化。他在进行社会教化时把道德教育与生产教育密切联系在一起，把教育看成富国强兵的重要措施。

“敬德保民”是周公的政治主张，运用于教育上则是将“敬德”转为重教，强调教师的重要作用，把“保民”转为教民，大力提倡社会教化。周公的“敬德保民”思想，是对殷人敬神事鬼的修正和补充，在我国传统教育重人事、轻神事特点的形成方面具有开创意义。

管子曰：“力地而动于时，则国必富矣。”（《管子·小问》）“彼民非谷不食，谷非地不生，地非民不动，民非作力毋以致财。”（《管子·八观》）通过劳动力的能动作用，从教育与生产关系方面来阐明教育在经济发展中所起的作用，这反映出管子思想已具有简单的教育经济意识。

孔子以培养治国安民的贤能之士为教育目的，他从“为政以德”的政治主张出发，一方面提倡“礼贤下士”“举贤才”，重用已有的贤能之士；另一方面，致力于通过教育来培养君子贤人。在孔子看来，教育的根本目的在于促进社会的发展，而人的发展则是实现社会发展的基础。孔子目睹卫国的富庶，提出“庶、富、教”的思想，指出劳动力充足、生活富裕之后，必须随之实行教育，引导人民、引导社会走健康发展道路。

王充认为，教育是发展人类潜能、推动社会进步的重要手段。教育是人类社会特有的现象，只有人类个体才具备学习能力。人类“禀五常之性”，能够“好道乐学”，教育的发展水平是人类社会进步的标志。此外，王充还指出教育是政治的一个重要组成部分，并具有自己的特点——教育是一个隐效的事业，这是一个极为重要的观点。有些事物本身好像并不产生任何效益，但它是那些直接产生效益的事业赖以存在和发展的基础。“事或无益而益者须之，无效而效者待之”（《论衡·非韩》），教育便是这样的一种事业，王充极其深刻地阐述了教育作为其他事业基础的作用。

时代的发展使人们对教育作用的认识不断深化，吕祖谦在《乾道六年轮对札子》中大声疾呼，提出“留意于圣学”，所谓传授“圣学”指的就是发展教育。南宋政权内外交困，岌岌可危，如何挽救这种局面，是当时许多爱国人士思考的问题。吕祖谦提出权力、智力、才能不足恃，唯有讲明圣学是救国治国之本。他认为：“本原既得，万事有统，若纲在网。”“崇荀学，知大原，则一举其纲而天下定矣。”

元好问把教育的价值意义定为国家政治的根本。他说：“学校，大事也。”“夫风俗，国家之元气；学校，王政之大本也。”（《遗山集》卷三十二）他在自己的著作中，一再申述这种观点。

强调教育在社会政治中的地位与作用，是中国古代思想家的共同特点，而王廷相的思想却显得更开明，具有较显著的人民性。他很明确地说："御民以道不以术……术不可久，民不可愚，虽暂得之，终必失之。(《慎言·御民》)"从长远来看，统治者的愚民权术终非良策，唯有在保障人民物质生活条件的基础上，积极推行教育，才是国家长治久安的良策。

明代晚期，随着商品经济的发展和资本主义工商业的萌芽，以顾宪成、高攀龙为首的东林学派，把王学末流的空谈心性而不务实学看成"以学术杀天下"，并把能否治国平天下作为衡量学问是否有用的标准。顾宪成力主诸生关心国家与社会，读书济世。他念念不忘国家，不忘政治得失，"惟国家出一善政，登一正人，则跃然喜；或增一秕政，进一奸回，则悄然忧"(《顾端文公遗书·祭文》)。其题的东林书院对联"风声、雨声、读书声，声声入耳；家事、国事、天下事，事事关心"，正是描写书院师生勤教勤学勤读、读书声与大自然的风雨声交织在一起的浓厚学习气氛，抒发了东林学派及东林党人"立志救世""兼善天下"、关心国事天下事的政治抱负。

朱之瑜认为："敬教劝学，建国之大本；兴贤育才，为政之先务。"(《朱舜水集·劝兴》)短短十多个字，言简意赅，深刻论述了为政治国必先抓好教育的道理。

王夫之作为17世纪忧国忧民的思想家，他总结历史朝代兴衰存亡的经验教训，深刻认识到教育对治国的重要作用和意义："王者之治天下，不外乎政教之二端。语其本末，则教本也，政末也。"(《礼记章句·王制》)。他认为治理国家不外乎政治和教育两大问题，其中教育最为重要。因而，他告诫"谋国者"，必须吸取历史教训，欲"安天下"，当以"文教为重"，必须把教育置于重要地位。

2. 教育与政治、经济

古代教育家、思想家在实践中认识到经济发展对教育发展的影响，认识到教育发展对经济发展的促进作用。教育发展以经济为基础，教育的发展又受制于政治与经济。

管子曰："仓廪实则知礼节，衣食足则知荣辱。"(《管子·牧民》)这说明伦理道德规范只有在一定的经济条件下才能发挥作用，也就是说，只有经济为教育提供一定的物质条件，教育才有可能进行并发展。

孔子认为，教育发展需要一定的经济基础。“富”“教”是不可分割的一体，“富”是“教”的基础，是“教”的前提条件，而“教”是“富”的延续，“富”是关键。因此，他提出“足食、足兵、民信之”但“富”并不是最终目的的思想，认为“富”是为“教”做铺垫的。只有“道之以德，齐之以礼”，民众才能“有耻且格”，使国家安定的目的才能达到，才能实现真正的“庶”“富”。而“教”对“富”也具有一定的反作用，教育能够通过培养人才来促进国家经济的发展。

《墨子·七患》中指出：“凡五谷者，民之所仰也，君之所以为养也。故民无仰养则君无养，民无食则不可事。故食不可不务也，地不可不力也。”这种强力教人、强力为学的主张，反映了墨子以经济作为发展教育的基础，再以教育改良社会的强烈思想要求，这也是其教育经济思想的大纲。

孟子说：“后稷教民稼穑，树艺五谷，五谷熟而民人育。”（《孟子·滕文公上》）因此他要求“制民恒产”“省刑罚，薄税敛”，让百姓免于饥寒交迫，过上安居乐业的日子。有了这样的物质基础，还需开办学校，抓紧教育工作。孟子把教育同经济、同人民物质生活联系起来，进一步发挥了孔子“庶富教”的思想。

傅玄提出根据就业需要进行教育事业的量化规划，杜绝教育投资浪费。“圣人具体备物，取人不以一揆也。有以神取之者，有以言取之者，有以事取之者。”（《鹑觚集·赠扶风马钧序》）用人就要考虑到人才本身的特点，因才取用：“贵其业者，不妄教非其人也。重其选者，不妄用非其人也。若此，而学校之纲举矣。”（《鹑觚集·赠扶风马钧序》）把教育纳入经济社会发展规划之中，并且制定国家人才教育事业的具体规划，使人才的培养与社会的使用挂钩，取得供需平衡，这不但使教育事业紧密地与经济社会的发展相联系，而且也部分地保证了教育事业的稳定、顺利发展，增添了教育事业发展的活力。

隋唐时期，教育经济思想在教育经济政策中体现得尤为明显，较之前更为丰富、更为细致，其教育经济政策对学校规模、师生比、教师工资、学生学费、留学生经费等，都进行了相当具体的数量规定。从中央到地方普遍建立了学校，学校类型多种多样，学校系统相当完备，有官学也有私学。从学校的级别来看，有小学、大学和专科性质的学校；从学校的类别来看，有经学、算学、律学和书法等专科学校。

隋唐时期的教育经济政策基本沿袭前朝，整个教育仍以官学为主导，教育经费以国家财政为主。

王通认为，推行教化必须有一定的经济条件，这样教化才更容易成功。学生贾琼问："富而教之，何谓也?"他回答说："仁生于歉，义生于丰，故富而教之，斯易也。"(《中说·立命》)这是对"庶富教"思想的继承和发挥，具有唯物主义因素。在《中说·立命》中，他对"富而教之"思想做了进一步解释："古者圣王在上，田里相距，鸡犬相闻，人至老死不相往来，盖自足也。是以至治之代，五典潜，五礼措，五服不章；人知饮食，不知盖藏；人知群居，不知爱敬；上如标枝，下如野鹿，何哉？盖上无为，下自足故也。"就是说，人民皆富，不仅教育最易，甚至不言之教，亦易收到效果。这也充分证明经济是基础，教育的发展有赖于经济的发展，教育发展又促进经济发展，教育与经济互为条件、互相促进。宋代在其颁布的兴学政策中，把办学经费的投入作为一项重要内容，并健全相关规定：第一，把人才与地方官的政绩挂钩，多出人才得到等第酬赏，不成次第的相关责任人各特降一官，促进了地方办学的积极性；第二，建立学田制，以保证学校、学生各项开支所需的经费来源稳定；第三，规定从地方财政中拨出一部分作为地方兴学之用，对于赡学费用的管理也有明确的规定，严禁学官贪污，并令各地方官互相监督；第四，优待地方学子与教授，为其提供食宿、免除服役。因此，宋代地方文化教育的发展兴盛，可以视为宋代地方经济发展及务实的文化教育政策的具体体现。

邵雍主张教育的终极目的在于"以道经世"，为达到此目的，必须培养一批能掌握治道、能帮助统治者治理国家的经世人才。从这一教育目的出发，他特别强调"学以人事为大"，他在《皇极经世书·观物外篇》中进一步解释说：一国一家一身皆同，能处一身则能处一家，能处一家则能处一国，能处一国则能处天下。心为身本，家为国本，国为天下本。所以，"君子之学，以润身为本"。邵雍的这一思想，正是对《大学》中"修""齐""治""平"思想的继承和发展。

教育是为剥削阶级的政治经济社会服务的，许衡的"治生"教育理念对维护国家统治有极其重要的影响。在政治上，他提出"今国家徒知敛财之功，不知生财之由，不惟不知生财，而敛财之酷又害于生财也"(《鲁斋遗书》卷七)。他告诫元朝统治者，只知敛财会致使民众生怨，天下也不会太平，并进一步提出统治者不能靠搜刮民财来维护统治，而是要通过制民之产、发展经济来安定民心，进而维护其统治。在经济上，许衡明确提出不仅要发展被称为“本”的农业，而且还要经营被称为“末”的工商业。他指出，经商虽然被认为是逐“末”，但只要“不失义理”或者是“姑济一时”，也未尝不可。“治生”观对元朝社会秩序的稳定有着重要作用，对当时的社会生活产生了积极影响。

王夫之认为，教育固然重要，但教育的发展又离不开政治，只有“政立民安”、政治清明，人民安居乐业，才能“学校兴”。所以在政治与教育的关系上，“语其先后，则政立而后教可施焉”（《礼记章句·王制》）。同时，教育的发展还必须以经济为基础，人民“衣食足”而“天下治”，“乃可以文”。这不仅揭示了教育对于治理国家的重要作用，而且还指出了教育的发展又受制于政治与经济，这一认识弥足珍贵。

颜元认为，“教以济养，养以行教，教者养也，养者教也”（《存治编·井田》）。他主张“教”“养”并重，强调了“教”“养”的关系。“教”是指教育，“养”是指经济的发展。“教”可以推动生产以济“养”，即教育可以促进生产和经济的发展；而“养”又可以在生产劳动中来行“教”，即经济又是推行教育的条件。在“教”与“养”的先后关系上，他主张“养”先于“教”，推崇孔子的“先富后教”。颜元的这一思想，使人们对教育的作用有了新的认识。

3. 教育、人才与经济社会

治国安邦，成就大业，必须有贤才的辅佐；经济的发展、社会的进步亦需要各方面人才，人才需要由教育来培养。

为任用真正的贤才，西周统治者特别强调要把识人置于首位，对不同官职的人的德与能，应按不同的标准，从不同角度进行考察，而着重要考察其德才与所任官职是否相称，这就是后世所称的“三宅考吏法”：“宅乃事，宅乃牧，宅乃准”（《尚书·立政》）。它要求对治事之官应着重考察其是否善于理事，对牧民之官应着重考察其是否能使民安居乐业，对执法之官则应着重考察其是否公正执法。这样考核官吏、选拔人才，就能做到德不浮其民，官不旷其职，使德与官、才与职相称。

傅玄提出选用人才是治国的首要问题：“治国家者，先择佐然后定民。”（《傅子·授职》）这充分反映了傅玄人才观的价值取向。在他看来，“贤者，圣人所与共治天下者也。故先王以举贤为急，举贤之本，莫大正身而一其听。身不正，听不一，则贤者不至，虽至不为之用矣”（《傅子·举贤》）。贤才是统治者治理国家的得力助手，因此，先王把举用贤才作为当务之急。魏晋之前，管子曾按照社会作用的不同，把人才分为士、农、工、商四类，傅玄继承和发展了前人的思想，提出了才分九类的理论，包括道德家、政治家、科学家、教育家、文学家、军事家、农学家、工匠、商人等，不同的人才发挥着不同的社会作用。

韩愈从教育的目的出发，不断探讨人才教育理论问题，形成了相对系统、完整且具有一定进步意义的人才思想体系，极大地丰富了古代教育经济思想的内容，对后世产生了广泛影响。他认为，“得天下英才而教育之”，是“极言至论”，是“古今之所宜法者”，教育英才的责任在于当政的君相。当天下处于安定之时，经邦治国的大计，当以教育英才为最重要。他基于“四举于礼部乃一得，三选于吏部卒无成”的切身体验，强调做君相者不仅有责任教育英才，而且要爱惜人才，要充分发挥人才的作用。人才作用的发挥有赖于有人去识别，更有赖于其得到良好的培养和使用。他曾以千里马为例，说明“世有伯乐，然后有千里马。千里马常有，而伯乐不常有”的道理（《韩愈文集·杂说》）。他以千里马与伯乐的关系，说明了人才之难得。

教育是培养人的社会活动，吕祖谦主张教育要在“修实德，育实材”上下功夫。他认为：“教国子以三德三行，立其根本，固是纲举目张。”（《宋元学案·东莱学案》）人的道德状态表明了一个人的志向与情趣，决定了人的发展方向。人只有德固心正，人的才能、智慧才会朝着有利于社会的方向充分发展，否则，只能危及他人、祸害社会。如果只有德行而无才能，便不足以建功立业，两者是不能互相取代的。因此，从教育的角度来说，只着眼于德行的培养是不够的，还应致力于治国理政才能的培养；同时，修德、育才又必须务“实”，即修实德、育实才。就修德而言，尚实即崇尚真实，反对虚伪，要重德，但更要重才；就才能而言，就是要培养经世治国之才。“百工治器，必贵于有用，器而不可用，工弗为也。学而无所用，学将何为耶?”（《河南程氏粹言·论学篇》）这是说工匠制作器皿，是因为器皿在人们的日常生活中派得上用场。如果制作的器皿无助于人们的生活，工匠们也就不会去制作了。学者读书，也正是因为书本知识能为社会所用。如果读书对社会无用，这种书为什么还要读呢?

人才选拔与培养相依相存，缺一不可。与其美好的政治理想相联系，元好问十分重视通过教育培养时代需要的人才。教育作为一种“无用之用”，可“化民成俗”，在正方向上引导人们健全积极地发展，刑法则在反方向上警示、纠正着人们的言行误区，两者相互补充，共同促进社会发展，这无疑是非常正确的治国之道。教育是为培养人才专门组织的活动，其核心要素是人。

罗钦顺认为，学校教育是治理天下的急务。“作养人才又诚为治之急务。欲本之正，而急务之不知，犹临川而乏舟楫，吾未见其能济也已。”（《困知记》卷上）“学校之教，所以明伦理、育人才、厚风俗、隆治化，自古帝王君临天下，必以此为先务焉。”（《整庵存稿》卷一）学校之教关系天下安危和社会兴衰，这已有前车之鉴，“唐之祸乱本于李林甫，宋之祸乱本于王介甫。林甫之祸唐，本于心术不端；介甫之祸宋，本于学术不正”（《困知记》卷下）。

颜元认为要富国强民，必须要靠教育，“人才为政事之本，而学校尤为人才之本也”（《颜习斋先生年谱》卷下）。所谓“政事”就是“以七字富天下，垦荒、均田、兴水利；以六字强天下，人皆兵、官皆将；以九字安天下，举人才、正大经、兴礼乐”（《颜习斋先生年谱》卷下）。要想国家富强、社会安定，必须靠“人才”，而“人才”来源于学校，来自教育。

李塨是颜元的学生，他在自己的教育活动中，把颜元的教育思想，特别是教育经济思想发扬光大。李塨继承、补充、传播了习斋之学，大力提倡“实学”“实用”“实效”的教育思想，并突出强调经济作用，有其独到之处。

4. 教育方式

教育由维护封建统治向以民生为主的经济发展、社会服务转变，更加为大众所认可和接受。

在中国教育史上，虽有孔子以德行、言语、政事、文学四科教人，魏晋南北朝及宋朝设立儒学、玄学、史学、文学四个学馆的记载，但就分科的具体内容来说，均囿于文科；隋唐时期，设立了算学、书学、律学等专科学校，这是一大进步，但这些学校却比儒学地位低、规模小。直至北宋时期，胡瑗创立了分斋教学制度，才在中国教学制度发展史上第一次按照实际需要，在同一学校中分设经义斋和治事斋，实行分科教学。治民、治兵、水利、算数等实用学科，被正式纳入官学教学体系中，取得与经学同等重要的地位，并且治事斋学生治一事，又兼摄一事，开了主修和选修制的先声。

郑玉主张教学内容以“六经”为主，但在教学方法上主张耕读结合，劳心与劳力并重，教育和生产劳动紧密结合。他指出，“从事于学者，则不知稼穑之艰难；从事于农者，则不知礼义之所从出”（《师山先生文集·耕读堂记》）的脑力劳动与体力劳动相对立的状况，教育与生产劳动相脱离的状况，是非常不好的。郑玉结合当时的社会实际，主张耕读结合、劳心与劳力并重的教育思想，是弥足珍贵的，表现了他教育和教学方法的科学性、综合性和先进性。

吴与弼倡导边耕边读和工余读书。边耕边读就是将书携带到田间地头，或辍或作，辍时读书，这时读书成为一种休息方式。工余读书指一天的辛勤劳动结束、师生一起共进简便晚餐之后，安排晚间时间集中读书。或由老师讲解，或读书自学。劳动时读书能更贴近大自然，直观感受到自然界中万事万物的生意盎然。他创办的小陂书院就是为农家子弟提供受教育机会的学校，其实质上就是一所耕读式的教育书院。

对学校教育的内容和形式，罗钦顺认为，“学校之教，大抵先经而后史，祖孔孟而宗程朱，至于诸子百家，则亦随其力之所及而博观焉。以考其是非得失之归，而定夫取舍之极，务明其体以适诸用，是惟圣祖建学育才之大旨也”（《整庵存稿》卷一）。在教学的原则上，罗钦顺强调要宽，主张因材施教，不强求一律，使学生个性充分施展。同时，教学的内容也要多种多样，除书本外，还包括文物古迹，以“观其名，考其迹，钦其望，伟其功，而思与之匹休”，起到睹物思人、见贤思齐的作用。

王阳明先生是“知行合一”的实践者。他主张“知是行的主意，行是知的工夫”（《传习录》卷上）。知而不行非真知，他反对人们懵懵懂懂地去行，也反对知而不行。所谓“圣人教人只是一个行”，博学、审问、慎思、明辨都是行，在一定程度上挽救了当时重知识、轻实践的学风。

王夫之主张教与学都应有“当世之务”，即无论教与学，都要为当前的政治服务。他说：“学者之所以学，教者之所以教，皆有其当务焉”（《四书训义》卷五）。

教师的教、学生的学，都要心怀“当世之急务”，不能以当时“流俗之心”去教书或读书，不能把读书仅当成一种嗜好，来“销日靡月，废事丧德”。他提倡教与学都要从“有为于当世”出发，教者要“因时立义”，学者要“读古人之书，以揣当世之务”（《读通鉴论》卷二十一），察其书中的精义，结合当世的“时会”而用之。

顾炎武主张为学方向必须转移到“经世致用”的实学轨道。他指出，“救今日之弊，莫急乎去节抄剽盗之人”（《日知录》卷十六），以经世致用之学造就人才是改革教育的唯一正确出路，并在《生员论》中强调教育对国家政治、经济、文化等的作用，提出希望通过改革教育来改革社会的政治观点。

颜元“事功”之学就是讲求实用，以富国强兵为目标，主张经世致用。在教育的内容上，他主张学习的内容应该与实际生活密切联系，应该是“三府”“三事”“三物”之学。所谓三事，即《尚书》中所说的“正德”“利用”“厚生”，三物即儒家的“六德”“六行”“六艺”。主张教育与经济社会生活紧密联系在一起，教育的内容要与经济社会紧密结合，并与社会实际生活密切联系。

5. **科技教育**

教育促进经济社会发展是通过提高人的素质和发展科学技术实现的，科技教育、经世致用的教育观，体现了教育在经济社会发展中的作用，也使教育具有了实际经济意义。

西周教育集前代之大成，教育内容涉及很多方面。《礼记·王制》载：“春秋教以礼乐，冬夏教以诗书。”又据《周礼》载：“大司乐教国子以乐德、乐语、乐舞；师氏以三德、三行教国子；保氏教国子以六艺、六仪。”可见西周的教育内容是以德、行、射、御、书、数等为基本内容的。

以劳动为教育方式是教育经济思想的理想表现，劳动教育为墨家首创。墨家认为，人与禽兽的区别在于，禽兽只能利用自然条件生存，而人类却靠生产劳动维持生命。墨子所说的劳动既有“耕稼树艺”的物质生产活动，又有“听狱治事”的精神活动。他教人耕种，誉为“圣人作诲”，而教人百工之技，则可“使各从事其所能”，也是有功德的行为，从而宣扬了劳动教育的意义。墨子主张科技教育“兼利天下”，《墨子》中记载了墨家传授劳动技术的内容，它不同于师傅带徒弟的艺徒制，劳动技艺大多上升为经验科技的形态。墨子把科学与生产、科学与社会活动密切地结合起来，不仅开启了职业技术教育的实践先河，也极大丰富了教育的经济内容。

秦始皇“焚书坑儒”是对中国古代文化的极大摧残，但在焚书律令中却明确指出“医药、卜筮、种树等书不在禁列”。这说明，民间的一些科学技术知识的传授，对当时经济社会的促进作用，已被秦统治者所认识。在古代，教育不仅仅是统一人们思想、维护封建统治的一种手段，而且对于开启民智、提高社会生产力、促进经济的发展以及社会的进步，都有着不可低估的作用，统治者已认识到了教育的这种独特作用。

唐朝统治者重视科举，但同时也清楚地认识到科举的弊端，其尽力让百姓接受实用知识的学习、重视科技知识教育就是重要例证。在唐朝官府机构设置中，有健全的科技教育部门，有官吏的人员编制。科技教育体系由天文历法教育、医学教育和数学教育等构成，彼此独立又相互联系。科技教育机构健全、学科内容系统完整，充分体现了唐代对教育的经济社会作用和影响的认识。

朱熹也十分倡导有用之学，把教育的内容与经济社会的发展直接联系起来，使教育能够更好地为经济社会发展服务。他从“齐家、治国、平天下”的实际需要出发，指出有人“诵数虽博，文词虽工”，但在外敌进犯、国家危急之际，却胸无救国之韬，手无缚鸡之力，其结果不是抱之以死，便是苟且偷生，对安邦治国毫无用处。为此，他认为古人的“六艺”“皆实用，无一可缺”，以“数”为例，在“六艺”中“数尤为最末事，若而今行经界，则算法亦甚有用”。朱熹欣赏“六艺”之教，但又不局限于此，他进而提出天文、地理、礼乐、制度、军旅、刑罚，以及农业科技知识，这些“皆是著实用之事业”，比古之“六艺”更为有用。

王廷相的教学内容中包括十分丰富的自然科学知识。据《华阳稿序》记载，他在巡按四川的三年中，“得所著诗文杂说几三百余首”，并以之示于门人，与其讨论其主旨所在。关于这三百余首的内容，从他与学生阅后对话中可以看出：“群品效材，万象呈美，何若是多……感于天机，万物皆入吾之会……云之生于山，气机也升于太空，其象为峰峦、为水波、为白衣、为彩锦、为人物、为花卉，其变也，云何尝以意而为之?”（《王氏家藏集·华阳稿序》）可见，他们师生是通过自然现象去探讨、认识自然规律，进行自然知识的教与学的。

明清之际，我国的科学技术教育思想得到发展，这与反对理学、心学及其末流的空谈心性，并由此而发展起来的实学教育思潮密不可分。另一个起到推波助澜作用的重要因素是西学东渐。自明末以来，伴随着西方传教士而来的是西方的科学知识。于是，西学东渐与实学思潮相结合，二者相互补充、互为条件地形成，促进了中国科学技术教育思想的大发展。明末，西方传教士纷纷踏上中国国土，以意大利人利玛窦为代表的耶稣会士标榜“学术传教”，在传教的同时，也带来了西方的科学技术知识。在实学思潮和西学东渐两者相辅相成发展的背景下，明清之际的科学技术教育取得了多方面的成果，如天文、历法、数学、地理学、医学以及技术等均有较明显的发展，出现了中西文教汇合的趋势。

受当时西方科技知识传入的影响，黄宗羲从“学贵适用”的原则出发，把教育与经济社会发展紧密联系起来，倡导大力学习自然科学知识。他在《赠百岁翁陈赓卿》中写道：“西人汤若望，历算称开辟。为吾发其凡，由此识阡陌。”黄宗羲推崇《崇祯历书》，称其“所列恒年表、周岁平行表之类，犹之未来历也……盖作者之精神，尽在于表，使推者易于为力”。《崇祯历书》由徐光启主持编订，西方传教士汤若望也参与其中。由此可知，黄宗羲将天文、数学、地理等自然科学知识列为教育的重要内容，既是对中国古代科技教育传统的继承和发展，同时也受到西方科技知识的影响，反映了资本主义生产关系萌芽对教育所提出的新要求。

徐光启之于中国教育史的意义，在于他倡导睁眼看世界，在于他不满足于西方科学中的一技一艺，而是从中得到启迪，建设中国自己的教育科学体系。徐光启认为《几何原本》是人人当学的数学教材，是研究科学理论、掌握科学技术的基础学科，“有形有质之物，有度有数之事，无不赖以为用”（《徐光启集·泰西水法序》）。徐光启这一教育内容的新范式，尝试构建中国古代的自然科学教学体系，“以数学为宗，重经济物理”的思想，在中国教育史上有着深刻的意义，开启了中国近代思想之大门。

6. 实学思想

张载从“学贵有用”的原则出发，认为教育是教人“知礼成性”和“道济天下”，就是通过教育把人培养成为封建统治阶级所需要的、道德和知识高度发展的、有真才实学的实用人才。为实现“道济天下”的教育任务，教学要重实学、实用，张载及关学从“学贵有用”的原则出发，非常重视自然技术知识的实学、实用，这也是关学教学内容的一大特点。张载是实学思想萌芽时期的学者，是提倡实学观点的奠基人，其实学思想的最大贡献就是开创了“躬行礼教”的学术风气。

王安石在改革学校教育时，提出了教育内容的“实用”原则。“今士之所宜学者，天下国家之用也”(《王文公文集·上仁宗皇帝言事书》)，凡于国家没有实际用处的一律从学校教育内容中删除。他特别强调教学要“求专门”“尚实用”“兼文武”。在《答曾子固书》中提出，学生必须博学多能，“百家诸子之书，至于《难经》《素问》《本草》诸小说，无所不读”，还要“习世事”，对“农夫女工，无所不问”，提倡读书要“断以己意”，有自己的独到见解，做到古为今用、批判性地阅读。这种强调获得广博知识的学风，是荆公新学的突出特点。

元代国子学的授业也体现了实用功能，表现为匠艺兼授。《通谕受学弟子员》诏中指出：“习汉人文书之外，兼谙匠艺事，及药材所用，彩色所出，地理州郡所纪，下至酒醴、曲蘖、水银之造，饮食烹饪之制，皆欲周览旁通。”在汉人传统价值观中，匠艺乃属末流，不能成为精英教育的一部分。而蒙古国子学的传授匠艺，则反映出蒙古人对匠艺的重视和推崇的实用主义思想。值得注意的是，地方书院的科目设置上也颇具特色，皆体现出注重实用的时代特点。各级各类学校在学制、课程设置上，不仅具有地方特色、民族特色，而且具有明显的职业教育特点。

应该说，明初思想家们围绕教育的发展进行思考，出现了百家争鸣的良好局面，是从以中国传统儒学、理学思想主导向实学转变，进而由实学转向接受西学东渐、崇尚自然科学的变化过程。尽管他们在这一方面的思想观点还不完善，但这一思想变化是明清之际实学思想的积淀，也是明清实学产生的基础，开明清实学之先声。

薛瑄不但明确提出“实学”的概念，而且赋予其丰富的内涵。他力倡“实学”，并一生躬行实践，其学说被时人称为“笃实践履之学”，他也被誉为“实践之儒”。薛瑄的教育方针主要强调力行实践、学以致用，反对“徒诵习纸上之经”而不“验于身心，体而行之”的空谈。这是薛瑄为学、为教之道的根本，也是他实学思想的核心。

罗钦顺“经世宰物”的实学思想，是以气本论为理论基础，从“理一分殊”的宇宙本体论的高度来论证，他把自己的理学称为“实学”。在本体论上他推崇客观性的气学，在学风上崇尚现实性，突出现实关怀，关注人伦日用。他说：“君子之学，有以明其体，必有以周其用。礼乐法制，工虞教养，钱谷甲兵，其为事虽有精有粗，或巨或细，无非一理而已”（《整庵存稿》卷六），就是说君子之学必切于人伦日用，关注社会民生。他写的“学成假使遂行之，要见黎民饱暖时”的诗句，正是他经世实学思想的生动写照。

明清之际的黄宗羲同顾炎武开创了清初经世致用的学风。黄宗羲主张经世致用，以实学救国济世。他认为学习科技之士应与五经儒生在科举上机会均等，尤当奖励发明创造的“绝学者”，因为只有这种绝学的普及和应用，才能真正实现“工商皆本”的商品经济，改变落后的经济结构。

综上所述，我国古代教育经济思想内容丰富、观点鲜明，形成了系统的理论，同时也可以看出，人们对教育经济意义的认识是不断深化的。这里整理的虽然是古人点滴的思想观点，但足以反映经济是教育发展的基础，教育的发展促进经济的繁荣，教育与经济在辩证统一中实现社会的进步和发展。

四

教育经济学作为一门年轻学科，对教育与经济之间的关系、教育对劳动生产率的作用、教育对经济发展的作用、教育对经济社会发展的作用和影响的研究，使人们清晰地认识到教育的人力资本投资属性。

20世纪80年代以来，教育的投入使劳动者素质提高、科技成果大量涌现，教育的经济社会作用引起我国教育理论工作者的高度重视，不少学者把自己研究的学术重点放在对教育经济学的探讨上，出现了不少关于教育经济学研究的理论文章和专著，使教育经济学具有更多鲜明的中国理论元素：经济越发达，越有可能提供较多的教育费用，促进教育的发展；教育与社会主义经济社会发展之间的关系，单靠发展生产，是不可能建成物质文明与精神文明高度结合的社会主义社会的；教育是培养人、造就人的事业，它既促进物质文明的发展，又促进精神文明的发展；无论是政治思想、社会评价标准、人与人之间的道德伦理关系，还是劳动者自身的发展，都离不开教育；在社会主义条件下，教育的发达与否，教育质量的高低，直接或间接地影响着社会的物质文明建设和精神文明建设，并影响到二者相结合的程度。

近些年，学者们已不满足于研究教育经济学理论在我国经济社会发展中的实践，开始把目光集中于对我国古代教育经济思想的挖掘，出现了不少具有开拓性的学术探讨和理论研究文章。

李星云在2001年第4期《教育与经济》上发表了《中国古代教育经济思想探源》，文章从春秋战国时期的中国古代思想家入手，借助现代教育经济学的基本概念，梳理其有关论述，重点阐述其富民、化民等思想及其对现代中国教育与经济关系的处理所具有的启发和借鉴作用。

袁东、张素蓉发表在2007年第2期《集美大学学报（教育科学版）》上的《中国古代教育经济政策思想研究——特征及其历史导向》一文指出：文化具有传承性，教育经济政策思想作为文化的一部分，也具有传承性。今天的教育经济政策及其所反映出来的思想无不带有古代中国的文化印迹。因此，研究中国古代教育经济政策思想及其特征和它对新中国教育经济政策思想的历史导向具有重要意义。

陈晚露的论文《我国古代教育经济思想综述》则以教育经济思想为线索，以人物为支撑，重点阐述中国古代一些富国、化民、经世致用的教育经济思想，分析古代思想家的一些论述、观点。文章指出：教育和经济发展有着密不可分的联系，人们对教育经济协调问题的认识已有几千年的历史。教育经济思想既是教育经济理论产生的渊源，也是教育经济学的核心和灵魂。教育经济思想起源于人们对教育在生产中所起作用的认识。在我国古代，人们很早就认识到发展教育是经济发展、国家富强的条件之一，其中就有教育经济思想的萌芽。在漫长的封建时期，中国几度政治稳定、经济繁荣，使教育经济思想意识得到持续发展，形成了系统的古典教育经济思想体系。

周毛毛、徐宁在《文教资料》2014年第6期上发表了《浅析孔子的教育与经济的思想及对当代的借鉴意义》。文章认为，孔子是我国古代最有影响力的教育家，他的思想综括了教育教学的各个方面，他承前启后，对我国古代和今天的教育都有深远影响。在他的思想中，无论是关于教育的思想还是关于经济的思想都十分丰富，但是对于教育与经济之间关系的论述则相对较少。文章旨在挖掘孔子有关教育与经济关系的思想，借此明确今天的教育与经济的关系。

《河北师范大学学报（教育科学版）》2007 年第 6 期发表了孙文阁的论文《试论颜元教育经济思想及其现代价值》。文章认为，颜元作为教育家，有着“教以济养，养以行教”的教育经济价值思想。他提倡事功教育，反对空疏无用的讲读，主张教育的内容与社会经济紧密结合，与社会生活密切联系；在教育方式上，他重视习行，主张教育与经济社会生活相结合的教育模式。颜元教育经济思想的根源是他的重利观念。颜元的教育经济思想在当今社会现实中，仍然具有一定的价值。

……

学者认为，我国的教育经济学对古代的教育经济思想少有研究，其原因很多，主要是认识方面的问题。如有的学者认为，古代教育突出的是教育的政治功能，古代的生产是经验型的手工生产，较少或不需要科学技术，农业经济是自给自足的经济，经济的增长是一种以物力资本为主导的模式，这种经济增长本身与教育关联不多，因而否定古代的教育经济思想。但是我们看到，古代教育突出的虽然是其政治功能，即主要影响是在上层社会，但由于政治是经济的集中表现，教育与经济的联系一定会通过政治表现出来，而且也一定会影响基层的具体劳动者，因此在一定意义上说，教育的经济功能是间接的、隐形的，而不可能是没有的。前人曾说过：“求木之长者，必固其根本；欲流之远者，必浚其泉源。”（魏征《谏太宗十思疏》）所以，研究中国教育经济思想，就必须寻根溯源，探索中国古代的教育经济思想。

应该说，不少学者先于《中国古代教育经济思想史稿》对古代教育经济思想、观点进行了整理，做了深入的学术探讨，这也为写作《中国古代教育经济思想史稿》提供了思路和理论参考，但少有较为系统的中国古代教育经济思想专著，不能不说是一种遗憾。这也促使笔者下决心借助其他研究，对我国古代教育经济思想进行系统的归纳整理。应该说，没有同仁的学术铺垫、没有大量的学术成果作参考，笔者难以完成《中国古代教育经济思想史稿》的写作，正是这些学术研究成果，奠定了《中国古代教育经济思想史稿》的学术框架和理论体系。

五

《中国古代教育经济思想史稿》以教育经济学理论为基础，从浩瀚的历史典籍中寻找资料，对古代教育家、思想家以及政治家的有关观点进行梳理，再从教育对人的个体发展影响、对提高人的素质、促进科学与技术进步、调整生产力与生产关系等诸多方面进行分析，综合论述教育在促进经济发展、保障社会稳定和维护国家统治中的推动作用。

本书尽量按照教育思想史的框架和传统体系写作，研究的时代起于远古，止于清朝早中期，在参考相关学术著作的基础上，为了便于读者阅读、保持历史的连续性，本书尽可能以朝代独立分段设章，但对以下几个问题的处理，在尊重学术研究成果的基础上做了一定的调整。

1. 在以朝代设章的基础上，以人物的思想和学术流派分节，既论述重要学术观点和思想，又结合教育经济思想对当时经济社会乃至维护社会稳定、巩固封建统治中的作用进行分析总结，尽量展现其学术特点。

2. 关于北宋与辽、西夏对峙，南宋与金相持的这段复杂历史，将北宋、南宋独立设章，历史脉络清晰。因为在两宋到元统一前，除以汉文化为主体的教育外，先后对峙于北方的少数民族政权辽、西夏、金，在与两宋政权交错且频繁的政治、经济、军事、文化交往过程中，逐步接受了汉文化的影响，一方面继续保持一定的本民族的文化特色，另一方面积极引进并扩大先进的汉族文化教育观念和制度，逐步建立起了以儒家思想为主体的教育模式，成为公元 10 世纪至 13 世纪中国古代教育的重要组成部分。

3. 对五代十国、辽、金、西夏等存续时间短，彼此交叉存续的政权，也简述其文教政策及特点，论述其教育对经济社会发展的影响。五代十国时期，藩镇割据，战争不断。从时间上说虽然长于隋代，但是政权嬗递，统治者多思政权稳固，少有把教育放在重要地位考虑，即使发展教育也恐心有余而力不足。好在所用官吏多是唐朝旧臣，他们熟悉文教政策和教育制度，教育的发展虽遇到诸多困难和问题，但在极度艰难的情况下，还是保证了教育制度的延续和教育的发展。如果从教育思想上来总结，既没有形成相对独立的思想体系，也没有特别突出的教育理论家。综上，本书还是对五代十国时期的教育发展趋势作一些梳理，以承上启下。

4. 元朝教育是中国教育史的一个重要组成部分，学界对元朝教育史的研究相对薄弱，所能参考的资料也十分有限，这成为古代教育史研究的缺憾。当然，有关教育经济思想的研究就更少，也很少引起人们的注意。为便于读者对教育经济思想历史形成、发展过程的系统了解，本书尽量对仅有的历史资料、学者的研究成果进行梳理、提炼、消化吸收，对元朝教育经济思想单独设章，以窥全豹。

5. 为了论述的系统连贯，本书在“明朝的教育经济思想”与“清朝早中期的教育经济思想”中间，对明清之际的实学教育经济思想做了论述，作为一节，放在“明朝的教育经济思想”一章的后面，下启“清朝早中期的教育经济思想”一章，以方便读者了解中国古代教育向近代教育发展转化时期的学术发展脉络。明朝处于我国封建社会的后期，虽然逐步形成资本主义萌芽，但封建的自然经济仍占统治地位。而在思想意识上，一方面存在着维护封建统治的理学，且表现得愈加专横；另一方面出现了早期启蒙思想。在科学技术方面，也出现了如李时珍的《本草纲目》、徐光启的《农政全书》、潘季驯的《河防一览》和宋应星的《天工开物》等。从这些辉煌的科学巨著中可以看到，在封建社会末期，古代劳动人民的生产经验不断增加，科学技术也在不断进步，思想文化得到了一定的发展。特别是明清之际的实学思潮，推动了中国古代思想向近代思想的转化。

中华文化博大精深、源远流长，中国古代教育经济思想在绵延数千年的历史进程中，发挥了巨大的经济社会推动作用，仅凭几十万字，只能对其进行很有限的概括，难免挂一漏万，欢迎学者同仁加入对中国古代教育经济思想的研究探讨，使我国优秀传统文化更好地为经济社会发展服务，为实现中华民族伟大复兴提供理论支持。

第一章

远古至西周的教育经济思想

中华民族的历史文化源远流长，早在一百多万年以前的远古时期，我们的祖先就进入了原始社会，有了原始的教育活动。

从公元前21世纪的夏朝开始，到公元前8世纪周平王东迁为止，中国历史先后经历了夏、商、西周三个时期。王朝的更替，客观上促进了社会的进步和发展。在漫长的奴隶社会生产生活实践中，人们注意积累和总结生产生活活动，由此产生了最早的学校，并初步建立起了学校教育制度。教育在人们的经济社会生活中的作用，逐步被人们所认识和接受。

第一节 教育起源于人类的生产劳动和社会生活

从大量的出土文物、历史文献和考古资料可以看出，中华民族同世界上许多其他民族一样，也经历了漫长的原始社会。1965 年云南元谋人化石的出土，说明大约在 170 万年以前，在辽阔的祖国大地上就有我们祖先的历史活动。从此开始，我国原始社会大致经历了原始人群、母系氏族公社和父系氏族公社三个不同的历史发展阶段。

恩格斯在《自然辩证法》一文中指出：“劳动创造了人本身”。事实也正是这样，人类一开始就有着共同劳动的群体生活意识。因此自从有了人类，也就有了人类劳动；劳动创造了人本身的同时，也创造了人类社会。

我国的教育是什么时候产生的？它起源于什么时候？这是教育史研究必须首先回答的一个问题。对我国已发现的猿人化石，特别是大约 50 万年前“北京人”化石的考察，充分证明恩格斯的论断是正确的。

“北京人”是从我国南方森林古猿逐渐演变和发展过来的原始人，他们生活在广袤的华北地区。当时，由于生产力水平极低，自然环境极为艰苦，生产条件很差，生活也十分艰难，所以人们的寿命都比较短。根据考古发掘并对“北京人”化石的研究表明，那时的洪水、雷电、猛兽等灾害对人们的生存威胁很大。研究发现，在 40 多具“北京人”化石中，约有三分之一的人活不到 14 岁。可想而知，在猛兽威胁和自然灾害频发的极其恶劣的环境中，任何单个的人都无法生存，无法猎取或采摘到最低限度的维持自己生命的食物。面对极其艰难的生活环境，人们要生存，就必须提高抵御自然灾害的能力和生存能力，就必须组织起来过共同劳动的群体生活。所以，互相协作、共同劳动、共同生活的“原始人群”，便是人类最早的社会组织形态。

教育产生于生产活动，教育就是从人类最早的社会组织——“原始人群”开始的。因为这种社会不管怎样简单，它毕竟离不开教育的手段。进行物质生产和人的再生产，以不断推动社会向前发展，我国考古发现的一些原始工具，都证明了这一点。

北京周口店等石器时代的各种遗物告诉我们，这时的人们已经开始制造和使用一些粗糙的石器工具，并能利用天然的火种把食物烧熟。人类最初发现和利用的是自然火，后来慢慢学会了保护火种的方法。在“北京人”的洞穴中就发现了用火的痕迹，木炭、灰烬、烧石、烧骨等堆积在一定的地区，叠压很厚，显然这不是野火留下的痕迹，说明当时的人类还停留在保存天然火种的阶段。这种现象表明，“北京人”不仅在使用天然火，而且已经能够有意识地对火进行控制，这是人类历史发展中的一件大事。火的使用，是人类生产斗争经验积累的结果，是人类在征服自然的过程中所取得的伟大成果；火的使用，标志着人类征服自然的活动已经成为一种有意识的生产劳动。

火给原始时代的人类带来了巨大好处：由于原始时代的人类多居洞穴，火可以驱散洞穴内的潮湿，从而减少疾病；洞外的火堆可以驱走夜晚来袭的野兽，从而降低了人类的死亡率，人类还可以用火围攻猎取野兽。生食转为熟食，使食物中的营养更易吸收，缩短了消化过程，也扩大了食物的来源，这对人类肢体和大脑的发育都产生了极为有益的影响。火带来了光明，让人类即使在夜间也可以活动，延长了活动时间；火带来的温暖，可以让人们向较为寒冷的地区迁徙并居住，扩大了人类的活动区域。当原始人类了解火带来的巨大好处后，火便成为关乎人类生死存亡的不可或缺的重要工具。火逐渐影响到人类生产生活的方方面面，人们同时也发现火种是那么难以保存，这便使他们产生了人工取火的强烈愿望。也许，正是在日常生活中人们无意间发现强烈碰撞的两块石头会产生火花，或是木器间长时间的摩擦可以产生热量。总之，最早的人工取火方法，可能是用燧石相击引燃易燃物，或以木木相摩擦而生火。火的使用和人工取火，又为制陶技术和冶炼技术的产生奠定了基础。

这种生产劳动，不仅是为了一代人能够生存下去，而且也是为了子孙后代能够绵延不绝。因此，“北京人”开始从事生产劳动的时候，同时也对自己的后代进行生产劳动教育。比如，当他们制造石器的时候，年长一代就告诉孩子们应该采集什么样的石块做原料，以及应该如何摔打、敲击和修制，才能做成石刀或其他工具。当他们围攻野兽的时候，年长一代就告诉孩子们应该怎样追捕、怎样使用武器、怎样互相配合等。当他们用火烤兽肉的时候，年长一代就会告诉孩子们火的用途，告诉他们如何保存天然火种。火不仅可以取暖、照明、把生的食物烤熟，而且还可作为与野兽斗争的工具。人类最初的教育，就是从日常生产生活中点滴的知识传授开始的。

根据“北京人”化石大脑的发育完善程度可推断，他们已有了语言。“北京人”依靠自己的劳动经验，以语言为交际工具，结为群体与自然作斗争，以获取生活资料。他们为了种群的延续和发展，便把打制和使用石器、利用天然的火等劳动经验传授给下一代，使其成为教育的主要内容。随着劳动技术的不断创新、集体合作范围的扩大，教育的内容和方法也日渐丰富与发展。

从“北京人”的生产生活可以看出，我国的教育起源于人类的生产劳动和社会生活，起源于原始社会传授生产经验和社会生活经验的需要。关于这方面的内容，古籍中也多有记载。《韩非子·五蠹》曰：

上古之世，……民食果蓏蚌蛤，腥臊恶臭，而伤害腹胃，民多疾病。有圣人作，钻燧取火，以化腥臊，而民说之，使王天下，号之曰燧人氏。

在人工取火这一技能发明的同时，也伴随着传授与推广的教育活动。《白虎通》就直接指出这是教育的内容，认为其“钻燧取火，教民熟食”。

人类的居住也是这样，《韩非子·五蠹》曰：

上古之世，人民少而禽兽众，人民不胜禽兽虫蛇。有圣人作，构木为巢，以避群害，而民悦之，使王天下，号曰有巢氏。

在上古时代，人口稀少，鸟兽众多，人民受不了禽兽虫蛇的侵害。这时候出现了一位圣人，他发明了在树上搭窝棚的办法来避免遭到各种伤害。人们因此很爱戴他，推举他来治理天下，称他为有巢氏。

教人筑巢、盖房，这是生产教育；教人由穴居改为巢居，则是生活教育。这两种教育，在原始社会也是互相结合进行的。

《太平御览》卷七十八引项峻《始学篇》曰：

上古皆穴处，有圣人教之巢居，号大巢氏，今南方人巢居，北方人穴处，古之遗俗也。

《尸子》曰：

燧人上观星辰，下察五木，以为火。燧人之世，天下多水，故教民以渔。

《白虎通·号》曰：

古之民皆食禽兽肉，至于神农，人民众多，禽兽不足，于是神农因天之时，分地之利，制耒耜，教民农作。

燧人氏钻燧取火、伏羲氏教民狩猎、神农氏教民农作等传说，充分说明我们的祖先在集体的生产劳动中积累了丰富的生产经验、生活经验，并通过教育来传授和提高人的生产生活技能，推动社会向前发展。由于物质资料的生产是人类最基本的实践活动，是人类生存和发展的基础，所以社会生产的需要，则是教育起源的第一动因。原始人类在旧石器时代的生产生活中，用到的是实用技能，而不是理论或科学知识，例如人工取火，只要用力击打火石发出火星去点燃干燥的易燃物，并不需要懂得涉及氧气的燃烧理论。人类所掌握的这些广泛的自然知识，都是直接从日常生产生活的经验中得来的。

岁月的更替使原始社会的教育内容逐渐丰富起来，人类除了对生产生活知识、劳动技能的传授外，还包括军事、宗教、文艺等多方面的知识传授。这种传授的教育具有社会性，但没有阶级性。它还没有从社会生产及原始政治、宗教与艺术活动中分离出来，成为专门的活动。由于文字尚未产生，口耳相传与行动模仿，便成为原始教育的主要手段和方式。

原始人群经过几十万年同大自然的艰苦斗争，终于进入原始氏族公社阶段。氏族公社的形成，促进了生产力的发展。这时，在原始人群内部出现了最初的社会分工。这一变化，标志着人类社会结构有了新的进步，社会生产力有了新的提高，文化教育也有了新的发展。氏族公社的教育活动分为两个阶段，即母系氏族公社时期的教育和父系氏族公社时期的教育。

大约从 1 万年前开始，我国社会已由原始人群进入到母系氏族公社时期。当时，由于妇女从事采集和由此发展起来的农业生产，能提供比较稳定的生活资料，加之实行“族外婚”，人们只能确认其生母而无从识别其生父，所以妇女在整个社会生活中占有重要地位。根据人类生存遗址资料考证，这个阶段的生产力水平有了较大的提高。这时农业已经出现，处于“锄耕农业”阶段。谷物有粟（小米）和稻等，谷物加工的工具有石磨盘等，用于去谷皮。人们已经开始种植蔬菜，品种有白菜和芥菜等。家畜饲养业也已经出现，主要饲养猪和狗。也就是说，人们除狩猎外，农业生产劳动已经成为取得生活资料的重要手段。人们不仅使用石制的劳动工具，而且还使用兽骨、陶片、麻和木等原料制造的工具。

距今约6000年的西安半坡文化遗存，反映了母系氏族公社繁荣时期的生活图景。这个氏族村落是以农业为主，兼有渔猎、制陶等生产活动。石器已由打制过渡到磨制，出现了光滑、锋利、准确而合乎规格的各种生产工具，如斧、锛、凿、刀、铲、纺轮等，以及谷物加工用的石磨。此外，还有各种渔猎工具，如镞、矛、弓、网坠、渔叉、鱼钩和渔网等。这表明当时已经形成以原始农业为主，辅之以家畜饲养、狩猎采集和原始手工业的经济结构。此时，原始先民的手工业已经相当发达，这与人们过着定居生活是分不开的。它的主要手工业有制陶器、石器、骨器、纺织、编织等。

西安半坡文化遗存最有特色的工艺是陶器制作，陶器的种类有钵、盆、碗、壶、瓮、罐、甑等，它们既是实用的工具，又是一种艺术创作。彩陶器上的纹饰：奔驰的鹿、飞翔的鸟、张着大口的鱼、同心扩散的水波，以及人面鱼纹的图案，等等，既是生动逼真对自然和生活的描绘，也凝结着人们的丰富想象、宗教观念和对美的感受。

制陶是一种专门工艺，一般由有经验的妇女掌握。成人有目的、有意识地指导年轻一代学习这种技术，这正是远古时代从原始人群到进入母系氏族公社之后生产和教育的历史。

在西安半坡出土的彩陶中，常见陶器有粗砂罐、小口尖底瓶和钵。彩陶十分出色，红地黑彩，花纹简练朴素，绘人面、鱼、鹿、植物枝叶。陶器上刻有各式各样的符号50多种，有人认为，这可能是一种原始文字，是中国文字的最早萌芽。

我国黄河流域的大汶口文化、齐家文化，以及江淮地区的良渚文化都表明，大约在距今5000年时，我们的祖先已先后进入父系氏族公社时期。关于父系氏族公社时期创制发明的传说十分丰富，几乎都集中在部落联盟的首领黄帝身上，如：

> 黄帝作宫室，以避寒温。(《初学记》卷二十四引《白虎通》佚文)
>
> 黄帝见百物，始穿井。(《初学记》卷七)
>
> 黄帝作车，引重致远。(《古史考》)
>
> 黄帝采首山铜，铸鼎于荆山下。(《史记·封禅书》)
>
> 黄帝作弩。(《古史考》)
>
> 蚩尤作乱，不用帝命。于是黄帝乃征师诸侯，与蚩尤战于涿鹿之野，

遂禽杀蚩尤。(《史记·五帝本纪》)

黄帝使羲和占日，常仪占月，臾区占星气，伶伦造律吕，大桡作甲子，隶首作算数，容成综此六术而著调历也。(《史记索隐·历书》)

这类传说，虽不能据为信史，但总的来看，仍旧反映出原始社会末期生产技术和文化的多方面进展，使教育内容得到进一步丰富和发展。尤其引人注意的是，武器制作和作战训练已经成为教育的新内容。

这时，人们的生产生活不再以氏族为单位，而是以一夫一妻的家庭为单位，氏族的作用日益削弱。随着生产力的发展，农业和畜牧业更加重要，人们的主要生活资料不再依靠狩猎、捕鱼，而是来自农业和畜牧业。在农业和畜牧业生产中，男子占据了原来由妇女从事的经济领域，其地位也越来越重要，并逐步取代妇女成为生产的主力，妇女被排挤到次要地位。

当时的生产工具仍以石器、骨器为主，但石器的加工则更加精致、锋利，种类也更多，铜器制作开始萌芽，农业、畜牧业和手工业之间的社会分工进一步扩大，各种产品的交换关系已经出现。随着社会生产和社会生活的发展，这一时期的教育活动也进入了更加自觉的状态。主要表现在以下几个方面：

第一是教育的目的更加明确了，就是把青少年一代培养成合格的氏族公社成员，使他们能根据社会分工，在某一生产部门内从事一定的生产劳动，能够严格遵守氏族内部的道德规范和风俗习惯，能参加氏族内部举行的各种活动。

第二是教育的内容更加丰富，除生产劳动外，还有民主议事、宗教信仰、道德风俗和艺术活动等。这是当时社会生活中不可缺少的，也是每一个氏族成员必须做到的。因此，年轻一代从小就要跟随长辈们学习各种生产劳动技能，熟悉氏族内的信仰、风俗，参加各种礼仪和艺术活动。

第三是教育形式更加多样，年长一代对青少年一代的教育，除在各种社会活动中进行外，随着语言、思维的发展，口头传授的方式也越来越多样。

由此可见，石器时代的人类教育活动主要是在集体劳动和集体生活中进行的。它直接起源于人类的生产劳动和社会生活，并服务于人类的生产劳动和社会生活。也就是说，教育从产生开始，就与人类的经济社会生活有着密不可分的关系。没有经济社会生活，就不可能有教育；没有教育，经济社会生活也不可能得到发展。教育是由一定的社会物质生活条件决定的，教育对一定的社会物质生活条件又会产生很大的影响。原始社会的生产力发展水平很低，人们为了满足最低限度的物质生活，不得不把绝大部分精力用在生产劳动上。因此，生产劳动几乎成为原始社会人们的唯一活动。这就决定了原始社会的教育只能为生产劳动服务，围绕生产劳动进行。又由于生产力水平低下，原始社会的教育还仅仅处于萌芽状态，但其中也隐含着朦胧的教育经济意识。教育知识只能由年长一代对年轻一代在渔猎、采集、饲养、种植和从事手工业生产的过程中进行传授，原始社会的教育充分显示了原始社会的特点。原始社会初期的这种教育活动，尽管是十分原始的，但毕竟是一种有目的、有意识的自觉活动，它一经出现，便成为人类进行生存斗争的重要手段。

第二节　夏、商、西周的教育与经济

在氏族社会末期，贫富分化已开始，氏族和部落领袖已经取得了一些特权，私有财产和阶级的分化已开始萌芽。这种趋势的发展促进了阶级的出现，形成了奴隶制社会，并产生了奴隶制国家，这是合乎历史发展规律的。在当时条件下，奴隶制的产生是社会的一大进步。奴隶制社会的变革，是随着私有制的产生而发生的。它决定了以后几千年存在着的阶级剥削和阶级社会中教育的基本特点，即教育成为剥削阶级的统治工具。

一、夏王朝统治者对劳动技能的重视和传播，客观上促进了知识的传授、经济的发展和社会的进步

社会的变革促进了经济的发展，劳动技能和生产技术的传授，使夏朝农业文明达到很高的程度。考古发现，此时已经有谷、稻、麦、菽、瓜等多种农作物。据文献记载，夏朝实行“五十而贡”的税收制度，各部落都要按收入的一定比例向中央政府纳税，后世的井田制度在夏代就已经存在，只是还没有大规模推广。

据载，夏朝的畜牧业有一定发展。有一大批奴隶从事畜牧业的饲养劳动，还有一些专门从事畜牧业的氏族部落。马的饲养得到很大重视。此外，制陶业在夏朝可能已成为一个独立的重要行业。

有关夏朝社会发展的情况，古代文献记载既少，又大多模糊不清。关于夏朝的

地下考古工作，目前还在继续探索中。经过多年的调查和发掘，在河南西部和山西南部等地，发现了一种介于河南龙山文化和郑州二里岗早商文化之间的文化遗存，以河南偃师二里头遗址的内涵较典型，称为“二里头文化”，被认为可能是夏朝中晚期的都城遗址。

二里头遗址位于偃师区二里头村及其周围，该遗址南临古洛河、北依邙山、背靠黄河，范围包括二里头、圪垱头和四角楼三个自然村，面积不少于 3 平方千米。二里头遗址对研究华夏文明的渊源、国家的兴起、城市的起源、王都建设、王宫定制等重大问题，都具有重要的参考价值，被学术界公认为中国最引人瞩目的古文化遗址之一。根据测年结果，二里头遗址年代分布为公元前 1750—公元前 1600 年（一说公元前 1730—公元前 1520 年）。二里头遗址于 1959 年开始发掘，遗存可划分为四个时期。遗址内发现有宫殿、居民区、制陶作坊、铸铜作坊、窖穴、墓葬等遗迹。出土有大量石器、陶器、玉器、铜器、骨角器及蚌器等遗物，其中的青铜爵是目前所知中国最早的青铜容器。

二里头遗址发现了铸铜、制玉、制石、制骨、制陶等作坊遗址，清理出大量青铜器、玉器、骨器、陶器。其中青铜爵、青铜斝形制古朴庄重，这是中国发现最早的青铜容器，用合范法铸造。这些青铜器的铸造，标志着中国青铜器铸造进入了新纪元。

遗址中还出土有数件镶嵌绿松石的兽面铜牌饰，制作精美，表现出极其熟练的镶嵌技术，是中国最早的铜镶玉石制品，也是不可多得的艺术珍品。其他铜器还有生产工具刀、锛、凿等，武器戈、戚、镞等，乐器铃等。二里头遗址的玉器数量丰富，独具风格，器形有圭、璋、琮、钺、刀和柄形饰等，多为礼器。

据测定，二里头遗址属于夏朝纪年范围内。目前，虽然还没有足以确定它是夏朝文化的直接证据，但它所提供的丰富考古资料，有力地推动了探索夏朝文化的工作。

在典籍记载中，夏朝的经济技术已经产生并开始传播，这与王位继承者的重视和亲力亲为关系极大。孔子称禹“卑宫室而尽力乎沟洫”。韩非子也赞扬禹“身执耒锸以为民先”。禹整治沟洫，躬耕农业，为发展原始农业做出了贡献。传说禹时奚仲造车，禹命奚仲为车正，“禹穴之时，以铜为兵，以凿伊阙，通龙门，决江，导河，东注入东海”。传说禹平水土定九州，所谓“芒芒禹迹，画为九州”（《左传·襄公四年》)。传说禹的大臣仪狄开始造酒，夏王少康又发明了秫酒的酿造方法。传夏启使蜚廉采金于山川，又命人在昆吾（夏同盟部落，善冶铜）铸鼎。启作九韶乐舞，并在大穆之野举行乐舞大会。为了适应农业生产的需要，夏朝还探索出了农事季节的规律，据载，现代仍旧流行的农历就是那个时代发明的。夏朝还记录了我国最早的天象和地理现象，桀十年“夜中星陨如雨”，这是我国最早的流星雨之记录。是年，地震，伊、洛竭。如此种种，足以说明夏王朝的继任者对劳动技能的重视和传播，客观上促进了知识的传授、经济的发展和社会的进步。

这时，关于农业知识及有关天文历法方面的研究，有了很大的进步。《史记·夏本纪》记载夏启伐有扈氏时曾发布《甘誓》，列举了有扈氏的罪行：“威侮五行，怠弃三正”。哲学史上认为这是我国历史上最早关于“五行”的记录，以不重视“五行”作为征伐的重要原因，的确很能说明夏初是按照四时之命发展生产的。至于“三正”，清初教育家王夫之对此解释说，夏朝设有名为“三正”的官员，负责“事天”“事地”“治人”。“三正”之中有“二正”是属于天地自然之事的，他们经管历法、农业生产一类的事。也许正因为如此，夏朝的历法十分著名，孔子曾主张用“夏之时”。相传夏朝的历书《夏小正》中就出现了节气和干支记日法。至后代，《夏小正》一直为人们所重视。这些实例，皆可以说明夏朝历法科学的发达。当代科学家揭示，《夏小正》保留着夏历的一些内容，其中有丰富的天文、物候和农业知识，是一种方便农业生产的历法，这大概是孔子主张使用夏历的原因。

夏朝经济技术的产生与传播，农业知识及天文历法的研究应用，促进夏朝对教育的重视，夏朝的文教政策也有利于科技人员的培养。据《史记·天官书》记载，我国历史上第一位知名的天文学家，就是夏朝的昆吾，他的成功正是得益于当时的文教政策。夏朝重事功，《左传·文公七年》记载的《夏书》佚文说：“戒之用休，董之用威，劝之以九歌。勿使坏。”这是历史上著名的“六府三事”的原始出处，春秋战国时期的人们还见到了《夏书》中的这一记述，并将其载于史册。

这段文字，有助于我们了解夏朝提出的“六府三事”说。所谓“六府三事”，据典籍记载，指为政者必须完成的六种善政和必须遵循的三项治道原则。六种善政是指有关“水、火、金、木、土、谷”的生产事宜，而要做好这六个方面的工作，必须遵循三项原则，即“正德”“利用”“厚生”。“六府”之事几乎囊括了古代的工农业生产，以及天文、地理等类科学事业。而“三事”则要求治术人才必须正身修德，善于利用自然以造福天下百姓。这九方面内容，因其至关重要，故又称为“九功”。为了广泛进行这一教育，当时的人还编成“九歌”流传四方、传之后世。夏王朝之所以能够提出和重视“九功”，是基于夏朝开国的经验。《论语·泰伯》记载禹“尽力乎沟洫”。说明夏禹不仅曾经带领百姓与洪水搏斗，取得重大的胜利，而且重视兴修水利，造福于民。这一“地平天成”之功，就是“九功”的内容，这证明统治者只要真正实施“九功”，必然能够“允治，万世永赖”。虽然这些内容出自后世文献的追述，但“六府三事”一直为后世所重视，这为我国古代科技教育指出了主要内容和实施原则，其影响至为深远。

彼时，中国历史正由原始社会向奴隶制社会过渡，大约4000多年前，奴隶制作为一种社会制度，在夏朝最先建立。经过商代到西周而极盛，共1300多年之久。《礼记·礼运》所说的“大道既隐，天下为家”的社会，大体指的就是夏、商和西周。那时原始公社制度已经崩溃，所以言“大道既隐”；私有制度已经确立，所以说“天下为家”。尧、舜的“禅让”已变成夏禹及其以后的传子制度，这是私有制的反映。为了保护私有制和奴隶主阶级的利益，国家和仪礼法制便产生了。奴隶主阶级掌握国家机器，并使之日益完备。

二、随着文字的出现，殷商时期已有专门的官方教育传播机构，社会分工明确

奴隶制社会的经济以农业为主，但生产条件有所改善。《史记·夏本纪》记载，禹“居外十三年，过家门不敢入”。他用疏导的方法，导小水入于川，导川水以入海，不仅消除了洪水之灾，还为农业生产发展创造了条件。奴隶制社会的土地属于国家所有，奴隶在严密的组织下进行生产。奴隶主役使大量的奴隶从事集体的农业生产，农业生产技术有所提高，因而农作物产量也大幅增加。在社会分工方面，畜牧业已与农业分离，农业和手工业分工更为明确。手工业逐渐发达，大批奴隶被驱入作坊，分为很多门类和专业进行生产。其中最主要的是青铜铸造业，冶铸技术大为提高。如殷墟出土的“后母戊鼎”，重达832.84千克，可以代表当时青铜制作的技术水平。青铜器的出现，标志着人类文明进一步发展。

伴随着经济社会的发展，这一历史时期发生了三件与教育有关的事情。

一是成熟文字已经开始产生。如果说氏族公社时期的西安半坡原始先民，他们在彩陶钵口上刻制的还是代表不同意义的记事符号，那么，这时的文字已基本形成，

并趋于成熟。商代的文字主要保留在龟甲和牛骨上，因之被称为“甲骨文”。它的内容多为记录占卜之事，即卜辞。少量的铜器上也有一些文字，称铭文或金文。甲骨文实际是商朝贵族的档案，是他们对祭祀、征伐、狩猎、疾病、农业的丰歉、天气的阴晴风雨等情况的记录。目前出土的甲骨卜辞有10万余片，甲骨文单字总数约有4500个，其中释读出的有1000余字。这说明，到了商代后期，文字已经基本成熟。文字的发明，为文化教育的发展创造了有利条件。有了文字才能积累知识，才能提供学习材料，文字的成熟客观上促进了奴隶制社会文化教育的发展。

二是学校已经出现。社会以及工农业日益发展，使一些贵族可以脱离生产专门办教育或者接受教育；已经产生并日趋完善的国家机器需要专门的教育机关培养官吏和知识分子；文字的产生，文化知识的日益丰富，使学生有了更便利的学习工具和更丰富的学习内容。这样，有组织、有计划地传授文化知识便有了必要性和可能性。于是，在奴隶社会时期，学校就产生了。后世文献中有夏朝已存在学校的记载。《孟子》曰“夏曰校”，其他古籍又说夏有“庠”“序”，应不是全无根据。商朝是当时的文明大国，设立学校条件较为成熟。《孟子》曰“殷曰序”，《说文》与《汉书·儒林传》则谓“殷曰庠”。这种“序”与“庠”，可能在前代已有，到殷商时得以进一步发展。

商代的“庠”在文献和卜辞中均有记载，文献记载此时的“庠”同夏朝一样，以养老为主要职能。《礼记·王制》记载，“有虞氏养国老于上庠，养庶老于下庠。夏后氏养国老于东序，养庶老于西序。殷人养国老于右学，养庶老于左学”。有人认为，“左学”即为下庠、小学，位置在国中王宫之东。

见于文献记载的殷商学校除有庠、序以外，还有“瞽宗”这一新型的教育机构。所谓“殷学瞽宗”，原为乐师的宗庙，是用作祭祀的场所。祭祀中礼乐相附，瞽宗便逐步变为对贵族子弟进行教育的机构。商朝颇重视音乐教育，故有“殷人以乐造士，其学为瞽宗”的说法。按照先秦文献的记载，商朝的瞽宗位于国都南郊明堂西门之外，故也称为“西学”，这些都是官学的雏形。

三是脑力劳动和体力劳动分离，劳动分工十分明确。随着生产力的发展，社会出现了进一步的分工，有一部分人可以脱离生产，从事脑力劳动，这逐渐使脑力劳动和体力劳动对立起来。巫、史、卜、贞人，则成为脱离生产劳动的文化官吏了。

在卜辞中，经常可以看到在商王室供职的“臣”“王臣”及“小臣”。“小臣”分司王室各项事务，有的管理农业，有的驾驭车马，有的从事征战，有的参与祭祀，有的参加王室的典礼，有的则以王者使者的身份传达王命。商王室的甲骨卜辞从记录到检视、归档等，形成了一套完整的工作程序，每一个环节均由“小臣”分工负责。可见，“小臣”是一种经过一定专业训练的国家公职人员。有学者认为，“小臣”是商王所属部族、方国在王室贡职的工作人员。这种贡职形式当是我国贡士制度的初级形态，“小臣”可能是西周“贡士”之“士”的前身。因此，商朝“小臣”的培训就可能与西周养士的程序有着一定的关联。从某种意义上说，商朝的诸侯部族向商王贡入的是熟练的国家公职人员和技术人员，对这些“小臣”的专业知识和技术培训，应当是在贡入王室之前完成，并且是在本族内部进行的。由此来看，商代的职能性教育保留了氏族部落之间的自然分工及氏族文化的本色。

文字的产生、学校的出现和劳动的分工，在促进经济发展和社会进步的同时，客观上促进了科技知识的普及和教育的发展。此时出现的商代历法已经为阴阳合历，以月亮圆缺一次为一个月，一年为十二个月；有大月小月之分，大月三十天，小月二十九天；闰置于年末，称为“十三月”。在商代晚期君王祖甲以后，已出现年中置闰的办法，或三年一闰，或五年一闰。用置闰调整朔望月和回归年之长度，故称“阴阳合历”。商代还有干支记日法、记旬法。

商朝陶文和卜辞中均有记数文字，除单位数外，尚有十、百、千、万，复位数已记到四位，已经能进行一般算术运算，绘制复杂的几何图形。

商朝巫、医不分，巫主持占卜祭祀，兼治病。其方法是由巫祭祀祝祷以祈病愈，或用药物治疗。卜辞中有记载疾病的资料近五百条，涉及的疾病部位有十多种，称作“疾首”“疾口”“疾目”“疾耳”“疾齿”“疾身”“疾足”等。传说“伊尹为汤液”，汤液之用或始于商代。

《礼记·表记》曰：“殷人尊神，率民以事神，先鬼而后礼，先罚而后赏，尊而不亲，其民之敝，荡而不静，胜而无耻。”从文字可以看出，商朝文教政策的特点就是重神，是以神巫来立教的，这影响和制约了殷商时期整个的教育活动。商朝的大学、宗庙、神坛密不可分，是施礼观化的场所，敬事鬼神是当时教育的重要内容。在迷信思想十分严重的商朝，知识分子多是神职人员，除了施行宗教事务外，还传授各种文化知识。例如《吕氏春秋·勿躬》篇说：“巫彭作医，巫咸作筮。”作医的巫，就可能是传授医学知识的医师。又如《史记·天官书》说：“昔之传天数者，……

殷商巫咸。”证明当时的巫不仅婆娑降神，而且还传授天文、历法、医学等自然科学知识。尽管商朝文教政策的特点是重神，但是与人们的经济社会生活仍然有着十分密切的关系。

中国古代文化包括文学、音乐、艺术、医药、文字、天文、历法、历史等学科，都在商朝奠定了初基。例如与农业关系最为密切的历法，商朝已知道四分历并知道加入闰月（十三月），知道推测冬至点，以丑月（阴历十二月）为岁首，虽然还不能测定冬至点真实所在月（子月），但比史料中所载的夏历建寅是有所改进的。依据历法所达到的水准，可以推算其他学科的一般水平，而商代的教育与社会发展情况大体上是相适应的。巫史文化是中国文化的源流，这个文化的代表主要是巫和史，创造这个文化的主要是奴隶劳动。奴隶劳动又培养出一群掌握专门技术的百工。百工是百姓中占有手工业奴隶的奴隶主，他们世代相传，积累起手工业技术方面的专门知识，促进了当时经济社会的全面发展。

三、“学在官府”是西周教育制度的主要特征，“六艺”为教育的基本内容

“学在官府”是西周教育制度的主要特征。“学在官府”主要体现在学术和教育为官方所把持，国家有文字记录的法制规章、典籍文献以及祭祀典礼用的礼器，全都掌握在官府手中，普通百姓根本无缘接触到。民间无学术，也就无学校教育可言，只有广义上的生产劳动和社会生活教育，而此类教育通常都是融合在生产和生活中进行的。

西周的政治体制是领主贵族制度，诸侯、大夫都有自己的世袭领地，政府的官职也多是世袭的，史称“世卿世禄”。在这种体制下，培养治国人才的学校教育，其对象必然以贵族子弟为主，即所谓“国子”，他们的教育自然由官方来安排。

“学在官府”具体表现为官师不分和政教合一。官吏既负行政职责，也有教学的任务。比如，有学者认为，西周时国学的主持者负责祭祀和国家典礼，是国家最高礼乐官，同时兼管国学教育事务。国学既是施教的场所，又是国家举行重大礼仪活动的地方，如祭祀、乡射、献俘等活动都在国学进行。各级乡学也是地方举行乡饮酒礼、乡射礼、士人议政、养老尊贤活动的场所。政事活动本身也就是学校教育的重要内容，学生在参与政事的过程中接受各种教育。

“学在官府”的体制，形成了从中央到地方较为完善的学校教育体制及以礼、乐、射、御、书、数等“六艺”为主体的教育内容。

政教一体、官师合一是“学在官府”的重要标志。学校教师由官吏兼任，大乐正总其事，下设许多官员分管各职，据《礼记·文王世子》记载，有大乐正、小乐正、大胥、小胥、大司成、籥师、籥师丞、太傅、少傅、师保等，大部分乐官兼任贵族子弟的教师。“乡学”的教官，由地方各级行政首长兼任，大司徒总其成，并由退职的大夫和士任“乡学”教师。

西周统治者以小邦周，打下了大邑商，这使他们自己的思想受到很大的震动，促使他们认真总结商朝灭亡的教训，充分认识文教政策的重要性。殷人主张“尊神”，形成了崇尚虚无的社会风气，即所谓“其民之敝，荡而不静”。为了纠正这一弊病，西周的文教政策提倡“忠”，即“近人而忠焉”，形成了以“明人伦”为教育宗旨，旨在培养统治阶级的治术人才，就是“崇四术，立四教，顺先王诗书礼乐以造士”（《礼记·王制》）。

西周的学校集前代之大成，汇合各种学校，形成一套比较完备的学制体系，分为“国学”和“乡学”两种。西周的教育内容涉及很多方面，《礼记·王制》载：“春秋教以礼乐，冬夏教以诗书。”《礼记·文王世子》又载：“春夏学干戈，秋冬学羽籥”“春诵，夏弦”“秋学礼”“冬读书”。可见西周的教育内容是以礼、乐、射、御、书、数等“六艺”为基本内容的。国学与乡学略有出入，按《礼记·王制》载：“司徒修六礼以节民性，明七教以兴民德，齐八政以防淫，一道德以同俗。”据此可以看出，西周的教育内容的确是由造就“修己治人”治术人才的总目标决定的，对于生产知识和自然科学极为忽视，这是奴隶制社会教育的一个重要特点，整个封建社会的教育也深受其影响。

综上，文字的产生、学校的出现以及官府对教育的重视，不仅使劳动分工更加细致，而且出现了许多促进经济社会发展的新生事物。商代的手工业已相当兴盛。商、周有所谓的“百工”，说明手工业分工日益精细。到了西周时代，车已广泛使用，这是一门综合手工业，需要更细的分工。这时的商业也逐渐发达起来，西周有了贝和金属货币，产生了经济和文化交流。随着国家的产生、手工业和商业的发达，城市也逐渐形成发展起来，成为政治、经济、文化、工商业的中心。

第三节　西周教育经济思想

进入奴隶社会，教育与人们生产生活的关系更为密切，也正因为如此，文字、学校、教师以及脑力劳动与体力劳动的分离，都从这一历史时期开始，同时也产生了许多对后世有影响的教育思想和教育家。

一、姜尚提倡道德教化与生产教育兼顾

姜尚为西周的开国元勋，是文、武二王的老师，托他之名所著的《六韬》，号称“东方谋略之祖”，姜尚是我国“治术教育”的开创者。如果说周公开创了鲁文化，是我国儒家教育思想的源头，那么，姜尚则开创了齐文化，是管仲与稷下教育思想流派的源头。作为齐文化先师的姜尚，他的教育思想在教育思想史上占有重要地位。

姜尚的教育思想是十分丰富的，包括治术教育思想、社会教化思想及兼容并包的学风等。其中最突出的是富国强兵的社会教化思想，他主张社会教化应该兼顾道德与生产两个方面，将其视为富国强兵之道。可以说，姜尚是我国历史上最早将教育与经济结合起来进行考察的人，他的这一思想对西周的教育以及经济社会的发展都产生了较大的影响。

姜尚注意社会教化，并采取了一些独创的措施，收到了极好的效果。其一，他主张因地制宜。据《史记·鲁周公世家》记载，伯禽治鲁，是用周礼来改造鲁国固有的风俗传统，收效慢，结果三年后才向周公报政。姜尚与其不同，他从齐地原有文化传统出发，因地制宜，不照搬周礼，只用了五个月就向周公报政，周公对其予以肯定。他说：“夫政不简不易，民不有近，平易近民，民必归之。”后四方之民多归齐国，这与姜尚因地制宜实施社会教化分不开。其二，他主张将道德教化与发展生产相结合。《史记·齐太公世家》记载，太公至齐后的治国方略是“修政，因其俗，简其礼，通工商之业，便鱼盐之利”。他在进行社会教化中，把道德教育与生产教育密切地联系在一起，把教育看作富国强兵的重要措施。教以君臣之礼，化民以俗，这是一般社会教化的内容，姜尚治齐也不例外。《史记·鲁周公世家》中的“简

其君臣礼，从其俗为也”，就属于这方面的教化。《史记·货殖列传》说太公治齐还重视地利之教：“故太公望封于营丘，地潟卤，人民寡，于是太公劝其女功，极技巧，通鱼盐，则人物归之，繦至而辐凑。故齐冠带衣履天下，海岱之间敛袂而往朝焉。”教之以能，齐地自太公以后，就有多种经济发展，较早呈现了农、工、商各业并举的局面，并使手工技艺的传授取得令人瞩目的社会效果。例如著名的织造技术，齐国至春秋时期就能“织作冰纨绮绣纯丽之物”（《汉书·地理志》）。据颜师古考证：“冰，谓布帛之细，其色鲜洁如冰者也。纨，素也；绮，文缯也，即今之所谓细绫也。纯，精好也。丽，华靡也。”足见织造技术的高超。至秦之后，齐地设有服官和铁官等官营手工作坊，应当说其手工技术的基础，是自太公治齐时奠定的。

二、周公“敬德保民”思想把教育置于经济社会发展的重要位置

周公姬旦，是我国古代杰出的政治家、思想家和教育家，谥文公，是周文王的第四子，周武王的胞弟。周公是西周的开国重臣，又是周成王的老师。政治上，周公“继文王之业，履天子之籍，听天下之政”（《淮南子·氾论训》），实现了制礼作乐的大举，创造了西周一代灿烂的政治、思想、文化和教育，被誉为“郁郁乎文哉”（《论语·八佾》），为后世所敬仰。

历史上素有“周孔之教”的称谓，反映出周公在中国教育史上的崇高地位。他不仅对以孔子为代表的儒家教育思想有开启作用，而且，在我国古代教育思想体系的形成方面，也是一位提示“路径”的先导者。他把教育置于经济社会发展的重要位置，大胆选拔任用德才兼备人才，开中国教育经济思想史、人才思想史之先声。

（一）“敬德保民”重教思想的提倡。“敬德保民”是周公的政治主张，运用于教育上，则是将“敬德”专为重教，强调教师的重要性；把“保民”专为教民，大力提倡社会教化。周公的“敬德保民”思想，是对殷人敬神事鬼的修正和补充，对于我国传统教育重人事、轻神事特点的形成，具有开创意义。奴隶社会发展到周公之时，已经历了相当长的时期，留下了较多经验，特别是“小邦周”灭“大邑商”，是历史上所罕见的，这不能不引起统治者的震动和思想家的思考。周公认真总结历史教训，深刻揭示了敬德的重要性。他说，“我不可不监于有夏，亦不可不监于有殷”（《尚书·召诰》）。以夏朝和商朝的灭亡为“鉴”，他向周朝的统治者提出了一个十分

严肃的问题，即夏、商两代承天受命，为何国祚不得其延，“早坠厥命”呢？他认为这都是由于夏、商统治者“唯不敬厥德”所致。周公郑重指出，敬德的程度决定着天命的得失和国运的兴亡，从政治高度论述了道德教育的重要性。

在灭殷伐商战争中目睹殷人的阵前倒戈后，作为思想家的周公敏锐地觉察到民情不可辱，由此，他指出统治者必须重视民情的向背，明确提出“保民”的主张。周公以德教民，注重社会教化的思想，直接为后世所继承。我国古代“化民成俗”“以教化为大务”传统的形成，周公是首开其端者。

（二）“制礼作乐”与教育政治伦理化的发端。史家普遍认为，周公的重要业绩是制礼作乐，这是他对整个社会实施道德教育的基本形式。据史籍记载，他曾倡导籍田礼，即始耕礼。每年春天，周天子到国都南郊的公田，举行一次始耕典礼，表示提倡勤劳耕作之风。周公提倡始耕典礼，对于巩固新田制，形成重视农业生产和勤于公田耕作的风气，以及推动社会进步都发挥了重要的作用。

就周公制礼作乐的内容分析，周礼有着鲜明的政治伦理化的倾向。例如，对“孝”和“友”这两项道德规范，周公曾大力提倡，他认为人之罪恶莫大于“不孝不友”，如果人民到了“不孝不友”的地步，就是天理灭乱之时，就必须用文王所制定的刑罚严加处治，不得姑息。“孝”的教育古已有之，而周公的贡献在于使其由殷人以孝来敬神祭祖，转入现实的家庭内部，使之成为协调家庭人伦关系的道德规范。他认为孝敬父母就要负奉养之责，使父母幸福，做人子的应当以尊敬之心服侍父母，为之劳作，不得伤害父母的心；做父母的应当负责抚养子女，不使其染患疾病。周公倡导的孝道，明确规定了人在家庭中应尽的基本义务和享有的权利，其目的在于维护宗法制度。周公改制后，孝的教化使得君权、父权、夫权三位一体的宗法观念得以萌芽。从此，孝的教育便成为“经国家，定社稷，序民人，利后嗣”（《左传·隐公十一年》）的重要手段。

（三）恭谦礼贤与人才思想的初创。周公认为治国安邦、成就大业，必须有贤才的大力辅佐。为了尊贤用贤，周公谦恭自律，并以此教育自己的儿子伯禽。当伯禽代他去治理封地鲁国时，临行前，他谆谆告诫说，“我文王之子，武王之弟，成王之叔父，我于天下亦不贱矣。然我一沐三捉发，一饭三吐哺，起以待士，犹恐失天下之贤人。子之鲁，慎无以国骄人”（《史记·鲁周公世家》）。周公以自己一贯恭敬待贤的实例，要求儿子千万莫要以为自己官大位显而轻视贤士，体现了他对于人才的高度重视。“周公吐哺，天下归心”的美谈，就来源于此。

为任用真正的贤才，周公特别强调要把识人置于首位。周公以自己的实际体会指出，对担任不同官职的人的德与能，应按不同的标准，从不同角度进行考察，且应着重考察其德才与所任官职是否相称。这就是后世所称的“三宅考吏法”：“宅乃事，宅乃牧，宅乃准”（《尚书·立政》）。它要求对治事之官，应着重考察其是否善于理事；对牧民之官，应着重考察其是否能使民安居乐业；对执法之官，则应着重考察其是否公正执法。这样考核官吏、选拔人才，就能做到德不浮其民，官不旷其职，使德与官、才与职相称。

周公很重视人才的品德，他在恪尽师保之责、对成王施行的德教之中，充分贯彻了人才必须德才兼备的思想。在使用人才方面，周公也颇多识见之明，他主张逸于使贤，对人才要放手使用，不可多加干涉。为政治国时，他亦不轻易干预下属职权范围内的事情，使其各司其职，以发挥才能。

综上，从周公“敬德保民”的政治主张可以看出，他以夏朝和商朝的灭亡为“鉴”，充分认识到教师在国家存亡中的重要作用，将“敬德”专为重教，强调教师的重要性；把“保民”专为教民，大力提倡社会教化，把教育置于经济社会发展的重要位置。周公制礼作乐，对整个社会实施道德教育，倡导始耕典礼，重视农业生产、勤于耕作，对推动社会进步有重要引导作用。特别重要的是，周公通过总结夏商历史教训，意识到人才是立国之本。治国安邦，成就大业，必须有贤才的大力辅佐。在人才的选拔上要做到任用德才兼备之人，在人才的使用上要做到人尽其才。这一系列思想，赋予教育重要的思想内涵，在中国教育史、人才思想史上可谓开识人用人的先声，是非常可贵的。周公人才教育的思想，不仅直接关系到西周的选官，而且也影响到后世，其中一些见解至今仍不失其有益的启示作用，值得珍视。同时，其成果也足以证明，教育从产生之日起，就具有重要的社会意义，安邦治国、维护政权需要人才，人才的培养依靠教育，社会的稳定则有益于教育的发展，诸种彼此协调促进了人类社会的和谐进步。

三、“六艺”中的教育经济思想及其影响

周朝在“学在官府”影响下形成了较为完善的学校教育体制，也形成了以礼、

乐、射、御、书、数等“六艺”为主体的教育内容，这对后世教育的影响很大。

“六艺”在我国学校教育中的产生和实施，使我国古代教育形成了文武兼备、诸育兼顾的特点，成为教育史上光辉的一页。应该指出的是，自然科学知识的传授在“六艺”教育中占有一定的地位，这对于教育经济思想的形成和发展，都具有重要的基础意义。在自然科学知识教育里，其中“数”的教学内容，囊括了那个时代民生日用的主要计算问题。

“六艺”教育之所以重视自然科学知识的传授，与当时政治、经济、文化、社会的发展状况直接相关。西周农业发达，已采用了轮荒休耕方法并初步运用了土壤学方面的知识。当时的天文观测、历法制定也居世界前列。西周设置专门的官员负责管理生产，教民“稼穑树艺”，并命人专司天文历法工作，这就需要培养具有一定科学知识的专门人才。

在我国教育史上，“六艺”教育具有开创性的意义。之所以产生这样的影响，是因为它较好地处理了知识传授与能力培养的关系，具有求知兼求能的特点。我国在学校教育产生之初就创立了“六艺”教育，这是由当时的政治、经济社会发展的条件决定的。“六艺”中的礼、乐、射、御称为“大艺”，是贵族从政必具之术，在大学阶段要深入学习；书与数称为“小艺”，是民生日用之所需，在小学阶段是必修课。当时，庶民子弟只接受“小艺”的教育，贵族子弟才能受到“六艺”的完整教育，完成自“小艺”至“大艺”的系统教育过程。“六艺”服务于阶级需要，但也反映了教育的普遍规律，对后世具有深远影响。

“六艺”中，“礼”包含政治、道德、行为规范等内容。“乐”在古代是艺术的总称，其中包括音乐、舞蹈、诗歌等多项表演艺术。“射”是射箭的技术。“御”是驾驶战车的技术。“射”和“御”是武士必备的技能。“书”指识字和著文，识字教学之中往往还要传播自然博物常识。“数”包含数学等自然科学技术及宗教知识的传授。当今的数学在古代称作“算”，故而古代的数学教材多称“算经”。数学是“数教”的主要内容，但是，数的教学不仅有数学知识的传授，还包括一些“技术性”知识技能的传授。例如“数日”，即关于记日、记月、记年的方法，甚至“八卦”也属于“数教”的范畴。

据载，“六艺”萌发于原始社会，战国时期众多学者对此进行了追述，阐述了诸多关于“六艺”教育起源的认识。有的认为其起源于养生的需要，有的认为其起源于宗教信仰，但实际上，其起源实是出于生产的需要。物质生产是人类赖以生存的最根本条件，“六艺”之教的产生与此有着直接的关系。“书”和“数”的教育，是“六艺”之中两门最重要的课程。在远古时期，字是一种符号，“数”也是一种符号。《周易》关于八卦起源的说法，形象地揭示了“六艺”中“书”和“数”之教的产生，乃是出于生产的需要。《周易·系辞下》提出了著名的“观象制器”说：“古者包牺氏之王天下也，仰则观象于天，俯则观法于地，观鸟兽之文与地之宜，近取诸身，远取诸物，于是始作八卦，以通神明之德，以类万物之情。”这说明八卦是在自然现象的启迪下产生的，发明它的目的在于“以通神明之德，以类万物之情”，即提高人类的智慧水平，使之“神而明之”，从而得以正确把握自然万物的真实情况，有助于人类创造物质财富。此文还列举了许多生产发明的实例说明这个道理，例如，“作结绳而为网罟，以佃以渔，盖取诸《离》。”意思是说从《离》卦，人们获得了制造网罟的知识，从而开始了“以佃以渔”的生产生活。再如，从《涣》卦，人们学到了“刳木为舟，剡木为楫”的本领，从而能够“致远以利天下”，发展了交通事业。“易”这样的知识转化为“书”，使众多的人能够学习，就能产生通天地人“三才”的效果。从这些记载可以看出，八卦的创立是我国原始先民“观象制器”的结果，“六艺”中“书”“数”之教的创立，则是出于传授这种知识技能的需要。

《吕氏春秋·仲夏纪》追忆了“葛天氏之乐”，此乐教由“八阕”组成，即“一曰《载民》，二曰《玄鸟》，三曰《遂草木》，四曰《奋五谷》，五曰《敬天常》，六曰《达帝功》，七曰《依地德》，八曰《总万物之极》”。这八首歌的题目表明，葛天氏之时已经产生了比较丰富的农业、畜牧业知识，甚至还懂得只有顺应天时地利的变化，才能使五谷丰收、六畜兴旺。原始先民正是借助演唱这类歌舞的形式，传播农业和畜牧业生产的知识，使儿童从小就熟悉各种动植物的形态特征，懂得某些生产经验，实践生产的操作方法，与此同时，还使他们也感受到长辈们渴望生产发展的美好心愿，逐渐培育他们利用和改造自然的能力、理想。这说明教育的产生只能是原始人类生产和生活实践的结果。

“六艺”的书数之教经历了与原始宗教分离，走向实际应用的过程，是教育进步的又一表现。书数之教的源头发端于“结绳八卦”。至西周，“六艺”书教开始有了具体的应用功能。“六艺”的书教不仅教授儿童识字，而且在识字的同时教以大量的自然科学知识。元代学者编辑的《六艺纲目》揭示了书教的应用性，并说“六书之中，天文、地理、人、事、物则悉皆备矣。……文之妙用，其大矣乎”。这些论述，符合我国教育发展实际。如汉字就有一类，被称作“天地类之纯形”，其中就有不少天文地理常识。如甲骨文、金文的“雨”字，不仅描写了雨之形，而且表明了雨形成的原因，是地气上升和天气下降，阴阳和，然后生雨。这是自然界万物生长发展的原因，体现了朴素的自然科学观。

“六艺”教育不仅包括自然科学知识的传授、当时民生的日用计算等，同时囊括了德、智、体、美诸育，体现了使人和谐发展的教育观，是我国也是世界教育史上不可多得的瑰宝。

第二章

春秋战国时期的教育经济思想

从公元前770年周平王东迁到公元前476年的历史阶段，史称春秋时期，这是我国社会由奴隶制向封建制过渡的大变革时期。这时，随着生产力的发展和生产方式的变革，上层建筑也发生了剧烈的变化。在政治上，王权衰落，“礼乐征伐自诸侯出”，乃至“陪臣执国命”。在文化上，出现了“礼崩乐坏”的局面。在教育方面，则是官学为私学所代替。

从公元前475年至公元前221年的历史阶段，史称战国时期，这是我国封建制的初步形成时期。春秋时期连绵不断的战争，从根本上动摇了奴隶制的地位，但是全国的统一还没有完成，秦、齐、楚、燕、韩、赵、魏等七国仍继续进行兼并战争。各诸侯国为了扩大自己的势力，都竭力网罗人才。在这种情况下，战国时期养士之风更加盛行，“百家争鸣”的局面应运而生。与此同时，私学也有了进一步的发展。

第一节　春秋战国时期教育思想产生的历史条件

春秋战国时期是中国古代历史上发生重大变革的时期，是由奴隶制向封建制转变的过渡时期。为什么会在这个时期出现重大变革呢？归根结底是由于社会生产力的发展。春秋战国时期教育思想的产生，应该从当时的物质经济条件来说明，也就是说，我们应该从春秋战国时期的物质生产关系、阶级构成的客观存在变化中，找到教育思想产生的社会历史根源。

春秋以前西周社会的主要生产资料——土地，其占有形式为天子所有。“溥天之下，莫非王土；率土之滨，莫非王臣。”（《诗经・小雅・北山》）天子留下“王畿”，其余分封给诸侯，诸侯又分封土地给卿大夫，卿大夫又分封土地给士，层层分封。这种天子所有，或称为“国有”的土地所有制，以及政治上实行以宗法制为基础的分封制度，决定了学校教育不可能有“私”的形式，只可能以“国”的形式出现。于是形成了“学在官府”“官守学业”的局面，政教一体，官教合一。学校和学术、文化知识都掌握在官府中，典章制度、图书文物、礼器乐器都收藏在宫廷中，担任文教官职的是一些世代相传为贵族服务的祝、宗、卜、史，他们既是官，又是师。

到了春秋时期，铁犁和牛耕逐渐普及，生产力大大提高，有些下层奴隶主和少数处于奴隶与奴隶主之间的平民，使用逃亡的奴隶开垦私田耕种。为了提高私田的生产力，他们采用一些新的办法对待农奴，让他们分享私田的生产收入和保有自己的生产工具。这就在奴隶社会内部逐渐形成封建性的生产关系，为奴隶社会向封建社会过渡准备了条件。

一、养士之风的盛行，促进了私学的发展和知识分子群体的形成、教师的产生

春秋时期社会生产力的发展，促进了封建私有制在奴隶制的母胎里孕育，新兴地主阶级逐渐在一些诸侯国里取得了政权，客观上加速了奴隶制解体。于是，“学在官府”的垄断形式失去了原有的经济支柱和政治依据，造成了“天子失官，学在四夷”（《左传・昭公十七年》）的局面。所谓“失官”，指的是官府失守学术，以致其不能世代相传。所谓“四夷”，并非指四方的少数民族，而是指文化学术下移，礼散

于四野。这时政治中心逐渐由周天子转向势力较强的诸侯国，政治中心的转移导致文化教育中心的转移，西周的典籍文物、礼器乐器也就随之扩散到“四夷”。同时，新兴地主阶级在政治、经济上力量增强，也在教育上要求打破原来“学在官府”的形式，迫切要求掌握文化知识，接受教育，培养自己所需要的人才。所有这些，都为旧的官学衰落和新的私学兴起创造了条件。

春秋时期社会生产力的发展，也促进了社会内部产生了新的分工，即体力劳动和脑力劳动进一步分化，产生了单纯的脑力劳动者，这一部分人便成为精神财富的生产者。马克思、恩格斯说：“分工只是从物质劳动和精神劳动分离的时候起才开始成为真实的分工。从这时起，意识才能摆脱世界而去构造‘纯粹的’理论、神学、哲学、道德等。”（《马克思恩格斯全集·德意志意识形态》）这一分工是历史的进步。从这次“真实的分工”出现后，中国历史上便产生了专门“志于道”的士。

士本来是贵族中的最低阶层，但他们曾接受过一些奴隶社会的教育，通晓礼、乐、射、御、书、数，能文能武，战争的时候充当下级军官，和平的时候，则充当更高的贵族在政治上的助手，他们的职位是世袭的。由于春秋时代社会的动荡、奴隶主贵族的没落，士失去了原来的地位和职守，其中一部分人变成了依靠自己过去所掌握的“六艺”知识自谋生活的知识分子。他们把原来隐藏于官府中的典籍文物、礼器乐器带到民间，这就出现了“学术文化下移”的趋势。据《论语·微子》记载，原在周王宫中司礼、司乐的一批有文化知识的人移居各地，如乐官挚跑到齐国，乐师干跑到楚国，乐师缭跑到蔡国，乐师缺跑到秦国，打鼓的方叔入居黄河之滨，摇小鼓的武入居汉水之涯，乐官阳和击磬的襄入居海边去了。乐师的情况如此，其他方面的官吏也就可想而知了。这时在邹鲁一些地方出现了一批“缙绅”先生，他们着峨冠博带，常在贵族交际的酬酢及举行冠、婚、丧、祭等礼仪时出面，他们熟悉“六艺”知识和各种礼仪，号称“师儒”，也就是士。

士是一个新兴的有着强大生命力的阶层，各诸侯国的执政者都从巩固自己统治权力的需要出发，争先招贤纳士。士在行动上有了较大自由，成为统治者竞相争夺的对象，于是社会上兴起了用士和养士之风。如齐桓公养“游士八十人”，令其为自己招引人才，采用“匹夫有善，可得而举也”（《国语·齐语》）的政策，遂成霸业。到了春秋末期，私门与公室斗争，公室养士，私门也争相养士。所谓“公室”，指的是国君；所谓“私门”，指的是权豪之门。如田成氏“杀一牛，取一豆肉，余以食士”（《韩非子·外储说右上》）。又如，鲁国的季孙“养孔子之徒，所朝服而与坐者以十数”（《韩非子·外储说左下》）。到了战国时期，养士之风达到高潮，国君如秦穆公、魏文侯、齐宣王、梁惠王、燕昭王等都一度为士众所归。尤其是齐威王和齐宣王建筑了高门大屋的稷下学宫，“招致贤人而尊宠之”（《中论·亡国》），卿相如齐国的孟尝君（田文）、赵国的平原君（赵胜）、楚国的春申君（黄歇）、魏国的信陵君（魏无忌）以及秦相吕不韦等，养士都以千计。当时社会多用士的聚散来衡量一国政治的兴衰，对于这种情况，各国执政者是很敏感的，他们已经意识到士在维护国家稳定、促进经济社会发展中有着不可或缺的作用。这表明，士已经成为一种现实的社会力量，他们成为春秋时期教师群体的重要组成部分。

二、孔子在私学发展中起到了重要的促进作用，私学的发展开辟了中国教育的新纪元

养士之风的盛行，进一步促进了私学的发展。士既成为一种职业，而且身价很高，不少人便以此作为进身的捷径，争着成为士，纷纷就学读书，希望有朝一日能“学而优则仕”。可以说，春秋末年的私学及战国时期的诸子百家，就是在这种温润适宜的土壤中生长起来的。在这样的历史条件下，私学以齐鲁为发祥地，很快向各地发展。在这个潮流中，孔子起到了开辟道路的作用。孔子虽非私学的首创者，但孔子所办私学规模庞大、影响最深，在中国教育史上占有重要地位。

孔子私学有自己独立的学术追求，教育对象广泛，私学教育无论是在内容还是方式上，都具有多样化的特征。“有教无类”这一重要的教学理念，来自孔子的教学实践，孔门弟子三千，不分老少（颜由小孔子 6 岁，公孙宠小孔子 53 岁），不分智愚（“柴也愚，参也鲁”），不分勤惰（“颜回者好学”“宰予昼寝”）。孔子周游列国，随时收徒，随地就业。孔子开办私学有自己的学术追求，为了实现修身、齐家、治国、平天下的培养目标，学道不倦，诲人不厌，发愤忘忧，急功近利情绪相对淡漠。这一特征也显示了当时一些私学教师的品格。

私学的出现，是教育由“学在官府”到“百家之学”的转折点，开辟了中国教育史的新纪元，直接促进了文化学术下移和士阶层的崛起。墨子也曾创办私学，规模和影响也很大，与孔子的儒家私学并称为“显学”。孔子的学生及后学仍从事教育工作，培养了不少人才，子思、孟轲、荀况等对后世影响也很大。墨子的学生及后

学禽滑厘、孟胜等继承和发展了墨家私学。《吕氏春秋·情欲》云："孔墨之后学，显荣于天下者众矣，不可胜数。"其盛况可知。其他如道、法、名、农、纵横家，也都聚众讲学，而且都有私学，从师成为一时的风尚。各家私学把老师的言论记录下来，现传的《论语》《孟子》《墨子》等，大都以"子曰""子墨子曰""孟子曰"开端。各家私学向各诸侯宣传自己的主张，求各诸侯采纳，以扩大政治上的势力。其中影响较大的是儒、墨、道、法四家，其在学术上各有长短，历代封建帝王基本上并非专取一家，乃合各家成帝王之术，为巩固封建制度和各自王朝的统治服务。到了战国时期，秦、齐、楚、燕、韩、赵、魏七国争雄，"邦无定交，士无定主"，士的身价越来越高，养士的风气有增无减，私学更加盛行，"从师"之风盛极一时。以私学为中心的教育，直接推动了各种学派的发展。

三、百家争鸣进一步丰富了教育内容和教育思想，奠定了古代教育思想的基础

这一时期，铁制工具普遍使用于制简和削刻文字，以及纺织手工业的进步，使得书写工具有了新的改革，简书、帛书开始流行，作为传播知识文化的工具开始较广泛地向社会上的群众普及，比起甲骨文与金文，其使用起来更加方便。相传墨子曾读过"百国春秋"，惠施出门曾带着五大车的书，苏秦出游，"乃夜发书，陈箧数十"（《战国策·秦策》）。这些事，在春秋之前是不可想象的。新的教学手段产生，竹简、木简、帛成为书写工具，这使更多的人能读到书，受教育面自然扩大，也使私人藏书量大增，为士阶层中的优秀者研究学问、探求真理提供了方便。这对私学的发展、百家争鸣的形成，都产生了巨大的促进作用。

中国的士阶层，是在奴隶制向封建制过渡的激流中崛起的，它在文化学术下移中起到了重要的桥梁和先锋作用。可以说，士阶层的崛起、私学的产生、文化学术的下移是三位一体的，这种相互依存的关系促成了诸子百家。所谓"百家"，一般指的是"九流十家"，即阴阳、儒、墨、名、法、道六家，加上纵横家、杂家、农家，合称为"九流"，再加上小说家正好是"十家"。其中影响较大并与教育关系密切的是儒、墨、道、法四家。各家从各自的立场出发，代表着不同阶级和阶层的利益，提出各式各样的治国治民方案，进行着多方面的理论探讨。各家之间，既有激烈的论争，又有微妙的相互吸取和渗透，这个过程促进了各学派的进一步发展，推动了学术的繁荣。所以从某种意义上说，春秋战国时代是一个百家争鸣的时代，是一个

属于思想家的时代，也是一个属于教育家的时代，是一个需要巨人并且产生巨人的时代。

从春秋时期私学兴起，到战国时期百家争鸣，冲破了“学在官府”的封闭式的旧学风，学校从官府移到民间，向民间开放，教师以私人身份自由讲学，学生亦可以自由择师，教学内容与现实生活发生了较广泛的联系，一改西周官学僵化死板、远离实际的学风。学生思想解放，重视对真理的探讨，由此推动了学术的发展。从这时起，古代中国的学术思想、科学技术、教育思想才有了飞速发展。

百家争鸣促进了教育思想的发展和教育经验的丰富，造就了一批闪烁着智慧光芒的私学大师，如孔子、墨子、孟子、荀子、老子、庄子、商鞅、韩非等，他们在教育思想上都有所建树，这是自由讲学带来的成果。不仅《论语》《墨子》《孟子》《荀子》《管子》《吕氏春秋》等典籍中记载了大量的教育资料，反映了这个时代的教育思想，而且还出现了像《大学》《学记》《劝学》《弟子职》等著名的教育文章。《学记》与《大学》就是这一时代丰富的教育经验和教育思想的总结，成为世界上最早出现的自成体系的教育学著作，奠定了我国古代教育思想的基础。

综上，各家在宣传自己政治主张的同时，同样重视一切实用知识的兼摄并取。儒家重仁重礼，以“六经”为教材，以“六艺”为课程。墨家在重武和重辩的同时，对自然科学知识的学习和技能的培养也相当重视。法家除以法为教学内容外，诉讼、兵法、耕战等一切实用知识也是兼摄并取的。而社学，从其教劝农桑的教学内容和只在农闲时开办的特征，可以看出其对象是农民及农家子弟。这充分表明各家都把实用知识的学习传授、技能培养作为重要内容，渗透着朦胧的教育经济思想意识。

第二节 儒家学派的教育经济思想

孔子创立的儒家学说，是在总结、概括和继承前代特别是西周尊尊亲亲传统文化的基础上形成的一个完整的思想体系。司马迁在《史记·孔子世家》中说孔子“乃因史记作《春秋》，上至隐公，下讫哀公十四年，十二公。据鲁，亲周，故殷，运之三代”。孔子一生的主要努力和贡献，都在文化教育事业上，其教育思想的内容十分丰富，为我国教育史留下了宝贵的文化遗产，对后世影响很大。

一、孔子教育思想涉及许多教育基本理论，在教育内容上亦重视自然科学知识教育，“庶、富、教”思想充分体现了教育与经济的辩证关系

孔子（前551—前479），名丘，字仲尼，他的祖辈原是宋国的贵族，由于贵族内部的相互倾轧，遂逃奔鲁国，以后逐渐没落，到他父亲叔梁纥时，其只是一个下级武官了。孔子3岁丧父，家境贫寒。他从小好学，经常喜欢做习礼游戏，青年时期做过“委吏”（仓库会计）和“乘田”（主管畜牧）等小官吏，勤学实干，表现出很强的实际工作能力，他自称“吾少也贱，故多能鄙事”（《论语·子罕》）。他大约在30岁之后开始私人讲学。他的私人讲学活动由于顺应了社会潮流，讲学内容又符合人们的要求，讲学方法得当，在社会上渐渐有了名气，向他请教的人越来越多。孔子50多岁时，当上了鲁国的中都宰，不久升为大司寇，并代行“相”职，但仅仅三个月就被迫离开了鲁国，奔走于宋、卫、陈、齐等国，度过了14个春秋的流亡生涯，后又重返鲁国专门从事讲学和整理古代文献，直到逝世。孔子自述其成长过程：“吾十有五而志于学，三十而立，四十而不惑，五十而知天命，六十而耳顺，七十而从心所欲，不逾矩。”（《论语·为政》）

孔子的一生，大部分时间和主要精力都用于从事聚徒讲学和整理古代文献的活动。他的弟子多达3000人，精通“六艺”的有72人。孔子生活在春秋末期社会大变革的时代，虽有积极从政的愿望，但终不得志。然而，他的思想对中国社会发展产生了重大影响，在中国历史上占有极重要的地位，尤其是在中国教育史上具有更为重要的地位。他对中国文化教育方面的贡献主要是删定《诗》《书》《礼》《乐》《易》《春秋》等“六经”，整理和保存了我国古代的文化典籍；开创私学，积累并总结了丰富的教育经验，成为我国古代教育思想的奠基人。

作为我国古代教育思想的奠基人，孔子的教育思想十分丰富，既涉及许多教育基本理论问题，又包括许多教育教学的基本经验。孔子以培养治国安民的贤能之士为教育目的，他从“为政在人”的政治主张出发，提倡“礼贤下士”“举贤才”，重用已有的贤能之士，并致力于通过教育来培养君子贤人。他重视自然科学知识教育，充分体现教育与经济辩证关系的“庶、富、教”思想，奠定了中国教育经济思想史的理论基础。

在儒家看来，教育的根本目的在于社会的发展，而人的发展是实现社会发展的途径。在去卫国的途中，目睹卫国的富庶，孔子师生有一番对话：“子适卫，冉有仆。子曰：‘庶矣哉！’冉有曰：‘既庶矣，又何加焉？’曰：‘富之。’曰：‘既富矣，又何加焉？’曰：‘教之。’”（《论语·子路》）当时郑、卫都属于商品经济较为发达、人民生活富裕而民风奢靡的国家。因此，孔子既看到了生产与经济的发展是实现教育发展的基础，也指出了经济发展、生活富裕之后，必须随之进行教育，引导人民、引导社会走健康发展之路。

孔子曾多次批评过“郑声淫”，主张“放郑声”（《论语·卫灵公》）。这充分表明，他已经认识到经济发展与教育发展不是一回事，教育必须靠人推行，否则极可能庶矣、富矣，然而人民却“淫”矣。所以，从事物存在基础的角度看，教育则是立国的根本。孔子与子贡的一次对话也反映了这一思想。“子贡问政。子曰：‘足食，足兵，民信之矣。’子贡曰：‘必不得已而去，于斯三者何先？’曰：‘去兵。’子贡曰：‘必不得已而去，于斯二者何先？’曰：‘去食。自古皆有死，民无信不立。’”（《论语·颜渊》）子贡用假设的提问让老师在丰足的粮食、充足的武备、取信于民三者中分出先后轻重。孔子认定，民信是一个国家存在的基础，而民之能信首先是一个教育问题。孔子认为，在国家治理中精神的力量远胜于物质的力量，而教育的作用显然是其他任何政治措施所无法比拟的。没有粮食之类的物质条件，教育的实现将是困难的；而没有教育，国家和社会的发展更是难以想象的。这是孔子对后人的告诫，其也成为后世儒者的重要社会思想。在这种“庶”“富”“教”先后关系的排列中，孔子一方面强调教育的重要性，另一方面强调发展教育必须以一定的经济基础为前提条件。这实际上是对管仲“仓廪实而知礼节，衣食足而知荣辱”思想的继承和发展。

在《论语》中，孔子关于教育的思想贯穿始终，关于经济的思想也很丰富，但是对于教育与经济的关系的论述相对较少。孔子认识到人的发展是教育的根本目的，教育的根本目的在于社会发展，同时也认识到了自然科学在经济社会发展中的作用。自然科学教育在孔子的教育思想中也占有一定的位置。我们从孔子的一些观点可以看出，他并不排斥自然科学教育。尽管孔子关于这方面的论述不多，但这屈指可数的关于教育与经济的关系、关于自然科学知识学习的论述所体现的见解，与今天人们对教育与经济之关系的理解却惊人地相似。在两千多年前，孔子能提出这样的主张，实在是具有很强的前瞻性。重新回顾和研究孔子关于教育与经济的思想，对于我们认识教育与经济的关系具有极其重要的意义。

从教育内容上说，孔子删订“六经”，为古代教育提供了一整套内容丰富精湛的教材，同时也开辟了借助读经来学习自然科学知识的途径。儒家经典是后世读书人必修的课程，这使其在古代科技教育中具有相当重要的作用，几乎仅次于科技专业教育。通过读经来学习科技，孔子还创造了以下几种形式：

第一，推崇和学习《易经》。《易经》起源于远古的占筮，是迷信与科学的混合物。其中“占星术”含有人们对星象、天文的观测研究；“占候术”与“占风术”含有对气象学的研究；“数卜法”含有对数学的研究；占验“风水”，含有对地质学的研究……《易经》中保存了古人对自然观察、解释、探索的思想资料，是我国传统哲学思想和科学思想的总集。后世学者由于对《易经》研究的侧重不同，形成了不同的派别。就其中大端而论，可分为《易经》的义理之学，它的传授，塑造了中华民族特有的博大宏通、居仁守正、刚健笃实、自强不息的精神风范。《易经》的象数之学，与我国古代天文、数学、生理医学、药学、哲学等学科密不可分。这个深邃而简约的理论体系，其余韵仍然激荡在现代科学的殿堂之中。

孔子对于《易经》与占筮分离起过重要作用，他在《论语·子路》中告诉学生，学习《易经》可以“不占”，即不要用作卜卦。他还率先运用《易经》中的话对学生进行道德教育，并对照《易经》来提高自身的修养水平。这在当时是很了不起的创新。我们仅从《左传》的记载就可发现，孔子所在的时代，许多人还用《易经》来占卜，而他却说“不占而已矣”。《史记·孔子世家》也载有孔子刻苦学《易经》，以至于“韦编三绝”。作为一位声誉卓著的大学者、大教育家，如此推崇和钻研《易经》，这一行动本身就很有号召力。秦汉以来的书，如《吕氏春秋》《淮南子》《说苑》等，均记载有孔子论述易理的话，但都不如《论语》里记载的详细可信。在已发掘的马王堆汉墓中，就有《易经》三部分内容，除经文和系辞外，还有佚书。据专家研究，该佚书“除了很少一部分见于今本的《系辞》以外，此书的其余部分，都是不曾流传下来的佚书，内容是孔子和他的学生讨论卦、爻辞含义的记录。估计这部分约有一万一千字，因帛书残破，现存九千余字”。并指出“佚书是战国晚期的作品”。佚书分五篇，“大部分篇幅是孔子和他的门徒们讨论卦、爻辞含义的问答记录”。其中还有“二三子问曰”（《周易研究论文集》第1辑）等字样。考古发掘出的《周易》佚文，应该说是孔子传授过《周易》的例证。后世儒家继承了孔子的事业，将《周易》列为教材，推动了我国古代科技教育的发展。

第二，提倡《诗经》的名物之教。孔子重视诗教，并将《诗经》列为教材，还告诉学生，学《诗经》可以“多识于鸟兽草木之名”（《论语·阳货》），赋予诗传授名物常识的作用。所谓名物，指万物的名称、物形、物色、物质等，辨识名物可以学到自然科学知识、工艺制作知识。孔子让学生多识“鸟兽草木之名”，就是要他们从《诗经》中学习动植物知识。这句话不仅表达了一种教育主张，而且本身也具有自然科学价值。我国古代生物学的分类，就是按照鸟、兽、草、木划分的，它始于《尔雅》的“释名”，孔子教学生“雅言”，正是按照该书的分类方法讲的，这是孔子传授生物知识的实例。具体而言，《诗经》中包含许多动植物名称，据清代学者顾栋高《毛诗类释》一书中的统计，《诗经》中提到的动植物达334种，包括谷类25种、蔬菜38种、药物17种、草37种、花果15种、鸟42种、马的异名27种、兽41种、虫31种、鱼16种等。后代儒生遵循孔子的教诲，借此介绍了丰富的生物学常识，有人还编撰了《诗经》中的鸟、兽、虫、鱼等一类书籍，供学生学习时参阅。

《诗经》中还包含丰富的天象、物候、历法知识，例如《诗经·豳风·七月》就生动地描绘了七月份富有特征的天象，同时还记录了我国最早的、用诗歌记写的物候历。据考证，《七月》记载的历法，是我国先民和夏代使用过的一年为十个月的太阳历，是极其宝贵的天文、历法史料。此外，《诗经》还保存着我国远古的地震记录，是研究地震规律不可缺少的史料。总之，《诗经》在我国古代不失为一本上乘的博物常识教材，利用它向儿童传授科学知识，这与孔子的提倡密切相关。

孔子本人就是一位博学君子，他上知天文，下通地理，在教学中除讲人伦之外，也时有科学之教。例如《论语·为政》篇，它的第一句就是孔子说的“譬如北辰，居其所，而众星拱之”，引用的正是一种天文现象，即北极星和北极周围的星辰没有东升西落的现象。《左传·哀公十二年》记载：“冬十二月，螽。季孙问诸仲尼，仲尼曰：‘丘闻之，火伏而后蛰者毕。今火犹西流，司历过也。’”这是说，季孙请教孔子，为什么周历说冬天的十二月，还有螽这样的害虫出没？孔子告诉他，如果是周历十二月，火星应隐没不现，害虫也蛰伏了。可是，《左传》记载的是火星还在西行，证明不是周历十二月，而是历官少置了一个闰月。据天文学家考释，周历十一月大致为夏历九月，天气还暖和，有螽虫出现是不足为怪的。《左传》所记载的有关活动表明，孔子懂天文、物候、历法知识，并用以教授他人。

《国语》记有孔子讲授古生物、人文地理、自然地理等知识的内容。从孔子讲授科学知识的情况看，他没有一点迷信、荒诞的夸张，对所讲内容几乎都有所考证，表现了一贯的务实精神。正是这种科学的务实精神，使他的教育思想与宗教大有区别。

孔子重视教育，重视培养人才，认为人才是立国之本，只要有各个方面的人才，国家就足以维持、巩固和发展。《论语·宪问》记载，孔子向鲁国的大夫季康子谈论卫国国君卫灵公的昏庸无道。季康子问："既然这样，为什么卫灵公还没有败亡呢?"孔子说："他有仲叔圉接待宾客，有祝鮀管理祭祀，有王孙贾统帅军队。像这样，他怎么会败亡呢?"在这里，孔子把人才当作国家的支柱，认为拥有各方面的人才是立国的重要条件，而人才的培养有赖于教育。正是基于此，孔子强调教育的重要性，并在重视教育的基础上，提出发展教育需要一定的经济基础。"富""教"是不可分割的一体，"富"是"教"的基础，是"教"的前提条件，而"教"是"富"的延续。"富"是关键，而"富"的内容，在当时来说，无非是解决衣食问题，尤其是食的问题，因此他提出了"足食，足兵，民信之矣"的思想。但"富"并不是最终目的，孔子提出"富"的思想是为"教"做铺垫的。只有"道之以德，齐之以礼"，民众才能"有耻且格"，国家安定的目的才能达到，才能实现真正的"庶""富"。而"教"对"富"也具有一定的反作用，教育只有通过培养人才能够促进国家经济的发展。孔子说："君子学道则爱人，小人学道则易使也。"（《论语·阳货》）也就是说，教育既可以培养一批爱人的"仁者"，去辅佐国君实现"德治"，使国家实现"太平盛世"，又可以获得大量符合要求、易于使唤的人力，让他们按统治者的意图完成各项具体任务，有效地增加财富、增强国力。

上述思想中的很多内容，不仅为中国封建社会两千多年的经济发展史所证实，而且得到了现代社会实践的佐证，孔子关于教育与经济关系的论述，与我们今天的观点是比较一致的。今天，我们在倡导大力发展教育的同时，也一直要求经济加快发展，为教育的正常运转提供必要的经济条件。教育作为社会培养人才的重要途径，不能直接创造财富，而且不能以创造财富为目的，但是教育所培养出来的人才，进入社会后可以创造大量财富，这些财富远远大于对教育的投入。正如颜元所说："人才为政事之本，而学校尤人才之本也。"（《颜习斋先生年谱》卷下）学校通过培养人才反作用于经济，促进经济发展，这与孔子"庶、富、教"的思想是相互照应的。

二、孟子继承并发展了孔子的教育思想，对"庶、富、教"及"富而后教"的思想阐述得更详细

孟子是著名的孔学继承者，他一生以学习孔子为志愿。在教育方面，孟子继承并发展了孔子的教育思想，他的教育思想在中国古代教育史上占有重要地位，有关教育的发展依赖于社会分工和生产发展，经济社会发展也离不开教育，教育与经济密切联系的思想，对后世有巨大影响。

孟子（约前372—前289），名轲，字子舆，战国中期思想家。为鲁贵族孟孙氏后裔。其父早丧，其母一心教子成人，有"孟母三迁"和"断杼教子"的故事。孟子受业于子思之门人，其经历颇与孔子相似：一生聚徒讲学，是当时著名的游士，"后车数十乘，从者数百人"（《孟子·滕文公下》），游历宋、滕、魏、齐诸国，甚得礼遇。并曾名列稷下学宫，为齐宣王客卿。晚年归邹，专心著述讲学，以"得天下英才而教育之"（《孟子·尽心上》）为人生三乐之一。孟子自称"私淑"孔子，也以"孔子之道"的捍卫者自居。在百家争鸣高潮中，孟子批判杨朱"为我"，驳斥墨家"兼爱"，攻击法家"耕战"，非难农家"躬耕"，成为显赫一时的儒家巨子，也扩大了儒家的社会影响。

孟子对孔子的哲学、政治伦理以及教育思想，既有继承，又有发展。孟子对孔子教育思想的继承与发展，主要体现在以下几个方面：

关于教育功能。孔子和孟子在人的个性形成上都持肯定态度，但论点不完全相同。孔子认为人的素质天生都是差不多的，只是由于后天的学习不同而相差愈远。而孟子则根据他的性善论，肯定教育的功能。孟子认为，仁、义、礼、智等道德品质都是生来就有的，不过这些道德品质最初只是一种萌芽或端倪。他说："恻隐之心，仁之端也"（《孟子·公孙丑上》），"乃若其情，则可以为善矣，乃所谓善也"

(《孟子·告子上》)。可见孟子所说的性善，并不是天生的仁德。要想形成仁德的素质，就需要接受教育。孟子认为教育是人类社会必不可少的一种活动，否则人就不能成为人，而与禽兽差不多了。他说："人之有道也，饱食暖衣，逸居而无教，则近于禽兽。"(《孟子·滕文公上》)人的天生善性必须通过后天教育才能形成并完善起来。孟子认为，教育可以助人超出禽兽范畴，提高人的价值，使人成为真正的人，孟子的这个见解是很可贵的。

关于政治操守的培养。所谓政治操守，就是端正从政的指导思想和态度，因为从政的目的不是为了个人的富贵，而是为了行"道"，为了推行"仁政"。孔子说："修己以敬，……修己以安人，……修己以安百姓。"(《论语·宪问》)学习修身的目的在于"安人""安百姓"，最终达到"博施于民而能济众"的理想政治。孟子对政治操守也是很重视的，并且首先在这方面亲身给他的学生做出了榜样。《孟子》中有一段记载：孟子辞去齐国的官职回乡。齐王对时子说："我想在临淄城中给孟子一幢房屋，用万钟之粟供养他的门徒，使我国的官吏和人民都有所效法。请你替我同孟子谈谈。"时子又托陈子转告孟子。孟子说："时子哪里晓得，这事情是做不得的。假如我贪图财富，辞去十万的俸禄，却接受这一万钟的赐予，这难道是贪图财富吗?"还有一段记载：孟子离开了齐国，尹士对别人说："孟子如果不晓得齐王不能做汤、武，便是孟子的糊涂；既是晓得而又来齐国，那便是孟子贪求富贵。"孟子说："尹士哪能了解我呢？来和齐王相见，这是我希望的，意见不相融洽即走，难道也是我希望的吗？只是不得已罢了。齐王如果能改变态度，诚恳接受我的劝告，何止齐国的百姓会得到太平，天下的百姓都可以得到太平。"

关于教育与政治、经济的关系。孔子主张"为政以德"。他说："道之以政，齐之以刑，民免而无耻；道之以德，齐之以礼，有耻且格。"(《论语·为政》)孔子把政与刑的作用和德与礼的作用加以比较，认为德、礼对于治理国家是最有效的，因为政、刑只能使人民不犯罪过，却不能使其具备廉耻之心，如果用道德、礼教来引导人民，人民就不但有廉耻之心，而且从内心归服。所谓"道之以德，齐之以礼"，就是实施教育。孔子把政治和教育看成一回事，认为德政和教育实质相同。孟子继承了孔子的这一思想，并对其进一步做了发挥。他说："善政不如善教之得民也。善政，民畏之。善教，民爱之。善政得民财，善教得民心。”（《孟子·尽心上》）孟子的“善政与善教”之说，明确区分了政治和教育的不同性质和作用。孟子还说过：“学，则三代共之，皆所以明人伦也。人伦明于上，小民亲于下。”（《孟子·滕文公上》）这就把国家办学校的目的说得更具体了。孟子如此明确地提出学校教育的政治意义，在中国教育史上还是第一次。根据孔子的“庶、富、教”思想，对人民实施教育，是人民生活富裕之后的事情，就是说，要在人民生活有保障的条件下进行教育。孟子在教育与经济的关系问题上谈得比孔子更详细、更深刻。他说：“是故明君制民之产，必使仰足以事父母，俯足以畜妻子。乐岁终身饱，凶年免于死亡；然后驱而之善，故民之从之也轻。”（《孟子·梁惠王上》）

孟子继承孔子仁学，出于社会长治久安的理想，提倡“仁政”。而“仁政”在某种意义上可以理解为教育。这一教育观点，是孟子对孔子提出“庶、富、教”主张的进一步发展，而且孟子对其进行了论证：教育的实现依赖于社会分工和生产发展，反之，经济社会的发展也离不开教育的存在。他把教育与经济密切地联系起来，对孔子“庶、富、教”及“富而后教”的思想阐述得更加详细。他说，人民如果没有固定不变的职业，没有饱食暖衣的经济保证，就不会有安分守己的恒心；如果没有恒心，就会违法乱纪，无所不为，等到他们犯了罪，再加以处罚，那就是陷害人民。所以，他在讲了一番经济措施以后，就提出要好好办学校，反复用孝悌道德训导人民，认为只有有了这样的人民，才能建立敬老尊贤的道德风尚，才能打败敌人，才能“王天下”。他还说：“后稷教民稼穑，树艺五谷；五谷熟而民人育。人之有道也，饱食、暖衣、逸居而无教，则近于禽兽。圣人有忧之，使契为司徒，教以人伦。”（《孟子·滕文公上》）五谷熟了，才能养育和教育人民；若仅知饱食暖衣，得安逸而不受教育，那与禽兽有什么区别呢？可见孟子已初步认识到物质生活或经济发展是文化教育的基础。文化、道德作为人类社会生活的必要成分，正是通过教育手段来进行传播的。也就是说，学校教育的产生是在人类物质生活、文化生活发展到一定程度后的客观需要。学校教育的职能，是对人有目的、有计划、有组织地进行培训，使之具有社会所需要的道德品质和知识技能，这样就使人从本质上区别于动物而成为社会化的个体。

社会分工思想是孟子教育理论中的重要内容，其对社会分工必要性和教育在社会分工中地位的认识之清晰、观点之犀利，在古代学者中实属少见。

孟子认为："或劳心，或劳力；劳心者治人，劳力者治于人；治于人者食人，治人者食于人，天下之通义也。"（《孟子·滕文公上》）脑力劳动与体力劳动的分工是社会发展的需要。针对农家许行的"并耕而食"论，孟子认为，许行的荒谬在于他根本就不懂得，无论"君子"还是"百工"，都无法做到耕而得食、凡事躬亲。如果以"一人之身，而百工之所为备，如必自为而后用之，是率天下而路也"（《孟子·滕文公上》）。不仅难以自给自足，还使人疲于奔命。只有通过社会分工，使人各司其职，各尽所能，然后"通功易事"，在社会经济生活中相互交换劳动，才能"以羡补不足"（《孟子·滕文公下》），使"羡"不至多余，使"不足"不至缺乏。所以说"无君子莫治野人，无野人莫养君子"（《孟子·滕文公上》）。

士人的"劳心"（包括治学、为教、从政），也是一种劳动。孟子分析说："子不通功易事，以羡补不足，则农有余粟，女有余布；子如通之，则梓匠轮舆皆得食于子。于此有人焉，入则孝，出则悌，守先王之道，以待后之学者，而不得食于子；子何尊梓匠轮舆而轻为仁义者哉？"（《孟子·滕文公下》）孟子批评了弟子彭更认为老师是寄生于诸侯的错误观念，指出"为仁义"也是一种有价值的社会劳动。士人的富有道德学问，如同"农有余粟，女有余布"，他们是以自己的道德学问投入社会产品的交换过程。因此，士人的"劳心"就不是什么"君子之不耕而食"，相反，"'不素餐兮'，孰大于是"（《孟子·尽心上》）。孟子是从社会分工的角度去看教育的社会经济价值的，其认识之合理颇堪称道。在孟子的思想中，教育的作用具有更为丰富的内涵。

孟子是继孔子之后一位重要的儒学大师，孔孟学派的主要代表。他自己也很自信是孔子的继承者，"当今之世，舍我其谁也"（《孟子·公孙丑下》）。孟子确实称得上是我国古代有重大影响的教育家和伟大的思想家。他热爱教育事业，把以教育培养人才看作人生最大的乐事。正是这种热爱教育的精神，才使他在教育上取得了重大的成绩。他的教育思想，在教育史上有着极其重要的价值和意义，对后世也产生了重大影响，是一份值得珍视的宝贵文化遗产。

三、荀子“上承孔孟，下接易庸，旁收诸子，开启汉儒”，“明分使群”，“善假于物”，体现了朦胧的职业技术教育思想

战国时期，随着生产力的发展和社会的进步，思想家们开始探索人的本质和社会价值问题，这是人类对宇宙形成、起源等问题的探索，进而研究人类自己教育特点的尝试，这促使思想家们对教育问题研究得更深入一步。荀子可以说是这时儒家教育思想的代表，他“上承孔孟，下接易庸，旁收诸子，开启汉儒”，他的思想是中国思想史上从先秦到汉代这一时期的一个重要组成部分。

荀子（约前 313—前 238），名况，字卿，又称孙卿，战国时期赵国人，思想家、哲学家、教育家、儒家学派的代表人物，先秦时代百家争鸣的集大成者。主要社会活动集中在公元前 298 年至公元前 238 年。荀子青年时游学稷下，盛年于稷下传学施教，被尊为“祭酒”，“最为老师”，成为稷下学术教育中心的领袖。晚年居楚国兰陵授徒讲学，著书传业，培养了不少人才，弟子知名的有韩非、李斯、陈嚣、毛亨、浮丘伯、张苍等，他致力于“六艺”传授，把教育与人的发展、社会的发展有机结合，“明分使群”“善假于物”，反映了环境与教育的关系，体现了社会分工和职业教育对人的影响。

儒家学者论教育与人的发展，从来都是把人的发展置于社会发展的背景之下考察的。荀子在教育目的上与先哲保持着一致，即通过教育来培养“士”“君子”和“圣人”，为封建统治阶级提供所需要的人才。他说：“礼者，所以正身也，师者，所以正礼也。无礼何以正身？无师，吾安知礼之为是也？”（《荀子·修身》）由此可见，荀子的教育目的是以教人以礼为出发点的，或者说，他是把礼作为立教的目的。为学“其义则始乎为士，终乎为圣人”（《荀子·劝学》）。荀子教育的最终目的，是把人培养成“士”“君子”和“圣人”，虽然这种以给统治阶级培养所需要的人才为目的的教育具有历史和阶级局限性，但是从客观上来说，它确实起到了促进教育发展、推动社会进步的积极作用。

在教育的作用问题上，荀子主张“性恶论”：“今人之性，生而有好利焉，顺是，故争夺生而辞让亡焉；生而有疾恶焉，顺是，故残贼生而忠信亡焉；生而有耳目之欲，有好声色焉，顺是，故淫乱生而礼义文理亡焉。”（《荀子·性恶》）因此，他关

于教育作用的观点是以将本性的“恶”转变成后天的“善”为前提的。这主要包含两个方面：一方面是人的主观能动性的作用，“积土成山”“积水成渊”“积善成德”(《荀子·劝学》)，这都是知识不断积累的过程和结果；另一方面则是环境的作用，“蓬生麻中，不扶而直。白沙在涅，与之俱黑。……其质非不美也，所渐者然也”(《荀子·劝学》)。荀子认为，环境的作用是一种逐渐影响和演变的过程和结果，“故君子居必择乡，游必就士，所以防邪僻而近中正也”(《荀子·劝学》)。荀子关于教育作用的这些重要思想，闪现着唯物主义的因素，是基本符合现代哲学观点、具有辩证思想的。

他在对人与自然界中动植物的比较中，指出了人类的特点。他说：“水火有气而无生，草木有生而无知，禽兽有知而无义；人有气、有生、有知，亦且有义，故最为天下贵也。力不若牛，走不若马，而牛马为用，何也？曰：人能群，彼不能群也。”(《荀子·王制》)虽然人类具有与自然物质相同的物质特性，甚至与某些动物具有相同的生物学特征，但人具备动物所不具备的能力，这就是“人能群”，自觉地形成一种分工、分职、分等级的社会组织。人类尽管在强大的自然力量面前居于劣势，却能通过分工合作、协同行动，战胜之，役使之。因此，人依赖群体而存，群体不存，人即不存。既然如此，维护人的群体就成为人类的首要问题。“故百技所成，所以养一人也。而能不能兼技，人不能兼官，离居不相待则穷，群而无分则争。穷者患也，争者祸也。救患除祸，则莫若明分使群矣。”(《荀子·富国》)他认为，一个人的生活所需，要靠各种技艺来保障，但一个人的能力有限，不能兼通各种技艺，因此离开人，人们不互相依靠，就没有办法生活。但是在一起生活而没有职业分工和等级区别，又要产生争夺，所以要过群体生活，必须使每个人都有特定的位置。为了维护生存，就必须“明分使群”，而这要靠教育来实现。

人通过群体而生存，生存的重要形式就是学习。荀子认为，人的长处就是“善假于物”(《荀子·劝学》)，而学习正是人类“善假于物”的表现。“善假于物”就是人能通过学习，利用和制造外物，以增强自身征服自然的能力；人能借助于学习，无所不能，而教育是促成人类具备和发展学习能力的有效手段。

教育保证了“人能群”的实现。人类要求生存与发展，就必须结成“群”。他提出“故制礼义以分之”(《荀子·礼论》)，“明分使群”，使人各守其分，节制和改造人的本能，养成群体意识。这一切同样取决于教育，教育对人类的生存具有根本意义；而教育是通过个人的学习实现的，个体的学习只能在群体的环境中才能取得成效。所以说，教育活动本身就是维持群体存在的一种形式。

荀子认为，教育对人的影响和作用，可以推及社会的各个方面。经济社会的发展，导致不同的社会分工和不同的社会生产人才。《荀子·儒效》中说："人积耨耕而为农夫，积斲削而为工匠，积反货而为商贾，积礼义而为君子。工匠之子，莫不继事，而都国之民，安习其服。居楚而楚，居越而越，居夏而夏，是非天性也，积靡使然也。"从社会分工和家庭环境的职业技术教育来看，这类似于《管子》提出的不同职业的人分处，构成专门的环境和专门的家庭职业技术教育，以形成"士之子常为士""工之子常为工""农之子常为农""商之子常为商"（《管子·小匡》）的社会分工局面。这一切并不是由人的先天素质所决定的，而是环境教育的日积月累、长期影响使得人们顺应自然而逐渐形成的一种较稳定的品德风尚以及生产劳动、职业技术的趋向和本领。因此，荀子还说，人"可以为尧、禹，可以为桀、跖，可以为工匠，可以为农贾，在势注错习俗之所积"（《荀子·荣辱》）。其实，这也正是他所说的"政教习俗相顺而后行"（《荀子·大略》）的道理。

通过对荀子教育思想的分析，我们发现因社会分工的不同而接受不同的教育，"明分使群""善假于物"反映了环境与教育的关系，充分体现了社会分工和家庭职业教育对人的影响，这些朦胧的职业技术教育思想，具有普遍的社会意义。

四、《礼记》从教育是培养人的社会活动的本质特征出发，指出人只有通过接受教育才能按社会需要去服务社会，在服务中实现自身社会价值

《礼记》为儒家重要经典之一。传孔子删定西周《士礼》（亦称《仪礼》或《礼经》）得十七篇，至汉代，解经者群起，《汉书·艺文志》著录一百三十一篇，称"七十子后学者所记"。东汉学者郑玄曾为其作注，使之得到进一步阐发，其便更广泛地为人所习诵。《礼记》详细记录了先秦儒家的重要思想，对古代教育制度、教育理论、教育思想以及妇幼教育，均做了全面的总结，对我国古代教育产生了巨大而久远的影响。《礼记》中的教育经济思想，主要是从教育对社会的作用、教育是培养人的社会活动出发，论述如何把人培养成为一定社会所需要的人才。

《学记》是《礼记》中的一篇。《学记》总结了儒家私人教学中的经验，同时也记载了西周官学中统治阶级关于学校教育的一些重要措施。它对教育的作用与目的、学校制度、教学原则和教学方法等方面，都做了系统的阐述，是研究中国古代教育的一份十分宝贵的资料。《学记》站在统治阶级的立场，肯定了教育的作用，从统治者巩固其统治的目的出发，把教育用作“化民成俗”的工具。“君子如欲化民成俗，其必由学乎。玉不琢，不成器；人不学，不知道。是故古之王者，建国君民，教学为先”（《礼记·学记》）。意思是说，统治者对人民实行统治，务必运用教育这个工具对被统治者进行教化。作者又以玉石为例，认为玉石不经过雕琢，是不能成为玉器的；人不经过教育，就不会懂得社会的为人之道，要使人民都能做到“齐家、治国、平天下”，就必须教化人民。这是封建社会历代统治者驾驭人民的必由之途，也是《学记》所阐述的教育的作用与目的。

《礼记》中的教育经济思想，主要是从教育对社会的作用即社会功能来论述的，论教育的目的则主要从教育是培养人的社会活动这一本质特征出发的，肯定了教育对人的作用，论及如何把人培养成为一定社会所需要的人才。《礼记·学记》对这一思想做了高度的理论概括，并开宗明义地说：“发虑宪，求善良，足以謏闻，不足以动众；就贤体远，足以动众，未足以化民。君子如欲化民成俗，其必由学乎。玉不琢，不成器；人不学，不知道。是故古之王者，建国君民，教学为先。”“建国君民”“化民成俗”依靠的就是教育，这已经明显地揭示了教育是立国之本这一带有本质性的理论问题。一个国家的建设、治理，社会的安定，可谓千头万绪，只有把教育摆在首位，只有依靠教育才能得以实现。也就是说，教育是治国、治民的重要手段。舍此“本”而逐他“末”，要想治国、治民，永得国泰民安，如《大学》说的“齐家、治国、平天下”，只能是缘木求鱼，是不可能的。教育是培养人的活动，这一特点决定了它的社会功能必须由所培养的人来实现，要让人通过一定的培养接受严格的教育，成为一定社会所需要的合格人才，进而通过他们直接去为社会服务而达到“建国君民”“化民成俗”的目的。所以教育的直接社会作用首先体现在培养人这一方面，而且必须以此为前提。正如《学记》所说，“玉不琢，不成器；人不学，不知道”。人必须接受教育，才能成人，才能成才，才能按社会需要去服务于社会，在服务社会中实现自身的社会价值。因此，社会的每一个成员都必须受教育，“自天子以至于庶人，壹是皆以修身为本”（《大学》）。作为社会成员的人，“身修而后家齐，家齐而后国治，国治而后天下平”（《大学》）。对管理者来说，就是“教尊而官正，官正而国治”（《礼记·文王世子》）。

第三节　墨家科学技术知识中的教育经济思想

春秋战国之际，墨家崛起且与儒家呈对峙之势。儒墨之争，社会影响极大，故韩非将二者并称为“世之显学”。墨家无论是外表风度，还是内在气质，都与文质彬彬的儒家迥异。墨家站在城市平民的立场上思考问题，在教育思想与实践方面同儒家有很多歧异之处，显示出独特的风格和存在价值。

一、墨子肯定教育对促进生产发展和社会政治稳定的作用，重视“有道相教”，把“教”和“学”辩证地联系起来

墨子（约前468—前376），姓墨，名翟，战国初年学者、思想家和自然科学家，墨家学派创始人。墨子是“农与工肆之人”，自称“贱人”，青年时代做工匠，是手工机械制造的能手，他既博览群书，又有丰富的科学技术知识。他开始也接受过儒家教育，“学儒者之业，受孔子之术”（《淮南子·要略》），而后变成儒家的批判者，认为儒家重礼厚葬，劳民伤财，妨害生产，于是他创立起了具有小生产者风格的墨家学派。他通过自己的实践，充分肯定了教育对生产经济发展和社会政治稳定的作用，其科学技术教育思想十分丰富；他开古代教育经济思想之先河，奠定了科学技术教育思想的理论基础。

在教育与人的关系问题上，墨子反对命定论。他说：“教人学而执有命，是犹命人葆，而去亓冠也。”（《墨子·公孟》）这就是说，学习完全是靠自我主观努力，只有充分发挥自己的主观能动性、积极性，方能取得应有的成果。所以墨子主张凡教导人学习，教者必须具有一定的主动性，对学者也要有一定的强制督促，教其不能受外界因素干扰。

墨子强调环境对人的发展的决定作用。他以染丝为例，阐述了环境对人性形成的影响：“染于苍则苍，染于黄则黄，所入者变，其色亦变。……故染不可不慎也。

非独染丝然也，国亦有染。……非独国有染也，士亦有染”（《墨子·所染》）。这就是著名的“染丝说”，在他看来，人性不是命里注定的，先天的人性不过如待染的素丝，有什么样的环境，就能造就什么样的人。

墨子所处的时代，正是中国历史上的社会大变革时期。封建生产关系逐渐成熟，铁器的广泛使用促进了农业的发展，手工业、商业繁荣，产品更加丰富，生产力迅速提高。这就把更多的人从物质生产劳动中解放出来去从事脑力劳动，从而创造更丰裕的科学、文化、思想成果。同时，战国初期又是一个动荡的变革时期。没落的奴隶主贵族与新兴的地主阶级之间的矛盾尖锐复杂，除政治上进行争夺外，还竞相养士，学者们著书立说，议论时事，阐述哲理，这一时期产生了一批著名的学者和派别，形成了“百家争鸣”的学术思想繁荣局面。

基于“兼相爱，交相利”（《墨子·公输》）的社会理想，墨家主张教育要培养“兼士”或“贤士”，进而实现贤人政治或善政德治。对于“兼士”的标准，墨子提出其要“厚乎德行”“辩乎言谈”“博乎道术”（《墨子·尚贤》），即其要具有深厚的道德品质、能言善辩的辩论技能和广博熟练的知识技能。道德培养尤甚，使兼士能“爱无差等”（《孟子·滕文公上》），做到“视人之国，若视其国；视人之家，若视其家；视人之身，若视其身”（《墨子·兼爱中》）。不分亲疏、贫富、贵贱，都能做到“饥则食之，寒则衣之，疾病侍养之，死丧葬埋之”（《墨子·兼爱下》）。辩论技能的培养，是为了能让兼士去社会上推行“兼爱”的主张；知识技能的培养，是让“兼士”投入社会生产实践中去，具备兴利除害的能力。墨子门徒大多出身于“农与工肆”，同墨子一起学习和劳动，在培养德行的基础上，努力掌握劳动技能和生产经验，受到了很好的劳动技能训练。

墨子和他的门徒穿草鞋、着布衣，刻苦耐劳，“日夜不休，以自苦为极”（《庄子·天下》）。据说墨家门徒为了实践墨家的主张，皆愿赴汤蹈火，具有舍命行道的献身精神。连墨家的论敌孟子也不得不承认“墨子兼爱，摩顶放踵利天下，为之”（《孟子·尽心上》），足见墨家的精神。春秋战国之际，儒家和墨家都被称为“显学”，儒墨学派的对立，揭开了先秦时代“百家争鸣”的序幕。墨子的主要社会教育活动在战国初期，取得了巨大的成功，其教育思想至今仍有一定的积极意义。

处于战乱不断、生产废弛、生灵涂炭乱世的墨子，最高的政治理想是要“兴天下之利，除天下之害”（《墨子·兼爱中》），即要达到“刑政治，万民和，国家富，财用足，百姓皆得暖衣饱食”（《墨子·天志下》）。墨子认为要实现这一目的，第一要义就是要抓好教育，以教育为实现政治主张、登上政治舞台、掌握政治权力、发展生产力的重要手段和武器。他教育弟子魏越到不同的国家当用不同的内容进行“上说下教”时说：“凡入国，必择务而从事焉。国家昏乱，则语之尚贤、尚同；国家贫，则语之节用、节葬；国家喜音湛湎，则语之非乐、非命；国家淫僻无礼，则语之尊天、事鬼；国家务夺侵凌，即语之兼爱、非攻。故曰：择务而从事焉。”（《墨子·鲁问》）墨子把他所主张的教育，与不同国家的不同政治、经济、文化紧密地联系起来，根据不同情况，对其进行不同的教育，肯定不同的教育能对这些不同的政治经济文化起到积极的作用，甚至能改变不良的政治、经济、文化状况。这充分说明“上说下教”必须为不同的社会政治、经济、文化服务，同时也肯定了“上说下教”的巨大社会效益和积极的社会作用。

墨子代表着“农与工肆之人”的利益，他深刻认识到广大人民对于社会物质财富的创造占有和自身劳动权利的享受等重大的社会问题，所以他从社会生产力的发展和提升广大人民的物质生活出发，进行了广泛的从俭求富、利民生财的教化。墨子认为，凡是费财劳力而对人民无利者不为。他说：“凡足以奉给民用则止，诸加费不加于民利者，圣王弗为。”（《墨子·节用中》）这是从消极方面来训诫的。从积极方面论述时，墨子强调大力发展生产力的重要性。他主张人“赖其力者生，不赖其力者不生”（《墨子·非乐上》）。认为人“不与其劳，获其实”（《墨子·天志下》），是天下大乱的根源之一。所以他教导天下之人，必须“强力”从事。这是因为“君子不强听治，即刑政乱；贱人不强从事，即财用不足”（《墨子·非乐上》）。“强必富，不强必贫；强必饱，不强必饥”“强必暖，不强必寒”（《墨子·非命下》）。在此思想指导下，他在与吴虑辩论时，才得出这样的结论：“教人耕者，其功多”（《墨子·鲁问》），充分肯定了教育对生产力发展和社会财富创造的巨大效应。若社会上人人都“能信身而从事”，社会生产力必然会得到较大的发展，人民百姓就能得到受用不尽的物质和利益，“然后义事成也”（《墨子·耕柱》），国家得治，利生害灭，百姓安乐。这不仅反映了教育对发展经济、创造社会物质文明的巨大功能，同时也给政治稳定提供了坚实的社会物质基础，这正是墨子对教育认识的深刻高明之处，较之当时许多教育思想家更为深入。

墨子肯定了教育对实现政治抱负、促进生产发展经济繁荣和社会政治稳定的巨大作用，所以他特别重视“有道相教”。如果有教而无学，犹如人之缺腿少脚，同样不能构成教育的整个活动，所以他同样重视“劝子于学”，把“教”和“学”辩证地联系在一起，形成一个辩证的统一体。墨子力主“尚贤”，认为这是“政事之本”。“为贤之道”的第一要义就是“有道者劝以教人”：“为贤之道将奈何？曰：有力者疾以助人，有财者勉以分人，有道者劝以教人。若此，则饥者得食，寒者得衣，乱者得治。”（《墨子・尚贤下》）为贤能以“道”教人，则天下便可太平无事，人民便可安居乐业，“国家百姓人民之利”便可永保无遗。反之，残酷的现实则将永远得不到改变。“垂其股肱之力，而不相劳来也；腐臭余财，而不相分资也；隐匿良道，而不相教诲也。若此，则饥者不得食，寒者不得衣，乱者不得治。”（《墨子・尚贤下》）所以他决定尽一切努力，强力而为之，坚定不移地实施“有道相教”，他认为这样才能够克服一切的消极因素，收到积极的社会效果。在墨子看来，“有道相教”能创造出一个理想的社会乐园。后世一些学者把墨子视为“教育万能”论者，也不无道理，他肯定教育对政治、经济、社会和人文风尚的作用，确实有相当的进步意义。

二、墨子的科学技术教育思想十分丰富，开我国古代教育经济思想之先河

墨子所处的时代，是中国科技史上的一个高峰。墨子的科学技术教育思想是当时社会生产力发展的产物，学术争鸣与战争对其发展也起到了巨大的推动作用。当时的社会条件和背景，促使墨家倍加重视和推崇儒家学者不屑一顾的技术教育，包括自然科学和劳动技能等教育。

春秋战国时期，生产关系发生了变化，铁器与牛耕的使用，为开荒和兴修水利提供了有利的条件。新兴的地主阶级为更好地发展自己，巩固自己的地位，就竭力创造条件，寻求新的技术力量。于是墨子这位代表新兴生产力的改革家，就有了发展的空间。加之当时战争连绵，社会生产遭到很大破坏，更需要新的生产技术的支持来满足社会之必需，于是墨家科技教育便蓬勃而起了。

墨家与儒家的辩论，推动了墨家科技教育思想的传播。自然科学是人类生产斗争知识的结晶，人类社会初期的科学技术，多源于农业、手工业和战争的迫切需要。儒家的代表人物孔子尽管是教育家，但从来没有把生产技术列为教育内容。《论语・

述而》说："子以四教：文、行、忠、信。"可知其中根本就没有列入生产技术知识。即使孔子所称的"六艺"，对科技也并不重视。孔子说："六艺于治一也，《礼》以节人，《乐》以发和，《书》以道事，《诗》以达意，《易》以神化，《春秋》以义。"（《史记·滑稽列传》）有一次，学生樊迟向孔子请教怎么种庄稼，孔子不但不回答，反而称樊迟为"小人"，可见儒家对生产技术并不重视。儒家经典《礼记·月令》说："毋或作为淫巧，以荡上心。"对于儒家这种贵道贱器、鄙视生产劳动的世界观，墨家给予了有力批判。墨子大声疾呼："赖其力者生，不赖其力者不生。"（《墨子·非乐上》）并义正词严地提出，对那些"不与其劳获其食，非其所有而取之"的行为，要"上得且罚之，众闻则非之"（《墨子·天志中》），并要求人们"蚤出暮入，强乎耕稼树艺"，"夙兴夜寐，强乎纺绩织纴"（《墨子·非命下》）。这体现出墨家与儒家截然不同的科技思想。

与此同时，战争增强了墨家发展科技的动力。因为墨家兼爱天下，主张"非攻"，为了有效制止战争，其特别注重军械技术的创造。英国人斯蒂芬·F. 梅森说："墨翟学派主张兼爱，但他们并非和平主义者，因为要扶弱抑强，所以他们就对军事技术进行研究……对军事技术的研究，也就促进他们去探讨物理学，特别是光学、力学和防御工程问题。"（［英］斯蒂芬·F. 梅森《自然科学史》）

墨家关于科学技术知识教育的内容十分丰富，主要包括以下几点：

关于自然科学知识。墨家学派重视对自然科学知识的教育，这在中国教育史上独树一帜，具有举足轻重的意义。

例如力学，它是现代物理的重要分支。《墨子·经上》中记述了丰富的力学知识。如关于机械运动的正确定义："动，域徙也。"意思是说，机械运动的本质是物体位置的移动。这与现代机械运动的定义完全一致。

例如光学，这是墨家科学教育中最出色的部分，从"光的直线行进"这一基本光学原理出发，探讨了一系列光学问题，对平面镜、凹面镜、凸面镜等进行了相当系统的研究，得出了几何光学的一系列基本原理，并做了类似"小孔成像"的实验。

关于数学。《墨子·经上》中含有丰富的数学概念、严密的逻辑推理和深邃的数理哲学思想。如对圆的定义："圆，一中同长也。""一中"即"对中心一点"，"同长"即"等距离"。这与近代数学中对圆的定义——对中心一点等距离的点的轨迹——是完全一致的。墨子是对十进位制概念进行总结和阐述的第一位科学家。十进位制的发明，是中国对世界文明的一个重大贡献。

关于生产技能知识。墨子特别注意让学生参加生产劳动，从实践中总结经验，学习经验，掌握技能。《墨子·辞过》提出："圣人作，诲男耕稼树艺，以为民食。"墨子自身为人师表，直接从事生产，并且具有很高的技艺，"摩顶放踵，利天下为之"。他的门徒同墨子一起学习和劳动，在培养德行的基础上，努力掌握劳动技能和生产经验，受到了很好的劳动职业训练，这为将来实践墨家理想打下了基础。

关于军事知识。墨子也可以说是一位著名的军事家，他精通各种军事技能，并把它充分地运用到其宣传"非攻"思想的行动之中。《墨子·公输》中就记载了墨子通过向公输盘演示军事布阵阻止战争的事，不动一兵一刃便成功地阻止了楚国攻打宋国的行动，且宣传了自己的"非攻"思想。《墨子》中"备城门""备高临""备梯""备水""备突"等内容，都比较集中地体现了墨子守城理论的特色，又展示了其军事谋划与工匠技术相结合的思想。

墨子关于科学技术知识教育的思想，极大地丰富了中国古代教育的内容，开我国古代教育经济思想之先河，对推进当时生产力发展进步、社会和谐都产生了很大的影响。

三、墨子培养弟子"能从事者从事"，就是要他们掌握并精通各种实现政治目的的"道术"并在实践中进行运用

墨子要求弟子们不仅要学习掌握各种科学技术教育知识，而且要在生产生活中去进行实践。墨子认为，弟子们必须多才多艺，其中一项最根本的要求，就是"能从事者从事"。"从事"就是要掌握、精通各种用于实践政治目的的"道术"，并在社会实践中操作运用。"道术"的门类很多，故必须"博"。墨子强调"行动力"，这就是我们今天说的"执行力"。墨子要求弟子都能做到"赴汤蹈火，死不旋踵"，即强调"化之所致"的效果。墨子说，"士虽存学，而行为本焉"。他在教学中强调知行一致，志功统一。

墨家学派的一个最大特点就是理论与实践相结合。墨子强调任侠精神，强调培养各种各样的"专业人才"，要求他们为实现政治诉求而身体力行。墨子重视生产知

识与应用技术，所以他从实践经验中得到的许多科学知识，都能用来作为教育弟子的教材，这是一个很了不起的突破与发展。如《墨子·经说下》："谁（堆）并石累石耳。夹寝者，法也。方石去地尺，关石于其下，县（悬）丝于其上，使适至方石。不下，柱也。胶丝去石，挈也。丝绝，引也。未变而名易，收也。"这是讲建筑时砖石的堆砌之术，详细介绍了利用墨线进行奠基的原理和方法。而且墨子还亲自带领他的弟子们进行军事防御工事的建筑实践。墨子所说的"志不强者智不达""雄而不修者，其后必惰"，都强调理论与实践相结合的重要性。墨子本人也非常注重理论与实践相结合，可以说是我国最早的"双师型"教师。他通晓力学、光学、几何学、军事学、逻辑学、经济学等方面的理论知识，而且非常注重将理论应用到实践之中。

墨子的科学技术教育，包括生产和军事科学技术教育以及自然科学知识教育，前者可谓是应用科学教育，后者可以说是纯科学教育，在"能从事者从事"中践行"知行合一"的教育主张，墨子的许多教育思想既来源于生产生活实践，又能在实践中不断得以丰富和发展。

墨子出身微贱，长期"比于宾萌"，直接从事生产工艺劳动，具有高超卓越的技术，是当时闻名遐迩的杰出工程师。其在施教培养"兼士"的过程中，深刻认识到，作为社会的人，只有"赖其力""强力从事"，才能维持正常的生存及自身的发展。所以，他无时无刻不在培养弟子要一心一意勤于从事，积极认真进行生产劳动，要求学会并掌握一定的生产技术和技能技巧。他指导弟子学习农业生产技术，"故圣人作，诲男耕稼树艺，以为民食"（《墨子·辞过》），肯定"教人耕"其效益必然多于"不教人耕而独耕者"（《墨子·鲁问》）。对手工业生产者的教育，他强调"凡天下群百工，轮车、鞼匏、陶冶、梓匠，使各从事其所能"（《墨子·节用中》），从事生产工艺活动，都必须掌握一定的技术。

墨子培养弟子，要求其首先必须懂得"法仪"，即必须按照一定的客观规律办事。"天下从事者，不可以无法仪，无法仪而其事能成者，无有也。"（《墨子·法仪》）也就是说要掌握时宜，因为"先民以时生财"（《墨子·七患》）。同时，还要依规矩办事，"虽至百工从事者，亦皆有法。百工为方以矩，为圆以规，直以绳，正以县，平以水。无巧工不巧工，皆以此五者为法。巧者能中之，不巧者虽不能中，放依以从事，犹逾己。故百工从事，皆有法所度"（《墨子·法仪》）。墨子本人就是卓越的工程师，自己就掌握有很高超的工艺技术，这一点已为当世所瞩目。墨子的这些理论和方法，都是他在古代教育史上培养理想人才独一无二的伟大创造。这些基本理论和工艺方法，大多被弟子或后续的墨家学者全面地总结在《墨经》中。

墨家重实践，贵功用。在生产机械等方面的教育里，其不仅内容非常丰富，而且都能够用于实践。教育内容主要包括以下几种：

一是杠杆原理及其应用的教学。墨子曾教弟子要学会应用桔槔提水。这就运用了杠杆的原理，后期墨家对杠杆进行了规律性的探索，最后总结成理论。他们说："故招负衡木，加重焉而不挠，极胜重也。"（《墨子·经说下》）"负"是衡木，担之义。"挠"，《说文》解作曲木，引为物体倾斜之义。"胜"即胜任。以衡木担物，支点在中，衡木不斜，是两端物量相等、彼此胜任之故。对这个问题，《经说》中做了全面的解释，分析说明了支点在不同位置的各种情况。天平和秤，都是根据这一原理制造的。"天而必正，说在得"（《墨子·经下》），就是这个道理。如《庄子》在提及以桔槔汲水时说："有械于此，一日浸百畦，用力甚寡而见功多"（《庄子·天地》）。古希腊阿基米德"杠杆平衡理论"与墨家此说正相吻合。

二是滑轮、斜面原理及其应用。滑轮和斜面，墨家在生产实践和军事中应用十分广泛。《墨经》把滑轮的理论总结为"挈与收板，说在簿"。"挈"，向上提持之意。"收"，即收取，自下拖之意。"板"，即"反"。"簿"是"迫"的意思。此理论认为用绳悬于转动之支点以挈物迫上，则自下收绳即可，两者方向正好相反。墨家总结的这一机械原理，从理论上讲，已经接近 18 世纪英国阿特伍德（1746—1807）所发明的研究落体运动规律的机械——阿特伍德机。然而墨家要比其早两千多年，可惜其长期被埋没，及至近代才引起重视。关于斜面机械，《墨子·经下》说："倚者不可正，说在梯。"这是墨家以斜面的原理，说明"车梯"这种特殊机械的构造和功用。"梯"必须倾斜如"倚"，方能省力。"车梯"可能是墨家教授建筑或运物所发明的由平地升登高处的运载工具，战时或可用作云梯。这是墨家的发明创造，也是技术教育的卓越成果。

三是建筑技术理论教学。建筑技术是墨家的重要教育内容，"博乎道术"中的重要组成部分。后来的墨家学者同样做了理论性的总结。关于建筑技术，《墨子·经下》是这样论述的："堆之必柱，说在废材。""堆，聚土也。""堆"即今天所说的

“砌”，“柱”是墙的石基。就是说筑城或砌墙，必先打好坚实的基础。修建房屋和各项军事建筑，都是墨家的必修课程。墨家弟子通过各种实践活动，总结了丰富的经验，并将其上升为这一具有普遍意义的理论。

墨子在长期的生产技术知识教育中，不断对在实践中得到的感性知识进行分析加工、概括，从而逐步上升为理论知识。关于数学、力学、光学等教学，均记录在《墨经》中，这是我国古代科学文化知识教育遗产的瑰宝。

墨子所培养的弟子及其再传和后学，如《吕氏春秋·当染》说，“从属弥众，弟子弥丰，充满天下”，“显荣于天下者众矣，不可胜数”。可见墨学之昌盛，不亚于孔孟之儒。其中许多人都学有所成，显名当世，荣及后代。弟子中最著名的，当推禽滑釐。他“事子墨子三年，手足胼胝，面目黧黑，役身给使，不敢问欲”（《墨子·备梯》），尽得墨学要旨，特别精通防御守备之军事学问。其他许多弟子，也都有“显荣于天下”之迹。高石子游于卫，“卫君致禄甚厚，设之于卿”，因“言无行者”，故离去。高石子这种“倍禄而乡义”（《墨子·耕柱》）的行为，得到了后人高度的肯定和赞扬。公尚过游于越，以墨子的道义劝谏越王，深得越王赞许。耕柱子游于楚，也有一定业绩，故能争得一定俸禄，分食于其他弟子，并“遗十金于墨子”（《墨子·耕柱》），分而用之。对于魏越，墨子使之游越，先教之“择务从事”，将墨家道义和主要思想全面阐明，使各国都知道墨家的政治主张。还有治徒娱、县子硕、索庐参、胡非子等，这些人对墨家思想进行传播，在当时都产生过不同的社会影响。

墨家巨子的传学继承，有自己的一套制度。为了实践墨家的大义，他们坚韧不拔，公而忘私，赴汤蹈火，死不旋踵，成为彼时非常有组织、有影响的教育团体。对后世宗教特别是道教、农民群体，乃至社会上行侠仗义之徒，无不产生了深刻的影响。墨子在世时，全国各地均有墨家徒属，建有学派团体。墨子死后，各方墨者皆继承师说，相继并起，或自立门户，或建立团体，按墨家传统广招门徒，上说下教。韩非子说：“自墨子之死也，有相里氏之墨，有相夫氏之墨，有邓陵氏之墨，……取舍相反不同”（《韩非子·显学》）。《庄子·天下》也说：“相里勤之弟子，五侯之徒，南方之墨者苦获、已齿、邓陵子之属，俱诵《墨经》，而倍谲不同，相谓别墨。以坚白同异之辩相訾，以觭偶不仵之辞相应，以巨子为圣人，皆愿为之尸，冀得为其后世，至今不决。”庄、韩之说表明，墨家在墨子之后出现了分化，但其

“俱诵墨经”，对于坚持墨家的政治主张和学术特色皆无分歧，此后墨家的科学技术和学说理论都有长足的发展，在相当长的一段时间保持着很大的影响力。

墨子的教育思想特别是关于科学技术知识的教育，把科学与生产、社会活动密切地结合起来，不仅开启了职业技术教育的实践先河，也极大地丰富了教育的经济内容。墨学在近代仍有复兴，它的历史意义和现实意义，就文化教育思想、科学技术方面而言，在于对科技与生产的重视，强调了生产实践的重要性，有着很大的积极作用。

第四节　法家“四民分业”及“尽地力之教”的教育经济思想

较之儒家、墨家、道家，法家为后起之秀。法家学者以其有效而明确的社会政治主张，影响了战国时代的历史进程，赢得了自己在诸子百家中的地位。法家的思想与当时的社会发展合拍，其长处在于社会政治实践，在教育方面的造诣远不及儒、墨甚至道家，有些主张还显得有所偏颇。但是他们首先通过实践确定了教育在政治生活中的地位，其思想与实践的得失有颇多值得思考之处。

战国时期“百家争鸣”中，法家学派代表着新兴统治阶级的利益，与儒家相对立，主张法治耕战、兼并统一，反映了历史的发展趋势。在教育上的主张，其更是与各家大相径庭。他们提倡法教，主张以吏为师，任贤使能，目的是培养耕战智术能法之士，同时把民众培养成遵纪守法的合格社会成员。法家的先驱有邓析、李悝、商鞅、韩非、管仲等。他们的政治主张、教育思想，在“百家争鸣”的年代里对政治、经济生活的变革起到了推动作用，为建设新的政治、经济和社会制度做出了贡献，亦为一个思想、文化大发展时代的到来创造了条件。

一、邓析主张在对民众普遍施行法教的同时，教育弟子和民众懂得使用先进的生产工具的道理和方法

法家教育思想的形成，有一个漫长的历史过程。法家先驱们在社会变革的实践中，结合对社会变革的实践经验，逐步对所实施之教育有了一定的认识，提出了一些初步的教育主张。

邓析（前545—前501），春秋末期郑国大夫，思想家、教育家，刑名家的鼻祖，法家、名家的先驱，名辩思潮的开拓者。邓析，约与孔子同时，春秋末期在郑国积极主张变革社会、推行法教。他专门写了一本刑书刻在竹简上，并以此作教材，对弟子和民众进行普遍的法制教育。邓析对民众普遍施行的法教，为法家的“以法为教”开拓了一定的社会基础。邓析在社会变革中，特别主张对民众进行自食其力、使用先进的生产工具以促进生产发展的教育。邓析创办的私学是嵩山地区较早的私学，据载，他重视农业生产，运用古代力学原理，发明了提水工具桔槔，使农夫的浇地效率大大提高，后来还将此技术推广到卫国等地。邓析反对贵族不劳而获的寄生生活，对那些依靠别人的劳动来供养自己的人深恶痛绝，把他们的生活比作猪狗一般。《列子·仲尼》记录了这样一个故事，说邓析在东里讥嘲圃田泽的一个“隐者”伯丰子，并以此来教育自己的弟子：

圃泽之役，有伯丰子者，行过东里，遇邓析。邓析顾其徒而笑曰：“为若舞彼来者，奚若?”其徒曰：“所愿知也。”邓析谓伯丰子曰：“汝知养养之义乎? 受人养而不能自养者，犬豕之类也；养物而物为我用者，人之力也。使汝之徒食而饱，衣而息，执政之功也。长幼群聚，而为牢藉、庖厨之物，奚异犬豕之类乎?”伯丰子不应。

这个故事充分说明，邓析教育人要懂得自食其力的道理，认为人们只有依靠自己的劳动，才能创造出供人们生存的物质财富，不劳而获、坐享其成是可耻的。邓析的这一主张是十分可贵的，与墨家所主张的“赖其力者生”是同一个道理，对生产力的发展、社会物质生产都起到了巨大的推动作用，其意义是深刻的。

值得注意的是，邓析在主张对民众进行自食其力的生产劳动教育中，特别强调要教育弟子和民众懂得使用先进的生产工具的道理和方法。这充分表明人们在注意教育的政治作用的同时，对教育的经济作用也有了十分客观的认识，就是教育可以使人们获得生产经验并掌握使用先进的生产工具，从而提高人们的生产能力。

《说苑·反质》篇记载了邓析教几个保守的老农夫和弟子，如何使用以杠杆原理制造的桔槔来提水灌溉菜地的事：“卫有五丈夫，俱负缶而入井灌韭，终日一区。邓析过，下车为教之曰：‘为机，重其后，轻其前，命曰桥，终日灌韭百区，不倦。’”《庄子》中也有类似的记载。邓析教民使用“桥”即桔槔提水灌溉，与墨家的有关教育十分相似。桔槔可以大大提高生产效率，促进生产力的发展。积极倡导使用新的工具，特别反映了邓析“不法先王，不是礼义”（《荀子·非十二子》），反对落后守旧，主张变革社会的积极进取精神，给以后法家农业生产方面的教育提供了许多有益的参考。

二、管仲提出对全民进行社会职业教育的“四民分业”措施，这是中国古代最早的职业技术教育

进入春秋时期，中国社会开始了政治经济和社会的大变革，最早适应这一变革形势并推波助澜的就是作为法家先驱的变法者们。他们注重实践，为建设新的政治经济和社会制度做出了贡献。在这次变革中，他们的一些教育主张在变革中得到检验，产生了许多具有一定影响和进步作用的教育思想。在实践中，一些教育经济思想同时产生了相当大的社会作用，较为突出的有管仲的“四民分业”论。

管仲（前 719—前 645），字夷吾，春秋时期法家代表人物，被誉为“法家先驱”。管仲出身于一个没落的封建贵族家庭，早年曾做过生意，所以对商品生产、货币、贸易等问题有较深刻的认识。他曾出相齐桓公，使齐国成为春秋第一个强盛之国。他将国家统治下的广大群众分为四大社会集团——士、农、工、商。管仲所处年代正值春秋初期，西周严格的等级制度遭到破坏，百姓开始杂居，不安心本职工作，社会混乱，不利于统治阶级的统治。在这种社会背景下，为了便于管理民众，使他们专心劳作，更是为了社会秩序的稳定，管仲提出了“四民分业”。“四民分业”不仅是一种政治、经济和军事管理手段，同时也是对全民进行职业教育的社会措施。“四民分业”之所以在齐国得以实施，是因为人们已经认识到了教育对人的全面发展、对生产力的发展和经济社会的促进有着巨大的推动作用，极大地丰富了古代职业技术教育和教育经济思想的内容。对此，《国语·齐语》和《管子·小匡》都有详细的记载。

《管子·小匡》中写道：“士农工商四民者，国之石民也，不可使杂处，杂处则其言哤，其事乱。”意思是说，士、农、工、商“四民”，是国家的柱石之民，不可使他们杂居，杂居则说的话、做的事就会混杂。因而管仲提出要改革社会行政组织，设“三国”“五鄙”。“三国”即在国都城郊以内按士、农、工、商四业而“制国以为

二十一乡”，其中“商工之乡六，士农之乡十五”，并规定“处士必于闲燕，处农必就田野，处工必就官府，处商必就市井”。把士农工商分别安排在有利于他们生产、生活的“社区”居住。“五鄙”，就是将郊野划分为五属，使农业人口定居之。这样做的好处之一，就是便于对民众进行社会职业教育，使民众都能有一技之长。

关于士人教育。“士”是四民之首，是当时军队的主要兵源。对他们进行职业教育的内容主要有两方面：一是对“士”及其子弟施以“义”“孝”“敬”“悌”的教育，以提高他们的伦理道德素质。二是对军士进行具体的军事训练，以提高他们的实际作战能力。《管子·小匡》说：“今夫士群萃而州处，闲燕则父与父言义，子与子言孝，其事君者言敬，长者言爱，幼者言悌。旦昔从事于此，犹以教其子弟，少而习焉，其心安焉，不见异物而迁焉。是故其父兄之教不肃而成；其子弟之学，不劳而能。夫是故士之子常为士。”使士人们聚集居住在闲静的地方，父子长幼各言“义”“孝”“敬”“悌”。朝夕以事于此，以教其子弟，使其从小养成习惯，这样他们就会思想安定，不会见异思迁。因此，其父兄的教导，不严厉也能教好；其子弟的学问，不劳苦也能学会。所以士人的子弟常为士人。

关于农事教育。农事教育主要是在“士农之乡”及“五鄙”之地区内实施，其主要内容是劝民农桑。《管子·小匡》说：“今夫农群萃而州处，审其四时，权节具，备其械器，用比耒耜谷芨。及寒，击蒿除田，以待时乃耕。深耕、均种、疾耰。先雨芸耨，以待时雨。时雨既至，挟其枪刈耨镈，以旦暮从事于田野，税衣就功，别苗莠，列疏遬。首戴苎蒲，身服袯襫，沾体涂足，暴其发肤，尽其四支之力，以疾从事于田野。”使农民居处相聚而集中，分别按四季安排用具，置备器械，备好耒耜枷镰等农具。在天气尚冷的时候，就铲除杂草修整土地，以待时而耕。耕得要深，种子撒得要均匀，盖土要快。在降雨之前就除草松土，以等待时雨。时雨一来，就带上多种农具，早晚在地里从事农活，脱下常服，以就功役，分辨苗的好坏，排好苗的疏密。他们头戴草笠，身披蓑衣，一身泥水，暴露皮肤，竭尽其四肢之力，而埋头在地里干活。在这样的环境中耳濡目染，他们就会“少而习焉，其心安焉，不见异物而迁焉。是故其父兄之教不肃而成，其子弟之学不劳而能。是故农之子常为农”（《管子·小匡》）。

关于手工业教育。主要是指对手工业者或各种工匠的教育。《管子·小匡》说：

“今夫工群萃而州处，相良材，审其四时，辨其功苦，权节其用，论比计，制断器，尚完利。相语以事，相示以功，相陈以巧，相高以知事。”使工匠居处相聚而集中，察看好的木材，考虑四时，分辨质量优劣，安排各种用具。在评定等级、考计规格、裁断器物的时候，注意齐全和精致。这样互相谈论工事，展示成品，比赛技巧，提高智慧。使他们“旦昔从事于此，以教其子弟。少而习焉，其心安焉，不见异物而迁焉。是故父兄之教不肃而成，其子弟之学不劳而能。夫是故工之子常为工”（《管子·小匡》）。

关于商业教育。《管子·小匡》说：“今夫商群萃而州处，观凶饥，审国变，察其四时，而监其乡之货，以知其市之贾。负任担荷，服牛辂马，以周四方；料多少，计贵贱，以其所有，易其所无，买贱鬻贵。是以羽旄不求而至，竹箭有余于国，奇怪时来，珍异物聚。旦昔从事于此，以教其子弟。相语以利，相示以时，相陈以知贾。”使商人居处相聚而集中，他们观察年景凶吉，了解国内情况，观察四时，注意本乡货物而预知市场物价。他们负任担荷，赶牛驾马，以周游四方；料定物资多寡，估计商品贵贱，以其所有，易其所无，贱买贵卖。所以雉羽和旄尾一类的珍品，不必远集而自至；竹箭一类的产品，国内就有盈余。新奇的商品经常到来，珍异的东西也有聚集。他们整天从事这些，并教育子弟。他们互相谈论赢利，相互告示买卖时机，互相陈说物价知识。在这样的环境熏陶下，他们“少而习焉，其心安焉，不见异物而迁焉。是故其父兄之教不肃而成，其子弟之学不劳而能。夫是故商之子常为商”（《管子·小匡》）。

“四民分业”的社会职业教育具有很强的时代性，是当时经济基础的反映，并为经济社会服务，是中国古代较早的职业技术教育之一，有着自身特色和特殊的经济意义。

其一，管仲把“成民之事”的“定民之居”作为其经济措施，这同他重视物质生产和物质生活、主张管理国家应满足人民基本生活需要的朴素唯物思想是一致的。“仓廪实则知礼节，衣食足则知荣辱”，把物质生产和物质需要当成治理国家的基础，这一认识就是管仲进行经济改革的思想基础。

其二，管仲注重劳动生产率的提高，因而注意各个行业专业知识和专业技术的积累，实行各个行业的专业化，从而提高劳动者的素质。同业人员的聚居为他们职业经验的相互交流提供了环境上的便利，有利于技术水平的提高。同业聚居能够提高劳动者的熟练程度，使他们在同样的时间内完成的工作更多，也就意味着提高劳动生产率。

其三，同业者聚居会使业务消息灵通。信息成本的降低，对商品生产与流通有很大的作用。在我国古代，信息传播不发达，同业聚居一定程度上克服了这个弊端，所以，同业聚居对商品生产与流通有很大的促进作用。

其四，子承父业更有利于技术的传承与发展。中华民族是一个比较注重血缘关系的民族，家庭构成社会最基本的组织单位。在一个家庭中，子女从小就接受父母的养育和教导，可以说父母是最了解子女的人。在这个技艺传承过程中，父母不仅可以以最易于子女接受的方式教授，而且还可以毫无保留地把毕生技艺传授给自己的子女，这就利用天然的血缘关系避免了传统的“教会徒弟，饿死师傅”的现象，不仅有利于保持各个行业稳定的从业人数，亦可避免劳动者的盲目流动。

其五，同业者聚居容易形成良好的专业氛围。良好的专业氛围慢慢发展成一种优良的社会技术教育环境，为新技术生产力的再生创造了良好的社会氛围，使人人能专心本职工作，从而保证了各个行业一定比例的劳动力，也有利于保障职业的稳定性。这对防止劳动力盲目流动，特别是保证农业中一定比例的劳动生产者起到了很好的作用，这也符合以农业为基础的封建社会的需要。

其六，“四民”明确“商”为其中一民，明确了商业在社会分工中的地位和作用，这充分说明管仲对商业活动的必要性是有深刻认识的。

在管仲的一系列改革中，教育和与教育有关的社会改革始终占有重要地位，“四民分业”是一项重大的政治经济和社会改革措施，同时也是一项教育改革措施，因为它贯穿着在社会范围内实行职业教育以提高国家经济实力的思想。

“四民分业”有着鲜明的政治性和生产性，它是为富国强兵称霸诸侯及发展生产力和提高劳动效率服务的；它很注意社会环境对职业技术教育的积极作用；它倡导子承父业，这样家业世传的家庭教育不仅是物质再生产、人身再生产的社会细胞，而且也成为精神再生产的社会基本单位，其是进行生产、流通及知识、技术教育的基本单位，也是中国古代社会职业技术劳动力更新的一贯传统。“四民分业”的社会职业教育是终身教育，符合人的职业教育终身性的要求。管仲对士、农、工、商的社会划分及社会职业传承的思想影响，对后世教育经济思想的发展产生了较大的影响和促进作用。

三、李悝的法教、农教思想对社会变革、生产力与农业经济的发展有较大推动作用，奠定了法家“耕战”、“法教”、培养智术能法之士的理论基础

李悝（前455—前395），又名李克，法家重要代表人物，孔子门徒子夏的学生，受过儒家思想的熏陶，并发展了儒家思想，《汉书·艺文志》儒家类著录了“李克七篇”。李悝曾出相魏文侯及武侯，使其国富兵强，为战国初期比较有名的政治家之一，是一个由儒家转为法家的人，是早期法家的代表人物。李悝的教育经济思想集中体现在“尽地力之教”的主张，以鼓励发展农业生产，促进生产关系的变革。

李悝在魏国魏文侯当政时为相，主持全面的社会变法改革。他在主持全面的社会变革时，首先提出了“法教”的主张，并制定了较为系统的法典——《法经》，以对民众进行普遍的法制教育。他提倡在法律地位平等的条件下“食有劳”“禄有功”“赏必行”“罚必当”，同时还特别强调“使必能”。这不仅发展了邓析自食其力、不劳者不得食的教育思想，而且主张赏罚分明，更有利于民众生产积极性的发挥，有利于生产力的发展。同时其也鼓励在位之人要勤于事务，多有建树。在促进农业生产发展、经济变革的实践中，李悝提出了著名的“尽地力之教”的主张，以鼓励发展农业生产，促进生产力的发展，特别是促进生产关系的变革。他认为：“善为国者，使民毋伤而农益劝。”（《汉书·食货志》）就是要更有效地教育农民认真从事农业生产劳动，勤劳耕作，“治田勤谨”，充分利用地力，提高粮食产量，创造好的收成。如果农业生产不景气，广大民众的直接利益就要受到损害，还会影响国家的经济收入和政治稳定，正如他所说“民伤则离散，农伤则国贫”（《汉书·食货志》）。此外关于“尽地力”，他还主张要“废沟洫”，就是要铲除井田的疆界，加速农田水利建设，解放社会生产力，为以后商鞅变法的“废井田，开阡陌”开创了先例。正如宋代高承在《事物纪原》中所评价的那样：“井田废，沟浍堙，水利所以作也，本起于魏李悝。”李悝在法治和军事技艺教育中十分注意富国强兵的教育，“行之魏国，国以富强”（《汉书·食货志》）。综合李悝的法教、农教思想，可以清楚地看出，其不仅对社会的全面变革、生产力与农业生产的发展起到了较大的推动作用，而且就

其教育思想而言，也为以后法家“耕战”“法教”、培养智术能法之士教育思想的形成和发展，提供了一定的理论依据，奠定了比较稳定的基础。

四、商鞅把“壹教”作为实施教育改革的指导思想，主张培养“农战之士”，有一定的现实意义和积极作用

商鞅（约前390—前338），卫国人，入秦变法，被封为商君，史称商鞅。法家的重要代表人物，法家教育思想的奠基者。他受李悝、吴起变法活动的深刻影响，因此“少好刑名之学”（法家学说），到秦国后，在秦孝公支持下，进行变法，终于使秦国“乡邑大治”，“国以（此）富强”，商鞅的这些思想，都集中在《商君书》（本书内容可能亦包括其后学观点）中。

商鞅变法是当时各国变法运动中比较彻底的一次，文化教育改革也是商鞅变法的内容之一。商鞅为了使秦国富强，把“农战”作为治国之要。他奖励农战，主张加强农战教育。他主张：“民之欲利者非耕不得，避害者非战不免”（《商君书·慎法》）。商鞅在秦国的变法中，最根本的指导思想就是要革故鼎新、富国强兵。对于教育，他同样认为要建设一种适应改革需要、社会发展的新体系，树立全新的教育思想。他在反对“法古”的基础上，提出了顺应时代发展的“壹教”主张。“上作壹，故民不偷营，则国力抟。国力抟者强，国好言谈者削”（《商君书·农战》）。国君实行农战政策，人民就不会从事不正当的活动，这样，国家的力量就能集中。国家力量集中了就会强盛，国家尚空谈就会削弱。其实，“壹教”的实质就是执行新兴地主阶级的统一教育，它的主要内容是用新兴地主阶级的法令、政策统一人们的思想。“壹教”作为实施教育改革的主导思想，却受到当时保守派的反对。商鞅在驳斥反对者时说：

> 前世不同教，何古之法？帝王不相复，何礼之循？伏羲、神农教而不诛；黄帝、尧、舜诛而不怒，及至文、武，各当时而立法，因事而制礼。礼、法以时而定；制、令各顺其宜；兵甲、器备，各便其用。臣故曰：治世不一道，便国不法古。汤、武之王也，不修古而兴；殷、夏之灭也，不易礼而亡。然则反古者未必可非，循礼者未足多是也。（《商君书·更法》）

商鞅用史实有力地说明了反对“法古”、提倡顺应时代发展需要教育的合理性和

重要性，肯定了教育也是随着时代的变革而变革的、随着社会历史的发展而发展的。历史上的许多进步与成功，都是“以适与时”的结果。所以他又进一步说：“圣人不法古，不修今。法古则后于时，修今则塞于势”（《商君书·开塞》）。这就是说，有作为的人，做事不一定都效法古代，也不会完全拘泥于现状。一切都效法古代会落后于现实，永远跟不上时代的发展；完全拘泥于现状也就不可能看清形势的发展，并预见未来。

因此，商鞅强调一定要进行教育改革，明确教育在社会变革中有着十分重要的作用，提出了“适于时”的“壹教”主张。《商君书·赏刑》曰：

> 所谓壹教者，博闻、辩慧、信廉、礼乐、修行、群党、任誉、清浊，不可以富贵，不可以辟刑，不可独立私议以陈其上。坚者被，锐者挫。虽曰圣知、巧佞、厚朴，则不能以非功罔上利。然富贵之门，要存战而已矣。彼能战者，践富贵之门，强梗焉，有常刑而不赦。……夫故当壮者务于战，老弱者务于守，死者不悔，生者务劝。此臣之所谓壹教也。

从这里我们可以看出，商鞅对“壹教”的主张，根本目的就是统一教育，对民众进行法制教育和农战教育，强调从根本上消除儒、墨、道各家对民众的教育影响，并且鼓励发展“壹教”。他在《商君书·农战》中提出：“君修赏罚以辅壹教，是以其教有所常而政有成也。……是以明君修政作壹，去无用，止浮学事淫之民，壹之农，然后国家可富，而民力可抟也”，这是商鞅提倡“壹教”的实质。

商鞅所主张的“壹教”，从整个社会变革的现实需要看，是有一定的现实意义和积极作用的。它有利于农战之士的培养，对实现富国强兵和生产、经济的发展，都有一定的促进作用。但这种教育毕竟是一种急功近利的短期行为，它不可能对民众进行全方位、多层次的教育，更不可能培养适应社会发展需要的、多规格的、全面发展的人才。从社会发展的长远利益和国家社会的长治久安及生产力的稳步发展、科学文化事业的繁荣昌盛来看，商鞅所主张的这种教育，是很难起到促进作用的，甚至还会走向反面。

商鞅的文化教育思想与当时的儒家思想是对立的。他指责儒学，认为“礼乐”“诗书”“仁义”“修善”“孝悌”等，都是祸国殃民的东西，如果用这些复古主义的教条来治理国家，就会“敌至必削，不至必贫”（《商君书·农战》），即敌人一来，国土就必被侵削；敌人不来，国家也必定贫穷。他同时痛斥那些“不作而食，不战而荣，无爵而尊”（《商君书·画策》）的奴隶主贵族和儒生都是“奸民”，必除之而后快。而当他们利用“诗”“书”作为“以古非今”的舆论工具进行反对活动的时候，商鞅则坚决主张采取“燔诗书而明法令”（《韩非子·和氏》）的手段，对他们进行打击和镇压。

商鞅站在新兴地主阶级的立场上，特别重视为新兴地主阶级培养革新变法的人才。他提出“禁游宦之民，而显耕战之士”（《韩非子·和氏》）。所谓“游宦之民”，主要是指那些四处游说他人求取富贵的游士及一些游食者。他们摇唇鼓舌，游手好闲，不事生产，商鞅认为对这些人的活动必须加以禁止和打击。“农战之民千人，而有《诗》《书》辩慧者一人焉，千人者皆怠于农战矣；农战之民百人，而有技艺者一人焉，百人者皆怠于农战矣。国待农战而安，主待农战而尊。”（《商君书·农战》）国家靠农战才能安全，国君靠农战才能尊贵。商鞅要培养和提拔的“农战之士”，就是那些重视或实际从事农耕的人，就是那些在进行封建兼并战争和发展封建经济中对新兴地主阶级做出了实际贡献的人。商鞅认为，对待这样的人，则必须按“任其力不任其德”“官爵必以其力”的原则，大胆地予以培养、提拔和任用。

在教育内容方面，商鞅反对儒家以“礼、乐、诗、书”教育学生，反对向学生灌输“仁”“义”“礼”“智”等道德准则。他认为“儒学”不过是一些“高言伪议”、不切实际的“浮学”。为了培养“农战之士”和厉行“法治”的人才，商鞅主张学习法令和对农战有实用价值的实际知识。

商鞅在秦的变法，对民众的根本要求就是让“民喜农而乐战”。因为凡立国必以富强为基，农业生产是富之本，集兵善战是强之根。国家施教，必须以培养“农战之士”为目的。商鞅的这一教育目的正如韩非所说：“商君教秦孝公……禁游宦之民，而显耕战之士。”（《韩非子·和氏》）韩非的“耕战之士”实际上就是商鞅的“农战之士”，商鞅认为国家尊崇“农战之士”、努力培养“农战之士”是立国的根本大计。商鞅与其他法家成员都有一个共同的认识，就是认为人们都有趋利避害的心理特点，所以他们都以此作为培养“农战之士”的理论依据。商鞅发布教令：“民之欲利者非耕不得；避害者非战不免。境内之民，莫不先务耕战，而后得其所乐。”（《商君书·慎法》）这是因为教民安于认真耕作，可以获得丰厚的供给生活所需的物质财富，而最好的办法是以农教农，以榜样引导来促进农教，促进土地的开垦和农业经济的发展。“壮民疾农不变，则少民学之不休；少民学之不休，则草必垦矣。”（《商君书·垦令》）教民习战，不只是可以避害，同样可以得利。商鞅规定按军功授爵，凡立战功者，皆可得官爵；凡得官爵，即可得利。所以他说：“凡人主之所以劝民者，官爵也。国之所以兴者，农战也。”（《商君书·农战》）又说：“善为国者，其教民也，皆作壹而得官爵，是故不官无爵。”（《商君书·农战》）善于治理国家的人，他们教育人民都靠从事农战来取得官职和爵位，因此不从事农战的人，就不给官做，也不授予爵位，从这里我们完全可以看出法家所理解的教育目的、培养人才的社会意义。这些文字赤裸裸地、没有丝毫隐讳地显示出他们培养人才的功利主义准则。法家这种从事生产实践、创造物质财富的功利的教育原则，被后世“学而优则仕”的原则所取代，这是法家教育的不幸。因为极重视“农战之士”的培养，所以商鞅特别反对游学和学问研究。他认为如果人们都去研究学问、去游学，那么，就必然躲避“农战”，则“民以此为教者，其国必削”（《商君书·农战》）。如果“农战之民日寡，而游食者愈众，则国乱而地削，兵弱而主卑”（《商君书·君臣》）。从教育的范畴来说，商鞅认为“此贫国、弱兵之教也”（《商君书·农战》）。他坚决主张“尊农战之士”“贱游学之人”（《商君书·壹言》），堵塞游宦之士的仕进之门，只有这样，才能使他们放弃游宦之路。商鞅推行禁游宦、斥学问的教育，目的在于保证“农战”教育对“农战之士”的培养。这对于当时的社会变革、生产发展、兼并统一不无一定的积极作用，但他的主张毕竟使教育过于简单化，而不利于多方面人才的培养，大大地制约了科学文化的发展，产生了许多不良的消极作用。

五、韩非作为法家的集大成者，其教育思想对后世教育的发展产生了巨大影响

韩非（约前 280—前 233），战国时韩国的公子。《史记》记载，韩非精于“刑名法术之学”，与秦相李斯都是荀子的学生。韩非因为口吃而不擅言语，但文章出众，连李斯也自叹不如。他的著作很多，主要收集在《韩非子》一书中。韩非的书流传到秦国，为秦王政所赏识，秦王以派兵攻打韩国相威胁，迫使韩王让韩非到秦国为其效力。韩非在秦国虽受重视，但终因是韩国宗室，未得信任。他所得到的关注引起了秦相李斯的妒忌，李斯、姚贾在秦王面前诬陷韩非，秦王终将其投入监狱，最

后逼其自杀。

韩非虽死，但他提出的变法和改革主张并没有被废弃。他倡导的“以法为教，以吏为师”的教育改革得到实施，使学吏（或称师吏）制度进一步完善，促使全国的教育被纳入官学轨道。韩非的教育思想，主要继承和发展了法家先驱特别是商鞅的思想，同时融汇了儒、墨、道等诸家的一些主张，发展完善了法家的教育思想体系，成为法家教育思想中最为主要的部分。

值得重视的是，20 世纪 70 年代出土的秦简，非常具体地提供了这方面的翔实资料。1975 年 12 月，湖北省云梦睡虎地发掘了 12 座战国末期至秦代的墓葬，其中 11 号墓出土的大批秦代竹简，内容大部分是法律和文书。有些条文，就涉及学吏制度，这是我国教育史的珍贵资料。如《秦律十八种》中的《内史杂》有简文记载：“令效史毋从事官府，非史子也，毋敢学学室，犯令者有罪。”吏是从事文书事务的小吏。简文指出，不是吏的儿子，不准到学室里学习，如果有违犯法令的便要判罪。从这些记载可以推知，秦国应已建立起学吏制度，而且管理严格，甚至连学室都禁止非学习者进入。在学室中学习的学生，称为学僮，他们主要是学习律法文书。《说文解字》引汉《尉律》说：“学僮十七已上，始试，讽籀书九千字，乃得为史。”汉承秦制，可见秦时为史者，需由学僮考试合格而任用。11 号秦墓墓主喜，在他自己编写的《编年记》中，曾记载秦王政三年（前 244），喜年 19 岁时“揄史”，即 19 岁这年被进用为史，这与学吏制度是相符合的。这说明在秦王政即位前后，秦国已经完全推行了“以法为教，以吏为师”的学制。

韩非主张教育变革，就在于变古，在制度、内容和方法等方面都要改变过去的老一套，其教育变革的内容是多方面的。

韩非反对私学，禁止私学。他把私学称为“二心私学”，所谓“二心”，就是与国家、官府不是一条心，不遵从法令而自作主张。私学有碍于法令的推行，必须禁绝。他把私学描绘成“岩居穴处，托伏深虑。大者非世，细者惑下”（《韩非子・诡使》）。办私学者好为食客，不为仕宦，他们住在岩洞地穴里，深思计谋，大者诋毁朝政，小者欺骗百姓。可是当局者又不去禁止，反而对他们很尊重，这样更助长了他们的气焰。这些人一再聚徒讲学，传播自己的“杂学”，完全与现行的法令相抵触，甚至造成“群臣为学，门子好辩。商贾外积，小民右仗”（《韩非子・亡征》）。

韩非认为，这是国家将亡的征兆，非禁止不可。他要求对私学者“禁其行”“破其群”“散其党”。私学被禁，各个学派没有了讲学活动的场所，宣讲自然也就无法进行了。这样一来，“以法为教，以吏为师”的办学方式才能得以建立。

韩非主张以法为教。《韩非子·五蠹》中说，“明主之国”应“无书简之文，以法为教”。所教的法，只是一些政策、法令。“编著之图籍，设之于官府，而布之于百姓”，使“境内卑贱莫不闻知也”（《韩非子·难三》）。这便是韩非的法治教育。韩非并不反对学习，而主张只允许学习法令。他认为“多诵先古之书，以乱当世之治”，应该做到“不期修古，不法常可”（《韩非子·五蠹》）。治理当今之事，不必按照古代的情况办理，不必依循过去的惯例。世间的事情是在变化的，处理的方法也就不能一成不变，教育更是如此。法家只认定以法令治国，用国家的法令政策来统一舆论、统一思想、统一全国人民的行为。“国无常强，无常弱。奉法者强则国强，奉法者弱则国弱”（《韩非子·有度》），这是法家推行教育的理论根据。

韩非的教育路线和政策，是为封建主义中央集权的政治服务的，为后来的秦王朝所接受并付诸实施。他主张取消文化知识的传授，忽视了学校和教师在教育事业中的特殊地位和作用，这是违反文化教育事业发展客观规律的。这一点，正是先秦法家教育思想中普遍存在的缺陷。韩非是思想家、政治家，但不能说是教育家。他是法家思想的集大成者，他的法治思想，为秦王朝建立统一的中央集权的封建国家奠定了理论基础。他对教育问题有许多论述，是其封建君主专制政治理论的组成部分，并为秦王朝所接受，构成秦的文教政策，对后世的教育发展产生了巨大影响。

第五节　战国时期其他学派的教育经济思想

春秋战国时期，各诸侯国把主要精力都用于政治、经济、军事的改革，战国诸侯对“士”多采取宽容政策，允许其学术自由，使诸子百家都能够自由著书立说、四处奔走，宣传其思想和主张。各诸侯为增强国力、扩大影响，也需借重知识分子，这就为“百家争鸣”创造了条件。

春秋战国群雄四起，“百家争鸣”局面是剧烈社会变革在意识形态领域的反映，除儒、墨、法家外，还有道、兵、稷下、农、阴阳、刑名、纵横各派争相竞逐，力图以自己的政治见解，登上政治舞台。各派都有自己的教育实践活动，也有具备本学派特色的教育主张，形成了本学派的教育思想体系。应该说，各家的教育主张在当时的历史条件下，对经济社会的发展都产生了很大的促进作用，这一点是应该予以充分肯定的。但是，我们在此仅从教育的经济方面来研究和探讨各家的教育思想，所以有一些学派，其教育思想虽然比较突出，影响也比较久远，但在经济方面的论述却少有涉及，在这里我们也就不再讨论了。

一、货殖家把教育与生产经营、教育与人类的生存生活密切地联系在一起，是我国古代教育与经济有机结合的典范

春秋战国时期，随着社会生产力的发展、生产关系的变革，私人经营的手工业和商业纷纷涌现，商品交换日益频繁。除了一般商贾和小商贩的小规模买卖外，还出现了不少富商大贾的经营活动。他们的经营规模大，利润丰厚，但风险也大。这就要求经营者必须具备较高的经营技术和商业眼光，同时也需要有较高的文化素养；在经营过程中，还要不断总结经验，把握经营的规律，只有具有较高文化学术水平的商人，或者同工商业者有密切联系的士人学者，才具备这种能力。随着社会时代变革的浪潮，一些在一定条件下从统治集团中分化出来的有学问、有政治军事活动经验的商业经营者，及一些依靠经营工商业获得雄厚利润的物质条件且凭借某种机遇又取得权力和地位者，不断涌现，诸如管仲、弦高、子贡、白圭、吕不韦等，正是因为有这样一批有学术文化水平、有社会政治军事活动经验的人进入商业贸易系统，商人们才得以从理论上总结经商的贸易经验，一个新的学派由此而产生，这就是货殖家。

货殖家又称商家，它确实是先秦至西汉初期一个独立的、具有自己独特而又有别于其他诸子的学术思想流派。由于长期以来“抑商”思想和政策的影响，这一学派被历代研究者所忽略，相关典籍中罕有对货殖家的系统记载。这使他们的一些思想难以流传下来，现在人们只能依据一些史籍中的零散记载对他们的思想加以整理。尽管如此，货殖家的思想影响仍然很大，而且其中不乏教育经济思想。应该说，货殖家的商业经营思想，是我国教育与经济有机结合的典范，是他们把教育与生产经

营、教育与人类的生存生活密切地联系在一起，使人们从他们的经营活动中看到了教育的社会经济价值。要从事具有一定技术或者风险的经营活动，必须具备一定的文化知识，而教育能提高人的素质，使人们掌握经营所需要的知识。

货殖家的代表人物是范蠡、白圭等。货殖家研究经济学说，与当时儒、墨、道、法诸家不同，他们主要探讨研究“富家”或“治生”，即私家致富的“富家之学”或“治生之术”。范蠡于春秋末期在越国做官，辅佐越王勾践卧薪尝胆、励精图治，终于灭吴，称霸于诸侯。功成之后，他却急流勇退，弃官至陶地经商，“治产积居”，“十九年之中三致千金”，传学子孙，“子孙修业而息之，遂至巨万”（《史记·货殖列传》），世称“陶朱公”。社会中甚至流传有“经营不让陶朱富，货殖何妨子贡贤”的说法。范蠡在弃官从商时说过：“计然之策七，越用其五而得意。既已施于国，吾欲用之家。”（《史记·货殖列传》）其所持学说既可治国，又可经商，具有相当大的灵活性。

白圭约与孟子处在同一时代，在魏国身居高位，他因“乐观时变”而从事商业经营活动，且很成功。《史记·货殖列传》载：“白圭其有所试矣，能试有所长，非苟而已也。”他与范蠡可以称得上是自由商人的代表。他们在长期的商贸经营活动中，不断总结自己的经验，逐步形成了独特的商贸经营学术理论。如范蠡的“积著之理”、白圭的“治生之术”都有着自己学派的鲜明特色。白圭被后世尊为货殖家的宗师，司马迁说：“盖天下言治生祖白圭”（《史记·货殖列传》）。他广招门徒，以“治生之术”教人。范蠡也传学子孙。货殖家都师承有序，传授有术，他们有一定的商贸经营思想，这是毫无疑义的。

货殖家的教育经济思想体现在他们的经营活动中，主要包括以下几个方面。

一是培养对象的条件和用人思想。货殖家从事规模庞大的经营活动，这些活动绝非个人的能力所能承担，这就要求他们必须招收门徒、下属进行培养，使之更好地协理商业经营活动。他们在选择培养对象时，提出了一定的条件。白圭明确提出：“其智不足与权变，勇不足以决断，仁不能以取予，强不能有所守，虽欲学吾术，终不告之矣。”（《史记·货殖列传》）智、勇、仁、强，是对一个商业经营者的全面要求，一个能经营致富的合格商人，必须具备这四个条件。它们包含了一个商业经营者必须具备的德行、才识、本领、技能、谋略等素质。而且这些条件是“四位一体”、缺一不可的。应该说，白圭关于培养目标和经营者的要求，给了人们许多有益的启示。范蠡提出“择人而任时”和“与时逐而不责于人”两条重要原则。从事商业经营活动者必须是行家，要懂得商品经济运行的规律，通晓市场行情的变化规律，这就是货殖家所论的“时”。只把握时机还不行，还要有进取精神，积极主动地“与时逐”，要有雷厉风行的气势，如白圭所言的“趋时若猛兽鸷鸟之发”（《史记·货殖列传》），只有这样才能抓住最佳时机趋利避害，一举而成。对下属在经营中的一些问题，也要做到“不现于人”，以使其经营才能得到充分发挥。

二是关于经营决策指导思想的教育。货殖家授徒施教，最重要的就是教徒弟懂得商业经营的根本道理，掌握基本理论，明确指导思想，熟悉基本原则，然后在这一切的指导下，做出正确的决策，达到“积著”“治生”，即赚钱致富的目的。关于经营决策的指导思想，白圭说：“吾治生产，犹伊尹、吕尚之谋，孙、吴用兵，商鞅行法是也。”（《史记·货殖列传》）伊尹是汤的谋臣，吕尚佐周文王、周武王灭商取得天下，二人都是杰出的政治家、谋略家。经商如从政，都要足智多谋，善于权谋策划、应变处事。所以，白圭强调经商要有像伊尹、吕尚一样辅佐君王夺取天下的谋略本领。商业竞争的市场，犹如军事斗争的战场，这就要具备像孙武、吴起用兵一样的眼光和能力，运筹帷幄之中，决胜千里之外。现今许多经营企业的理念，都是从《孙子》中找到理论借鉴的。根据政治家的权术谋略、军事家的战略战术、法家的行法原则，白圭提出具体经营决策的教育主张：要能“乐观时变”（《史记·货殖列传》）。这与范蠡的“任时”“与时逐”是一致的，即预测和掌握市场变化的规律，遵循“人弃我取，人取我予”（《汉书·货殖传》）的经营决策原则。

三是经营致富措施办法的教育。范蠡对货殖家关于经营致富的措施办法，做了全面总结，即所谓“待乏”和“积著之理”，并以之传学授徒。如“猗顿，鲁之穷士也……闻陶朱公富，往而问术焉”（《孔丛子·陈士义》）。其所传的“待乏”和“积著之理”的基本内容，可以概括为“务完物，无息币”（《史记·货殖列传》），这是商业经营运行中的最基本环节、最基本特征。如何才能做到“务完物”呢？范蠡在“积著之理”中规定：首先是“以物相贸，易腐败而食之货勿留”（《史记·货殖列传》），就是说，凡是易变质的食品，就要尽快脱手，不要积压。其次是“论其有余不足，则知贵贱”（《史记·货殖列传》），就是要把握市场变化规律，根据市场供求关系来判断商品价格的涨落，保证把商品置于最佳的价位上。如果市场商品“有余”，供过于求，价格便会跌落；如果“不足”，供不应求，价格就会上涨。而价格的变化也会引起供求的变化，从而导致价格的逆向转化。最后，就是确定“知斗则修备”的农产品经营贸易法则。对农产品的经营，不仅要把握市场，还必须要研究自然气候的变化规律，以预测农业的丰歉。“天地之恒制”才“可以有天下之成利”（《国语·越语》），做到“时用则知物”，只要能把握这一基本规律，那么“万货之情可得而观已”（《史记·货殖列传》）。

货殖家关于商品市场预测的方法，正是他们教导经营者从事正常贸易的重要方法。应该说货殖家商业经营贸易的教育思想，是值得我们称道的，而且具有一定的现实意义，值得借鉴。

货殖家之所以能够在瞬息万变的商品经营活动中把握商机，在于他们不仅知道从事商业经营活动必须具有较高的文化素质，而且还必须具备智、勇、仁、强的品质。只有这样培养，才有可能得到一个善于经营的合格商人。同样，在经营过程中还要不断总结经验，把握经营规律，只有具备较高文化水平的商人，才能把握商机，无往不利。教育对于人的个体素质和发展的促进作用，对于商品经营的重要作用，对于市场的经营规律的把握作用，可以说被货殖家运用到了极致。

二、稷下学宫推行兼容并包的办学方针，注意科学技术在生产中的应用，对开启民智、发展生产力产生了促进作用

春秋战国时期，我国产生了一个著名的、具有较大影响的高等学府——稷下学宫。稷下学宫历经齐桓公、齐威王、齐宣王、齐湣王、齐襄王、齐王建六代，存续约150年，是世界上最早的官办高等学府。当时，许多大师在稷下学宫讲学授徒，具有丰富的教育教学经验。在教育思想发展史上，稷下学宫又是我国先秦时期教育流派争鸣与交融的场所，在中国教育史上留下了浓浓的一笔。

稷下学宫推行兼容并包的办学方针，提倡丰富并扩大教育的内容。战国时期各派私学，除墨家进行科技教育外，其他私学多为人文教育，而稷下学宫则不然，在兼容并包办学思想的主导下，他们主张教育的内容也兼容各家，从而形成了社会科学与自然科学并举的格局。被列为《周礼·冬官》的《考工记》，是春秋战国时期记

述官营手工业各工种规范和制造工艺的文献，被清代学者江永认定为春秋时齐国的著作，郭沫若详加考释，在《十批判书》中提出它是春秋年间齐国的官书。侯外庐主编的《中国思想通史》在前人研究的基础上进行考察，指出“《考工记》颇有可能出于齐稷下学士先生，他们可能依据旧存档案编撰成书”（侯外庐《中国思想通史》第1卷）。春秋年间齐国的官书，由稷下先生撰写是顺理成章的事，这与稷下学宫“百家殊业，皆务于治”的教学风气是完全一致的。稷下学宫的教育经济思想，体现在他们的自然科学教育中。

稷下学宫积极推行工艺制作技术的传授。《考工记》记述了木工、金工、皮革工、染色工、玉工、陶工等6大类30个工种，其中6种已失传，后又衍生出1种，实存25个工种的内容。书中分别介绍了车舆、宫室、兵器以及礼乐之器等的制作工艺和检验方法，涉及数学、力学、声学、冶金学、建筑学等方面的知识和经验总结。书中保留有先秦大量的手工业生产技术、工艺美术资料，记载了一系列的生产管理和营建制度，在一定程度上反映了当时的思想观念。该书在中国科技史、工艺美术史和文化史上都占有重要地位。《考工记》告诫制造官员应注意把握天时、地气、材料、工艺四项要素，即“天有时，地有气，材有美，工有巧，合此四者，然后可以为良”。注重天时、地气，体现了科学技术的应用应该与自然环境相协调的观点，对今天遭受环境污染之苦的我们来说，也很有借鉴意义。它将“天有时，地有气，材有美，工有巧”作为制造业的总体生产原则，这种整体综合的观点是符合现代科学原理的。

《考工记》的思想，对于我们今天仍然有着十分重要的借鉴意义。

一是重视发展社会生产力的思想。《考工记》十分重视生产工具的制造和改进，体现了它重视发展生产力的思想。镈是锄田器，是春秋时期一种重要的农具。斧、斤、凿、曲刀、量器等则是手工业生产不可缺少的工具。《考工记》从青铜手工业的冶铸技术角度，对这类器具的制作工艺进行总结，“攻金之工，筑氏执下齐，冶氏执上齐，凫氏为声，栗氏为量，段氏为镈器，桃氏为刃”。“五分其金，而锡居一，谓之斧斤之齐”，指出“斧斤之齐”和包括镈器在内的生产工具所需铜和锡的比例是五比一。车辆在春秋时期不仅是重要的战争工具，也是常见的交通运输工具。《考工记》对车的制造甚为重视，它提出只有把车轮制成正圆，才能使轮与地面的接触面

“微至”，从而减小阻力以保证车辆行驶“戚速”。它还规定制造行平地的“大车”和行山地的“柏车”的毂长（两轮间横木长度）和辐长（连接轴心和轮圈的木条长度）各有一定尺寸，说“行泽者欲短毂，行山者欲长毂。短毂则利，长毂则安”。这种工艺也是按照不同地势条件，讲求“因地制车”，以求达到较大的行驶效率。《考工记》还十分重视水利灌溉工程的规划和兴修，它记述了包括“浍”（大沟）、“洫”（中沟）、“遂”（小沟）和“畎”（田间小沟）在内的当时的沟渠系统，并指出要因地势水势修筑沟渠堤防，或使水畅流，或使水蓄积以便利用。对于堤防的工程要求和修筑堤防的施工经验，也都做了详细的记述。

二是重视生产经营和经济效益的思想。《考工记》将制作精工产品规定为手工业生产的目标，而将天时、地气、材美和工巧以及四者的结合，看作必备条件和重要的生产方法。它认为天时节令的变化会影响原材料的质量，进而影响制成品的质量，所以强调“弓人为弓，取六材必以其时”。它重视地气，是由于某些地方生产的某种原材料质量较优，或者有某种制造工艺的优良传承。它说：“郑之刀，宋之斤，鲁之削，吴粤（越）之剑，迁乎其地而弗能为良，地气然也。”至于工巧，它认为与分工有关。《考工记》所记述的手工业，分工细密，攻木之工有七种，攻金之工有六种，攻皮之工有五种，设色之工有五种，刮摩之工（玉石之工）有五种，抟埴之工（陶工）有两种。分工细密，人尽其能，就有助于工匠技艺专精。它对“工”的见解非常卓越。它说，“知者创物，巧者述之，守之世，谓之工”，这是对不断创新、提高工效、保持优良传统工艺的歌颂。在生产经营上，为了使制成品合乎规格，保证良好的效益，需设工师专管。《考工记》对此也做了记述，“凡试梓饮器，乡衡而实不尽，梓师罪之”，这是说工师检验梓人所制的饮器，如平爵向口，爵中还留有余沥，便不合标准，梓人就要受到处罚。《考工记》还指出在市场上用于交换的手工业制品，必须符合规格，为买者所乐于接受，残次品不能用来交易。

以上介绍和论述，使我们对稷下学宫实施科技教育有了大致了解，从这时起，人们已经开始注意到了科学技术在生产中的作用，由过去的被动接受转变为自觉学习，它开启民智，大大促进了生产力的提高。也正因如此，春秋战国以后，生产力得到了进一步的提高，社会变革已是大势所趋，这为统一的封建国家的形式奠定了基础。

三、农家提出的农业生产知识和技术教育，特别是农为“本教”论给教育理论输入了新内容，其主张成为历代统治者采用的重要国策

农家是先秦的一个学派，它的代表人物和大宗师是许行。许行是战国时代楚国人，他与孟子同时。他的学生陈相曾与孟子有来往并互相辩论。许行有门徒数十人，是一个小学派。当孟子在滕国时，许行及其学派都从楚国迁移到滕国，边耕种边宣传自己的学说。农家没有留下自己的文献，现在用来研究许行农家思想的主要材料是《孟子》中有关陈相与孟子辩论的记载。

《汉书·艺文志》在论及农家的学说源流时说：“农家者流，盖出于农稷之官，播百谷，劝耕桑，以足民食……”据《周礼·地官司徒》记载，大司徒的职责之一，就是辨土壤“以教稼穑树艺”。其下又有遂人、司稼等具体主管农业和教农的官吏。中国是较早进行农业耕种的国家，农业受到普遍重视不足为奇。农家的私学传授，规模有限，其教育思想难以与儒、墨、道、法甚至兵家相比，但其所提出的与教育有关的经济问题，却给教育理论输入了新的内容，且产生了较大影响。

许行及其农家学派与教育有关的经济思想，主要内容有以下几个方面。

第一，主张人人自食其力，反对剥削，否定脑力劳动与体力劳动之间的分工。许行主张人人从事生产方面的体力劳动，自食其力，谁都不允许靠剥削别人劳动维持生活，不许“厉民而以自养”（《孟子·滕文公上》）。对于君主和国家机构中的人员，许行要求他们“与民并耕而食，饔飧而治”（《孟子·滕文公上》），不允许其占有人民的剩余产品，不得有储存剩余产品的“仓廪府库”，否则就是“厉民自养”。

第二，肯定一定程度的分工，允许某些商品交换。许行肯定以粮食交换农具、帽子等手工业产品，认为这是正当行为，并不是“厉民”。他认为完全自给自足是不可能的，认为“百工之事固不可耕且为”，如果没有农业和手工业之间一定程度的分工和交换，就会“害于耕”，即不利于农业生产力的发展，这种关于农业和手工业进行适当分工的观点，是符合社会发展规律的。

第三，对商品的交换价值或价格，主张同等商品以同等价格出售，并且要“市价不二”，不允许价格自发波动，不允许有商业欺诈。许行学派主张“布帛长短同则价相若；麻缕、丝絮轻重同则价相若；屦大小同则价相若”，即主张种类、尺码、重

量相同的商品售价必须相同。

许行不仅宣传自己的思想主张，并且亲力亲为。为了实现自己的主张，他率学生数十人自楚至滕，不但滕文公应其请求给他一方可居可耕的土地，而且还有儒家后学陈相“负耒耜”，特地从宋赶到滕投其门下，弃儒随农。许行作为与孟子同时代的人，以其独特的理论引出了孟子关于社会分工的精辟之论。许行认为，滕文公可算是一位真正的“贤君”，但还不懂得“道”。因为“贤者与民并耕而食，饔飧而治”，而滕国的国库富有，“是厉民而以自养也”（《孟子·滕文公上》）。许行主张每一个社会成员都须亲身参加劳动，就像他和他的学生一样，“皆衣褐，捆屦、织席以为食”（《孟子·滕文公上》），自己生产自己所需要的物品。作为“贤者”，同样必须劳动而得食，应当自己动手做饭，不能因为为百姓办事而脱离生产。

许行的“并耕论”是对“厉民而以自养”的阶级剥削制度和森严等级制度的否定，其中蕴含的平等精神，是一种农业社会主义思想的表现。墨家以有利于生产为社会价值尺度，要求“王公大人”节用、非乐，要求人们“赖其力者生”，以许行的君民并耕而食主张与之相比较，在社会意义上，后者更进步。但从经济发展方面考虑，却是一种倒退。因为它否定了城市与乡村的分离，否定体力劳动与脑力劳动的分工，而这两点正是春秋战国时期社会进步的重要表现。如果没有城乡分离、脑力劳动与体力劳动分化的扩大与完成，以及独立知识分子的出现，春秋战国时期思想、文化、教育的发展都是不可能的。

在许行所处时代的前后或同时，还有另外一些农学学者和著述。战国末年编著的《吕氏春秋》中的《士容论》有《上农》《任地》《辩土》《审时》四篇，被公认为春秋战国农家的宝贵资料，它除了论述农业生产知识和技术问题（在另外一节专门论述）以外，还提出了农为“本教”论。《吕氏春秋·上农》指出，古代圣王教导民众，无不“先务于农民”，但是，务农并不只是出于经济和物质的目的，“民农非徒为地利也，贵其志也”（《吕氏春秋·士容》）。从农业的教育意义方面去看，农业对人民思想品德教育的作用有三个方面：一是使人民朴实而易于驱使，二是使人民少私义而易于推行法令，三是使人民固守产业而不愿迁徙。而舍弃农业对人民的影响作用则恰恰相反：其一，是使其不服从命令而不易令其战守；其二，是使其追逐商业末利而随意迁徙；其三，是使其好智多诈而规避法令。因此，农家学者认为，“所以务耕织者，以为本教也”（《吕氏春秋·上农》）。为了保证本教的实现，农家除了主张天子亲耕籍田、后妃蚕桑于郊，以为表率外，还提出一条重要的社会教育措施：“苟非同姓，农不出御，女不外嫁，以安农也”（《吕氏春秋·上农》）。即限制农民与外姓通婚，借宗法的力量将农民固着于土地，以保证农业发展。因这些农家是一批身在秦国的吕不韦的门客，其思想也就难免被打上了秦国的印记。所以说，如果说许行的“并耕”论还带有批判剥削、非议现实统治，那么秦国农家的农为本教论却是一种为现实服务的主张，并借助统治阶级的力量得到贯彻。在此后漫长的时间里，以农业为“本教”的主张，始终成为历代统治者的重要国策。

四、兵家在重视军事教育的同时，要求统治者“内修文德，外治武备”，国要富必“教百姓而亲万民”

诸侯争霸，战争频仍混乱的形势，为兵家的崛起造就了一方沃土。兵家是春秋战国“诸子百家”中的一个重要学派，以研究作战、用兵为其主要宗旨，其代表人物有孙武、吴起、孙膑、尉缭等。他们以其卓越的军事才能帮助其效力的国君成就了一方霸业，并对战争经验进行了系统总结。目前所见的著作，有《孙子兵法》《吴子》《孙膑兵法》《尉缭子》等，均是对当时战争经验的总结。兵家思想中以军事教育为主，其中也不乏教育经济思想。应该说先秦兵家都重视战争，也都善于作战，但都反对“好战”。兵家在重视军事教育的同时，也十分注意教育统治者们要巩固自己的统治地位，要立于不败之地，最根本的就是要“内修文德，外治武备”（《吴子·图国》），即富国强兵。国要富，首先必须“教百姓而亲万民”（《吴子·图国》），使民富而安居乐业，就是要兴仁义礼乐的文德之教，教民化俗。如《司马法·天子之义》说：“既致教其民，然后谨选而使之。事极修，则百官给矣；教极省，则民兴良矣；习惯成，则民体俗矣：教化之至也”。从这里我们可以看出，兵家主张统治者要爱惜民力，尽量发展生产力，因为“其富在于亟归，其强在于休民”（《孙膑兵法·篡卒》）。生产力得到保护，人民得到休养生息，这是国富民强的根本保证。兵家学者指出，政策要英明，就是要轻徭薄赋，以实现富民固国，即“主敛臣收，以御富民，故曰固国”（银雀山汉墓竹简《孙子兵法·吴问》）。只有富民，才能富国，国富才能建立一支强大而有战斗力的军队。孙膑指出：“城小而守固者，有委也。”

(《孙膑兵法·见威王》)守固正是强兵的作用,但根本在于“有委”,即有充足的军需物资作后盾。只有委积富足,攻伐才有威力,守御亦能坚固,真正达到文德之治、兵强国富。正如《司马法·仁本》所说:“顺天之道,设地之宜,官民之德,而正名治物,立国辨职,以爵分禄,诸侯说怀,海外来服,狱弭而兵寝,圣德之治也。”

第六节　春秋战国教育史是从奴隶制教育过渡到封建制教育的变革史

春秋战国时期,“百家争鸣”促进了教育流派的分化。可以说,春秋战国时期的教育在中国古代教育史上处于一个十分重要的变革阶段,但有关史料却很缺乏,而且分散在一些古文献里,每每夹叙在历史人物的政治见解、伦理德行等言论之中。长期以来,有些教育史著作受史料限制,对教育思想论述较多,具体史实叙述则较少。例如在“百家争鸣”中探索各个教育学派之争,就不如哲学思想争鸣的史料充实和广泛。因此,对于一些教育方面的具体问题在探索、分析和讨论时,由于资料不足、记载简略,只能作一般推测。

春秋战国诸多教育流派的相关史料,真正保留下来的很少,关于教育经济思想方面的内容就更为稀缺,道家、阴阳家、名家、杂家的相关思想尤为如此。1949年以来,我国考古工作成果丰硕,在春秋战国时期的一些遗址、墓葬中发现了许多珍贵文物,出土了大量的文字资料,诸如铜器铭文、简牍、帛书之类,这些资料直接记录了当时的社会生活和人们的种种活动,其中不乏与教育有关的资料。如韩非在教育改革方面提出“以法为教”,过去学者根据古文献资料,对“法”往往讲得很笼统,仅指出其为法令政策而已,不能进一步具体化。1975年,湖北云梦睡虎地秦墓出土了大量秦简,其中有许多与“以法为教”联系密切的考古资料,这些都是具体说明学吏制度的宝贵记录。本书在这里吸收了相关考古学资料,将其与历史学资料结合起来进行论述,以期较为全面和深刻地反映春秋战国的教育情况。

春秋战国是我国历史上大动荡、大变革时期,也是由诸侯分裂割据趋向全国大统一的时期。春秋初期,周王室还能作为140多个诸侯国家的“共主”。此后,各诸侯国相互不断兼并,周王室反而沦为大国的“附庸”。到战国初期,见于文献记载的，还有十几个国家；及至战国末期，余下的韩、魏、楚、赵、燕、齐等六国相继被秦灭亡，全国才真正统一于秦。按照历史发展的一般情况，处于长期分裂、战事频繁的时代，社会生产力往往会受到巨大破坏，社会发展是比较缓慢的，文化教育尤其会受到严重影响。可是，在春秋战国时期，尽管整个社会动荡不安，却奇迹般地出现了一场全面的大变革，政治、经济、军事、文化、教育等各方面都发生了巨大的变化，形成了我国古代史上的一个大转折时期。

教育的大变革，直接受到政治变革的影响和制约，首先是各诸侯国国策的改变。奴隶社会中，国家大事，在戎与祀。西周时期，贵族子弟的学校，除了射、御以外，其他科目多与祭祀有关。到了春秋时期，宗族血缘维系的宗法制度已失去它的控制能力，诸侯国纷纷脱离周王掌控，这些国家十分重视治理政事，培植军事力量，以增强实力、提升国势。他们的“大事”已不再是戎与祀，而在戎与治，特别要求任用一批能适应社会变革需要的新一代管理人才。春秋时期的第一个霸主齐桓公，正是一位广纳贤才、破格用士的国君。他委任管仲为相，从而在较短的时间内得以称霸，并且“九合诸侯，一匡天下”(《史记·管晏列传》)。像管仲这样能在新形势下大显身手的人才，绝不是在继承西周教育传统的官学中所能培养出来的。事实上，春秋初期，官学中僵化的学制和陈旧的课程，早已不能适应时代要求，各诸侯国的政治变革，迫使教育进行改革，以满足对人才的需求。这场变革，随着奴隶社会的崩溃和封建社会的建立，延续了五百多年。其特点是贯穿着官学由衰而兴、私学由兴而衰这条主线，紧紧围绕着人才需求这个中心发展。官学与私学并不是完全对立的，官学和私学的兴衰过程，恰恰是彼此替代的过程。这个过程，在不同国家，有着不同的方式，这取决于各国的教育政策和政治改革的深度。

春秋战国的教育变革，大致分为四个阶段：第一阶段，约在春秋初期至中期。各国开始改变西周的学制，并制定各自的教育政策。第二阶段，约在春秋中期至战国初期。诸侯国为了争霸或保持霸主地位而重用人才，私学兴起。第三阶段，约在战国初期至战国中期。诸侯国间的分裂和兼并日益剧烈，私学进一步发展，形成不同学派，统治者逐渐给私学以政治影响，官学开始恢复。第四阶段，约在战国中期至战国晚期。历史发展的潮流趋向统一，分散的私学已不能发挥作用。官学的地位已超过私学，师资力量多向官学集中。执政者通过官学扶植听命于自己的人才，官学扩大，最终形成“以法为教”“以吏为师”的学吏教育制度。春秋战国时期四个阶段的教育变革表明，在一定意义上，春秋战国教育史是一部从奴隶制教育过渡到封建制教育的变革史。

综上所述，春秋战国时期社会生产力的发展，促进了社会内部的分工，产生了单纯的脑力劳动者，当社会舆论已经用士人的聚散来衡量一国政治兴衰、国家强弱的时候，各国执政者已敏锐地意识到士在维护国家稳定、促进经济社会发展中的重要作用。有了对教育作用准确认识的思想基础，加上春秋战国时期百家争鸣的学术氛围，许多闪耀着时代特点的教育思想和观点不断出现，极大地丰富了教育内容。

《论语》中关于教育的内容贯穿始终，关于经济的思考也很丰富，但有关教育与经济关系的论述却很少。但孔子删订“六经”，为古代教育提供了一整套内容丰富且精湛的教材，也开辟了借助读经来学习自然科学知识的途径。儒家经典是古时众多读书人的必修课程，这便使其在古代科技教育中具有相当重要的作用。

孟子把国家办学校的目的说得更具体，不仅明确提出了学校教育的政治意义，还根据孔子的“庶、富、教”思想，提出对人民的教育是在人民生活富裕之后的事情，就是要在人民生活经济有保障的条件下来进行教育。在教育与政治关系、教育与经济关系问题上，谈得比孔子更详细、更深刻。

荀子根据不同社会分工而接受不同教育的思想，反映了环境与教育的关系、职业与接受教育的关系，体现了职业教育对人以及对经济社会生活的影响，使人们在自己的生产生活实践中切身体会到教育的经济作用。

《礼记》从教育对社会的作用即社会功能论出发，肯定教育对人的作用及如何把人培养成为一定社会所需要的人才的作用。“建国君民，教学为先”，揭示了教育是立国之本的本质性理论问题，认为在国家治理的千头万绪中，只有把教育摆在首位，只有依靠教育，才能实现国家的兴旺。

墨子把科学与生产、科学与社会活动密切地结合起来，不仅开启了职业技术教育的实践先河，也极大地丰富了教育的经济内容。墨家文化教育思想、科学文明思想的传播，有力地促进了教育、科学发展，技术与科学教育的曙光已在古老的东方大地上升起。

法家注意富国强兵的教育，其法教、农教思想包含着教育对社会变革、生产力与农业生产发展的推动作用，体现了法家“农战”“法教”、培养智术能法之士的教育思想。

货殖家甚至在培养人才前就已经主张严格选拔学习者，认为其仅有较高的文化素质是不够的，还必须具备智、勇、仁、强的品质，而且缺一不可。货殖家把人才培养作为经营的先决条件，并且主张发挥教育在人的培养、市场活动、经济规律变化中的作用。

稷下学宫更是明确提出了要实施科技教育，尽管其仍是为封建统治阶级服务的教育，但它使人们注意到科学技术在生产中的作用，由过去被动接受到自觉学习，不仅开启民智，大大促进了生产力的提高，也为社会变革奠定了基础。

农家主张人人从事生产方面的体力劳动，肯定一定程度的社会分工，允许商品交换。许行的“并耕论”蕴含了社会平等精神，使以农业为“本教”的主张成为历代的重要国策。

兵家在诸侯争霸、战事频仍的环境下兴起，其主张中也不乏教育经济思想，认为国要富，首先要“教百姓而亲万民”，只有生产力得到保护，人民得到休养生息，才能国富民强。

我们经过对这一时期相关教育思想的梳理，不难看出此时人们思想的发展变化。在这一时期，教育对经济社会发展的作用和影响不仅被人们所认识，并且较好地运用到了生产生活的方方面面。

第三章

秦朝的教育经济思想

公元前221年，秦灭齐。至此，秦已攻灭六国，建立起我国历史上第一个统一的、多民族的、专制主义中央集权的封建王朝，从此，我国历史进入一个新的时代。秦统一后，建立了专制主义中央集权的封建国家，实行三公九卿制，彻底废除“封诸侯，建藩卫”的分封制，全面实行郡县制，对六国旧贵族和政治上的反对派采取残酷镇压的政策。

与此同时，秦在意识形态方面对持不同政见者残酷镇压，实行“焚书坑儒”，其极端残暴的措施大大激化了社会矛盾，加之大兴土木导致国力渐退，人民徭役繁重，引起农民起义，秦王朝很快被农民起义军推翻。但秦始皇开创的众多封建王朝制度与政策被后续的西汉王朝继承了下来。

第一节　秦朝的文教政策

秦作为中国第一个统一的封建王朝，只存在了短短15年。就文教政策而言，可以秦始皇三十四年（前213）实施“焚书”、禁私学的文化教育政策为界而分为前后两个不同阶段。

秦在统一六国后，以秦国原有的政治制度为基础，在全国范围内建立起了专制主义中央集权的封建国家制度，为促进新的地主经济和文化发展，采取了一系列有效政策和措施。政治上实行专制主义中央集权制度，确定皇帝的权力至高无上；在中央机构实行三公九卿制；彻底废除“封诸侯，建藩卫”的分封制度，全面实行郡县制度。同时，对六国旧贵族和政治上的反对派，采取了残酷的镇压政策：下令迁徙六国的旧贵族和富豪到咸阳及南阳、巴蜀等地，以削弱他们的政治、经济势力；为了消除反秦势力可能利用的地形和建筑凭借，下令拆除了各国的旧城郭，决通了战国时期各国用于壅阻河道的堤防，平整易于据守的险阻。应该说秦采取的这些措施，从维护其统治和促进社会进步的角度，都是有着一定积极意义的。但是，秦在意识形态领域内绝对不允许持不同政见者存在，对他们进行了残酷镇压，直接措施就是“焚书坑儒”。秦始皇三十四年（前213），秦始皇在咸阳宫举行宴会，仆射周青臣在为始皇祝寿时，称颂秦始皇“神灵明圣”，并说秦始皇“以诸侯为郡县，人人自安乐，无战争之患，传之万世”。这个颂词，既颂扬了秦始皇的“威德”，又肯定了废分封、置郡县这一政治制度的改革，所以秦始皇很高兴。可是有一个思想保守的名叫淳于越的博士，当场批评周青臣阿谀奉迎，并批评秦始皇废分封、置郡县，一旦发生大臣篡权之事，无以自救。丞相李斯当场进行了批驳，指责淳于越是“愚儒”，谴责儒生们“不师今而学古，以非当世，惑乱黔首”，“入则心非，出则巷议，夸主以为名，异取以为高，率群下以造谤”（《史记·秦始皇本纪》）。他认为，这样一群儒生是一种危险势力，建议秦始皇坚决制止他们的活动，并提出了焚书的建议。这对秦朝的文教政策产生了巨大影响，使其教育情况发生了巨大改变。

公元前221年，秦始皇攻灭六国中仅剩的齐国，建立起中国历史上第一个统一的封建王朝。为了巩固统一，实现秦王朝的长治久安，秦始皇采取了一系列加强中央集权制的政策和措施。其中文教政策主要有以下几点。

一是“书同文”。战国时期，由于各诸侯国的地理条件和文化传统不同，所用文字也有差异，这“言语异声，文字异形”（《说文解字・第十五上》）的现象，不利于秦统一政令的推行。因此，秦朝建立以后，采取“书同文”政策，以小篆为文字形体的标准。这不仅便于秦朝统一政令的推行，促进中央集权制度的巩固和加强，而且简化了文字，对于文化的传播、教育的推广，都具有重要意义。当时，丞相李斯编写的《仓颉篇》，中书令赵高编写的《爰历篇》，太史令胡毋敬编写的《博学篇》，都是用法定的小篆字体编写的字书。这些字书同时教授字体和语法，成为当时蒙童读书识字的标准版本，其编写原则多为后世所效法。

二是“行同伦”。这是秦朝为统一思想所采取的一项重要政策。战国时期，与语言文字一样，各诸侯国的社会习俗、行为规范也有差异，这对于秦巩固统一大业无疑是重大隐患。“行同伦”，就是匡正异风异俗，使六国旧的风尚习俗均合乎秦朝的法度。为了达到这一目的，秦始皇曾五次出巡，每次巡行都以东方六国旧地为主，一方面是向天下显示皇帝的权威，震慑吏民；另一方面则是宣扬法度，匡正异俗，树立规范，并垂范后世。他所到之处，常立石刻碑称颂秦德，其化民成俗、统一思想的政治意图是显而易见的。“行同伦”是秦巩固中央集权制度的政治需要，采取这一政策在情理之中。同时，其也促进了各民族的交融。

三是设三老以掌教化。秦实行郡县制，县下有乡。“三老”是乡官之一，“三老掌教化”即由三老负责向乡民宣教统治阶级的思想、法度、纲纪、伦理道德、行为规范。这是秦统治者为了把“行同伦”的政策贯彻落实到基层所采取的一项劝导、教化措施，显然是有一定积极意义的。

四是禁止私学，焚书坑儒。战国时期，私学兴盛，百家争鸣。这种局面到秦统一之后，必然为封建王朝所不容。到秦始皇三十四年（前213），丞相李斯提议禁止私学。他说：“今诸生不师今而学古，以非当世，惑乱黔首……私学而相与非法教，人闻令下，则各以其学议之，入则心非，出则巷议……如此弗禁，则主势降乎上，党与成乎下。禁之便。”（《史记・秦始皇本纪》）就是说，私学师古非今，扰乱视听，非议法教。每当朝廷令下，诸子百家各以其学说妄加议论，如果不加以制止，必然削弱君主的权威，而且会给臣民结党乱政创造条件，因此私学必须被取缔。对于禁私学的具体措施，李斯又提出“挟书”之策：“臣请史官非秦记皆烧之。非博士官所职，天下敢有藏《诗》、《书》、百家语者，悉诣守、尉杂烧之。有敢偶语《诗》《书》者弃市。以古非今者族。”（《史记·秦始皇本纪》）只有医药、占卜、种植类的书不在焚烧之列。秦始皇采纳了李斯的建议，下令焚书，并禁止私学。这是秦朝为钳制异端学说、扼杀民间学术活动所采取的极端政策。

禁私学和焚书政策的最大受害者是以《诗》《书》为经典的儒家。秦始皇三十五年（前212），有人诽谤秦始皇后逃亡，秦始皇大肆株连搜捕，发生了坑杀（活埋）460名儒生的事件。焚书坑儒，对于统一思想或许能够起到一定的作用，但是，用这种手段来解决学术上、思想上的纷争，未免过于极端、残暴，不仅破坏了文化典籍的传承，而且大大地激化了矛盾。秦二世而亡，与这一文教政策的失误有颇为直接的关系。

五是以法为教，以吏为师。李斯在提议禁私学和焚书之后，紧接着提出“若欲有学法令，以吏为师”。就是说，秦在禁止《诗》《书》及百家语后，唯一允许学习的就是法令，法教的任务由执法的官吏来承担。单纯实行法教，并且以执法的官吏为师，结果必然是以法代教，这便扼杀了一般意义上的教育。

第二节　李斯禁学焚书

李斯（？—前208），师从荀子学帝王之术，学成后西行至秦，颇受秦王重视。秦统一后任丞相，协助秦始皇制定、推行各项政令制度。秦始皇去世后，他与宦官赵高合谋，害死秦始皇长子扶苏，立少子胡亥为帝，后遭赵高陷害，被杀。李斯是秦朝文教政策的制定者，焚书禁学这一文教政策是其在秦统一后提出的。但他明确提出有关医药、卜筮、种树等与科技相关的书不在禁列，这对民间科技知识的传授，对当时经济社会发展无疑具有一定积极作用。

私学作为中国教育发展史上的一支重要力量，具有传播知识、传衍文化、开启民智、承上启下、继往开来的重要作用。秦始皇统一天下之初，私学仍然存在。李斯的同学韩非把私学称为“二心私学”，就是指私学同国家政府不是一条心，不遵守法令而自作主张，有碍于法令的推动，必须禁绝。韩非认为办私学者一再聚徒讲学，传播自己的“杂学”，完全和现行的法令相抵触，甚至造成“群臣为学，门子好辩”（《韩非子·亡征》），这是国家将亡的征兆，非禁止不可。他要求对私学者“禁其行”“破其群”“散其党”（《韩非子·诡使》）。他认为，私学被禁，各个学派的宣讲活动自然也就无法进行，这样一来，“以法为教，以吏为师”（《韩非子·五蠹》）的法治教育才能得以建立。虽然韩非的这种禁私学主张在当时并未得到实施，却为秦统一后禁私学、“以吏为师”政策的制定，提供了理论依据和舆论准备。

李斯作为韩非的同学，和韩非一样，其才学实际上是受益于私学，但从维护统治者利益出发，作为重要决策人物的李斯却在秦统一后向秦始皇建议禁止一切私学。据《史记·秦始皇本纪》记载，秦始皇三十四年（前 213），李斯在与博士淳于越的争辩中，以“诸生不师今而学古，以非当世，惑乱黔首”为由，建议始皇焚书、禁私学。他说：“古者天下散乱，莫之能一，是以诸侯并作，语皆道古以害今，饰虚言以乱实，人善其所私学，以非上之所建立。今皇帝并有天下，别黑白而定一尊。私学而相与非法教，人闻令下，则各以其学议之，入则心非，出则巷议，夸主以为名，异取以为高，率群下以造谤，如此弗禁，则主势降乎上，党与成乎下，禁之便。”（《史记·秦始皇本纪》）李斯在批驳淳于越颂古非今的论点时，进一步剖析了私学乱政的弊端，指出私学蜂起、百家争鸣，是天下分裂、诸侯并争时期的产物。而现在天下已定，有统一的法令制度推行于全国，皇帝则处于裁定是非、判别正误、定于一尊的最高权威地位，而各家私学的教育内容往往与法令相违背。他认为，每当令下，学者们依据自家学说妄加议论，以有主见、敢于标新立异来哗众取宠，这样必然削弱君主的权威、破坏法令的推行，而且会给臣下结党营私创造条件，因此必须予以取缔。

基于这一分析，李斯提出了禁学的具体措施。《史记·秦始皇本纪》载：

> 臣请史官非秦记皆烧之。非博士官所职，天下敢有藏《诗》、《书》、百家语者，悉诣守、尉杂烧之。有敢偶语《诗》《书》者弃市。以古非今者族。吏见知不举者与同罪。令下三十日不烧，黥为城旦。所不去者，医药、

卜筮、种树之书。若欲有学法令，以吏为师。

秦始皇批准了李斯的建议，查禁私学，收教育权于中央，“以吏为师”，私学被“以吏为师”的官学所取代。值得一提的是，秦曾颁《游士律》，加之统一后李斯对秦始皇建议禁私学，也使学者游士受到打击，“故使天下之士倾耳而听，重足而立，阖口而不言”（贾谊《过秦论》），这反映了秦王朝对游士的限制和压制。

为了达到禁学和焚书的目的，秦王朝还用诸如“弃市”（在大街上杀头示众）、“族”（满门抄斩）、“黥为城旦”（在脸上刻上记号后罚做苦役）等酷刑来恫吓民众。秦始皇三十五年（前212）又发生了更为残暴的“坑儒”事件。“焚书坑儒”，是秦始皇在文化教育领域推行文化专制政策的产物。

李斯反对颂古非今的观点，强调适应时变的思想，是有进步意义的。但是私家学说并非“语皆道古以害今，饰虚言以乱实”（《史记·秦始皇本纪》），从驳斥淳于越鼓吹“师古”，进而全盘否定私学，逻辑上是讲不通的，这只是李斯借题发挥而已。私学有可能与法令不相协调甚至对立，但也有可能更好地阐发法令精神，促进法令的推行。不分青红皂白一律加以取缔，即使从推行法令的角度看，也是弊大利小。况且法令本身不能凭空产生，它的制定要根据一定的治国方针，其实施效果的评估与修改、完善，也离不开理论的指导，只许守法不许议法是行不通的。李斯主张焚书禁学的极端措施，并靠严刑酷法予以保证，其结果是将教育限制在法教的狭小范围内，极大地摧残了文教事业。

焚书禁学的目的在于钳制思想，确保封建皇权的专制统治。然而仅靠刑法是不能治理好天下的。教育学术活动自春秋时即已扩散到民间，经历数百年发展，已构成多元化的文化环境，这也是社会发展的一个重要因素。秦统一后采取强制手段扼杀民间的学术教育活动，妄图生硬地改造和同化各地的多元文化环境，结果是大大地激化了社会矛盾，这成为秦王朝迅速灭亡的一个重要原因。

秦始皇的“焚书坑儒”，是“师古”与“师今”两大政治学派之间斗争的结果。不问情节如何，一概焚烧，一概诛杀，这是一种暴行，是对中国古代文化的极大摧残。但是秦在焚书法令中明确指出医药、卜筮、种树等书不在禁列。这说明，民间一些科学技术知识的传授，对当时经济社会的促进作用，已经被秦统治者所认识和接受。我国古代的教育不仅仅是统一思想、维护封建统治的一种手段，而且对于开启民智、提高社会生产力、促进经济的发展以及社会的进步，都有着不可低估的作用。秦统治者真正看到的是教育的这种独到作用，所以在他们的一系列改革中，都十分重视这一点。

第三节　秦朝文教政策的特点与影响

秦统一后，其文化教育一贯遵循法家的指导思想。在重视法治教育的同时，其也十分注意教民发展生产，这一点我们从商鞅变法中就能看出。可以这样说，最初使秦国走上富强之路的是商鞅。他从公元前356年开始，在秦孝公的支持下，先后两次变法，经过十余年，终于使“秦民大悦，道不拾遗，山无盗贼，家给人足，民勇于公战，怯于私斗，乡邑大治”（《史记·商君列传》）。秦不仅国力猛增，且在对外战争中也接连获胜。商鞅后来虽然惨遭车裂，但其变法措施已深深扎根于秦国。商鞅与儒家尖锐对立，视礼乐诗书等为“六虱”，完全从功利出发，主张“燔诗书而明法令”，反对文化思想渗透到政治中，更进一步强化了秦国轻视文教的传统。

秦一向反对文学游士，不欢迎儒者，故“孔子西行不入秦”，但荀子却破例到秦国访问。《荀子·强国》叙述了其入秦所见：“及都邑官府，其百吏肃然，莫不恭俭敦敬，忠信而不楛，古之吏也。入其国，观其士大夫，出于其门，入于公门；出于公门，归于其家，无有私事也。不比周，不朋党，倜然莫不明通而公也……”这足见他对秦国民风之朴实、官吏之克勤奉公倍加称道。但荀子认为秦国的根本弱点，就是恃武力而轻德教，缺乏文化传统。荀子曾经根据秦国的形势指出“节威反文”的必要性，认为秦国应该限制军功而注重礼乐教化。

在天下“争于气力”的时代，荀子的意见不为秦统治者所采纳是可以想见的。但是，秦在以后的发展中，直至统一以后的一段时间里，也吸收了儒家及其他诸家学说的某些合理成分来完善法治的指导思想。

韩非作为战国后期法家的集大成者，一度客于秦，其思想对秦国的政治产生过重大影响，其学说不仅包括黄老思想的有关原则，也吸收了儒家思想的某些因素。韩非思想中忠、孝观念所反映的主从、等级和不可变性，甚至超过了部分先秦儒家。

韩非法治思想的原则、方法主要体现在“禁”。他说：“故治民者，禁奸于未萌”（《韩非子·心度》）。“是故禁奸之法，太上禁其心，其次禁其言，其次禁其事”（《韩非子·说疑》）。其中，“禁其心”被视为最高原则。这说明他在重视外在的法规律条对人产生的强制性影响的同时，也注意启发人的内心自觉性，使“邪念”不萌于心，这是法治教育与道德教育的共同之处。

法家思想自身的变异只是一个方面。另一方面，随着秦国势力的日益强盛，六国再也无法与之争雄，天下一统的格局已初见端倪。由于兼并战争的节节胜利，秦国土地逐渐扩展至不同的文化区域，为其思想的发展提供了开放的文化教育环境。于是，秦国一些统治集团成员，便试图为即将出现的统一政权创立新的统治思想。秦统一前夕，秦相吕不韦召集门客集体编撰的《吕氏春秋》一书，兼采道、儒、墨、法及阴阳、兵、农各家之言，这反映了历史发展的客观要求，也是为未来政治统一的封建政权提供统一的政治指导思想的一次有益尝试，只是由于该书并非以法家为主体而吸收其他诸家的思想，与当时法家思想的统治地位不相容而招致失败。但是，儒、道诸家思想在法家学说中的渗透，以及秦国统治集团内部吕不韦等人试图融合先秦诸子百家思想，以取代法家思想的统治地位的尝试，无疑对秦国的政治思想及教育思想的基本取向产生了影响。

事实证明，秦在统一六国后所采取的一些文化教育措施，表明其已开始接受并利用其他各家特别是儒家思想的合理因素，为其法治政权服务。为了化民成俗，秦统一初年采取“行同伦，黜异俗”的措施。对观念不同、风俗迥异的地区进行道德行为的规范教育，以推进与统一的秦王朝相适应的伦理习俗的形成。为此，秦始皇不仅在五次巡行刻石中努力塑造一个注重教诲、尊崇古训经典、教育人民的帝王形象，而且还把希望人民遵守的道德条文连同颂辞一起镌刻在岩石上，以期获得“刻石铭心”的效果。

秦王朝的法治教育指导思想，至秦始皇三十四年（前 213）转化为禁私学、焚书、“以法为教，以吏为师”的极端专制的文教政策，并于秦始皇三十五年（前 212）出现了残酷的“坑儒”事件。这一文化教育政策，虽然能反映秦从早期至统一六国以来法治教育指导思想的基本特征，但从发展过程来说，并不说明法家对其他诸子思想的长期排斥。相反，恰恰说明，儒、道等诸家思想对秦法治教育指导思想长期以来的影响、冲击、积累至一定程度，成为影响秦统治集团内部思想统一和巩固专制皇权所采取的一项过激措施。秦始皇“坑儒”时，其长子扶苏曾力谏，以“诸生皆诵法孔子”，不当以“重法绳之”，否则“恐天下不安”（《史记·秦始皇本纪》）来劝导秦始皇，从这里也可以看出此前秦对儒者的接纳态度。

秦法治教育指导思想的演变过程，也可以从大量的出土文物中印证其以法家为核心，具有融合儒、道诸家的倾向。湖北省云梦县睡虎地秦墓中发掘的大量秦简，就提供了秦统一前后一些有价值的资料。《语书》是睡虎地秦墓竹简中的一种，为秦王政二十年（前 227）南郡（被秦攻取前属楚国北部地区）郡守腾颁发给本郡各县的一篇文告，它在秦始皇三十年（前 217）之后作为墓主的珍爱之物随葬入墓，可见它在秦统一六国后依然发挥着作用。《语书》开首说：“古者，民各有乡俗，其所利及好恶不同，或不便于民，害于邦。是以圣王作为法度，以矫端民心，去其邪僻，除其恶俗。”说明秦实施广泛的社会教化的目的一方面在于统一各地风俗习惯，另一方面在于移风易俗、革除恶俗，以利于形成新的道德风尚。《语书》表明，秦统治者早在秦统一之前，就已对此定下了明确的指导思想和对策。

《语书》作为地方官督责下属的文书，有一定的针对性，反映了秦法治教育思想的基本特征，而《为吏之道》则反映了其发展变异的一面。《为吏之道》是睡虎地秦墓竹简的另一篇，内容所及大都是官吏所应当具备的道德规范与行为准则，如官吏应当注意的“五善”“五失”等。从全篇所使用的不同语言格式和流露的语调来看，其内容可能源于这样一些方面：官方要求于各级官吏的守则，流行于官吏之间用于规人与自诫的处世警言，从提供给学习为吏者使用的习字课本中摘录的有关句段。《为吏之道》反映了秦王朝与当时社会对法治人才的基本人格要求和秦统一前后诸子思想融合的趋势在人才培养目标方面的影响。从《为吏之道》中，可以确切地发现，秦法治政权要求官吏不仅只是具有知法、执法等才能，还必须具备较高的道德修养，且其道德的内涵深受儒、道诸家影响。事实上，秦在统一前后，其统治策略已渐趋成熟，在法治政治指导思想中也引入了德治的内容。也就是说，秦的法治政治指导思想发展至统一六国时，呈现出吸收儒、道诸家思想以充实自己，使之成为更为完备的统治思想的倾向。

尽管秦国的法治教育思想的发展对它的专制主义文教政策的形成起着主导作用，但是，战国末期诸家思想对其仍然产生了较大影响，其中也不乏教育经济思想。

第四节 《吕氏春秋》中的教育经济思想

对秦国教育思想影响最大的人应属商鞅。商鞅入秦变法，得秦孝公信任，两次主持秦国的社会改革，使秦一跃成为七国中的强国，为秦统一六国奠定了坚实的基础。他在主持整个社会改革中，要求在教育方面建立一种适应改革需要、社会发展、富国强兵的新体系，提出了顺应时代发展的“壹教”主张，其根本目的就是对民众进行法治教育和耕战教育，强调从根本上取消儒、墨、道家的教育影响，因为凡立国必以富强为基，农业生产是富之本、集兵善战是强之根，国家施教，必须以培养“农战之士”为目的。从整个社会变革的现实需要来看，这些思想对富国强兵和经济社会的发展都有一定的积极促进作用。

可以说，受商鞅的思想影响，秦国丞相吕不韦从秦国的不断强盛中意识到教育对富国强兵的现实作用，于是在战国末年，吕不韦组织属下门客集体编纂了杂家著作《吕氏春秋》，又名《吕览》，当时正是秦国统一六国前夕。吕不韦想以此作为统一后的意识形态，但秦始皇却选择了法家思想，使包括儒家在内的诸子百家全部受挫。《吕氏春秋》的思想是吕不韦在秦统一前产生和形成的，在秦统一后虽未被秦始皇所采纳，但它对当时秦的改革、发展和强大无疑产生了一定作用。

《吕氏春秋》是一部古籍类百科全书的传世巨著，一向被看作杂家的作品。《汉书·艺文志》说：“杂家者流，盖出于议官。兼儒、墨，合名、法，知国体之有此，见王治之无不贯，此其所长也。及荡者为之，则漫羡而无所归心。”的确，儒、墨、道、法、名、阴阳各家都可以在其中找到专篇。它的特点是博采各家学说，不取迷信和鬼神的思想，而是吸取各家的进步思想，如吸收道家贵生的思想，吸收墨家薄葬的思想，吸收法家察今的思想，吸收儒家教育和音乐的思想，虽采各家之说却不矛盾。因此，其可以说是杂而不杂，是一个综合学派。

《吕氏春秋》的内容极为丰富，有八览、六论、十二纪，共二十多万言，涉及军事、农学以及养生等诸多领域。《吕氏春秋》的教育思想也与它的全书一样，是兼取各家的，但在兼容杂糅中亦有所侧重，显然更多吸取了儒家的教育主张。在全书

160 篇文章中，集中谈教育的有 4 篇，即《劝学》《尊师》《诬徒》《用众》，与教育有密切关系的谈音乐及音乐教育的有 7 篇，即《大乐》《侈乐》《适音》《古乐》《音律》《音初》《制乐》，基本上都是儒家的作品。其他各篇中凡与教育思想有关的篇章，也多出自儒家学者之手，如《至忠》《忠廉》《孝行》《下贤》《高义》《上德》等篇。

《吕氏春秋》的编著目的显然是集各家之精华，成一家之思想，“夫私视使目盲，私听使耳聋，私虑使心狂。三者皆私设，精则智无由公。智不公，则福日衰，灾日隆”（《吕氏春秋·序意》）。值得注意的是，就全书而言，该书对墨家多所责难，但在论及教育的数篇中又多次肯定墨子，书中孔墨对举的赞赏之辞见于《当染》《尊师》《不侵》《谕大》《慎大》诸篇，竟达 11 处之多。可见，《吕氏春秋》的教育思想虽然也与全书思想一样，其基本特点表现为“杂”，但对各家教育思想的权衡标准和去取原则却更为明确，即儒家的教育思想占有更明显的优势，成为主导思想。各家思想中凡与儒家教育思想相抵牾者，被坚决舍弃了。

《吕氏春秋》及其教育思想所体现的“杂”的特点，正是该书及其教育思想的学术价值之所在。因为它表现为“杂”，对于各家学说兼收并蓄，所以在客观上保存了许多可贵的思想资料，具有重要的史料价值；因为它反映了各家学说逐步融合的趋势，留下了各家学说相互批评又相互吸收的足迹，使后人可以窥见学术文化思想发展的某些线索，尤其是儒家和道家思想显示出的优势地位，更是具有重要意义。

《吕氏春秋》作为一部用综合研究方法总结先秦诸子思想学说的专著，它的内容涉及政治、经济、军事、教育、历史、哲学、音乐以及养生等诸多领域，卷末的四篇农学文章是我国现存较为完整的农史文献，尤其珍贵的是该书在阐述农业在国家经济社会发展中重要作用的同时，论述了许多农业技术教育的思想，足见其对教育促进经济社会发展作用的新认识。

重农思想是《吕氏春秋》的重要内容之一，可以说，《吕氏春秋》关于农业教育的其他方面，都是建立在重农思想教育基础之上的。与《商君书》等文献一样，该书认为发展农业生产是国家富强、民食充足的根本途径，是社会稳定的经济基础，是治国安邦的根本大计。《上农》篇中的“上农”就是“尚农”、重农之意。该篇开宗明义地指出："古先圣王之所以导其民者，先务于农。"还从经济作用、政治作用、教育作用三个方面阐明了重农的思想意义。

一是农业具有安国兴邦的经济作用。经济是基础，经济稳定是政治稳定的前提条件，对此《吕氏春秋·上农》表述得十分清楚和明白。"民农则其产复，其产复则重徙，重徙则死其处而无二虑，民舍本而事末则不令，不令则不可以守，不可以战。民舍本而事末则其产约，其产约则轻迁徙，轻迁徙则国家有患，皆有远志，无有居心。"显然，百姓重视农业就会家产丰富，家产丰富就会害怕迁徙，害怕迁徙就会固守家乡而别无二虑。反之，百姓如果舍弃农业就会不听政令，不听政令就既不能依靠他们防守，又不能依靠他们攻战。放弃农业，百姓的家产就会减少，家产少而简单就会随意迁徙，在国家遭受困难时就会远走高飞，国家也就难以治理。

二是农业具有强化法治的政治作用。《吕氏春秋·上农》还从正反两个方面，说明了农业对于法治的重要作用。"民农则重，重则少私义，少私义则公法立，力专一。……民舍本而事末则好智，好智则多诈，多诈则巧法令，以是为非，以非为是。"这里将农业与国家法治联系起来，告诫统治者要重视农业，原因在于百姓从事农业，作风就会持重，持重就会很少私下发表议论，很少私下发表议论就能使国家的法治确立。而一旦百姓放弃农业，就会喜好玩弄计谋，喜好玩弄计谋行为就会诡诈多端，结果就会在法令上投机取巧，从而失去是非观念，以对为错、以错为对。

三是农业具有稳定统治的教育作用。《吕氏春秋·上农》特别强调："民农非徒为地利也，贵其志也。民农则朴，朴则易用，易用则边境安，主位尊。"就是说，百姓从事农业，不仅仅是为了地里的出产，更重要的是陶冶他们的心志。农业能使百姓的思想淳朴，淳朴就容易统治，就会使边境安全，就会使君位尊崇。

农业具有安国兴邦的经济作用、强化法治的政治作用、稳定统治的教育作用，三者之间的这种相互依存、相互影响的关系，用通俗、简单的语言说得明明白白，通俗易懂，容易使人们接受。

在充分论述农业的经济作用、政治作用和教育作用的基础上，《吕氏春秋》的《任地》《辩土》《审时》三篇主要论述了农业生产的耕作原则、方法以及及时耕作的理论，这些整地、播种、田间管理等耕作技术和理论，尽管仅从技术方面阐述，但充分表明人们已经认识到通过教育能提高自身技术素质，通过精心作务可提高产量，获得更大的收益，可以说《吕氏春秋》关于农业教育的思想，奠定了我国古代农业精耕细作技术和农业经济教育思想的基础。其思想具体有以下三点：

一是进行农作一定要因地制宜。《吕氏春秋》十分重视对土壤耕作的教育。《吕氏春秋·任地》篇主要讲述如何使用土地：

> 凡耕之大方，力者欲柔，柔者欲力；息者欲劳，劳者欲息；棘者欲肥，肥者欲棘；急者欲缓，缓者欲急；湿者欲燥，燥者欲湿。……以尽其深殖之度，阴土必得。

这就是说，整理土地时，硬地要使它柔和，柔地要使它刚硬；闲地要频种，频种之地要休耕；薄地要使它肥沃，过肥之地要使它贫瘠；坚实之地要使它疏松，疏松之地要使它坚实；等等。又说，耕种的深度要以见到湿土为准，这样的耕地就不会生杂草，也不会生害虫，就能取得好收成。

二是进行农作一定要遵守农时。《吕氏春秋·辩土》篇主要讲述应视不同的时令、土地情况而采取不同的耕作方法。在将一年划分为十二纪并在每纪指明物候、政令和农业生产主要活动的基础上，《吕氏春秋》特别注重教育人们要笃守农时，从正反两个方面指出了遵守农时的好处和延误农时的坏处。“不知事者，时未至而逆之，时既往而慕之，当时而薄之，使其民而郄之。民既郄，乃以良时慕，此从事之下也。操事则苦，不知高下，民乃逾处。种稑禾不为稑，种重禾不为重，是以粟少而失功。”《吕氏春秋·任地》篇则专论农作要适应天时，对当时禾（谷子）、黍、稻、麻、菽（豆子）、麦等作物的得时与失时情况做了非常具体的描述，更加细致而直观地教育人们要恪守农时、不违天时。

三是进行农作一定要防止“三窃”。所谓“三窃”，即“地窃”“苗窃”与“草窃”。《吕氏春秋·辩土》篇在谈及“地窃”时说：“夫四序参发，大甽小亩，为青鱼胠，苗若直猎，地窃之也。”意思是四时依次出现，是与农事相参验的，有些人田畦做得太窄，垄沟做得太宽，田畦就像一条条被困在地上的青鱼，上面的禾苗长得就像兽颈上的鬃毛，地把苗侵吞了，这是“地窃”。所谓“苗窃”，就是“既种而无行，耕而不长，则苗相窃也”（《吕氏春秋·辩土》）。即所种庄稼密密麻麻地没有行列，尽力耕耘也难以长大，苗与苗相互侵吞了，这是“苗窃”。所谓“草窃”，就是“弗除则芜，除之则虚，则草窃之也”（《吕氏春秋·辩土》）。即不除杂草，田地就会荒芜，清除杂草便会弄活苗根，草把苗侵吞了，这是“草窃”。可见，这“三窃”对农作物危害极大，必须除掉，才能多打粮食，提高产量，否则就会“营而无获”。

《吕氏春秋》是我国现存最早的、较为完整的农史文献，其重农思想以及农业技术思想的论述，对我国古代教育思想产生了较大影响。秦一度将其作为服务于现实政治的主张，并借助统治阶级的力量贯彻执行。农业具有安国兴邦的经济作用，民富则国强，农业稳则天下稳，统治者们充分认识到了这个问题，无论任何时候都必须加强对农民的教育，须臾不可轻视农业，须臾不可忽视农民。在此后漫长的封建时代里，以农业为本始终是历代统治者的重要国策。

第四章

汉朝的教育经济思想

由于秦末政令愈发严苛，公元前209年，陈胜、吴广“揭竿而起”，六国旧贵族也借此机会纷纷复国。公元前207年，楚国贵族后代项羽在巨鹿之战中消灭秦军主力，而刘邦则入函谷关占领咸阳。其后，项羽尊楚怀王为“义帝”，并自行分封天下，自封为“西楚霸王”，封刘邦为汉王。之后两股势力开始长达四年的楚汉战争。刘邦在萧何、韩信、张良等人的辅佐下，最终在垓下之战中击败项羽，于公元前202年正式称帝，立国号为“汉”，西汉建立。秦始皇开创的秦帝国，最终被反秦势力推翻，但其政治制度，有很多被西汉王朝继承了下来。西汉时，儒家成为统治阶级认可的统治思想，对社会与教育的影响空前增强。

西汉之后的东汉，豪强地主势力庞大，从汉安帝起，农民暴动不断发生。统治者为了加强对人民的思想控制，大力提倡宗教迷信，尤其是谶纬之学。在这种情况下，唯物主义和唯心主义的斗争更加激烈。到了东汉末年，佛教开始流行。中国本土的宗教——道教亦渐次形成，因其尊奉黄帝和老子，所以也叫“黄老道”，形成了《太平经》等理论着作，其中包含着一些适合农民要求的因素，被农民起义军利用，道教广泛发动和组织农民，剧烈冲击了腐朽的东汉政权。

第一节　汉朝的文教政策

自秦开始，新兴地主阶级为了巩固政权而营造新的上层建筑，选择适应自己的统治思想及理论来统一人们的思想。这一措施的实施，并非那么简单，它经历了一个曲折的历史过程。秦代的“以法为教，以吏为师”“颁挟书令”以致“焚书坑儒”，最终失败了。一个立国达六百年之久、强盛达四百年之久、称雄达两百年之久，最终兼并天下的秦国，竟然在统一后短短十五年就迅速灭亡了，这不能不引起它的后继者——西汉统治者的深刻反思。

西汉初年，受秦末农民大起义的深刻影响，统治者采取道家的“无为”思想，实行“休养生息”政策，使社会经济很快得到恢复和发展，社会矛盾因而暂时缓和，社会得到一时的相对安定。平定“七国之乱”以后，西汉在政治上也较为统一。汉武帝利用这些有利条件，加强封建专制主义的中央集权制度。但社会矛盾这时已经趋于尖锐，汉武帝加强对农民阶级的统治，除了在法律、刑罚方面更加繁苛和扩充军队以镇压人民的反抗以外，又需要一套驾驭人民的文化手段，特别是思想理论。因此，以“君权神授”及“三纲”为中心的儒学，便成为当时封建统治阶级最需要的武器了。

一、汉初学术思想界的激烈论争，促使以儒学为中心、吸取黄老之学、糅合各家的新儒学应运而生

总结秦朝灭亡的教训，探索新的治国之道，成为汉初政界和学术思想界重点议论的课题。论说角度虽然不同，但都集中于抨击秦专恃刑法、不行仁义的暴政上。例如陆贾对汉高祖说：“秦任刑法不变，卒灭赵氏。乡使秦以并天下，行仁义，法先圣，陛下安得而有之?”（《汉书·陆贾传》）贾谊认为秦“废王道而立私爱，焚文书而酷刑法，先诈力而后仁义，以暴虐为天下始”（《新书·过秦论》）。这些分析总结，必然引起统治者对治国方针，特别是文教政策的反思和调整。

秦实施焚书禁学，是要取缔除生产和日常生活之外的一切民间学术活动，而作为先秦“显学”、占据传统文化教育事业主体地位的儒家受焚书禁学政策打击最大。

秦王朝的灭亡，被儒家看作自身理论价值观的重大胜利，的确也使儒家的社会影响空前扩大，在西汉初期发挥了令人瞩目的作用。如郦食其劝汉高祖礼贤下士，陆贾告诫汉高祖逆取顺守，使汉高祖有所觉悟。叔孙通制定朝仪，整肃朝廷秩序，使汉高祖体会到当皇帝的尊贵和威严，认识到儒者“可与守成”。

另一方面，儒家经历了秦代的高压统治和秦汉之际的战乱，其教育学术思想及处事方略也有所改变，特别是一些学者为了求得生存空间，不得不吸收其他学术思想，以适应汉初社会政治环境变化的需要。如陆贾、贾谊、晁错等人，其思想都不同程度地掺杂着道家、法家及其他学派的成分，以图在当时复杂的社会政治环境中谋得一席位置。在教育的目的及教育的经济关系问题上，尽管他们不拘泥于儒家的思想，但一些教育观点还基本属于儒家。陆贾在《新语·道基》中将自远古的人类社会发展视为历代圣人推行教化的结果，认为“先圣”阶段从远古原始社会到夏禹，主要成就是将人与禽兽区分开来，建立起了人类社会制度。神农教民食五谷，黄帝教民筑屋室，后稷教民辟土植谷种桑麻。此外，禹治水，奚仲造车舟以代人力，冶金制陶以备器械，这些都是生产和社会生活基本方面的教化。“中圣”阶段包括夏、商和周三代，其也是学校教育兴起的时代，目的在于明礼义、正上下、兴德兴，即建立社会等级秩序及相应的道德行为规范。“后圣”阶段为春秋时期，此时天下动荡，礼义纲纪已经衰废，“于是后圣乃定五经，明六艺，承天统地，穷事察微，原情立本，以绪人伦，宗诸天地，纂修篇章，垂诸来世，被诸鸟兽，以匡衰乱”（《新语·道基》）。这实际上就是指孔子编定经典，以匡正衰俗、垂宪后世之举。陆贾把历史发展的动力归结于圣人之教，但他指出教育起源于人类生产和社会活动的需要，是人类区别于动物的主要标志，教育的目的是调控人们的社会行为，维护正常的社会秩序，教育经历了由泛化到专门化、由制度化到理论化的发展过程，这些都具有较高的价值。

董仲舒继承先秦儒家的基本学说，兼采其他学派特别是阴阳、名家的思想观点，他的教育思想与《春秋》公羊学的传习和研究特点密切相关，而并非一般泛泛的原则观点。他认为人与自然的关系是人类生存的永恒主题，倡导“天人感应”的自然观和社会观；认为自然界的任何事物都有阴阳之分，又与“天人感应”学说融为一体，并将其作为他所代表的汉代新儒学的理论依据。董仲舒立足于治国务本的需要，继承了儒家立辟雍庠序、修孝悌敬让、明以教化的传统兴教思想。他在《对贤良策》

中将“立大学以教于国，设庠序以化于邑”作为古之王者以教化为大务的基本措施，将学校教育视为整个社会教化的一个重要组成部分。

董仲舒基于“天人相与”和《春秋》公羊学理论，十分重视“元”。他说：“《春秋》变一谓之元，元犹原也，其义以随天地终始也。”（《春秋繁露·重政》）“元”即本原、始端，其效应则贯穿始终，故为万物之本。人的一切活动也应该把握住“元”，方可达于天道。教化活动也不例外，其“元”在仁义，而本于经传。

他在《春秋繁露·重政》中说：

> 能说鸟兽之类者，非圣人所欲说也。圣人所欲说，在于说仁义而理之，知其分科条别，贯所附，明其义之所审，勿使嫌疑，是乃圣人之所贵而已矣。不然，传于众辞，观于众物，说不急之言而以惑后进者，君子之所甚恶也。奚以为哉？圣人思虑，不厌昼日，继之以夜，然后万物察者，仁义矣。由此言之，尚自为得之哉！故曰：於乎！为人师者，可无慎邪！夫义出于经，经传，大本也。

这是董仲舒针对《论语·阳货》中“多识于鸟兽草木之名”而说的，从这里可以看出，他的本意还在于圣人所谓的“说仁义”，如果曲解的话就会沉溺于具体事物及概念中，造成“说不急之言以惑后进”的恶果，为人师者必须十分慎重，要以经传作为教学的“大本”，否则，“苦志尽情，头白齿落，尚不合自录也哉”（《春秋繁露·重政》）。只有这样才能将儒家经学的研习置于不可稍有忽视的地位，并将其视为统治者推行教化的最佳教材。他说：

> 君子知在位者之不能以恶服人也，是故简六艺以赡养之。《诗》《书》序其志，《礼》《乐》纯其美，《易》《春秋》明其知。六学皆大，而各有所长。《诗》道志，故长于质。《礼》制节，故长于文。《乐》咏德，故长于风。《书》著功，故长于事。《易》本天地，故长于数。《春秋》正是非，故长于治人。

董仲舒关于“六经”的解读与先儒的概括大体是一致的，但是他也有其独到之处，在于他是从“教”的要求来归纳各经的价值的，而不像荀子、贾谊等侧重于从学术或自修的角度来归纳。他还对“六经”的教育功能进行了分类，大体上可以说《诗》《书》相当于德育，《礼》相当于美育，《易》《春秋》相当于智育。另外，他还强调“六经”各有所长，教学要旨在于“兼得其所长”，而不能“遍举其详”，搞烦琐教学，这与他立足于以经义为现实政治服务而促成教化的思想是一致的。显然，对于自然科技知识的传播和学习，他并不重视。

汉初，法家的治国方针经由秦朝实践宣告破产，儒家的治国方针实施条件尚不成熟，而道家在此时找到了施政与发展的沃土。道家反对以繁苛的政令举措乱国扰民，主张无为而治，这正适合汉初与民休息、恢复经济的客观形势。在有关教育发展的目的、教育的经济思想方面，以先秦儒学为中心，吸取黄老之学，糅合阴阳、名、法各家思想精心构成的新的儒学思想体系便应运而生了。西汉王朝吸取了秦朝灭亡的教训，为适应现实政治需要，暂时采取了黄老之学作为“治国安民”的指导方针，取得了“文景之治”的良好效果。

然而由于多方面的原因，统治者不能长期处于“无为”的状态，标榜“无为而治”的黄老之学，显然很快就不适应形势发展的需要了。地主阶级为了巩固自己的统治，需要强化整个封建主义的上层建筑，特别需要在意识形态领域内，能够形成统一的、维护封建专制主义的思想理论体系。

黄老之学虽然在汉初维护政治安定、恢复和发展经济社会方面发挥了积极作用，但也只是在天下初定、创伤未复的特定时期方有用武之地。其实，统治者推行黄老政治很大程度上是不得已的权宜之计，但是他们不可能总是安于无为状态而不去力图谋取更大的利益，一旦实力足够或具备条件后，必然欲有所为。另外，汉初出现的许多重大政治问题，如诸侯王割据、叛乱，君位继承之争，匈奴侵扰之患，黄老之学都不能提供解决良方，儒家与黄老之学的争论，在这种情况下便开始了。双方的论争最初是由儒家挑起的，其意图在于贬低以至罢黜黄老之学，使自己获得重视，这自然引起黄老学派的激烈论争。黄老学派虽然倚仗窦太后个人的权势一时将儒家压制住了，但黄老政治的统治地位已摇摇欲坠，朝堂政策的变动也已经是难以避免的了。

二、“独尊儒术”文教政策的确立

汉初统治者总结了秦朝速亡的教训，摒弃严刑酷法，汉惠帝四年（前 191），正式废除秦代“挟书律”，开放了民间学术活动，奉行主张“无为而治”的黄老学说。“无为而治”十分适合汉初恢复生产、安定社会的需要，但是也容易导致地方放任自流和政府权威的削弱。汉武帝时期，国力已基本恢复，统治者已有实力来整顿国政。

同时，社会也面临着新的危机，“无为而治”已经不能适应封建统治的需要，必须采取新的政策。于是，在文教方面，汉武帝采纳了董仲舒在《贤良对策》中提出的三大建议，确立了“罢黜百家，独尊儒术”的文教政策。为确保儒术“独尊”，汉武帝及后续的统治者主要采取了以下几项措施。

设五经博士。战国时就有博士，秦汉承袭此制，也设立博士。博士是掌管典籍簿册的咨政议政官员，诸子、术数、方技等都立博士。汉武帝建元五年（前 136）置五经博士。此后，博士的职位就只有被官方认可的儒家五经大师才能担任，其他学派虽然没有像秦代那样被明令取缔，但已不能取得官方学术地位了。这一措施是“独尊儒术”的集中体现。

建立博士弟子制。博士因学识渊博，也常常以私人名义授徒讲学。元朔五年（前 124）汉武帝采纳丞相公孙弘的建议，由朝廷为五经博士选置弟子，其有固定的名额和选拔标准，并享有官方给予的待遇，这就是博士弟子制。这一制度的实行，标志着汉代太学的建立。自此，学习儒经者日益增多，逐渐成为一种社会风尚。

以儒术取士。汉代自高祖始，就重视选贤任能。汉武帝时逐步确立了以察举为主的取士制度。在取士的标准上，则突出强调精通儒术和具备儒家伦理道德修养。察举最盛的孝廉科，就是选取具备儒家的“孝”“廉”美德的人士，而明经科则是专取通晓一门儒经的学者。太学生通过考课，通一经者即补为官。以儒术取士，不仅为“独尊儒术”的推行和落实提供了保证，而且对士子进德修业具有鲜明的导向作用。

重视太学。君主视学自古有之。汉代帝王对其最高学府太学非常重视，有时亲临太学视察或指派要员视察太学。东汉时，皇帝视学成为一种制度。视学时要举行各种隆重的仪式，要召集博士讲论五经，有时还要考查学生的学业，还要与师生欢聚。为了弘扬儒学，每次视学，皇帝都要聚众宣讲。

以上诸项措施，都为“独尊儒术”政策的推行起了保障和促进作用。汉武帝所采取的文教政策，在目的上与秦始皇是一致的，都是要统一思想，巩固专制统治，只是手段和措施不同。秦始皇以“禁”为主，以暴力做保障，结果是将士人推向对立，削弱了统治基础。汉武帝则以“尊”为主，用功名利禄来诱导士人研习儒家经典，从而将思想统一于适应统治阶级利益的儒家学说，其手段显然更胜前者一筹。

文教政策的确立，标志着封建统治阶级树立起符合自身利益的意识形态，这一文教政策此后一直维系了两千多年。其对教育的主要作用和影响，一是确立了教育为治国之本的地位。儒家社会政治思想的核心是以德治和礼教为本，所以，尊儒必定推崇教育，汉代的官方学校体制就是伴随独尊儒术而建立的，重教兴学也成为汉以后历代的一项基本国策。二是儒家经学成为教育的主体内容。精通儒经就可以通过选士而做官，得到荣华富贵，大大激发士人的学习积极性，这成为古代教育昌盛的主要动力。汉代流传谚语“遗子黄金满籝，不如（教子）一经”。王充曾感叹说：“儒者学，学，儒矣。”（《论衡·定贤》）儒与学已合为一体，从而使儒学绝对控制了教育事业。

三、《盐铁论》中儒法两家教育思想的交锋论争

汉昭帝始元六年（前 81）二月，“诏有司问郡国所举贤良文学民所疾苦，议罢盐铁榷酤”（《汉书·昭帝纪》），即召开盐铁会议，讨论盐铁酒类官营专卖的问题。在盐铁会议上，以御史大夫桑弘羊为代表的法家为一方，以郡国所举来京的贤良文学为代表的儒家为另一方，围绕盐铁专卖的中心议题，在“本”与“末”、“义”与“利”、“礼”与“法”等几个重要问题上，双方进行了激烈的论争，阐明了各自的观点和理由。汉宣帝时，《公羊春秋》学者桓宽，根据盐铁会议的记录，经过归类总结，加工整理，写成了《盐铁论》一书，共六十篇。全书可分三大部分：第一部分主要写盐铁会议上的辩论情况；第二部分主要写儒法双方对其他问题的不同观点和看法；第三部分是作者对盐铁会议争论的总结和评价。从书中可以看出，作者的基本倾向是尊儒贬法的。因此，《盐铁论》中儒法两家教育思想的交锋，也自然打上了作者崇儒贬法思想的烙印。从教育思想的角度来看，可以说它集中体现了儒家重教化和法家重刑罚的根本特点。双方的论争主要有以下几点。

第一，“本末”之争与教化的地位。在封建社会经济中，农业经济是根本，手工业、商业经济是末枝。如何处理好“本”“末”之间的关系，就成为封建统治阶级首先重视的问题。儒法两家教育思想交锋的第一个焦点，首先集中在“本”“末”之争与教化的地位上。在《盐铁论》首篇《本议》中，大夫、丞相、御史首先向郡国所举的贤良文学问“民间所疾苦”，听取他们的意见。贤良文学首先陈述他们的观点，指出：

窃闻治人之道，防淫佚之原，广道德之端，抑末利而开仁义，毋示以

利，然后教化可兴，而风俗可移也。今郡国有盐铁、酒榷、均输，与民争利。散敦厚之朴，成贪鄙之化，是以百姓就本者寡，趋末者众。夫文繁则质衰，末盛则本亏，末修则民淫，本修则民悫。民悫则财用足，民侈则饥寒生。愿罢盐铁、酒榷、均输，所以进本退末，广利农业，便也。

他们认为，治国安民的方法，应该是去除产生享乐放纵的根源，发扬人们固有的道德素质，抑制工商业，推广仁义，不引导他们追求财利，这样教化就会振兴，风俗就会变美。即用重本抑末、施行仁政、推广教化的方法来达到国富民安的目的。他们要求取消盐铁、酒榷、均输等现行政策，因为这些“与民争利”的做法，造成了“散敦厚之朴，成贪鄙之化”的弊端。

大夫、丞相、御史则不同意这一观点，论述了不能取消盐铁、酒榷、均输等政策的理由，主要是边防用度不足，而开辟农业和手工业的途径，沟通物资的有无，可通过市场来解决。他们强调发展工商业，主张本末并重。

贤良文学针对大夫、丞相、御史们的观点，一一进行辩驳，认为：边防用度不足的根本原因在于当时实行的政策不对，是没有“富仁义”“广德行”“行仁政”“敦教化”的结果。如果能做到天子不谈论财富的多和少，诸侯不谈论利和害，大夫不谈论得和失，而是用仁义去教化百姓、用德政去安抚他们，就会使“近者亲而远者悦服”。同时指出，用道德来教化百姓，百姓就会变得敦厚；用财利去引诱百姓，风俗就会变得轻薄。风俗轻薄，就会使人背弃仁义而热衷财利，为财利而在市场上奔忙便会放弃农业生产。因此，高明的执政者重视农业，限制工商业，用仁义防止百姓的贪欲，以增加粮食和财货，单纯把工商业作为增财之本是不妥当的。

我们把两家在“本”“末”问题上的争论归纳起来，可以清楚地看出，两家在有些问题上意见是一致的，在有些问题上是有分歧的。两家意见一致的地方，是他们都承认农业是根本，并且必须给予充分的重视。也就是说，在“本”的问题上，他们没有什么分歧。但是，两家在“本”“末”关系问题上的认识却不尽相同，甚至大相径庭。法家认为应该本末并重，儒家认为应该重本抑末，两家都阐述了各自的理由。从发展封建社会经济来看，法家本末并重的思想更符合实际，因为在当时，任何单一的经济形式，都不能促进整体的社会经济的发展。当然，儒家主张“抑末”，也只是要限制工商业的发展，并不是不要工商业。但相比而言，法家的思想主张更有积极意义。而在论争的过程中，儒家一方始终把仁义、教化与重农之本联系起来，把注重教化提高到重本的地位来看待，体现了儒家把教育看作是政治不可分割的一部分的一贯思想，而法家则只就事论事，不谈教化问题，这也是两家的一个区别。

第二，“义利”之争与教化的作用。这是儒法两家教育思想交锋的又一焦点。法家一方用“利”来诱导百姓，以重“利”来批驳儒家的重“义”；而儒家用“义”来教育百姓，以重“义”来批驳法家的重“利”。

以桑弘羊为代表的法家认为，“利”是治国的基础。要使国家强盛、人民富足、农具兵器充备、国家积蓄有余，就必须重“利”。只有国家有了“利”，才能得到治理。他还认为，利是人皆追求的，是人性的必然。赵国的女子选择丈夫不讲美丑，郑国的女子选择丈夫不管远近，商人不怕耻辱，士兵不惜卖命，读书人不关心自己的亲人，为侍奉君主不避艰难，这都是为了得到利和禄。儒生内心贪婪，表面上却自夸无欲，到处游说忙个不停，也是为了利。法家进一步指出“今儒者释耒耜而学不验之语，旷日弥久而无益于治，往来浮游，不耕而食，不蚕而衣，巧伪良民，以夺农妨政”（《盐铁论·相刺》），这是对儒家的无情抨击。

贤良文学据理反驳，说礼义才是治国的根本，滥用职权追求财利就会使国家衰败。殷商的伊尹、西周的姜太公，在君主只有百里土地的情况下，帮助他们兴盛起来。管仲在齐桓公那里很有权力，而不能使强大的齐国国君成为帝王，因为他推行的治国方法是错误的。所以，不崇尚礼义，就不能教化百姓；不致力于发展农业，就不能富国足民。他们同时还指出，利固然是人人都向往的，可是要取之有道，不能过分，过分了就会带来祸害；君子想的是仁义道德，小人想的是耕田种地；贤人为名节而殉身，贪财的人为争利而丧命。苏秦、吴起为了权势而丢掉性命，商鞅和李斯为了利禄而遭杀身之祸。所以，人人追求的，不一定都是益己的，关键是要符合仁义道德。做官管事的人，更应该“思其仁义以充其位，不为权利以充其私也”（《盐铁论·贫富》）。

在“义”“利”之争的过程中，儒家仍然把教化百姓的问题摆在重要位置。他们认为教化有“防民欲”（《盐铁论·本议》）的积极作用。古代的治国者崇尚道德教化而鄙视功利，重视礼义而轻视钱财。所以，夏朝的人忠厚，商朝的人不怠慢，周朝盛行礼义，“庠序之教，恭让之礼，粲然可得而观也”（《盐铁论·错币》），这些都与教化有关。从这里我们可以看出，儒家非常重视教育与政治的关系问题，认为用教育的手段“化民成俗”，取得民心，是施行政治、巩固政权的有力保证。应该说，他们的这一认识是极其深刻的。而法家强调利的重要性，却忽视了要用教育手段使老百姓自觉接受并实行他们的思想主张。

第三，“礼法”之争与教化的目的。儒家主张以“礼”治国，法家主张以“法”安邦。所以，“礼”与“法”的论争就成了贯穿《盐铁论》一书的又一焦点。桑弘羊认为，要达到巩固封建统治的目的，使汉王朝长治久安、兴旺发达，必须实行法治。因为“令者，所以教民也；法者，所以督奸也。令严而民慎，法设而奸禁”（《盐铁论·刑德》）。也就是说，只有实行严刑峻法，国家才能得到治理。他说，吴起用法把魏国治理得很好，申不害和商鞅用法使秦国强盛起来，可见“曲木恶直绳，奸邪恶正法”（《盐铁论·申韩》）。现在时代不同了，风俗也不是尧舜时的风俗，老百姓也不是那时的老百姓，而想用废除法律来治理今天的国家，就像不用矫直工具和斧头就想矫直曲木一样，这是愚蠢的，是不可能的。因此，只有用法治，维护统治的目的才能达到。贤良文学驳斥道：“治民之道，务笃其教而已”，“故德教废而诈伪行，礼义坏而奸邪兴”（《盐铁论·刑德》）。就是说，只有实行教化和礼治，才能巩固统治。贤良文学认为，“治国谨其礼，危国谨其法”（《盐铁论·刑德》）。用严厉的刑法治理国家是不能长久的，法律可以给人治罪判刑，但不能使人廉洁知耻；法律也可以把人处死，但不能使人讲仁义。所以，“礼义立而民无乱患；故礼义坏，堤防决”（《盐铁论·论诽》）。可见，治理国家关键在于坚持礼义教化，“闻礼义行而刑罚中，未闻刑罚行而孝悌兴也”（《盐铁论·诏圣》）。因此，实行礼治，笃行教化，国家才能真正长治久安。

就两家各自阐述的礼治、法治理由来看，都不无道理，但也都不免失之偏颇。从汉朝立国到召开盐铁会议时，已经过了125年。刘邦吸取秦朝迅速灭亡的教训，开国后没有绝对规定用某家的思想来作为指导思想，而是采取吸收各家之长的办法来维护新王朝的统治，即所谓“霸王道杂之”。

汉武帝“独尊儒术”以后，虽没有完全取消儒家以外的法家等各家思想，但各家思想已明显处于次要或被压抑的地位。那么为什么会出现论争中的不同认识呢？这除了儒法两家在政治理论上对立的原因之外，还与他们当时所处的政治地位有关。大夫、丞相、御史是朝廷命官，是制定和执行盐铁政策的当事人。但是，“诸卿都大府日久”（《盐铁论·遵道》），高居朝廷，不了解下情。所以，他们在盐铁会议的诸多辩论中，讲大道理的多，联系实际问题的少；考虑的利多，看到的弊少。因此，其说服力不够强，往往被贤良文学所举郡国民间疾苦的实例所激怒或默然不应。这说明，他们看问题带有在位者的片面性。贤良文学，是选自各郡国的有识之士，他们来自全国各地，对当时盐铁官营、酒类专卖政策在各地执行以来所造成的弊端比较了解，对民间疾苦也有亲身体验。在盐铁会议上，他们在引经据典说明问题的同时，还用大量亲眼看到的社会现实来驳斥大夫、丞相、御史们的观点。这又说明贤良文学们看问题比较切合现实，但又带有地方的狭隘性或片面性。

从这里我们可以看出，《盐铁论》中儒法两家教育思想的交锋，既有对立的一面，又有统一的一面。也就是说，两家的目的是统一的，但从方法论上看却是对立的，而且对立的双方都表现出了各自的片面性。说明在“独尊儒术”之后的西汉王朝，单纯或绝对地采用儒家或法家的治国主张，都是不全面的，会给巩固封建政权带来不利。绝对地肯定某一家或绝对地否定某一家，也都是不合理的。这也是《盐铁论》提供给后世可资借鉴的最为珍贵的经验。

第二节 汉朝经学的教育经济思想

汉武帝采纳董仲舒的建议，确立了“独尊儒术”的文教政策。“独尊儒术”实施后，统治者一方面积极地进行儒家思想的教育和教化，另一方面用官禄引导读书人潜心研习儒家经典，起到了统一思想、巩固封建专制统治的作用。同时，也促进了汉代文化教育的大繁荣，汉代官学和私学都得到空前发展，学制系统已初具规模，为以后历代封建王朝的学校教育制度初步奠定了基础。

儒学取得“定于一尊”的地位之后，出现了众多传授儒学的经师，他们可以归入今文经学或古文经学。在西汉，今文经学占据统治地位。随着社会政治环境的变化、统治集团意志和偏好的不同，今文经学在嬗变中出现谶纬迷信化问题，这些都对汉代教育思想产生了深刻的影响。

同时，“独尊儒术”客观上促进了经学教育与研究的发展。经学教育指以《诗》《书》《礼》《乐》《易》《春秋》“六经”为内容的传授和研讨活动，但《乐经》不见于世，故实际上只有五经。经学教育由孔子发端，是儒家教育的主体内容，“独尊儒术”使经学教育成为全社会教育活动的主体核心。经学主要沿着今文经学的学术路线发展，在汉元帝、汉成帝时达到鼎盛，确立了今文经学在思想学术界的统治地位。在经学研究上，继董仲舒《公羊春秋》之后，出现了以京房《易》学、《洪范五行传》等为代表的学术思想，它们以阴阳灾异的天人感应思想贯穿经学研究，阐述天人之道，建立了一个以天人感应思想为特征的今文经学体系，基本上实现了对经学的全面改造。在经学教育上，汉宣帝甘露三年（前 51）召开石渠阁会议讨论五经异同，之后在保留文、景、武帝时期所立诸家博士的基础上，设立梁丘《易》，大、小夏侯《尚书》，《穀梁春秋》，大、小戴《礼》等家博士官，汉元帝时又增京房《易》博士，使得今文经学各派成为官学，登上太学的讲坛。汉代太学保持十四家博士，形成今文经学独霸的格局。随着经学教育的发达，一大批明经儒者也纷纷占据要津，并被视为汉王朝的功臣。汉代最具权威性的经学著述是《白虎通》，最卓越的经学家是郑玄。经学教育思想直接体现在经学教育的过程中，其对经学教育起着指导作用，因而其流传范围之广、社会影响程度之高，都远远超过一般学术著述，在中国教育史上有着重要的历史地位。

在学术思想定于一尊的形势下，原诸子百家之学已难以构成与经学相抗衡的力量，这对教育经济思想的发展无疑产生了较大影响。董仲舒就不提倡学习关于鸟兽草木等自然知识，认为“鸟兽之类者，非圣人所欲说也。圣人所欲说，在于说仁义而理之”（《春秋繁露·重政》）。这与孔子要求人们“多识鸟兽草木之名”的态度大相径庭，尽管孔子的主要目的也并不在于鼓励人们去学习自然知识。当然，经学内部的学术之争也一直没有停止，其中也不乏教育经济相关的思想与观点。虽然多是有关教育经济思想的点滴之论，但是在当时特殊情况下，能够产生这样一些思想与观点，也是难能可贵的。

汉代经学教育的作用，首先取决于儒家经典自身具有的知识和经验体系，学习、研究的意趣及实际运用的价值。此外，统治者和学术界的大力提倡和定向引导，使经学教育具有其他类别教育所不具备的独特意义和目的。《汉书·艺文志》指出：“六艺之文，《乐》以和神，仁之表也；《诗》以正言，义之用也；《礼》以明体，明者著见，故无训也；《书》以广听，知之术也；《春秋》以断事，信之符也。五者，盖五常之道，相须而备，而《易》为之原。”儒经正是因为在封建时代具有高度的实用价值和学术研究意趣，因而成为最主要的教育内容。特别是在独尊儒术之后，经学教育的意义和作用被捧到至高无上的地位。

经学凌驾于一切学术之上的格局，在汉代正式形成。但是，刘歆在编《七略》时，却将“六艺”列在首位，并为历代所因袭。《白虎通·辟雍》中阐述了乡里教化活动的具体措施：

教民者，皆里中之老而有道德者，为右师，教里中之子弟以道艺、孝悌、行义，立五帝之德。朝则坐于里之门，弟子皆出就农而后罢，示如之，皆入而复罢。其有出入不时，早晏不节，有过，故使语之，言心无由生也。若既收藏，皆入教学，立春而就事。其有贤才美质如学者，足以闻其心；顽钝之民，亦足以别于禽兽而知人伦。故无不教之民。孔子曰：“以不教民战，是谓弃之。”明无不教民也。

从这里我们可以看出，《白虎通》尽管是体现统治者意志的经典，但是也不乏教民生活技艺的思想，而且规定都比较具体。乡里之学有专职教师，负责教导全体乡民子弟，内容主要是道德观念、行为规范及生活技艺。其利用农闲及生产间隙开展教育活动，对不遵农时、有过错的人要进行告诫，及时发现有“贤才美质者”则予以选拔深造，即使“顽钝之民”，也让他们知人伦，不至于堕入“禽兽”之列，从而做到无不教之民。这是我国古代特有的普及教化的思想，它源于《礼记》《周礼》等儒家经典，班固在《汉书·食货志》中也有大体相似的论述，《白虎通》又加以概括，作为统治者广施政教的措施，在历史上有较大的影响。

一、郑玄作为汉代经学的集大成者，其教育主张中不乏教育经济思想

郑玄（127—200），字康成，是汉代著名的经学家，汉代经学的集大成者。汉代经学的研究和传授，包括教育思想在内，全面而集中地体现在郑玄的经注和著述中。郑玄从事经学教育三十多年，弟子最多时达数千人。郑玄著述甚多，清代王鸣盛《蛾术编》中所列郑氏群书表，总计著书 64 种、282 卷，但大多已失传或散佚。他的经注保存完好的只有《毛诗笺》及《周礼》《仪礼》和《礼记》注，著作保存至今的只有《诫子书》《诗谱序》《三礼目录》等几篇。郑玄不仅著述丰富，而且打破了汉代经学派系林立、门户森严的藩篱，开创了荟萃集成、简约精要的经学研究新格局。范晔在《后汉书·郑玄列传》中指出：

汉兴，诸儒颇修艺文。及东京，学者亦各名家。而守文之徒，滞固所禀，异端纷纭，互相诡激。遂令经有数家，家有数说，章句多者或乃百余

万言。学徒劳而少功，后生疑而莫正。郑玄括囊大典，网罗众家，删裁繁诬，刊改漏失，自是学者略知所归。

郑玄在长久的学习生涯中，对今古文各家经学都有深入研究，而且精通天文、律历、算学、图谶等学术，这使他的学术造诣远高于“皆以一经弘圣人之道”的“汉时贤俊”。他可以驾轻就熟地采用其他经文作解释，或对照各家经说进行取舍，还可以利用天文、数学知识理论来研究经学。郑玄经学正是由于具有广博、精确、求实、简约的特点，在传授和研究方面都具有极高的价值，因而得到学术界的广泛推崇。

郑玄既是卓越的经学家，又是卓越的教育家，他的教育思想主要体现在对儒家经籍中的教育观点进行阐发及研究考据之中。他大量吸收了先秦两汉经学的研究成果，其中也有不少个人见地。郑玄在遍注各经的过程中，对经籍中有关古代教育制度的记载进行了大量的解释、归纳和阐发，形成了自己对理想学制系统的主张。他的这些教育主张，也不乏教育经济思想。他十分明确地将教育的内容归纳为两大类：“德行”和“道艺”。这里所说的“道”，就是一切合理的、正确有效的途径、方法、规律的总和，也包括在生产生活中作为经验、知识、技能概称的“艺”在内。

郑玄指出：“学，修德学道”（《周礼注疏》卷三十三）。这一概括，不仅体现了经学的学习内容和范畴，同时也体现了郑玄教育经济思想的核心。他继承了儒家学习“圣人之道”的传统，指出：“仍读先王之道，则为来事不惑”（《礼记正义》卷三十六）。《礼记·学记》云：“君子如欲化民成俗，其必由学乎！”这里本没有指出“学”的具体内容，而郑玄注“所学者圣人之道”。孔颖达对此解释说：“郑恐所学惟小小才艺之事，故云所学者圣人之道。”（《礼记正义》卷三十六）可见，郑玄是有意识地强调以圣人之道为教育内容。他自称“博稽六艺，粗览传记，时睹秘书纬术之奥”（《后汉书·郑玄列传》）。这些均不出儒家经学范围，况且有“博稽”，有“粗览”，有“时睹”，其中仍有鲜明的主次之分，而以“六艺”为主体。

总的来看，郑玄虽然学识渊博，但均不脱离儒家经学领域，他有关天文、历法、算学方面的知识，也是为研究经籍服务的。例如，“笺《毛诗》据《九章》粟米之率，注《易纬》用乾象斗分之数”（阮元《畴人传》卷四），这是古代自然科学难以充分发展的重要原因之一。郑玄也像正统的儒家学者那样，贬低和排斥非属“圣人之道”的所谓“小道”“末事”。《礼记·文王世子》中记载贤才“或以德进，或以事举，或以言扬，曲艺皆誓之”。郑注：“曲艺为小技能也。誓，谨也，皆使谨习其事。”这种人只能“俟事官之缺者以代之”，“不曰俊选，曰郊人，贱技艺”（《礼记正义》卷二十）。《论语·子张》：“虽小道，必有可观者焉，致远恐泥。”郑注：“小道，如今诸子书也。泥，谓滞陷不通。”他将诸子之学斥之为“小道”，并只释为“滞陷不通”，而不谈其“可观”的一面。他还指出：“军旅，末事，本未立不可教以末事。”（《论语注疏》卷十五）他认为，各项专门技艺、诸子学说和军旅之事都属于末流，只有儒家的所谓圣贤之学才是根本，这是作为儒家经师的郑玄所难以避免的局限性。从这里我们也可以看出，经学教育在汉代的影响及它对教育经济思想的抑制作用。

二、古文经学家打破学派藩篱、贯通百家，产生了新的教育观点和教育经济思想

西汉末年古文经学崛起，成为与今文经学对立的派别。今文经学一度受到政府的扶持，汉宣帝时各家全部分立博士，古文经学则长期处于私学的地位。汉代统治者虽然在整体上扶持今文经学，但并不把今、古文经学置于对立的地位。相反，他们往往还以扶持微学、增广见闻等为理由，对古文经学表示亲近和容纳。采取这种超然的态度，有利于最高统治者根据政治的需要在两派之间进行自由选择。这样，今文经学固然因其占据官学的有利地位而显得势力强大，但古文经学也通过私学培养了众多门徒，世代相传，形成了自己的学派集团。古文经学因长期处于私学地位，有更多的机会接触民众，更了解社会的实际现状和需求，所以在与今文经学共生中不断发展壮大自己的学术力量，在与今文经学论争中进一步扩大了其影响，逐渐取得了学术上的优势地位。

由于私学相对自由的学风，古文经学家大都是一些学无常师、打破学派藩篱甚至突破儒学藩篱、贯通百家的学者，其中产生了不少新的教育观点，给汉代教育思想带来了一股清新之风，其中不乏教育经济思想。

（一）扬雄倡导学科内容上尽可以广泛，把属于技艺的天地之道纳入儒者应该学通的内容。

扬雄（前53—18），字子云，扬雄家族世代以耕种养蚕为职业。《汉书·扬雄传》概括其生平说：“雄少而好学，不为章句，训诂通而已，博览无所不见。为人简易佚荡，口吃不能剧谈，默而好深湛之思，清静亡为，少耆欲，不汲汲于富贵，不

戚戚于贫贱，不修廉隅以徼名当世。家产不过十金，乏无儋石之储，晏如也。自有大度：非圣哲之书不好也；非其意，虽富贵不事也。顾尝好辞赋。”这段文字基本上勾勒出扬雄的个性特征、兴趣爱好和精神风貌。出身于耕养之家，使扬雄更懂得生产生活教育对个体发展的作用，他在教育内容上，把属于技艺方面的知识学习也纳入其中。

扬雄没有进过官学，他所接受的教育主要是在私学中完成的。扬雄的政治理想仍然继承了孔子以来儒家的政治思想，以维护封建等级制度为前提。同时，他又把理想社会建立在儒家仁爱原则的基础上，以是否符合人民的志愿、民心的向背作为衡量政治清明与否的标准。什么是人民向往的，什么是人民所厌恶的，扬雄说得十分明白：“老人老，孤人孤，病者养，死者葬，男子亩，妇人桑，之谓思。若汙人老，屈人孤，病者独，死者逋，田亩荒，杼轴空，之谓斁。”（《法言・先知》）人们在这种等级分明但和谐安宁的社会中，过着自觉劳动、强弱扶持、大小相怀的生活，这是一个充分体现了儒家伦理原则的社会。扬雄认为，要实现这样的理想社会，只有通过德治而不是法治：“民可使觌德，不可使觌刑，觌德则纯，觌刑则乱。”（《法言・先知》）德治反映在教育上，就要求君主和封建统治者要有较高的道德修养。德治思想反映到教育上的另外一个问题，就是要对人民进行普遍的伦理道德教化。他认为，只有用仁义引导人民，实现德治的社会，才是一个富有生机的社会。“或人：敢问日新。曰：使之利其仁，乐其义，厉之以名，引之以美，使之陶陶然之谓日新。”（《法言・先知》）

正因为扬雄家族世代以耕种养蚕为业，他也没有进过官学，所受的教育几乎都是在私学中完成的，人民向往的是什么，人民厌恶的是什么，他更清楚、更了解，也更懂得底层人群的生产生活所需，所以他特别重视教育对个体发展的作用。他认为，学习和接受教育是人类个体发展的途径。首先，学习是人类个体真正脱离一般动物，使人之为人的先决条件。“人之不学，虽无忧，如禽何？”（《法言・学行》）人不学习，就不能获得人类社会所特有的知识、道德和情感，只是停留在蒙昧的状态，沦落为一般的人，虽然有别于禽兽，但实际上也相差无几了。鉴于此，在关于教育的内容上，他认为儒家的“五经”是最主要、最基本的学习内容，是求道的直接门径。“舍舟航而济乎渎者，末矣；舍‘五经’而济乎道者，末矣。”（《法言・吾子》）“五经”被认定为教学内容，不唯其是儒家经典，还在于它思想深刻，说理明晰。除

“五经”之外，还有一些与“五经”有关的书传，也被列为学习的内容。

从学科广度上说，扬雄关于学习内容的思想，反映了儒学未分化的特点，这从他在《法言》中所涉及的知识范围和对“儒”的定义就可以看得明白。他说：“通天、地、人曰儒，通天、地而不通人曰伎。”（《法言·君子》）伎指技艺，这里实指技艺之人。这一定义的出发点，在于强调通人事伦理对于儒之为“儒”的本质意义，但同样把属于技艺的天地之道纳入儒者应该学通的内容。扬雄倡导学科内容上尽可以广泛，但在地位上必须儒学独尊，关于天、地、人之道的学习和研究，必须纳入儒学体系之中，以儒学思想为统摄。

（二）王充认为教育是发展人类潜能、推进社会进步的重要手段，极其深刻地阐述了教育作为其他事业基础的重要作用。

王充（27—约97），字仲任，东汉著名唯物主义思想家。他出身“细族孤门”，6岁开始识字，8岁入书馆学习。18岁“受业太学，师事扶风班彪”，“好博览而不守章句”（《后汉书·王充列传》），不肯严守师法家法。他因家贫无钱购书，常到洛阳书肆里读书。他记忆力极强，过目成诵，因此“博通众流百家之言”（《后汉书·王充列传》）。离开太学后，曾两次出任小官，皆因为人耿直，不愿趋炎附势，最终辞职还家，一边教书，一边钻研学问，从事著述。60岁时曾被扬州刺史董勤辟为从事，后转任治中。63岁即辞官归里，著书、教授而终。他的一生，都不与时苟合，对当时流行的充满谶纬迷信的神学化儒学持批判态度，也反对只记诵章句、训校文义的学风。他著述甚丰，有《讥俗》《政务》《论衡》《养性》等，但流传至今的只有《论衡》一书。王充认为教育是发展人类潜能、推进社会进步的重要手段，教育的发展水平是人类社会进步的标志，知识最终会转化为促进经济社会发展的动力，这是具有典型意义的教育经济思想。

王充是一位勇于探索、敢于批判的思想家和教育家。特别是在经注烦琐、谶纬神学流行、人们普遍崇古的东汉前期，他能够清醒地保持实事求是的态度，坚持独立不倚的学术风格，这使他的思想至今闪耀着真理的光芒。王充认为，教育对人的个性发展有着巨大的作用，人性是具有差异性和可变性的。他说：“论人之性，定有善有恶”“人之性，善可变为恶，恶可变为善”（《论衡·率性》）。人性的差异并非天意，而是自然因素影响而成的。他认为，生来就善或恶的人很少，人绝大多数是中人，中人之性则可以通过教育使之定型。他说：“夫中人之性，在所习焉。习善而为善，习恶而为恶也。”（《论衡·本性》）又说：“善则养育劝率，无令近恶，近恶则辅保禁防，令渐于善。”（《论衡·率性》）也就是说，性可教而为善，只要有适当的教育，天下无不可教育之人。

王充认为，教育是发展个体能力、推进社会进步的重要手段。教育能改变人性，学以成德。从另一方面来说，王充是把教育作为人类社会特有的现象来强调其地位的，认为只有人类个体才具备特有的学习能力。人类“禀五常之性”，能够“好道乐学”，其不仅是人类区别于其他物种的本质属性，而且是人类高于其他物种的标志。“倮虫三百，人为之长。‘天地之性人为贵’，贵其识知也。”（《论衡·别通》）如果人类放弃学习，“饱食快饮，虑深求卧”“闭闇脂塞，无所好欲”（《论衡·别通》），等于将特有的优越天赋摒弃不用，就与一般的动物没有区别了。“贤圣言行，竹帛所传，练人之心，聪人之知”（《论衡·别通》）。王充已经不再把学习作为接受知识的手段来理解，而是认为学习是启迪个体智慧、发挥人类潜能的重要途径。王充着意于表达这样一种思想：具有心智能力是人类区别于其他动物的标志，而学习和思考又是发挥人类心智的唯一途径，因此教育是使人实现其天赋价值，使人成为真正的人的重要手段。

在强调教育对人类个体发展作用的同时，王充认为，教育的发展水平是人类社会进步的一个标志。人不仅在智慧上高于其他动物，更为可贵的是能够利用本身的心智能力将前人的经验积累起来、传递下去。人类越是能够有效地组织这一活动，社会就越发展、越进步。

他更进一步地论述了教育的社会作用，认为知识最终将转化为改造社会的力量，而传播知识是教育最基本的职能之一，这是典型的教育经济学思想。在当时的社会条件下，他能够提出这样的重要观点，是难能可贵的。世界上存在着各种各样的力量，例如壮士扛鼎、士卒攻战、农夫耕植，这种筋骨之力是很容易被人发现的，人们日常也是这样做的。但是世界上还存在着另外一种力量，却往往是最容易被人们忽视的，这便是知识的力量。“人有知学，则有力矣”（《论衡·效力》）。良医掌握“百病之方”，并可“治百人之病”；“大才怀百家之言，故能治百族之乱”；“萧何入秦，收拾文书，汉所以能制九州者，文书之力也”（《论衡·别通》）。凡此种种，都是知识之力量的表现。这确实包含了“知识就是力量”的思想，只不过王充的“力”更多是指对人类社会的控制力，而 16 世纪英国思想家培根所说的“力量”则是对人类征服自然能力的一种预见。在筋骨之力和知识力量面前，王充更重视知识的力量，“筋骨之力，不如仁义之力荣也”（《论衡·效力》）。所谓“仁义之力”，便是指道德和知识的力量。

更为可贵的是，王充提出了教育是政治的重要组成部分的观点，对教育的作用作了深入的分析，使人们更加了解教育的作用，也更乐于去接受教育。王充认为，教育作为政治的重要组成部分，具有自己的特点：

第一，指出教育是一个隐效的事业。有些事本身好像不产生任何效益，但它是那些直接产生效益的事业赖以存在和发展的基础。“事或无益而益者须之，无效而效者待之”（《论衡·非韩》），教育便是这样一种事业。“夫道，无成效于人；成效者，须道而成”“儒生，耕战所须待也”（《论衡·非韩》）。正是因为教育的社会效益是间接的，所以往往被一些缺乏远见的政治人物所忽视，视教育事业“为无补而去之”，最后导致国家“患乱”。在这里，王充极其深刻地阐述了教育作为其他事业基础的作用。

第二，指出教育并非总是有效的政治手段。一方面，社会道德是建立在一定物质基础之上的。“让生于有余，争起于不足。谷足食多，礼义之心生，礼丰义重，平安之基立矣。”（《论衡·治期》）这是以前教育家们关于“富、教”问题的传统看法，王充借此警告统治者，不要把国家的安定寄托在老百姓的克勤克俭忍让上，实现开明政治、创造社会财富才是长治久安的根本。另一方面，历史发展有自身的规律可循，国家的兴衰存亡，有其政治经济发展的必然性，教育作为政治手段之一，不可能改变社会发展的方向，“世之治乱，在时不在政；国之安危，在数不在教”（《论衡·治期》）。

王充作为古文经学的代表人物，仍把儒家经典作为学校教育的基本内容，他强调“文人宜遵五经六艺为文”（《论衡·佚文》）。但他反对墨守儒经章句，主张遍览群书，涉猎百家之言。因为百家中有“圣人之言，贤者之语，上自黄帝，下至秦汉，治国肥家之术，刺世讥俗之言，备矣”（《论衡·别通》）。它不仅能“使人通明博见”（《论衡·别通》），而且可以改良当时的政治。

三、王符、徐干重视技艺之学的思想，是对汉代传统经学教育日益空疏没落的反思

在汉代“罢黜百家，表章六经”的影响下，教育流派和教育思想受到了极大的

限制。但是，在极其复杂的社会环境中，王符、徐干等对教育作用的论述却有独到见解，特别是对教育的经济作用都有诸多阐述，这在当时的社会政治环境下是极其不易的。

王符（85—162），字节信，东汉政论家、文学家、思想家、无神论者。王符一生隐居著书，崇俭戒奢，讥评时政得失。因他“不欲彰显其名”，故将所著之书命名为《潜夫论》。

王符运用本末论的观点论述治国之道，为以后魏晋玄学注重本末之争开创了先例。他认为“凡为治之大体，莫善于抑末而务本，莫不善于离本而务末”（《潜夫论·务本》）。这本是儒家的传统思想，王符比较系统地阐发了这一思想，他说：

> 夫为国者，以富民为本，以正学为基。民富乃可教，学正乃得义；民贫则背善，学淫则诈伪；入学则不乱，得义则忠孝。故明君之法，务此二者，以为成太平之基，致休征之祥。

“富”与“教”是治国之道的两大根本原则，前者是物质基础，后者是精神基础，这是大纲，纲中之目又各有本末。例如“夫富民者，以农桑为本，以游业为末；百工者，以致用为本，以巧饰为末；商贾者，以通货为本，以鬻奇为末……教训者，以道义为本，以巧辩为末；辞语者，以信顺为本，以诡丽为末；列士者，以孝悌为本，以交游为末；孝悌者，以致养为本，以华观为末；人臣者，以忠正为本，以媚爱为末”（《潜夫论·务本》）。这些见解，应该说对当时弊政的抨击是有一定针对性的。这也充分体现出王符思想深刻、观点鲜明、文笔犀利，给人一种淋漓畅快的感觉。当时有个叫秦子的人就认为“耕种，生之本也；学问，业之末也”（《潜夫论·释难》）。如果依照孔子“耕也，馁在其中矣；学也，禄在其中矣”（《论语·卫灵公》）的观点，大家都不种地而去求学，那会怎么样呢？王符回答以“君子劳心，小人劳力”（《左传·襄公九年》）。他说：“今以目所见，耕，食之本也；以心原道，即学又耕之本也。”（《潜夫论·释难》）可见，王符是十分推崇以教为本的观点的。

徐干（171—217），字伟长，东汉北海（今山东潍坊）人，“建安七子”之一。少年勤学，潜心典籍。当时的州郡牧守仰慕徐干才名，“踧踖连武欲致之”（《中论·序》），徐干以“轻官忽禄，不耽世荣”（《三国志·魏书·徐干传》）谢绝。建安初年，曹操召授其为司空军谋祭酒掾属，又转五官将文学。徐干本人擅长辞赋，能作诗，其五言诗妙绝当时。其主要著作是《中论》，当时曹丕称赞此书“成一家之言，辞义典雅，足传于后”。

当时，“罢黜百家，独尊儒术”的文教政策，使得儒家经典成为学校教育重要的甚至唯一的内容，不仅官学强调儒家经典的正统性，私学亦是如此。通过学习走向仕途成为学校教育追求的重要目标。值得注意的是，徐干对儒者贱技艺之学的态度很不以为然。

徐干坚持儒家正统观念，在教育的意义、宗旨、内容和方法等方面，均有较为精辟的论述。他特别倡导重视与生产生活密切联系的技艺之学，这无疑给空疏没落的传统教育送来一缕清风。他在《中论·序》中主张：

君子之达也，学无常师，有一业胜己者，便从学焉，必尽其所知，而后释之。志在总众言之所长，统道德之微，耻一物之不知，愧一艺之不克。

从这里，我们就可以明确看出徐干的治学风格。徐干对教育的意义、宗旨、内容、方法都有论述，多是针对时弊而发，且坚持儒家的正统观念。他认为，专门从事技艺的“有司”学艺当然不足为贵，士君子如能兼学技艺则是可贵的，孔子也曾号召弟子“游于艺”，主张艺与德、智三者是相互联系、相互促进的。徐干说：“故圣人因智以造艺，因艺以立事。二者近在乎身，而远在乎物。艺者，所以旌智饰能，统事御群也。”（《中论·艺纪》）他指出技艺不仅是人类智慧的产物，而且还是社会分工的依据。徐干重视技艺之学的思想，是对汉代传统经学教育日益空疏没落的有益反思。但在当时，这种思想的提出与以经学为主的学校教育实践存在着很大的距离，不大可能被统治者所认同。

徐干倡导儒家思想，所以他主张遵循古制，以“六德”“六行”“六艺”来教育学生。“故先王立教官，掌教国子。教以六德，曰智、仁、圣、义、忠、和。教以六行，曰孝、友、睦、姻、任、恤。教以六艺，曰礼、乐、射、御、书、数。三教备而人道毕矣。”（《中论·治学》）“六德”旨在培养人的优秀品质，“六行”旨在培养人的优良行为，而“六艺”旨在培养人的技能、礼仪，这与我们现在所倡导的德、智、体、美全面发展的教育理念有着密切的联系。

徐干注重德行的培养，但同时也强调艺的重要作用，认为德艺不可分。他在《中论·艺纪》中说：“艺者，所以事成德者也；德者，以道率身者也。艺者，德之枝叶也；德者，人之根干也。斯二物者，不偏行，不独立。木无枝叶则不能丰其根干，故谓之瘣；人无艺则不能成其德，故谓之野。若欲为夫君子，必兼之乎。”因此，只有“六德”“六行”“六艺”俱备，才能培养出文质兼备、德艺合一的完美人格。除此之外，徐干认为还应该向学生传授“六籍”的内容，因为“六籍”为群圣相互传习之书。“其人虽亡，其道犹存。今之学者勤心以取之，亦足以到昭明而成博达矣。”（《中论·治学》）“六籍”即“六经”，指《诗》《书》《礼》《易》《乐》《春秋》六部经典，学者如果能够勤心学习，亦可使德性昭明，成为博达君子。可以说，在这里，徐干将儒家的“六籍”视为道德和学问的渊源。

徐干指出技艺是人类智慧的产物，还是社会分工的依据，技艺有利于“旌智”“成德”，这些见解不仅具有积极意义，而且有一定的学术价值。不过，徐干所讲的“艺”还仅仅限于礼、乐、射、御、书、数这“六艺”，他还阐述了“六艺”的功能：“礼以考敬，乐以敦爱，射以平志，御以和心，书以缀事，数以理烦。”并指出“六者虽殊，其致一也。其道则君子专之，其事则有司共之，此艺之大体也。”（《中论·艺纪》）徐干重视智、艺，这是对汉代传统经学教育日趋没落的改良，也反映了当时天下动乱局势下人才观的变化。

第五章

魏晋南北朝的教育经济思想

东汉末年，曹操实际上已经掌握了政权。至220年，汉朝灭亡，魏国建立。但魏国并没有统一中国，而是形成曹魏、蜀汉、东吴三国鼎立的局面。265年，西晋建立，280年，西晋灭掉东吴，中国得到统一。

但在4世纪之初，北方又陷入分裂。317年，晋朝政权迁往江南，史称东晋，而北方则形成十六国，局势动荡。420年东晋灭亡之后，历史进入南北朝时期，南方由刘裕建立的宋代替了东晋，经过齐、梁、陈更迭，史家谓之南朝，至589年亡于隋。北方由北魏局部统一，历经北齐、北周等政权，史家谓之北朝，于581年亡于隋。隋统一南北，重新建立了统一的中央集权的封建王朝。

第一节 魏晋南北朝的文教政策

魏晋南北朝是我国历史上一个重要时期，上承秦汉文明，下启隋唐文化。连年征战使这一时期中国教育的发展受到影响，呈现出文化多元激荡和学术争鸣的局面。尽管如此，魏晋南北朝各代的文教政策，仍然都以崇儒读经为核心。

一、从崇儒到提倡玄儒融合，佛教传入，佛教和玄学步入教育殿堂

东汉政权的垮台，使谶纬神学丧失了维系人心的力量，儒学失去了往日的尊严。曹魏政权在建立初期，重新开始提倡儒学，多次颁布崇儒兴学的文教政策，以维护封建等级制度和皇权至高无上的地位。魏文帝黄初三年（222），下诏册封孔子后人孔羡为宗圣侯，还规定选士依汉之甲乙考课，以通经为录取标准。魏明帝继位后下诏强调："尊儒贵学，王教之本也。"（《三国志·魏书·明帝纪》）西晋时，统治者比较重视和提倡儒学，多次下诏并亲自前去太学释典，以此达到尊崇儒术的目的，使西晋的儒学教育出现了短暂高潮。316 年，洛阳城被攻陷，江淮以北先后由多个民族建立了近 20 个政权，史称十六国。十六国的当权者们，大都热心学习并倡导富有包容特质的汉文化，崇儒兴教，采取了一系列推行汉文化教育的政策和举措。386 年，北魏建立，后分裂为东魏和西魏，又分别被北齐和北周所取代，这一时期称为北朝。北朝历代都崇儒。魏孝文帝时，尊孔活动尤甚。北齐文宣帝曾下令全国各地郡学立孔子庙，并定期举行祭祀。

东晋灭亡后，中国南方先后出现了宋、齐、梁、陈四个政权，史称南朝。为强化皇权和门阀士族的特权，南朝统治者都非常重视儒家礼学，皆有诏令兴学的举动。宋文帝元嘉十九年（442），正式恢复国子学，颁《劝学诏》。"今方隅乂宁，戎夏慕向，广训胄子，实维时务。"（《宋书·文帝纪》）元嘉二十三年（446），宋文帝又亲临国学，策问学生，并给予奖励。齐朝建立后，武帝永明三年（485）也曾下诏立学，创建堂宇，置学生 200 人。不过齐立国 23 年，在此期间曾两次废学。梁武帝比较注意文教事业，于天监七年（508）下诏兴国子学。天监八年（509）诏书要求凡坚持学习、能通一经的，经过策试可量才录用，即使寒门也不见弃，使讲诵经学的

风气盛极一时。陈文帝天嘉元年（560），嘉德殿学士沈不害上书请兴学校，选公卿子弟入学，使助教、博士朝夕讲经，陈文帝很赞成，下诏要求有司根据他的建议施行。这些行为都向世人发出经明行修即可入仕的信号，以激励学子刻苦学习经学。随着中央集权的逐渐加强，南朝振儒教以治国的趋势日渐明确，只因南北对峙、政局混乱，这一进程不时被打断。

玄学是魏晋南北朝时期流行的社会思潮，主要表现是用老、庄之说注释儒经及诸子之书。大多数玄学家比较推崇孔子，注意将孔子和老子及道家的无为与封建伦理观念相结合，提倡玄儒融合，以玄学来改造儒学。但是，玄学在其发展过程中与儒家教育思想是有冲突的。“竹林七贤”中的阮籍、嵇康，以及后来的鲍敬言等人，曾对儒家思想予以猛烈批判。他们提出的“越名教而任自然”（嵇康《释私论》）、否定儒家纲常伦理教育、否定“六经”教育等思想，表达了他们对儒学思想的批判。东晋时期，门阀士族热衷于玄学，儒学遭到门阀士族的冷落，玄风盛行，对儒学产生冲击。

佛教自东汉初年传入中国，至魏晋南北朝获得发展。这一时期也是佛学与玄学的合流时期。北方统治者由于缺乏儒学传统和玄学修养，大乘佛教传入后，其便被当作精神支柱。十六国时期，后赵石虎认为佛是“戎神”，应加以供奉。后秦统治者姚兴大崇佛教，亲自迎请高僧鸠摩罗什入长安译经。北魏拓跋氏政权既兴儒，又崇佛，力图儒佛并用。然而，佛教否定儒家的礼法教育，因此，佛教的兴盛对儒家教育形成了新的挑战。

魏晋南北朝时期，由于社会政治的多元化、汉代经学思想的衰颓、玄学和佛教思想的冲击，教育已不再是儒家的特权，玄学和佛教开始进入教育这一儒家的专属领地。南朝宋文帝元嘉十五年（438），宋文帝在京师兴设四学馆，即儒学馆、文学馆、史学馆和玄学馆。主持儒学馆的是名僧慧远的学生——雷次宗。主持玄学馆的何尚之也是一个举家信佛、家族世代信佛的人，其代表了当时信奉佛教的封建士人。玄学馆培养了一批具有玄学和佛学知识的人，对儒学教育产生了直接冲击。以往在教育领域中儒学独尊的局面已被打破，佛教和玄学步入教育领域的殿堂。

二、南北对峙，政局混乱，思想的大解放使教育发展呈现出新格局

魏晋南北朝是我国历史上的一个重要时期。它上承秦汉文明，下开隋唐文化之

先河，在教育发展上也是如此。虽然社会动荡给教育带来了诸多不利影响，但是由于“大一统”的局面被打破，儒学独尊的地位受到冲击，思想大解放，也使教育的发展呈现出新的格局。在学校教育上，新的学校教育制度出现了，分科教育和专科教育开创了教育史上的新时期。教育内容突破了两汉皓首穷经的旧模式，玄学、佛学、道学、文学、艺术、史学、科技等等都融合进教育中来，大大扩展了教育内容。由于社会的动荡和官学的时兴时废，私学以空前的规模繁荣起来。

与教育相并行的人才选拔措施在这一时期也十分活跃，除曹操的“唯才是举”政策外，中国历史上的三大人才选拔措施，即察举制、九品中正制、科举制，均存在或萌芽于这一时期。“越名教而任自然”的教育主张，反映了我国古代教育思想发展到了一个新阶段。教育的普及和发展，为民族交融做出了巨大贡献，因为民族交融不仅仅受军事和政治的影响，也是文化相互认同的结果，教育无疑是促进民族交融的一个重要手段。

这个时期的学校教育，总的特征和趋向是南朝呈现出多样化，北朝表现为规范化。南朝历宋、齐、梁、陈，前后约170年，北朝从北魏道武帝登国元年（386）到北周静帝大定元年（581），近200年。

南朝宋存续的59年间，注意恢复和发展官学教育。宋武帝有感于战争使学校荒废，曾于永初三年（422）下诏兴学，此事因武帝病故暂搁。文帝继位后，又提倡兴办官学，元嘉十五年（438）征召名儒雷次宗开儒学馆于京郊鸡笼山，聚徒传授儒学，有学生百人。第二年玄学、文学两馆成立，标志着对魏晋以来审美教育社会化的现状从学校教育制度上予以正式承认，从而突破了汉以来学校教育制度的单一化（经学化）模式，开启了学校教育制度多样化的新时代，也是带有东汉鸿都门学性质的学校在新的历史条件下的复兴和发展。

北朝的文教政策是尊奉儒经，兴学崇教。北魏道武帝初定中原，始建都邑，即“以经术为先”。他立太学，置五经博士，学生有千余人。天兴二年（399）春，又“增国子太学生员至三千人”（《北史·儒林传序》），规模相当庞大。天兴三年（400）改太学为中书学。此后，又组织博士儒生撰《众文经》，以之为太学教材。太武帝继位后，仍然推崇儒教，征卢玄、高允等儒者任教太学，并征选全国有才学之士入学，还要求贵族子弟皆入太学。献文帝时对太学博士、助教、学生都有资格规定，选择生员“先尽高门，次及中等”（《北史·高允传》），则反映了贵族阶级享有教育特权。

献文帝时还根据属下建议，诏令开设乡学，对教官和学生的人数都有明文规定。孝文帝时还建“皇子之学”。太和二十年（496），又下令立国子学、太学、四门小学，使北魏官学设置日臻完备。

三、宗教及南北民族交融，给这一时期的教育增添了瑰丽多姿的色彩

魏晋南北朝时期，虽长久处于动荡不安之中，但学校教育制度也在恢复、变化、发展着。官学教育虽处于时兴时废状态，但在学制上却呈多样化，为后世学制开了先河。社会思潮的激荡，学术思想的活跃，儒、道、佛、玄诸说并存，文、书、画、算诸艺竞发，史学、律学交互而生，都给这一时期的教育增添了瑰丽多姿的色彩。儒学作为统治阶级的指导思想和官学系统的主要学习内容，又有效地促进了民族交融。不同地区不同特色的“南学”（简约）和“北学”（繁芜）的分化、对峙及相互影响，也推动了学术的发展及融合，这一切使之成为“继汉开唐”的新时代。其主要有以下两个表现：

一是专科学校的萌芽。南朝在宋文帝元嘉十五年（438）兴建太学，在京师开儒学馆。第二年又命令何尚之立“玄素学”、何承天立“史学”、谢元立“文学”，四个学馆各聚门徒授业，史称“江左风俗，于斯为美”（《南史·宋文帝本纪》），使玄学、史学、文学、儒学四科并立。这些学校存在的时间虽不长，但这种分科的教学制度，却是后世分科大学的开端。齐武帝永明九年（491），廷尉孔稚珪上书要求国学设置律学助教，仿照五经办法，学法律的国子生经过策试，优秀的可提拔为执法的官职。他的建议虽被采纳，但并未实行。按照《唐六典》的记载，梁武帝天监四年（505），正式设置律学专门学校，“初置胄子律博士”。北魏在中央官学中设有律学和算学，这是一个重要的发展。此外，医学也设有太医博士及助教。所有这些，对隋唐专科学校的发展有着直接的影响。

二是汉化教育和郡国学校制度的建立。北朝学校比南朝发达，孝文帝、宣武帝时期是北魏教育最发达的时期。此时学校制度更求完备，除太学、国子学和四门小学并立外，又开皇亲之学。孝文帝仰慕汉文化，厉行汉化。太和十七年（493）由平城（今山西大同）迁都洛阳以后，更是加强汉化措施，如下令禁穿胡服、改用汉语、改汉姓并与汉族通婚。这些措施，促进了教育的发展和教育在民族交融中的积极作用。北魏率先在地方普遍建立郡国学校制度，每郡设乡学 1 所，博士 2 人、助教 2

人、学生60人。并规定博士要博通经典，道德高尚，年40以上者。而学生则要“先尽高门，次及中第”。郡国学校在西汉已有，但郡国学制的建立，则创始于北魏。

四、“九品中正制”的实行，客观上促进了地方私学的发展并使之呈现繁荣局面

东汉后期，以门阀士族为代表的大地主贵族，倚仗权势操纵了地方选举，从而与要求参与政治的中小地主及知识分子产生矛盾。地主阶级内部的这种冲突，使得双方在采取怎样的选官制度上，展开了激烈的斗争，汉以来实行的“乡举里选制”已失去了存在的基础。曹丕代汉前夕即延康元年（220），他听从尚书陈群的建议，“制九品官人之法，群所建也”（《三国志·魏书·陈群传》）。“九品中正制”应运而生。曹丕称帝以后，制定了九品官人法，即“九品中正制”。通过品评，将人分为上上、上中、上下、中上、中中、中下、下上、下中、下下九等，朝廷任命中正官到各地主持人物品评，标准有三：家世、道德、才能，被评为上等的人士，将被推荐到各级政府中去做官。最初实行的“九品中正制”，是“盖以论人才优劣，非为世族高卑”（《宋书·恩幸列传》）。后来，各级中正官由势力雄厚的门阀士族任命或直接担任。在士族们极为注重家世、谱系的情况下，“九品中正制”就把门第出身作为品评的唯一标准，从而形成“上品无寒门，下品无势族”的局面。

“九品中正制”的实行和按门第出身选官的用人现状，客观上促进了私学的发展，连年不断的战争使官学衰颓，大学者、博士难于在太学讲论，转而趋向于豪族的家学，从而使地方私学呈现出繁荣局面。继两汉之后，在私人教育中，儒学仍占有重要地位。名儒聚徒讲学是私学的重要方面，学生人数上数百人或几千人者屡见不鲜。梁武帝天监四年（505）所开的五个学馆，是私学高度发展的典型代表。当时以严植之在潮沟（今江苏南京北）开设的学馆最为有名。他每次讲课，五馆学生都被吸引而来，听众达千余人。

科技教育也是当时私学的重要内容，如教授天文学、算学、医学、药物学等，而且教学方法也有所改进。南朝王微深入研究本草，常带两三门生去采摘草药，并亲自尝试以验证本草之可信，这在当时是一种很好的医学教育形式。

玄学清谈与私人讲学的结合是这一时期的特点。儒学、玄学、佛教、道教相结合，是南朝私人讲学的一大特色。魏晋南北朝时期的文化，起到了继汉开唐的作用，科学技术有了新的成就，文学艺术得到发展。

这时的教育，虽表现为衰颓的状态，但不少人对农民进行自然知识教育，且就教育在社会发展中的作用、教育发展与人才需要相协调等问题进行了探讨，这些思想对隋唐教育的发展有一定的积极意义。

玄学、儒学、佛教和道教在魏晋南北朝时期既互相斗争，又互相吸收，到后期便表现为调和合流的趋势。这里，我们将玄学、儒学、佛教和道教的教育经济思想分节一一论述。

第二节　玄学的教育经济思想

玄学起源于《老子》中的一句话："玄之又玄，众妙之门。"这是中国魏晋时期出现的一种崇尚老庄的思潮。

玄学教育思潮之所以在魏晋南北朝时期盛行，是由于此时古代中国正处于分裂持续时间极长、极为混乱的一个特殊历史阶段，其常常被史学家称为"乱世"。然而，正是这段"乱世"，完成了中国历史上又一次经济大转移、民族大交融、文化大交流和教育大变革，因而是中华民族重大的历史变革时期。

玄学教育思潮经历了魏"正始之音"、"竹林清谈"、东晋至南北朝等几个阶段，形成以老庄思想为骨架、融合儒道学说、以理性清谈和反传统等为基本特征的状态。它的产生，既是当时社会历史条件下的产物，也是中国原有各种教育思潮互相融合、自然发展的结果。

从东汉到魏晋南北朝，庄园经济一直是当时社会的经济基础。与此相一致，在政治上官僚机构逐渐为世袭贵族所垄断，从而形成自东汉延续至魏晋南北朝时期的门阀制度。东汉以后，统治阶级内部矛盾、阶级矛盾、民族矛盾错综交织，复杂激烈。在接连不断的"党锢之祸"打击下，门阀世族对封建统治的前途丧失了信心；黄巾大起义则严重打击了东汉王朝的统治基础——儒家学说。在社会巨大的动荡、分裂、变迁、改组、重建中，政治失控，思想钳制也松弛了，于是被压抑多年的先秦诸学又得以广泛流行，一些外来的、新生的思想流派，因有了适宜的土壤而得到很快发展。同时，门阀世族一方面对封建国家和人生前途悲观失望，对传统信仰持怀疑动摇态度；另一方面，又继续享受着各种经济、政治、文化特权。玄学教育思潮就是在这种背景下产生和发展起来的。

这里所说的玄学，是“三玄”之学的简称。它主要研究《周易》《老子》《庄子》，以道家的观点解说儒学典籍，并借此阐发其本体论思想。所谓玄学教育思想，是指根据玄学的哲学观和方法论，对教育现象进行认识的社会思想。通行的观点认为，魏晋南北朝并没有玄学教育思想，玄学也并没有教育理论。这种传统偏见忽视了玄学社会思潮的多元性，也忽视了玄学教育理论的独特性和丰富性。要从根本上彻底改变人们的这一观点，则应从教育的角度对玄学进行深入、系统的分析研究。

玄学教育思想虽不如其他学派的影响大，但也有其发展过程和代表人物，这里从教育经济的角度，对何晏、王弼、向秀、郭象等代表人物的玄学教育理论进行一些探讨。

何晏、王弼开魏晋玄学之先河，主张“因性自然”的自然主义教育，这种顺应自然、培养各种适应社会发展及人们生产需要的人才的教育观，具有一定的积极意义。

何晏（约190—249），字平叔。三国时期魏国玄学家、大臣。东汉大将军何进之孙。其父早逝，曹操纳其母尹氏为妾，何晏因而被收养，为曹操所宠爱。少年时以才学知名，喜好老庄之学，娶曹操之女金乡公主。魏文帝曹丕在位时未被授官职。魏明帝曹叡认为他虚浮不实，也只授予他冗官之职。正始年间，曹爽秉政，何晏党附曹爽，累官侍中、吏部尚书，封列侯。高平陵之变后与曹爽一起为司马懿所杀，灭三族。何晏的著作大多已经散佚。他曾与郑冲等共撰《论语集解》，与夏侯玄、王弼等倡导玄学，竞事清谈，遂开一时风气，为魏晋玄学的创始者之一。

王弼（226—249），字辅嗣，三国时期魏国经学家、哲学家，魏晋玄学的主要代表人物及创始人之一。王弼“幼而察慧，年十余，好老氏，通辩能言”（《三国志·魏书·王弼传》），曾任尚书郎，其少年有文名，作品主要包括解读《老子》的《老子注》《老子指略》及解读《周易》思想的《周易注》《周易略例》四部。与夏侯玄等同倡玄学清谈，与钟会、何晏等人为友，为人高傲，“颇以所长笑人，故时为士君子所疾”（《三国志·魏书·王弼传》）。正始十年（249）秋天，以疠疾亡，年仅24岁，遗下一妻一女。

魏正始年间，何晏、王弼等人首倡玄音，开魏晋玄学之先河。他们一方面主张以无为为本、有为为末，自然为本、名教为末，反对名教及其教育对人的摧残，要求抛弃名教、崇本息末；一方面又要维护现实的名教礼法制度，调和名教与自然的矛盾与冲突，从而认为名教教育制度的存在是合理的，提出“名教本自然”，主张既要“崇本”又要“举末”。何、王玄学的突出特征是“崇本”。但在对待名教及其教育问题上却持动摇不定的态度，从而使其理论存在难以克服的内在矛盾。在进一步的发展后出现了以阮籍、嵇康为代表的玄学家，他们发挥何、王思想中“崇本息末”的观点，主张彻底抛弃名教，任性自然无为；以向秀为代表的一些人继承了何、王“崇本举末”的观点，认为名教本身就是自然之表现。玄学在其发展的各个阶段，关于教育问题的主张具有共同性：都强调自然无为，重视个体的地位和价值；强调顺应儿童的个性发展，因性自然；主张崇尚理性，得意忘言，也就是说体现了“自然主义”和“人本主义”，这便是玄学教育思潮的两个基本特征。

自然主义教育，倡导的是教育应该遵循个体身心发展的顺序来进行。早期道家将其归纳为四个方面：其一，道法自然，它是自然主义教育的核心。其二，自然成熟论。其三，任自然。其四，教育必须照顾到个体的个性心理差异，反对用统一的标准和模式去规范和约束人。

人本主义就是把人从神的枷锁中解放出来，把个体从社会群体的外在束缚中解放出来，突出个体在教育中的主体和核心地位。魏晋南北朝时期是“人的觉醒”和“人的解放”时代，传统的信仰、功业、学问、地位受到怀疑和批判，认为个体不再为外物所束缚和奴役，不再屈从于群体和外在的社会规范，只有内在的才气、气质、格调、精神及生命、生活本身才是应该竭力去追求和把握的东西。

何晏、王弼从“自然为本，名教为末”“崇本举末”观点出发，主张对个体施以因性自然的自然主义教育。他们之所以主张自然主义教育，首先是出于批判和反对经学教育的目的。自汉武帝独尊儒术、设科射策以来，经学教育成为人们通明经术获取利禄之必由途径，于是通经致用，博取利禄功名、荣华富贵便成为世人接受教育的目的，而个性发展、思维训练、能力培养都不受重视，很多人“结童入学，白首空归”（《后汉书·献帝纪》）。对于经学教育的弊端，王弼多有揭露和批判。他说，经学教育以名誉、利禄、仁义为目的，结果导致“名弥美而诚愈外，利弥重而心愈竞。……名兴行、崇仁义，愈致斯伪”（《老子指略》）。经学教育以传授知识、启智为目的，却“民多智慧则巧伪生，巧伪生则邪事起”（《老子注》第五十七章），而自然主义教育“因物之性，不执平以割物”（《老子注》第四十一章）。人的个性虽本质相同，但其具体表征是有差异的，因此教育也应做到因人而异，不能用均衡统一的标准去规范人、约束人。概括起来说，何、王的自然主义教育，就是要使受教育者做到既无为不施，又因势利导，依据每个受教育者个性自然发展的需要，施以相应的多样化的教育。他们主张通过自然主义教育，把个体培养成为不畏权势、敢于向传统观念挑战、具有丰富多样个性的人。

何、王从自然为本的个体论出发，论述了文化教育制度的起源，批判了文教制度的发展给人类社会带来的不幸和灾难，提出了“绝仁弃义、绝圣弃智”的文化教育观。他们认为，文化教育制度起源于原始社会解体和人类自然状态被破坏。原始社会，混沌未开，万物各任自然，无所谓教育，“天地任自然，无为无造，万物自相治理，故不仁也”（《老子注》第五章）。到了原始社会末期，人类素朴纯真的自然状态被破坏了，社会处在革故鼎新时期，旧的秩序被打破了，就需要有新的秩序来实现由乱而治，维护社会稳定，以达到新的平衡与和谐。于是，就产生了名教礼法制度来建立新的社会秩序，制定伦理纲常来规范人的品德行为。同时，人们在与自然进行斗争的过程中，不断地总结前人的生产生活经验，造作利器来满足日益增长的物质生活需要。人们在混沌中接受了教育、接受了知识，学会了许多狩猎、种植等生存本领。这是教育最初、最原始，对人类的生存与发展最直接的作用。王弼在《周易注》《老子注》中充分叙述了这一过程。“革既变矣，则制器立法以成之焉。变而无制，乱可待也；法制应时，然后乃吉。贤愚有别，尊卑有序，然后乃亨。”（《周易注·鼎卦》）“朴，真也。真散则百行出，殊类生，若器也。圣人因其分散，故为之立官长。以善为师，不善为资，移风易俗，复始归于一也。”（《老子注》第二十八章）在这里，王弼充分发挥了《老子》中“朴散则为器”“失道而后德、失德而后仁、失仁而后义、失义而后礼”的文化教育观，认为文化教育起源于素朴纯真的自然状态被破坏、人类社会的大变革时期，适应了当时社会发展的需要，具有一定的进步性、合理性。认为当原始社会解体时，如果不适应这种变化建立起文教礼法制度来别贤愚、定尊卑、移风易俗，社会就会大乱。然而从本体论上讲，这些文化教育制度都是名教而非自然，但名教出于自然；都是“末用”，而非“本体”。随着社会的进步、人类社会的进一步发展，人们在造作利器来满足日益增长的物质生活需要时，文化教育也相应发展，所以也就出现了儒、墨、名、法、道、杂各家纷争、诸学并起的现象，用以调节人们生产生活中的各种矛盾和问题。

王弼承认各家教育都有自己的特点，具有一定的作用："法者尚乎齐同，而刑以检之；名者尚乎定真，而言以正之；儒者尚乎全爱，而誉以进之；墨者尚乎俭啬，而矫以立之；杂者尚乎众美，而总以行之。"（《老子指略》）但是其弊端却造成社会巧伪生、理恕失、争尚起、乖违作、秽乱兴等不良现象。"夫刑以检物，巧伪必生；名以定物，理恕必失；誉以进物，争尚必起；矫以立物，乖违必作；杂以行物，秽乱必兴。"（《老子指略》）人们执着于名行之状而失其敦朴之质，"敦朴之德不著，而名行之美显尚"（《老子指略》）。王弼认识到了各家教育的不足，特别是近世以来名教教育鼓励人们崇尚智慧、巧利、仁义、名誉，而招致"民多智慧则巧伪生，巧伪生则邪事起"（《老子注》第五十八章），"名弥美而诚愈外，利弥重而心愈竞，……兴名利，崇仁义，愈致斯伪"等弊端。总之，这种教育愈发展，愈使社会与人性远离自然淳朴的真实状态。

何、王的"天地任自然，无为无造，万物自相治理"的自然主义教育理想，其目的在于批判现实名教教育制度给社会和人生带来的种种弊端，反对名教教育制度对人自然本性的压抑与摧残，力图用道家的自然无为来匡正时弊、解救人类，重建封建文化教育体系，应该说他们这种顺应自然、培养各种适应社会发展以及人们生产生活需要的教育观，是有一定积极意义的。

魏晋之际，玄学发生了明显分化，其最有代表性的是阮籍与嵇康的主张"越名教而任自然"，即彻底抛弃文化、返归自然的自然教育。阮籍、嵇康认识到了文化教育是人类社会发展到一定阶段的产物，是一种人为的社会现象，同时它的产生又是一个自然历史过程，在特定时期具有一定的积极作用。他们认识到了文化教育发展过程中伴随而来的种种弊端，以及对个体、社会所产生的消极影响，对这些不良现象的揭露和批判，具有矫正时弊的积极作用。但是，他们的最高教育理想是实现因循自然无为的自然主义教育，因而他们夸大了这些负面现象，认为只有返璞归真、回到原始社会才能使人类摆脱这些灾难和不幸，实现个性的解放和自然、自由、和谐的发展。因此，这种文化教育观，从根本上讲是消极的、倒退的和不可取的。

继阮籍、嵇康之后，玄学教育的发展以向秀、郭象的自然教育观影响较大。向秀、郭象活动于不同时期，但二人的思想旨趣却相似。他们认为，世界的本质即自然。自然观指对自然、社会、人生本质属性及其发展变化规律的总的看法。依据自然人性论，向、郭二人认为教育应该做到这样几点：第一，遵循和顺应个体自然天性的发展程序和规律，而不能压抑个性的发展、破坏其发展程序和规律；教育在人性发展中的作用不是改变或塑造，而是促进和完善，其目的就是人性的实现。第二，由于人的生长是一个自生自化的独化过程，教育应该充分发挥个体的主观能动性，使受教育者成为教育活动的主体。第三，从“自性”及个性心理差异出发，教育应因材施教，使个体“各安其性”“自足其性”“使能方者为方，能圆者为圆，各任其所能，人安其性”（《庄子注·胠箧》），使每个个体的个性，都得到充分自由和谐发展和满足。第四，教育过程就是施教者因性自然、无为无化，而受教育者任性自然、自生独化的过程。这样，向秀、郭象从人性论出发走上了人本主义教育和自然主义教育的玄学教育之路。

总之，玄学以道家的观点解说儒学典籍，并借此阐发其本体论思想，这就从根本上影响和制约了教育经济思想的产生，使得教育经济理论的发展在这一时期几乎到了停滞的地步。

第三节　儒学的教育经济思想

与玄学思潮不同，儒学在魏晋南北朝时期的嬗变，是它针对新时期的时代特点进行自我调整发展的结果。此时，儒学依然是各个政权制定文教政策的理论依据。例如梁武帝信佛甚笃，但在立学诏中还是说“建国君民，立教为首，砥身砺行，由乎经术”（《梁书·儒林列传》）。在教育体制上，儒学内容依然占主导地位，甚至在北魏孝文帝太和年间，中央官学中还创立了庙学制度，并于北齐天保年间推行到地方州郡学。儒学教育此时的特点，便是注重国家教育及儿童教育。注重国家教育是儒学教育的一贯特点，它强调的是政治、道德乃至个人修养等教育与封建国家的利益紧密结合，而在魏晋南北朝时期，儒学注重国家教育有了新的内涵。儿童教育则尤其注重道德修养、文化知识、生活技能等方面的教育。这与这一时期官学时兴时废、教育中心转向私学直接有关。

一、傅玄关于人的个体发展的社会作用、人才治国、按照社会的现实需要培养人才的观点，体现了教育经济学的思想

傅玄的一些教育观点，体现了诸多的教育经济学思想，他认为教育的目的就是培养治国富民的人才，就是要通过教育促进经济的发展、社会的进步，达到治国安邦、强国富民的目的。

傅玄（217—278），字休奕，出身于世族官僚家庭。曹魏时，他由州举为秀才，参与政治活动，官至弘农太守、领典农校尉。西晋建立后，曾任晋武帝司马炎的散骑常侍、驸马都尉等职。

傅玄经历了三国至西晋的历史演变，对世家大族把持政治而造成行政腐败的现实深感不满，积极主张进行政治改革。他认为当时的许多政治弊端中，教育的弊病尤为严重，突出表现在“散官众而学校未设”，“百官子弟不修经艺而务交游，未知莅事而坐享天禄，……徒系名于太学，然不闻先王之风”（《晋书·傅玄传》）。他对儒学日趋衰落的社会现状深为忧虑，因而从维护晋王朝长治久安的根本利益出发，提出了“尊儒尚学”的主张。他认为“尊儒尚学”是“事业之要务”，即关系社会治乱、国家兴衰的根本大计。他说：“贵教之道行，士有仗节成义，死而不顾者矣。”（《傅子·贵教》）就是说如果能重视发展学校教育，便可培养出封建社会有节操而敢于负责的士大夫，从而为封建政权的巩固与统治服务。同时指出“兴国家者，莫贵乎人”，又说“宣德教者，莫明乎学”（《傅子·阙题》）。意思是说，要振兴国家，最重要的是培养人才，培养人才最有效的办法，是办好学校。所以，他极力提倡儒学，发展学校教育。

傅玄对教育理论的贡献，在于他对教育的作用问题进行了比较系统的论述。面对儒家教育的危机，傅玄在继承传统儒家教育思想的同时，根据其对教育本质的认识，从理论上对教育的价值和作用进行了新的探索。

第一，他指出了教育在人的个体发展中的重要价值。傅玄说：“人之性如水焉，置之圆则圆，置之方则方，澄之则淳而清，动之则流而浊。先王知中流之易扰乱，故随而教之。”（《傅子·阙题》）人性如水，置之圆则圆，置之方则方，说明环境对人性的形成有至关重要的影响，即“近朱者赤，近墨者黑”，这就充分肯定了教育对塑造人性的可能性和必要性。教育能提高人的内在修养，这种内在的精神自觉要比

外部修饰更加重要。外部的修饰不能解决根本问题，“人皆知涤其器，而莫知涤其心”（《傅子·阙题》）。其实，“涤心”比“涤器”更重要，因为“心”是万理之统，“天下不正，修之国家；国家不正，修之朝廷；朝廷不正，修之左右；左右不正，修之身；身不正，修之心。所修弥近，而所济弥远”（《傅子·正心》）。只有通过教育，即“修心”，逐渐提升人的内在道德修养，才能使主体具备内在的伦理自觉。人性的塑造是一种知识内化的过程，而不是简单地触及皮毛地诵经，“论经礼者，谓之俗生，说法理者，名为俗吏”（《傅子·阙题》），不能打动人心的诵经活动不是真正的教育活动，因而无益于塑造人性。傅玄意在指明以教育整塑人性的正确途径。也就是说，人的个性发展会随着教育者的不同设计而得以不同的发展。傅玄认为，人不但具有可教性，而且有接受教育的必要性。

第二，他提出教育有化民成俗的作用。傅玄认为，百姓是可以教育的。“虎至猛也，可威而服；鹿至粗也，可教而使；木至劲也，可柔而屈；石至坚也，可消而用。况人含五常之性，有善可因，有恶可改乎！”（《傅子·贵教》）根据人性中向善的因素，对百姓进行正确的引导，就能形成良好的民风。当然，民众教化的前提是富民，只有物质生活得到保障才能兴礼义，“民富则安乡重家，敬上而从教”，“夫家足食，为子则孝，为父则慈，为兄则友，为弟则悌。天下足食，则仁义之教可不令而行也”（《晋书·傅玄传》）。傅玄继承了王充的唯物主义观点，用经济生活来解释社会风俗，因而使他对教育的化世美俗作用不致流于空谈。

第三，他认识到了教育对社会发展有巨大的价值作用。《礼记·大学》中说，通过教育达到正心、修身、齐家、治国、平天下，傅玄继承和发展了儒家这一传统的教育思想。他说：“立德之本，莫尚乎正心。心正而后身正，身正而后左右正，左右正而后朝廷正，朝廷正而后国家正，国家正而后天下正。故天下不正，修之国家；国家不正，修之朝廷；朝廷不正，修之左右；左右不正，修之身；身不正，修之心。所修弥近，而所济弥远。”（《傅子·正心》）他用“左右”和“朝廷”代替了《大学》中的“家”，显然更强调教育的社会价值。

第四，他从社会发展的角度论述了教育发展的物质前提。傅玄以乡闾为例，具体说明了教育在社会发展中的价值作用：“笃乡闾之教，则民存知相恤而亡知相救，存相恤而亡相救，则邻居相恃，怀土而无迁志；邻居相恃，怀土无迁志，则民必安矣。”（《傅子·安民》）“相恤”和“相救”的前提是充满道德同情心。他认为，如果用儒家所倡导的道德伦理内容来进行教育，那么乡间之民即使在生死存亡之际，也能相互体恤、相互帮助，形成巨大的凝聚力，这样就会出现人民安乐、社会稳定、国家统一的局面。他还在《晋鼓吹曲二十二首》中，多次歌颂教育在治国安民中的重要作用。傅玄的社会价值观，在一定程度上认识到教育在社会精神文明中的巨大价值，以及对社会发展的重大促进作用，有其合理的内核。其实，傅玄对教育社会价值的认识，并不限于教育对社会发展的单向作用，他还从社会发展的角度讨论了教育发展的物质前提。“民富则安乡重家，敬上而从教；贫则危乡轻家，相聚而犯上，饥寒切身而不行非者，寡矣。”（《傅子·通志》）傅玄能认识到这一点，是难能可贵的。

傅玄对于教育理论的贡献，不仅在于他对教育的作用问题进行了比较系统的论述，更重要的是他对教育的经济作用做了深刻的阐释。他围绕着举贤育才这一思想，提出了人才是治国的首要问题的朴素观点。傅玄十分重视人才在社会发展中的重要作用。他说：“治国家者，先择佐，然后定民。”（《傅子·授职》）傅玄提出人才是治国的首要条件，他认为“黄金累千，不如一贤”，充分反映出傅玄人才观的价值倾向。在他看来，所谓“贤者，圣人所与共治天下者也。故先王以举贤为急，举贤之本，莫大正身而一其听。身不正听不一，则贤者不至，虽至不为之用矣。”（《傅子·举贤》）贤才是和统治者共同治理国家的得力辅助，因此，先王把举用贤才作为当务之急。举用贤才的根本点，是统治者不但要自己做到身正，而且要充分信任贤才。否则，贤才就不会来，即使来也不会被王者所信任并任用。

魏晋之前，管仲曾按照社会作用的不同，把人才分为士、农、工、商四类，这是中国古代最早的人才分类思想。在魏晋之际，人们普遍认识到了人才的重要性，对人才的研究也引起了思想家们的普遍关注。略早于傅玄的刘劭就探讨了人才问题，并按照人才的不同特征，把其分为六类十二种。傅玄继承和发展了前人的思想，提出了才分九类的理论：一是有德行者，这类人可用来作为政权的根基；二是治理之才，可以让他们来推究事物变化的规律；三是政务之才，可以让他们从事政治体制的运作；四是学问之才，可以让他们搞学术研究；五是用兵之才，可以用以统帅军队；六是理农之才，可以让他们指导农民耕作；七是工匠之才，用以制作器具；八是经商之才，可以用他们来振兴国家经济；九是辩才，可以发挥他们讽谏和议政的长处。傅玄的这一人才分类思想，同样也体现了教育经济学思想的重要观点，即教育的社会作用和经济功能。例如：在九品之才中，“德才”“理才”“政才”“学才”是国家的管理人才，“武才”是国家的安全力量，“辩才”则担任国家谏议、宣传等方面的工作，教育的社会作用最终通过这些人得以体现；而“农才”“工才”“商才”则是国家财富的支柱，教育的经济功能因他们而得以实现。对这个问题，傅玄在《傅子·授职》中以裁衣、筑屋为例，详细阐述了应该怎样按照社会需要和个人能力去用才。可见，傅玄对人才层次、类别的划分是以当时社会发展的多方面需求为依据的。

如何按照社会的现实需求来培养人才，这是一个重要的现实问题。为此，他提出了关于人才教育规划的理论。傅玄继承前人关于人才分类和使用的理论，提出了一个理想的社会结构。以这个理想来对照当时的现实，他发现时下“散官众而学校未设，游手多而亲农者少，工器不尽其宜”（《鹑觚集·陈时务疏》）。现实与理想的强烈反差，使傅玄想时代之所想、急王政之所急，提出对国家人才教育事业进行量化规划的要求。他说：“臣以为亟定其制，通计天下若干人为士，足以副在官之吏；若干人为农，三年足有一年之储；若干人为工，足其器用；若干人为商贾，足以通货而已。”（《鹑觚集·陈时务疏》）就是说，如果要使社会和谐、稳定、富足地向前发展，就应该在全国范围内，普查总共需要多少人做官、多少人务农、多少人为工、多少人经商，并迅速确定社会对士、农、工、商的需求比例。也就是说，他主张按照经济社会发展的需要，制订出教育过程中关于人才培养的计划，使教育与经济社会发展相协调。他认为：“为政之要，计人而置官，分人而授事，士农工商之分，不可斯须废也。若未能精其防制，计天下文武之官足为副贰者使学，其余皆归之于农。”（《鹑觚集·陈时务疏》）根据社会人才需要，规划各行各业的就业人数及其相应的比例，使教育根据社会需要有计划、按比例发展，这也是教育经济学理论的重要内容之一。

傅玄还提出了根据就业需要进行人才教育事业的量化规划。如国家需要多少官吏，便相应地招收多少学生接受教育，这样不但可以使封建国家人才的培养与使用的供需得以平衡，杜绝教育投资的浪费，而且可以使封建国家官吏的基本素质有根本的保障，从而避免滥竽充数的现象。傅玄说：“圣人具体备物，取人不以一揆也。有以神取之者，有以言取之者，有以事取之者。”（《鹑觚集·赠扶风马钧序》）也就是说，用人就要考虑到人才本身的特点，因才取用。有的因善言见用，有的因善政见用。因此，人才的教育也应分门别类予以培养。傅玄指出，如果能做到“贵其业者，不妄教非其人也。重其选者，不妄用非其人也。若此，而学校之纲举矣”（《鹑觚集·赠扶风马钧序》）。他在这里把教育纳入社会发展规划之中，并且制订国家人才教育事业的具体规划，使人才的培养与社会的需求挂钩，取得供需平衡，这不但使教育事业紧密地与经济社会的发展相联系，而且也部分地保证了教育事业的稳定、顺利发展，增添了教育事业发展的活力。

人才教育的理论虽然不是傅玄教育思想的核心，但却是他教育思想的一大特色，这在中国教育史上也是首次提出。傅玄的人才教育理论不仅是对魏晋人才思想的深化，而且是对人才教育和使用问题认识的历史性进步。然而，傅玄是封建政权的忠实卫道士，他的忧患意识是出于维护地主阶级政权长治久安的目的，这是他教育思想存在阶级局限、时代局限和理论局限的根本原因。

二、刘昼提出的教育对人的个体发展及在经济社会发展中的价值的观点，充分体现了教育在社会生活中的重大意义

这一时期，刘昼继傅玄之后，对教育经济理论又做了比较深入的探讨，使教育的经济社会作用思想又有了新的发展。

刘昼（约514—约565），字孔昭，少年时孤贫，但勤奋好学，师从北魏著名儒学家徐遵明，学习《三礼》《春秋服氏注》等儒学经典。乡里缺少书籍，他便由家乡来到京都邺（今河北省临漳县）。时邺令宋世良有藏书五千卷，刘昼请求教导其子，做起了家庭教师。借此机会，阅读了大量文献。48岁才被举为秀才，仕途不得志。天统年间，卒于家。《北齐书》和《北史》有传，《北齐书·儒林传》和《广弘明集》也有记载。他先后写下了《六合赋》《高才不遇传》等，但大多亡佚，保留下来的主要是《刘子》十卷五十五篇。

刘昼是一位正直不俗的儒学家，他充分肯定人的可教育性和教育的必要性，然后从教育对人和社会的作用两个方面，阐述了教育的价值。关于教育的本质问题、教育对人的个体发展和教育对经济社会的影响，都是其重要的教育经济学观点。

一是教育对人的个体发展有着巨大的影响。“人之禀气，必有性情。性之所感者，情也；情之所安者，欲也。情出于性，而情违性；欲由于情，而欲害情。”（《刘子·防欲》）刘昼认为，人禀气而生，“性情”因人禀气而随之存在，是先天性的东

西。所谓“情”，是指“性”能够感受到外物的生理需要；所谓“欲”，是指“情”接触外物后对外物的安适欲求。“情”出于“性”，但会违背本性；“欲”出于“情”，但会危害感情。“情”“欲”对“性”而言，都是人先天拥有的对客观事物感受的选择倾向，为人的可教性提供了理论依据。他说：“贤不贤，性也；遇不遇，命也。性见于人，故贤愚可定”（《刘子·遇不遇》）。就是说，从道德、智能方面看，人有贤与不贤、愚与不愚的先天性。他说：“命者，生之本也；相者，助命而成者也。……有命必有相，有相必有命；同禀于天，相须而成也。人之命相，贤愚贵贱，修短吉凶，制气结胎受生之时。”（《刘子·命相》）他从天命与血统的角度，指出人类具有先天的贤愚贵贱、修短吉凶之性。他从社会道德的层次，提出人具有美妒、善恶的两重性。他说：“扬善生于性美，宣恶出于情妒。性美以成行德为恒，情妒以伤人为务。”（《刘子·伤谗》）他进而认为“士有忠义之情，怀真直之操，不移之质。”（《刘子·大质》）他把“性情”视为人性的内容。由此可见，刘昼着重从血统、天命、道德、智能和感情等方面，对人的本质从多侧面进行深入探讨，把人的生理、心理感受与选择性作为人的重要本质内容。他说：“利害者，得失之本也；得失者，成败之源也。故就利而避害，爱得而憎失，物之恒情也。人皆知就利而避害……皆识爱得而憎失……”（《刘子·利害》）他提出趋利避害、爱得憎失是人之“恒情”。傅玄曾说，“人之性避害从利”，刘昼则用“恒情”来代替傅玄所说的“性”，这是对傅玄认识的深化。

刘昼继承并发挥了老子的道家思想，发表了关于教育本质的看法。他说：“至道无言，非立言无以明其理；大象无形，非立形无以测其奥。道象之妙，非言不津；津言之妙，非学不传。未有不因学而鉴道，不假学而光身者也。……人之不学，则才智腐于心胸。……情性未练，则神明不发。”（《刘子·崇学》）他认为，“至道”虽然静默无声，但是必须借助语言阐明其中的道理；“大象”虽然无形无影，但是必须借助图示来推测其中的奥秘。道象之妙，必得借助语言才能交流；津言之妙，不借助学习就不能传播。没有不凭借学习而明察“至道”的，也没有不假借学习而修养其身心的。不借助学习，潜能会在胸中腐烂；不修炼性情，智慧就不能激发。因此，人必须通过务学炼性，达到激发才能、智慧而明“至道”之理的目的。从学习的角度看，“道象之妙，非言不津；津言之妙，非学不传”，在刘昼看来，教育的本质就是一个通过学习而“明性”“鉴道”的过程。

二是教育对社会风气有着重要的影响。刘昼十分重视教育在社会发展中的重要价值。他说："刑罚者，民之寒暑也；教令者，民之风雨也。刑罚不时则民伤；教令不节则民弊。"（《刘子·爱民》）刘昼沿用传统的"天降下民，作之君，作之师"的"天命说"，讨论了教育的社会价值作用。他认为，君王教化民心，必须以政务、教务为中心。刑罚好比寒暑，如果运用不得当，就会伤害民众；教育好比风雨，如果实施失控，就会败坏民俗。他说："草之戴风，风鹜东则东靡，风鹜西则西靡，是随风之东西也。水之在器，器方则水方，器圆则水圆，是随器之方圆也。下之事上，从其所行，犹影之随形、音之应声，言不虚也。上所好物，下必有甚。"（《刘子·从化》）刘昼指出，统治者给民众施以特定的教育，民众便会有特定的转化。教育是怎么"染化"社会风气的呢？刘昼采用辨明析理的方法，做了深入论证。在《刘子·风俗》篇中，他首先分别对"风""俗"进行了地理的、教育的解释，进而指出，风俗有淳厚、浇薄之区别。明智的君王应当努力通过教化，使旧的风俗变得雅正，并因此形成新的风俗。他说："先王伤风俗之不善，故立礼教以革其弊，制雅乐以和其性，风移俗易，而天下正矣！"（《刘子·风俗》）

三是教育在促进经济社会发展中有重大作用。关于教育的本质问题、教育对人的个体发展和教育对经济社会的影响作用，都是教育经济学的重要观点，更为可贵的是，刘昼结合自己所处的时代背景，还提出重视教育在促进经济社会发展中作用的思想。刘昼非常重视农耕、农桑教育，在《刘子》一书中，专门有《贵农》一篇，阐述了教育的价值。

刘昼所处的时代正好是北魏统治日益衰退时期，这时的南北，战争很少，是一个社会相对安定的时期。梁武帝在位48年，鉴于宋、齐的统治时间都不长的主要原因是皇族内部争夺皇权，士族、庶族之间互相倾轧，一再削弱统治权，所以梁武帝即位后，为了使自己的统治能够稳定，使他的子孙能稳保江山，就采取了对皇族、官僚、地主在生活上优容，在政治上严加提防的方针。他给予皇室诸王以崇高的政治地位，但却又留意他们的政治动向，对于他们残酷地剥削人民则不闻不问。如他的弟弟临川王萧宏有30多间库房，存钱3亿余，还有六七十间库房"贮布、绢、丝、绵、漆、蜜、纻、蜡、朱砂、黄屑、杂货，但见满库，不知多少"（《南史·梁宗室列传》）。梁武帝来查看以后，知道他只好搜刮，并无政治野心，还赞扬了他。梁武帝极力拉拢并重用士族地主。这时士族地主已没落，梁武帝在各州、郡、县置州望、郡宗、乡豪各一人，专门访查士族后裔，举荐他们出来当官。官僚们只要无政治野心，即使贪污严重，梁武帝亦不过问。为了麻痹广大人民，他还极力提倡儒学和佛教，以粉饰太平。就是在这样的统治之下，“民尽流离，邑皆荒毁。由是劫抄蜂起，盗窃群行，陵公犯私，经年累月。抵父者比室，陷辟者接门。眚灾亟降，囹圄随满”（何之元《梁典总论》）。阶级矛盾日益尖锐，终于在梁武帝太清元年（547）发生了侯景之乱。侯景纵兵焚烧抢劫，建康化为焦土，江南一带也成为废墟，加之庄园经济和寺院经济的发展以及对劳动人民的剥削，广大劳动人民衣食困难，生活艰苦。

刘昼从社会已经处于“一人耕而百人食之”（《刘子·贵农》）的现实状况出发，急切地呼吁要重视农业发展。“衣食者，民之本也；民者，国之本也。民恃衣食，犹鱼之须水；国之恃民，如人之倚足。”（《刘子·贵农》）他说：“是以先王敬授民时，劝课农耕，省游食之人，减徭役之费，则仓廪充实，颂声作矣。虽有戎马之兴、水旱之沴，国未尝有忧，民终无害也。”（《刘子·贵农》）刘昼认为，通过广泛宣传种植季节知识和开展农桑技术教育，可以减少不劳而食之人，减轻役税，达到经济发展、社会安定的效果。刘昼通过自身经历，结合南北朝时期的社会特点，对教育的经济社会作用做了阐述，足见教育经济作用在现实生活中的重大意义。

三、颜之推重视农业生产知识的教育思想，在中国教育史上有一定的积极意义

南北朝时期还有一位著名的思想家、教育家颜之推。颜之推出身于士族家庭，家学具有儒家世代相承的传统。他早年就得到家传儒学的熏陶，这奠定了他一生的学术思想基础。所著《颜氏家训》是我国封建社会完整的家庭教育理论著作，其教育思想十分丰富，在我国教育史上有着极其重要的地位。其教育经济思想主要体现在重视农业生产知识的教育，倡导士大夫也要“知稼穑之艰难”，了解农业生产常识，这对教育经济史的发展有积极意义。

颜之推（531—约595），字介，他自幼承袭家学，12岁时听讲老庄之学，因“虚谈非其所好，还习《礼》《传》，博览群书”（《北齐书·颜之推列传》）。生活上“好饮酒，多任纵，不修边幅”（《北齐书·颜之推列传》）。他为文辞情并茂，得梁湘东王赏识，19岁就被其任为左常侍。梁亡后仕官于北齐，历20年，官至黄门侍郎。577年，北齐为北周所灭，他被征为御史上士。581年，隋代北周，他又于隋文帝开

皇年间被召为学士，不久以疾终。依他自叙，“予一生而三化，备荼苦而蓼辛”（《北齐书·颜之推列传》），叹息“三为亡国之人”。传世著作有《颜氏家训》《还冤志》《集灵记》等。《颜氏家训》共二十篇，是颜之推为了用儒家思想教育子孙、以保持自己家庭的传统与地位而写出的一部系统完整的家庭教育教科书。这是他一生关于士大夫立身、治家、处事、为学的经验总结，在封建家庭教育发展史上有重要的影响。后世称此书为“家教规范”。

颜之推的教育经济思想主要体现在他关于“艺”的教育方面。颜之推认为，“艺”的教育，主要是谈儒家的“五经”，首先“教人诚孝、慎言、检迹、立身、扬名”（《颜氏家训·序致》）之道。就是说，“五经”可以培养人们的诚、孝等一系列高尚的道德品质。为了培养“行道以利世”的实用人才，颜之推提倡“实学”的教育内容。他认为培养出来的人才必须“德艺同厚”。所谓“德”，即恢复儒家的传统道德教育，加强孝悌仁义的教育。所谓“艺”，即恢复儒家的经学教育并兼及“百家之书”，以及社会实际生活所需要的各种知识和技艺。

关于“艺”的教育，当然是以“五经”为主。他认为学习“五经”，主要是学习其中立身处世的道理，“夫圣贤之书，教人诚孝，慎言检迹、立身扬名，亦已备矣”（《颜氏家训·序致》）。但读书不能只限于“五经”，还应博览群书，通“百家之言”。此外，他还重视学习“杂艺”。他认为在社会动荡的非常时期，学习“杂艺”可以使人在战乱时“无人庇荫”的情况下“得以自资”，保全个体的生存和士族的政治、经济地位。颜之推倡导的“杂艺”内容相当广泛，主要包括文章、书法、弹琴、博弈、绘画、算术、卜筮、医学、习射、投壶等，这些技艺在生活中有实用意义，也有个人保健、娱乐的价值。

他认为这些“杂艺”，在社会生活中有实用意义，对于个人而言，是其文化修养的反映，而且还有娱乐和保健作用，应该学习。但这些“杂艺”，“可以兼明，不可以专业”，因为对于统治阶级来说，学某一种“杂艺”只是为了治人和个人闲暇享受之用，而不是为了供人役使；如果专精某一种“杂艺”而达到高超程度，一旦成名，不仅有劳身、智，而且易为更高一层的统治者所役使、所羞辱。颜之推的这一思想反映了当时士族地主阶级对技艺的歧视。

颜之推关于教育经济思想的观点，我们在这里要做一些强调。我国封建社会历来轻视农业生产知识的教育，颜之推是从自己艰难曲折的生活中体会到农业生产的重要性，因而提出了重视农业生产知识教育的问题。他说："古人欲知稼穑之艰难，斯盖贵谷务本之道也。夫食为民天，民非食不生矣。三日不粒，父子不能相存。耕种之，茠钽之，刈获之，载积之，打拂之，簸扬之，凡几涉手而入仓廪，安可轻农事而贵末业哉！"（《颜氏家训·涉务》）他还批评当时的统治阶级不重视农业生产知识教育，以致士大夫们"未尝目观起一拨土，耘一株苗，不知几月当下，几月当收"（《颜氏家训·涉务》）。颜之推针对当时不重视农业生产知识教育的实际情况，提出重视农业生产知识教育的观点，这在中国教育史上是有一定积极意义的。不过，这种重视农业生产知识教育的观点，还有很大的阶级局限性，因为他所要求的，只限于士大夫"知稼穑之艰难"，了解农业生产的一些常识而已，以便其成为统治者后，善于使民和管理农业生产，而并非要求士大夫们亲身参加农业生产劳动。

第四节 道教的教育经济思想及对世界科学的贡献

魏晋南北朝时期，除了玄学、儒家教育思想之外，还有不可忽视的宗教教育思想，它们由道教教育思想和佛教教育思想组成。由于受到传统观念的影响，长期以来我们对这个问题缺乏应有的重视。

一、《太平经》及其囊括自然科学、社会科学和神学知识教育内容的教育经济思想

道教是中国本土宗教，以"道"为最高信仰，是一个崇拜诸多神明的多神教的原生宗教形式，其主要宗旨是追求长生不老、得道成仙、济世救人。其在古代中国传统文化中占有重要地位，在现代世界也得以发展。道家虽然从战国时代即为诸子百家之一，但直到汉朝后期才有教团产生。益州（今四川）的天师道奉老子为太上老君，至南北朝时，道教的宗教形式才逐渐完善。

《太平经》，又名《太平清领书》。《后汉书·襄楷列传》称汉顺帝时，琅琊人宫崇诣阙，献其师于吉所得神书，号曰《太平清领书》。此"神书"即《太平经》，系东汉末年黄老道重要经典，因其对魏晋影响较大，故在此进行探析。原书分甲乙丙丁戊己庚辛壬癸 10 部，每部 17 卷，共 170 卷。今道藏本仅残存 57 卷，另有唐人闾丘方远节录的《太平经钞》10 卷、敦煌遗书《太平经目录》一卷。《太平经》是黄

老道的主要经典，该书作者今已不可考。

《太平经》吸收各家思想优点，十分重视教育的作用，重视自然科学，主张学习一切有用的知识经验，它把自然科学、社会科学以及宗教神学的知识智慧作为自己的教育内容，是人类认识的一大进步。《太平经》作为黄老道的著作，是以老子等黄老列庄的道家思想为核心，但是它成书于东汉中晚期，所以书中的思想也受到当时汉代谶纬神学的影响。《太平经》是道家从老庄思想演化为宗教的重要文献，主要是把阴阳五行与老庄相结合，同时又披上了神话的外衣。《太平经》的思想基本上保持了老子的观点。在对万物的认识方面，继承先秦两汉道家元气论的哲学思想，认为世界的本原是“元气”，事物都是由“元气”变化生成的，同时还提出“太阳、太阴、中和”“三合相通”的观点。在政治和社会道德方面，政治上主张平均财富，修持上主张反本，将儒家思想与道家思想相结合，在社会道德上提倡“忠孝”。同时，它还进一步提出“天人合一”的唯心主义观点。《太平经》内容驳杂，涉及天地、阴阳、五行、干支、灾异、神仙等，对黄老道思想的发展有深远的影响，在道教史上有着极其重要的地位。

“致太平”是《太平经》全书的宗旨和基本线索，它包括两大部分的内容：一是阴阳和顺，万物丰盛，百姓平安；二是天下极大和平，极大平均，极大公正无私。实现这种理想王国必须靠圣君明师进行教育，使人奉天地、顺五行、调理阴阳、崇尚道德。《太平经》认为，“道”是在天地之上，是生成天地万物的总根源，“元气行道，以生万物，天地大小，无不由道而生者也”（《太平经合校·守一明法》）。它认为，道是天地万物运行的规律，一切按照规律运行，天地阴阳才能调和，万物才能相生相传。“凡事无大无小，皆守道而行，故无凶。”（《太平经合校·安乐王者法》）否则，“今日失道，即致大乱”（《太平经合校·安乐王者法》）。这个“道”也可以说是社会要按照规律运行，也可以说元气必须按照“道”这个规律运行，这样才能天下太平。那么，人们如何得“道”呢?《太平经》回答是要靠教育，靠学习：“受教于师，乃闻天下要道。”（《太平经合校·安乐王者法》）“不学其道，若处暗室而迷方也。”（《太平经合校·太平经佚文》），要求通过教育使人们“学道”“传道”，不断地认识世界。

《太平经》继承了《学记》关于“建国君民，教学为先”的思想，认为国家要大治，需要得到大贤人的辅佐。大贤人何来？需要得到明师的教育培养；帝王要明智，也要教师悉心教育指导；国家法令的贯通执行，也需要教育的弘扬和宣化，故教育关系到国家安危治乱、兴衰存亡这个根本问题："治国欲乐安之，不得大贤事之，何从得一旦而理乎？"（《太平经合校·冤流灾求奇方诀》）"故金城九重，不如事一大贤也。是故古者圣贤皆事明师，以解忧患也。故圣贤悉有师法也"（《太平经合校》卷九十）。

《太平经》把人分为九等，即无形委气之神人、大神人、真人、仙人、道人、圣人、贤人、凡民、奴婢。认为通过教育、学习，可以改变人的地位和人格。"奴婢贤者得为善人；善人好学得成贤人；贤人好学不止，次圣人；圣人学不止，知天道门户，入道不止，成不死之事，更仙；仙不止入真，成真不止入神，神不止乃与皇天同形。"（《太平经合校》卷五十六至六十四）《太平经》继承了儒家的"人皆可以为尧舜"（《孟子·告子下》）的思想，认为所有人，包括奴婢在内，只要肯勤奋学习，都可以变成贤人君子，都可以得道，都可以改变自己的政治身份和经济地位。"古始学道之时，神游守柔以自全，积德不止道致仙"（《太平经合校》卷九十四至九十五），"夫人愚学而成贤，贤学不止成圣，圣学不止成道，道学不止成仙，仙学不止成真，真学不止成神，皆积学不止所致也"（《太平经合校·贤不肖自知法》）。

《太平经》在教育内容上主张学习前人和今人一切有用的知识和经验，吸取人类的一切智慧和文明成果，不像儒家只以"六经"作为教材，也不像法家主张"以法为教"。在教学原则和方法上则多吸收儒家和墨家的思想并有所发展，主张力学、力问、力思、力行，努力不懈，积累有恒；主张"因性立教"，教学要高标准，采用启发式，等等，摒弃道家"绝对无忧"等排斥教育和学习的错误主张。《太平经》认为，儒家和其他各家的著作学说不全面，都有片面性，只有《太平经》才是博采众家之长、完美无缺的，"其为道乃拘校天地开辟以来，天文、地文、人文、神文，皆撰简得其善者，以为洞极之经，帝王案用之，使众贤共乃力行之，四海四境之内，灾害都扫地除去"（《太平经合校·件古文名书诀》）。主张教学内容应是自古以来关于天文、地文、人文、神文诸方面经过考核证明是正确的、优秀的知识，也即关于自然科学、社会科学和宗教神学的知识。它还特别重视历史知识的学习，"所以明古，复以知今也；所以知今，反复更明古也"（《太平经合校·天文记诀》）。就是说，了解历史，了解前人的经验，是为了更好地帮助我们认识当今现实。

《太平经》吸收了儒、道、墨的思想，但又有所扬弃。它高度重视教育的作用，努力提高教育和教师的地位，提倡尊师重道；重视自然科学，主张学习一切有用的知识和经验。在当时“尊儒崇法”的背景下，能够总结吸取前人的知识和经验，兼容并蓄，把人类关于自然科学、社会科学以及宗教神学的知识和智慧，当作自己的教育内容，这是一大进步，也是对道家道教教育思想的发展，对汉代教育思想史做出了重要贡献。

二、葛洪兼采各家之言，建立了一个具有丰富思想内涵的道教教育理论体系

道教真正作为一种社会思潮去影响社会，是在魏晋南北朝时期。这一时期，民间道教经过多次改造、革新，逐步发展成为以仙道为中心的、较为成熟的官方化的新道教。葛洪、寇谦之、陆修静、陶弘景等人，对新道教的形成做出了杰出贡献。革新后的道教以重视经典和神仙养生之术为教义主旨。葛洪的《抱朴子》一书，对以往的神仙信仰和各种方术做了系统整理和理论阐述，对道教从原始民间宗教转变为成熟宗教具有重要的理论与实践双重价值。

葛洪（283—363），字稚川，自号抱朴子，出生于江东没落的世族家庭。他自叙“年十有三，而慈父见背，夙失庭训，饥寒困瘁，躬执耕穑，承星履草，密勿畴袭”（《抱朴子·自序》）。在这种情况下，他坚持求学不辍，“躬自伐薪以贸纸笔，夜辄写书诵习，遂以儒学知名”（《晋书·葛洪传》），表现出积极入世的生活姿态。社会的动荡、家世的没落、仕途的坎坷，使葛洪逐渐感到现实生活充满忧患，没有值得留恋之处，因而将人生的希望寄托在缥缈的长生不老上，萌发了出世的念头。葛洪最后成为一位道教教育家、医学家，有着家学和姻亲等多种原因。他的从祖父是位道士，并把炼丹之术传给弟子郑隐，郑隐又传给葛洪。后来另一位道士鲍玄“见洪深重之，以女妻洪，洪传玄业，兼综练医术”（《晋书·葛洪传》）。葛洪晚年携带子侄留住今广东惠州罗浮山，“在山积年，优游闲养，著述不辍”（《晋书·葛洪传》）。葛洪著作丰富，代表作是《抱朴子》。该书分内篇 20 卷、外篇 50 卷，“其内篇言神仙、方药、鬼怪、变化、养生、延年、禳邪、却祸之事，属道家。其外篇言人间得失、世事臧否，属儒家”（《抱朴子·自序》）。其实，葛洪是一位世俗性很强的道教学者。他兼采道、儒、墨、名、法各家之言，建立了一个神仙道教理论体系，具有丰富的道教教育思想。葛洪的教育思想，主要包括以下几个方面。

第一，关于人的本质和教育的本质问题，这是教育理论家必须探讨的重要问题。他指出："夫人在气中，气在人中，自天地至于万物，无不须气以生者也"。（《抱朴子·至理》）他认为，人的本质是客观存在的，是由物质所构成的，这种观点是东汉王充"天地合气，万物自生"一说的发展。人的天性大致相近，但是在后天发展上却迥然不同，如道德、智力、性格、嗜好等，存在着较大的差异。他以宗教家特有的口吻说："夫圆首含气，孰不乐生而畏死哉？然荣华势利诱其意，素颜玉肤惑其目，清商流徵乱其耳，爱恶利害搅其神，功名声誉束其体，此皆不召而自来，不学而已成。"（《抱朴子·至理》）人在后天发展上的差异，是各种社会诱因所致。关于教育的本质意义，他继承并发展了魏晋时期教育家的观点，从学习的角度进行了探讨。他说："夫学者，所以清澄性理，簸扬埃秽，雕锻矿璞，砻炼屯钝，启导聪明，饰染质素，察往知来，博涉劝戒。"（《抱朴子·勖学》）他把学习的本质理解为清除后天的各种"污染"，对先天素质进行培养的过程。他不仅指出了人的本质是"质素"的，而且进一步指出了教育的本质是"清澄性理""饰染质素"的社会实践过程。

第二，论仙学的教育价值、目的及过程。葛洪认为，教育是求道、修道的过程，其价值作用是不可低估的。他列举孔丘循循善诱，"染以德教"（《抱朴子·勖学》），把天性顽劣、横蛮的子路、子张塑造成七十二贤中的佼佼者的故事，说明教育对人的作用是巨大的。葛洪进一步论证说："百兽可教之以战陈，畜牲可习之以进退……又况乎含五常而禀最灵者哉！低仰之驷，教之功也；鸷击之禽，习之驯也。"（《抱朴子·勖学》）动物是可以驯化的，作为高级动物"万物之灵"的人类，更是可以通过接受教育发生根本的改变。当然，由于先天性的差异，教育在人的个体发展中体现的价值也各不相同。"夫陶冶造化，莫灵于人。故达其浅者，则能役用万物；得其深者，则能长生久视。"（《抱朴子·对俗》）他从学习的角度提出，成仙的途径可以借助于求学，正如"仙之可学致，如黍稷之可播种得，甚炳然耳"（《抱朴子·勤求》），但他并不认为人人都可以通过学习而成仙，还受到个人先天素质的局限。他认为，如具备先天素质，加之接受明师的教育，并获得正确的方法，便可以得道成仙。反之，则会很困难。

由此，葛洪论述了教育在社会发展中的价值。他指出："夫受绳墨者，无枉刳之木；染道训者，无邪僻之人。饰治之术，莫良乎学。"（《抱朴子·崇教》）他在这里提出，“饰治”最好的途径就是学习。可见他是由学而论教，又进而论述教育在社会发展中的重要价值。在讨论了教育的多种价值之后，葛洪确立了自己的教育目的，就是培养既能“佐时治国”，又能“长生成仙”的“为道者”。他说：“内宝养生之道，外则和光于世，治身而身长修，治国而国太平。以六经训俗士，以方术授知音。……自持才力，不能并成，则弃置人间，专修道德者，亦其次也。”（《抱朴子·释滞》）“为道者”具备了良好的素质，入世可以安邦治国，出世可以得道成仙。葛洪认为，培养“为道者”是一个长期乃至终身的过程。由于人的先天素质存在差别，应允许个人成为“为道者”在时间上存在差异性，同时提出了根据儿童的生理、心理发展特点进行教育，以及重视“早教”的必要性。

第三，理想的道教教育主张。由于对世俗教育不满，葛洪提出了自己的道教教育理想。他的道教教育目的，就是培养佐时治国和长生成仙兼修的“为道者”。“道”便是葛洪理想的教育内容，围绕这一道教教育内容，葛洪提出了一系列道教教育与修炼方法。

一是立志勤求。勤求包括两个方面的意思：求勤于仙道，求勤奋于明师。前者是根本，应该“勤而不怠”。后者是辅助，当然求师也要有所选择。“承师问道，不得其人，委去则迟迟，冀于有获，守之则终已，竟无所成，虚费事妨功。”（《抱朴子·袪惑》）如果选的不是真正的“明师”，就会耽误得道。

二是循序渐进。葛洪指出：“凡学道当阶浅以涉深，由易以及难……学近术以辟邪恶，乃可渐阶精微矣。”（《抱朴子·微旨》）他认为仙道学习是个逐步发展的过程，必须遵循由易到难的基本顺序。他特别强调：“初以授人，皆从浅始，有志不怠，勤劳可知，方乃告其要耳。”（《抱朴子·释滞》）这说明教育工作从浅小处着手，不仅有利于受教育者接受，而且有利于受教育者把每个小小的收获累积起来，完成由量变到质变的飞跃。

三是因材施教。由于各人的先天素质及后天的发展不同，所以“夫才有清浊，思有修短。……暗于自料，强欲兼之，违才易务，故不免嗤也”（《抱朴子·辞义》）。葛洪根据个体的差异，提出针对各人的不同特点应施以不同的教育的观点。

四是防微杜渐。他意识到量的积累可以导致质的飞跃，他比喻说：“盈乎万钧，必起于锱铢；竦秀凌霄，必始于分毫。”（《抱朴子·博喻》）根据这种辩证法观点，他指出：“智者料事于倚伏之表，伐木于毫末之初”（《抱朴子·知止》）。进而又说：

"故博其施者，未若防其微"（《抱朴子·广譬》）。"防微"的目的之一便是"博施"。因此，葛洪把防微杜渐作为学道的一个根本方法。他说："故治身养性，务谨其细，不可以小益为不平而不修，不可以小损为无伤而不防，凡聚小所以就大，积一所以至亿也，若能爱之于微，成之于著，则几乎知道矣。"（《抱朴子·极言》）这一段话，较为完整地体现了他关于防微杜渐思想的精髓。

第四，论选举、考试与教育。葛洪青年时期曾一度狂热地追求世俗功名，因此他对人才的选举十分重视。他多次说明招贤用才是圣君的首要任务，对汉末以来的选举不实提出了尖锐批评："台阁失选用于上，州郡轻贡举于下，……故时人语曰：'举秀才，不知书；察孝廉，父别居。寒素清白浊如泥，高第良将怯如鸡。'"（《抱朴子·审举》）长此以往，便会导致"抑清德而扬谄媚，退履道而进多财，力竞成俗，苟得无耻"（《抱朴子·审举》），甚至造成悬爵而卖、官场如列肆的腐败和丑恶现实，这必然对教育构成极大的冲击，以至于"网漏防溃，风颓教沮"（《抱朴子·审举》），以至于"纲纪既衰，儒道尤甚"（《三国志·魏书·王朗传》）。选举不实对教育产生的冲击，会导致社会风气急剧败坏。要改变这种危险的局面，他认为要迅速"严试对之法"："今孝廉必试经无脱谬，而秀才必对策无失指，则亦不得暗蔽也。良将高第，取其胆武，犹复试之以策，况文士乎？假令不能必尽得贤能，要必愈于了不试也。今且令天下诸当在贡举之流者，莫敢不勤学。但此一条，其为长益风教，亦不细矣。若使海内畏妄举之失，凡人息侥幸之求，背竞逐之末，归学问之本，儒道将大兴，而私货必渐绝。"（《抱朴子·审举》）

葛洪在这里强调的，是要通过贡举考试之法来改变选举不实的现状，进而促进教育和学风的改变，这种思想是难能可贵的。从某种意义上说，它为隋唐科举制的产生提供了理论条件和基础。葛洪关于选举、考试与教育的思想，并没有也不可能找到封建社会选举不实、教育腐败的根本原因。他只能在封建生产关系之内寻找解决问题的办法，这是其历史局限性。但是他提出严格选举、严明考试，以考试促进教育的思想无疑是正确的。

葛洪站在封建世族地主阶级的立场上，发表了一系列教育主张，如对教育本质的认识，对教育过程和价值的看法，对世俗教育的无情批判，对理想的道教教育主张的构建，以及对选举、考试和教育之间关系的思考，虽然包含有浓郁的宗教色彩，却奠定了他在中国宗教教育史上的重要地位。除去迷信成分，其中依然有许多值得借鉴的科学因素。

三、葛洪的科技实践和思想主张对世界科学技术的贡献

教育经济学的观点认为，教育的作用是通过对人的教育，提高其科学文化素质，从而促进科学技术的发展，进而对经济社会产生推动作用的。这些内容在葛洪的相关思想中表现得尤为明显，所以笔者就葛洪的科技实践、道教对中国教育发展特别是对科技发展的影响，在这里作一阐述，让我们从中认识中华民族对世界科学技术的巨大贡献。

葛洪继承并改造了早期道教的神仙理论，在坚信炼制并服食金丹可得长生成仙思想的指导下，长期从事炼丹实验。其在炼丹实践中，积累了丰富的经验，认识到物质的某些特征及化学反应。他在《抱朴子·内篇》中的《金丹》和《黄白》篇中，系统地总结了晋以前的炼丹成就，具体地介绍了一些炼丹方法，记载了大量的古代丹经和丹法，勾画了中国古代炼丹的历史梗概，为我们提供了原始实验化学的珍贵资料，对隋唐炼丹术的发展具有重大影响，成为炼丹史上一位承前启后的著名炼丹家。

葛洪精晓医学和药物学，主张道士兼修医术。“古之初为道者，莫不兼修医术，以救近祸焉。”（《抱朴子·杂应》）他认为，修道者如不兼习医术，一旦“病痛及己”，便“无以攻疗”，不仅不能长生成仙，甚至连自己的性命也难保住。他收集整理的医学著作《肘后备急方》，书名的意思就是此书是常备在肘后（带在身边）的应急书，是应当随身常备的实用书籍。葛洪对狂犬病采取预防措施，这可以称得上免疫学的先驱。欧洲的免疫学是从法国的巴斯德开始的，他用人工方法使兔子得狂犬病，把病兔的脑髓取出来制成针剂，用来预防和治疗狂犬病，其原理与葛洪取病狗的脑髓敷于病人患处用来预防和治疗狂犬病是基本相似的。葛洪用的方法是有科学道理的，含有免疫学的思想萌芽。在世界医学历史上，葛洪还第一次记载了两种传染病：一种是天花，一种叫恙虫病。西方医学家多认为最早记载天花的是阿拉伯医生雷撒斯，其实葛洪生活的时代，比雷撒斯要早500多年。

葛洪是早期的化学家。在封建社会里，贵族官僚为了永远享受骄奢淫逸的生活，妄想长生不老，有些人就想炼制出“仙丹”来满足他们的奢欲，于是就形成了炼丹

术。炼丹的人把一些矿物放在密封的鼎里，用火来烧炼。矿物在高温高压下就会发生化学反应，形成新的物质。长生不老的仙丹是剥削阶级的幻想，当然是炼不出来的。但是在炼丹的过程中，人们发现了一些物质变化的规律，遂成为现代化学的先声。炼丹术在我国发展得比较早，葛洪就是一个炼丹家。

道教有深厚的养生思想，重视生命价值，强调“仙道贵生”，因而它热情追求能够使人长寿的方法和秘术，这就是所谓道功道术。从理论上讲，道教强调生道合一、形神相须，欲长生则必须安神固形，以性功修性、命功炼形。其炼养之术有外丹、内丹、服气、胎息、吐纳、服饵、辟谷、存思、导引、守一和动功等。道教认为，“道寓于术”“道无术不行”，因而把古代的科技，特别是养生、健身术皆融摄进来，加以宗教的解释与发挥。其中以炼制不死药为目的的外丹仙学及黄白术，是古老的化学和冶金学，而内丹仙学是对人体精、气、神修炼方法的探索。道教拥有极为广博而独特的医药科学，其许多医药学成就至今仍为医学界所沿用。道教典籍中还有传染病学、绘图学、武术、兵法等多学科知识。道教的学习内容还包括天文学、数学、地理学、博物学、本草学、矿物学、建筑学和有关神怪、预测的知识，为现代科学的鉴别和研究提供了丰富的资料。

综上，魏晋南北朝是我国历史上一个重要时期，在绵延360年的漫长历史中，它上承秦汉、下启隋唐。当时的教育呈现出生动活泼的多元景象。教育内容包括儒、释、玄、科技、史学、艺术等，私学的学术方向和学术追求主导着新兴学科的发展，这种多向发展的格局在客观上对独尊儒术的教育体制起着瓦解作用。儒学独尊的局面虽然已不复存在，但是儒学仍然是教育的主要内容，它一直是一股充满生命力的内在潜流，为汉代经学向唐宋经学的发展架起了桥梁。

第六章

隋朝的教育经济思想

公元581年二月，北周静帝禅让于丞相杨坚，北周覆亡。隋文帝杨坚定国号为“隋”，定都大兴(今陕西省西安市)。589年，隋军南下灭陈朝，统一全国，结束了自西晋末年以来近300年的分裂局面。隋文帝励精图治，开创了开皇之治的繁荣局面。隋在政治、经济、文化和外交等领域进行大改革。政治上初创三省六部制，正式推行科举制，巩固中央集权。兴建贯通南北的大运河以及驰道来改善水陆交通。军事上继续推行完善府兵制，经济上实行均田制，并定赋役，减轻农民生产压力，在建立国家制度和统治国家方面的经验教训，对后世影响很大。604年，隋炀帝杨广即位，迁都洛阳，修建大运河，过度消耗国力，引发隋末农民起义。618年，宇文化及等人发动兵变杀杨广，同年，李渊逼杨侑禅让，定国号“唐”。

第一节　隋朝的文教政策

如果说先秦时期是中国古代教育思想的奠基阶段，那么从秦汉到隋唐，则是教育思想在此基础上衍变、交织、融合和深化的过程。从秦汉到隋唐的教育思想，是春秋战国教育思想和宋代教育思想两个思想发展高峰期的过渡时期，具有承前启后的历史地位，同时又有鲜明的时代特色。它以中央集权的君主专制王朝的形成、更替、兴衰、分合为背景，以居于统治地位的儒家思想为主线，以各类教育设施的兴办、沿革为基础，以各家学派的哲学和社会政治思想为理论工具，内容多彩而生动，发展脉络清晰，具有重要的历史价值。

隋朝虽然是我国历史上一个短命的王朝，但其在存在的三十多年中，却创造了许多辉煌的业绩：终结了三百多年以来的分裂割据局面，创立三省六部制和科举制，发展教育和文化，等等，这些都对后世产生了深远影响。我国著名历史学家范文澜先生曾在《中国通史》中说："秦始皇创秦制，为汉以后各朝所沿袭，隋文帝创隋制，为唐以后各朝所遵循，秦、隋两朝都有巨大的贡献，不能因为历年短促，忽视它们在历史上的作用。"英国学者崔瑞德的《剑桥中国隋唐史》这样评价隋朝："隋朝消灭了其前人的过时和无效率的制度，创造了一个中央集权帝国的结构，在长期政治分裂的各地区发展了共同的文化意识，这一切同样了不起。人们在研究其后的伟大的唐帝国的结构和生活的任何方面时，不能不在各个方面看到隋朝的成就，它的成就肯定是中国历史中最引人注目的成就之一。"可见，隋朝在中国历史上占有十分重要的地位。

一、以儒治国思想的确立及对文化政策的调整，奠定了经济社会发展的基础

隋统一后，参政大臣们目睹了魏晋南北朝长期分裂割据、战争频发、人民流离失所的境况，纷纷以儒家思想来引导杨坚治理新朝国政。南北朝重律法，刑罚严酷，残杀百姓，不得人心。要巩固政权就必须革故鼎新，改弦易辙，废除严酷刑罚，代以宽仁之政。为了稳定和巩固统一的中央集权统治，杨坚认识到以儒学作为治国指导思想的重要性，认为要发挥其"维持名教，奖饰彝伦"的作用。开皇三年（583）

十一月，他便诏告全国，公开了所选择的政治路线："朕君临区宇，深思治术，欲使生人从化，以德代刑"（《隋书·高祖纪》）。

国家以儒学为统治思想，也就需要以儒学来教育人民和培养官吏。"儒学之道，训教生人，识父子君臣之义，知尊卑长幼之序，升之于朝，任之以职，故能赞理时务，弘益风范。朕抚临天下，思弘德教，延集学徒，崇建庠序，开进仕之路，伫贤隽之人"（《隋书·高祖纪》）。隋文帝接受潞州刺史柳昂的建议，发展儒学，施行礼教，移既往之风，成维新之俗，于开皇三年（583）四月下《劝学行礼诏》："建国重道，莫先于学，尊主庇民，莫先于礼。……今者民丁非役之日，农亩时候之余，若敦以学业，劝以经礼，自可家慕大道，人希至德。岂止知礼节，识廉耻，父慈子孝，兄恭弟顺者乎？始自京师，爰及州郡，宜祗朕意，劝学行礼。"（《隋书·柳昂传》）诏令之后，天下州县皆置博士习礼，京师国子寺也扩充规模，一时出现了儒学繁荣的局面。

隋文帝、隋炀帝父子顺应政治、经济、文化发展的趋势，以巩固中央集权和统一大业为基点，及时推出了调整与改革文化的一系列政策措施，在全国范围内推行儒、道、佛三教并重的方针，力图消除外来文化与中国传统文化、北方文化与南方文化之间的隔阂与敌对状态，力求兼收并蓄，博采众长，从而形成多元化、混合型的新的文化体系。隋朝在调整与改革文化政策的过程中，较好地解决了继承与发展、因循与变革的关系，因而避免了变革时期的大动荡，成功地肩负起继往开来的历史使命。

隋朝在文化政策方面也进行了较大范围的调整和改革，首先表现在实行儒、道、佛三教并行的文化政策上。

第一，加强儒家思想在文化领域中的统治地位。如为了选拔具有儒家伦理道德、有文才和献身精神的知识分子，使其成为新王朝官僚机构的骨干，杨坚一再下诏吸收文德兼优之士进入政府机构任职。《隋书·高祖纪》载，他要求各州县"搜扬贤哲，皆取明知今古，通识治乱"之人，命令诸州各选拔三人来京深造、应考和任职。

第二，提倡佛教和改革佛教的管理制度。如隋文帝即位后，大力实行扶植和提倡佛教的政策，即位的当年，下令听任天下百姓出家，在各地营建寺庙，修塑佛像，缮写佛经。开皇二十年（600），隋文帝又下令：凡有和尚、道士毁坏释迦牟尼或元始天尊像者，一般百姓破坏道、佛及其他各种神像者，一律处死。仁寿年间，又在全国范围内大搞送舍利、建佛塔活动。开皇五年（585），杨坚在大兴殿举行受戒仪式，成为“皇帝大檀越”。他既是皇帝，又是受命于佛的佛界领袖，政教集于一身。同时还对佛教的管理制度进行了改革，如到了隋代，中央僧官被纳入俗官系统，成为世俗中央政府机构中的一个部门，国家对僧侣的管理得到了加强。《大宋僧史略》称：“隋兴佛道，变革周风，召僧猛住大兴善寺，为隋国大统。”

第三，对道教实行利用与防范并重的措施。如杨坚对道教思想中追求一体的理念很欣赏，因为这与佛教“一”不可分的思想和儒家大一统的观念相吻合，特别适合重新建立全国统一大业、巩固封建专制统治的需要。为了表示对道教的关心和重视，杨坚下令保护元始天尊像，在据信为老子出生地的地方树碑纪念，并令政府官员调查历史遗迹，建造新祠。对学有专长的道士，杨坚也加以提拔，让他们发挥才干，为新政权服务。在恢复和利用道教的同时，也对其采取限制、防范的措施。道教教义尤其是原始教义中，有若干对统治者不利的内容。东汉末年以来，利用道教而发动的大规模农民起义就有多次。隋文帝对其教义中危害自身统治的内容有高度的警惕性，严厉禁止其利用占卜和符咒等反抗官府。由于官府的限制，道教在隋代的发展远不及佛教。至隋文帝末年，在京师的佛寺有 120 个，而道观却只有 10 个。

隋朝的限制和防范措施还表现在对南方文化政策的调整上。

一是将扶持佛教的政策推广到南方，争取宗教界人士对政府的支持。如他首先着手在江都建立新的南方文化中心，以取代被战火摧毁的建康；在江都建造佛寺和藏经馆，召集南方著名的高僧到江都的寺院从事佛教和学术研究工作。开皇十一年（591），杨广在扬州大听寺举行盛大隆重的仪式，跪受天台宗创始人高僧智顗所作的“佛戒”，并起法名为“总持”，拜智顗为师。王光照在《隋炀帝与天台宗》中说，杨广受戒“可视为以天台宗为代表的南方佛教界与新朝合作的开端”，标志着隋朝在南方文化政策的成功。

二是广招文化精英，缓和反隋情绪。如招在南方有广泛影响的儒、道、佛三教的头面人物，在新的文化中心江都进行活动。杨广在江都建立 4 个道场，召集有渊博学识的高僧充当一段时间的王府僧侣。他与天台宗创始人智顗及其传人灌顶之间的亲密关系，被传为佳话。他在江都建造了两座道观，请南方的著名道长前来主持。那些曾为陈朝效劳的负有盛名的儒家学者也被召请到江都，在杨广的主持下从事讲课和写作工作。除了儒、道、佛三教的代表人物之外，杨广的身边还聚集了大量南方著名文人，被称为王府学士。据载："王好文雅，招引才学之士诸葛颍、虞世南……等百余人以充学士，而䛒为之冠，王以师友处之，每有文什，必令其润色，然后示人"（《隋书·柳䛒传》）。杨广与王府学士的关系并不仅限于论诗作文的文友，有的人还成了杨广的亲密助手。如柳䛒就是杨广与天台宗创始人智顗之间的牵线搭桥之人。

二、科举制度的产生，更好地体现了古代教育在人才培养和选拔上为封建统治服务的目的

隋朝在教育制度方面最大的贡献是创立了科举制。隋文帝即位后开始废除九品中正制，开始以分科考试的方法选拔人才，设置明经科和进士科以试策取士，科举制这种以考试形式来选拔人才制度的创立具有十分重大的历史意义。

隋朝崇尚儒学，以儒治国的文教政策促进了教育的发展。统治者十分清楚，崇尚儒学的最终目的就是培养人才，教育就是要培养更多为封建政治集团服务的官吏，教育必须为统治阶级的政治服务，选士自古以来都是统治阶级的一项重要政治工作，也是统治者重视教育、发展教育的最终目的。魏晋以来，士族把持政权，为了保证他们的政治特权，便实行九品中正的选举制度，把选士的权力掌握在自己手里。到了隋代，士族已经失去了政治上的垄断地位，庶族地主的势力已发展到要求参加政权的程度。而九品中正制度是以门第取士的，这样以门第取人的九品中正制度自然就不适用了。隋朝统一全国后，为了适应国家经济、政治和文化等一系列社会关系的新变化，扩大新兴统治阶级参与政权的要求，加强中央集权，团结广大庶族地主，解决地主阶级内部的矛盾，用全国统一的标准选拔各级官吏，便废除魏晋以来的九品中正制，采用分科考试的方式选拔官员。"前代选举之权，操之郡县，士有可举之材，而郡县不之及，士固无如之何，今则可以怀牒自列于州县。夫苟怀牒自列，州县即不得不试之；试之，即不得不于其中举出若干人。是就一人言之，怀才者不必获信，而合凡自列者而言之，则终必有若干人获举；而为州县所私而不能应试者，州县亦无从私之；是遏选举者之徇私，而俾怀才者克自致也。此选法之一大变也。"（《通典·选举典》）这一制度的建立，也为其后继者隋炀帝进一步确立规范的科举制度打下了坚实的基础。

开皇三年（583）正月，隋文帝诏举贤良。令"诸州岁贡三人"参加考试，合格

者授官。开皇十八年（598）七月，又令京官五品以上，总管、刺史，以“志行修谨”“清平干济”二科举人。隋炀帝于大业三年（607）四月，诏令文武官员有职事者，以“孝悌有闻”“德行敦厚”“节义可称”“操履清洁”“强毅正直”“执宪不挠”“学业优敏”“文才秀美”“才堪将略”“膂力骁壮”等十科举人。其中“文才秀美”一科，即进士科。大业五年（609）正月，又下令诸郡以“学业该通，才艺优洽”“膂力骁壮，超绝等伦”“在官勤慎，堪理政事”“立性正直，不避强御”等四科举人。隋炀帝还设置明经、进士二科，并以“试策”取士，至此科举制正式诞生。科举考试放宽了录取官吏的标准，把录取和任用权均完全集中在了中央，这便是我国历史上科举制度创立的开始。

开科考试的特点是录取标准专凭试卷，专重资才，而不是由地方察举，所谓的声名威望不再是主要的依据。两汉、魏晋南北朝时期的选士，虽也有考试，但是以察举为主，隋以后的科举则以考试为主。隋以前是察举，隋以后是考试，这是中国古代选士制度的一大分界线。

科举制的一个重要任务就是为封建统治阶级选拔人才，所以隋代的科举考试很看重报考者的真才实学。它去除了以往选拔人才时仅考察其出生背景、门第的弊端，开始以考试选拔人才。隋代秀才科仅试方略学，进士科仅试策问，但无论是考试方略还是策问，都要求考生不仅熟知儒家经典，而且能学以致用，将儒家思想应用到现实社会中，服务于封建统治阶级。

隋代在科举考试中主要采取笔试和口试的方法，从内容上可以分为口试、策试和试杂文三项。策试也称射试、试方略，是考试的主要项目，这就客观上规定了参加科举考试的相关人员必须有真才实学。分科取士、以策试取士的办法，在当时虽是草创时期，并未形成完善的制度，但它把读书、应考和做官三者紧密结合起来，揭开了中国官吏选拔史上新的一页，这种以考试形式来选拔人才制度的创立具有十分重大的历史意义。

首先，科举制对学生的家庭背景限制更少，考试面前人人平等和以考试成绩取士等，打破了魏晋南北朝以来士族垄断仕途的局面，为庶族子弟提供了参政的机会。其次，科举考试设有层层关卡，要求严格，考生必须具备扎实的知识功底，从而极大地提高了官员队伍的文化素质。再次，随着科举制的实行，为了培养人才，各地开始十分重视教育，兴办各种学校，从而促进了教育和文化事业的发展。最后，科举制以考试评定能力的方式对后世的选官制度产生了深远影响，乃至被西方社会所接受。近代欧美国家的文官制度，就受到了中国古代科举制的影响。如丁韪良在《中国环行记》中提出“当今在英国、法国和美国正在取得进展的文官制度，是从中国借鉴而来的”，认为欧美文官制度借鉴自科举制度。他还在 1884 年出版的《中国记录与传教士杂志》中说：“……这一强有力的证据表明，科举考试制度的优点和中国政府的榜样已导致欧洲和美洲一些最开明的国家采用这种方法以提高文官效率。”可见，中国科举制传入西方，为世界文明进程做出了巨大贡献。

科举制度一定程度上限制了贵族的政治特权，满足了一些庶族地主参加政权的要求，却大大加强了皇帝的权力。选士制度由推举到科举的发展过程，表明选士权最后集中到皇帝手上，这是有利于加强封建主义中央集权制度的。但是，隋朝的科举制度并不是唯一的仕途，贵族地主还可以依靠“门荫”及各种优待办法取得高级官职。他们采取这种办法来分配政权，瓜分利益。也就是说，科举制既要使庶族地主有参加政权的机会，又要使士族地主保持一定的政治特权，以便统治阶级内部各阶层的矛盾得到缓和。同时，它既扩大了封建政权的阶级基础，又可以加强皇帝的权力，巩固封建中央集权制度。科举考试的特点是用考试的办法来选拔人才，这对于地主阶级的中间阶层来说有很大的诱惑力。隋朝虽仅仅存在了 37 年，但是它所创立的科举制度，却影响了中国封建社会 1300 多年，为隋以后的历代王朝所沿用。

第二节　以儒治国促进了教育的发展

在魏晋南北朝将近四百年的封建割据乱世后，隋文帝杨坚结束了南北分裂的局面，建立了中央集权的统一的强盛封建王朝。用什么作为封建王朝的统治思想，便成为摆在隋文帝面前的一道大题。

在以儒学为统治思想的政策下，隋文帝和隋炀帝初年对教育都十分重视，隋统治者采取了许多措施大力发展教育、加强学校管理，使隋朝教育在一定时间内出现了全新的气象，并对后世产生了深远的影响。金兆丰先生在其《中国通史》中指出：“隋文统一海内，本以刑名为治，仁寿初元，诏以学校生徒，多而不精，唯简留国子学生七十人，太学、四门及州县学并废。是时散遣生徒，奚虑数千万，刘炫虽切谏，不听。炀帝修复诸学，盛于开皇之初，而未几大乱，盗贼猬起，方领矩步之徒，转死沟壑。”金兆丰先生高度概括了隋朝学校的发展状况，可见在文帝和炀帝初期，学校教育受到了一定程度的重视，促进了教育的发展，但是在后期，学校教育渐呈衰落之势。

隋朝初年，受到统治者重视的学校教育得到了恢复和发展。《隋书·高祖纪》载，隋文帝开皇二年（582）十二月，“丙戌，赐国子生经明者束帛”。对于国子学中“经明者”给予“束帛”赏赐，说明统治者对于优秀人才的重视。到了开皇三年（583）四月，隋文帝又在“丙戌，诏天下劝学行礼”。隋文帝发布诏书让天下人勤于学习，充分说明了他重视教育的思想。在统治者重视教育思想的指导下，全国各地学校建设在地方官的主持下迅速发展起来。如隋文帝“以岭南夷、越数为反乱”，征拜令狐熙为桂州总管十七州诸军事，熙至部，大弘恩信，其溪洞渠帅相率归附。《隋书·令狐熙传》载：“先是，州县生梗，长吏多不得之官，寄政于总管府。熙悉遣之，为建城邑，开设学校，华夷感敬，称为大化。”令狐熙在岭南一带兴办学校，对于这一地区的开发起了有力的推动作用。

在统治者重视教育思想的指导下，隋朝民间教育也得到了较为迅速的发展，主要表现在私学的兴盛。如《隋书·儒林传》载：“东海包恺，字和乐。其兄愉，明‘五经’，恺悉传其业。又从王仲通受《史记》《汉书》，尤称精究。大业中，为国子助教。于时《汉书》学者，以萧、包二人为宗匠。聚徒教授，著录者数千人。”包恺先后从其兄包愉和王仲通学习“五经”、《史记》和《汉书》，最后成为一代名师，从“聚徒教授，著录者数千人”来分析，说明其私家办学具有较大的规模。在中国封建时代，这些私学的发展为社会培养了大批人才。

隋文帝后期，学校教育渐趋衰落之势，隋炀帝继位后，一改隋文帝执政末期的教育方针，积极发展教育事业。如《隋书·儒林传序》载：“炀帝即位，复开庠序，国子、郡县之学，盛于开皇之初。征辟儒生，远近毕至，使相与讲论得失于东都之下，纳言定其差次，一以闻奏焉。于时旧儒多已凋亡，二刘拔萃出类，学通南北，博极今古，后生钻仰，莫之能测。所制诸经义疏，缙绅咸师宗之。”在隋炀帝的倡导下，隋朝的教育呈现出暂时兴盛的局面，但学校教育迅速发展的局面并没有持续多久。《隋书·儒林传序》载：“既而外事四夷，戎马不息，师徒怠散，盗贼群起，礼义不足以防君子，刑罚不足以威小人，空有建学之名，而无弘道之实。其风渐坠，以至灭亡，方领矩步之徒，亦多转死沟壑。”这可以说是隋末教育发展的真实写照。

隋文帝晚年，在崇儒的同时，对佛道也不排斥。开国之初，为了维护统治，崇儒兴学，兴学活动使学校教育得到了很好的发展。但晚年，随着对儒学态度的变化，他认为官学没能提供国家所需要的人才，因此压制国学，学校教育因此受到重创。他笃信佛教，多次尊称佛教为“圣教”，并自言“我兴由佛”，且诏令广立舍利塔，大量刻印佛经，但隋朝佛教并未介入教育领域或左右政治，在隋代占统治地位的意识形态还是儒学。隋炀帝对儒学更为热衷，对儒学的政策亦较为一贯。杨广即位第一年，就在诏书中写道：“君民建国，教学为先，移风易俗，必自兹始。……朕纂承洪绪，思弘大训。将欲尊师重道，用阐厥繇，讲信修睦，敦奖名教。”（《隋书·炀帝纪》）他恢复国子监、太学以及州县学。大业四年（608）冬十月丙午，炀帝下诏崇尚孔子和儒学：“先师尼父，圣德在躬，诞发天纵之姿，宪章文武之道；命世膺期，蕴兹素王。而颓山之叹，忽逾于千祀；盛德之美，不存于百代。永惟懿范，宜有优崇。可立孔子后为绍圣侯，有司求其苗裔，录以申上。”（《隋书·炀帝纪》）他在大业二年建进士科，奠定科举制度，那时的进士科以考政论文章为主，选择“文才秀美”的人才。

大业元年（605）七月，隋炀帝颁《求贤兴学诏》，京师和郡县学校得以恢复，郡县学校规模超过开皇年间。隋统治集团利用儒学作为统治思想，“化人成俗，则王道斯贵……世属隆平，经术然后升仕”（《隋书·炀帝纪》），对学习儒学的人给予奖励，学校普遍发展，讲学成为社会风气。

以儒治国，兴办学校，实行科举，重才学品质而不重门第，为选拔优秀知识分子提供了极好的机会，文化教育的发展客观上促进了经济的发展、社会的进步。隋朝虽然只存在短短几十年的时间，但一度出现了百姓乐业、经济发展的大好局面。

第三节　王通的教育经济思想

短命的隋王朝，使它的许多教育家都因为特殊的历史原因，跨越两个朝代，或是跨越魏晋南北朝和隋朝，或是跨越隋朝与唐朝。就是这样一个特殊的历史时期，产生了一位在隋唐两朝政治、教育中都有着较大影响的人——王通。王通的思想不仅影响了隋朝，唐初有名的卿相皆出其门下，如房玄龄、魏征、李靖、程元、窦威、贾琼、温大雅、陈叔达等。

王通（584—617），字仲淹，是隋朝提倡儒学并对后世产生重要影响的教育家。王通出身于官僚世家，深受传统儒学的熏陶。14 岁时离家游学，经过 6 年艰苦的游学和精心的钻研，学识大为长进，形成以“王道”为核心内容的思想学说。仁寿二年（602），考中秀才。仁寿三年（603），他怀着救世济民的思想，西游长安，见到隋文帝，陈述以王道治国的方略。隋文帝虽大加称赞，但未采用他的政治主张。王通归家，从事著述和教学，大业年间隐居白牛溪，门人弟子相趋成市。朝廷多次征召，皆辞而不就。他以继承孔子复兴儒道为己任，用九年时间，仿孔子以续“六经”，编著《续诗》《续书》《礼论》《乐经》《元经》《赞易》，于大业九年（613）完成，后人称为“王氏六经”。此后，他开展大规模的讲学活动，门人自远而至，常以百计。弟子中河南董常、南阳程元、中山贾琼、河东薛收、泰山姚义、太原温彦博、京兆杜淹等十余人比较有名。他的私学树立育才济世的新风，在隋末唐初产生了较大的社会影响。他倡导“富而教之”的思想，充分证明了经济是基础，教育的发展有赖于经济发展，经济与教育互为条件。王通所处的是中国封建社会由长期分裂趋向统一稳定的时代，其思想反映了时代变革的需要。

隋代是中国封建社会发展转变的关键时期，在经济上、政治上发生了很大变化。与此相适应，反映到意识形态，产生了以王通为代表的学者，提出了希望解决国家自身矛盾，实行“王道”政治，建立一个长治久安社会的政治理想。因此，王通的教育目的在于培养能实现“王道”政治的人才，他要求这种人才对“王道”政治充满理想信念，并决心要为此孜孜不倦地奋斗。他关心国事，认为国家统一之后，只有实行儒家的“王道”政治路线，才能取得社会长期安定。他用古今对比来批评当世暴政，说：“古之为政者先德而后刑，故其人悦以恕；今之为政者，任刑而弃德，故其人怨以诈。”（《中说·事君》）魏晋以来的当政者，背离了“王道”，故处于乱世。统治者无道，国家分裂，人心涣散，社会不稳，迁就目前，无一贯政策，这些都是乱世的征象，隋朝应该改变这种状况。

王通尊周、孔，认为他们是最值得效法的历史人物。他说：“吾视千载已上，圣人在上者，未有若周公焉。其道则一，而经制大备。……如有用我者，吾其为周公所为乎！”（《中说·天地》）又说：“先师以王道极是也，如有用我，则执此以往。通也宗周之介子，敢忘其礼乎?”（《中说·魏相》）他以周公、孔子为历史典范，要做新时代的周公、孔子，志在实行王道政治。他的教育活动以及著述，都围绕着“明王道”这一中心目标。

王通不认为参政是实行“王道”的唯一途径，他在重视自身道德修养的同时，以自己的家庭为实践的基点，进而扩及社会。王通退隐后从事著述和教育活动，都取得了较大的成就。他对自己事业的得失，有比较清醒的认识，认为“吾不仕，故成业；不动，故无悔；不广求，故得；不杂学，故明”（《中说·魏相》）。他的事业最成功的是在教育方面，以“王佐之道”培养了一批杰出的人才。在教育思想方面，他对教育的作用十分重视。当时社会对人才成长的因素缺乏认识，普遍视杰出人物为天才，王通的弟子就把王通视为天才。程元就在同学中议论说：“夫子之成也，吾侪慕道久矣，未尝不充欲焉。游夫子之门者，未有问而不知，求而不给者也。《诗》云：‘实获我心’。盖天启之，非积学能致也。”（《中说·礼乐》）王通反对“生而知之”的天才论，他批评学生把他当成天才，指出“天下未有不学而成者也”（《中说·礼乐》）。一切有知识有才能的人，都是依靠学习而有所成就的，天下不存在不学习而有所成就的天才。他还提出：“居近识远，处今知古，惟学矣乎!”（《中说·礼乐》）要提高人的认识能力，突破空间和时间的局限，扩大知识眼界，没有别的途径，只有依靠学习。

在王通看来，教育不仅在人的培养方面是必不可少的手段，更为重要的是在实现“王道”政治理想方面的作用不可低估。他指出：“文武治而幽厉散，文景宁而桓灵失。斯则治乱相易，浇淳有由，兴衰资乎人，得失在乎教”（《中说·立命》）。国家兴衰的根源在于人才，政治得失的关键在于教育。要实行“王道”，就必须重视教化，以仁德而施教化，是复兴王道的重要条件。不创设基础条件，“王道”社会是无从实现的。王通十分看重教育的经济社会作用，他认为，德教是实现“王道”的重要手段，它是通过感化人的思想来发挥作用的。有人问“化人之道”，王通答“正其心”（《中说·事君》）。要端正人的思想，使人变为善人。由善人组成的社会，人人都有高尚的道德，以恕道相待，实施“王道”也就有了基本条件。教育是移风易俗、改造社会、实现理想政治制度的重要途径。

对于教育与经济的关系问题，王通认为，推行教化必须有一定的经济条件，这样教化才更容易成功。他的学生贾琼问：“‘富而教之’何谓也?”他回答说：“仁生于歉，义生于丰，故富而教之，斯易也。”（《中说·立命》）这是对孔子“庶、富、教”思想的继承和发展，具有唯物主义因素。他在《中说·立命》中，对“富而教之”思想做了进一步的解释：

古者圣王在上，田里相距，鸡犬相闻，人至老死不相往来，盖自足也。是以至治之代，五典潜，五礼措，五服不章；人知饮食，不知盖藏；人知群居，不知爱敬；上如标枝，下如野鹿。何哉？盖上无为，下自足故也。

这就是说，人民皆富，不仅教育最易，甚至不言之教亦易收到效果。这显然是道家无为而无不为的思想在王通教育思想中的反映。这也充分证明了经济是基础，教育的发展有赖于经济的发展，经济的发展又会促进教育发展，教育与经济互为条件、互相促进，这也是教育经济学的一个重要观点。

隋朝虽仅存在了三十多年，它以儒治国，兴办学校，实行科举，重才学、品质而不重门第，为选拔优秀知识分子提供了极好的机会，文化教育的发展客观上促进了经济的发展和社会的进步。仅仅三十多年，隋文帝治理下的隋朝已成为政权稳固，社会安定、户口锐增、垦田加速、积蓄充盈、文化繁荣、兵甲强盛的国家。后人把隋建立后的大治誉为“开皇之治”，这可以说是对隋朝的充分肯定。这也充分体现了教育在国家治理、经济文化发展、社会稳定中的巨大推动作用。这都与隋朝的诸多措施有着密切的关系。隋朝在中国古代历史长河中具有承上启下、继往开来的重要地位，为后来唐朝的强盛奠定了坚实的基础。

第七章

唐朝的教育经济思想及五代十国教育

隋大业十三年（617），李渊看到隋王朝摇摇欲坠，听从次子李世民的建议，在太原起兵反隋，攻占长安，自任大丞相。618年，隋炀帝被杀，李渊受隋恭帝禅让，正式称帝，建国号“唐”，是为唐高祖。

中和四年（884）六月，反抗唐朝的起义军首领黄巢兵败，在泰山附近的虎狼谷自尽。起义失败后，各地藩镇割据加剧，到昭宗末年，朱温已经成为最强藩帅，于天复三年（903）引兵入长安，并杀尽朝中宦官，唐后期的宦官专权至此结束。天祐元年（904），朱温挟持昭宗及百官迁往洛阳，八月杀唐昭宗，立唐昭宗的儿子李柷为帝。天祐四年（907），朱温逼迫哀帝让位于己，国号“梁”，唐朝灭亡。

第一节 唐朝的文教政策

唐太宗即位后，认真总结隋亡的历史经验教训，选择以儒学作为统治思想。应该说这一思想的确立和新方针的制定，适应了由战争阶段向和平发展阶段转变的形势，这也是唐朝走向重视文治的关键。进一步丰富和发展的科举制度，使儒家经典既成为学校的教材，又成为科举考试的基本内容，即使是策问或试判，也以儒家的基本教义为评判的根据。唐玄宗当政的开元年间，儒学得到进一步恢复和发展，国家通过教育立法，使教育制度更加完善。一系列的政策措施，促进了盛唐儒学的发展。教育对维护封建统治、稳定社会秩序、促进经济发展发挥了积极的作用。

一、唐“重振儒术”，李唐宗室尊道教始祖李耳为“圣祖”，兼重佛道的文教政策开阔了人们的视野，促进了文化的繁荣发展，也奠定了宋明理学形成的基础

李渊建立唐王朝后，总结隋朝兴亡的经验教训，思革前弊，改变政策以争取民心，巩固统治。我们知道，不同的历史时期，统治阶级为了维护自身的利益，都会出台不同的文教政策。汉代崇儒兴学，因此儒学发展占据了教育的大部分舞台。魏晋南北朝时期，儒、道、佛诸说并存，教育瑰丽多姿。隋文帝杨坚立国以后认识到以儒学治国的重要性，因此崇尚儒学、兴办学校，隋炀帝即位后，一样以儒治国。

李渊建立唐王朝后，认识到了文治的重要性，首先确定了崇儒兴学的文教政策。他采纳李世民等的建议，蠲除徭役，与民休息，劝农务本，旌表孝友，奖励直言，举选贤良。他十分重视封建伦理道德的教化，“安人静俗，文教为先”。其《旌表孝友诏》说：“民禀五常，仁义斯重，士有百行，孝敬为先。自古哲王，经邦致治，设教垂范，莫尚于兹。”可见李渊崇儒兴学的文教政策。他又于武德二年（619）六月颁布《令国子学立周公孔子庙诏》：“建国君人，宏风阐教，崇贤彰善，莫尚于兹。……朕君临区宇，兴化崇儒，永言先达，情深绍嗣。宜令有司于国子学立周公、孔子庙各一所，四时致祭。”（《旧唐书·儒学列传上》）主张崇周孔，以周孔之教统一思想。李渊既确定崇儒，也就必然相应地兴学。于武德七年（624）颁《兴学敕》，申明

“自古为政，莫不以学为先，学则仁、义、礼、智、信五者俱备，故能为利深博。朕今敦本息末，崇尚儒宗，开后生之耳目，行先王之典训”（《唐大诏令集·政事》）。

唐太宗李世民登基前就结交学士，亲近儒生，即位后更加重视儒术，经常与儒臣讨论治国方略，置弘文馆，设学士，以商榷政事。他说：“重学尊儒，兴贤造士，能美风俗，成教化。”在盛唐时期，学校教育一片繁荣，随着崇儒方针的确立，儒家经典也备受重视。唐太宗特诏前中书侍郎颜师古考定“五经”，“颁行天下，命学者习焉”。还把“五经”编修后作为学校的统一教材。新方针的制定，适应了由战争阶段向和平阶段转变的形势，这是唐朝封建统治走向重文治的关键。

唐太宗认为，儒学是政治之本，是行三代之教的有效手段。他说：“朕今所好者，惟在尧舜之道，周孔之教，以为如鸟有翼，如鱼依水，失之必死，不可暂无耳。”（《贞观政要·慎所好》）在唐太宗看来，尧、舜、禹所行的是仁义之道，周公创立、孔子传承的是礼乐教化，二者是君临天下、治国治民最有效的思想武器。有了儒学，就如同鸟有了翅膀、鱼游于水中，就可以治国理民。反之，如果失去了儒学，国家就无法治理，政治上就陷于死地。因而他十分强调儒家思想的重要性，认为一时一刻都不可失去，必须时刻在思想上予以高度重视。为此，他大力倡导发展儒学教育事业：“国学增筑学舍四百余间，国子、太学、四门、广文亦增置生员，其书、算各置博士、学生，以备众艺。……四方儒生负书而至者，盖以千数。俄而吐蕃及高昌、高丽、新罗等诸夷酋长，亦遣子弟请入于学。于是国学之内，鼓箧升讲筵者几至万人。儒学之兴，古昔未有也。”（《贞观政要·崇儒学》）

对于进一步发展的科举考试制度来说，儒家经典既是学校的教材，又是科举考试的基本内容，即使是策问或试判，也以儒家的基本教义为评判根据。因此，为延续武德年间崇文兴学的政策，唐太宗采取了一系列措施，促进了儒学的大发展，反映儒学教育事业发展的思想也呈活跃态势。为文教方针政策作论证说明的有魏征、李世民，为儒学教育贡献主张进行传授活动的重要人物有陆德明、孔颖达、颜师古等。

唐朝实现了国家的高度统一，形成了极其强盛的封建大帝国。为了巩固政权、加强社会控制，儒家思想成为维护国家政权的主要统治思想。唐太宗即位之后，“益崇儒术”。他选择儒学作为封建统治的主要思想工具，从儒学中寻求制度、方针、政策的理论依据。在这种政治思想的指导下，唐朝在“重振儒术”的过程中，先后采取了一系列的措施，主要体现在以下几个方面：

一是尊孔。为了提高儒学的地位，高祖武德二年（619）就在国子监立周公、孔子庙各一所，四时致祭。玄宗还于开元二十七年（739）追封孔子为文宣王，并赠孔门弟子数十人为公、侯、伯。贞观以后，全国学校无不遍设孔子牌位，从此官学祭孔沿袭成习。

二是提高儒士的地位，以掌握儒术为用人标准。唐太宗未即帝位时，便召名儒房玄龄、魏征、杜如晦等十八人为学士，共议天下大事。即位以后又置弘文馆，精选天下名儒虞世南、姚思廉等兼任学士，常与他们讲论经义、商讨政事。唐玄宗时还在秦坑儒的地方为遭难的几百儒生立祠宇，以示重儒。

三是皇帝亲临国子学观释奠。唐高祖于武德七年（624）幸国子学，亲临释奠，引道士、沙门与博士杂相驳难，形成“学者慕向，儒教聿兴”的新局面。唐太宗屡次到太学观释奠；唐代宗自称“尤重儒学”，到国子学参加释奠，宰相以下的朝臣和六军军将都去听讲。

四是重视儒经的整理和研究。唐太宗命国子祭酒孔颖达等撰定《五经正义》，令天下传习。它的撰定与颁布标志着儒家经典的统一，儒家思想又居正统地位，成为统治阶级的有力统治工具。同时，撰定《五经正义》对于教育和选士也有着重大的影响，自此教育思想、教育内容又趋于统一，科举取士以儒经为准。

唐代也提倡道教、佛教及百家之说。李姓皇帝尊道教始祖李耳为“圣祖”。这样，李唐宗室便成为李耳的“后裔”，宗室的社会影响得以提升。因此，道教备受唐朝统治者垂青。在唐代，道教的地位仅次于儒学，在政策上，唐代统治者曾以“二教并举”为“不易之制”。封演在《封氏闻见记》中说：“国朝以李氏出自老君，故崇道教。”自此，道教日趋兴旺。唐高宗时将道家经典作为科举考试的内容，仪凤三年（678）诏曰“自今已后，《道德经》《孝经》，并为上经，贡举皆须兼通。其余经及《论语》，任依恒式”（《唐会要・贡举上》），并设“道举”一科。唐玄宗执政时，利用道教遏制佛教，专设崇玄学，广征道家学者，专门研究道教经典。

总体来说，统治阶级所需要的教育理论思想，是为了维护自身政权的。因此，唐太宗、唐高宗都崇尚道教。而武则天为了巩固统治，力倡佛教。唐玄宗执政时，佛教的势力过大，因此他利用道教遏制佛教。唐代儒、佛、道虽然各有进退，但总的来说，其文教政策就是尊崇儒学，兼重佛、道。儒、佛、道的相互斗争、相互融合，不仅开阔了人们的视野，提高了人们的思维水平，而且共同形成了唐代光辉灿烂的文化，也为宋明理学的形成奠定了基础。

二、唐对科举考试不断进行改革，不仅促进教育的发展，且打破了门第观念，为唐政治、经济繁荣提供了智力保障

为了维护自身的封建统治，唐王朝的统治者无不重视科举，可以说他们把科举对维护封建统治、促进教育发展、稳定社会、保持国际友好交流的作用发挥得淋漓尽致。

科举制产生于隋朝，但真正取得重大发展是在唐朝，而且从唐代开始，科举制对人们的日常生活产生了重大影响。科举成为读书人做官最主要的途径，要想取得官职，要想享受高官厚禄，就必须参加科举考试，以致唐后期形成“进士策名，向来所重，由此从官，第一出身”（《全唐文·戒约新及第进士宴游敕》）的局面。此外，唐代学校的学生从学校毕业后并不能直接进入仕途，而是首先必须参加由吏部主持的科举考试（后改由礼部主持），取得出身后，再参加由吏部主持的铨选，合格了，才能被授予相应的官职。

科举制下，凡学有专长的士子均可申请州郡贡举，考试合格，再推荐到中央考选，改变了魏晋以来州郡中正官垄断选士的做法，使选人、用人大权收归中央。科举制是中央集权的统一封建王朝采取的以才选官的制度，也是巩固中央集权的封建制度。科举选官能使全国各地赴考的众多才士尽可能为朝廷效劳。科举制为那些具有真才实学之士铺垫了晋身之阶，是对人才选拔和使用制度的一项改革，其积极作用和进步意义重大。因此，当唐太宗在金殿端门看到新进士鱼贯而出的盛况时，情不自禁地说：“天下英雄，入吾彀中矣！”显然，他已经掌握了一种尽驱天下人才为国家效力、尽忠的最佳办法，后人评价曰：“太宗皇帝真长策，赚得英雄尽白头”。

应该说，统治者大都认识到科举制对维护唐朝封建统治、发展生产、繁荣经济和保障社会稳定的作用，于是对科举制度进行了一系列的改革和完善。科举制度发端于隋朝，完善于唐朝。唐朝几个重要历史时期的统治者，都对科举考试进行了改

革。唐太宗扩大国子监规模，扩建学舍，增加学员；武则天开设殿试，增设武举；唐玄宗把诗赋作为科举考试的主要内容之一。这些改革使科举考试不仅仅成为教育改革和发展的措施，而且使科举制度成为维护生产发展、民族团结、社会安定的重要手段。总体来看，唐代教育与科举制的关系非常密切。

为了维护封建统治，对科举考试的形式不断进行改革。科举制经过唐高祖和唐太宗两朝的发展，到唐高宗和武后统治时期，已经取得了很大的发展，但是也开始暴露出一些问题。这些问题的产生，对当时的教育产生了一些负面影响。对考生而言，考试不在于显示才干、展现什么真才实学，最重要的是考中。所以，什么方法有利于考中，人们就采取什么方法。唐高宗时的《严考试明经进士诏》指出，当时的考生“如闻明经射策，不读正经，抄撮义条，才有数卷”。这是一种简便的复习方法，这样做虽不利于经典的理解，但有利于考中。“进士不寻史传，惟诵旧策，共相模拟，本无实才。”“旧策”，就相当于清人的所谓时文，背诵“旧策”虽然并不能提升自己的学术水准，但是有利于考中，所以这种方法仍为人们所广泛使用。

至唐玄宗开元年间，各种问题又暴露无遗。先是在开元八年（720）七月，时任国子司业的李元瓘上疏论曰：“今明经所习，务在出身，咸以《礼记》文少，人皆竞读。《周礼》经邦之轨则，《仪礼》庄敬之楷模，《公羊》《穀梁》，历代宗习。今两监及州县，以独学无友，四经殆绝。”（《唐会要·贡举上》）至开元十六年十二月二十四日，时任国子祭酒的杨玚又上奏道：“窃见今之举明经者，主司不详其述作之意，曲求其文句之难，每至帖试，必取年头月日，孤经绝句。且今之明经，习《左传》者十无二三，若此久行，臣恐左氏之学，废无日矣。……又《周礼》《仪礼》及《公羊》《穀梁》，殆将废绝，若无甄异，恐后代便弃。”（《旧唐书·良吏列传》）

开元二十四年（736）春，发生了中国科举制度史上一次重大的改革变动，即科举管理权限由原来的吏部员外郎转移至礼部侍郎。“二十四年，考功员外郎李昂为举人诋诃，帝以员外郎望轻，遂移贡举于礼部，以侍郎主之。礼部选士自此始。”（《新唐书·选举志》）于是，是年九月，礼部以贡举权转移为由，请别置印，印文为“礼部贡院之印”。十月，时任礼部侍郎的姚弈上奏，要求对进士科实行改革。至次年正月（《唐会要》作二月），统治者又颁布敕令，对明经科亦实行改革。这次改革虽然也取得了一些成果，但是又有新的问题产生出来，于是又进行改革：“文士多于经不精，至有白首举场者……天宝初，达奚珣、李严相次知贡举，进士文名高而帖落者，时谓试时放过，谓之‘赎帖’”（《封氏闻见记》卷三）。至天宝年间，统治者又下诏曰：“礼部举人，比来试人，颇非允当。帖经首尾，不出前后，复取者也之乎，颇相类之处下帖，为弊已久，须有厘革。”天宝十二载（753）六月八日，“礼部奏：以贡举人帖经，既前后出一行，加至帖通六与过”（《唐会要·选部下》）。纵观这几次改革，除了开元二十四年（736）实行的是有关科举制的管理权限改革之外，其余几次都是有关科举制的考试方法和内容的。

科举制助推了学校的培养目标和教学内容的改革。科举和学校的关系很密切，学校培养出来的士子，须经过科举的选拔，才能取得接受吏部试的资格，吏部试及格才能授官。生徒可以取得参加科举的资格，而唐代前期重视两监出身的生徒，所以唐代前期学校的昌盛，科举制其实也起了一定的推动作用。

唐代的学校自开国后经过百多年的经营和发展，学校制度已相当完备，达到了空前昌盛的程度，在我国和世界学校发展史上都占有重要地位。唐初，唐高祖一即位便下令国子学置生 72 员，取三品以上子孙；太学置生 140 员，取五品以上子孙；四门学 130 员，取七品以上子孙。郡县学分三等，上郡置生 60 员，中下郡各 50 员。上县学生 40 员，中县 30 员，下县 20 员。皇族子孙及功臣子弟，“于秘书外省别立小学”（《旧唐书·儒学列传》）。武德四年（621）置修文馆于门下省。七年（624）下诏兴学，令“其吏民子弟，有识性明敏，志希学艺，亦具名申送，量其差品，并即配学。州县及乡，并令置学”（《旧唐书·礼仪志》）。

唐朝大兴学校，并使学制臻于完备的是唐太宗时期。贞观元年（627），唐在门下省置弘文馆（修文馆改建），聚四部群书二十余万卷，精选天下贤良文学之士虞世南、褚遂良、姚思廉等以本官兼学士，由褚遂良兼馆主，讲论文义，商量政事。又召文武京官五品以上子弟爱习字书者到弘文馆学书，当年有 24 人入馆，敕虞世南、欧阳询教示楷书。黄门侍郎王珪奏请置博士，使学生于学书之暇，兼肄经业。贞观二年（628）复置书学、算学（隋代曾设书学、算学，唐武德初废）；三年（629）诏诸州置医学；六年（632）恢复律学（隋代律学隶大理寺，武德初隶国子监，寻废）。“尽召天下惇师老德以为学官”，增益学员。经过这样的提倡，唐代的中央政府便在国子监管理之下，分设国子学、太学、四门学、书学、算学、律学等六馆。加上门下省所管的弘文馆，学生便达到了3000多人。

唐高宗显庆元年（656）于崇贤馆置学士，并置生徒20员。龙朔二年（662）东都置国子监，增加生员，分于两都教学。书、算、律三学，显庆三年（658）废，龙朔二年（662）复，龙朔三年（663）将书学改隶兰台，算学改隶秘书局，律学改隶详刑寺（即原大理寺）。

武则天不重国子监学，“博士、助教，唯有学官之名，多非儒雅之实，……因是生徒不复以经学为意，唯苟希侥幸。二十年间，学校顿时隳废矣”（《旧唐书·儒林传序》）。这与武则天重视进士科，奖进寒士有关。她为了打击贵族势力，提拔庶族地主，所以轻学校而重科举，因为国子监的等级性很强，国子学、太学皆为贵族所把持。

唐中宗复位后，神龙元年（705）诏令国学学生复集。二年（706）敕学生在学，行束脩之礼，其后定为国典，在《唐六典》及《开元礼》中都有明文规定。景龙二年（708）于弘文馆增置大学士四员，学士八员，直学士十二员，征求文士充当。

唐玄宗尤注意恢复学校。开元七年（719）敕州县学生选送“聪悟、有文词史学者”入四门学为俊士，贡举不第，愿入学者亦可听讲（天宝十二载即753年停俊士）。后世贡举入监的制度，从这时开始。又规定学生补阙的制度，国子监所管学生，由尚书省补，州县学生，由州县长官补。许百姓任立私学，愿寄州县学受业（非正式生）的亦可。这说明当时要求入学的人大为增加，以致官学不能容纳。开元十一年（723）置丽正书院，聚文学之士徐坚、贺知章、张说等，或修书，或侍讲，供给优厚。开元十三年（725）改丽正修书院为集贤殿书院，五品以上为学士，六品以下为直学士。开元二十六年（738），令天下州县每乡各里置学，择师教授，这就使地方学校深入乡里。开元二十九年（741）置崇玄学。天宝九载（750）于国子监增置广文馆，郑虔为博士，专领附监修习进士业的学生。唐玄宗为了提倡学校，便欲抑制科举，曾于天宝十二载（753）“敕天下罢乡贡举人不由国子及郡县学者，勿举选”。虽然天宝十四载（755）就恢复了乡贡，但由于他这样积极地提倡学校教育，所以在天宝十五载（756），两京国子监的学生尚有两千余人。《唐六典》记载六馆的学生有两千多人，可能是根据多年经验和当时实际情况所定的正常规模。尽管唐玄宗为了改变轻视学校的现象采取了不少措施，但因重科举已成定势，学校的地位终不能挽回。

以上情况足以说明科举与学校教育的发展、教学内容的增设有着密切的关系，唐朝历代皇帝无不重视。

科举制对学校的培养目标和教学内容的影响是很明显的。学校的培养目标就是让学生准备参加科举，科举所考的内容就必然成为学校的教学内容。唐代国子学、太学和四门学的教学计划，就是按照科举九经取士的要求安排的。把经书分为大、中、小三类，规定通二经的须大小经各一或中经二；通三经的须大、中、小各一；通五经的须大经并通，而《孝经》《论语》则为共同必修。至于律学、书学、算学的教学科目，也与科举所考的科目相同。注重习字、习时务策等，也是适应科举的要求。进士科注重诗赋，于是乡村学校中都普遍学习作诗，学诗成为一种普遍的风气。

科举制所考试的内容和要求，推动了学校学习内容的发展，这是其积极的作用；而其消极的影响则是使学校逐渐成为科举的预备场所或附庸，学校的学习内容反过来为科举所限制。科举注重文辞，所以学校也注重文辞，而轻实学。科举注重帖经、墨义，而学校也采取了这些教学方法，结果养成学生只重视记诵而不求理解义理的读书习惯。此时，在科举支配下的学校教育，只能培养出记诵经典章句、善于文辞而缺乏实学的人才。

应该说，因为科举的需要，唐前期的学校教育得到了长足发展。但由于逐渐偏重科举而轻视学校，到了天宝年间，社会便形成了“以京兆、同、华为荣，而不入学”（《新唐书·选举志》）的风气，这样就使得唐中叶后的学校逐渐衰微，当然，此时学校的衰微也有着其他政治和经济的原因。

朝廷以科举考试来检验学校培养的人才，形成了学校为科举服务，科举支配学校教育的局面。唐代科举制度支配下的学校教育，注重培养记诵经典章句、善于文辞的人才，不仅对当时的文学创作产生了很大影响，也成为文化教育的有效指挥棒。唐时中央设国子监主管学校工作，国子监统管京师六学，即国子学、太学、四门学、律学、书学、算学。从理论上看，唐代学校的任务是兴教化、育人才，但实际上，已成为官僚的培养基地。学校的全部工作，在于输送参加科考的考生：律学、书学、算学为明经、明字、明算输送考生，培养的是业务人才；国子学、太学、四门学及州县学则为进士、明经两科输送考生，培养的是管理人才。各类学校都习儒家经典，有统一的教材，为的是统一思想，培养符合国家需要的人才。学校有严格的管理及考核制度，并规定各类课程的修业年限，以督促学生。例如，国子学、太学、四门学皆习儒经，以颜师古校定、孔颖达注疏的《五经正义》为教本；学习《孝经》《论语》，期限为一年；学习《尚书》《公羊传》《穀梁传》，各一年半；学习《易》《诗》《周礼》《仪礼》，各二年；学习《礼记》《左传》，各三年。由博士、助教分经讲授，未学完一经者，不得学他经。此外，学生尚需学习书法，日写一幅；还要学习做时务策。由此可见，当时的学生文化与德行兼修、文学与艺术并习，学校因此为朝廷培养了大批较实用的人才。

学校与科举的这种相互作用，使得书法成为学生的必修科目，这在很大程度上促使唐代书法艺术取得了璀璨的成果，从而涌现出楷书家欧阳询、颜真卿、柳公权以及“草圣”张旭、怀素等闻名后世的书法家。唐代应试举子们讲究书法，与吏部选官重书法有很大关系。据《新唐书·选举志》记载，唐代时吏部的铨选标准有四：“一曰身，体貌丰伟；二曰言，言辞辩正；三曰书，楷法遒美；四曰判，文理优长。”可见，在唐代书法也是士子们走入仕途的考试内容之一。正因如此，唐代书法名家辈出。反过来说，科举考试重书法，使得学校把书法列为重要教学内容来设置，学校与科举的双重作用，使唐代书法走向辉煌，唐代书法作品也成为中国文化艺术宝库中的珍品。

由以上可知，唐代科举制度对当时的文化教育产生了深刻的影响。因为通过科举考试，可以取得一定的官职名位，所以一般中下层知识分子都渴望读书，这就在客观上推动了学校教育的发展。科举考试的内容是儒家经典，使得从学校到社会都重视读书、习文、作诗赋和钻习儒经，这对于结束魏晋以来的清谈学风与玄虚思想，形成当时“五尺童子，耻不言文墨焉”（《通典·选举典》）的风气，都具有积极意义。科举考试中的明法、明算、明字、武举、童子等科目的设置，对于重文轻武、重文轻算、重成年轻少年的陈规陋习，或多或少地进行了冲击，从而促进了当时教育的发展。

科举打破了“上品无寒门，下品无势族”的门第观念而采取公平竞争和择优录取的公开考试方式，为人才的脱颖而出以及唐代的政治、经济繁荣提供了源源不断的智力保障。科举考试制度的出现和发展，为各地方的寒门甚至广大平民打开了取得高官厚禄的通道，使他们有了参与政权的机会，这在一定程度上调和了阶级矛盾，同时吸收了下层的大量人才，扩大了统治基础，在为唐代的政治、经济繁荣提供智力保障的同时，形成较为稳定的统治局面。

“大唐贡士之法，多循隋制”（《通典·选举典》）。李渊建唐后不久，便在武德四年（621）参照隋代成法开科取士，并且形成每年一考的制度。至武德五年（622）十二月，取中秀才一人、进士四人。武德六年（623）又取进士四人。七年（624）取秀才两人、进士六人。武德八年至九年（625—626）秀才、进士都有，每年还取明经若干名。唐太宗继位后，出现了历史上有名的“贞观之治”局面，而在科举取士方面，贞观时平均每科约为 10 名，以至唐太宗发出“天下英雄入吾彀中矣”的慨叹。唐高宗在位期间，所举行的 22 科取进士 576 人，平均每科 26 人略多。武则天登基后，又开创了殿试和武举制度，加强对人才的选拔。

综上可见，唐朝的统治者都非常重视通过科举考试，吸收大量人才。纵观唐朝 289 年的历史，科举及第总人数，明经有 26000 余人、进士 6658 人，还有部分遗漏，制举诸科上千人，各科及第总人数应当在 3 万人以上。而《唐国史补》卷下说：“进士为时所尚久矣……位极人臣常十有二三，登显列十有六七。”另据统计，从唐宪宗到唐懿宗期间，朝廷共有宰相 133 人，而其中进士出身者 98 人，约占宰相总数的 74%，宰相中进士出身的人数占绝对优势。可见，在唐代，当时的统治者通过科举考试制度，可以选拔社会上的大部分精英为自己服务，这也是唐朝繁荣富强的一个重要原因。

唐代科举制度，是在魏晋“九品中正制”的基础上发展起来的一种官吏选拔制度。它打破了“上品无寒门，下品无势族”的门第观念，而采取公平竞争和择优录取的公开方式，为人才的脱颖而出划定了同一起跑线，这相比于前代的选官制度无疑是一大进步。首先，它取代了汉魏以来的察举制和九品中正制，把选拔官吏的权力更有效地由地方世族和长官处集中到中央。这不仅加强了中央集权，也满足了庶族地主参与政权的强烈愿望，扩大并巩固了统治基础，较好地解决了中央集权与调动地方及个人积极性的关系。其次，它把读书、应试和做官三者紧密联系起来，使培养与选拔任用人才相结合，为封建时代的知识分子打开了获取高官厚禄、享受富贵的捷径。这也打破了魏晋文人言论诡谑、举止放浪的所谓“魏晋风气”，使世人认为“万般皆下品，惟有读书高”（汪洙《神童诗》），形成了中华民族重视教育、刻苦学习的传统；也激发了知识分子的求知欲，带来了劝勉勤学的社会风气，为求取功名，挑灯夜读者千家万户。正如宋代诗人晁冲之所云：“孤村到晓犹灯火，知有人家夜读书”（晁冲之《夜行》）。最后，它改变了单纯以道德、品行和家世门第录取人才的弊端，原则上以考试成绩作为唯一的选才标准，并建立了一套统一的内容、标准、程序、步骤，使考试制度化，这有利于评分的标准化与客观化，使科举考试能把优秀人才吸纳到封建政权机构中来。在漫长的封建社会中，为中国文化的丰富与发展做出巨大贡献的政治家、思想家、文学家、史学家，以及其他学问家，如宋璟、欧阳修、苏轼、沈括等人，大多是通过科考而跻身于社会上层，并由此获得了做出贡献的学术基础。

从政治上看，科举制度的实行满足了君主专制的需要，收到了集权于中央、巩固政权的效果，从而加强了政权的统一和集中；它以考试为统一标准，想做官的人都在全力以赴地去适应这些标准，这就加强了思想的统一；相对公开、平等的仕进之路，刺激并网罗了大批中下层知识分子，使他们有了参与政权的机会，从而调和了阶级矛盾，有利于政权稳定。

三、唐朝的科技教育机构健全、学科内容系统完善，充分体现了教育的经济社会作用和影响

教育与科技相伴而生，互相依存，互相促进。教育的发展既培养统治阶级所需人才，同时又通过人的智力促进科技发明。科技成果最终通过劳动者素质的提高、生产技能的熟练程度转化为生产力，从而促进经济发展和社会进步。

我国自古就重视对百姓科技知识的教育，“设官教民”就是一种普遍的政治与教育合一的教育形式，而且比较好地运用到了古代科技教育中。唐代统治者重视科举，但同时也看到了科举考试的弊端，从科举考试的相关诏令中可以看出，一方面强调科举的重要性，一方面又在极力地纠正科举考试玄虚的倾向，尽力让百姓接受实用的知识学习，重视科技知识教育就是重要实例，并且建立了完善的教学体制、规定了学习内容，这些做法充分体现了统治者对教育在经济社会发展中的作用和影响的认识，切实对其予以提倡和加强，使科技教育有效促进经济社会发展、维护封建

统治。

（一）官府的机构设置中有健全的科技教育部门，有官吏的人员编制。唐代的科技教育体系，由天文历法教育、医学教育和数学教育等构成，它们彼此之间既相互联系，又各自具有独立完整的体制。

天文历法教育。农业是我国立国的根基，与农业生产密切相关的观象授时、制定历法，历来被视为国之大政，颁布历法直接由天子掌握，天子也借此来证明“君权神授”。因此，我国古代的天文历法知识一直是由官方垄断的，并且这类人才的培养最初是世袭的，后来又是职官性的。早在西周，朝廷就设有民政官司徒一类的官吏，他们掌握有关农业、林业等生产方面的知识，在领导生产的过程中，负有教民“稼穑树艺”的职责。汉代设有大司农和力田（地方小农官）一类的官吏，负责管理农业生产和推广农业生产技术。据古籍记载，汉武帝晚年，赵过创造了代田法，又创制新田器，耕耘下种都有巧便处。所谓新田器就是耦犁和耧车。有了这些新田器，实行代田法，便用力少而得谷多。汉武帝为了推广他的新耕作法，命令全国郡守派遣所属县令、三老、力田、乡里老农到京师学习，学成之后负责教民。这一措施推动了当时农业生产技术的提高，这是古代科技教育史上设官教民的典型实例。

由太史局负责培养天文历法人才，始于隋朝。唐承隋制，太史局的设置更为完备。据《新唐书·百官志》所记，乾元元年（758），太史局有“天文博士二人”“历博士一人”“漏刻博士六人”，招收“天文观生九十人、天文生五十人、历生五十五人、漏刻生四十人”，由各类专业博士分别培养学生。例如由历博士教授历生和天文观生，使其学习编造历书，进行测影，订四时之序，测定天文时令等。这种职官性的天文、历算教育一直延续到清朝。

我国古代太史局的科技教育，曾创立了良好的教学传统，一方面十分重视基础科学的教学。学生就学期间，绝不以学习一般知识为限，还必须学习有关天文、气象、历法、数学知识；另一方面又十分重视对学生实际能力的培养，让学生实地进行观测记录，并参加编制历法，预报日食、月食等工作。因此，其教学质量较高。

医学教育。我国古代早有医官制度，秦汉医官私人授徒的事，已见于史书。南北朝时期，南朝宋元嘉二十年（443）始设医学。北魏时设太医博士教授弟子，隋沿魏制，明文规定太医署及附属药园招收生员，培养医学专门人才。隋朝创立了“太医署”，相当于现在的医学教育行政机构。署内分医、药两部，在校师生最多时达580多人。

唐太医署实际上可视为中央医科大学，属太常寺主管，在行政管理上有太医署令二人，负有全面领导之责。另有丞二人，协助太医署令之工作；府二人、史二人、医监四人、医正八人、掌固四人等，协助分管教务、文书、档案和庶务等工作。唐朝太医署在当时影响很大，制定了一套分科制度，并规定了各科的修业年限、招生人数、教材及必修知识等。例如针师科，招生20名，由针博士和助教授课，以《黄帝内经》《明堂脉诀》《素问》等为基本教材，要求学生掌握“经脉孔穴”知识，熟悉“九针”补泻方法，做到对症施治。此外，还建立了严格的考试制度，评定学业成绩，既重视基础医学知识的学习，又注意临床实践。并根据学生成绩的优劣，分别录用为医师、医工、针师、针工、按摩师、按摩工等。除中央医学外，唐朝还建立了地方医学制度，规定各州均设医博士与助教，培养所需医学生员。

我国古代职官性的医学教育，自南北朝至清末，相沿不断。在教学中尤其重视辨证施治原则，使我国医学自成体系，独具特色，成为世界医林的一大瑰宝。据《新唐书·百官志》记载，为了适应农业生产的需要，促进畜牧业的发展，唐朝太仆寺于武则天光宅元年（684）设置了兽医学，“兽医六百人，兽医博士四人，学生百人”。兽医生面向庶民子弟，通过考试录取，学成之后，补为兽医，如技艺优长，则进为博士。

数学教育。我国古代数学有着悠久的历史，据历史记载，早在西周时期，“数”即作为“六艺”之一，成为贵族子弟必修的一门课程，在一定程度上受到统治阶级的重视。当时还有世代相传掌管天文历法和通晓数学的“畴人”。但是数学知识的延续和发展，主要依靠私授家传。如著名数学家祖冲之便出身数学世家。隋初，国子寺设立算学，置有博士二人、助教二人，招收学生八十人，进行数学教育。

唐沿隋制，国子监亦设置算学。贞观二年（628），“是岁大收天下儒士……其书、算，各置博士、学生，以备众艺”（《贞观政要·崇儒学》）。《唐会要》也有类似记载，并且提到唐太宗多次亲临国子监视察，“国学之盛，近古未有”。唐代算学馆由算学博士“掌教文武八品已下及庶人之子为生者”（《旧唐书·职官志》），共招收学生三十人，分为两组，学制均为七年。与此相应，科举取士还设置了明算科，考试内容主要从十部算经中选题，考试合格者可授予从九品以下的官职。然而，终唐之世数百年间，封建统治者对于数学教育兴废无常，算学馆有时设置，有时停办，隶属关系也常有改变，有时属于国子监，有时又属于秘书省或太史局。

（二）科技知识教育具有先进性，各学科教育内容非常系统完善。我国古代科技教育经过长期发展，至唐朝已经达到世界先进水平，各学科的教育内容不仅完善，而且非常系统。

在天文历法的教育方面，太史局招天文生、历生、漏刻生等共计四百余人。天文生在天文博士的指导下除了学习《石氏》《甘氏》《巫咸》等古代天文学著作外，还要学习观察天文，掌握相关仪器。历生在历博士的指导下，除了学习历法知识，并要掌握测影的相关技术。漏刻生在漏刻博士的指导下，“掌习漏刻之节，以时唱漏”（《唐六典·秘书省》）。

医学教育方面，学科健全，教师职责明确，分类明细，教材先进。医学教学由医博士、助教等教官教授医生，由于医学的特殊性，“又置医师、医工佐之，掌教医生”（《唐六典·太常寺》）。唐代的医学分为五个二级学科，即体疗（内科）、疮肿（外科）、少小（儿科）、耳目口齿（五官科）、角法（拔火罐），可见其专业的设置十分齐全。这种分科教育的体制影响到了后代的医学体系，宋元明清在此分科基础上又进一步细化，更有利于医学知识的传播和掌握。唐代医学的基本教材是《本草》《甲乙经》《脉经》《素问》《伤寒论》等典籍。

太医署置针博士、助教、针师、针工，针师、针工辅佐博士，助教教授针生。所谓“针博士掌教针生以经脉、孔穴，使识浮沉涩滑之候，又以九针为补泻之法”（《旧唐书·职官志》）。这九种针分别是“镵针、员针、鍉针、锋针、铍针、员利针、毫针、长针、大针”（《灵枢·九针十二原》）。针生的基本教材是《素问》《黄帝针经》《明堂》《脉诀》等，并兼习《流注》《偃侧》《赤乌神针》等。按摩博士与按摩师、按摩工教授按摩生。“按摩博士掌教按摩生以消息导引之法，以除人八疾：一曰风，二曰寒，三曰暑，四曰湿，五曰饥，六曰饱，七曰劳，八曰逸。凡人支、节、府、藏积而疾生，导而宣之，使内疾不留，外邪不入。若损伤折跌者，以法正之。”（《唐六典·太常寺》）药园生在药园师的指导下学习各种药物知识，其学习的教材有

《神农本经》《医别录》《新修本草》等，其中《新修本草》为唐朝新修的药物学著作。唐朝在长安选良田 300 亩作为药园，由药园师与药园生按时种植，收采诸药，同时还要对诸州进贡之药材进行鉴别分等。

以上四科共有博士 4 人，助教 2 人，师 36 人，工 144 人，生 85 人。其中负责教学和辅助教学的共有 186 人，学生 85 人，师生比例超过了 2∶1，教学资源非常充足，可以保证学生的培养质量。

在数学教育方面，国子监算学学生要学习《九章算术》《海岛算经》《孙子算经》《五曹算经》《张邱建算经》《夏侯阳算经》《周髀算经》《缀术》《缉古算经》等古代数学经典。“其《纪遗》《三等数》亦兼习之”（《旧唐书·职官志》）。由于算学需要学习的知识很多，且非常复杂，所以唐朝又将学生分为两组，规定学习《九章算术》等七种著作者 15 人，学习《缀术》《缉古算经》者 15 人，同时他们都要兼习《数术纪遗》和《三等数》。

（三）严格规定学制和考试制度，实行期中淘汰和最高年限制，确保教育质量。除了是否拥有完善的体制和高水平的教师与教材外，对学生能否严格要求，也会影响到教学质量，考试制度便是检验学生学习情况最基本的制度。在这方面唐朝有严格的规定，这种规定因各科专业不同而有所区别。

太史局所管理的天文生、历生和漏刻生的学习年限，规定天文生为 8 年，历生为 6 年，至于漏刻生没有规定具体年限，只说“其漏刻生、漏童，取十三、十四者充，兹十九放还”。对这些学生如何考试，史籍中未见记载，只说天文生业成后可补为天文观生，漏刻生业成后可补为典钟、典鼓。显然，对这些学生也是要进行严格考试的，否则，如何衡量其是否业成呢？

关于算学的学习年限，规定“《孙子》《五曹》共限一年业成，《九章》《海岛》共三年，《张邱建》《夏侯阳》各一年，《周髀》《五经算》共一年，《缀术》四年，《缉古》三年”（《唐六典·尚书礼部》）。其具体的考试方式分为口试和笔试，只有口试合格，才有资格进行笔试。笔试内容尽管各不相同，但每个专业都是 10 道题。另外，作为公共必修课，两个专业都要加试《数术记遗》和《三等数》共 10 道题，加试科目的成绩也非常重要，如加试成绩达不到十通九，则前面的科目即使达到了十通六，亦为不第。

唐代规定算学学生的学习期限为9年，如在校9年仍学无所成，则会被勒令退学。规定“主簿掌印，勾检监事。凡六学生有不率师教者，则举而免之，其频三年下第，九年在学及律生六年无成者，亦如之。”（《唐六典·国子监》）可见唐朝对学生平时的管理也是很严格的，既有期中淘汰的规定，也有最高年限的限制。

太医署所管理的诸生的考试，唐朝规定博士每月一试，太医令、丞每季一试，太常丞年终总试。“其在学九年无成者，退从本色”（《唐六典·太常寺》）。对医生学习年限的规定：“体疗者七年成，少小及疮肿五年，耳目口齿之疾并角法二年成。”（《唐六典·太常寺》）其结业考试规定：“医生试《甲乙》四条，《本草》《脉经》各三条。”针生学习期限仍为7年，其结业考试规定：“试《素问》四条，《黄帝针经》《明堂》《脉诀》各二条。”对医生、针生兼习之课程的考试办法：“医、针各三条”。同时还规定：“问答法式及考等高下，并准试国子监学生例。”按摩生“限三年成”，咒禁生“限二年成”，学习结业后，各补为本色师、工。

另外，我国在唐代就有了女医制度。“诸女医，取官户婢年二十以上三十以下、无夫及无男女、性识慧了者五十人，别所安置，内给事四人，并监门守当。医博士教以安胎产难及疮肿、伤折、针灸之法，皆按文口授。每季女医之内业成者试之，年终医监、正试。限五年成。”（《天圣令·医疾令》）据此可见，唐代女医的来源均为官奴婢，其教育由太医署医博士负责，主要学习的科目有妇产科、外科及针灸科。从“按文口授”的学习方法来看，女医学习应是有专门教材的，因为由太医署负责其教育，估计不会超出上述太医署诸教材。女医每季都要接受一次考试，年终还要再考一次，学习年限为5年。根据女医的学习科目可知，她们主要负责的应该是后宫女性的日常治疗。

（四）唐代科技知识的传授，特别是手工业技艺的传授以“世袭家传”为主。世袭家传是我国古代科技教育最常见的形式，西周时期，“学在官府”，文化科学知识也集中掌握在政府官员手中，他们掌握的科技知识，也是他们的家学，通过官职世袭，代代相传。这种情况，在当时的史官中最为普遍。汉代以后，太史令虽然不以世袭为定制，但也不乏家传。刘歆是我国研究圆周率第一人，也是继承父业，他从小对“诸子、诗赋、数术、方技，无所不究”。唐代李淳风一家四代长于天文历算，被传为算学史上的佳话。至于我国的医学，更是具有世袭特点：南北朝时期的徐之才，出身于世代名医之家，六代中有十一个著名的医生。这些都是科技知识世袭家传的典范。

在劳动人民中，父子世代学习工艺技术的现象也很普遍。据《管子・小匡》所载："农之子常为农""工之子常为工"。家技代代相传研习，以至形成"族有世业"的状况。《周礼・考工记》用"筑氏""冶氏""凫氏"称呼百工，说明家技已经发展成为族业了。家传世袭是一种保守的教授方式，大大限制了工艺技术的交流与发展。唐代名医孙思邈曾经批评过家传医道的保守性，指出"各承家技，始终循旧"（《千金要方・治病略例》）。这种方式的保守性，归根结底是由封建制度的保守性决定的。《周礼・地官司徒》提出"以世事教能，则民不失职"，认为百姓各承家业，有利于建立稳定的王道秩序。

唐代经过上百年的努力，尽管官学教育制度已相当完备。但由于中国社会政治制度和经济基础的制约，科技知识的传授主要还是世袭家传，这在手工业科技教育中表现得尤为突出。这时，在进行手工业生产中，物理知识已经被广泛地应用。在家族或师傅传授给子孙或徒弟知识与技能的过程中，也传授了其中应用的物理知识。家业世传和学徒制是中国手工业科技教育的主要形式，它们的共同点是没有教材，一边教，一边学，一边干，在实践中容易学习掌握，但不易广泛流传推广，更难把经验上升到理论。可喜的是，在中国古代的一些科技或哲学文章中，也包含了一些物理知识，例如《墨经》《考工记》等篇章。

第二节　唐朝的教育经济思想

唐朝崇儒尊孔的文教政策决定了科举和学校教育的发展方向，无论科举还是学校教育，都以儒经为主要内容，其目的在于选拔和培养儒术人才。学校教育主要是经学教育，儒家思想控制了学校教育和科举考试，《五经正义》成为统一的教材，这是唐代教育的主要特点，对后代封建教育产生了深远的影响。如果说汉代的文教政策是"独尊儒术"，那么唐代的文教政策则是除重振儒术以外，还提倡佛教和道教，即以崇儒尊孔为基本，以佛、道两教为辅助手段。在这种文教思想的影响下，教育思想的发展受到了极大的束缚。但是，唐初帝王却从隋朝的灭亡中吸取教训，他们把教育与政治制度、经济发展、富民强国看得同等重要，这不仅促进了教育本身的发展，而且创造了从贞观之治到开元盛世百余年的繁荣昌盛局面。

一、李世民充分认识到教育的经济社会作用，把政治上任用贤良、经济上家给人足、文化上德教化民作为教育的最高目标

李世民重视教育，是有着深刻的历史原因和社会原因的。他出身于军事贵族世家，父亲李渊在隋朝官至河东慰抚大使、太原留守。这种军事贵族世家把军功作为晋升的主要阶梯，形成崇尚武功的传统。在教育上要求子弟从小学习弓马，熟读兵书，到了成年就到军中任职，一旦有战争，就能带兵征战。李世民在这种家庭环境中，因偏重习武，对文化知识学习不够。他在回忆中曾说自己“少不学问，唯好弓马”“少尚威武，不精学业”（《答魏征上〈群书治要〉手诏》）。他随着父亲职位的升迁和居住地经常变动，18 岁居太原，跟随留守府宾客张后胤学习《春秋左传》，为时不过三四个月，以后起兵反隋，“躬亲戎事，不暇读书”（《贞观政要》）。即位后，他掌握国家最高权力，却自觉不知治国安民的道理，对缺乏文化知识是深为悔恨的，这也是他重视文化教育的原因之一。他成为皇帝后，向大臣们咨询，认识到治国不能单靠武功，而是主要靠文治，如果不吸取秦二世及隋炀帝的历史教训，就可能二世而亡。根据治国需要，面对现实，探讨教育问题时，他更深刻地认识到，应当加强自我学习，培植贤才，教化黎民，才有可能实现“王道”政治，这是他重视文化教育的主要原因。到了贞观年间，深谋远虑的李世民认识到，自己不能无限期地统治下去，要使李唐王朝得以长期延续，需要教育太子及诸王，才不至于倾家败国，这也是他重视皇族子弟教育的重要原因。正是由于上述多种因素，李世民即位以后，把教育的发展提高到与改革政治、发展经济同等重要的地位，开创了为后世所称道的“贞观之治”。

他对封建文化教育的贡献，与他社会思想认识的不断深化是密切相关的。李世民的政治主张，是在反隋斗争中形成的，也是在学习总结中国历史上成功与失败的统治经验中形成的。他对隋炀帝的残暴统治深恶痛绝。他说：“有隋之季，海内横流，豺狼肆暴，吞噬黔首，邑里凋残，鞠为丘墟。朕投袂发愤，情深拯溺，扶翼义师，济斯涂炭。……反浇蔽于淳朴，致王道于中和。此朕之宿志……”（《唐太宗集·九嵕山卜陵诏》）他的政治路线与隋炀帝相反，他指出自己要拯救黎民百姓，以德政取代暴政，政治目标是“王道”，使国家安定，天下大治。历史上，存在着以德

服人的“王道”和以力服人的“霸道”。政治思想不同，实行的政策也不同，结果就会大不一样。“观古人君，行仁义，任贤良，则理；行暴乱，任小人，则败。”“周既克殷，务弘仁义；秦既得志，专行诈力。非但取之有异，抑亦守之不同，祚之修短，意在兹乎！”（《贞观政要·辩兴亡》）二者鲜明的对比使李世民从统治集团的长远利益出发，做出了历史性的选择。他宣布“为国之道，必须抚之以仁义”，其施政就以此为中心。“朕君临八方，于今四载，夙兴夜寐，无忘晷刻。履薄驭朽，思济黔黎，推心至诚，庶几王道。”（《唐太宗集·大赦诏》）他在实行“王道”的具体内容上，把教育与政治、经济放在同等重要的地位，同时还对教育之于二者的作用给予充分的肯定。他认为，实行“王道”最少应该有以下几点：政治方面，任用贤良，赏罚得当；经济方面，薄赋轻徭，家给人足；文化方面，礼乐兴行，德教化民。为了实现这样的目标，就需要利用教育。教育为“王道”政治服务，而且是实现“王道”政治的重要手段和途径，“王道”政治是教育的最高目标。教育路线方针受政治路线制约，政治路线制定之后，也就有条件相应地确定教育路线与方针。

贞观初年，李世民面临的是极为严峻的形势，“即位之始，霜旱为灾，米谷踊贵，突厥侵扰，州县骚然”（《贞观政要·政体》）。在内外不安的情况下，决定国家应该如何治理，这是迫切需要解决的问题，统治集团内部对这一问题的意见有分歧。据《贞观政要》记载，“贞观初，人皆异论，云当今必不可行帝道、王道”（《贞观政要·政体》）。李世民曾对长孙无忌等人说：“朕即位之初，有上书者非一，或言人主必须威权独运，不得委任群下，或欲耀兵振武，慑服四夷。”（《贞观政要·诚信》）当时，主张依靠武力，实行“霸道”的人居多。不同意这样做的是少数人，以魏征为代表。李世民在与大臣们讨论政治教化的得失时，提出“当今大乱之后，造次不可致理”。当时任谏议大夫的魏征，发表了不同意见：“不然。凡人在危困则忧死亡。忧死亡则思理，思理则易教。然则乱后易教，犹饥人易食也。”（《贞观政要·政体》）在长期的战争破坏中，人民的生命财产毫无保障，现在国家统一了，人民厌弃战争动乱的日子，希望过太平安定的日子，所以人心思治，这是社会心理趋势。人心思治就容易接受教化，这正像处于饥饿状态的人容易接受食物一样。战争阶段过去，和平阶段开始，政治上要相应地实行转变，确定新的路线方针。所以魏征劝李世民实行文治：“偃革兴文，布德施惠，中国既安，远人自服。”（《贞观政要·诚信》）但是，魏征的观点却遭到了右仆射封德彝的反对。魏征针对他们的观点指出：“五帝三王，不易人而理。行帝道则帝，行王道则王，在于当时所理，化之而已。考之载籍，可得而知。昔黄帝与蚩尤七十余战，其乱甚矣，既胜之后，便致太平。九黎乱德，颛顼征之，既克之后，不失其理。桀为乱虐，而汤放之，在汤之代，即致太平。纣为无道，武王伐之，成王之代，亦致太平。若言人渐浇讹，不返纯朴，至今应悉为鬼魅，宁可复得而教化耶?"（《贞观政要·政体》）魏征根据历史来立论，封德彝等人难以反驳，但都认为魏征的主张不可行。然而，李世民采纳了魏征提出的路线，并努力去实行。他认为时势已经发生变化，和平阶段应该实行文治。他说："戡乱以武，守成以文，文武之用，各随其时。"（《资治通鉴》卷一百九十二）和平时期顺应民心，对人民必须实行文治，但这绝对不是放弃武备，他在《金镜》中说："理人必以文德，防边必以武威……不可以威武安民，不可以文德备塞。"所以，李世民治国是兼用两种手段，概括地说就是"兴文备武"。这一政治路线的转变，是唐朝走向繁荣昌盛的重要起点，是实现"贞观之治"的基本条件。实行数年之后，取得了极为显著的社会效果，在政治上、经济上、军事上奠定了国家强盛的基础，封建文化教育从此得到迅速发展。

既然选择了"兴文备武"的政治路线，就要把政治上任用贤良、赏罚得当的方针体现在国家人事政策上，就要选用一大批儒生为各级官吏。李世民充分认识到人才在社会发展中的作用，所以思贤求才是他经常思考的一个问题。他说："夫国之匡辅，必待忠良，任使得人，天下自治……帝王之为国也，必藉匡辅之资。故求之斯劳，任之斯逸。照车十二，黄金累千，岂如多士之隆，一贤之重！此乃求贤之贵也。"（《帝范·求贤》）忠贤之才如此重要，求贤成为迫切任务。他说："治主思贤，若农夫之望岁；哲后求才，若旱苗之思雨。"（《唐太宗集·金镜》）帝王之所以渴望选用贤才，目的是使百姓安居乐业，以维护统治。而且在人才的选拔上，他很重视人才的德行学识。也就是说，这时李世民已经充分认识到了教育的经济社会作用，并且将发展教育作为治国的重要手段。"贞观二年，太宗谓侍臣曰：'为政之要，惟在得人，用非其才，必难致治。今所任用，必须以德行学识为本。'"（《贞观政要·崇儒学》）又"贞观六年，上谓魏征曰：'为官择人，不可造次。用一君子，则君子皆至；用一小人，则小人竞进矣。'对曰：'然。天下未定，则专取其才，不考其行；丧乱既平，则非才行兼备不可用也'"（《资治通鉴》卷一百九十四）。贤才不仅需要才干，也应具有德行，还要有学识，即必须是"以德行学识为本"德才兼备的人物。

把礼乐兴行、德教化民作为教育的最高目标，体现在教育政策上，就是发展学校教育，以儒家的封建政治伦理思想来培植地主阶级子弟，使其成为治国贤才。李世民说："夫功成设乐，治定制礼。礼乐之兴，以儒为本。宏风导俗，莫尚于文；敷教训人，莫善于学，因文而隆道，假学以光身。"（《帝范·崇文》）尊儒和重学是密切联系的，确定尊儒的方针，就必然会利用国家的力量来兴办学校。

封建帝王中，真正认识到教育经济社会价值的自李世民始。正是因为他充分认识到了教育的经济社会作用，也正是因为他大力发展教育事业，这才为唐代的经济社会发展奠定了坚实的物质基础和文化精神基础。为了使自己的思想能付诸实施，他大力兴办学校，并且采取了一系列的措施，使唐初教育得到了较快发展。

首先，即位初，即于弘文馆设附属学校，下令三品以上官员子孙为弘文馆学生。这是一所高级贵族官僚子弟的特殊学校，后又于东宫设崇文馆，其也是贵族子弟学校。但最受重视的还是国子监，其在武德时是纯为传授儒学的中央官学，到了贞观时增设书学、算学、律学，以备众艺，成为兼有专门知识传授的多学科性大学，学生由342名增加到3200名。为了容纳迅速增加的学生，国子监曾两次扩建，成为培养人才的中心。同时，下令在府州设置医学，这是历史上前所未有的措施，表明统治者为了长远利益，开始注意保护劳动力资源。

其次，多次征召民间学者，充实师资。随着学校的迅速增加，教师成为影响教育发展的重要因素，于是师资只能先从民间选拔。贞观年间，仅有记载的就进行过四次有关选拔师资的征召：贞观二年（628），"大收天下儒士"；贞观六年（632），"尽召天下惇师老德以为学官"；贞观十一年（637），征召"儒术该通，可为师范"的学者；贞观十四年（640），"大征天下名儒为学官"。此外，还有个别推荐征召的。

再次，制定了一套严格的管理制度。在中央官学继续并完善等级性学制，规定贵族官僚享有"门荫"入学的教育特权：三品以上官员子孙入国子学，五品以上官员子孙入太学，七品以上官员之子入四门学，八品以下官员子弟入律学、书学、算学，庶人之子俊秀者，通过考试也可入四门学、律学、书学、算学。这些措施，使统治阶级内部各阶层对教育的要求都得到一定的满足，实现了一定的均衡。

最后，还通过立法确立学官考核制度。国子监祭酒每年终了，考核下属学官的功过，区分为九等，其标准为"四善一最"。"四善"为德义有闻、清慎明著、公平可称、恪勤匪懈。"一最"指训导有方，生徒充业。九等：一最四善为上上；一最三善为上中，一最二善为上下，无最而有二善为中上，无最而有一善为中中；职事粗理，善最不闻，为中下；爱憎任情，处断乖理，为下上；背公向私，职事废阙，为下中；居官谄诈，贪浊有状，为下下。以九等评级作为升黜的依据，这是当时加强学校管理的有效手段。

经济上把轻徭薄赋、家给人足作为教育的最高目标，在李世民“以民为本”的思想中体现得十分明显。在抓学校教育的同时，李世民对社会教育也十分重视。他从隋朝的失败和灭亡中吸取经验教训，对君民的关系有了深刻的认识，形成“以民为本”的思想。他认为作为皇帝应该首先为民着想，把百姓的利益放在重要地位。他对大臣们说：“为君之道，必须先存百姓，若损百姓以奉其身，犹割股以啖腹，腹饱而身毙。”（《贞观政要·君道》）能认识到君依存于民，就不敢肆意剥削，为政就必须清静，时时照顾百姓的根本利益。他对大臣们说：“凡事皆须务本，国以人为本，人以衣食为本，凡营衣食，以不失时为本。夫不失时者，在人君简静乃可致耳。若兵戈屡动，土木不息，而欲不夺农时，其可得乎？”（《贞观政要·务农》）百姓是国家的根本，自知仁义、自守礼节，从教而变、随风而化，君主的重要责任就是对百姓实行教化。他认为，仁义是人类社会的基本道德，道德淳厚，是国家存在的基础。所以唐太宗登基后，着手规范体制，教化臣民，开启唐朝政治的新天地、新篇章。首先，唐太宗诏示臣民尊道重德，讲求笃实，即做真实之人。武德九年（626）十一月，唐太宗颁《谕崇笃实诏》：

> 立人之道，曰仁与义；为国之基，德归于厚……朕纂历膺期，思宏至道，因兆民之所赖，求万国之欢心。……随事慰省，以申情好，务从笃实，各存周厚。朝廷无拘忌之节，交游有久要之欢，遵道而行，率履不越。斯则上下交泰，品物咸亨，惠政所加，达于四表。布告天下，咸知朕意。

其中明确提出改变风俗要从朝廷开始，达于四方百姓，而且充分认识到道德风俗的根源在于百姓的经济生活，要使社会风俗淳厚，国家应该教育农民安于务农。《帝范·务农》篇说：

> 夫食为人天，农为政本。仓廪实则知礼节，衣食足则知廉耻。故躬耕东郊，敬授人时。……莫若禁绝浮华，劝课耕织，使人还其本，俗反其真，则竞怀仁义之心，永绝贪残之路，此务农之本也。

由于唐太宗李世民充分认识到了教育的经济社会作用，并且采取了一系列的政策措施，使贞观初年的经济繁荣、社会稳定。在唐太宗即位之初，经济社会问题可以说是千疮百孔，人民普遍流亡未归。但是几年之后，情况迅速好转。根据记载，人民流散者渐归乡里，农业连年丰收，米粟每斗不过三四钱，出现了“囹圄常空，马牛布野，外户不闭”（《贞观政要·政体》）的景象。行旅出门往来各地，都不必自带干粮，可以取给于路。山东一带的村落，对于过路的旅客，必厚加供待，有时还赠送物品。这些描绘也许有夸张之处，但是也能反映当时天下太平的一些真实情形。

二、孔颖达身为国子祭酒，掌管一国教育，身为给事中，掌封驳政令，随侍皇帝左右，为唐太宗实行“王道”政治做出了重要教育贡献

正是由于李世民重视教育，重视教育的经济社会作用，不仅促进了唐初经济繁荣和社会发展，而且促进了人们对教育经济作用问题的思考，孔颖达、韩愈、李翱等都围绕教育的经济社会作用问题，发表看法、阐述主张。

孔颖达（574—648），字仲达，唐代著名经学家、教育家，生于隋唐之际的官宦之家。据《旧唐书·孔颖达传》记载，其“八岁就学，日诵千余言。及长，尤明《左氏传》《郑氏尚书》《王氏易》《毛诗》《礼记》，兼善算历，解属文。同郡刘焯名重海内，颖达造其门，焯初不之礼，颖达请质疑滞，多出其意表，焯改容敬之。颖达固辞归，焯固留，不可，还家，以教授为务。”

隋大业初，隋炀帝广征天下宿儒，集中于洛阳，由门下省主持，仿当年汉宣帝石渠议经、汉章帝白虎论礼之故事，下令在洛阳举行大规模的儒学讨论大会。为响应皇帝明诏，经明行修之士、方领矩步之徒，从四面八方云集洛阳，以文会友，研经讨古，为统一的隋朝政权添上了教化大兴的浓墨重彩的一笔。孔颖达以明经高第参加了这一盛会，他少年老成，英姿勃发，舌战群儒。门下省纳言（侍中）杨达评第高下，以孔颖达为最，奏之皇帝。隋炀帝以孔颖达为太学助教，陆德明为国子助教。其时孔颖达年方 32 岁，是应诏诸儒中最年少的大师。隋末大乱，其避难于虎牢（今属河南省荥阳市）。

唐太宗作为一国之君，真正认识到教育的经济社会作用，并付诸治国理政，但促使他这一思想形成的人物之一，便是孔颖达，这不仅由于孔颖达拜国子祭酒，掌管一国教育，还因为其身为给事中，掌封驳政令，辅佐前后，教育思想和主张多被吸收、采纳，孔颖达也因此屡受器重，担纲大任。这些，我们可以从具体的事件中

得以印证。

唐高祖武德四年（621），李世民招揽天下文士，为治国平天下储备人才，并特设文学馆。这年十月，孔颖达等 18 人同日被授为文学馆学士，号称“十八学士”。十八学士三班值阁，李世民每当军国事罢，进谒归休，常引见学士，与他们讨论坟籍，商略前载。这在《新唐书·褚亮传》中有记载：“每暇日，访以政事，讨论坟籍，榷略前载，无常礼之间。”时人称之为“登瀛洲”。武德九年（626），“玄武门之变”后李世民被立为太子，秦王府官属皆有封赠，十八学士也加官晋爵，杜如晦为太子左庶子，房玄龄为右庶子，虞世南为中舍人，褚亮为舍人，姚思廉为洗马，孔颖达则擢授国子博士，成为全国最高学府的高级教官。

627 年，即位后的李世民改元贞观，论功行赏，孔颖达以儒业受封曲阜县男，转任给事中。给事中乃门下省要职，掌封驳政令，议论得失，随侍皇帝左右，倍见亲信。孔颖达屡迁国子司业，祭酒，掌管一国教育。唐太宗对孔颖达寄予厚望，将储君的教育委与他，任他为太子右庶子，与左庶子于志宁，共同掌教太子李承乾。无奈太子承乾爱好声色，漫游无度，足智饰非，不听劝教，又因太宗偏爱魏王李泰，酿成嫡庶相争之祸。李承乾被废后，其他东宫属官多被黜退，只有孔颖达、于志宁等由于平时对承乾犯颜直谏，尽心尽职，太宗仍奖赏有加、信任如故。

孔颖达与魏征撰成《隋书》，孔加位散骑常侍。李承乾令其撰写《孝经义疏》，孔颖达在文中寓有规讽之道，得到学者称赞。贞观十一年（637），又参与修订“五经”，凡一百八十卷，名曰《五经正义》。太宗下诏曰：“卿等博综古今，义理该洽，考前儒之异说，符圣人之幽旨，实为不朽。”将其建议“付国子监施行，赐颖达物三百段。”（《旧唐书·孔颖达传》）十二年（638），拜国子祭酒，仍侍讲东宫。贞观十四年（640），太宗亲临国学，举行祭祀先圣孔子的释奠大礼。会上，群儒执经宣义，孔颖达主讲《孝经》，他声若洪钟，口若悬河，义理分明。太宗令群儒发难辩驳，孔颖达“金汤易固，楼雉难攻”（《全唐文》卷一百四十五），排难解纷，令众儒师大为折服。时人赞其曰：“洪钟待扣，扣无不应；幽谷发声，声无不答。……关西孔子，更起乎方今；济南伏生，重兴乎兹！”（《全唐文》卷一百四十五）被称赞为“关西孔子”“济南伏生”，足见时人对其的肯定。

作为李世民任秦王时即成为其亲信的几个文臣之一，孔颖达在后来的政治生活中，不像房、杜诸人功业卓著、位至公卿。他在唐太宗时期的主要贡献不在于政治，而在于文化事业。他学识渊博，文采出众，每遇朝廷议论礼历、商榷经义，他常发高论，多被采纳。孔颖达一生主要从事学术研究和经学教育，将毕生的精力都献给了隋唐时期的文教事业。从乡村儒师、河内郡博士、太学助教、文学馆学士、国子博士、国子司业，一直到国子祭酒，他经历了从一般学者、教师到教育家、教育界主要行政长官的身份变化，是中国历史上少有的教育实践家。

在教育思想方面，孔颖达的主张是有一定特点的，孔颖达突出强调了“建国君民，教学为先”的传统儒学思想，在《礼记正义·学记》中指出“欲教化其民，成其美俗，非学不可”。告诫统治者在建朝之初必须抓紧、抓好教育，如此即可掌握民众的思想，巩固其统治。他根据孔子“性相近也，习相远也”和汉儒董仲舒“性三品”的思想，突出强调教育在人一生发展过程中所起的重要作用。通过教育，一个人可以保持天性本然之善，不受外界物欲的干扰和污染。他认为，对“上智”和“下愚”，教育的作用虽然有限，但对广大民众（“中民”“群品”），教育则是必不可少的。他的这些思想，为初唐经学教育事业的发展提供了重要的理论依据。

孔颖达是隋唐之际一位重要的教育家，为唐太宗实行“王道”政治做出了重要贡献。在任国子祭酒期间，他整顿学政，转变学风，使国子监日益昌盛，时人称其“再振颓风，重宏绝业，学徒盈于家室，颂声彰于国朝”（《全唐文》卷一百四十五）。为了满足唐初统治者实行“王道”政治的需要，他集结硕学鸿儒编撰《五经正义》，使儒学更加适应统治需要。孔颖达在继承和发扬儒家经世致用、治国安邦优良传统的同时，也注意到了教育在人的知识增长和才能作用发挥方面的重要意义。他说：“夫学，如殖草木也，令人日长日进，犹草木之生枝叶也。不学则才智日退，将如草木之坠落枝叶也。”（《春秋左传正义·昭公十八年》）又说：“人而不学，如面向墙，无所睹见，以此临事，则惟烦乱，不能治理……惟能果敢决断，乃无有后日艰难。”（《尚书正义·周官》）就是说，一个人不学习、不受教育，便会孤陋寡闻，甚至无知无识，一旦从事工作，必会束手无策。只有坚持学习、接受教育，知识渊博并具有思考能力的人，在工作中才能果敢决断、克服困难。他赞同人的才能是源于教育的，其认识具有一定的唯物主义色彩。

总之，孔颖达在隋唐之际是儒家教育思想的重要代表，其思想有着浓重的传统色彩，也有某些学术上的进步和思想上的独到之处。在隋唐儒学恢复统治地位的过程中，他是承上启下的关键人物，不仅将一生都献给了儒家经学的教育事业，还对传统儒学教育理论的发展做出了贡献。

三、韩愈以复兴儒学为己任，坚持维护儒家道统及其独尊地位，重振师道，积极教诲和培养人才，形成了相对系统完整的人才思想体系

韩愈（768—824），字退之，自称“郡望昌黎”，世称“韩昌黎”“昌黎先生”。唐代杰出的文学家、思想家、哲学家、政治家。贞元八年（792），韩愈登进士第，两任节度推官，累官监察御史。贞元十九年（803），因论事而被贬阳山，后历都官员外郎、史馆修撰、中书舍人等职。元和十二年（817），出任宰相裴度的行军司马，参与讨平“淮西之乱”。元和十四年（819），又因谏迎佛骨一事被贬至潮州。晚年官至吏部侍郎，人称“韩吏部”。长庆四年（824），韩愈病逝，年五十七，追赠礼部尚书，谥号文，故称韩文公。留有《韩愈文集》等。

韩愈生活在唐中叶以后，此时唐王朝国势衰微，藩镇割据。许多权贵豪强、僧侣地主，利用他们的特权兼并土地，侵吞税户，造成“国赋散于权门，王税不入天府”“十分天下之财而佛有七八”。反映在意识形态领域里，自魏晋玄学之风盛行之后，佛教、道教广为流行，而作为封建统治精神支柱的儒家思想的独尊地位发生了动摇，这意味着封建中央集权制有所削弱。韩愈则重新打起维护儒家道统的旗号，猛烈抨击佛老，坚持儒家道统及其独尊地位，以复兴儒学为己任。

他说：“老子所谓道德云者，去仁与义言之也，一人之私言也。”他认为推崇佛家乃是“举夷狄之法”。“其法曰：必弃而君臣，去而父子，禁而相生养之道，以求其所谓清净寂灭者。”“口不言先王之法言，身不服先王之法服，不知君臣之义，父子之情。”他认为佛家的学说，既违先王之教，又有悖自然之理和人之常情。他极力维护儒家的独尊地位，并以卫道者自任。他说：

> 斯道也，何道也？曰“斯吾所谓道也，非向所谓老与佛之道也。尧以是传之舜，舜以是传之禹，禹以是传之汤，汤以是传之文、武、周公，文、武、周公传之孔子，孔子传之孟轲。轲之死，不得其传焉”。（《韩愈文集·原道》）

因此，他说“愈之志在古道”“学所以为道”，从而提出了“明先王之教”的教

育宗旨。什么是“明先王之教”？他在《原道》中说得十分明白：

> 夫所谓先王之教者，何也？博爱之谓仁，行而宜之之谓义，由是而之焉之谓道。足乎己无待于外之谓德。其文：《诗》《书》《易》《春秋》。其法：礼、乐、刑、政。其民：士、农、工、贾；其位：君臣、父子、师友、宾主、昆弟、夫妇。其服：麻丝。其居：宫室。其食：粟米、蔬果、鱼肉。其为道易明，而其为教易行也。是故以之为己，则顺而祥；以之为人，则爱而公；以之为心，则和而平；以之为天下国家，无所处而不当。

由此可见，韩愈所称的“先王之教”，其内容概言之，即“仁义道德”四个字。扩而言之，则包括儒家的经典，儒家宣扬的伦理道德，封建社会的政治措施、物质文明和生活方式等。总之，他认为诵习古圣之书，遵守先王之法，明乎人伦，本乎人性，这是教育的根本任务，其核心则是“仁义道德”四个字。把这些内容学好了，便可以运用无穷。

韩愈认为，儒学的纲领就是仁义道德，就是先王之道，也就是先王之教。他把“仁义”与“道德”紧密地联系起来。“道德”是“仁义”的名称，“仁义”是“道德”的内容。不仅如此，他还把道德与政治紧密地联系起来。也是在这种思想的指导下，又把教育与政治经济及老百姓的生产生活联系在一起。他认为，君、臣、民各有其道德：君王的道德就是发号施令；臣的道德就是一切按照君王的号令落实到百姓身上；老百姓的道德就是生产粮食、财物以供君臣需要。他说：“是故君者，出令者也；臣者，行君之令而致之民者也；民者，出粟米麻丝、作器皿、通货财，以事其上者也。”（《韩愈文集·原道》）否则，“君不出令，则失其所以为君；臣不行君之令而致之民，民不出粟米丝麻、作器皿、通货财以事其上者，则诛”（《韩愈文集·原道》）。韩愈认为，发展教育是为政之本，并由此提出培养、教育英才的可贵思想。

韩愈是我国唐代著名的文学家、“古文运动”的主将，提出了“文以载道”的文学主张，这是很多人非常熟悉的。事实上，韩愈在仕途中，曾先后做过一次四门博士、两次国子博士和一次国子祭酒，直接从事过教育和教学工作，因其在文学上的影响太大，在教育上的贡献反而少有人知。贞元十二年（796），韩愈在汴州任观察推官，开始教授学生，贞元十八年（802）任四门博士之后教授了更多学生。前后六年的教育活动，引起较大的社会反响。士大夫中有部分人积极赞成从师学道，而更多的人则极力反对师生名义，焦点集中在师道问题上。为了提倡师道、攘斥佛老、捍卫儒学和促进古文运动继续前进，韩愈抓住对学生赠文的机会，写了《师说》一文，公开发表议论，陈述自己的观点。从教育思想发展的历史看，《师说》在理论上是具有新意的，例如：由“人非生而知之者”出发，肯定“学者”必有师；“传道、授业、解惑”是教师的基本任务；以“道”为求师的标准，主张“学无常师”；提倡“相师”，确立合理的师生关系。韩愈是唐后期儒学教育思想的主要代表。他是在反对佛教道教、反对轻视教育、反对旧的社会习俗的斗争中，形成具有一定进步性的教育思想的。在官学衰落，世风日下，人们耻于从师、为师的情况下，他不顾世俗之人的嘲讽，奋然重振师道，积极教诲并提携后生。经过他的指点和培养，士人中涌现出李翱、皇甫湜、张籍等一批人才，时称“韩门弟子”。

尤为可贵的是，韩愈从教育的目的出发，以自己的教学实践为基础，积极培养人才，不断探讨人才教育理论问题，形成了相对完整的具有一定进步意义的人才思想体系，经韩门弟子的继承发展以及他的著作的传播，对后世产生了广泛影响，也极大地丰富了中国古代教育经济思想的内容。韩愈关于人才问题的思想，主要集中在以下几点：

第一，德治需要大批人才，人才的培养主要靠教育，教育的任务就是为治国兴邦培育人才。

韩愈继承了儒家以德治天下的思想，主张先通过教育的手段向广大百姓灌输封建的道德观念，然后再用刑罚的手段加以控制。因此，他非常重视教育事业，因为德治问题实际上是人治问题，需要有大批人才，人才培养主要靠教育，教育的任务就是要为治国兴邦培育人才。

他在贞元十一年（795）的《上宰相书》中说：

> 孟子曰：君子有三乐，王天下不与存焉。其一曰：“乐得天下英才而教育之。”此皆圣人贤士之所极言至论，古今之所宜法者也。
>
> 然则孰能长育天下之人才？将非吾君与吾相乎？孰能教育天下之英才？将非吾君与吾相乎？幸今天下无事，小大之官，各守其职，钱谷甲兵之问，不至于庙堂。论道经邦之暇，舍此宜无大者焉。

基于这样的认识，他建议上层统治者要从长远利益出发，应该效法孟子“得天下英才而教育之”的精神，为巩固封建统治、培养合格官吏而教育天下之英才。如果不重视教育事业，势必造成人才缺乏的局面，封建统治就会产生“有君无臣”的问题。

他认为，“得天下英才而教育之”，是“极言至论”，是“古今所宜法者”，并认为教育英才的责任在于当政的君相。尤其当天下处于安静之时，经邦治国的大计，当以教育英才最为重要。

第二，君相不仅有责任教育英才，而且要爱惜人才、重视人才、善待人才，要充分发挥人才的作用。

他基于其“四举于礼部乃一得，三选于吏部卒无成”（《韩愈文集·上宰相书》）的切身体验，强调做君相者不仅有责任教育英才，而且要爱惜人才，要充分发挥人才的作用。在《上宰相书》中，他说：“君子之于人也，既长育之，又当爵命宠贵之，而于其才无所遗焉。”如“一夫不获其所，若己推而内之沟中”，认为当时的取士制度是埋没人才的。在这篇文章中，他同时又说：

> 国家之仕进者，必举于州县，然后升于礼部、吏部。试之以绣绘雕琢之文，考之以声势之逆顺、章句之短长。中其程式者，然后得从下士之列。虽有化俗之方、安边之画，不由是而稍进，万不有一得焉。

并说：“今有人生七年，而学圣人之道，以修其身。积二十一年，不得已一朝而毁之，是亦不获其所矣。”他认为，取士制度不合理，致使真正的人才被埋没或摧残，不能充分发挥作用。他这种爱惜人才、发掘人才、充分发挥人才作用的思想是难能可贵的。

人才作用的发挥有赖于有人去识别，更有赖于对其培养和使用。在《杂说》里，他曾以千里马为例说：

> 世有伯乐，然后有千里马。千里马常有，而伯乐不常有。故虽有名马。只辱于奴隶人之手，骈死于槽枥之间，不以千里称也。马之千里者，一食或尽粟一石，食马者不知其能千里而食也。是马也，虽有千里之能，食不饱，力不足，才美不外见。且欲与常马等不可得，安求其能千里也？策之不以其道，食之不能尽其材，鸣之而不能通其意，执策而临之，曰：“天下无马！”呜呼！其真无马邪？其真不知马也！

他以千里马与伯乐的关系，批评统治者愚昧无知、鼠目寸光，以及对人才的摧残和埋没。他认为，统治者要了解人才的所欲所求，然后视其才之大小，安排适当的官职，并为其创造能充分施展才能的条件。否则，像对待千里马那样，“策之不以其道，食之不能尽其材，鸣之而不能通其意”，“欲与常马等不可得，安求其能千里也”（《韩愈文集·杂说》）。何蕃是一个“学成行尊”的人才，但由于得不到善待，只是做了一个太学生。在韩愈看来，“蕃之仁义，充诸心，行诸太学，积者多，施者不遐也”（《韩愈文集·何蕃传》）。他的才学德行只能行之于太学这样一个狭小的范围内，倘若他能得一个适当的官职，功业成就肯定要更大。韩愈的朋友柳宗元也是因为被贬后，没有得到善待，“无相知有气力得位者推挽，故卒死于穷裔，材不为世用，道不行于时”（《韩愈文集·柳子厚墓志铭》）。凡此种种，都为执政者敲响了警钟：不仅要延揽人才，还要善待人才，否则，即使他们有化俗之方、安边之画，如不在其位，也难有施展的机会。

第三，“必有待，然后能有所立”是人才成长的前提和自我完善的理想过程。韩愈基于中唐的社会实际，把有利世用看作人才应具备的首要素质。他在《释言》中说：“凡适于用之谓才，堪其事之谓力。”从严格意义上讲，这并不能算作人才的定义。那么，韩愈又是以什么实际标准来衡量人才的呢？从韩愈品评、荐举人才的话语中，可以窥见一斑。如：“李氏子蟠，年十七，好古文，六艺经传皆通习之，不拘于时”“赵德秀才，沉雅专静，颇通经，有文章，能知先王之道”。从上述内容可以看出，有道德（个人品质、修养）、能文章，是韩愈对人才的内在规定。韩愈把个人品性及修养看作入世的一个前提条件。他认为士人特别是贫贱之士，要进入权力机构而有所作为，“必有待，然后能有所立”（《韩愈文集·何蕃传》）。“有待”并不是消极等待，而是积极修养自身，以备时用。韩愈继承了儒家“正心”“诚意”“修身”说，认为要实践圣人之道，必先从人性的自我完善做起。他说：“万物皆备于我，反身而诚”（《韩愈文集·答侯生问论语书》）。在此基础上，才可“勤祖先之所贻兮，勉汲汲于前修之言”（《韩愈文集·闵己赋》），用儒家思想陶冶情操，提高儒学修养。在《韩愈文集·送齐皞下第序》中，他非常赏识因兄为名相而遭有司冤枉的人士齐皞，高度赞扬了他无怨无悔，“抱负其业，东归于家”，“将利吾器，而俟其时”的勇于自砺、积极有为精神。同时，他批评那些仅凭学问取名致官，得名后，则弃其业次而役于持权者之门者的行为是“务利而遗道”（《韩愈文集·上考功崔虞部书》）的投机行为。韩愈不仅把“有待”看作人才“有立”的前提，更把它看作一种积极完善自我、垂范后世的理想人格模式。

四、李翱提出教育的发展要有政治条件和经济基础，二者互为因果，这一认识是他对教育经济思想的最大贡献

李翱（772—841），字习之，出身于官僚世家。“幼勤于儒学，博雅好古，为文尚气质”（《旧唐书·李翱传》）。唐德宗贞元十四年（798）登进士第，授校书郎。三迁至京兆府司录参军。唐宪宗元和元年（806），召为国子博士，直接从事教育活动。李翱的教育经济思想体现在他较早提出的教育要有政治条件和经济基础，它们互为条件，相互作用，使教育与经济社会协调发展。

作为韩愈的弟子，李翱的学术思想受韩愈影响很深，同时也接受了佛家的许多观念。其教育思想的突出特点是把儒、佛两家的思想杂糅在一起，寻求一种人格解放的道路和方法。虽然他自称“择中庸之蹈难兮，虽困顿而不改其所为。……心劲直于松柏兮，沧霜雪而不衰”（《感知己赋》）。并说：“嘉山松之苍苍兮，岁苦寒亦悴。吾固乐其贞刚兮，夫何尤乎小异。”（《释怀赋》）他所坚持的看似是儒家传统的中庸之道，实际却不尽然。他是把《中庸》里面的一番道理与佛教的理论相结合，进而把韩愈的唯心主义哲学思想又向前推进了一步。

李翱的教育学说建立在人性理论基础上，虽然受韩愈影响很大，但也创造了自己独特的人性理论。李翱论教育思想的代表作是《复性书》三篇，《复性书》集中表述了他对人性及教育过程本质的看法。他认为任何一个人都有“性”与“情”，而性是善的，情是恶的。他说：“性者天之命也。”“百姓之性与圣人之性弗差也。”“人之性皆善也。”就是说，人之性都是天赋予的，任何人生来之性都是一样的，而且都是善的。这里所谓的善，实际上是儒家的仁、义、礼、智等德性。他把宗法秩序所要求的德性，说成人先天本性中所具有的，这显然是对孟子性善论的继承和发挥。他又说：“喜、怒、哀、惧、爱、恶、欲七者，皆情之所为也。”“情者性之动也”“情者性之邪也”“情者妄也、邪也”。就是说，性之动而产生情，情是邪恶的表现。他把情看成要不得的坏东西，这显然是接受了佛家思想的影响。但是，李翱在论述教育的目的和内容时，却提出了教育要有政治条件和经济基础，而且政治和经济互为条件，教育不仅要有政治条件，而且必须有经济基础，这一点是难能可贵的，应该说这是他对教育经济思想的最大贡献。

教育的意义何在？李翱对此重要问题进行了论述。他说："修道之谓教，何谓也？故曰：诚之者，人之道也。诚之者，择善而固执之者也。修是道而归其本者，明也。教也者，则可以教天下矣。"（《复性书》）教育的作用是使个人复其善性，是教天下之人，遵循人道而合于天道。他认为，教育是要有政治条件和经济基础的，只有这样，教育才会收到最大的成效，实为强调教育发展与经济发展相协调的关系。他在《平赋书》中提出"既富之又教之"的主张。他说：

人既富，然后可以服教化，反淳朴。古之圣贤，未有不善于为政理人，而能光于后代者也。故善为政者，莫大于理人；理人者，莫大于既富之又教之。

为政最重要的是治人，治人最重要的就是既富之又教之。要富民，最重要的是减少税赋。他指出："故轻敛则人乐其生，人乐其生，则居者不流而流者日来。居者不流而流者日来，则土地无荒，桑柘日繁，尽力耕之，地有余利，人日益富，兵日益强，四邻之人，归之如父母，虽欲驱而去之，其可得耶？是以与之安而居，则富而可教；与之危而守，则人皆自固。"（《全唐文》卷六百三十八）当人民富裕、生活幸福时，容易接受教育。通过教育使社会秩序安定、国家统治巩固，这才是进行社会教育的根本目的。

他同时认为，学校教育就是培养国家所需要的正人君子，正人君子负有重大的社会责任，"盖将以代天理物，非为衣服饮食之鲜肥而为也"（《李文公集·答独孤舍人书》）。为了履行社会治理的责任，学校教育培养出来的正人君子，必须具备道德和才智，以待国家之需。

君子行圣人之道于社会。"君臣父子夫妇兄弟朋友，存有所养，死有所归，生物有道，费之有节，自伏羲至于仲尼，虽百代圣人，不能革也。故可使天下举而行之无弊者，此圣人之道，所谓君臣、父子、夫妇、兄弟、朋友，而养之以道德仁义之谓也，患力不足而已"（《李文公集·去佛斋论》）。所谓圣人之道的现实内容，就是封建自然经济基础上的政治制度和伦理道德。圣人之道，存于"六经"。"列天地，立君臣，亲父子，别夫妇，明长幼，浃朋友，六经之旨矣。浩乎若江海，高乎若丘山，赫乎若日火，包乎若天地，掇章称咏，津润怪丽，六经之词也。"这是中华文化的人伦特色，注重亲情，达到上下和睦。"故可使天下举而行之无弊者，此圣人之道，所谓君臣、父子、夫妇、兄弟、朋友，而养之以道德仁义之谓也。”（《李文公集·去佛斋论》）“六经”是学习圣人之道的基本教学内容，在学习“六经”要旨的同时，也要学习“六经”的文辞。

为了增进才智，需要博学多艺，穷览百家之书。李翱在《韦氏月录序》中，对博学多通、重视实践的韦行规加以赞扬，表明他有广博的知识。天下至大，非一才所能独支，所患贤能之才不足用，集道德才智于一身的人才，国家政府如果不能正确使用，那是时代的损失、人民的不幸。

五、皮日休积极倡导设庠序、行教化、尚“六籍”，为政要充分考虑民众的教化和经济生活

皮日休（约838—约883?），先字逸少，后字袭美。皮日休出身于普通地主家庭，青少年时代于襄阳鹿门山读书，并从事耕作，自号鹿门子，又号间气布衣、醉吟先生、醉士等。唐懿宗咸通七年（866）到长安应试不中。第二年登进士第，相继任苏州军事判官、著作佐郎、太常博士等职，后出为毗陵副使，其间与好友陆龟蒙交游唱和甚多。王仙芝、黄巢起义时避居江南，及乾符末年（约878）黄巢军攻入江浙时加入了农民起义军，后随黄巢攻入长安，任翰林学士。中和四年（884），黄巢失败，皮日休不知所终。《皮子文薮》内收其文200篇，另有《松陵集》10卷传世。他的不少著作反映了晚唐的社会现实，揭露了统治阶级的腐朽，反映了人民所受的剥削和压迫。他倡导为政以民为本，要重视教民，通过教育使民众过上好日子，使他们重视生产劳动，这是经济发展的基础，也是治理国家的开始，这些事情做好了，就能达到稳定社会的政治目的。

生活在唐末动荡年代的皮日休，主要接受的是儒家的正统教育，有一定的政治抱负。他说：“吾欲以明哲之性辨君臣之分兮，定文物之数。吾欲以正讦之道兮，进忠贤而退奸竖。吾欲以醇酞之化兮，反当今而为往古。”（《九讽系述·正俗》）他努力追随韩愈的“复古”主张。皮日休清楚地知道：“圣人之道，不过乎求用。用于生前，则一时可知也；用于死后，则万世可知也。”（孙光宪《北梦琐言》）树立韩愈为榜样，不仅是为当世之用、为儒学复兴，更是为今后社会文化的发展。在皮日休看来，唐朝数百年的文化，虽说发达兴隆，但不脱周公、孔子实践和学说的范畴。

独尊儒术，首要尊孔。唐朝尊孔之所以胜过前朝，是因为唐人看到孔子是儒学

旗帜，孔子的学说是封建文教乃至整个统治政策的理论基础和体现。皮日休在《襄州孔子庙学记》中写道：“伟哉夫子！后天地而生，知天地之始；先天地而没，知天地之终。非日非月，光之所及者远；不江不海，浸之所汲者溥。三代礼乐，吾知其损益。百王宪章，吾知其消息。君臣以位，父子以亲，家国以肥，鬼神以享。道未可诠其有物，释未可证其无生。一以贯之，我先师夫子圣人也。帝之圣者曰尧，王之圣者曰禹，师之圣者曰夫子。尧之德有时而息，禹之功有时而穷，夫子之道久而弥芳，远而弥光。用之则昌，舍之则亡。昔否于周，今泰于唐。”正因为唐代统治者把孔子抬高到前所未有的地位上，所以唐朝的统治才持续了数百年。

独尊儒术便要设学而教。他在《移成均博士书》中提出：“夫居位而愧道者，上则荒其业，下则偷其言。业而可荒，文弊也；言而可偷，训薄也。故圣人惧是，浸移其化，上自天子，下至子男，必立庠以化之，设序以教之。犹歉然不足，士有业高训深，必诎礼以延之，越爵以贵之，俾庠声序音，玲珑以珩珮，锵訇于金石，此圣人之至治也。今国家立成均之业，其礼盛于周，其品广于汉，其诎礼越爵，又甚于前世，而未免乎愧道者，何哉？夫圣人之为文也，为经约乎史，赞《易》近乎《象》，《诗》《书》止乎删，《礼》《乐》止乎定，《春秋》止乎修，然‘六籍’仪刑乎千万世，百王更命迭号，莫不由是大也。其幽幽于鬼神，其妙妙于元造，后之人苟不能行决句释者，犹万物但被元造之化者耶。故万物但化而已，不知元造之源也。六艺于人，又何异于是？”皮日休认为设庠序、行教化、尚“六籍”、发儒风，是教育部门应当及时抓好的大事。“西域氏”（即佛教）虽为儒学发展的劲敌，但其授徒能精于讲读训释，可为太学的管理和教学人员所借鉴和重视。儒家既然有千百年的办学传统，又有丰富的典籍，应该担负起教化的重任。皮日休虽没有明确提出建立各种等级的教育以形成儒家的教育体系，但他主张立庠序、抓成均，就是借各级学校的古称谓来表达自己兴学崇儒、重建独尊儒术教育制度的思想。

民本主义教育思想是传统儒家教育思想的主要内容之一，特别是在《孟子》一书中表现得比较突出。皮日休在《请孟子为学科书》一文中，特别强调《孟子》虽非经，而与经学精神不违，他说：

> 臣闻圣人之道，不过乎经；经之降者，不过乎史；史之降者，不过乎子；子不异乎道者，《孟子》也。舍是子者，必戾乎经、史。又率于子者，

则圣人之盗也。夫《孟子》之文，灿若经传。天惜其道，不烬于秦。自汉氏得之，常置博士，以专其学。故其文继乎六艺，光乎百氏。真圣人之微旨也。若然者，何其道晔晔于前，其书汲汲于后。得非道拘乎正，文极乎奥，有好邪者惮正而不举；嗜浅者鄙奥而无称耶？盖仲尼爱文王，嗜昌歜以取味。后之人将爱仲尼者，其嗜在《孟子》矣。呜呼！古之士，以汤、武为逆取者，其不读《孟子》乎？以杨、墨为达智者，其不读《孟子》乎？由是观之，《孟子》功利于人亦不轻矣。今有司除茂才、明经外，其次有熟庄周、列子书者，亦登于科。其诱善也虽深，而悬科也未正。夫《庄》《列》之文，荒唐之文也。读之可以为方外之士，习之可以为鸿荒之民。有能汲汲以救时补教为志哉？伏请命有司，去《庄》《列》之书，以《孟子》为主，有能精通其义者，其科选，视明经。苟若是也，不谢汉之博士矣。既遂之，如儒道不行、圣化无补，则可刑其言者。

皮日休这一段议论，是要把《孟子》从子书推到儒经的高度。在他看来，《孟子》书中的民本主义色彩，与商汤、周武的所作所为是相同而不悖的。孟子作为得孔子思想的真传而成为“亚圣”，他与孔子不同的地方在于“逆取”，即从反面批评“好邪”“惮正”之人，因此为统治者所排斥。其实，对于统治者来说，《孟子》虽有“轻君”的思想，但轻的是昏君，其学说虽深奥，但其“功利于人亦不轻”，特别是在国家衰败时“救时补教”，使儒道可行、圣化可补，并能有效抵制庄子、列子等“方外之言”。

从推崇孟子到主张行教化，皮日休走的仍是传统儒家推行民本主义教育思想的路子。过去的历史与当时的现实都说明，对民众的压榨与巧取豪夺，只能加速统治者的灭亡。相反，善于教化引导，以纲常伦理约束之，则可保持相对安定的局面。唐朝之所以能绵延数百年，衰而复兴，就是因为开国之初唐太宗李世民就认真总结了前朝统治的历史经验，知道“水可载舟，亦可覆舟”的道理。作为唐朝行将灭亡时期的儒家文人皮日休，通过他的经历，通过他与民众的广泛接触，看到了正在酝酿着的民众的反抗怒火，因此站在统治者的立场上，根据传统儒家理论，要求统治者尊重民众，施行仁政，推行教化，但是这种种努力都只能成为徒劳。

皮日休站在庶族地主阶级的立场上，维护封建统治制度，但他同情农民，也反映农民的一定利益和要求，继承和宣扬儒学的民本政治思想，对社会民生有深刻的洞察和思考。同时，这也从一个侧面反映了他主张教化百姓，以达到稳定社会的政治目的。皮日休认为，政治就是要为民谋利，“天之利下民，其仁至矣。未有美于味而民不知者；便于用而民不由者；厚于生而民不求者”（《皮子文薮·原谤》）。古时的圣君贤臣，所想的是为民之利，“不以尧舜之心为君者，具君也。不以伊尹、周公之心为臣者，具臣也”（《皮子文薮·鹿门隐书》）。如果不能为人民谋利益，也就不配做帝王，“后之王天下，有不为尧、舜之行者，则民扼其吭，捽其首，辱而逐之，折而族之，不为甚矣”（《皮子文薮·原谤》）。对所行不称其职的帝王，人民可以采取行动驱逐他。他把尧、舜作为统治者的典范，圣人汲汲于为民而劳心劳身。“劳者劳于心也，劳一心而安天下”，“劳者劳于身也，劳一身而安万世者也”（《皮子文薮·原己》）。但今之政治反于古，事情完全颠倒了。“古之官人也，以天下为己累，故己忧之；今之官人也，以己为天下累，故人忧之”（《皮子文薮·鹿门隐书》），不是民为本，而是官为本。古时的领导者是为天下人民服务，而此时的领导者是天下的人民为他服务；古时是以得到民众真心拥护而得到天下，此时是以民众的生命为代价而得到天下。皮日休《读司马法》中载：

古之取天下也以民心，今之取天下也以民命。唐、虞尚仁，天下之民从而帝之，不曰取天下以民心者乎？汉魏尚权，驱赤子于利刃之下，争寸土于百战之内。由士为诸侯，由诸侯为天子；非兵不能威，非战不能服，不曰取天下以民命者乎？

依靠武装建立政权，依靠战争征服天下，这是极不仁的暴政。他认为，现实政治已趋腐败，官既为己之私利，吏也仿效而奸欺，在政府机构中，吏所为皆违法乱法、危害百姓。他气愤地指出：“古之置吏也，将以逐盗；今之置吏也，将以为盗。”（《皮子文薮·鹿门隐书》）老百姓在贪官的统治下，在污吏的掠夺下，不可能有安乐的日子过。

要治天下，不仅要解决政治问题，还需要考虑民众的教化和经济生活。为政以民为本，需要重视教民。皮日休在《皮子文薮·鹿门隐书》中说：“民性多暴，圣人导之以其仁；民性多逆，圣人导之以其义；民性多纵，圣人导之以其礼；民性多愚，圣人导之以其智；民性多妄，圣人导之以其信。若然者，圣人导之于天下，贤人导之于国，众人导之于家。”圣人作为教育者，使仁义礼智信五常之教遍于天下，目的在于使众多的平庸之人能从善而化。“圣人能与人道，不能与人志”，圣人能以五常的人道教导民众，但不能代替民众立志，民众一定要接受五常之教从善而化。

教者不能强迫受教育者按所预定的方向去发展，而要看受教一方的条件和配合的程度。为了使民众过上好日子，使他们重视生产劳动，就要调整经济政策，可以采取调整征税的办法进行激励。皮日休在《请行周典》中指出：“征税者，非以率民而奉君，亦将以励民而成其业也。”“必也居不树桑，虽势家亦出里布，则途无裸丐之民矣。”“必也田不耕者，虽势家亦出屋粟，则途无馁殍之民矣。”“必也凡民无职事者，出夫家之征，则世无游惰之民矣。”

民众不受饥不受寒，没有游手好闲的人，这是发展经济的基础，也是治理国家的开始。所以，他主张以经济政策为手段，解决人民经济生活问题，达到稳定社会的政治目的。

第三节　唐朝科技知识教育及其世界影响

作为现代社会科学的教育经济学，它把教育与经济的关系作为最基本的研究对象。教育的经济意义并不像企业增加投资、扩大再生产以获得更多的收益那样直观，它是一个相对复杂的转化过程。教育投资于学校，提高受教育者的素质，掌握一定知识和劳动技能的劳动者到社会各部门就业，依赖所掌握的知识技能促进劳动生产率的提高、研究更多的科技成果，促进了经济发展和社会文明进步。据此，对唐代的教育和科技知识教育体制、学科设置以及世界影响进行考察，可以发现我国古代十分重视教育在人民生产生活、维护政权稳定中的作用，并且对世界上许多国家产生了深远影响。

唐朝的科技教育体系是非常完整的，设官分职，权责详尽明确，旨在培养国家和社会所需要的各种人才。

关于唐朝科举制度，我们在前面已做了论述，这里仅就它对世界教育的影响做一阐述。唐时科举制传播到邻国，日本、新罗都曾通过考试选官。外国留学生也到长安参加科举考试，考中进士即可做官。日本是派留学生来中国次数、人数较多的国家。在唐代，随正式遣唐使来过13批留学生，他们都进入国子学学习。他们长期在中国停留，对唐朝的政治、经济、文化教育等各个领域，都深入系统地学习和研究，有的留学生还在唐朝考中进士，称为“宾贡进士”，有的留学生还担任唐朝的官职。他们把唐朝的律令制度、学术文化、科学技术以至某些风俗习惯，陆续传到日本，对日本社会产生了广泛而深刻的影响。日本留学生对三史、五经、阴阳历算、天文数术都能通晓。阿倍仲麻吕善诗词，与盛唐诗人王维、李白交往甚密。新罗也曾派来大量留学生，如开成四年（840）仅一次从中国学成归国的就有105人。新罗重视中国经史，留学生带回的经史书籍皆译为新罗语，广为流传。新罗受唐朝影响，科举、教育多仿唐制。当时与唐通使的有70多个国家，唐朝的文化教育通过留学生的往来而传播至东西各国，因而，留学生教育在唐朝与各国发展友好关系、开展文化交流中发挥了桥梁作用。

唐朝的科技教育体制完整、学科健全、教材先进，其特点主要表现在以下方面：

一是已经建立了科技专科学校，初创古代科技教育制度，设立的专科学校主要有：

医药专科学校，培养掌握传统医药知识技能的人才。其附设于太医署，是与行政、医疗、制药结合在一起的教育机构，其中医学又分医学、针学、按摩三个专业，医学专业包括体疗、少儿、耳目口齿、角法（拔火罐等疗法）等。针学专业学习经脉和穴位，熟识各种症候，掌握各种针法的运用。按摩专业以消息引导之法，治风寒湿饥饱劳逸等疾病，也兼习正骨术。药学与药园设在一处，学习各种药物以及药材的种植和收采、贮存、制造等项技术，教学与生产劳动结合在一起。

算学专科学校，训练天文历法、财政管理、土木工程等方面的计算人才，以李淳风等人校订注解的10部算经为基本教材，分古典算学和应用算学两组进行教学，各学7年。

兽医专科学校，附设于太仆寺，教授治疗牲畜的技术和知识，学生边学习边参加治疗。

天文专科学校，附设于司天台，按业务范围分科教学，有天文、历法、漏刻三种，博士带学生，在业务实践中进行教学，比较重视观测。

二是多种形式培养科技人才。除官学外，私学和家传是科技教育的重要形式，很多著名科学家都出于私学和私家传授。佛道传艺中，也有一些科学知识的传授，除都重视医学传授外，还有炼丹术中的化学知识和占星术中的天文知识等的传授，这是不可忽视的。儒家经师在传授儒家学说的过程中，也有一些自然科学知识的教学，一些儒家经师根据经义，反对迷信而传授自然科学知识，这都具有一定的进步性。

三是颁定了统一的科技专业教材。最著名的有算学的《算经十书》、医学的《新修本草》《黄帝内经》等，由国家主持编定统一的科技专业教材，标志着科技教育已走上自觉的道路，这在当时世界上是处于领先地位的。

四是形成了一定的科技教育思想。如重视科技人才与其他人才的区别和不同要求；注重科技道德教育，树立献身科学事业的理想，以服务于社会为目的，这是科学技术道德教育的一项重要内容。

此外，唐朝注重培养科技人才的专业品德，在科技教育上则重智能培养，博古通今，集前代之大成，重教学过程中的测量、验证和实习等。

当时，不少国家也仿唐制建立自己的教育体系，设置教育内容。他们有的根据自己的政治体制，效法唐制建立起具有本国特点的教育体系，有的把唐朝的科技知识教育教材作为学生必读书目，可见唐朝教育影响之深远。

日本教育体制，是在学习隋唐制度后才确立的。7 世纪中期，日本皇室和新兴贵族在参照中国制度改革自己的政治经济制度的同时，仿照隋唐的教育制度建立起自己的贵族教育制度。据《日本数学史》载，在推古朝时，中国的数学传入日本，他们开始设置算学博士、天文博士和历博士，招收算生、天文生和历生，以培养高等科技人才。在天智天皇时，始设大学寮，到大学寮学习的人被称为博士学生。701 年，日本制定了《大宝律令》，按照《大宝律令》中“学令”的规定，在京都设立大学寮、典药寮、阴阳寮、雅乐寮，在地方上设立国学。除“学令”外，“职员令”“选举令”“考课令”“医疾令”中也都涉及教育问题，对与教育有关的事项做了各种规定。大学寮归式部省掌管，共设教官 9 人，即博士 1 人、助教 2 人、音博士 2 人、书博士2人、算博士2人。日本的典药寮实为医学教学机构，教授医学的教官称为博士、医师，主要为地方培养医生。

在隋唐时期，朝鲜半岛的高句丽、百济、新罗等三国均与中国有着密切往来。新罗统一半岛后，仿照唐朝的官学教育制度，“立国学，置卿一人”(《三国史记·新罗本纪第八》)。当时新罗的国学领导管理体制、学科设置、培养目标、教育内容，均仿照唐朝的中央官学。国学的专业设置中有儒学、算学和医学三科，其中儒学居于主导地位，这一点与唐朝并无不同。717年，新罗“置医博士、算博士各一员”。最初新罗并无天文历法方面的教育，直到749年，才设立了天文博士、漏刻博士等职。与唐朝不同的是，其医学设在国学之中，并未像唐朝那样设在太医署中，这样的体制虽然有利于国家对教育的统一管理，但是对医学这种临床性很强的学科来说，设在医疗机构中更有利于培养学生，这是新罗在科技教育方面的不足之处。

东亚诸国的科技教育体制均仿效唐制，但相对于唐制在完整性和系统性方面又有所欠缺，因此，唐朝的科技教育体系在东亚地区无疑是最先进、最系统的，具有无可争议的重要地位。

隋唐时期，欧洲的教育体系建立得相对较晚，最早的大学建立于12世纪的意大利、法国和英国。在这之前教育机构多为教会学校或修道院，除了学习神学外，最重要的教学科目便是“七艺”。所谓“七艺”，指文法、修辞、辩证法、算术、几何、天文、音乐，其中与科技有关的是算术、几何、天文三科。西方教育史告诉我们，当时在欧洲占据支配地位的基督教会只主张教授神学，在相当长的时期（约5至10世纪）对来自古希腊、古罗马的传统世俗文化——“七艺”采取了完全排斥的态度。直到中世纪后期，由于社会发展和学术研究的进步，世俗文化不断壮大，教会对世俗文化的禁锢开始松弛，“七艺”才得到一定的发展。当时在相当于隋唐时期的欧洲，尚不存在真正意义的科技教育体制，那时的科学研究仅仅是少数科学家的个人行为。

与中国一样具有古老文明的印度，在天文、数学、物理、医学、农学等方面，都有不俗的成就，但是印度人始终将科学与宗教联系在一起，且没有建立起独立于宗教之外的科技教育体制，其科学家往往也是神学家，遂使其古典文明与中国相比，存在着明显的不同。

第四节 战乱中衰微的五代十国教育

五代十国时期，藩镇割据，战争不断。从时间上说五代十国虽然长于隋代，但是朝代虽相继嬗变，统治者却多思王朝稳固，少有把教育放在重要地位考虑，即使发展教育也恐心有余而力不足。好在其所用官吏多是唐朝旧部，他们熟悉文教政策和教育制度，教育的发展虽遇到诸多的困难和问题，但在极度艰难的情况下，教育制度的延续和教育的发展还是得到了保证。如果从教育思想上来总结，其既没有形成相对独立的思想体系，也没有特别突出的教育理论家。所以，在这里，我们仅对五代十国时期的教育发展趋势作一大致梳理，以承上启下。

进入五代，学校教育及科举之制多袭隋唐旧制，但因为战乱多，时间短（907—960），统治者虽有心发展教育，在人力和财力上均有很大困难。后梁开平三年（909），即后梁立国后的第三年，国子监便上奏朝廷要求修建文宣王庙，并请求从官吏俸钱中每贯抽取十五文充作经费。

后唐天成三年（928），国子祭酒崔协因经费匮乏，奏请国子监每年只置监生二百员，入学者还要通过考试，但这些监生并不认真学习，只是挂名候选混资历。同一时期，曾颁诸道州府各置州学之令。两年后，国子监又奏，补国子监生者按旧例，入学时应交束脩二千钱，及第后要再交光学钱一千。

没有雄厚的经济实力，没有安定的政治环境，教育的发展面临诸多困难。十国中，南唐于昇元二年（938）冬十月丙子，立太学，命删定礼乐。南汉乾亨四年（920）春三月，从兵部侍郎杨洞潜之请，始立学校，置选部贡举，选取进士、明经十余人。

因为五代的统治者大多曾是唐代的文武官吏，对旧朝的文教政策和学校制度均很熟悉，所以五代虽嬗递如走马灯一般，教育制度和科举制度基本上都能很快建立起来，在当时社会发展中起到一定的促进作用。后周显德二年（955）始以大梁（开封）天福普利禅院营建国子监，置学舍，这就是后来宋朝的国子监所在之地。

五代战乱时期，官学不兴，私学是最好的补充。在民间，私人传习、聚书讲学和家庭教育很有生命力，仅从《旧五代史》中，我们就可以看到许多民间研读经书、习学儒术的实例。

后唐张宪从小就喜儒学，励志横经，不舍昼夜，尽通诸经，尤精《左传》。长成后与马郁、王缄等燕中名士交游，其沉静寡欲，喜好收集图书，家中有书五千卷，闲时亲自校刊。贾馥，家聚书三千卷，亲自校刊，以鸿胪卿致仕，退休后于家乡一边耕牧，一边教育儿孙，自得其乐。

后晋张希崇从小通《左传》。刘晞从小以儒学称于乡里。京兆人郑玄素曾因战乱避难在鹤鸣峰下，荟萃古书千卷，善谈名理。

后梁学者罗绍威，敏锐好学，通晓音律，收集有图书万卷，置于书楼。范阳人窦禹钧建有书院，收集图书数千卷，并欢迎学者前来学习研讨。

后汉时，七岁即“童子及第”、精通文学的郭忠恕，“少学为儒”的龙敏，“幼学为儒”的张允，皆是名动一时的学者。

后周时，有学者和凝，通晓“五经”大义；翟光邺，喜好收集图书，尊崇学术，求理论道；张沆，虽然进士及第，身居高位，却家无余财，只有大量图书；沈遘，以苦学为志，进士及第，乐于举荐贤达。这些学者也都在一定程度上推动了学术的进步与发展。

五代时期家学对于地方教育的保持和发展更有意义。“窦禹钧，范阳人，为左谏议大夫致仕。诸子进士登第，义风家法，为一时标表。”（《范文正公文集·窦谏议录》）“江州陈氏……长幼七百口……上下雍睦……建家塾，聚书延四方学者，伏腊皆资焉。”（《湘山野录》）由此可见，整个五代的尊经崇儒之风在民间还是颇有影响的，由此形成了儒学发展变化的广阔社会基础，虽官学不兴，但一遇时机便可迅速发展。

五代统治者大多选用唐代文武官吏，这对他们沿用旧朝的教育制度和科举制度很有帮助，朝代更替虽如走马灯一般，但在人才的选拔上仍然按唐旧制进行科举考试。

据马端临《文献通考·选举》记述，五代52年，朝代更易，干戈扰攘，但贡举之制并未废弃，只是每年所取进士极少，最多时也仅及盛唐时的一半。三礼、三传、学究、明经诸科为唐所不重视，取人也少考，五代自晋，中选者却动以百计。其中的原因，一是帖书墨义在承平之时，国家、民间对其均不重视，而以攻诗赋、中进士举者为贵。战乱时，教育废弛，学子往往从事帖诵之末习，少有人专心研习文章，国家也只好以此为士子进取之途；二是因为处于乱世，士人不能安心读书，社会上崇学风气渐淡，追求功名利禄的思想不像太平时那么炽烈，因而参加考试的不多，中榜者有时只有三四人，后梁时报考宏词科的就只有一人，后来制科取消了，进士考试中诗赋、杂文、策论时有更易，而与经学诸科有关的内容反而有了起色；三是因为当时文学发展失去了良好的条件，而经书因印刷业的发展而广为流传，方便士人习诵，统治者要利用思想武器，更要宣传儒家经典，所以读经的人多起来，经学诸科所取的人数反而多于盛唐。这虽是战乱所带来的文化废弛的结果，但客观上为保存经典、阐说经义及宋人发展义理之学做了准备。

此外，五代之时，虽科举未尝废，但很多人厄于乱离之际，不得卒业；或有所长而不得施展，无法施展学问和抱负，老死闾阎。科举虽仍断断续续地存在，但中者极少，流弊极深。据《五代会要》记载，当时有关科举的奏折和敕文几乎都涉及请托舞弊之事，朝廷虽一再惩罚主考官，用复试、严审等手段严格筛选考生，但这种事仍时时有之。后梁曾有意识地利用科举来弘扬儒学，但不久，关于在科举考试中设明经科的争论不断发生。后周广顺三年（953），停止考查帖经对义等试经内容，别试杂文及对策。

由此可以看出，当时考试已难以选拔人才，经学内容的教育、考查也与隋唐有很大不同。

第八章

北宋的教育经济思想

公元960年，赵匡胤发动“陈桥兵变”，夺取了后周政权，以开封为都城，建立了北宋王朝。此后，宋朝通过近20年的战争，消灭了其他封建割据政权，结束了五代十国持续半个多世纪的分裂局面。鉴于唐末的封建割据削弱了中央的权力，宋朝从各方面将权力集中于中央，加强对内统治，而对于外患却采取了极端软弱的退让政策。

在宋朝的北方，先有辽、西夏与之对峙，后有金、蒙古不断南下攻犯。公元1127年，女真人攻破开封，俘虏了宋徽宗、宋钦宗，北宋灭亡。

第一节　宋朝的文教政策

宋朝建立后，汲取晚唐五代两个世纪藩镇割据、权臣悍将篡位的教训，采取了一系列政治、经济、军事措施，以强化中央集权的君主专制统治，尤其是高度重视文治。建隆三年（962）二月，宋太祖曾对侍臣们说："朕欲武臣尽读书，以通治道，何如?"（《宋史·太祖本纪》）推崇儒家的伦理纲常，尊孔崇儒是宋代文教政策的核心。宋代统治者认为儒学是"人伦之大纲"，只有尊崇孔子，恢复儒学的至尊地位，才能真正维护封建王朝的长治久安。在中国教育史上，宋代出现了一些有重大影响的教育事件，例如科举制度的改革与强化、官学的兴盛、理学的兴起和书院的产生，都对教育的发展产生了很大影响。

本书宗旨是探讨中国古代的教育经济思想，本不应对上述内容进行专门讨论，但由于这些制度和措施、观点和思想，对教育的发展乃至后世政治、经济、军事、文化发展，都产生了巨大的影响和推动作用，所以还是列出专题作一论述，以便于从中探寻后世教育经济思想的形成过程和发展脉络。

一、宋既承隋唐前制"尊孔崇儒"，又依实际改革完善，确立了教育为维护封建统治服务的思想基础

宋太祖在尊崇孔子、恢复儒学至尊地位思想的指导下，致力于恢复被战乱毁坏的各地孔庙，提高文人学士的政治地位。在"尊孔崇儒"旗帜下，佛教、道教也受到宋王朝的推崇。宋初帝王经常参拜佛寺，而且还派遣大批僧人出游西域。中国佛教史上第一部官刻的大藏经《开宝藏》（《北宋官版大藏经》），便是从宋太祖开宝四年（971）起刻的。道教经典也在宋初被编为《宝文统录》和《大宋天宫宝藏》。佛教、道教与儒学并立，在社会生活中起着重要作用。所以，宋初仍然继续保持着唐朝多元文化的格局。不过，宋初实施重文抑武政策时，还是偏重儒家文化，并采取了一系列提高儒学地位的措施。宋真宗咸平三年到四年（1000—1001），诏令国子监祭酒邢昺等校定《周礼》《仪礼》《公羊传》《穀梁传》，加上《礼记》《孝经》《论语》《尔雅》，以及孙奭《孟子正义》，合唐人经注，为《十三经正义》，颁行天下，使其

成为官方的法定教材。同年，诏州县学校及聚徒讲诵之所并赐“九经”。宋初还设立了专为皇帝讲儒家经传的讲席——经筵，自大学士、翰林侍讲学士至崇政殿说书，皆充任讲官，大中祥符元年（1008），宋真宗前往曲阜，谒孔子庙，加封孔子为“玄圣文宣王”（后改为“至圣文宣王”），封孔子以下十哲为公、七十二弟子为侯，对当时孔子的嫡传后裔加封文宣公爵号，并予以赐官、赐田、赐出身、免除赋税等优厚待遇。大中祥符五年（1012），作《崇儒术论》，阐明崇奉儒学的国策。并诏令国子监刻印唐代孔颖达《五经正义》，颁行天下。经学教育的加强，使得崇儒重教之风更广泛地渗透到社会生活的各个角落。

经过五十余年的努力，北宋政权基本得以巩固，社会比较稳定，经济得到初步恢复和发展，为文教事业的发展创造了一定的条件，也对文教建设提出了新的要求，有必要对文教建设的方针做出调整。

宋初统治者为了“长治久安”，采取了一系列措施，“兴文教，抑武事”便被确定为维护封建统治的基本国策。为了保障“兴文教，抑武事”的基本国策得以贯彻执行，宋朝在文教建设上重点实施了两项方针和措施：一是强化科举考试制度；二是鼓励和支持民间或私人办学。

强化科举考试制度，大力倡导“学而优则仕”“万般皆下品，唯有读书高”的思想，既为朝廷吸收社会人士、扩大统治基础创造了更为有利的条件，又为贫寒的社会下层文人提供了“朝为田舍郎，暮登天子堂”的机会。宋真宗有一首劝学诗很有代表性，诗称：

富家不用买良田，书中自有千钟粟。
安居不必架高堂，书中自有黄金屋。
娶妻莫恨无良媒，书中有女颜如玉。
出门莫恨无人随，书中车马多如簇。
男儿欲遂平生志，五经勤向窗前读。

宋代“尊孔崇儒”的文教政策，对教育的发展产生了巨大的推动作用，它既承隋唐前制，又依宋朝实际改革和完善教育制度，重科举，倡读书，兴学堂，确立了教育为维护封建统治服务的思想基础，不仅维护和巩固了宋王朝的封建统治，而且对后世的教育发展产生了巨大影响。

二、北宋改革和强化科举考试，建立和完善考试、取士的规章制度

科举考试始于隋，成于唐。科举制在选拔人才的同时，也暴露出许多问题和弊端。宋初强化科举调动了读书士人的积极性，促进了读书风气的兴盛，也确实解决了大部分用人之急。然而取额过多过滥，读书士子为逐功名，埋头读经，不务实学，且作弊之风流行，毒化了社会风气，难有大量有用之才。就连统治者也不得不承认科举弊端丛生，景德二年（1005），宋真宗下诏，指出“贡举之门，因循为弊，躁竞斯甚，缪滥益彰……仍委礼部贡院，自今科场，务精考试，无容滥进，用革浇风”（《宋史·真宗本纪》）。

因此，在把科举考试作为一项重要文教政策的同时，宋王朝对科举考试制度也进行了一系列的改革和完善，改革内容主要表现在以下方面：

第一，科举的地位大大提高。唐代科举，还只是为寒门子弟打开取得做官资格的一条门缝而已，不仅取士名额很少，取中的还要通过吏部考核才能做官。到宋代，科举及第的进士不仅显耀，并立即就可以做官，而且升官较快，尤其是高第者。据统计，宋仁宗一朝共举行 13 次科举，取中一甲（状元、榜眼、探花）者共 39 人，后来官职没有达到公卿的，只有 5 人。这样，科举就成为做官的正途，乃至原来对科举不屑一顾的官僚权贵子弟，凡有些文化水平者，也都热衷于应举了。

第二，科举取士的规模迅速扩大。宋初每届取士人数与唐代大体相同，不过二三十人。宋太宗即位后，开始大幅度增加录取名额，太平兴国二年（977）殿试，进士及第 109 人，诸科及第 207 人，此后，每届大体维持在三四百名的录取规模上。取士规模终究是有限的，对那些多次应试不中者，朝廷又开辟了特奏名的科目，降低考试难度，予以照顾。如果还考不上，等达到足够的年头，一般是经历 15 次以上的应试后，朝廷就干脆赏给一个相当于科举某种出身的称号。自宋仁宗以后，科举已确定三年一次，能熬过这么多年的士子，早已年老力衰。所以，这种做法可以将读书人毕生束缚在书本中和考场上，不使他们因绝望而萌生异志，确实有效地维护了封建王朝的稳定。

第三，科举考试的内容得到改革。有鉴于唐代科举的帖经、墨义完全靠死记硬背儒经，而诗赋考试又与治国的实际关系不大，到王安石变法时，废除帖经、墨义、诗赋等传统科目，改试经义。经义是论述儒经某一内容的小论文，既考查考生对儒

家经典的掌握和理解，又考查考生的文笔水平。为了加强评阅的客观性，王安石还编制了经义式作为标准格式。不过诗赋毕竟是士大夫文人基本素养的体现，所以到底是选取诗赋考试还是经义考试，几经反复，经义最终还是占了上风。

建立和完善科举考试、取士等规章制度，是北宋科举考试的一大贡献。通过严格制度、规范操作，切实维护科举的公正性、客观性，防止权贵操纵取士，来保证中央集权的巩固。北宋科举考试管理制度改革的措施有以下几点：一是废止门生称谓及公荐制。门生称谓和公荐制是唐代科举的旧习，助长了科举的徇私舞弊和官场的拉帮结派，加剧了统治阶级内部的矛盾和纷争，也不利于政权巩固。宋太祖即位后不久，废止权臣向考官推荐考生的特权，并诏令考生今后不得再呼考官为恩门、师门及自称门生，所有考中的进士都算是天子的门生。二是实行殿试制度，将选士大权直接掌握在皇帝手中。殿试是由皇帝亲自主持的决定性考试。在武则天时曾一度进行过，到北宋开宝六年（973），殿试正式实行，并作为一项制度确定下来。三是改善考官任用制度。唐代科举考试主考官基本都由礼部侍郎担任，这不仅造成礼部权力的专擅，而且也便于营私舞弊。北宋实行权知贡举制度，主考官不再由固定的官员担任，而是临时委派。考官在受命之后，要立即进驻贡院，隔绝与外界的联系，称为锁院，这样便防止了串通作弊。除主考官之外，还要另行委派若干副考官，称为同知，以加强对考官的监督和相互制约。四是对与考官有亲属或其他亲近关系的考生实行“别头试”，即另行开场考试，考官与考题也另行安排，目的在于避免人情影响。五是对试卷实行弥封（糊名）、誊录制度。考生交卷后，先由弥封人员将考生的姓名密封起来，再由誊录人员将试卷内容原封不动地誊录出来，将誊录的试卷交给阅卷人评阅。这样，阅卷人就无从知道试卷是何人所作，判卷也就相对客观公正。

通过上述调整改革，北宋科举考试制度更加成熟健全，进一步加强了统治者对科举考试的绝对控制和国家权力部门整体控制的程度，限制了权贵子弟徇私舞弊、朝中权臣把持科场的特权，庶族与平民子弟通过科举跨入仕途的数量日益增多，在统治阶层中逐步形成一个庶族官僚集团，从而为北宋政治和文化教育的运行注入了强大生机。但是，滥取的现象也不可避免，并导致教育更多地受到科举的操纵。天圣二年（1024），宋仁宗又下诏书，指出：“学犹殖也，不学将落。逊志务时敏，厥修乃来。朕虑天下之士或有遗也，既已临轩较得失，而忧其屡不中科，则衰迈而无所成，退不能返其里闾，而进不得预于禄仕，故常数之外，特为之甄采。而狃于宽恩，遂隳素业，苟简成风，甚可耻也。自今宜笃进厥学，无习侥幸焉。”（《宋史·选举志》）就是说，朝廷本来担心科举名额过少，屡不中举，无以显身，所以扩大名额，为这些人增加进身的机会，结果却助长了苟且侥幸的恶习。尽管朝廷三令五申，社会风气终难扭转，科举之弊，愈演愈烈。统治者的主观意图与客观效果背道而驰，不得不设法寻求摆脱困境的出路，对文教建设的方针和工作重点重新审视，理顺培养人才与选用人才的关系。有识之士更感忧虑，强烈要求调整文教建设的方针和工作重点，探讨发展文教事业的新措施便成为朝野上下普遍关心的问题。

三、北宋以培养“可以为天下国家之用”的人才为目的，发起了三次影响深远的兴学运动

北宋建立之初，为了招揽人才，保证政权运转，把鼓励和支持民间私人办学作为文教政策的一个重要内容，这为书院发展创造了良好的机会和条件。民间或私人办学毕竟力量有限，尽管创办了一批书院，但限于种种条件，数量难以增加，规模也难以扩大。全国书院最多不过二三十所，每所书院生徒最多不过百余人，实难满足读书求学的要求，也难满足朝廷的人才需求，造成人才需要、读书要求与人才培养场所和条件不足的尖锐矛盾。而且民间或私人办学的教学内容、培养目标、教学方法的随意性很大，难以统一，也不利于人才培养。

宋初统治者强化科举考试制度，鼓励并支持民间或私人办学的方针一时陷入了新的困境，必须做出必要的调整。有识之士普遍认为，走出困境的唯一途径就是加强官府办学，将朝廷文教建设转移到重点兴办官学的轨道上来，而且认为文教建设方针的调整、工作重心的转移不仅有必要，而且也有可能。兴学运动已成为大势所趋。

北宋文教建设方针的调整，集中体现在改革和兴建各级官学上。所以，相继发起的三次兴学运动，实际上是兴办官学的运动。

北宋第一次兴学——庆历兴学，是宋仁宗庆历四年（1044）由参知政事范仲淹主持的。范仲淹对于当时科举考试，朝廷或官府只管设立科目，以考试选人，而不在选考之前培养育人早有不同意见，曾多次上书陈述，对重科举而不兴学校提出严厉批评。他在《上执政书》中明确提出“固邦本、厚民力、重名器、备戎狄、杜奸

雄、明国听”等六大施政纲领。其中“重名器”的办法就是慎选举、敦教育。他尖锐地批评不重教育而只重考试的科举制度存在着很多弊端。范仲淹指出：“当太平之朝，不能教育，俟何时而教育哉？乃于选用之际，患其才难，亦犹不务耕而求获矣。”（《范文正公文集》卷八）意思是只用科举考试选拔人才，而不兴办学校培养人才，这种做法好比不问耕耘只求收获一样。他认为择而不教，久则乏人，贤才必难以继出。所以，解决问题的根本是朝廷和官府应把兴教育人放在第一位，然后才有望选拔有用之贤才。无奈那时他位卑言微，他的这一合理建议未被重视，当朝掌权者都是既得利益者，极力反对他的这一主张，因此范仲淹的意见无法得以实施。

庆历三年（1043）八月，范仲淹任参知政事，他近20年的夙愿才得到实现的机会。他任职后的第一份建议就是《答手诏条陈十事疏》，“十事”中的第三件就是“请精科举”，继而建议兴学校。对范仲淹的建议，宋仁宗非常重视，庆历五年（1045）下诏强调兴学。

庆历兴学的重点，在于使应科举者先接受相当的官学教育，规定所有参加科举考试者，必须在官学读书三百日。曾经应试的士子，也必须在官学读书百日。不入官学者，不得应举。

至此，兴学运动取得明显成效，朝廷和官府重视兴办官学，读书士子增强了入官学读书的积极性，官学得到发展。据记载，兴学不久，国子监生员由70人增至300人，讲官博士也增十余人。各讲官分经教授，中央官学得以扩充和改进。为了满足生员不断增多的需要，又扩充国子监房舍，还把锡庆院拨给国子监做讲殿。地方官学也得到迅速发展。著名学者和教育家胡瑗，正是在庆历兴学运动时期先后任教苏州州学和湖州州学达20余年，并创立了闻名于世的“苏湖教法”。宋仁宗皇祐年间，朝廷召胡瑗入京为国子监直讲，将地方官学的先进教学经验引入中央官学，“苏湖教法”运用于国子监教学。胡瑗主持国子监后，四方学子不远千里前来受业。

然而不久，由于统治集团内部斗争激化，范仲淹在斗争中失败，并以朋党之由，被斥离职，更由于兴办官学，经费大量增加，而朝廷财政支绌，难以维持兴学费用，于是，原来反对兴学、反对改革科举的舆论又沉渣泛起，“言初令不便者甚众”。宋仁宗迫于这种压力，遂下诏说：“科举旧条，皆先朝所定也，宜一切如故。前所更定令悉罢。”（《宋史·选举志》）入学日限被取消，锡庆院也被收回。地方官学虽未明令取消，但有些地方官吏只为贪图崇儒之名，敷衍应付，地方官学多流于虚设。有些地方官吏借兴学征敛民财，败坏了官学声誉，读书士子入官学求升迁的愿望难以实现，竟有人把入官学视作混饭吃的途径。第一次兴学运动就这样宣告失败。

北宋第二次兴学——熙宁兴学，是在宋神宗熙宁和元丰年间，王安石执政时发起的。王安石亲眼看到北宋王朝内忧外患，国力衰竭，人才不济，遂产生了教育兴邦、人才救国的思想，立志改革科举，兴办官学，培养有用人才。他在嘉祐三年（1058），即范仲淹兴学失败的前夕，写了长达万言的《上仁宗皇帝言事书》。王安石认为，天下之乱在于不知法度而欲求革新，又苦于人才不足。而欲得人才，必须使之经陶冶得其道。他详细论证了教之、养之、取之、任之的一整套办法。他提出：教之之道，在于择材而教，教以实用之学，反对单纯讲说章句和课试文章；养之之道，在于“饶之以财，约之以礼，裁之以法”；取之之道，在于改革科举，反对以诗赋、文辞取士，而代之以考试经义；任之之道，在于反对只问身世、不论其德，只讲资格、不察其才的做法，主张人尽其才，才尽其用。关键是改科举，兴学校。

熙宁二年（1069），王安石任参知政事，即着手实现他的主张，变风俗，立法度，改科举，兴学校。熙宁四年（1071），创立太学“三舍法”，将太学生增至1000人。“三舍法”即把太学分为内舍、外舍和上舍。外舍生700人，每年年终考试，成绩优良的升入内舍；内舍生200人，每二年升级一次，入上舍就读；上舍生100人，成绩品行优良者可直接授官。实际上是用太学升舍的办法代替了科举考试，将育人的学校与选人的科举归于一途。太学的规模也加以扩大，在锡庆院和朝集院西庑建讲书堂四所，增设太学直讲十人，每二人共讲一经。

熙宁兴学，除改革太学之外，还设立武学，讲习诸家兵法；设律学，讲授法律律令；设医学，讲授医药病理。总之，其是为了更多地培养应用型的人才，这是熙宁兴学的一大进步，它已经注意到了维护封建统治不仅需要政治人才，经济社会发展需要更多的应用型人才。

熙宁八年（1075），朝廷规定各级各类官学，必须以他亲手修订的《三经新义》为必读教材。

元丰元年（1078），朝廷通令各路、府、州设学官53员，加强兴办地方官学的专职机构和人员，将兴学运动推及全国各路、府、州。

元丰二年（1079），“太学学令”共140余条正式颁布，太学生增至2400余人，学舍80斋，每斋容纳生徒30人。兴学经费也有所增加，“岁赐缗钱至二万五千，又取郡县田租、屋课、息钱之类，增为学费”（《宋史·选举志》）。

这些措施，都是为了发展官学。而熙宁、元丰年间的太学、各类专门学和地方各级官学也确实得到很大程度的改善和发展。特别是大胆实施太学“三舍法”，将学校教育与科举考试并轨，这一大胆的尝试，其成功与失败都值得总结。随着王安石变法的失败，他的教育改革也失败了。自元祐（1086—1094）至元符（1098—1100）末，旧制一一恢复，第二次兴学运动又告破产。

北宋第三次兴学——崇宁兴学，是在崇宁元年（1102）蔡京执政时发起的。崇宁元年八月，蔡京下令全国兴学，十月建辟雍，可容纳生员3000人。崇宁三年（1104），续增州县生员名额，规定大县50名、中县40名、小县30名。有的县竟多达1000余人。地方官员兴学有功者受奖。如建州浦城县县学生员达千人，县丞徐秉哲因此受奖，特升一级。办学不力者即受罚，因此多处便发生强行向民众摊派入学名额，称作“聚学粮”的事件。陆游在《老学庵笔记》卷二中记载：“崇宁间初兴学校，州郡建学，聚学粮，日不暇给。士人入辟雍，皆给券，一日不可缓，缓则谓之害学政，议罚不少贷。”

崇宁兴学，中央官学基本上仍沿袭王安石的太学“三舍法”，进一步扩大中央官学的规模，增加生员数额。崇宁兴学的重点在发展地方官学。府、州、县学普遍设立，并且形成比较稳定的体制和规模。但由于地方官员办事不认真、不得力，更由于经费有限，许多地方官员以兴学为名，科敛民财，强行摊派学额，索取粮钱，遭到强烈反对，最终地方兴学也多流于形式。

北宋庆历年间至宋朝南迁，即从1043年至1126年的80余年间，先后掀起三次大规模的兴学运动，从朝廷到路、府、州、县，各级官府都致力于振兴官学，文教建设的方针和工作重心转向兴办官学。从中央官学到地方官学，都得到一定程度的发展，但兴办教育的全部经费都由朝廷和地方官府负担，实难得到保证。因此，除了统治集团内部斗争之外，经济上力不从心也是兴学不力、最终失败的原因。可见，教育经费作为投资，是教育发展的重要条件，教育与经济的协调发展就成为十分重要的命题。经济是教育发展的基本条件，我国古代教育的发展不仅可以促进经济发展，同时为维护封建统治提供人才保障，二者互为因果，相辅相成。

三次兴学运动着眼于解决培养人才与选拔人才的矛盾，解决科举与学校的关系，然而却忽视了官方办学与民间或私人办学的关系，忽视了教育投资与经济的关系，这是北宋兴学值得总结的教训。

四、三次兴学运动，促进了以中央官学和州县学校为主体的教育制度的建立

宋代的学校教育制度，是在三次兴学过程中逐步建立和完善起来的。就总的格局来看，宋代的学校教育制度仍大体沿用唐制，形成以国子监、太学为核心的中央官学和以州县学校为主体的地方官学两大系统。

中央官学——国子监，是国家管理学校的主要机构，又是国家的最高学府。官员七品以上子弟可入国子学，较之唐代有所放宽。北宋前期，国子监设判监事二人，总管监事；直讲八人，讲授经术。此外，有丞簿和专管刻书之责的书库官和监门官各一人。元丰以后，改设祭酒一人，分掌各项事务。

太学，招收八品官员以下的子弟和庶民中的俊秀者，设立后，取代国子监成为国家最高学府，在王安石兴学时太学实行三舍法。太学生人数时有增减，最盛时期在崇宁元年，上舍生 200 人，内舍生 600 人，外舍生 3000 人。校舍建筑相当完备。课程内容，基本以“五经”为教材，南宋中期逐渐增加程朱语录及“四书”。太学设博士十人，担负教授经术和训导的责任。考试之法，主要有私试、公试两种。私试一月进行一次，孟月试经义，仲月试论，季月试策，由学官主持；公试一年举行一次，初场考经义，次场考策论。

宋代中央官学尚设有若干专门学校，分别由国子监和各职能部门统辖。宋初于国子学中置教授法律的博士，熙宁六年（1073）单独设置，隶属国子监。入学资格为命官和举人。分断案及律令两科，习古今刑书、新颁条令等。算学于宋徽宗崇宁三年（1104）建立，隶属太史局，学生定额 210 人。入学资格为命官和庶人，学习《九章算术》《周髀算经》《海岛算经》《孙子算经》《五曹算经》《张邱建算经》《夏侯阳算经》及天文等。此外须兼习一小经，愿修大经者听便。书学在徽宗时立，由翰林书艺局管辖，习篆、隶、草三体字，兼习《说文》《尔雅》《论语》《孟子》，自愿修习大经。画学立于宋徽宗时，由翰林图画局管辖。学生分“士流”与“杂流”。宋

代的画学是中国古代最早的美术专业学校，学生除习绘画外，须习《说文》《尔雅》《方言》《释名》四种书。“士流”须兼选习一大经一小经；“杂流”则诵小经或读律。医学在宋初便设立，初属太常寺，宋神宗时隶属于提举判局，后改属国子监，后又改属太医局。医学分为方脉科、针科、疡科。方脉科的教材以《素问》《难经》《脉经》为大经，以《巢氏病源》《龙树论》《千金翼方》为小经。针、疡二科的教材，除《脉经》外另增三部针灸经。武学立于宋仁宗时，不久即停废，宋神宗时重又建立。学生以百员为额，习诸家兵法、弓矢骑射等术。南宋亦设武学。

地方官学。宋代地方官学有州（府、军、监）学和县学两级。宋仁宗庆历四年（1044）开始诏诸州、府立学，学者二百人以上，允许设置县学。崇宁元年（1102）要求所有州、县一律置学。崇宁三年确定“增县学弟子员，大县五十人，中县四十人，小县三十人”。各学教官称教授，州学二人，县学一人，教学内容主要是经义和诗赋。北宋地方官学在学校管理方面稍有改进：一是设置主管地方教育的行政长官，崇宁二年（1103）置各路提举学事司，掌一路州县学校，每年前往各州县巡视一次，考查教师之优劣及学生的勤惰；二是宋哲宗元符二年（1099）通令全国各学，一律采用“三舍法”，由县学生选考升入州学，州学生可贡入太学；三是拨给学田，保障经费。宋仁宗即位初，即诏赐兖州学田。熙宁四年（1071），宋神宗诏诸州给学田以赡士，从而为地方官学的持续发展提供了经济保障。

在中国封建教育史上，自汉代以来，教育经费问题始终没有得到根本解决。在北宋之前，未确立一种比较稳定的教育经费保障机制。宋代在仁宗朝以后，逐步形成了以学田制为核心的多种形式、多种来源的教育经费筹措制度，进而从根本上解决了长期以来阻碍教育发展的经费问题，为宋代教育及以后各朝各代教育经费问题提供了解决范例。北宋最早由朝廷赐给地方学校学田，是在乾兴元年（1022）十一月，判国子监孙奭奏请朝廷赐给兖州州学学田 10 顷，“以为学粮”，得到朝廷允准。此后各地纷纷效仿，此举被认为是宋代学田制度的开端。北宋中央官学得到赐田始于宋仁宗康定元年（1040）。至此，学田也成为国子监太学的主要经济来源。

五、宋代书院制度扩大了学校教育类型，既弥补官学不足，又开启自由讲学、活跃学术之新风，对教育发展产生了深远影响

书院是中国古代特有的教育组织形式，它以私人创办和组织为主，将图书的收

藏、校勘与教学、研究合为一体，是相对独立于官学之外的民间学术性研究和教育机构，其丰富的教学经验和灵活多变的办学方式，为后世历代教育家所借鉴。

宋初朝廷为了表示对书院的支持和鼓励，不断有赐书、赐额、赠田、赠屋的举动。宋初的著名书院，如白鹿洞书院、岳麓书院、嵩阳书院、应天府（睢阳）书院、石鼓书院、茅山（金山）书院等，大都先后得此殊荣，这些书院也因此名闻天下，扩大了社会影响。朝廷的这些举措也激发了更多的人热心于创建书院。在宋初书院的发展过程中，上述这些书院以其丰富的教学内容和卓有成效的教学模式，赢得世人瞩目，成为当时影响较大的著名书院。它们代表了宋初书院教育的最高水平，也反映了唐末五代至宋初浓厚的家族文化渊源，在中国书院教育史上独树一帜，占有重要的地位。

朱熹在《衡州石鼓书院记》一文中谈到宋代书院兴盛的原因，指出由于唐末五代官学衰落，学校不修，学者求学而又没有适当的求学之所，因而选择了创建书院精舍这种教学形式，以满足世人读书求学的需要："予惟前代庠序之教不修，士病无所于学，往往相与择胜地，立精舍，以为群居讲习之所，而为政者乃或就而褒美之，若此山，若岳麓，若白鹿洞之类是也。"由此可见，造成北宋书院兴盛的原因是多方面的，但其中最主要的有以下几点：第一，北宋科举取士规模日益扩大，而宋初官学却长期处于低迷不振的状态，士人求学需求很大，却苦无其所，在这种情况下，书院应运而生，起到了填补官学空白的作用，为广大士子提供了读书求学的场所。第二，朝廷崇尚儒术，鼓励民间办学。宋初提倡文治，但国家一时又无力创办大量官学，故朝廷对书院给予多方面的表彰和赞助。像著名的白鹿洞书院、岳麓书院、应天府书院、嵩阳书院都得到朝廷赐书、赐匾额、赐学田和奖励办学者等不同形式的支持，这些支持无疑是促进宋初书院兴盛的直接动因之一。第三，佛教禅林制度的影响。佛教出于避世遁俗、潜心修行的宗旨，多选择环境幽静秀美的山林建立寺庙，五代及宋初的书院也大多建于山林名胜之中。佛教禅林集藏经、讲经、研经于一体，也对书院教学产生了明显的影响。如书院的讲会制度，就是借鉴佛教僧讲和俗讲的讲经方式，书院教学的讲义和语录等形式，也是来源于佛教禅林制度。第四，印刷术的应用使书籍的制作与手写本相比，变得极为便利，这是促成宋代书院得以兴旺发展的重要基础。书籍不再是珍藏品而是公众都可以拥有，才有可能使书院拥有丰富的藏书，并真正成为面向社会的教学研究场所。

北宋三次兴学，从中央到地方各级官府均致力于发展官学，对民间或私人办学很少顾及，民间或私人创办的书院，朝廷和地方官府也很少过问。结果，宋初一度兴旺的书院在兴学运动中反而日渐沉寂。自庆历兴学以后，直到宋室南迁，80 余年间，几乎未见一代皇帝对书院有赐书、赐额、赠田、赠屋之举。虽然从未采取过任何限制或约束书院发展的措施，但实际上这种对其不闻不问的做法，无疑冷落了民间或私人办学，冷落了书院，客观上影响了书院的发展，削弱了书院的社会影响。

北宋中期以后，随着三次大规模的兴学，州县官学日益普及，逐步取代了书院的地位。到了南宋，由于朝廷大力提倡和理学家讲学活动的广泛开展，书院又进入复兴阶段。北宋大部分著名书院在南宋得到恢复和重建，南宋书院在各方面也比北宋有长足的发展。书院的数量和分布的区域大幅度扩大，书院内部的设施和功能更加完善，书院的规章制度也更加完备。史料中的两宋书院，总数在 200 到 400 所之间。其中，北宋和南宋的书院数量比例大致为 2∶8。以今天的一些省份为例，在今江苏省，宋代创办的书院总共有 19 所，其中北宋只有茅山书院 1 所，创办于南宋的书院则有 18 所。在今安徽省，宋代创办的书院总共约 12 所，其中北宋只有 1 所，南宋 11 所。从分布区域看，北宋书院仅在今河南、湖南、江西几个省份办过，而南宋书院分布在今湖南、江苏、安徽、浙江、江西、福建、四川等地区，遍布南宋统治的大部分疆土。

书院作为一种新的教育组织形式，既不同于正规的官学，也不同于纯粹的私学。同官学相比，书院的教学组织形式更加灵活多样，而少有衙门气。课程设置也有较大的自主性，而较少受科举支配。某一学派的著述、思想及相关的知识在书院教学中占有很大的比重，往往为某一学派思想的研究中心。书院向一切求学者开放，并不限定入学条件。书院山长、教师一般也不纳入官员系列。书院的管理侧重于启发学生的上进心和自觉性，少有禁戒惩治的规章。同一般师徒授受的私学相比，书院规模大，有教学组织机构，通常都拥有自己的学田、院产、藏书、供祀、教学设施，条件比一般私学优越。

书院的产生，在中国古代教育史上具有十分深远的意义。书院扩大了中国古代学校教育的类型，起到了弥补官学不足的作用。书院提倡自由讲学，注重讨论，学术风气浓厚，开辟了新的学风，成为推动教育和学术发展的重要动力。书院在办学和管理领域也创造了许多行之有效的措施，成为中国封建社会中后期一种重要的教育组织形式。

六、教育经费保障、人才培养与地方官政绩考核相关

教育的发展总是与经济发展相适应的，二者在发展中相互影响、相互促进。教育发展为经济发展提供智力支持，经济发展给教育发展提供经费保障，最终达到教育发展、经济繁荣、社会进步，这也是教育经济学理论研究的根本目的。宋以前各朝对教育的重视，都可历数一二，但是真正把教育经费作为教育发展的重要条件并固定下来的则自宋始，这应该是关于教育经费问题最早的思想论述，也是宋朝对中国教育理论的一大贡献。

北宋出现的三次兴学高潮，对两宋教育尤其是地方教育的发展起到了重要的影响和推动作用。三次兴学运动虽最终都失败了，但其影响却十分深远，其中健全中央与地方学校学生等相关经费制度，以保障各地学校正常运行的做法，体现了宋代务实的一面，也体现了统治者充分认识到学校教育发展对经济发展、社会稳定乃至维护封建统治都有极其重要的意义。

虽然理学家以谈利为耻，但不可否认的是若没有充足的经费支持，学生很难专心读书，教育难以为继。如《东轩笔录》就记载了这样一个故事。范仲淹在睢阳掌学，有一孙姓秀才拜见，范仲淹赠钱一千。第二年，此人又来拜见，范仲淹又赠一千。范仲淹询问原因。“孙秀才戚然动色曰：‘老母无以养，若日得百钱，则甘旨足矣。’”范仲淹回答：“吾观子辞气，非乞客也，二年仆仆，所得几何，而废学多矣。吾今补子为学职，月可得三千以供养，子能安于为学乎？”范仲淹同情此人，遂补其为学职，月得钱三千以供养家人，希望其能安心就学。“孙生再拜大喜。于是授以《春秋》，而孙生笃学不舍昼夜，行复修谨，文正甚爱之。明年，文正去睢阳，孙亦辞归。”此生不负众望，十年之后以教授《春秋》闻名于泰山之下，朝廷闻此人之名，将其招至太学。“文正叹曰：‘贫之为累亦大矣，倘因循索米至老，则虽人才如孙明复者，犹将汩没而不见也。’”（《东轩笔录》卷十一）

在《曲洧旧闻》里也记载了一个相似的故事。盛度镇广陵时，欣赏某人文才，

问其为何不应科举，其人回答："下走窃亦有此志，顾朝夕之养是急，不得三年读书工夫耳。"盛度说："吾有圭田租八百斛，可以成君此志也。"该生接受了盛度的馈赠，专心治学，"后三年，遂中制科"（《曲洧旧闻》卷一）。设想，士人日为衣食所累，温饱尚成问题，又哪有心思苦读经书、研习学问呢？此外，学校的开支也是一笔不小的费用，没有经费上的支持，学校无法正常运转，最后也只能屋坏人去。

宋朝政府充分考虑到社会生活中的这一现实情况，在让学生安心读书、学校正常办学上想了不少办法。在其颁布的兴学政策中，都把办学经费的投入作为一项重要内容，并健全相关规定，使读书人能安心读书、用心作文。在国家统一的朝代中，中央政策常常会对地方决策产生重要的影响，在朝廷的影响下，地方财政中也列出专项资金作为地方兴学之用，宋朝是最早把教育经费列入地方财政预算的。同时，宋朝还规定了教育经费管理的制度和办法，从根本上保障教育经费能够完全使用到教育的发展中。这些措施和办法有以下几点：

第一，把人才与地方官的政绩挂钩，多出人才会得到等第酬赏，如不成次第，则相关责任人各特降一官，促进了地方办学的积极性。宋朝规定：各路、州、军、府、县皆须立学，并将地方学校的兴衰、中举人数的多寡作为地方官的政绩衡量标准之一，进行相应的奖惩以刺激地方官吏对教育加以重视。《宋会要辑稿·崇儒》记载："咸平四年六月，诏诸路、郡、县有学校聚徒讲诵之所，赐九经书一部。""自明道、景祐间，诏州郡立学，赐田给书，学校相继而兴。"崇宁五年（1106），"建州浦城县学生隶籍者至千余人，为一路最，县丞徐秉哲特迁一官"（《宋史·选举志》）。"大观三年（1109）八月二十三日，诏泉州州学全然不成次第，本路提举学事、知州、转运、判官各特降一官，其学舍令本州疾速修盖。"（《宋会要辑稿·崇儒》）

第二，建立学田制，以保证学校、学生等各项开支所需的经费来源稳定。对学田的使用、归属进行明确的规定，并给予免税的优待，严禁豪富之家侵占学田。在《宋会要辑稿·崇儒》中，记载有关建立学田以保证学校、学生经费的相关内容就有很多：

"熙宁四年（1071）三月五日，诏诸路转运司，应朝廷选差学官州军，发田十顷充学粮，元有田不及者，益之，多者，听如故，凡在学有职事，于学粮内优定请给。"

“政和二年（1112）十月二日，诏诸赡学田业免纳二税。”

“政和三年（1113）五月二十日，诏诸路已拨良田赡学，提举学事司更不拨还常平价钱。”

“宣和三年（1121）六月十日，中书省言：勘会未行三舍以前旧赡学田产、房廊等，自合依旧赡学外，其行三舍后来应平添置到数，自合拘收。从之。”

“靖康元年（1126）正月十八日，诏诸路赡学户绝田产，令归常平司。

“绍兴二十一年（1151）九月一日，大理寺主簿丁仲景奏：远方赡学公田，多为形势侵占请佃，望诏有司，申严行下诸路提举官常切觉察，如有似此去处，并令根究。上曰：缘住卖度牒，常住多有绝产，其令户部一就措置，拨充赡学支用。本部言：欲令诸路州军取见确实，报提举学事司置籍拘管，并僧道违法擅置庵院，若无敕额，其所置田产屋宇，亦有绝产，合依前项已措置到事理施行。诏依此。”

这里摘录的只是其中的一部分，但已说明宋朝在重视学校教育的同时，已经把教育的经费问题提高到了一个相当重要的地位。读书不再是百姓的私事，它关系到国家的人才需求和长治久安，国家应该为读书人创造条件。

第三，规定从地方财政中拨出一部分作为地方兴学之用。崇宁三年（1104），有人统计：“天下教养人为士二十一万余员，为屋九万二十余楹，费钱三百四十万缗，米五十万余石。”（《续资治通鉴长编拾补》卷二十四引罗靖《杂记》）大观二年（1108），“总天下二十四路教养大小学生，以人计之，凡一十六万七千六百二十二；学舍以楹计之，凡九万五千二百九十八；学钱以缗计之，岁所入凡三百五万八千八百七十二，所用凡二百六十七万八千七百八十七；学粮以斛计之，岁所入凡六十四万二百九十一，所用凡三十三万七千九百四十四；学田以顷计之，凡一十万五千九百九十；房廊以楹计之，凡一十五万五千四百五十四”（《丹阳集》卷一）。

以上材料虽有溢美之处，但总体上反映出这样一个事实，即宋朝十分重视培养人才，愿意在这方面投入大量经费。《宋会要辑稿·崇儒》中对此也有相应的记载，“崇宁元年（1102）八月二十二日，宰臣蔡京等言：……应本路常平户绝田土物业，契勘养士合用数拨充，如不足，以诸色系官田宅物业补足……请天下诸县皆置学，令佐掌之，学置长、谕各一人，并支俸禄。并职事人相度随宜量置，除倚郭县不置外，有不置教授处，其州学听置，仍只依县学法，以知州、通判主之，及于本县委令佐擘画地利，及不系省杂收钱内桩充费用……”

宋朝对于赡学费用的管理也有明确的规定，严禁学官贪污，并令各地方官互相监督。《宋会要辑稿·崇儒》记载的以下事实，足以说明宋对教育经费管理的规定是十分规范的，处罚纪律也是严明的。

据载，大观年间，“魏宪言：诸路学费房廊，止是科差剩员一名收掠，其间侵欺盗用，失陷官钱，欲乞学房廊多处，许依州县法，招募库子一名，专行收纳，其或少处，亦乞权令本州库子兼管。诏不限钱多寡，并置一名，多者仍置专副主管”。

“政和元年（1111）九月二十八日，诏访闻比来学事司取拨过户绝田产顷亩不少，遂致常平钱本浸以阙少，有害敛散，可令诸路学事司取大观四年初诏，诸州以前三年赡学支费过实数内，取支费钱谷最多一年为准，仍增加五分以备养士外，余剩田舍，尽数拨还元系官司。”

“建炎三年（1129）十月二十四日，诏今后赡学钱粮，并从户部置籍拘催，诸路提刑司收桩，敢有隐瞒不实，并依供报无额钱物隐漏法断罪。”

“绍兴十三年（1143）十一月十七日，诏诸州军将旧赡学钱粮拨还养士，令监司常切觉察，不得辄将他用，仍令逐州军各开其养士，并见摽拨钱粮数目申尚书省。”

“绍兴二十四年（1154）七月三日，诏赡学钱粮于学中自置帑廪，委教官检察。”

第四，优待地方学子与教授，提供食宿，免其服役。崇宁三年（1104）规定，“凡州县学生曾经公私试者复其身，内舍免户役，上舍仍免借如官户法”，并对从地方入京的贡生提供便利。崇宁五年（1106）规定：“自川、广、福建入贡者，给借职券，过二千里给大将券，续其路食，皆以学钱给之。”（《宋史·选举志》）元丰二年（1079）颁布学令，规定“岁赐缗钱至二万五千，又取郡县田租、屋课、息钱之类，增为学费”。据《宋会要辑稿·崇儒》记载：“政和六年（1116）二月二十二日，诏州郡学舍随所添人数增修，以学事司钱充支用。”

地方教育的兴盛，与宋朝积极务实的文化教育政策有着密切关系，任何一种文化都不会是空中楼阁，它都需要社会经济的支持，都离不开一定历史条件下国家政策的倾斜。因此，宋朝地方文化教育的发展兴盛，可以视为地方经济发展及两宋务实的文化教育政策具体落实的结果。

第二节　宋初儒家学派的教育经济思想

宋朝的教育与当时政治经济的变化和科学文化的发展，有着十分密切的关系。政治稳定和经济恢复，促进了教育事业的发展，科学技术方面的成就为学校教学提供了丰富的内容，学术思想方面的争论对教育理论的发展产生了重大影响。与此同时，宋朝教育的发展为社会造就了各种人才，在维护封建统治和科学文化繁荣方面发挥了重要作用，教育、人才、经济、社会之间，形成了相互依赖、相互促进、共生共存的和谐环境。

宋初的三次兴学运动，尽管每次时间都不长，但它们影响深远，在整个社会形成了重视学校教育的良好氛围，推动了宋朝学校教育事业的发展，在一定程度上使学校教育摆脱了对科举的依附。所以，宋朝无论是中央官学，还是地方州县学校，都比唐朝发达，学生的入学范围和名额，也比唐朝有所扩大和增加。特别重要的是，由于皇帝重视教育并采取了“重文轻武”的文教政策，学术思想方面的争论也十分活跃，客观上促进了教育理论的发展，同时也产生了一大批教育家和思想家，以至影响到了元朝。可以这样说，宋元时期教育家人才辈出，教育思想丰富多彩，教育理论不断创新，是战国以来、“五四”以前中国教育史上罕见的一个重要时期。由于宋元时期的教育家众多，教育思想丰富多彩，难以一一详述，姑且依照学术流派，从教育经济学的角度，对各学派代表人物的教育经济思想做简要论述。

宋初儒家学派受统治者“尊孔崇儒”思想的影响，学术活动活跃，其思想也成为宋朝教育发展最重要的思想。宋太祖、宋太宗、宋真宗在位期间，都大力倡导儒学，使儒学在宋初很快得到发扬光大。开宋代学术先河的教育家是以范仲淹为中心、参与或声援过庆历兴学运动的李觏、欧阳修、胡瑗、孙复、石介等。

一、范仲淹对教育与政治经济的关系、人才在经济社会中的作用、培养经邦治国人才等均有论述，是古代教育经济思想的集大成者

范仲淹（989—1053），字希文，谥文正，原名朱说。北宋名臣，政治家、文学家、军事家。少年时家贫但好学，当秀才时就常以天下为己任，有敢言之名。他曾

多次上书批评当时的宰相，因而三次被贬。宋仁宗时官至参知政事，相当于副宰相。李元昊起兵，他以龙图阁直学士与夏竦经略陕西，号令严明，西夏人不敢犯，羌人称其为“龙图老子”，西夏人称其为“小范老子”。宋仁宗庆历三年（1043），范仲淹对当时的朝政弊病极为痛心，提出“十事疏”，主张建立严密的仕官制度，劝课农桑，整顿武备，推行法制，减轻徭役。宋仁宗采纳他的建议，陆续推行，史称“庆历新政”。可惜他不久即因为保守派的反对而去职，后来在赴颍州途中病死，有《范文正公文集》存世。

范仲淹一生坚持“以教育为意”，奖掖后进，荐举贤才，是和他对时代忧患的深刻体察相关的。他根据对北宋社会的观察，认为“得人则治，失人则乱”，由此便把择官长、育人才作为他政治思想和教育思想的中心议题，他关于改革科举、学校教育的目的、内容和意义等方面的论述，都是由此而生发的。也可以说，他是中国古代教育经济思想的集大成者，在他的著作和实践中，对教育与政治经济的关系、人才在社会发展中的作用、教育经费等问题均有论述。

（一）学校是出贤才的地方，是为国家、社稷培养、储备人才的摇篮，只有发展学校教育，才能保证宋朝的兴盛繁荣。北宋建立以后，为了选拔人才，专重科举，从而致使教育不兴，后继人才缺乏。北宋中期以后，面对内忧外患的境况，参知政事范仲淹领导实施了庆历新政，试图改变国家积贫积弱的现状。范仲淹认为“天下治乱，系之于人，得人则治，失人则乱”（《范文正公文集·奏杜杞等充馆职》）。他的《得地千里不如一贤赋》云：“舍地得贤兮，邦基以立；失贤有地兮，国难随兴。”而《选贤任能论》则总结秦汉、隋唐盛衰兴亡的历史经验教训，指出，“王者得贤杰而天下治，失贤杰而天下乱”。针对赵宋王朝内忧外患，他认为“国家之患，莫大于乏人”（《范文正公文集·邠州建学记》）。范仲淹从政治的角度阐述了人才的重要性，把人才问题视为治国安邦的基础，呼唤朝廷延揽人才，选拔俊彦。而缺乏人才的原因在于“教有所未格，器有所未就”（《范文正公文集·邠州建学记》）。而人才的培养有赖于学校教育，建立师资队伍，聚集群才。他强调兴学育才的重要意义是“致治天下，必先崇学校，立师资，聚群材，陈正道，使其服礼乐之风，乐名教之地，精治人之术，蕴致君之方……济济多士，咸有一德，列于朝，则有制礼作乐之盛，布于外，则有移风易俗之善”（《范文正公文集·代人奏乞王洙充南京讲书状》）。毫无疑问，学校是出贤才的地方，是为国家社稷储备人才的摇篮，必须重视学校教育，发展学校教育，只有学校教育上去了，才能实现国家的兴盛。宋仁宗庆历四年(1044)，范仲淹向皇帝上书，提出了十大改革建议。这些建议在得到宋仁宗肯定的同时，也得到了欧阳修等其他一批同朝大臣的支持。在宋仁宗的推动之下，全国各州县奉诏兴学，地方学校蓬勃生长。范仲淹的思想有其超前之处，但身为封建地主阶级一员的他，为统治者培养治国安邦的人才，仍是他兴办学校教育的主要目标，也是唯一目的。不论改革科举，还是强化学校管理，其目的都是选拔更优更高的大器之才。正如他所说，“夫善国者，莫先育材；育材之方，莫先劝学；劝学之要，莫尚宗经；宗经则道大，道大则才大”（《范文正公文集·上时相议制举书》）。“盖将尽天下之才，成天下之务”（《范文正公文集·陈乞邠州状》）。毫无疑问，范仲淹在州县兴学的目的，就是培养更多更好的统治人才，由此形成“宋兴盖八十有四年，而天下之学，始克大立”（《欧阳文忠公全集·吉州学记》）的教育兴盛局面，以至才有当时“海隅徼塞，四方万里之外，莫不皆有学”（《欧阳文忠公全集·吉州学记》）的描述。或许，在对宋代教育的贡献上，他难以与朱熹的功绩相媲美，但其一生发现并培养了大批经国治世的能臣，在教育方面的创新也举不胜举。

（二）培养经国治世理想人才应该是教育的重要内容，国家需要众多道德、艺业两全、贤能兼备的人才。范仲淹针对当时“文庠不振，师道久缺，为学者不根乎经籍，从政者罕议乎教化；故文章柔靡，风俗巧伪，选用之际，常患才难”（《范文正公文集·上时相议制举书》）的社会弊端，对学校教育和科举制度进行了改革，“命试之际，先之以六经，次之以正史，该之以方略，济之以时务，使天下贤俊，翕然修经济之业，以教化为心，趋圣人之门，成王佐之器”（《范文正公文集·上时相议制举书》）。范仲淹认为，仅以诗赋取士，既不能考察应试者的德行品操，又无法保证那些有真才实学的人被录取委用，因而行之有效的救世良策就是“国家开文馆，延天下英才”（《续资治通鉴长编》卷一百四十三），“教以经济之业，取以经济之才”（《续资治通鉴长编》卷一百四十三），进而实现“以待顾问，以养器业，为大用之备”。面对考试制度存在的弊端，他又提出了改革考试录取的办法，即“进士先策论而后诗赋，取诸科士，墨义之外，更通经旨”（《范文正公文集·答手诏条陈十事疏》）。其实，就当时社会而言，范仲淹改革科举考试的方法和内容，具有很强的针对性和可操作性，它不仅拓宽了选才的渠道，而且革除了旧制度的弊端，对于解决北宋的社会问题还是相当有可取性的。

他认为，理想的人才应该是道德、艺业两全的。“须是履行无恶，艺业及等者，方得解荐”（《范文正公文集·答手诏条陈十事疏》）。这种人应有真才实学，“能熟经籍之大义，知王霸之要略”（《范文正公文集·上时相议制举书》），仅仅有一些死记硬背的知识或者仅有诗赋文才都是不行的，必须“明经籍之旨，并练王霸之术……修经济之业”（《范文正公文集·上时相议制举书》）的人才是真正有用的。此外，国家不仅需要文才，也很需要将才，“文武之道，相济而行，不可斯须而去焉”（《范文正公文集·奏上时务书》）。所以范仲淹对“育将才之道”也很关注。在人才素质上，他强调“贤”与“能”。他认为贤者在位，能者在政，可以医国救民。所谓“贤”，即品德高尚，指的是以仁义为心，以天下为己任，“先天下之忧而忧，后天下之乐而乐”，凡事以国家利益为重，“不以物喜，不以己悲。居庙堂之高则忧其民；处江湖之远则忧其君”（《岳阳楼记》）。能做到善恶分明、秉公办事。所谓“能”，即有才能。按照才能的大小，人可分为两大类，最佳者是《祭杜待制文》中提出的“学深如海，文敏若神。群经众史，精微悉臻。长疏大议，慷慨屡陈”的高级人才。如范仲淹向朝廷推荐的杜杞、张讽、苏舜钦等人，其或是理财能手，或通晓军事，或精于学问，或长于政务，是在某一领域或某一方面有特长的一般专业人才。范仲淹不仅坚持“贤”与“能”的选才标准，还注意人才的适应性，能够“量力而用”，根据每个人的特长予以推荐、任用。

（三）人才的培养要结合实际学习，掌握实用技术。范仲淹认为，国家不但要培养一些经邦治国的人才，也应培养出一些具有专门知识、技能的人才，如医学、武学方面的人才等。在给宋仁宗的《答手诏条陈十事疏》中，他提出了建立专门医学教育机构的主张，要求朝廷“委宣徽院选能讲说医书三五人为医师；于武成王庙讲说《素问》《难经》等文字，召京城习医生徒听学，并教脉候及修合药饵”，意在通过系统训练，培养精通医术的合格医师。此外，为了改变国家军事人才匮乏、在对外战争中无人挂帅的局面，他建议设立武学，招收学生进行军事理论教育，培养军事人才，并使单一的军事教育朝文武合一的教育方向转化。

那么，以什么样的教育内容来培养人才呢？除了武学传授兵法、武艺，医学讲授《素问》、《难经》、制药、针灸，律学学习律令断案之外，范仲淹对普通教育所主张的教育内容仍然是“六经”，尽管在取人时他主张“先之以‘六经’，次之以正史，该之以方略，济之以时务”（《范文正公文集·上时相议制举书》），却没有把“方略”

“时务”纳入他的课程体系中，这也许是让人遗憾的。但范仲淹提倡办医学和武学，适应了北宋社会政治、经济、军事诸方面发展对教育的要求，具有十分重要的意义，并对各种专科学校的发展起到了历史性的开拓与推动作用。

联系范仲淹所处时代的政治、经济、文化特点，以及他本人的治学、教育实践，应该说其主张还是有一定积极意义的，我们不可能强求他也十分重视教育的经济社会作用。事实上，他的学问也主要是“泛通‘六经’，长于《易》”(《宋史·范仲淹列传》)，但这并不妨碍他成为一代名臣。金朝元好问称赞他在民间为名士，在州县为能吏，在边境为名将，在朝廷则为栋梁之材。

总之，范仲淹提倡办医学和武学，以培养封建政权所需要的各种专门人才，适应了当时社会政治、经济诸方面的发展对教育提出的要求，具有一定的进步意义。这种讲究实效、结合实际、学为世用的教育思想，对于纠正当时空疏浮靡的学术风气和形式主义教学发挥了重要作用，也为国家培养了大批经世致用的治国之才。

（四）倡导义庄义学，普及基础教育，开启了中国古代基础教育阶段免费教育的新风尚、新篇章。范仲淹出身贫寒，刻苦学习，入仕后不忘助人为乐、为社会做出奉献。这种奉献精神最生动地体现在他以俸禄购义田、设义庄、创义学等方面。其子范纯仁说，范仲淹在苏州购置田产十余顷，用所得收入供给宗族成员，用于衣食及婚嫁丧葬，谓之义庄。当时聚族而居的宗族成员已有九十口，则平均每人占田八九亩，岁入粳稻八百石。计口给米外，存余粮以备荒年及丧嫁之费。楼钥在《范氏复义宅记》中评价道：“文正公奋身孤藐，未尝赖宗人毫发之力。既达，则阖族受解衣推食之恩。”范仲淹亲自制订义庄的管理规则，“义庄规矩”共计 13 条。规定任何人，包括义庄掌管人犯规，由“官理断”。他对子侄要求很严，嘱他们“勿烦州县”；他给诸侄写信，再三要他们在官当廉洁谨慎，必须有乡曲之誉，才能接受推荐。范氏后人继承了办义庄的传统，晚清时义庄达到八千亩，其供给赡养的范氏族人有了数倍的增多。

范仲淹特别重视范氏义学的兴办，规定义学的教育对象为本族适龄子弟，义学对族中子弟实行免费教育，还负担学生参加考试的费用。“义庄规矩”不只是一种经济上救济族人的规范，而且还是一种激励族人好学上进、教化族人培育美德的方式。譬如，在规定给予不同层次应考子弟经费资助数目时，“义庄规矩”指出，“庶使诸房子弟知读书之美，有以激劝”。“义庄规矩”还规定义庄中设有义学，从子弟中选出有功名、品德优良者作为“教授”，以教育族中子弟，“月给糙米五石”。相反，那些在外行为不检点的族人则一律不给。义学的支出等，皆来源于范仲淹所置义田一千亩的收益。义学经费的管理在其手订的“义庄规矩”中有严格规定。

范仲淹不仅重视范氏子弟就学，在各地也广兴学校。据《范文正公年谱》载，他曾在苏州购得南园之地，已盖好房子，准备居住。一位风水先生说，住在此地的人家“当踵生公卿”。范仲淹说：“吾家有其贵，孰若天下之士咸教育于此，贵将无已焉。”遂在此地兴建学校。正如有的学者所言，他继承了孟子“得天下英才而教育之”的思想。

宋仁宗景祐五年（1038），范仲淹因遭贬黜来到绍兴，担任越州知府。任期虽短，但他清白为官，关心人民疾苦，体恤贫弱孤寡，在兴学重教方面办了不少好事。陆游在《送王龟龄著作赴会稽大宗丞》一诗中赞道：“有越逾千载，何人不宦游。向来惟一范，真足壮吾州。”大意是：绍兴上千年历史，风光秀美生活富饶，谁不想到此做官游赏呢！但在历朝历代中，只有范仲淹为绍兴做出的政绩是最值得赞颂的。到任后不久，范仲淹看到一些穷苦清寒家庭的子弟有天赋，却不能够读书来实现愿望。于是，他就把这些孩子集合起来，在州府所在地卧龙山西侧（如今的府山），创办州学——稽山书院，学生学费、聘请名师学者的费用，都是从他自己每月的俸禄里面拿出来的。因为范仲淹积极兴办义学，吸收贫困子弟入学，老百姓感念他的善举，就在学校门口挂上了“范公义学”的匾额。在他的倡导下，越州办学之风大兴，各种学堂、私塾盛行，“绍兴多出读书人”的风气一直延续至今。

范仲淹设义田、义庄、义学，并对其进行有效管理，在教化族众、安定社会、优化风尚上取得了巨大成功，得到了北宋朝廷的肯定和嘉奖，各级朝廷官吏和士大夫们纷纷效仿，置办义田、义庄、义学之举蔚然成风。义田、义庄、义学在民风淳化、维护秩序、普及基础教育上发挥了积极的作用。同时，也开启了中国古代基础教育阶段免费教育的新风尚、新篇章。

二、李觏辩证论述了教育对人与社会发展的作用，提出治国安邦必先发展教育，教育必须有一定的经济条件作为保障

李觏（1009—1059），字泰伯，号盱江先生，北宋时期重要的哲学家、思想家、教育家、改革家。李觏家世寒微，自幼聪颖好学，但科举一再受挫，仕途渺茫，从

此退居家中，奉养老母，潜心著述，于庆历三年（1043）创办盱江书院，慕名求学者常有数百人，“为盱江一时儒宗”，人称“盱江先生”。名士曾巩和任过御史要职的邓润甫等，都是他的高徒。王安石在《答王景山书》一文中就提到自己曾采纳李觏的意见，而邓润甫更是积极参与了王安石变法。范仲淹于皇祐元年（1049）上书并多次举荐，此后，其被授为太学助教，历任太学说书、太学直讲等职。嘉祐四年（1059），权同管勾太学，以迁葬祖母，请假回乡，八月病逝于家。著有《潜书》《礼论》《庆历民言》《周礼致太平论》等，其指切时事、议论宏大，在当时被誉为“医国之书”。熙宁时期，其门人尚书左丞邓润甫奏上其《退居类稿》《皇祐续集》并《后集》，为王安石所嘉许。李觏的理论主张，既为范仲淹庆历新政作舆论宣传，又是王安石熙宁新法的思想先驱，对宋代社会改革产生了巨大影响。

李觏的思想在许多方面与范仲淹是一致的：以《周易》作为政治改革的哲学依据；要求改变重文轻武的基本国策，改革兵制、培养将才；针对当时吏治、科举、赋役等各方面存在的严重问题，提出了大体一致的改革方案；在教育方面提倡儒学和名教，但不忽视通经致用等等。李觏的思想也有其独创性。他尽管从教多年，但对学校教育和学校管理、教育的内容和方法等，所论比较浅显，更重视总体的教化问题，在人的教育发展、政治、经济、礼乐、刑政、学术等与教育、教化的关系方面，都提出了不少值得人们注意的新见解。

第一，教育对人的发展有着重要的影响作用。在教育实践中，李觏建立起自己“性之品三，而人之类五”的人性学说，这成为他探讨教育对人的发展作用的理论基础。他说：“性之品有三：上智，不学而自能者也，圣人也。下愚，虽学而不能者也，具人之体而已矣。中人者，又可以为三焉：学而得其本者，为贤人，与上智同；学而失其本者，为迷惑，守于中人而已矣；兀然而不学者，为固陋，与下愚同。是则性之品三，而人之类五也。”（《李觏集·礼论》）圣人之性是至善不变、先天具有的上品之性，下愚者之性是至恶不变的下品之性，只有中人之性是善恶相混的可变之性，通过教化，可使具有中品之性的人发生不同的变化。以对人性的认识为依据，李觏十分重视教育对人的能力、品行的作用。他认为，教育对人性的改变有着重要的作用，绝大多数的“中人”是可善可恶的，只要圣人君子对其进行教育，就会使其由恶变善、去恶为善。对这些“中人”而言，“性不能自贤，必有习也；事不能自知，必有见也。习之是，而见之广，君子所以有成也”（《李觏集·易论》）。既然人的知识、品德都是“耳习于文、目习于见、心习于思”的结果，因此，大多数人不仅是可教的，而且是必须加以教育的。这是因为“人不教不善，不善则罪。罪则灾其亲、坠其祀，是身及家以不教坏也。故明主推恩群臣，必先教学。……不务教而务官之，以市井言，未学而仕，其幸大矣。智者虑之，则为祸亦大”（《李觏集·复教》）。可见，李觏已认识到人的善良品德是通过后天教育而形成的，因此，教育对人的发展就显得特别重要，即所谓“本乎天谓之命，在乎人谓之性，非圣人则命不行，非教化则性不成”（《李觏集·删定易图序论》）。李觏强调只有接受教育才能使人形成善良的本性，进而成为国家的有用之才，否则便可能有害于社会，不仅危及自身，而且给家族带来巨大危害。

第二，教育对社会发展有巨大作用，治国安邦必先发展教育。李觏认为，对政府官员而言，必须是“学而优则仕”；对一般民众来说，则是“教而使之善”。有了这样的官和民，国家便会长治久安。因此，贤明的君主治理国家“非徒饮之、食之、治之、令之而已也，必先于教化焉”（《李觏集·安民策》）。人的自身修养是社会环境影响长期积淀的结果，因此，要使民众弃恶从善，必须依靠教育。他说：“立人以善，成善以教。教而不善邪，是尧舜之民，鄙夫矣；不教而善邪，是桀纣之民，可封矣。移风俗，敛贤才，未有不由此道也。”（《李觏集·教道》）改变社会风俗习惯，培养国家所需贤才，都离不开教育。要通过教育“使民父子亲，夫妇和，宗族相睦，乡党相信，财不以争，力不以斗，肃肃雍雍，相从于礼让之地”（《李觏集·安民策》）。教育可形成良好的风俗习惯，良风美俗又可陶冶德性忠良的贤人，即所谓“天下治，则禅礼乐以陶吾民，一有不幸，犹当伏大节，为臣死忠，为子死孝”（《李觏集·袁州学记》）。这便是教育对国家的政治意义，也是李觏重视教育的根本目的，即通过教育实现社会太平、国家安定。

他说：“大抵天下治则文教盛，而贤人达；天下乱则文教衰，而贤人穷。”（《李觏集·上李舍人书》）因此，“教而用之，学校之兴于古也；不教而用之，选举之隆于今也。教则易为善，善而从正，国之所以治也；不教则易为恶，恶而得位，民之所以殃也”（《李觏集·安民策》）。教育可使人成为具有良好品德的贤能之士，由他们掌握政权、治理国家，就会政通人和、天下太平。相反，恶人掌权，就会人民遭殃、社会动荡。所以，教育既是个人所需要的，又关乎国家安危。这就要求当政者治理国家，必须把发展教育放在首位，即《礼记·学记》中所谓的“建国君民，教学为先”。

第三，教育必须有一定的经济作保障，教民必先养民，离开物质财富，改善国家的政治、教育及人们的道德风貌就是一句空话。李觏在教育与社会的关系方面的见解是比较深刻的，他认为，教育必须有一定的经济条件作为保障，离开物质财富，国家的政治、教育，人们的道德风貌是不可能好起来的。所以他说：“孔子谓‘既庶矣，富之；既富矣，教之’。《管子》有言，‘仓廪实，知礼节；衣食足，知荣辱’。然则民不富，仓廪不实，衣食不足，而欲教以礼节，使之趋荣而避辱，学者皆知其难也”（《李觏集·国用》）。他清醒地意识到“治国之实，必本于财用”（《李觏集·富国策》）的现实意义，衣食等物质生活对人的礼仪、道德、教育等起决定作用，教民的前提是养民。因而，他设计了一整套损上益下、发展生产、富民强国的理财方案，并对儒家贵义轻利的传统进行了批评，这是难能可贵的。

在此基础上，李觏强调治国必须同时加强教化和法制。与范仲淹一样，他十分重视法令，因为“民之所从，非从君也，从其令也；君之所守，非守国也，守其令也”（《李觏集·安民策》）。法令过宽，无以尽除邪恶；过猛，则易刑及无辜，所以必须宽猛相济。但是，只重法令是不行的，“必先于教化焉”（《李觏集·安民策》）。他认为对教化重视与否，是“周所以长世而秦所以不祀”（《李觏集·安民策》）的原因所在。然而当时人们轻视教化的作用，“俗士之论，未有不贵刑法而贱礼义也”；“谓杀之而不惧，尚何有于教化乎?”（《李觏集·安民策》）他认为这些人不懂得生民之恶，是“习”的结果，善与恶的形成都是一个“渐”的过程，更不懂得“民之欲善，盖其天性”（《李觏集·答黄著作书》）。人的道德品质是后天环境的影响、教育的结果，“立人以善，成善以教”（《李觏集·教道》）。教化成善与刑罚罪恶的作用不同，因为“礼之教化也微，其止邪也于未形，使人日徙善远罪而不自知也”（《李觏集·安民策》）。不教而诛，则“死者弗之悔而生者弗之悟也”（《李觏集·安民策》）。所以，他说：“独不知教失而后恶，化成而后刑，刑所以不胜恶也。善观民者，见刑之不胜恶也，则反之曰是教之罪也。焉可以刑不胜恶而谓教益不可用也?”（《李觏集·安民策》）

他主张先教化后刑法，并“以法度教民，使知尊卑之节，则民之所用虽少，自知以为足也”（《李觏集·安民策》）。使百姓虽穷但知足，贱而有常守，这就是李觏教民的目的所在。

用什么内容来推行教化呢？李觏的《礼论》言之极详，涉及礼乐、兵农、律令、“六德”、“六行”、“六艺”等相当全面的内容。自负文才而被黜斥的李觏对科举有切肤之痛，因而批评得十分激烈。由于以辞赋取人，“一语不中，则生平委地”（《李觏集·上范待制书》），能否考取，“不由经济，一出声病”（《李觏集·上范待制书》），所以李觏感慨不已。他说：“学道之无益也如此，夫宜其腐儒小生去本逐末。父诏其子曰：‘何必读书？姑诵赋而已矣’。兄教其弟曰：‘何必有名？姑程试而已矣。’故有缣缃凝尘，不记篇目，而致甲科；帷薄汙辱，市井不齿，而谐美仕。劝善惩恶，将安在耶?”（《李觏集·上范待制书》）

改革科举，兴办学校，加强道德教育，培养实用人才，这是当时有识之士的一致性意见。李觏极力主张用以贤举贤的察举制代替科举制，但他不知道采用科举制是加强中央集权、维护封建统治的历史性选择，在维护封建主义的经济、政治关系中，是不可能放弃的。

第四，光大儒学的教育宗旨决定了在教学内容上坚持以儒学为主，兼顾军事、医学，并强调向实践学习。光大儒学的教育宗旨，决定了李觏主张教学内容必以儒家学说为主。他说：“夫所谓修心化人者，舍吾尧舜之道，将安之乎?”（《李觏集·富国策》）因此，“儒失其守”，教化便会“坠于地”，“凡所以修身正心，养生送死举无其柄，天下之人若饥渴之于饮食，苟得而已”（《李觏集·答黄著作书》）。具体而言，“师有其人，教有其业，《诗》《书》《礼》《乐》以本之，干戈羽籥以文之。……六德、六行、六艺之教于是乎取之”（《李觏集·安民策》）。其中，李觏特别强调《礼》的教育作用。他说：“彼修心化人而不由于礼，苟简自恣而已矣。”（《李觏集·富国策》）由此可知，儒家的传统经学，都纳入了李觏的教学内容之中。可贵的是，除儒学教育外，李觏还兼顾其他的教学内容，例如军事教育，他也十分重视。北宋政府实行“重文”的政策，削弱了军队的战斗力，经常受到北部辽、西夏和金等的侵扰。为提高军队的战斗力，李觏以《周礼·夏官司马》为依据，大力倡导军事教育，内容包括“中春教振旅”“中夏教茇舍”“中秋教治兵”“中冬教大阅”。一年四季，春夏秋冬都教民习武练兵，以增强军事力量，抵御敌国入侵，即李觏所谓“其教以成，外攘夷狄，内尊天子，以安诸夏”（《李觏集·军卫》），最终实现天下太平、社会稳定。可见，李觏重视军事教育，是为了维护社会稳定，而非穷兵黩武，反映了李觏重视军事教育和国防建设，但却绝不主张用其发动战争给人民带来灾难和痛苦的看法。

为防止巫医害人，李觏大力提倡医学教育。他主张“立医学以教生徒，制其员数，责以精深，治人不愈，书以为罪，其余妖妄托言祸福，一切禁绝，重以遣募，论之如法。为之既艰，则不得不罢归矣”（《李觏集·富国策》）。这样，既可发展国家医药卫生事业，培养造就医学人才，又可起到防止巫术泛滥的作用，可谓利国利民，一举两得。

李觏关于教育内容的观点，对传统教育有所突破。一般古代教育家多重视儒家经学教育，以儒学为正宗。李觏除重视儒家思想教育外，还大力提倡军事、医学等内容的教育，这反映出李觏在教学和进行学术研究的同时，还以极大的热情关心国家政事，以“经世济民”为职责，体现了中国古代知识分子“天下兴亡，匹夫有责”的崇高品质。

值得注意的是，李觏不仅重视向书本知识学习，而且还积极倡导习行践履。他认为，广闻博见是获取各种知识的重要手段，只有具备这两个条件——“习之是”“见之广”，人才能知识广博、视野开阔。他说：“居山者不知渔，居泽者不知猎，习之之异也。今欲令禁渔人以罔罟，诘猎者以从禽，虽日挞之弗可改也”（《李觏集·安民策》）。通过不断的学习、实践，人们便形成了习惯，习得技能。若环境改变，这些技能便失去了用武之地。可是一旦形成技能，再想改变就不容易了。由此可知，李觏“习”的内容不仅包括书本知识，也包括技艺、技能。

李觏的教育视野非常开阔。他除注重探讨教育的基本理论外，还对女子教育、社会教育和军事教育等进行了研究，形成了较完整的教育思想体系。

三、“宋初三先生”提出“天下之治”关键在人才、人才培养的根本在教育、教育的发展应该与社会发展相协调的教育经济思想

“理学”或称“道学”，指的是北宋时期形成而影响此后几代的哲学思想体系。一般分为“理学”（专指程朱理学）和“心学”两大派。两派内部因观点有异而再分支流，学术界一般把胡瑗、孙复、石介视为“理学”的先驱。他们的教育思想在当时也是十分有影响力的，被誉为“宋初三先生”。按照传统的说法，宋代儒学的复

兴，自三人始。黄宗羲说：“宋兴八十年，安定胡先生、泰山孙先生、徂徕石先生，始以师道明正学，继而濂、洛兴矣。故本朝理学虽至伊、洛而精，实自三先生始。故晦庵有‘伊川不敢忘三先生’之语。”（《宋元学案·泰山学案》）

胡瑗、孙复、石介三人均属于学者型教育家。早年一起在泰山过着攻苦食淡的读书生活，以后分别聚徒讲学，“泰山孙氏在齐，安定胡氏在吴，相与讲明正学，自拔于尘俗之中”（《宋元学案·高平学案》）。他们的教育活动对于宋初私学、官学的建立和发展，对于儒学在宋代的复兴和昌盛乃至对于宋明理学的兴起，都发挥过重要作用，其中又以胡瑗为最。

胡瑗（993—1059），字翼之，因世居陕西安定（今陕西子长市安定堡），故人称安定先生。胡瑗在中国教育史上不仅以其从事教育活动时间长、成就人才人数之多而闻名，而且他对教育、教学也进行了大胆的改革和创新。“天下之治”在人才，人才的培养关键在教育是胡瑗的重要教育主张。胡瑗的教育思想可以说已经开始试图摆脱传统的教育思想束缚，探索切合当时社会实际的教育新路子，而且他较明确地提出了教育的发展应该与社会发展相协调，培养更多“学以致用”的、满足社会需要的人才。

胡瑗的教育经济思想，可以简要地归纳为三点：

一是与变革的时代相呼应，批评了汉唐以来的不良学风，要求切实振兴学校教育。胡瑗深刻认识到了教育对培养人才、治理国家的重要作用。他在《松滋县儒学记》一文中说：

> 致天下之治者在人才，成天下之才者在教化，职教化者在师儒，宏教化而致之民者在郡邑之任，而教化之所在者在学校。

胡瑗精辟地阐明了实现“天下之治”的关键在于人才、人才培养的根本在于学校教育的思想。正是从这一思想出发，他批评自汉唐到宋初的学校教育存在的各种弊病，认为学校教育已经违背了“先王教化”之意。他主张改革教育，改变空疏的“俗学”，讲授穷经治事的实学，培养通经致用的人才。

值得注意的是，胡瑗所要培养的人才，不只局限于文职人才。他充分肯定学校是培养人才的场所，要求改变以往“人自为学”、专尚文辞的病态情况，切实采取措施有组织地兴办各级各类正规化的学校。

他从当时宋朝边事频繁、迫切需要军事人才的实际情况出发，较早提出设立武学，主张培养既“知忠孝仁义之道”，又“知制胜御敌之术”的武职人才。武学最初设于宋仁宗庆历三年（1043），但设置数月即废。胡瑗认为这是因为“官非其人”，并非不应设置武学，并提出解决这一问题的具体方案。他说：“今国子监直讲内梅尧臣曾注《孙子》，大明深义。孙复而下，皆明经旨。臣曾任丹州军事推官，颇知武事。若使尧臣等兼莅武学，每日令讲《论语》，使知忠孝仁义之道；讲《孙》《吴》，使知制胜御敌之术。于武臣子孙中，选有智略者二三百人教习之，则一二十年之间必有成效。”（《宋史纪事本末》卷三十八）

胡瑗在培养人才的过程中，对那些初步显露才华的学生，往往给予特别的爱护，热心扶植。《宋史・道学列传》记载，程颐在 18 岁时游太学，当时胡瑗刚到太学任教，他以“颜子所好何学”为题问诸生，程颐对以“学以至圣人之道”，以一篇《颜子所好何学论》作答。“瑗得其文，大惊异之，即延见，处以学职”。这充分反映了胡瑗识才之识、爱才之心和育才之切。

二是主张以“明体达用”为教育宗旨，以《周礼》“乡三物”教育学生，培养通经致用的各类人才。胡瑗不满汉唐以来的学风、文风和科举制度，遂提出“明体达用”为教育改革的指南。他的学生刘彝对宋神宗说：

> 臣闻圣人之道，有体，有用，有文。君臣父子，仁义礼乐，历世不可变者，其体也；诗、书、史、传、子、集，垂法后世者，其文也；举而措之天下，能润泽斯民，归于皇极者，其用也。国家累朝取士，不以体用为本，而尚声律浮华之词，是以风俗偷薄。臣师当宝元、明道之间，尤病其失，遂以明体达用之学授诸生。（《宋元学案・安定学案》）

所谓“明体”，就是领会圣贤之遗意，理解儒家经典中君臣父子、仁义礼乐这些根本性的内容和精神实质；所谓“达用”，就是以实践这些精神、道理和内容作为修身、应世、治国的指导思想和知识才能。简单地说就是“学以致用”。这从他所主张的教育内容中可以看出。他说：

> 学校之兴莫过于三代，而三代之兴莫过于周。大司徒以六德、六行、六艺教万民而宾兴之。……故其材之成也，大则可以论道、经邦，小则可以作而行事；其出也可以长，其入也可以弟。无他，盖本于学校之教而已矣。（《松滋县儒学记》）

他标榜古代的“六德”“六行”“六艺”，即《周礼·地官司徒》所谓的“乡三物”（“六德”为智、仁、圣、义、忠、信；“六行”为孝、友、睦、姻、任、恤；“六艺”为礼、乐、射、御、书、数），是古代教育家中最早以复古形式表彰“乡三物”，倡导实学、实用的，在复古的形式下，这包含着他适应当时社会需要而提出的新内容，例如，他提出了开设武学。“于武臣子孙中选有智略者二三百人教习之，则一二十年之间必有成效”。此项建议虽未遽行，但这是从宋朝当时边事频繁、将才奇缺的实际情况出发而提出的，无疑是中肯的好意见。

三是注重齐家、治国的礼乐教化和道德教育，以身作则、倡导躬行实践的学风。为了培养通经致用的人才，胡瑗对教学制度进行了大胆的改革，主要是他在中国教育史上首先创立分斋教学制度，这是胡瑗教育思想和教育实践活动中最具有创新意义的内容，也是他对中国古代教育理论和教育实践的独特贡献，同时为中国教育经济思想的发展注入了新的内容，它更有利于体现教育在经济社会发展中的作用，也有助于人们从中真实地体会到教育在社会生活中的价值与意义。

分斋教学是胡瑗在主持湖州州学时创立的一种崭新的教学制度，其主要内容是在学校内分设经义斋和治事斋两部分。经义斋选择“心性疏通，有器局，可任大事者”，学习儒家经义；治事斋又称治道斋，分设治兵、治民、水利、算数等学科，学生可选择其中一科为主修。“治事则一人各治一事，又兼摄一事”（《宋元学案·安定学案》）。两斋的培养目标不同，经义斋以培养比较高级的统治人才为目标，即所谓“能任大事者”；治事斋是为了造就在某一方面有专长的技术、管理人才，“如治民以安其生，讲武以御其寇，堰水以利田，算历以明数是也”（《宋元学案·安定学案》）。

在中国教育史上，虽然有孔子以德行、言语、政事、文学四科教人，魏晋南北朝时设立儒学、玄学、史学、文学四个学馆的记载，但就分科的具体内容来说，其均囿于文科；隋唐时期，设立了算学、书学、律学等专科学校，这是一大进步，但是这些学校的地位比儒学低得多，规模也小得多。直至胡瑗创立分斋教学制度，才在中国教学制度发展史上第一次按照实际需要，在同一学校中分设经义斋和治事斋，实行分科教学；治民、治兵、水利、算数等实用学科也被正式纳入官学教学体系中，取得了与儒家经学同等重要的地位。并且，治事斋学生治一事，又兼摄一事，开启主修和选修制的先声。

分斋教学制度产生后，在当时社会上引起了强烈的反响，“四方之士，云集受业”，纷纷到胡瑗主持的湖州州学求学。甚至京师太学也“取胡瑗法以为法”，其对后世产生了深远的影响。颜元晚年规划漳南书院，分设文事、武备、经史、艺能、理学、帖括六斋，即借鉴和发展了胡瑗的分斋教学制度。另外，清朝有些书院，如中江书院等，直接仿效胡瑗分斋教学的思想和经验，设立经义斋和治事斋。甚至在清末兴学堂、改书院运动中，胡瑗分斋教学制度又被作为一种理想的教学制度，重新受到社会重视。

孙复（992—1057），字明复，号富春，北宋理学家、教育家。他从事教化几十年，卓有成效。他曾师从范仲淹，先追求科举与功名，后研究学问与讲学，故而在40岁尚未成婚。时任宰相李迪深知孙复人品，将其侄女嫁给了他。李迪因将侄女下嫁孙复，增其贤名，而世人则由此更知孙复之贤。孙复之学问及其为人很快名闻天下，其一时成为学界权威。他所主持的泰山书院成为当时的学术活动中心，盛况空前。庆历元年（1041），在范仲淹、石介等人的推荐下，孙复以布衣超拜，任秘书省校书郎、国子监直讲。他与石介一起，积极支持范仲淹等的“复古劝学”主张，在太学实施举人应考须有听书日限及扩大太学录取人数等措施，使得学生人数骤增，北宋太学从此而兴。孙复著有《春秋尊王发微》12卷，《春秋总论》3卷，《睢阳子集》10卷，《易说》64篇。

孙复勤于治学，他认为教化是提升品德素质、治国平天下的最有效手段。儒家要弘扬大道，必先施之于教化，“儒者，长世御俗，宣教化之大本也”。没有教化，人便混同于禽兽，天下就不成为人的天下了。他批评汉宣帝鄙视儒士不足为用，结果纪纲日乱，风俗日坏，导致西汉衰亡。孙复在《寄范天章书一》中进一步提出教化当以太学为根本：“夫太学者，教化之本根，礼义之渊薮也。王道之所由兴，人伦之所由正，俊良之所由出。”显然，这就把太学的教化与政治是否清明联系起来，并将之放到治国平天下的根本位置上，这个见解是十分明智的。

孙复的治学方法论亦有重要的创造。他提出“舍传以求经”的治经方法，即以时代需要为出发点，直接从经学中寻求有用之道，并以自己的理解进行阐述，提出见解。孙复的“不惑传注”“舍传求经”的方法，一方面发展成为理学家“义理之辨”的思维模式，对人的思想是一大解脱，具有一定的自由思想含义，因而对人的思想注入了生机，推动了古代思维的发展。另一方面，这种方法具有玄想特征，由于阐述经学原则没有明确的规定，所以易流于空泛议论。

孙复在其《春秋尊王发微》中提出“舍传求经”方法的同时，已经注意到这种方法具有的不确定性，所以又主张文以致用、道以致用，提倡务实之学，在方法上为研究经学开拓了一条新路。对此，史家评价“以后来说《春秋》者，深文锻炼之学，大抵用此书为根柢”（《四库全书总目提要·经部二十六·春秋类一》）。孙复不仅为理学体系的创立提供了基本的思想内容，同时还为进一步完善这个理论提供了方法论。理学是中国古代最发达的理论形态，孙复是这个理论形态的先驱者，其作用与影响是很明显的，在古代思想史与理学发展史上均占有重要地位，理学的集大成者朱熹对孙复的评价很高，认为孙复治《春秋》“推言治道，凛凛然可畏，终是得圣人个意思”（《朱子语类》卷八十三）。

“宋初三先生”的第三位成员石介，他的一生大部分时间都在从事教育活动，开办书院，主持地方学官，终其一生不遗余力。

石介（1005－1045），字守道，一字公操，天圣八年（1030）进士。景祐元年（1034），石介调任南京留守推官，兼提举应天府书院。景祐二年（1035），石介在东岳庙（今泰安岱庙）东南隅的柏林地兴建学馆，孙复名其为“信道堂”。后由于岱庙扩建，信道堂址并入岱庙院内，于是又到泰山中麓凌汉峰下重整院落，修葺房舍，聚徒讲学，这就是“泰山书院”。康定元年（1040），石介在徂徕山居丧期间，于徂徕山长春岭创建徂徕书院，以《易》教授诸生。庆历二年（1042）以后，石介、孙复相继入国子监直讲，太学兴盛，弟子们也相继出山为官，泰山书院主持乏人，渐趋衰落。泰山书院、徂徕书院的学风开宋明理学之先声，尊师重道，不计较职务高下。当时孙复是一个累举四次不第的秀才，落魄不得志。而当时石介却早已进士及第，并且历任郓州、南京推官。二人功名及职务、地位诸方面都有高下之分。石介却不以为傲，推尊孙复的学问和道德，拜孙复为师。

石介基于“明道致用”这一根本思想，以释儒弘儒为己任。其思想虽不够系统圆熟，但于传统经学营垒中启“好议论”之风，实开有宋一代理学风气之先。他对后世理学发展的影响有两个方面：一是其思想学说“一出于孔氏”，抬升了儒学的地位；二是提出了一些供后世理学家继续探讨乃至借鉴的命题和思想萌芽。泰山书院在讲论儒家经典时已抛弃了汉唐儒者所重视的章句训诂之学，而以阐发大义为主，并对经典传注的不合理成分进行了批判和否定。

第三节 理学中的教育经济思想

北宋初年，儒家教育思想复苏，“宋初三先生”给北宋理学家们以重要影响，“北宋五子”周敦颐、邵雍、张载、程颢、程颐及其开创的学派，开始了儒家学说哲学化的进程，并初步确立了各学派的理学教育思想体系，为理学教育思想的形成奠定了坚实的基础。其教育思想和教育改革理论别开生面，给人以新鲜之感。所有这些，都是北宋时期丰富教育思想的宝贵财富，给后世以重大的影响。

“北宋五子”是理学的开创者，他们将忠、孝、节、义提升到“天理”的高度，形成一整套囊括天人的严密体系。周敦颐结合《周易》解释太极图，为“理”生万物的理论提供了依据。邵雍重新排列《周易》的六十四卦，为理学的建立开辟了道路。张载严格区分了天、道、性、心等概念，准确表达了理学的基本宗旨和精神，开创了理学中的“气学”一派，是理学中唯物主义的杰出代表，对理学的创立贡献巨大。程颢、程颐兄弟合称“二程”，确定了理学的最高范畴“天理”，其核心是“仁”，是修养的最高境界。

“北宋五子”的教育思想，都体现在他们的著作和言论中关于教育经济思想所研究和关注的问题，例如教育对人的作用、教育的社会作用和教育目的，他们根据各自的教学实践，论述各有侧重。“北宋五子”对教育经济思想贡献突出的是其提出的实学思想。张载是实学思想萌芽时期的学者，是实学观点的奠基人之一，其思想的最大亮点是开创了“躬行礼教”的学术风气。“二程”提出的实学教育观点，对后世教育的影响深远。在这里，本书将对他们的教育经历及主要思想、观点一一进行分述。

一、周敦颐关于教育对人、对社会作用的思想形成了体系

周敦颐（1017—1072），北宋思想家、理学家、哲学家。字茂叔，号濂溪，晚年定居庐山莲花峰下，以家乡营道之水名“濂溪”命名堂前的小溪和书堂，故人称濂溪先生，元公是他的谥号。周敦颐是理学的开山之祖，他的理学思想在中国哲学史上起着承前启后的作用。他一生没有专门从事教育事业，但所到之处都兴建学校，

个人也收授生徒、讲论学术、培养人才，严格意义上说他是一个官吏兼教育家。周敦颐非常重视教育的作用，正像其他的教育家们所关注的问题一样，在长期的教育实践过程中，就教育对人的作用、教育的政治意义和社会作用等问题给予极大的关注，形成了一套系统完整的教育思想体系。

周敦颐是性本善论者，认为人生来具有“诚”的本性，“诚”是一切道德的根源，是圣人的根本。他说：“诚者，圣人之本。‘大哉乾元，万物资始’，诚之源也。‘乾道变化，各正性命’，诚斯立焉。纯粹至善者也。故曰‘一阴一阳之谓道，继之者善也，成之者性也。’”（《周敦颐集·通书·诚上第一》）他认为，欲成为圣贤，具有圣人的品性，必须经过学习和修养，经过不断为善而形成善良品性。周敦颐特别强调，“圣贤非性生”，也就是说，圣贤不是天生的而是后天形成的。所以，人们如果能够体现“诚”的本性，其行为就自然而然地合乎中正仁义的道德标准。但是，只有圣人才能够自觉且自然而然地达到这一境界。而普通人有赖于师友的教导和辅助而使道义具于身。他说：“人生而蒙，长无师友则愚，是道义由师友有之。”（《周敦颐集·通书·师友下第二十五》）这里，周敦颐首先肯定教育在人的个性形成中的作用，认为人通过接受教育、勤奋学习，可以使自己具有善良的品性。

周敦颐同样重视教育的社会作用，认为培养的善人多了，就可以把天下治理好，达到天下太平。“师道立，则善人多；善人多，则朝廷正，而天下治矣。”（《周敦颐集·通书·师第七》）另外，周敦颐的《题浩然阁》诗是专意强调说明教育和学习的重要作用的，他在诗中说：“刘侯戴武弁，政则心吾儒。士茂先兴学，子贤勤读书。猷为莫不善，才力盖有余。西北方求帅，浩然宁久居。”周敦颐发挥了孔孟思想，主张性善和重视教育的作用。圣人能够自觉修养保持完美的善性。众人可以通过接受教育、学习和修养，克服气禀之偏、物欲之蔽、习染之邪，回复善性。人可以学习成为贤人。贤人多，天下即太平。

关于教育的目的，周敦颐的观点十分明确。他在《周敦颐集·通书·志学第十》中提出：“圣希天，贤希圣，士希贤。”“圣希天”，就是圣人的志向、学习方向是天道。圣人志学，就是为了体会天道的大公、天道的无私、天道的平等。贤人则要次一等，他对天道的体会、对自己道德修养上的体会，比圣人都要次一等，所以他是立志于修习圣人之道。他主张圣人在位，由圣人担任全国的领导者，圣人的标准是“以仁育万物，以义正万民”（《周敦颐集·通书·顺化第十一》）。一国的领导者要修圣德，纯其心。心纯就能得到贤才的辅佐，有贤才的辅佐就能天下太平，所以要特别重视纯心和用贤。周敦颐说："天道行而万物顺，圣德修而万民化"（《周敦颐集·通书·顺化第十一》）。"仁、义、礼、智四者，动静、言貌、视听无违之谓纯。心纯则贤才辅，贤才辅则天下治。纯心要矣，用贤急焉。"（《周敦颐集·通书·治第十二》）同时，他把孔子视为圣人的标准。他说："道德高厚，教化无穷，实与天地参而四时同，其惟孔子乎"（《周敦颐集·通书·孔子下第三十九》）。可见，周敦颐所主张的教育目的，就是要培养圣人、贤人和立志成为贤人之人。

二、邵雍因言象数而独树一帜，提出教育就是培养德器、智识、才力皆备，"以道经世"的人才

邵雍（1011—1077），字尧夫，幼随父迁共城（今河南辉县），后移居洛阳。他一生未尝做官，过着隐士的生活。然其隐居，非隐于山，而隐于市。故所交往，颇多高官豪门。其与富弼、司马光、吕公著等交游极深。邵雍长期教学授徒，在共城时，即收王豫、周长孺而授象数之学。移居洛阳后，来学者日众，"一时洛中人才特盛"（《宋史·邵雍列传》）。他的教育论述主要见于《皇极经世书》的《观物内篇》《观物外篇》中。由于邵雍没有系统地涉及教育问题，其所论述多由论他事而附及之，因此，其言论便具体表现为对一些与教育有关的哲学概念的理解和认识。他主张教育就是培养"以道经世"的人才，教育的内容不局限于儒家经典而应广泛涉及一切自然科学知识，探索自然科学知识在生产生活中的作用。我们对他关于教育经济的思想在这里予以简要介绍。

《皇极经世书》是邵雍集一生所学之力作，这部书不仅阐述了他的宇宙观、自然观、历史观，而且也包括了他的社会伦理观和教育观。邵雍之长子邵伯温认为："《皇极经世书》之所为书，穷日、月、星、辰、飞、走、动、植之数，以尽天地万物之理；述皇、帝、王、霸之事，以明大中至正之道。阴阳之消长，古今之治乱，较然可见矣"（《邵子全书》卷一）。可见，邵伯温认为，《皇极经世书》就是以自然界之阴阳消长，穷尽天地万物之理，推论人世古今之治乱，以阐明"大中至正"之"道"，以便"以道经世"。也就是说，《皇极经世书》之意，在于以理想的至道治理人世。邵雍也正是从这一点出发，主张教育的终极目的在于"以道经世"，为达到此目的，就必须培养一批能掌握至道、能帮助统治者治理国家的经世人才。这也正是

程颢称其学说为“内圣外王”之学，而孙奇逢称“康节先生本是经世之学”（《理学宗传·卷之五》）的原因。邵雍从这一教育目的出发，特别强调“学以人事为大”，他进一步解释说：“一国一家一身皆同，能处一身则能处一家，能处一家则能处一国，能处一国则能处天下。心为身本，家为国本，国为天下本。”（《皇极经世书·观物外篇》）所以，“君子之学，以润身为本”（《皇极经世书·观物外篇》）。邵雍的这一思想，正是《大学》“修”“齐”“治”“平”思想的继承和发展。

关于教育的作用问题，自《学记》将教育的社会作用概括为“建国君民”和“化民成俗”之后，历代著名教育家无不重视教育的社会作用问题。邵雍也不例外，不过与其他人不同的是，他更多地强调统治者本身的道德品质和表率作用。他说：“善化天下者，止于尽道而已；善教天下者，止于尽德而已；善劝天下者，止于尽功而已；善率天下者，止于尽力而已。”（《皇极经世书·观物内篇》）还说：“能以道化天下者，天下亦以道归焉；能以德教天下者，天下亦以德归焉。”（《皇极经世书·观物内篇》）也就是说，统治者“必先行之于身，然后化之于人。化也者，效之也，自人而效我者也。所以不严而治，不为而成，不言而信，不令而行”（《邵氏闻见录·洛阳怀古赋》），从而达到“顺天下之性命，育天下之生灵”“拔天下之疾苦”（《邵氏闻见录·洛阳怀古赋》）。

邵雍认为，教育对人“资性”的形成和发展也有着重要的作用。他认为，“学问得之人”“学问由外入者也”（《皇极经世书·观物外篇》）。而且人的才干虽是天之良质，但也可以由后天的学问而养成，即“才者，天之良质也。学者，所以成其才也”（《皇极经世书·观物外篇》）。这实际上是削弱了先天的作用，而强调了后天的教育功夫。他甚至还明白地告诉人们：“若问先天一字无，后天方要着功夫。”（《伊川击壤集》卷十六）他还常常教育后辈学生说：“该通始谓才中秀，杰出方名席上珍。善恶一何相去远，也由资性也由勤。”（《伊川击壤集》卷十）他特别强调后天的勤学好问。当有人提出“古人有不由学问而能立功业者，何必曰学”（《皇极经世书·观物外篇》）时，他立即给予尖锐的批驳。他说：“周勃、霍光能成大事，惟其无学，故未尽善也。人而无学，则不能烛理；不能烛理，则固执而不通”（《皇极经世书·观物外篇》）。邵雍认为，后天的教育磨砺和陶冶对人之重要，犹如“金须百炼然后精”（《伊川击壤集》卷十）一样，“圣在人中出，心从行上修，金于砂里得，玉向石中求”（《伊川击壤集》卷十六）。可见，圣人亦人也，只是由于后天的修为不同而已。

邵雍一生好学、勤学，堪为后辈之楷模。且不说他年轻时读书之艰难刻苦，就是晚年患头风、臂痛等疾，也以病弱之躯，仍勤学不止。正如其《臂痛吟》中所说，是“虽废梳头未废书”（《伊川击壤集》卷十一）。邵雍家庭贫寒，在家庭条件、社会环境对人影响的认识上，他是深有体会的。他曾回忆自己徒步游学到学有所立的艰难历程，尤其是“寓州学，贫甚，以饮食之油贮灯读书”（《邵氏闻见录》卷十八）的境况，叹曰“吾少日艰难如此”，而“程伯淳（程颢）、正叔（程颐）虽为名士，本出贵家，其成就易矣”（《邵氏闻见录》卷十八）。教育后辈于逆境之中亦当发奋勤学，直至学有所成。

从以上论述中我们可以看出，邵雍的教育目的就是要培养“以道经世”的人才，这种人才应该是德器、智识、才力三者皆备，“三者不可阙一”（《皇极经世书·观物外篇》）。这种人应该明了自然界之阴阳消长，明辨天地万物之理，了解古今人世的治乱得失。因此，他又主张教育内容不可局限于儒家经典，而应广泛涉及宇宙间的一切知识，包括自然科学知识。他教育后学说：“山川风俗，人情物理，有益吾学者，必取诸焉。”（《宋元学案·百源学案下》）他自己在这方面即堪为表率。邵雍少年时，“自雄其才，慷慨欲树功名，于书无所不读”（《宋史·道学列传》）。他认为“学不际天人，不足以谓之学”（《皇极经世书·观物外篇》）。他正是由于知识基础的广博，后来才能在著作和讲学中广泛涉及一些自然科学知识。且不说他的著述中所富含的数学精蕴，以及所穷“动、植、飞、走之数”及“《易》所谓万物之数”（《邵子全书》卷一），仅其门人弟子所记他平日讲学的《观物外篇》中，天文、历算、数学、几何、地理、生物乃至医学、心理等方面的内容亦比比皆是。关于数学、几何方面的有：“乘数生数也，除数消数也，算法虽多，不出于此矣”“圆者径一而围三，重之则六也；方者径一围四，重之则八也”。关于天文、地理的有：“月本无光，借日光以为光”“地东南下西北高，是以东南多水，西北多山”“日月相食，数之交也。日望月则月食，月掩日则日食”“星之至微如尘沙者，陨为堆阜”。关于物理化学的有：“火无体，因物以为体。金石之火烈于草木之火者，因物而然也”“木结实而种之，又成是木而结是实，木非旧木也，此木之神不二也”。邵雍的这些自然科学思想和观点，多被后世的科学研究所证实，有其科学价值，在引起人们对自然科学知识的探索方面起到了启发和推动作用。

三、张载从“学贵有用”原则出发，非常重视自然技术知识学习，倡导实学、实用的学术风气

张载（1020—1077），字子厚，世称横渠先生。嘉祐进士，历授崇文院校书、知太常礼院之职。张载是北宋时期一位重要的思想家、关学的创始人、理学的奠基者之一。其学术思想在中国思想文化发展史上占有重要地位，对以后的思想界产生了较大的影响，他的著作一直被明清两代作为科举考试的必读之书。主要著作有《正蒙》《西铭》《易说》《经学理窟》等，后人编为《张子全书》。

张载重视教育的实学实用，从“学贵有用”出发，把自然科学知识的学习作为重要内容，并被关学弟子发扬光大。张载的教育经济思想主要体现在以下方面：

第一，关于教育的作用和教育的目的。张载认为，教育和学习能够变化气质。他说：“为学大益，在自求变化气质，不尔，皆为人之弊，卒无所发明，不得见圣人之奥”（《经学理窟·义理》）。“气质恶者，学即能移，今人所以多为气质所使不得为贤者，盖为不知学”（《经学理窟·气质》）。张载认识到学习、环境教育可以改变人性，这有其合理之处。虽然他的主旨和意图在于强调保存天地之性的重要性和变化气质之性的必要性，但从教育的角度来看，也充分说明了人受教育的可能性和必要性，强调了教育的作用和功能。

第二，在教育的目的和培养目标方面，张载提出了独到的见解，他认为教育应该培养多层次、多规格的人才。他把人分为“世人”和“儒门”两类，而“儒门”则分为“学者”“贤人（君子）”和“圣人”三个层次或阶段。张载认为：“学者当须立人之性，仁者，人也，当辨其人之所以谓人。学者，学所以为人。”（《宋元学案·横渠学案》）学者就是学习儒家的道德学说，并按照这种学说去做人的人。在他看来，人既是物质的人，又是社会的人。物质的人和其他万物具有共同性，即物质性；但人又与其他物质不同，人具有社会性即人性，因此，“学者当须立人之性”。所以“学者常存德性”（《横渠易说·系辞上》），“学者……滋养人德性”（《经学理窟·学大原上》），学者如果一时放下不读书，“一时放下则一时德性有懈，读书则此心常在，不读书则终看义理不见”（《经学理窟·义理》）等。“君子宁言之不顾，不规规于非义之信；宁身被困辱，不徇人以非礼之恭；宁孤之无助，不失亲于可贱之人。三者知和而能以礼节之也”（《正蒙·有德》）。总之，所谓贤人、大人或君子，就是

能努力控制自己，按照封建礼法去做人做事的人。张载说："学必如圣人而后已，以为知人而不知天，求为贤人而不求为圣人，此秦汉以来学者之大弊也"（《横渠易说·上经·乾》）。在张载看来，"圣人"的品格不仅"知人"，即克服"气质之性"中恶的成分，反回来本然之善，他谓之"成性"，而且"知天"，即充分发挥先天的德性，他说这是"圣人尽性"。

张载提出多层次、多规格的教育目的，是与他提出的教育任务紧密联系的。在张载看来，教育的基本任务是教人"知礼成性"（《宋史·张载列传》）和"道济天下"（《经学理窟·义理》），换句话说，就是通过教育手段，把善恶相混的人，培养成为封建统治阶级所需要的、道德和知识高度发展的、有真才实学的实用人才。用他的话说，就是"学者求圣人之学以备所行之事，今日先撰次来日所行必要做事"（《横渠易说·系辞下》）。学做圣人就是学习、积累有用的知识，形成实践能力的准备过程，这样的教育任务与他的最高层次的培养目标——"圣人"是完全一致的。

第三，实现多层次教育目的和"道济天下"的教育任务，教学要重实学、实用。对此，张载提出了选择教学内容的标准问题，这个标准就是重实学、实用。用张载的话说就是"学贵于有用"（《横渠易说·说卦》）。这一点，"二程"也曾正确地予以指出。"二程"说："关中之士，语学而及政，论政而及礼乐兵刑之学"（《程氏粹言》卷一）。《宋史·张载列传》也概括了他教育内容的基本范围和轮廓："其学尊礼贵德、乐天安命，以《易》为宗，以《中庸》为体，以孔孟为法，黜怪妄，辨鬼神。"由此可以看出，张载及关学的教学内容，大致有理论学习、道德教育和实学三部分。

第四，从"学贵有用"出发，重视自然科学知识的教育和学习。关于理论和道德问题，张载和关学极为重视儒家经典著作的义理教学，重视学生的道德品质教育和修养，我们不再赘述，这里重点关注实学的学习问题。关于实用之学，张载及关学从"学贵有用"的原则出发，非常重视自然技术知识和实学、实用，这也是关学教学内容的一大特点。汇集张载长期研究结晶的《正蒙》一书，引用了大量自然科学知识，如天文、历算、地理、水文、气象、生物、医学、生理、军事、心理等，整合来阐发他的哲学思想。张载本人的自然科学知识是十分丰富的，如他认为，物质与物质之间普遍存在着相互的"物感"作用：大而言之，有星辰运行、时空无限等；小而言之，有乐器共鸣、磁石吸针、人有阴疾者先雨而知，老鸡乃能知时，动物和人的两性之间相悦而繁衍后代等。这是与宋代的科学技术相当发达有密切关系的。张载是科学技术发达时代的科技应用者和热情宣传者，他重视自然科学知识的教育和学习，这不仅是适应时代的要求，同时又为当时的科学技术发展起到了推动作用，对当时和后世有较大影响，其意义十分深远。

张载是实学思想萌芽时期的学者，是实学观点最早的奠基人之一，其实学思想的最大贡献就是开创了“躬行礼教”的学术风气。正如《明儒学案》的作者黄宗羲在概括关学特征时所说：“关学世所渊源，皆以躬行礼教为本。”（《明儒学案·师说·吕泾野柟》）张载本人极为重视对《周礼》的研究和提倡，认为《周礼》体现了儒家的实学精神，对治世有重大意义。他说：“学得《周礼》，他日有为却做得些实事。”（《经学理窟·周礼》）张载提倡周礼，是为了解决宋代因土地兼并而引起的尖锐的社会矛盾。他希望能通过恢复“三代”的宗法制度和井田制度，重建新的社会和谐。他说：“管摄天下人心，收宗族，厚风俗，使人不忘本，须是明谱系世族与立宗子法。宗法不立，则人不知统系来处。”（《经学理窟·宗法》）“治天下不由井地，终无由得平。周道止是均平。”（《经学理窟·周礼》）儒家经典著作《周礼》，记载了三代圣贤之世、宗法组织完善、井田制度稳定、社会和谐安康的大同气象，其一直为儒家学者所渴望。但是，秦汉以来土地私有制度确立，“复三代之礼”的愿望，在大多数学者那里仅仅是书本上说说而已。张载与众不同之处，在于他以“学贵致用”的实学态度，大胆地将“复周礼”的理想在力所能及的范围内变成现实。吕大临在《横渠先生行状》中记载，张载为云岩县令时，“政事大抵以敦本善俗为先，每以月吉具酒食，召乡人高年会于县庭，亲为劝酬，使人知养老事长之义”。他通过敬事当地年高长者，身体力行，提倡忠孝之道。同时他又与弟子在自己的家乡眉县横渠镇，大胆进行了井田制的试验，至今“眉伯井田”遗迹犹存。据历史文献记载，张载的井田试验尚未取得结果，便与世长辞了。在当时的社会条件下，即使在局部条件下试验取得了成功，也不会得到普遍推广。然而，张载所留下的这种学以致用、大胆试验的精神，却形成了关学的实学传统。张载的学生蓝田人吕大忠、吕大防、吕大钧、吕大临，世称“蓝田四吕”，是张载“躬行礼教”思想的积极实践者。他们“爱讲明井田、兵制，以为治道必由是，悉撰成图籍，皆可推行”，“务为实践之学，取古礼绎其义，陈其数，而力行之”（《宋元学案·吕范诸儒学案》）。仿照张载的礼仪实践，他们在家乡推行《吕氏乡约》，建立了一个守望相助、邻里和睦、尊长爱幼、安居太平的封建村社。据《宋元学案》载，《吕氏乡约》的实行，使

"关中风俗为之一变"。明代以后，关中成为实学的重镇，薛敬之、吕柟、冯从吾、李颙，无不是以复兴张载的实学学风为旗帜。从思想史的角度看，张载"躬行礼教"的意义，不仅仅是醇厚乡俗，而且是要缓和矛盾、挽救时艰。恢复井田制度，重建宗法社会，是儒家学者的一种社会理想、一种价值取向。

四、"二程"从教育与人性关系论证教育在人的发展中的作用，最早提出"实学"的概念，宋元明清实学思潮肇始于"二程"

程颢、程颐是宋明理学的奠基人，洛学的开山祖师，同时，他们也是毕生致力于讲学授道、贡献卓著的著名教育家。

程颢（1032—1085），字伯淳，世称明道先生，河南洛阳人，北宋哲学家、教育家、诗人，北宋理学的奠基者。程颢是嘉祐年间进士，神宗朝任太子中允、监察御史里行。元丰八年（1085），宋哲宗即位，召其为宗正丞，未行而卒，享年 54 岁。

程颐（1033－1107），字正叔，为程颢之胞弟，世称伊川先生，历官汝州团练推官、西京国子监教授。元祐元年（1086）除秘书省校书郎，授崇政殿说书。程颢和程颐曾学于周敦颐，世称"二程"，共创"洛学"，同为北宋理学的奠基者，其学说在理学发展史上占有重要地位，后来为朱熹所继承和发展，世称"程朱学派"。

"二程"在他们长达几十年的教育活动中，将教育思想和理学体系中的认识论与伦理道德观结合起来，与唯心主义认识论和封建伦理道德相糅合，初步建立起理学教育思想的基本体系。虽然"二程"的教育理论是从"存天理，灭人欲"的基本立场出发，目的是培养适应专制制度的"圣人"，但他们的教育思想确实蕴含有许多闪光的精华，是他们最早提出了"实学"的概念，这促进了教育与社会发展的有机结合，这些精华是"二程"在继承前人思想的基础上，结合自己长期教育实践经验而得出的符合教育规律的真知灼见，至今仍具有其独特的价值。

关于教育的作用，"二程"从教育与人性的关系出发来论证教育在人的发展中的作用。他们继承和发展了孟子的"性善"说，吸收张载的"天地之性"和"气质之性"的命题，认为人性有两种：一种是生来至善的"天地之性"，一种是有善有恶的"气质之性"，并且认为人的"气质之性"中恶的方面不是不可改变的，可以通过教育使之改变为善。因此，"二程"否定孔子的所谓"上智与下愚不移"，认为"人情不修治，则邪恶生，犹道路不修治，则荆棘生”（《二程集·经说》卷三），“然亦有可移之理，惟自暴自弃者，则不移也。……性只一般，岂不可移？却被他自暴自弃，不肯去学，故移不得；使肯学时，亦有可移之理”（《二程集·遗书》卷十八）。“二程”将这种教育的功效总结为“变化气质”，即从“恶”气质转变为“善”气质，强调教育就是“以修其身”、循理修道，使人至善。为此，程颢曾说：“学至气质变，方是有功。”（《二程集·遗书》卷十八）程颐也说：“凡学之道，正其心，养其性而已。”（《二程集·文集》卷八）在“二程”看来，一个人只要不自暴自弃，都是可以为学的，只要积学既久，持之以恒，都是可以改变气质的。“二程”的这些见解，不仅论证了教育在人的发展和成长中的重要性和必要性，而且也明确肯定了人的可塑性和接受教育的可能性。可见，“二程”对教育的作用十分重视，认为教育是“育人才、一道德、正人心、美风俗”的重要手段，是治国安邦的根本措施之一。早在八九个世纪前，“二程”就能把教育的作用提到如此的高度，有如此深刻的认识，实在难能可贵。

更为重要的是，“实学”概念最早也是由二程提出的。宋元明清以来的实学思潮，肇始于“二程”，由此把儒学引向崇实。古无实学之名，在孔、孟、荀等儒学先师那里，儒学之终极关怀始终不离孔子所说的“修已以安百姓”（《论语·宪问》）这一极为现实的目标。即儒学从根本上说，一开始就立足于一个“实”字，故先秦儒者并不刻意标榜一个“实”字来作为儒学之特征。所谓“实学”，其关键在于“实”字。在“二程”的实学体系中，所谓的“实”，既指天理本体之实，又指学者所下功夫之“实”。伊川称汉唐以来，治经者流于空言的主要原因在于“不自得”，所谓“不自得”者，其实就是指他们不实下功夫去体道明理。对于“二程”来说，只有切实地下功夫，才能体会到那个真实之本体，即所见之道才是真的道，所明之理才是实的理。故“二程”有“德者得也，须是实到这里须得”（《二程集·遗书》卷二）的观点，又屡屡教导学生在下功夫时要“实有诸已”（《二程集·遗书》卷二）。而所谓“实有诸已”者，对于“二程”来说，又莫过于在心性上下功夫。这种心性功夫并非虚空玄妙者，无论是程颢的识仁、定性之说，还是程颐的涵养用敬、进学致知之学，都紧扣于人伦日用之间，与生活实践有着密切的关系。如同样在回答苏季明问治经时，程颢就答之以“立诚”，“体当自家敬以直内、义以方外之实事”（《二程集·遗书》卷一)。有学者问程颐进修之术,程颐则答之以“莫先于正心诚意”(《二程集·遗书》卷十八)。这样,“二程”又把其理学体系中的心性论,也纳入了其“实学”的范畴之中。

由上可见,“二程”虽从“治经”导入“实学”这一概念,但其实学的内涵却非传统意义上的经学所能包含。从某种程度上说,“二程”称“治经”为“实学”,只是在借题发挥,通过其对“治经”的特定诠释,将传统的经学纳入其所发明的理学体系之中。其称“治经”为“实学”,也就意味着这样两点:第一,由“经”所彰显的本体世界是“实”的,即“道”与“理”是“实”的;第二,由“治经”中所表现出来的学者的功夫应该是“实”的,即其道德实践必须是“实”的。这事实上是在以理学即“义理性命”之学来诠释实学。

从某种意义上说,明清之际实学思潮的兴起,是对宋理学的反动。在一些明清之际倡言实学的思想家看来,无论是程朱还是陆王,都只是空谈义理性命,无实事实功,从而偏离了儒学经世之传统。“实学”这一概念,原本由理学家们所发明,而到了明清之际,实学的这一原初形态却反而成为一种“虚”学。正如有的学者指出的那样,“理学家们都是主张为学应该能经世致用,并以是否能够经世致用作为衡量学术价值的重要标准,从而鲜明地体现出‘实学’的特征”(朱汉民《宋学的文化诠释》,载《经学今诠三编》)。而“二程”就为我们提供了一个极好的研究个案。“二程”非但不是只知空谈心性,事实上他们极其关心社会现实,其语录中多有对时政的评论。如张载就曾称程颢“救世之志甚诚切,亦于今日天下之事尽记得熟”(《二程集·遗书》卷十)。程颢著《论十事札子》,讨论了“师傅、六官、经界、乡党、贡士、兵役、民食、四民、山泽、分数”等方面的问题。这些问题不但与北宋中期的社会现实密切相关,就是在整个中国历史上,这些问题也都是政治生活中举足轻重的根本性问题。

近年来,“实学”一词在学术界被使用得相当广泛,对实学的研究也得以相当深入地展开,并产生了不少颇有建树的成果。“实学”一词的含义相当广泛,其所指涉的对象也不尽相同。宋代学者心目中的实学,与明清学者心目中的实学内涵不尽相同。宋代学者中又有理学阵营与浙东学派之分,而明清学者所倡言的实学,更是五花八门,如有学者就将之归纳为“实体实学、经世实学、质测实学、考据实学和启蒙实学”五类。“实学”之名的成立,不论是儒家学者对儒学自身反思的结果,还是涉及自然科学领域里的一些学问或西学东渐后传入的西学等内容，客观上都引起了人们对教育作用和教育目的的反思，这一点是有积极意义的。

第四节 荆公新学中的教育经济思想

在北宋时期的思想界，荆公新学以其“新”而独树一帜。该学派为王安石所创，在当时与“三苏”蜀学和“二程”洛学鼎足而立。新学学派主要成员有王安石、王雱、吕惠卿、蔡卞、常秩、陆佃、王令、龚原、许允成、沈括等。

王安石（1021—1086），字介甫，因元丰三年（1080）被封为荆国公，世称王荆公，因其谥号为文，亦称王文公。王安石出身于小官僚家庭，幼好学。庆历二年（1042）中进士。此后分别在扬州、鄞县、舒州、常州等地做过地方官。嘉祐年间上万言书，主张改革。治平四年（1067）神宗继位，诏为翰林学士。熙宁元年（1068）至京，次年任参知政事，实行新法。此后两次罢相，闲居金陵。

王安石的“新学”，亦称“荆公新学”，体现在其《三经新义》即《诗义》《书义》《周礼义》，及其为释经而作的《字说》中。《三经新义》的撰修，体现了王安石“以经术造士”的思想。王安石认为，经术造士是盛王之事，训释经义，教育士子，符合盛王的做法；衰世伪说诬民，私学乱治；孔孟经学精义自“秦火”后散佚，章句传注陷溺人心，淹没了经义的“妙道”，遂使异端横行；因此要重新训释经籍，使义理明白，解除以往对经学的曲解，从而以经学来化民成俗。在《三经新义》中，以《周礼义》最为重要，它是变法的理论依据，因此由王安石亲自训释；《诗义》《书义》则由其子王雱和吕惠卿等共同参与训释。《三经新义》成书后，由官方在全国正式颁行，“一时学者，无敢不传习，主司纯用以取士，士莫得自名一说，先儒传注，一切废不用”（《宋史・王安石列传》），这标志着汉唐经学的真正结束和宋学的全面展开。新学属于北宋时期开始兴起的治国学派，处于时代思潮激流旋涡之中的王安石，他没有也不可能离开或跨越这个时代。他也只是在用他的方式、他的理解，来研究阐发理学思潮所关注的时代课题。荆公新学在北宋中后期的60年中是居于独尊地位的官学，是王安石变法的指导思想和理论基础。

王安石的生活经历使他对当时的腐朽政治和王朝危机有了进一步的认识，他留心民生疾苦，努力实践自己改革政治的理想，并在局部地区进行了一些改革的尝试。宋仁宗嘉祐五年（1060），王安石奉诏入京，宋神宗熙宁二年（1069）任参知政事。他在农民起义的影响和推动下，顺应历史发展的潮流，以理财、整军为中心实行变法，对内限制大地主、大官僚兼并势力，对外反抗辽和西夏的侵扰。这次变法的目的是富国强兵，缓和阶级矛盾，维护北宋的封建统治，当然也在一定程度上起到了减轻农民负担的作用。新法的实施，抑制兼并，奖励耕战，有效推动了社会生产的发展，增强了抵御外敌侵略的实力，使北宋王朝一度出现兴盛的气象。从此，王安石以著名的改革家而载入中国史册。

在教育的发展和改革上，他也是大刀阔斧，从教育体制到教育内容，从人才的培养到人才的选拔使用，学校教育和人才培养相协调，以及教育为政治经济服务、地方教育的管理等都有很大的发展，其教育思想和观点从北宋中叶到清末，流传极广，对中国教育的影响极为深远。他的教育经济思想集中表现在关于人才问题的观点，体现在关于教育的目的和内容上。

一、从改革选拔人才的科举制度入手，大力整顿学校教育，规范科举考试的内容和标准

在熙宁改革期间，王安石为了变法图强，“改易更革天下之事”，深感当时“天下之人才不足”（《王文公文集·上仁宗皇帝言事书》）。他从自己多年做地方官的实际经验和体会中洞察到，马上实行变法，“其势必不能也”（《王文公文集·上仁宗皇帝言事书》）。因为新法“不能以自行”（《王文公文集·上仁宗皇帝言事书》），必须依靠各级“在位之人”去贯彻执行。而当时的情况是，不仅“在位者犹不能推行”（《王文公文集·上仁宗皇帝言事书》），而且“吏辄缘之为奸”（《王文公文集·上仁宗皇帝言事书》），从中捣乱和破坏。在王安石看来，没有人才，就是有一套新法也难以顺利推行；有了人才，各级官吏就可以择其人而取足，然后进行变法就有了组织保证。因此，他大声疾呼：“方今之急，在于人才而已。”（《续资治通鉴长编卷》一百八十八）所以，王安石把人才问题视为变法的基本条件，认为其是当时的紧迫需要。人才既是世之急务，那么人才从哪里来？在王安石看来，人才既不可能从天

上掉下来，也不可能与生俱来，人才是学校教育培养的结果。所以他认为，学校是培养人才的基地，教育是造就人才最有效的途径。他说“古之取士，皆本于学校，故道德一于上，而习俗成于下，其人材皆足以有为于世。自先王之泽竭，教养之法无所本，士虽有美材，而无学校师友以成就之，议者之所患也”（《王文公文集·乞改科条制札子》），又说“天下不可一日而无政教，故学不可一日而亡于天下”（《王文公文集·明州慈溪县学记》）。不兴办学校而想得到人才，是不可能的事。

当时，北宋学校的情况是，学校分官学和私学两类，还有占重要地位的书院，官学又分为中央和地方两级。王安石所说的学校，则是专指地方而言的。当时国子学和太学，其招收对象有身份品第限制，名额很少，且只招收七品以上官员的子弟。所学课程，主要是儒家经典，教学内容和方法，无非是“讲说章句”和与实际相脱离的“课式之文章”。州县所设学校，多是范仲淹兴学时奉命建立的。庆历兴学失败后，州县之学虽未撤销，但实际上已是有名无实，既缺教师，又无人管理。用王安石自己的话说，就是“方今州县虽有学，取墙壁具而已，非有教导之官、长育人才之事也”（《王文公文集·上仁宗皇帝言事书》）。这样的学校，根本不可能担当起培养人才这个重要任务。

因此，王安石执政以后，在政治上实行变法的同时，又根据政治需要，对学校进行了一系列的改革。改革的主要内容包括三点：

一是改革选拔人才的科举制度。王安石认为，以文辞诗赋试进士，以记博诵试明经，并以此为标准授给官职，让他们进入仕途，参与决策国家大事，必不可能，其只能是唯唯诺诺而已。因此，王安石执政后，就把改革科举考试制度提上重要议事日程。王安石改革科举考试制度的基本精神和目的，就是选拔一批既精通儒家要义，又能用于解决国家实际问题的通经致用人才，为其变法改革服务。

二是大力整顿学校教育。在这方面他主要采取了三项措施：整顿和改革太学，使政府选拔官吏和学校教育直接挂钩，把养士和取士统一于学校；在“求专门”“尚实用”“重文武”思想的指导下，在变法改革过程中，在京师陆续恢复和创立武学、律学和医学等专科学校；整顿州县地方学校，王安石一贯重视地方学校，他知鄞县及在江宁居丧期间，都对教育问题作过专门的论说，并采取相应措施，发展当地的教育事业。

三是统一编写教课之书，把《三经新义》和《字说》作为科举考试的基本内容和标准。王安石采取的这些办法和措施，虽然都是以造就封建官吏为目的，但他看到人才是实现变法的前提条件，并视学校为培养人才的基地，这种观点今天来看仍然有着积极的意义。

二、王安石关于人才教育培养、选拔使用的思想，已形成较为完整的思想体系

在王安石的思想中，最为突出的是他的人才观。王安石以政治家的远见和思想家的深邃，洞察到人才的极端重要性。他指出，人才是国家的栋梁，人才得失事关国家的盛衰荣辱。这是王安石关于人才问题的基本观点和精辟见解。他说："夫材之用，国之栋梁也，得之则安以荣，失之则亡以辱。"（《王文公文集·材论》）又说："国以任贤使能而兴，弃贤专己而衰。此二者，必然之势，古今之通义，流俗所共知耳。"（《王文公文集·兴贤》）寥寥数语，言简意赅，反映出其在人才问题上的远见卓识。其实，王安石关于人才问题的思想，已经反映出了深刻的教育经济学观点。

教育经济学关于教育社会作用的思想，突出反映在他关于人才问题的观点上。王安石之所以把人才问题提到议事日程上，是有着深刻背景的。北宋中叶，赵宋王朝充满着内忧外患，阶级矛盾和民族矛盾错综交织，十分复杂。国内农民起义的烽火接连不断，外有辽和西夏的屡次骚扰，政治局势呈现出严重危机。用王安石的话说："边夷外畔，士卒内溃，吏民骚动，死伤接踵"（《王文公文集·论罢春燕札子》），"顾内则不能无以社稷为忧，外则不能无惧于夷狄，天下之财力日以困穷，而风俗日以衰坏。四方有志之士，諰諰然常恐天下之久不安"（《王文公文集·上仁宗皇帝言事书》）。

在这种情况下，一些有识之士积极探索和寻找摆脱困境的出路，出身于士大夫阶层的王安石就是其中的一个。他认为，要摆脱目前这种困境的出路只有一个，就是变法图强。而人才又是变法的基本条件，是当时的紧迫需要。王安石为了把仁宗皇帝从对混乱局势视而不见的安逸中拉出来，支持自己"矫世变俗"（《宋史·王安石列传》），以达到变法图强的目的，甚至在《上仁宗皇帝言事书》中不惜向最高统治者敲响历史之警钟。他说："盖汉之张角，三十六万同日而起，所在郡国莫能发其谋。唐之黄巢，横行天下，而所至将吏无敢与之抗者。汉唐之所以亡，祸自此始。"

同时他还说，晋武帝不作长远打算，结果海内大乱，使中国陷于南北朝三百余年大分裂的状态之中。这种由于农民起义而促成封建王朝的覆灭和最高统治者的苟且偷安而致国家陷于混乱的局面，都是当时宋王朝所面临并亟待解决的现实问题。王安石试图用这两个尖锐问题刺痛宋仁宗的神经，目的在于说服宋仁宗“思所以陶成天下之才”，其用心可谓良苦。王安石把人才问题视为变法的首要条件，认为这是当时社会的需要，也是宋朝长治久安之根本。王安石把人才与变法密切地联系起来，认识到人才在促进经济社会发展和维护封建统治方面的极端重要性，这一点是十分超前且可贵的。

王安石关于人才问题的思想，已经基本形成了具有自己特点的、较为完整的思想体系，它大概包括这样几个方面：

一是关于人才的培养和选拔问题。人才有从学校培养出来的，也有从实践中锻炼成长起来的。这两部分人不可能全部擢取，一律任用，在任用之前必须有一个识别和筛选的问题，否则就会良莠不分，贤愚难辨。所以选拔人才先要解决思想认识问题，即了解天下有没有可用之才。当时执政者认为天下“无材可用”，王安石则以地主阶级改革家的勇气和胆略，对这种思想进行了尖锐的批评。认为主张天下没有人才的人，多是那些所谓的“上之人”。他们从维护自己地位的角度出发，想要“终身无天下患”，认为人才对于国家的治乱无关大局；这些人自己身居要位，权重势大，所以不关心人才的选拔、培养、使用、管理，终日无所事事。这样的结果只能是“天下之患，不患材之不众，患上之人不欲其众；不患士之不欲为，患上之人不使其为也。夫材之用，国之栋梁也，得之则安以荣，失之则亡以辱”（《王文公文集·上仁宗皇帝言事书》）。

在批判“无材论”的同时，王安石指出：“今天下盖尝患无材。吾闻之，六国合纵，而辩说之材出；刘、项并世，而筹划战斗之徒起；唐太宗欲治，而谟谋谏诤之佐来。此数辈者，方此数君未出之时，盖未尝有也；人君苟欲之，斯至矣。天下之广，人物之众，而曰果无材可用者，吾不信也。”（《王文公文集·材论》）又说：“古虽扰攘之际，犹有贤能……况今太宁，岂曰无之！在君上用之而已。”（《王文公文集·兴贤》）王安石明确指出，人才客观存在，问题是“君上”用不用。从历史上进行考察，时代需要什么样的人才，什么样的人才就应运而生。时势造人才，这是唯物主义认识论在人才问题上的见解。王安石认为，要选拔人才，就是要破除旧制度对人才的禁锢。同时，他对此进行了一系列的改革。改革“磨勘”，反对提拔官吏时搞论资排辈。宋代的官吏升迁一般是“文资三年一迁，武职五年一迁，谓之磨勘”（《续资治通鉴长编》卷一百四十三），必须改革现行选拔人才的科举制度。王安石认为，北宋承袭隋唐以来的科举取士制度，并不是选拔人才的最好办法。用这种办法，真正的贤能之才并不一定能选拔出来，而那些缺德少才之徒却可以借此机会跻身仕途。因此，王安石于熙宁四年（1071）对科举制度进行了大刀阔斧的改革：废除明经科；废除原有进士科的考试科目，不再考诗赋、帖经和墨义之类，而试以经义和策论；另立明法科，试以律令、刑统、大义等。也就是说，王安石改变了考非所用、用非所考的科举考试之弊端，纠正了选拔人才中的缺陷；限制“恩荫”，削减了官僚子弟的世袭特权。经过这一系列的改革，王安石认为，对人才必须“慎择”，也就是说了解人才必须经过长期反复考察，不能以一时一事定终身。“访问以事，非一事而后可以知其人之实也；必至于期年，所访一二十事，则其人之贤不肖审矣。”（《王文公文集·论馆职札子》）经过这一长期的考察过程，凡“遇事而事治，画策而利害得，治国而国安利，此其所以异于人也”（《王文公文集·材论》）。这样，就可以“随其德之大小、才之高下而官使之”（《王文公文集·上仁宗皇帝言事书》）。

人才选出来以后，如何合理使用，充分发挥人才的作用，这是关系到人才健康成长的一个重要问题。王安石关于人才“使之当”的观点就充分反映了这一思想。主要包括以下内容：一是“铨量其能”，人尽其才。王安石认为，人的才智有差别，能力有大小，用人时一定要把人才放在相应能级的岗位上，能力大的派大用场，能力小的派小用场，“使大者、小者、长者、短者、强者、弱者，无不适其任者”（《王文公文集·取材》）。做到人尽其才，才尽其用。二是“当其所能”，扬长避短。王安石认为，“一人之身，才有长短”，任何人都不可能十全十美。用人的时候，“取其长则不问其短”“可以任则任，可以止则止”“以其人长于某事而任之，在它事虽短何害焉”（《王文公文集·委任》）。在人才的使用问题上，就是要充分发挥每个人的特长，不能“责人以细过”。王安石认为用人得当，扬长避短，就会事半功倍，否则，就会把箭材当刑具用，使决战之利器等同于“朽槁之梃”，实际上是在糟蹋、毁坏人才。三是用人要推心置腹，使“上下之相照”。王安石认为，既要使用人就要

"信其忠则不疑其伪"。他以汉高祖刘邦之任人为例，说明使用人就要相信人，不怀疑，不存戒。他说："萧何刀笔之吏也，委之关中，无复西顾之忧；陈平亡命之虏也，出捐四万余金，不问出入；韩信轻猾之徒也，与之百万之众而不疑。是三子者，岂素著忠名哉？盖高祖推己之心而置于其心，则他人不能离间而事以济矣。"（《王文公文集·兴贤》）这是他用人的一条重要原则。四是"任之以专"和"久在其职"。王安石认为，一个人的工作经验需要日积月累，聪明才智只能在实践中增长。"人之才，成于专而毁于杂。"（《王文公文集·上仁宗皇帝言事书》）鉴于此，他主张"任之以专"和"久于其职"，最好是"终身一官而不徙"。这样，那些无能之人就不敢滥竽充数，这对人才的成长是极为有利的。

三、王安石对教育的经济作用的认识，集中体现在其关于教育目的和教育内容的阐述上

人才与国家的前途和王朝的命运息息相关，那么，人才从何而来呢？王安石指出，学校是培养人才的主要基地，教育是培养人才的基本途径。他说："古之取士，皆本于学校，故道德一于上，而习俗成于下，其人材皆足以有为于世。自先王之泽竭，教养之法无所本，士虽有美材，而无学校师友以成就之，议者之所患也。今欲追复古制以革其弊，则患于无渐。宜先除去声病、对偶之文，使学者得以专意经义，以俟朝廷兴建学校"（《王文公文集·乞改科条制札子》）。

王安石主张把人才集中在朝廷所办的各级各类学校中，在师友的切磋磨砺下，使其理论联系实际，从德、行、艺等各方面进行培养，使其成为有一技之长的实用人才，然后由有关部门选拔为各级官吏，从而治理国家，实现长治久安。这是古代立学之本，也是兴办学校的根本目的。学校的职能和作用决定了学校教育的目的和内容。封建社会的教育目的是为封建统治阶级造就合格的封建官吏，宋代的教育自然也不例外。王安石在《上仁宗皇帝言事书》中指出，自己所看到的北宋中叶的官吏，大部分是"不才苟简贪鄙之人"，文臣不懂武事，边疆卫戍重任往往由"奸悍无赖之人"主持，因而国家"常抱边疆之忧"。在王安石看来，这种情况的形成原因很多，但与当时的学校教育有着直接关系。因此，他从变法图强的观点出发，提出国家兴办教育的根本目的在于培养实用人才，使"学士所观而习者，皆先王之法，言

德行治天下之意，其材亦可以为天下国家之用”（《王文公文集·上仁宗皇帝言事书》）。一旦国家有重大决策，他们可以“立辟雍明堂，损益礼制，更著律令，决谳疑狱”（《王文公文集·取材》）。详评政体，缘饰治道，以古今参之，以经术断之。他特别强调学校教育要文武结合，这是因为当时辽、西夏不断犯边，王安石变法的目的，就是保护北宋的农业生产和社会安定，教育上“兼学文武”，就是以培养理财富国、整军强兵的人才为目的。总之，王安石培养实用人才的规格是既有“经术”等理论知识，又有解决当时社会纷乱事务的能力，即不仅能够“经世务”、通晓“朝廷礼乐刑政之事”（《王文公文集·上仁宗皇帝言事书》），又懂得武事，是通经致用、兼习文武的人才。

教育内容是为教育目的服务的，王安石的教育目的，确定了教育内容必须为这一目的服务。但是，当时的教育内容严重脱离实际，学校把对国家有用的实际知识和本领置之不教，而是一味地把学生的精力引导到“朝夕从事于无补之学”（《王文公文集·上仁宗皇帝言事书》）的邪路上去。因此，王安石主张必须根据学用一致的原则改革教学内容，必须围绕培养目标选择教材内容。改革和选择的标准为“苟不可以为天下国家之用，则不教也；苟可以为天下国家之用，则无不在于学”（《王文公文集·上仁宗皇帝言事书》）。

他特别强调教学要“求专门”“尚实用”“兼文武”。他认为学生读经是必要的，但关键是把学生关在学校里只读儒家死书是不行的，那种只会据经泥古的“庸人”，是不可能为国家的长远利益出谋献策的。所以他在《答曾子固书》中提出，学生必须博学多能，“百家诸子之书，至于《难经》、《素问》、《本草》、诸小说，无所不读”，还要“习世事”，对“农夫女工，无所不问”，提倡读书要“断以己意”，有自己的独到见解，做到古为今用，批判地吸收。这种强调获得广博知识的学风，是“新学”学派的共同特点。该学派重要成员之一的陆佃一生就是这样实践的。其子陆宰在为其父陆佃的《埤雅》所作的序中说：“先公作此书，自初迨终，仅四十年。不独博极群书，而农父牧夫，百工技艺，下至舆台皂隶，莫不诹询。苟有所闻，必加试验，然后纪录。则其深微渊懿，宜穷天下之理矣。”同时，在“求专门”“兼文武”“尚实用”原则下，王安石创办了武学、律学和医学等专科学校。为了扭转学校教育中“重文轻武”“文武异事”的偏向和社会积习，他提出一般的学校教育也应该“兼习文武”。他说：“先王之时，士之所学者，文武之道也。士之材，有可以为公卿大夫，有可以为士。其才之大小，宜不宜则有矣，至于武事，则随其才之大小，未有不学者也。”（《王文公文集·上仁宗皇帝言事书》）

崇实，是王安石教育思想的一大突出特征。他主张教育必须具有鲜明的社会实用性和政治功利性。他要求培养经世致用、文武兼备、学有专长、学用一致、能推行新法、理财整军、富国强兵的有用人才。他常说没有人才就不能变法革新，有了法令，还要靠人来执行，否则法令便是一纸空文，毫无作用。他看到了政治要改革，教育必须先行，培养人才是政治革新的关键。

王安石猛烈抨击当时教育，认为其弊病在于只能造就大则不足以用天下国家，小则不足以为天下国家之用的士人。为实现其教育目的，王安石提出一系列改革教育内容的措施。他反对学校讲授专门分析儒家经典著作的章节句读，认为用古人的陈言旧说、过时文章，束缚今人的手脚，禁锢士人的思想，极不合理。他还反对用儒家的经典内容来考试，认为这是浪费宝贵的时间和精力，学懂了也毫无用处，因为它既不能让人成为治理天下国家大事、制定法令制度的决策人，也不能提高办理具体事务的能力，做推行政令的执行人，结果只会变成腐儒，做什么也不行。

王安石注重实学的精神，更为可贵的是他敢于冲破那种死板的、拘泥于儒学经典的传统教学模式，提倡走联系实际、博学广闻、不耻下问的治学道路。对儒家以外的书，包括被儒家视为异端的各种学说，以及政治、法律、道德这些从政的知识，还包括自然科学、民间文学，以及生产实践知识这些历来为一般封建士大夫所轻视的“旁门”“杂学”，也必须无所不读。只有这样，才能成为有用之人。他的开放眼光、恢宏气度和务实精神，在当时是卓然不群的。

荆公新学是宋代的一个重要学术思想流派。该学派对教育的贡献主要在于它树立了经世致用的学风，主张实学实事。作为一个有魄力的教育改革家，王安石改革北宋的科举制度和教育，整顿和发展官学，对北宋的教育发展产生了深刻的影响，其功绩彪炳青史。王安石对北宋教育的贡献主要是扩大了太学，创办了专科学校，为宋王朝培养了一批变法改革的人才。这些人才活跃于当时的政治舞台，对推行新法和实现教育为政治经济服务的目的起到了积极的推动作用。同时，他十分重视发展地方教育，改进了地方教育的管理状况，使学校教育和人才培养有了更为广阔的社会基础。他的教育思想从北宋中叶到清末，流传了八九百年，对中国教育的影响极为广泛和深远。

王安石的教育思想是创新的、改革的，他称得上是中国历史上一位具有远见卓识的教育改革家。他一生虽未从事过专门的教育实践活动，但他从实行变法的需要出发，高度重视教育的作用，他的先进教育思想，大大超越他同时代的许多人物。他把改革教育、兴办学校作为整个社会政治改革的一个重要方面。他的一系列教育主张和措施，充满了创新精神，其中特别引人注目的是“崇实”和“尚变”的教育思想，对后世教育事业的发展不仅具有一定的借鉴意义，而且影响深远。

第九章

南宋的教育经济思想及宋朝教育科技的世界影响

在宋朝的北方，先有辽、西夏与之对峙，后有金不断南下攻犯。公元1115年，完颜阿骨打仿照汉族制度，称皇帝，建国号“金”。1127年，女真人攻破开封，俘虏了宋徽宗、宋钦宗，北宋灭亡。同年，宋徽宗之子赵构即皇帝位，改元建炎，后以临安（今杭州）为“行在”，偏安于江南一隅，史称“南宋”。

当南宋与金相持的时候，北方草原上的蒙古族逐渐强大起来，1234年灭金后挥师南下，于1279年灭南宋。

第一节 南宋书院中的教育经济思想

南宋书院在总结前人经验的基础上已日臻成熟，它的教学形式灵活多样，课程设置有较大自主性。书院提倡自由讲学，注重讨论，学术氛围浓厚，学派代表人物的思想观点在书院教学中占有主导地位，更易于渗透到学生的思想中，因此，书院往往成为该学派思想的研究中心。书院重视活跃学生思想，启发学生的学习兴趣，少有禁戒惩治的规章，开辟了教育新学风，成为推动教育和学术发展的重要动力。这种宽松的教学环境，推动了一批有影响力的书院产生，也培养造就了一批有影响的思想家、教育家。他们依书院而生，书院因他们而荣，二者共生共存。

为了便于读者了解这方面的知识，这里把与南宋书院有关的学派予以集中整理，对一些重要代表人物的教育思想及教育经济观点分别予以论述。

一、湖湘学派尊奉理学、重经务实，把“有体”“有用”作为教育培养目标，使重践履的务实学风成为其重要特色

湖湘学派是指南宋时期以胡安国、胡宏、张栻等为代表的学术流派。因该学派主要人物的学术、教育活动，集中于洞庭湖以南至湘江流域一带，创建碧泉书堂和文定书院，潜心研究理学并授徒讲学，故有“湖南学”或“湖湘学派”之称。湖湘学派是理学阵营的一个重要部分，它的基本学术宗旨是治学必须务实，立言必须践履。

湖湘学派的创建者胡安国（1074—1138），一生以圣人为目标，主要从事学术研究，潜心研究《春秋》。大凡一个著名的学派都有一定的学术风尚，湖湘学派也不例外。其学风主要有以下几点。

首先是尊奉理学。湖湘学派主要人物的学术思想，都直接源于宋代程朱理学的开创者程颢、程颐。胡安国认为自己的学问主要来自“二程”，以“二程”的私淑弟子自居，并请朱熹前来长沙会讲，此后湖南士人一直与朱熹保持着密切的学术联系。胡安国去世后，他的许多学生改从朱熹。朱熹在就任湖南安抚使期间，又致力于振

兴岳麓书院，经常和生徒讲论问答，于是，程朱理学在湖湘占据了学术主导地位。虽然以后也有心学、农学传入湖南，但理学的这一主导地位始终没有动摇过。

其二是重经世务实。宋代的许多理学家都有空谈心性、不求实用的倾向。湖湘学派虽然也是理学中的一派，却自创立之初就反对“腐儒”学风，主张“通晓时务”“留心经济”。胡安国提倡实际生产劳作，主张学者不妨锄锄地、种种菜；认为君子之学，最重要的就是一个“实”字，除经史之外，还必须致力于兵、农等经世实学，他在自己的著作中就对这类知识多有涉及。由此，在知行关系上，湖湘学派阐述“知行互发”，特别注重“行”的作用，强调“践履”，即实践，认为“知之非艰，行之惟艰”。因为湖湘学派重视务实，所以后人评价他们都是有用之才，而非“迂谈道学者”。

胡安国所著《春秋传》是后世科举士人重要的教科书，以尊君父、讨乱贼、辟邪说、正人心为中心内容，大多与教育思想不相关涉。所以我们对该学派教育经济思想的探讨，主要集中于其子胡宏和张栻身上。

胡宏（1105—1161），字仁仲，自号五峰，胡安国季子。他一生不愿出仕，为振兴道学，隐居衡山20多年，从事理学教育。他通过书院办学、传播理学，不仅培养了一批有名的学者，还使这里形成了独具特色的衡麓学风。胡宏教育思想所取得的成就，与他的书院办学是分不开的。胡宏热衷于书院办学，是有其目的的。他对求学者说：“学道者，正如学射……必先知的，然后可以积习而求中的矣。”（《知言·大学》）他以学射必先知的为喻，说明教与学必须首先有明确的目的。作为一个理学家，兴办书院教育当然同他要振兴理学是分不开的。胡宏在《碧泉书院上梁文》中写道：

> 永惟三代之尊，学制遍乎家巷。爰从两汉而下，友道散若烟云。尼父之志不明，孟氏之传几绝。颜回克己，世鲜求方；孔伋论中，人希探本。弃漆雕之自信，昧端木之真闻。干禄仕以盈庭，鬻词章而塞路。斯文扫地，邪说滔天。愚弄士夫如偶人，驱役世俗如家隶。政时儒之甚辱，实先圣之忧今。将寻绎五典之精微，决绝三乘之流遁。穷理既资于讲习，辅仁式藉于友朋。

他在这里明确肯定创办书院就是要继承和传播“几绝”的孔孟之道。胡宏以振兴道学为旗帜，体现了他创办书院的教育目的。但是在他看来，“道学”是一种有体有用之学，教育的目的就是培养什么样的人的问题。他的教育目的是要为封建社会培养一种有体有用的人才。首先，胡宏以“有体”作为书院教育、培养人才的目标。所谓“有体”，是指认识、谨守封建伦理道德规范，做一名儒家所宣扬的理想人格之“圣人”或“君子”，这是书院的德育目标。其次，胡宏还要求以“有用”为教育目的。所谓“有用”，即能经邦济世。他认为，儒家之道和释、老的最大区别，就是“得其体必得其用”。他说：“人虽备天道，必学然后识，习然后能，能然后用，用无不利，唯乐天者能之。”（《知言·好恶》）

儒学“明体”的目的就是要“达用”，成为能满足封建社会所需要的政治、经济、军事及文化教育等方面的有用人才。那种一味高谈性命、不究实用的学者，胡宏是看不起的。为了表达对致用之学的重视，胡宏在为碧泉书院写的一首诗《书院即事》中提出“为无经济学，万里筑幽栖”。所谓“经济学”，即经世济民之学。这里明确肯定，建立书院的目的就是传播“经济之学”。也就是说，胡宏已经充分认识到教育在经济社会发展中的作用，这是其他任何一个学科都不可能代替的。因而，培养具有各种经世才能的人才，才是胡宏书院教育的真正目的。他说：“论为学者，贵于穷万物之义，论为治者，贵于识百职之体。孔子曰：‘学之不讲，是吾忧也。’夫圣人何忧？学者所以学为治也。讲之熟则义理明，义理明则心志定，心志定则当其职，而行其事无不中节，可以济人利物矣。”（《五峰集·与丁提刑书》）强调讲学首先使为学者“义理明”“心志定”（即明体），然后达到“济人利物”的目的。

胡宏所提出的书院教育的目的，反映了他所处的时代和社会的要求。胡宏创办书院讲学，正值宋室南渡初期。当时中原正处在金兵的铁蹄之下，徽、钦二帝被虏，宋高宗退居江南，凭借半壁河山以图自保，投降派秦桧当政，打击迫害抗金将领，正所谓“国势日蹙，民心日散”，民族矛盾和阶级矛盾交织在一起，日趋尖锐。胡宏面对这“冷落山河”“凋残民物”的严峻现实，既激愤满怀，又忧心忡忡。他认为只有重振儒学的纲常伦理，才能治国安邦、拯救时艰。他在给高宗皇帝的万言书中，建议整饬“三纲”，认为“三纲”是“中国之道”、治国之本。他把维护封建纲常同抗击金人、收复失地联系起来，认为只要“三纲立”而“边鄙之叛逆可破也”（《五峰集·上光尧皇帝书》）。胡宏创办书院，传播道学，一方面，教学的目的是使士子们懂得儒家宣扬的纲常伦理是修身、立国之本；另一方面教学还要培养士子们的经世才能，使他们在做事建功的经世活动中，达到“济人利物”的目的。也就是说，胡宏的书院教育目的兼有理学和事功之学之长，既振兴道学，又有倡经世、重功用的实学倾向。

胡宏十分重视农业生产活动，认为这也是应该学习的“实事”，而反对“专守方册，口谈仁义”的空疏学风。他说：“古之人盖有名高天下，躬自锄菜，如管幼安者；隐居高尚，灌畦粥蔬，如陶靖节者。使颜子不治郭内郭外之田，则饘粥丝麻，将何以给？又如生知将圣，犹且会计升斗，看视牛羊，亦可以为俗士乎？岂可专守方册，口谈仁义，然后谓之清高之人哉？正孺当以古人实事自律，不可作世俗虚华之见也。”（《五峰集·与孙正孺书》）。胡宏对当时士大夫、道学家中那些虚伪清高、空谈误国的恶劣学风十分不满，斥责其“专守方册，口谈仁义”。他主张学者们应重视现实，亲自参加生产劳动，即“以古人实事自律”。胡宏本人就亲自参加生产劳动，接触社会，因而能了解人民疾苦。这样，胡宏的“学贵力行”就在一定程度上突破了仅以道德为标准的思想局限，其“行”就有了包含生产劳动在内的更广泛意义。胡宏“学贵力行”的主张，在书院产生了深远的影响，这种重践履的务实学风，也就是衡麓之教的重要特色，也是湖湘学派在学术思想上的主要特征。

张栻（1133—1180），字敬夫，后因避讳改字钦夫，号南轩，学者称南轩先生，谥曰宣，后世又称张宣公，右相张浚之子。张栻既是南宋时期的著名理学家，也是著名教育家，其一生致力于教育。南宋孝宗乾道元年（1165），张栻主管岳麓书院教事，从学者达数千人，初步奠定了湖湘学派规模，成为一代学宗。南宋孝宗淳熙七年（1180），迁右文殿修撰，提举武夷山冲佑观。其学自成一派，与朱熹、吕祖谦齐名，时称“东南三贤”。

张栻先后在宁乡城南书院、湘潭碧泉书院、长沙岳麓书院等聚徒讲论，其教育思想从一个侧面反映了这位著名学者的学术成就和教育成就。朱熹在《南轩文集·序》中评价“其学之所就，既足以名于一世”，这种评价足以说明张栻教育思想的丰富性及影响力。应该说，张栻的教育思想十分丰富，他论及教育的许多方面，但虑及本书的宗旨，我们仅就张栻关于教育经济作用的观点作以论述。

张栻十分重视教育内容的确立，他热衷于在官学之外另立书院讲学，就是因为他感到必须利用这种新的教育形式，才能更好地实现自己的教育目标。张栻在其《潭州重修岳麓书院记》中明确表示，重修书院讲学，“岂使子习为言语文辞之工而已乎？盖欲成就人材，以传道而济斯民也”。可以清楚地看出，他所提出的书院教育目标，就是要培养和造就一批“传道济民”的人才。在宋儒那里，“传道”是“明体”，“济民”是“达用”，因此，岳麓书院培养的是一种明体而达用的人才。在长期的教育教学实践中，张栻顺应时势，及时地提出了“明人伦”和“传道济民”的办学宗旨。“传道”即传承儒家圣人的“五伦”之道，担当起儒学传承和发展的责任。“济民”即学以致用，济世利民，如此便形成了“传道求仁，践履务实；不尚空谈，经世致用；兼容并蓄，不执一偏”的教育特色。历经沧桑，张栻的教育思想逐渐积淀为一种相对稳定、影响久远的区域性学风。

张栻以“有体”作为书院教育目标，同时又以“有用”作为书院教育的培养目标。所谓“有用”，即指在经邦济世、伦常日用中的致用之学。湖湘学派反对那种一味高谈心性本体而不究实用的学风，他们认为，儒者之道和释、老的最大区别是“得其体必得其用”。张栻认为儒学强调“明体”的目的是“达用”，以培养出封建社会所需要的政治、经济、军事、教育等方面的有用人才。张栻严厉批评那种“汲汲求所谓知，而于躬行则忽焉”的虚浮学风，而强调一种“务实”的学风。所谓“务实”，即注重道德躬行和经世致用。他在《潭州重修岳麓书院记》一文中，要求来书院讲学的士子们，能把仁、道的追求与日用常行的躬行实践和经邦济世的致用统一起来，并提出了“得时行道，事业满天下”的教育理想。由此可见，张栻提出了要培养有体有用的人才的教育目标，这正是湖湘学派教育思想的特色所在。

张栻的教育目的，是使弟子们成为“致君泽民”的有用人才，这种教育目的决定了教育内容。他十分重视对具体事物的学习，道德的善并不是一种抽象的观念，不是一种纯粹的知识，而必须体现在视听言动、治国安邦等具体的日用伦常、政治经济等活动之中。要使受教育者学会在具体的生活、政治实践中达到至善的境界，这才是道德教育的目的。因此，对具体事物的学习，应该比学习儒家典籍更为重要。所以，张栻提出“明万事”的学习内容，他说：

凡天下之事，皆人之所当为。君臣、父子、兄弟、夫妇、朋友之际，人事之大者也。以至于视听言动、周旋食息，至纤至悉，何莫非事者？一

事之不贯，则天性以之陷溺也。然则，讲学其可不汲汲乎？学所以明万事而奉天职也。（《南轩集·静江府学记》）

通过讲学，学会行天下之事，即在经邦济世、周旋食息、视听言动的万事之中遵循封建道德准则，也就使人的先验本性得到发挥，强调教育要以“行天下万事”为教学内容，这成为湖湘学派在教育上“务实”的一大特色。

二、闽学学派把知识培养与道德修炼相结合，其“格物”含有格求天地自然、草木器物之理的内容，这为明中叶后中国自然科学发展提供了精神资源

北宋末叶，杨时传洛学于福建，创闽学，其后闽学相传不绝。南宋初，闽学的重要人物是李侗。他上承杨时之学，下启朱子之学，成为两宋之际传承闽学的关键人物。后来，朱熹在李侗的影响下，潜心研究理学，广收门徒，对北宋以来理学教育思想的重要理论问题做了比较全面、深入的阐发，使闽学成为南宋时期人数众多、影响深广的第一大显学。朱熹死后，朱门弟子以护卫师说为宗旨，从事闽学的系统化、实践化工作，为朱子学成为元、明、清时代占统治地位的教育思想奠定了理论基础。

朱熹（1130—1200），字元晦，又字仲晦，号晦庵，晚称晦翁，谥文，世称朱文公，宋朝著名的理学家、思想家、哲学家、教育家、诗人，世人尊称之为朱子。朱熹是享祀孔庙的学者，位列大成殿十二哲者中。他是程颢、程颐的三传弟子李侗的学生，曾任江西南康、福建漳州知府，浙东巡抚，做官清正有为，振举书院建设。朱熹创办白鹿洞书院，讲解经书，宣传理学，培养了大批弟子，为闽学学派的形成打下了基础。因其在福建讲学，弟子多为福建人，形成的学派世称闽学。朱熹自号紫阳，闽学又称紫阳学派。朱熹是理学的集大成者，他的思想代表了理学发展的最高水平。

朱熹为书院教育制定了一整套教学规章制度，对当时及后世教育产生了很大影响。在《白鹿洞书院学规》中，朱熹强调为学宗旨时说：“非徒欲其务记览、为词章，以钓声名、取利禄而已也。”要求学生不是“务记览、为词章”，以“钓声名、取利禄”，而是讲明义理，修己治人。他认为国家设立学校的最终目的在于造就贤才，改善吏治。朱熹对周秦以来的教育理论、教育实践做了系统的总结和改造，建

立了完整的教育理论体系，其学说成为封建社会占统治地位的教育学说。

朱熹及其所代表的闽学学派的教育思想，是中国封建社会后期正统的官方教育思想，其统治时间之长与受教育者的推崇程度之高，都是中国教育史上除孔孟以外其他学派所无法比拟的。人性论是朱熹教育思想的逻辑起点，他从“天地之性”与“气质之性”两方面的区别与联系上，来说明普遍人性与特殊人性的关系，并以此为基础，来阐述教育在个人发展中的价值与功能，其中就包括了朱熹关于教育经济思想的论述。

朱熹认为，教育的基本目的，是使人们通过对以三纲五常为核心内容的封建伦理道德的认识和践履，“知其性分之所固有，职分之所当为，而各俯焉以尽其力”(《大学章句序》)，成为自觉服从封建伦理道德的人，即所谓的“明人伦”。应该说，朱熹所确定的这一目标，正是传统儒学之翻版，并无新意，然而他在许多著作中都申明这一点，却是针对当时的教育思想与实践有感而发，表明其对教育现实与错综复杂的社会矛盾的主观态度和一贯立场。

在教育内容上，朱熹不仅重视儒家经典的学习，而且重视历代制度的研习，注重政治、经济、军事等实用知识的教育。朱熹虽然并不否认治国平天下等实际本领的重要性，但他认为，伦理是本，技术是末，只要人们的伦理修养好了，自然会纲举目张。因论人好习古今治乱典故等学，曰：“亦何必苦苦于此用心。古今治乱，不过进君子，退小人，爱人利物之类，今人都看巧去了……学者若得胸中义理明，从此去量度事物，自然泛应曲当。……今世文人才士，开口便说国家利害，把笔便述时政得失，终济得甚事！只是讲明义理，以淑人心，使世间识义理之人多，则何患政治之不举耶?”(《朱子语类》卷十三)他把“明人伦”作为教育的目的，是为学处事之根本，一旦偏离了这个方向，一切经世济民的实际知识和技能，就会堕入功利、术数当中。围绕着伦理与事功的关系问题，朱熹曾经与浙东人士进行过旷日持久的论战，其中大旨，无非是要“明人伦”，就是要培养“正心、诚意、修身、齐家、治国、平天下”的人才。

其实，朱熹也极力倡导有用之学，把教育的内容与经济社会的发展直接联系起来，使教育能够更好地为经济社会发展服务。他所倡导的有用之学，就是指选择教育内容时，要从“齐家、治国、平天下”的实际需要出发，务求实用。朱熹指出，当时的学者为了科举考试而奔波于利禄之场，“诵数虽博，文词虽工”，但在外敌入侵、国家危难之际，却胸无救国之韬，手无缚鸡之力，其结果不是抱木以死，便是苟且偷生，对安邦治国毫无用处。为此，他很欣赏古人的“六艺”之教。他认为，“六艺皆实用，无一可缺”。以“数”为例，在六艺中，“数尤为最末事，若而今行经界，则算法亦甚有用”（《朱子语类》卷一）。朱熹虽然很欣赏“六艺”之教，但又不局限于此，进而提出学习天文、地理、礼乐、制度、军旅、刑罚等内容，以及农业科技知识，认为这些“皆是著实有用之事业”，比古之“六艺”更为有用。

朱熹在宋明理学家中最重视知识训练，并把知识的培养与道德的修炼结合起来，其“格物”包含有格求天地自然、草木器物之理的内容，这些思想为明中叶以后中国自然科学的发展提供了精神资源。在朱熹的思想体系中，理学占据主导地位，而“理一分殊”是其基础；换言之，他的“理”，既是作为万事万物最高抽象的“理一”，又是作为具体事物特殊规律的“分殊”。尤其是他较多地论及“分殊”，因而在认识论上较为强调“格物”，包括格自然之物。正因为如此，他的思想体系中包含不少自然科学的东西，当然也包括农业科技思想，这一点是十分可贵的。朱熹的农业科技思想，主要反映在他任地方官期间所颁发的若干《劝农文》及有关的榜文之中，其中以淳熙六年（1179）十二月在南康军颁发的《劝农文》较为重要。

朱熹的《劝农文》是为劝导农民不误农时、尽力务农而发布的官方文告。其中既有农民必须遵照执行的条令，也包含了应当如何操作的具体方法，因而多少反映出一定的农业科技思想。

分析朱熹的《劝农文》，可以看出他的农业科技思想基本上继承了中国古代农业科技精耕细作的优良传统，大致可以包括以下几个方面：

第一，深耕细耙，改良土壤。朱熹非常重视土壤的深厚对农作物生长的重要性。他分析南康军土壤贫瘠的原因时说：“本军田地硗埆，土肉厚处不及三五寸，设使人户及时用力以治农事，犹恐所收不及他处。”（《晦庵先生朱文公文集》卷九十九）他还认为，正是由于“土脉疏浅”，因此土壤的保水性能差，“雨泽稍愆，便见荒歉”。所以，他主张要深耕。朱熹还认为，土壤既要深耕还要反复耙犁，使生土变为熟土。他说，“大凡秋间收成之后，须趁冬月以前，便将户下所有田段一例犁翻，冻令酥脆，至正月以后更多著遍数，节次犁耙，然后布种，自然田泥深熟，土肉肥厚，种禾易长，盛水难干”（《晦庵先生朱文公文集》卷九十九）。他认为，经过秋天的深耕和初春的犁耙，土壤深熟肥厚，有利于农作物的生长。在当时，耕牛是犁耙的重要工具，因此，朱熹提出要保护耕牛，他说“耘犁之功，全藉牛力。切须照管，及时喂饲，不得辄行宰杀，致妨农务”（《晦庵先生朱文公文集》卷一百）。他还具体规定了宰杀耕牛的处罚办法。

第二，适时播种，不误农时。朱熹非常重视农时，在他知南康军和知漳州期间，每逢春播时节，他都要求农民及时播种。淳熙七年（1180）二月，他在南康军先是颁发《劝农文》，后又颁《申谕耕桑榜》，可见他对农时之重视。他于二月颁发的《劝农文》中写道：“今来春气已中，土膏脉起，正是耕农时节，不可迟缓。仰诸父老教训子弟，递相劝率，浸种下秧，深耕浅种。趋时早者，所得亦早；用力多者，所收亦多。无致因循，自取饥饿。”他认为，是否及时播种直接关系到收成的好坏。至于秧苗长成时，也必须及时栽插，强调“秧苗既长，便须及时趁早栽插，莫令迟缓，过却时节”（《晦庵先生朱文公文集》卷九十九），只有这样，才有可能获得好收成。

第三，多施基肥，适时追肥。南康军土地瘦瘠，且农民施肥又不尽力，针对这种情况，朱熹提出要多用粪肥。为此，他还提出了用粪肥拌和种子的施肥方法，他说，“耕田之后，春间须是拣选肥好田段，多用粪壤拌和种子，种出秧苗。其造粪壤亦须秋冬无事之时，预先划取土面草根，晒曝烧灰，旋用大粪拌和，入种子在内，然后撒种”（《晦庵先生朱文公文集》卷九十九）。此外，朱熹还十分重视农作物生长时的追肥，他还曾专门颁发过《劝农民耘草粪田榜》，督促农民及时除草追肥。

第四，加强田间管理。田间管理是农业生产的重要一环，而除草是其中的一项工作。对此，他说，“禾苗既长，稗草亦生，须是放干田水，仔细辨认，逐一拔出，踏在泥里，以培禾根；其塍畔斜生茅草之属，亦须节次芟削，取令净尽，免得分耗土力，侵害田苗。将来谷实必须繁盛坚好”（《晦庵先生朱文公文集》卷九十九），主张除草以肥田。在论及桑树的种植时，他说，“其桑木每遇秋冬，即将旁生拳曲小枝，尽行斩削，务令大枝气脉全盛自然，生叶厚大，喂蚕有力”（《晦庵先生朱文公文集》卷九十九），主张秋冬时节要给桑树剪枝。

第五，注重兴修水利。农作物的生长离不开水，南方的水稻更是如此。因此，朱熹极力主张兴修水利。他在南康军的《劝农文》中说："陂塘之利，农事之本，尤当协力兴修。如有怠惰，不趁时工作之人，仰众列状申县，乞行惩戒；如有工力浩瀚去处，私下难以纠集，即仰经县自陈，官为修筑。""陂塘水利，农事之本。今仰同用水人协力兴修，取令多蓄水泉，准备将来灌溉，如事干众，即时闻官，纠率人工，借贷钱本，日下修筑，不至误事。"此外，他还专门就修筑陂塘多次颁发榜文。

显然，朱熹重视农业科技并有所研究，形成了一定的农业科技思想。尽管他的研究主要是直接针对各地的具体情况，且他的农业科技思想只是反映在《劝农文》之类的官方榜文之中，因而显得琐碎零乱，他也不可能论及教育的经济意义，但是，他毕竟进行了研究，而且对农业生产的各主要环节均提出了技术要求和规范，证明他已经充分认识到了教育的生产意义和促进作用。

朱熹一生致力于理学，在他到南康军任官之前，其理学思想体系已经形成。此前，他已编写了大量著作，其中主要有《程氏遗书》《资治通鉴纲目》《西铭解义》《太极图说解》《通书解》《程氏外书》《伊洛渊源录》《近思录》《论孟或问》《诗集传》《周易本义》等，著名的鹅湖之会也已成过去。在颁发《劝农文》之前，他已为其《大学章句》和《中庸章句》二书作了序，二书也已修改定稿；此外，他还刊行了《易》《诗》《书》《春秋》"四经"和《大学》《中庸》《论语》《孟子》"四书"。换言之，他那两篇重要的《劝农文》以及其中的农业科技思想与他的理学思想的完成是同步的。

当然，朱熹始终把理学思想体系的建构放在首位。为此，他多次提出辞官，希望专心于理学研究，其农业科技思想至多只能处于次要的位置。但在他那里，理学与农业科技思想并行不悖，农业科技并没有受到轻视，这一点是不容置疑的。尤为值得注意的是，由于朱熹的理学较多地论及"分殊"，他甚至把农业科技也纳入他的理学体系之中。他在回答弟子的提问时说："虽草木，亦有理存焉。一草一木，岂不可以格。如麻、麦、稻、粱，甚时种，甚时收，地之肥，地之硗，厚薄不同，此宜植某物，亦皆有理。"(《朱子语类》卷十八)。他认为，农作物的生长及种植有其自然规律，这就是理；所以要"格"，要研究农业科学技术，尽管他认为，这只是"小道"，"一向上面求道理，便不通了"(《朱子语类》卷四十九)。在朱熹看来，在农业科学技术之上，还有"大道"，也就是说，农业科学技术只是"理一"之下一"分殊”，但是他又说“小道不是异端，小道亦是道理，只是小。如农圃、医卜、百工之类，却有道理在”（《朱子语类》卷四十九）。可见，农业科学技术也包含在他的理学之中，也是需要研究的。此外，他还说“若夫农之为务，用力勤、趋事速者，所得多；不用力、不及时者，所得少，此亦自然之理也”（《晦庵先生朱文公文集》卷九十九）。这里的“自然之理”不是指自然科学规律，而是指从事农业生产的客观规律，但也是“理”。

朱熹之所以研究农业科学技术，除了有其理学的基础外，还由于他的为官实践。淳熙五年（1178），由于朝廷重臣史浩的推荐，朱熹被委派知南康军，次年三月到任。南康地方地瘠民贫，当时又发生旱灾。朱熹一方面通过各种方式积极赈灾救荒，另一方面深入田间地头研究农事，分析情况。他说“当职久在田园，习知农事。……兹忝郡寄职在劝农，窃见本军已是地瘠税重，民间又不勤力耕种，耘耨卤莽灭裂，……所以土脉疏浅，草盛苗稀，雨泽稍愆，便见荒歉，皆缘长吏劝课不勤，使之至此”（《晦庵先生朱文公文集》卷九十九）。所以他要用科学的方法有效地组织农业生产。朱熹在知南康军及后来做地方官期间，深知农业之重要性。他说“窃惟民生之本在食，足食之本在农，此自然之理也”（《晦庵先生朱文公文集》卷九十九），又说“契勘生民之本，足食为先，是以国家务农重谷，使凡州县守倅皆以劝农为职。……盖俗吾民衣食足而知荣辱，仓廪实而知礼节。以共趋于富庶仁寿之域，德至渥也”（《晦庵先生朱文公文集》卷一百）。农业是治国生民之本，劝农是为官之职，这也是他积极研究农业科技之缘故。朱熹研究农业科学技术，不仅说明他本人并不鄙视农业、农业科学技术，更表明他的理学具有很广泛的开放性、包容性。

他的理学虽然强调“理一”，但并不排斥甚至较多地言及“分殊”，把包括农业科技在内的所有科学技术都融入他的理学结构之中。朱熹所处的宋代，是我国古代科学技术发展的高峰时期，农业科技得到了迅速发展，而且他自己在科学技术的诸多领域也有所研究。因此，他在建构他的理学体系时，不是排斥而是以吸收的方式接纳各种思想，其中科学技术思想是一个重要的方面。他说：“天地中间，上是天，下是地，中间有许多日月星辰、山川草木、人物禽兽，此皆形而下之器也。然这形而下之器之中，便各自有个道理，此便是形而上之道。所谓格物，便是要就这形而下之器，穷得那形而上之道理而已。”（《朱子语类》卷六十二）所以，研究科学技术也是“穷得那形而上之道理”的重要途径。正是在这样的结构中，朱熹研究农业科技，形成了自己的农业科技思想。

作为中国封建社会后期的官方正统教育思想，朱熹及闽学的教育思想对中国封建社会的思想、文化、教育等方面都产生了较为深远的影响。从教育经济思想方面来考察，南宋的经济文化仍呈现出蓬勃发展的趋势，此时朱熹提倡道德君子的人才标准，无疑对维护封建经济发展的良好秩序起到了积极作用。当然，这种人才标准在当时也存在很多弊端，正如事功学者所指出的那样，这样的人才单向内求，不问时事，对解决现实问题、应付实际工作等缺乏能力；重文轻武，对挽救民族危亡、击退外寇束手无策，缺乏济世才能和英雄气概。更可悲的是，这种人才标准成为后世教育的标杆，被元、明、清历代统治者所提倡并极力推崇，天下士子趋之若鹜，以至人才的培养依于此，人才的选拔任用也据于此。当明清资本主义萌芽出现时，这种人才观及相应的教育，与封建专制主义统治一样，走向反动。同时，由于重德轻艺，自然科学、技能技巧亦被忽视，从而使教育服务于社会生产的功能趋于丧失。也就是说，作为官方正统思想的朱熹闽学教育，发展到元以后，如果能与世界各国深入开展科技文化交流，尤其是顺应资本主义萌芽的潮流，在教育内容和方法上，引入自然科学的新成果，加入天文、历法、数学、医学等新内容，创造新的教学模式和教学方法，那么，中国的近代历史或许就要重新来写了。总之，无论怎么说，作为官方正统思想的朱子闽学教育思想，对我国封建社会后期社会的方方面面，还是起到了深刻的影响，在这一段历史舞台上，扮演着重要的角色。

三、象山学派主张“先立乎其大”、明辨义利、堂堂正正地做一个人，在教育价值特别是教育经济思想的论述中都体现了“教人做个人”的教育目的

南宋中期，当朱熹的闽学蔚为大观之时，其他学派也在迅速形成之中，主要就是由陆九渊开创的理学中的心学一派。程朱理学虽然把封建伦理原则提升到宇宙本体和普遍规律的高度，使孔孟的古典儒学获得了强有力的本体论基础，但在道德实践上，则是把封建伦理原则视为一种外在的权威、外在的强制力，忽视了人作为道德实践主体的主观能动性，于是就有陆九渊心学崛起，并与之抗衡。

陆九渊（1139—1193），字子静，书斋名“存”，世人称存斋先生，南宋著名理学家、思想家和教育家，宋明两代心学的开山之祖。由于陆九渊曾长期讲学于贵溪象山，其学派一般被称为“象山学派”。宋孝宗乾道八年（1172）进士，调靖安主簿，后任国子监正。有感于靖康时事，遍访勇士，商议恢复大计。曾上奏五事，遭给事中王信所驳，遂还乡讲学。宋光宗绍熙二年（1191），知荆门军，创修军城，稳固边防，甚有政绩。绍熙四年（1193）十二月卒，谥文安。陆九渊为宋明两代心学的开山之祖，与朱熹齐名，而二人见解多不合。主“心即理”说，言“宇宙便是吾心，吾心即是宇宙”“学苟知本，六经皆我注脚”。明王守仁继承发展其学说，形成陆王学派，对后世影响极大。留有《陆九渊集》存世。

陆九渊对教育有着独到见解。他本人出身于教育世家，兄弟六人有四人从事教育工作，而且在当时都有一定的影响，其中以陆九渊最为突出。他在中进士后，并没有马上做官，而是回到家乡开“槐堂”（私学）执教。淳熙十三年（1186），他辞官回到故里，主持台州崇道观讲学。次年，他登上贵溪象山（原名应天山），修建书房，兴办学校，讲学五年。在此期间，全国各地来求学的学生和经常听讲的人很多，他们每年二月登山听讲，九月末下山。据史书记载，上山求学的学生和求教的学者逾数千人。

陆九渊认为教育的目的在于“教人做人”。他说：“人生天地间，为人自当尽人道。学者所以为学，学为人而已，非有为也。”（《陆九渊集》卷三十六）就是说，不学做人，不应算是学问；求学，就是学做人的道理。怎样才能做一个“天理纯全”，仁、义、礼、智俱备的人呢？他认为，第一在辨志，第二在得本心。所谓辨志，就是分清义利，要为义而不要为利。能够为义，就不会为物欲所引诱，那也就可得本心了。所以，他教导学生首先要立志，要立志做一个不失赤子之心的“大人”。他指出，当时一般学生的问题是随俗变化，没有自己的主见，因此需要教育使其改变。陆九渊这种教育目的，在今天仍然是可以为训的。

在教育方法上，陆九渊针对当时学生只背诵空道理的弊病，主张学习知识要与实践相联系。他说：“千虚不博一实，吾平生学问无他，只是一实。”（《陆九渊集》卷三十四）他在治学方法上与朱熹的“先博后约”相反，主张“由约而博”，即“先发明人之本心，而后使之博览”（《陆九渊集》卷三十六）。在教学方式上，他打破当时各个书院的教规，采用灵活的启发式方法，在讲课时注意引发学生的学习兴趣，并根据学生的思想动态和状况，灵活运用方法，不拘泥于固定的形式。

陆九渊在他的教育实践中，贯彻了自己提出的“教人做人”的主张。他常说：“吾之教人，大概使其本常重，不为末所累。”（《陆九渊集》卷三十四）这就是说，他教人总是坚持以教人做人为重，并把道德教育放在重要地位，而不把注意力放在一些小事上。他突出强调教育的目的就是“学为人”，即人格的养成。他比别的教育家更重视做人这一点，所以他说“朋友讲学，未说到这里”（《陆九渊集》卷三十五）。他认为，除了把教人做人、道德教育放在首位以外，没有别的好办法。这也是他长期从事教育的经验总结。

总之，陆九渊把教人做人放在第一位，他的“先立乎其大”“明辨义利”和“堂堂正正地做一个人”的教育思想，集中体现了他的个性特色，也是他对人类教育所做出的独特贡献。但我们应当看到，陆九渊的思想是有其历史局限性的，他坚持唯心主义的世界观，强调道德修养的提高主要依靠扩充自己的主观意识，不必向外求取，过分夸大人的主观意识的作用，同时他的政治立场也是同维护封建伦理及封建政治制度紧密联系在一起。因此，汲取其精华，剔除其糟粕，是我们对陆九渊“学为人”教育思想所持的正确态度。

陆九渊从不著书，他基本上是通过讲学的方式对学生产生影响。由于陆九渊善于演讲，吸引了不少学生，在当时形成了一个颇有影响的学派，“弟子属籍者，至数千人”（《宋元学案·槐堂诸儒学案》）。陆九渊的及门弟子大体上集中于两地，一是江西，一是浙东。两地的弟子对象山学派的建树有所不同。江西的弟子着力于构筑学派门户，其中以傅梦泉、邓约礼、傅子云等为代表，史称“槐堂诸儒”；浙东的弟子折服于陆九渊的“本心”理论，着力于陆九渊思想学说的阐发，其中得力的人物是被称为“甬上四先生”的杨简、袁燮、舒璘、沈焕。陆九渊曾与朱熹在学术上展开多次争论，其中最为出名的，就是南宋孝宗淳熙二年（1175）的“鹅湖之会”上，陆、朱关于治学方法和修养方法的辩论。陆九渊在南宋时期新辟门径、独树一帜，其学以“心即理”为心学的理论基础，以“发明本心”为方法论基础。虽自称学无承师，直得孟子心传，然究其实，其学乃北宋以来理学思想发展的逻辑产物。

象山学派的代表人物是陆九渊，但该学派成员杨简的教育思想论述中蕴含较多的经济意义。

杨简（1141—1226），字敬仲，29 岁中进士，历任富阳县主簿、绍兴府司理、乐平知县等职，以宝谟阁学士、太中大夫致仕。

杨简学识高超，才华出众，然而一生多做散官、闲职，所以黄宗羲在《宋元学案》为其一生“未克大用”而惋惜。杨简始终没有在朝廷拥有显赫位置，这使他有更多空闲时间，而把精力投向了教育，因而对教育体悟较深，也贡献颇多。他弃科举而注重乡举里选的主张，为养士、选士的僵化路径吹来了清新之风；他认为日用百物皆是教育，把教育和社会生活联系起来；他对于“下愚”也能接受教育的认识，扩大了教育的对象；他对毋意、从简、省己、践履等修身问学方式的坚守和提倡，深化了后人对于人才培养过程中知行合一规律的认识；他对于师范教育的主张，有着穿越时空的先进认识；他长期践行德化教育，主张改良社会风俗，居官期间也时常讲学，与门人弟子交游切磋，为理学的传播、下移和后人的培养做出了巨大贡献。他在教育的内容方面，不限于学校教育和文字教育，也重视礼仪教育、军事教育、社会教育、政治教育、经济教育等，一切让人感动的自然对象和过程都有其教育意义，有助于人们悟道进学。他重视践履，倡导知行合一，其教育思想在其注释经典、所上轮对和办学授徒实践中形成发展。纵观其一生教育实践，不难发现他的教育思想和行为富含教育经济意义，其特点表现在以下方面：

第一，德育为先，“道”“艺”相偕。杨简在居官之余，一生多致力于治学、兴学和授徒，在当时的社会环境下，其接触的教育对象主要是成人，教育内容也往往是围绕着成人而展开的，以道德宣化为主，不同于现代意义上的教育。

他认为圣学应该被列为主要的学习内容，在《慈湖遗书·论诸子》中，对学者要学的内容有如下议论：

> 圣学之不传，学者之过也。学者之过在于不求之心，而求之名也。此心之中，孝弟忠信，仁义礼智，万善毕备，惟所欲用，无非大道。其见于事亲则谓之孝，见于从兄则谓之弟，见于事君则谓之忠，见于朋友则谓之信，居家而见于夫妇则谓倡随，居乡而见于长幼则为有序。是心之发，虽纷纭万殊，而非万殊也。一气运而为四时，其始达谓之春，盛长谓之夏，肃杀谓之秋冬，时虽四而气一也。钦明文思一尧也，温良恭俭一夫子也，

今夫见孺子入井而怵惕恻隐者，仁也；及遇大宾，则又升降揖逊而为礼，此时也，岂一人而二心也耶？嗟乎！学者藩以私情，蔀以小智，绝圣人之大道，昧人心之固有，持异端邪说，而欲立乎清虚无为之境，吁！可伤哉！

由此可见，由于没有抓住学习内容的主旨，学者往往失之片鳞只爪，难以达到品性的清静无为境界，这种错误就是没有树立德育为先的理念而导致的了。其实，所谓的孝悌忠信、仁义礼智、长幼有序、夫唱妇随等都不是学习内容，只要先接受圣德圣行的教育，从内心深处体验本心，这些东西就会自然而然地从自己身上找到了。

虽然圣德圣行的德育内容尤其重要，但绝不是教育的全部，甚至不能以此为主要内容，而只能以此为统帅，反而，诸如经史策论、诗词歌赋、音乐书画之类的应该成为主要内容。杨简对此也是有着深切体会的，在重视德育的同时，他还专门论及“艺”的教育，毕竟，道和艺是不可分的，所谓“志于道，游于艺”，说的也是这个道理。他认为六艺在其传递的内容上本质都是一致的。值得一提的是，杨简扩大了教育的实学因素，在《杨氏易传》注坤卦一篇中，他谈到“教亦多术矣。……圣人因其日用而致正德之教”。他认为“空言难以告人，因民生之所利用，因制其教”，主张在范金、合土、木雕、彩画等实际生产生活活动中引导百姓感悟事物道理，获得道德教育的领悟、掌握生产生活本领。他说：

古圣王之所以教其民者，每每因其日用而寓教焉。《书》曰，正德利用厚生惟和，是谓三事。生民之所日用，非利用则厚生，圣人于民利用厚生之中，而寓正德焉。车不雕，器必度，斑白者不提挈，饮食必后长者，童子不衣裘，庶人耆老不徒食。三《易》之占皆有书，因致其教。今《周易》之书具存，其所以启导人心至矣。《周官》因宾兴贤能而致德行道艺之教，苟惟民之所不用，而特致其教，则难，以至于因民之婚姻而致婚姻之礼，以寓其正德，因民之祭祀而为祭祀之礼，以寓其正德。后世之为教也，徒恃诏令戒谕之暂听暂观，其何能致化？是无惑乎后世之风俗不如古也，无浩叹乎后世之民不可化也。（《慈湖遗书·论治道》）

借古讽今，他认为应该重视日常生产生活的教育价值，有意识地在生活实践中引导人们潜移默化地接受教育，而不是单纯地靠警戒性的文告来开展民众教育。

第二，日常生活、政治生活相合一的教育过程。杨简认为，古代圣王是“因其日用致正德之教”的，“利用言器用之便利，厚生言养生，凡民切身日用之事，无越斯二者。即斯二者而皆有正德焉……则斯民耳目之所闻见，手足之所用，心思之所关，无非正德之事，不知其所以然而默化于德矣”（《慈湖遗书·论书》）。“教”与“用”合一，则人们即用即教，即用即学，从而达到默化心成的教育效果。但是自秦汉以来，“教”与“用”相脱节。“苟惟民之所不用而特致其教……徒恃诏令、戒谕之暂听暂观，其何能致化？是无惑乎后世之风俗不如古也，无浩叹乎后世之民不可化也。终年耳目之所接、心思之所及，非淫声则奸声，非利欲则邪伪，日夜沉浸乎非僻浮荡之中，而欲以数行之诏令拔其久固之习，难矣！”（《慈湖遗书·论治道》）对此，他提出了解决办法，即仿效三代“政治与教育合一”的社会模式。应该承认，杨简对当时教育痼疾的揭露是比较深刻的，但是，由于他未曾认识到这一教育是社会矛盾对立的产物，从而美化三代之治，并企图以此来解决历史前进中的问题，就不能不使他走向复古主义的立场。

自先秦以来，儒家学者反复申述的一个提法是“百姓日用而不知”，这是强调道存在于日用常行之中，只是一般人习焉不察，没有自觉罢了，意在通过日常生活的指点，让人明白生活的道理，以实现人们的道德自觉。这从某种意义上说，还带有一些理性主义的味道。杨简则反其意而用之，他认为，“百姓日用而不知”，同孔子的“民可使由之，不可使知之”是一个意思，应该通过“精纯不二”之风俗，进行社会教化，而不是诉诸人的理性。

第三，培养“实德实行”的人才观。对于充分体现上文所言教育目标之人才标准的意见，我们可以从其所上的轮对中窥见较为明晰的线索。杨简认为科举考试所选拔和规范下的人才过于“粉饰华藻，以诗咏为事业”，惯于举业，而不惯于德业，长于博文而经史不修，这是舍本逐末的做法，应该得到纠正。其明确观点见于如下论述：

何谓罢科举而乡举里选贤者能者？自汉以来，古道滋丧，学徒陷溺于经说，琢坏道心，不务实德。唐鸟兽行，君臣相与，其势竞趋于粉饰华藻，十八学士以诗咏为事业，刘考功加进士以杂文。幼时就学者皆诵当道之诗，长而博文，不越诸家之集，六经未尝启卷，三史皆同挂壁。本朝虽不废经史，而虚文陋习，尚踵余风，士子所习，唯曰举业，不曰德业。高科前列

多市井无赖子弟，笃实端士反见黜于有司，何以德行为？（《慈湖遗书·论治务》）

没有“实德实学”的士子，其为官行政往往不懂得顺应民之常性，因而为害乡里。“文华而尊荣，相师成风，沦肌浃髓，欲使事君而君获其忠，使临民而民不被其害，可得哉！虽间得其人，而亦无几。仕宦大概惟群饮，惟求举，惟货惟色，惟苟且，甚者民思寝处其皮而食其肉。”这种对唯科举论弊端深恶痛绝的斥责，是和宋代以来的一些前圣先贤的看法观点相类似的。范仲淹在《上时相议制举书》中希望“修经济之业，以教化为心，趋圣人之门，成王佐之器”。随后的王安石也有此类论述，也认为人才培养应复古制，注意兴学：

士虽有美材而无学校师友以成就之，此议者之所患也。今欲追复古制，以革其弊，则患于无渐。宜先除去声病偶对之文，使学者得以专意经义，以俟朝廷兴建学校。（《续资治通鉴长编》卷二百二十）

相较而言，杨简走得更远一些，针对科举选士之不足，他提出重视乡举里选，注重实德实学的选士标准。这与当今官员考核及高等学府自主招生日益注重在考试标准之外，提倡考查学生评价及平时实际表现相类似。也只有这样选拔的官员，才能把所学用于社会实践，使知识在经济社会发展中发挥实实在在的作用。

这种乡举里选的做法值得提倡吗？杨简对此是这么回答的：

或曰：乡举里选善矣，任选之官牵于私，压于势，贤者不举，不肖者举矣，能者不选，无能者选矣。曰：既择贤，则举选之官贤矣，自无私。私则罢黜，终其身不得复用，敢私乎哉？况监司贤，察官贤，敢私乎哉？况今日罢科举，行乡举里选之制，天下士心即趋于善，而况于举选之官乎？或曰：诗赋经义论策亦无害于取士，奚必革？曰：骈俪之文大不典雅，惟助浮华，不可不罢。经义论策虽不必于废，而袭今时文可笑之式则亦不可。为士而言辞太不成文，亦难，断不可糊名、棘围。月书季考，唯考实德实行，言辞不拘，乡里自有公论。三岁大比，兴其贤者能者，以宾礼礼之，献贤能之书于朝，三省奉其书献于上，《周礼》“王再拜受之，登于天府”。今若未能遽行拜礼，则圣躬宜兴以敬受，取书藏于至尊严之所。（《慈湖遗书·论治务》）

由此可见，杨简在主张推行乡举里选的同时，并非完全抛却科举考试这一形式，他只是主张考试的形式要改革，考试的重点应有所侧重，应侧重考查实德实学。这种人才观和选拔手段至今仍闪耀着不可磨灭的光辉，有着巨大的借鉴价值。

宋代理学思想家们常常利用著书来表达和发挥自己学派的观点，但陆九渊不著书，其弟子中被称为“甬上四先生”的杨简、袁燮、舒璘、沈焕，既是同里，又是同学，志同道合，相互交流观点，完善其师的思想。杨简说：“一时师同门、志同业者，则舒某与沈叔晦、袁和叔也。”（《慈湖遗书·补编》）“甬上四先生”共同支持、维护、巩固并发展了陆九渊的思想，但他们四人的思想风貌各不相同。文天祥在《郡学祠四先生文》中说：“广平之学，春风和平；定川之学，秋霜肃凝。瞻彼慈湖，云间月澄；瞻彼絜斋，玉泽冰莹。”“甬上四先生”中，杨简影响最大，如全祖望诗曰：“淳熙正学推四公，慈湖先生为最雄。”（《句余土音·杨文元公旧里诗》）杨简在教育方面上的贡献，应该说大大超过其师陆九渊。

四、金华学派教育经济思想集中体现在“修实德，育实材”中，后学弟子用实际行动谱写了婺学光辉的一页

金华学派，是中国南宋重要的儒家学派之一。南宋乾道、淳熙年间，在“衣被天下”、经济发达的婺州地区（今浙江金华），出现了婺学盛行的局面。“乾、淳之际，婺学最盛。东莱兄弟以性命之学起，同甫以事功之学起，而说斋则为经制之学”（《宋元学案·说斋学案》）。“婺学”是一个笼统的称呼，包括三派，分别以吕祖谦、唐仲友、陈亮为代表。其中，唐仲友之学失传。为了区别婺学各派，后世一般称吕祖谦一派为“金华之学”，称陈亮一派为“永康之学”。金华学派的创始人吕祖谦，学术上调和朱陆而又汲取永嘉学派经世致用的事功之学。在教育上主张明理、治心，“育实材求实用”，学经史以致用，治学求同存异，博采众长。其后学著名者当属王应麟。

吕祖谦（1137—1181），字伯恭，世称“东莱先生”，为与伯祖吕本中相区别，亦有“小东莱先生”之称，南宋著名理学家，出身“东莱吕氏”，为吕夷简五世孙、吕大器之子。初以荫补入官。隆兴元年（1163），吕祖谦登进士第，复中博学宏词科，调南外宗学教授。一度担任国史院编修官等职，参与重修《徽宗实录》，编纂刊

行《皇朝文鉴》。淳熙八年（1181）卒，年四十五，谥号成，后改谥忠亮。吕祖谦博学多识，主张明理躬行，学以致用，反对空谈心性，开浙东学派之先声。他所创立的“婺学”，也是当时最有影响力的学派，在理学发展史上占有重要地位。与朱熹、张栻齐名，并称“东南三贤”。著有《东莱集》《历代制度详说》《东莱博议》等。

吕祖谦在金华明招山授徒讲学，以探讨学术、交流思想。因屋前临二湖，故取堂名为“丽泽”，人称“丽泽书院”。吕祖谦为丽泽书院制定了学规，并以“孝悌、忠信、明理、躬行”为基本准则，书院以“讲求经旨，明理躬行”为本。教学采用个别钻研、相互问答与集众讲解相结合的方法，还常邀永嘉学派的薛季宣、陈傅良、叶适和永康学派的陈亮等来书院探讨，切磋、研讨之风甚盛。由吕祖谦开创的金华学派，在当时是一个比较特殊的学派。关于其学术归属，学界观点有二，一种以金华学派为理学之一派，一种以金华学派为事功学派。总体来看，吕祖谦的教育思想仍以理学为主，同时又吸收了事功学派的某些内容；其理学教育思想以“和会朱陆”为特征，而又比较倾向于朱熹之学。

吕祖谦的教育经济思想也很丰富，关于教育的社会作用问题，他就有十分明确和清醒的认识。在他的著作中，曾多次谈到教育在上可以美政，在下可以移俗，国家的前途命运与是否重视教育有着十分密切的关系。

现代教育经济学理论认为，教育的作用包括两个方面：一个是教育的社会作用，一个是教育的经济作用。关于这两点，我们在吕祖谦的教育思想中都可以看到。关于教育的社会作用问题，他认为，要治理好一个国家，仅靠统治阶级的智力、权力和才能是远远不够的，应该“留意于圣学”。他在《乾道六年轮对札子》中诚恳地写道：

> 谓智力足以控制海宇，不必道德；权利足以奔走群众，不必诚信；材能足以兴起事功，不必经术。臣不复举陈言腐语，姑以目前事言之。陛下临御九年于兹，阅天下之故，察群臣之情，亦熟矣。边隅小警，公卿错愕而顾私，将士迁延而却步，涣散解弛，不相系属，果智力所能控制耶？高爵重禄，一得所欲，畏缩求全，惟欲脱去，无复始来之慷慨，果权利之所能奔走耶？异时奸回诋欺、败事堕功之徒，追数其过，果皆不材不能者耶？

智力有时而不能运，权利有时而不可驱，材能有时而不足恃。臣所以拳拳愿陛下深求于三者之外，而留意于圣学也。

这里所说的“留意于圣学”，指的就是发展教育、推行教化，使人们自觉自愿地放弃个人的私利而效忠皇帝与国家。南宋政权内外交困，岌岌可危，如何挽救这种局面，是当时许多爱国人士所思考的问题，这样大声疾呼智力、权利、才能不足恃，唯有讲明圣学是救国治国之本的，吕祖谦是比较突出的。他认为讲明圣学是治国之本。“本原既得，万事有统，若网在纲”，“崇荀学，知大原，则一举其纲而天下定矣”（《东莱集·馆职策》）。

由此可见，吕祖谦对教育有助于治国的认识非常深刻，他不仅有这样清醒的认识，而且有切身的行动，无论是做官还是居丧，乃至临终前病卧床榻，都坚持讲学教授子弟。他还希望更多的人能像他这样致力于讲明圣学的工作，因为只有这样，才能造成一种声势，形成一种力量，艰难的时势才有挽救的可能。他希望更多的人掌握圣学，“若使讲学者多，其达也自上而下，为势固易。虽不幸皆穷，然善类既多，气焰必大，亦可熏蒸上腾，而有转移之理矣”（《东莱集·与学者及诸弟》）。而讲学的目的，是要使大家了解走什么样的路，做什么样的人，分清何为“坦途”，何为“陷阱”，从而自觉地选择封建阶级的所谓“坦途”，自觉自愿地按照封建伦理纲常约束自己。讲明圣学，就在于帮助人们从“见之不明”到“见之果明”，大家若能如此自觉地遵循封建的伦理纲常，在上善政，在下移俗，国家的政权亦可望牢固不破。

关于教育的经济作用，则体现在吕祖谦的“修实德，育实材”的教育思想中。教育是培养人的社会活动，在人才问题上，中国古代思想家们主要是围绕德与才的关系问题展开讨论的，而吕祖谦的育才规则可以用一句话来概括，就是“修实德，育实材”。他坚持儒学价值优先，以德行为本的立场。吕祖谦在乾道五年（1169）立学规，提出“明理躬行为本”。他说：“教国子以三德三行，立其根本，固是纲举目张。”（《宋元学案·东莱学案》）他认为，人的道德状态表现一个人的志向与情趣，决定人的发展方向。只有德固心正，人的才能、智慧才会朝着有利于社会的方向充分发展；否则，只能危及他人、祸害社会，所以，他坚决反对“智力足以控制海宇，不必道德；权利足以奔走群众，不必诚信；材能足以兴起事功，不必经术”的观点。他认为无德而有才，比没有才更坏。无德无才之人，即使想做坏事，也成不了大气候。如果只有德行而无才能，便不足以建功立业，虽然良好的品德往往有利于人才能的发展，但伦理与事功、道德与才能毕竟不是一回事，是不能互相取代的。因此，从教育的角度来说，只着眼于德行的培养是不够的，还应致力于治国理政才能的培养："以三德三行，立其根本，……然又须教其国政，使之通达治体。古之公卿，皆自幼时便教之，以为异日之用。今日之子弟，即他日之公卿。故国政之是者，则教之以为法；或失，则教之以为戒。又教之以如何整救，如何措画，使之洞晓国家之本末源委，然后他日用之，皆良公卿也。”（《宋元学案·东莱学案》）同时，修德、育才又必须务“实”，即“修实德、育实材”。吕祖谦所说的“实”，在不同情况下，各有不同的含义。就修德而言，尚实即崇尚真实、反对虚伪。在处理知行关系上，应该是以行为重，为行而知。在处理内外关系上，应以忠信为本，以内在的道德良心为本，使自己的言行成为内在思想情感自然而真实的流露。要重德，但更要重才，就才能而言，就是要培养经世治国之才。“百工治器，必贵于有用，器而不可用，工不为也。学而无所用，学将何为也治?”（《丽泽论说集录·门人所记杂说》）这是说工匠们制作器皿是因为器皿在人们的日常生活中派得上用场，如果制作的器皿无助于人们的生活，工匠们也就不会去制作了。学者读书，也是因为书本知识能为社会所用。如果读书而对社会无用，这种书还读它干什么呢？读圣贤之经典，尤以能用于事为贵。为达此目的，学者必须首先了解国事，关心国事。“自科举之说兴，学者视国事如秦越人之视肥瘠，漠然不知，至有不识前辈姓名者。异时一旦立朝廷之上，委之以天下事，便都是杜撰。岂知古人所以教国子之意!”（《东莱集·杂说》）学习书本知识，又要与实际相结合，使书本知识转化为实际行动的能力。“今人读书，全不作有用看。且如人二三十年读圣人书，及一旦遇事便与闾巷人无异。或有一听老成人之语，便能终身服行，岂老成人之言过于‘六经’哉？只缘读书不作有用看故也。”（《东莱集·杂说》）在这里，吕祖谦颇有轻视“闾巷人”和“老成人之语”的倾向，而不适当地夸大了“六经”对人们生活的指导作用，这是士大夫的偏见。

从以上内容中，我们可以看出，吕祖谦的教育经济思想是正确的、观点是鲜明的，他所倡导和主张的就是要为国家培养栋梁之材。他不仅是这样说的，而且把这些思想都贯穿于自己的教学实践中，也的确培养出了许多栋梁之材，成为国家的“良公卿”。其弟子中，为官者政绩卓著，有体恤民情、敢于直谏、得罪权贵、身陷囹圄而临死不惧的，其弟吕祖俭、吕祖泰就是代表；弟子王介、王行简等人，均身居高官，直言力谏，“人叹其忠”。这些吕氏后学弟子，用自己的实际行动，谱写了婺学光辉的一页。

五、事功学派重视教育的经济功用，提倡“实事实功”，学习艺能艺事要实学实用、学以致用，培养实用型人才

永嘉事功学派，又称“事功学派”“功利学派”等，是南宋时期在浙东永嘉（今温州）地区形成的、提倡事功之学的一个儒家学派，是南宋浙东学派中的一个先导学派。因其代表人物多为浙江永嘉人，故名。事功学派是要通过对政治、经济、军事、教育等各方面的改革，达到富国强兵的目的。他们以收复中原作为建设理想社会的出发点，因此在教育目标上，希望培养道德和事功能力兼备的统治人才。

南宋时期，社会矛盾、阶级矛盾、民族矛盾异常尖锐复杂。在这种特定的历史条件下，思想文化领域里的论战特别是学术思想和教育思想的争论也非常活跃。除以朱熹为代表的理学和以陆九渊为代表的心学外，还有讲究实事实学、经世致用的事功学。事功学源于王安石“为天下国家之用”的实用思想，认为理学家空谈“性与天命”，对其“静坐”“存养”功夫非常不满。他们倡言功利，赞许“三舍法”，主张习百家之学、考订历代典章名物，以培养对社会有实际作为的人才。与理学相抗衡，乾道、淳熙间形成鼎盛之势。其学说开启了明末清初颜元、黄宗羲、王夫之等的教育思想。

从师承和学术特点看，永嘉之学又可分为两个系统，一是以周行己为代表的“永嘉九先生”把洛学与关学引向文化气氛不甚浓厚的永嘉地区，后被另一位学者郑伯熊继承并发扬光大；第二个系统的来源应追溯到汝阴人袁道洁。永嘉之学两个不同系统的学术特点至为明显，叶适曾经概括说：永嘉之学，“必兢省以御物欲者，周作于前，而郑承于后也”；“必弥纶以通世变者，薛经其始，而陈纬其终也”（《叶适集·温州新修学记》）。周郑一支力图保持“二程”道学特色，而薛陈一支却明显地表现出脱离“二程”道学、走向事功主义的倾向，但是两个系统之间并没有出现对

立的迹象。相反，倒是在学习交流的过程中互为取舍，特别是后者对于前者的吸收。永嘉诸学开创了南宋事功学派。但在当时，在治学上有事功倾向的不仅仅是永嘉诸学者。金华之学的代表人物吕祖谦，也因其试图调和道学和事功学派之间的关系，在《宋史》中被列在《道学列传》之外，说明事功之学在广泛的学术活动中不断地扩大着影响。应该说，薛季宣、陈傅良等虽然拥有丰富的有关井田、王制、司马法、八阵图等事功知识，但是他们的学术思想本身似乎和他们拥有的事功知识呈现出脱节的倾向。他们学习事功知识，却并没有把事功精神带到学术领域，尤其是不愿意在道德层面上对其予以肯定。

真正把对事功知识的研究和对现实政治的研究结合起来，并将事功精神完全渗透进学术思想，从理论上对事功予以肯定的是陈亮、叶适这样一些事功学派的代表人物。事功学派的学术思想和教育观点，在当时的社会历史条件下，反映了社会发展的某些要求，具有一定的进步性和积极意义。

以陈亮为代表的“永康之学”提倡“实事实功”，讲究“立国之本末”，在教育内容上提倡学习艺能艺事，在教育方法和学风上则表现为实学、实用的特点。

陈亮（1143—1194），原名汝能，后改名亮，字同甫，号龙川，学者称龙川先生。南宋思想家、文学家。才气超迈，喜谈兵。宋孝宗乾道年间，被婺州以解头荐，因上《中兴五论》，奏入不报。淳熙五年（1178），诣阙上书论国事。后曾两次被诬入狱。宋光宗绍熙四年（1193）状元及第，授佥书建康府判官厅公事，未至官而卒，年五十二，端平初年追谥文毅。所作政论气势纵横，词作豪放，有《陈亮集》《龙川词》存世。

陈亮的思想特点是提倡“实事实功”，讲究“立国之本末”，厌恶“安于君父之仇”“低头拱手以谈性命”。认为整日侈谈“正心诚意”的理学家是麻木不知痛痒之人。他倡言“道”是不能离开实际事物而存在的，要从事物中找出宇宙间的道理和规律。在教育思想上，他主张造就“非常之人”。他认为，在南宋内忧外患交迫的艰危时局中，要收复失地、重整河山，那些平庸无才的文臣武将，是不可能负荷这样重任的。造就“非常之人”的主要方法在于严格锻炼，好像金银铜铁，“炼有多少，则器有精粗”，锻炼程度不同，决定着材器的精粗和好坏。此外，主张为学必须勤奋专一，他说：“士之于学，农之于田……不虔不力，误我丰年。工贵其久，业贵其专。”只有这样，学业才会有所长进。他主张做人要谦虚而不自满，“君子之道不以其所已能者为足，而常以其未能者为歉”，千万不能因稍有成就便自满起来，应该以有所不知和不能而加强学习。他又提出要注意教育对象不同年龄的发育特点，从实际出发进行教育，“童子以记诵为能，少壮以学识为本，老成以德业为重。”因此，儿童时期应注重记诵能力的培养，少壮时期适宜于知识学问的增益，老成时期重在德业的修养。这个说法是片面、机械的观点，显然也是不科学的。但他能够看到人不同的发展阶段，提出按不同对象给予不同要求，这一点还是难能可贵的。他也讲究个人涵养，也就是喜怒哀惧好恶之情要“得其正”，即处理得当。平日既不可“纵欲”，也不可“灭欲”，自己须认真陶冶正当的喜怒爱憎感情，使自己成为有益于世的“非常之人”，实质上是批判了理学家“存天理、灭人欲”的陈腐说教。

事功学派的教育思想，是以其社会政治思想和基本哲学思想为基础，在与程朱理学和陆九渊心学的比较中呈现出其特点的。面对南宋社会现实，陈亮才气超迈、喜谈兵战，主张通过对政治、经济、军事、教育各方面的改革，达到富国强兵的目的，以收复中原作为建设理想社会的出发点，因此在教育目标上，希望培养道德和事功能力兼备的统治人才。而理学代表人物朱熹则认为，南宋政治的腐败是因为“未能循天理、公圣心，以正朝廷之大体”，“天理有所未纯，人欲有所未尽”，希望以“正心诚意”为治国之本（《宋史·朱熹列传》），培养“充备盛德”的“圣人”，以起到推动“王道”、转化风俗的作用。在南宋这样一个充满矛盾和危机的社会，理学家们幻想仅仅通过张扬道德改变社会风俗来振兴国家，事功学派对此深为不满。陈亮认为，这不但达不到目的，而且会导致士人淡漠实事，失去事功能力。他从南宋的社会实际出发，认为教育应该同时重视道德与事功能力，尤其突出强调了人才的事功能力，要培养具有“推倒一世之智勇，开拓万古之心胸”的能力和胆识，能为南宋社会起衰振弊做出实际贡献的事功人才。在这种思想的主导下，事功学派在教育的内容上倡导实理实学。陈亮很注意在教育中结合南宋现实问题，讲论诸如兵法、山川形势、水利、度量权衡、官民商农及选举利弊等事功知识。

基于此，陈亮的教育经济思想在教育内容上体现为提倡学习艺能艺事，这也是事功学派区别于朱、陆之学的重要标志。事功学派在教学内容上最具特色的是把诸子百家以及艺能列入学习范畴。陈亮最反对朱熹那种“一艺一能，皆以为不足自通于圣人之道也”的说法，而竭力主张学艺能以理百事。他指出：“自道德性命之说一兴，而寻常烂熟无所能解之人，自托于其间，以端悫静深为体，以徐行缓语为用，务为不可穷测，以盖其所无。一艺一能，皆以为不足自通于圣人之道也。于是天下之士，始丧其所有，而不知适从矣。为士者耻言文章行义，而曰‘尽心知性’；居官者耻言政事书判，而曰‘学道爱人’。相蒙相欺，以尽废天下之‘实’，则亦终于百事不理而已。”（《陈亮集·送王仲德序》）这种教育的结果，只能是“百事不理”，一无所成。他要求学者文武兼资，艺能精熟，既有“处事之才”，又有“料敌之智”，并于民生日用之间、一艺一能之上，亦无所不通。事功学派关于教育内容的思想，在当时是有一定积极意义的，并对后世颜李学派产生过很大影响。

陈亮的教育经济思想，在教育方法和学风上则表现为实学、实用的特点。在确定教育目标时，陈亮实际上是基于这样的认识：人必须有益于社会，社会也必须为人的生存和发展提供条件，让人“遂其性”“不失其性”，教育应该建立在这样一种人和社会的价值关系上。陈亮在与朱熹进行有关“成人之道”的辩论时说：

> 人只是这个人，气只是这个气，才只是这个才，譬之金银铜铁，只是金银铜铁。炼有多少，则器有精粗，岂其于本质之外，换出一般，以为绝世之美器哉？故浩然之气，百炼之血气也，使世人争骛高远以求之，东扶西倒，而卒不着实而适用，则诸儒之所以引之者亦过矣。（《陈亮集·又乙巳春书之一》）

又说：

> 亮之不肖，于今世儒者无能为役，其不足论甚矣，然亦自要做个人。非专徇管、萧以下规摹也，正欲搅金银铜铁熔作一器，要以适用为主耳。（《陈亮集·与朱元晦秘书书》）

这里的所谓“适用”是指向社会的，认为个人才能的养成在于服务社会。但其论述中无疑包含着这样的观点：教育对人所进行的加工与改造，是以人的天生素质为基础的，因此，人禀自然而来的本性应该受到尊重。陈亮屡屡呼吁“要做个人”，强调的就是人的多方面性，人既有对物质的需求，也有道德的需求，有贡献也有索取。这实际上是从目标层面上，肯定了教育对于个人与社会的实用价值。陈亮重视知识的实际功效和应用价值，注重人才的事功表现而不是所谓心通性达和口头谈说。

“人才以用而见其能否，安坐而能者不足恃也。”（《陈亮集·上孝宗皇帝第一书》）人的聪明才智，只有在实践中才能得到识别和证实。

以叶适为代表的“永嘉之学”，在教育目标上倡导学以致用，教学内容上提倡百家之学，讲求实效功利的教育方法，以培养实用型人才。

叶适（1150—1223），字正则，号水心居士，南宋时期著名思想家、文学家、政论家，永嘉学派集大成者。他于淳熙五年（1178）考中进士第二名，历仕于宋孝宗、宋光宗、宋宁宗三朝，历任兵部侍郎、工部侍郎、知建康府兼沿江制置使等职。对外力主抗金，反对议和。宰相韩侂胄北伐失败，叶适指挥军民抵抗金兵，因军政措置得宜，曾屡挫敌军锋锐。金兵退后，进用为宝文阁待制，兼江淮制置使，曾上堡坞之议，实行屯田，均有利于巩固边防，后因依附韩侂胄被弹劾夺职。嘉定十六年（1223）卒，谥号忠定。叶适一生重教兴学，以培养人才为己任。少年时期，他边读书边讲学。中年时期，在求学之间、从政之暇设塾授徒。叶适罢职还乡后，曾寓居台州黄岩、温岭一带办学授业，培养出陈耆卿、吴子良、丁希亮等许多名士，对当时台州学术界影响颇大。他所代表的永嘉事功学派，对后世影响深远，是温州创业精神的思想发源。

叶适是“永嘉之学”的代表人物，在他看来，南宋要实现维护封建国家长治久安、恢复中原、统一疆土的政治任务，就要培养道德和艺能（即事功能力）兼备的人才。叶适指出：“古人未有不先知稼穑，而能君其民，以使协其居者。”（《宋元学案·水心学案》）可见，熟悉艺能是作为事功人才的必备条件。叶适认为，上古圣贤之治，不是一成不变的，而往往“变在于事物”。圣人相继而出，“先后迭施，治有异而不相废，道有同而不相袭，故其言语文字，或始之以陈其义，或终之以纪其成。言与事迁，书与事易，盖其皆可以为经，而当时之天下不待是以为治也”（《习学记言序目》），当时的圣贤，亦都是审时度势、救世除弊的一代英才。博学多能、才高德重虽极可贵，但还必须关心时局政事。太平盛世，能为帝王出谋划策，为民谋福利；外敌入侵，则既有退敌之策，又可披坚执锐，御敌于边陲。他更为重视这种德才兼备、文武相资、博学多能的“复合人才”。这也就是他对官吏道德上的要求，称为“知上一截”，在事功能力上的要求称为“知下一截”。“上一截”不仅要求官吏有忠义仁爱、清正廉明、勤政为民的为政品德，而且还要能领会最高封建统治者的为政意图和政策纲领，即所谓知“国论”。上、下两截看上去似乎是分裂的，实质上是统一的。“不知上一截，则国论不明”（《习学记言序目》）。国论不明，就难以保证具体事功能力沿着正确的方向发挥。“不知下一截，则士俗不成”（《习学记言序目》）。士俗不成，就是说没有实际本领或事功能力，就不能做好本职工作，当然也不能为社会所用。为了正确处理封建国家兵、农、财、政、教等各方面的事功，同时也为了适应南宋官吏调动频繁的官吏制度（对于这种制度，叶适曾经因为它不能发挥个人的艺能特长而提出过批评），克服南宋机构臃肿、官吏过冗的弊政，叶适提出培养多才多艺的事功人才。这种人才对养兵、用兵、兵制、地形、财用、政教等各方面都有深入的研究，入仕后既能文，又能武，既可当官，也可为吏。但是，叶适认为培养德艺兼备、多才多能的事功人才的教育目标是理想化的，只能作为个人奋斗的目标，一般人很难达到。在具体教育实施过程中，不能求全责备，应该养其天质所最易至者。于是叶适又提出了更有利于教育实践的教育目标：根据各人“天质”的不同，培养他成为能充分发挥其“天质”的“专以一事名家”（《习学记言序目》），但这种人必须具备基本的封建道德觉悟，必须受“礼”的约束。“得于天者非不美，然有礼则其质成，无礼则其质坏矣”（《习学记言序目》），目的在于避免“修德者以为无事于功，责功者功成而德日削”的现象。

以追求事功经世为主要特征的永嘉学派，继承并发展了王安石的功利教育思想，在乾道、淳熙年间形成鼎盛之势，作为该学派的代表人物，叶适具有许多重要而有价值的教育思想，极大地丰富了教育经济思想的内容。

在教育目标上，他倡导学以致用。培养什么人是教育的根本问题，而功利教育的培养目标是适用于实际社会的人才。叶适主张教育应该培养明晓道义、有真才实学、德才兼备、文武兼资、博学多能的俊秀之士，也就是培养维护封建国家秩序的统治人才，即封建国家的各级官吏。他认为，真正的士首先要有道义的修养，“秉谊明道，以此律己，以此化人”，但是道德修养不能仅仅当作装饰、雅好，而应见诸事功，落实到匡时救世、建功立业的实际行动中。“读书不知接统绪，虽多无益也；为文不能关教事，虽工无益也；笃行而不合于大义，虽高无益也；立志不存于忧世，虽仁无益也”（《叶适集·赠薛子长》）。真正的人才，不仅要有道德修养，还要有实际本领。他深刻批评理学教育的卫道之士只会空谈性命道德，而毫不关心国计民生。

他认为这些人不仅于世无益，于人也有害。他极力反对重德轻艺、学用脱节的学风，深刻揭露和嘲讽了道学家“处而学”与“出而仕”相脱节的痼疾，“其平居道先古，语仁义、性与天道者，特雅好耳，特美观耳，特科举之余习耳。一日为吏，簿书期会迫之于前，而操切无义之术用矣。曰彼学也，此政也，学与政判然为二”（《叶适集·经总制钱二》）。叶适的这种事功教育思想，是对中国古代教育史上唯物主义教育思想的传承和发展，且下启明清之际反理学教育思想。

在教学内容上，他提倡百家之学。教育内容的选择是根据既定教育目标决定的。叶适的教育内容范围甚广，既包括传统教材“六经”、各代历史以及诸子百家的书籍，又包括从实事中求知识之内容，但都是“据经陈史，质证今事”的。北宋初期七十余年，士人所学多是经术、诗赋，以应付科举考试，而算术、水利等实科和武科却被时人鄙视。叶适强调教育内容应该广博通洽，百家之学均可列为学校教育的科目，在学校里应该提倡百家可读、时政可议。叶适主张遍习诸子百家，认为“深于学，必测之古，证之今，上该千世，旁括百家”（《叶适集·宜兴县修学记》），通过广采博取以合于时用。他主张经世致用，视儒家经典如古代文献，具有“史”的性质，读之可总结历史上的成败经验与教训，作为当今兴功立业的借鉴。事功学派的突出特色是研究历史上的兴亡成败，考订各代名物制度，把历史文献知识作为重要的教育内容。叶适的《习学记言》是探讨各家学说的重要著作。他的《进论》论及纲纪、治势、国本、民事、法度、财计、军旅、科举、学校、赋税、役法等，都具有考订史事、改革弊政的建设性意见。

除此之外，叶适很重视艺能，提倡学艺以理百事。如其在《习学记言》中引《诗经·豳风·七月》之诗，以及《尚书》之《洪范》《无逸》等篇，认为“古人未有不先知稼穑，而能君其民，以使协其居者”。这自然并不意味着要求学生躬耕，但提出这些知识是佐治人才必须知晓的学问，无疑有助于扩大教学内容，并能在学校教育中提高历来受歧视的艺能之地位。叶适说：“百家众作，殊方异论，各造其极，如天地之宝并列于前，能兼取而无祸。”（《叶适集·叶岭书房记》）叶适提出范围甚广的教育内容，基本上是一个以经学为“统纪”，以史学、诸子百家为依托并注意参证实事的体系，将经学、史学、百家学说以及当世时务会通合一，以适应新的时代需要。

叶适的学风教育也很有特点，主要体现在以下方面。

第一，有的放矢、讲求实效功利教育方法和学风的基本特色。它重视实际中锻炼学生的才能，反对理学家“专以心为宗主”的学习方法，认为“专以心为宗主，虚意多，实力少；测知多，凝聚狭，而尧舜以来内外交相成之道废矣”（《叶适集·习学记言》）。叶适反对朱陆理学静坐读书、涵养心性、空谈德性的内求方法，认为心性之说是无根无据的主观臆造，更无补于匡时救世。叶适教诲生徒走向外探察的道路，在实事求是上下功夫，对当前和历史的治乱兴衰、成败利钝之迹以及典章制度详加考订，务求通古今之变，以施于实证。叶适说：“君子不以须臾离物也。”（《叶适集·大学》）他认为验证知识和巩固艺能的方法是据实，即在事功上衡量其实效。他要求积累实学，历练实事，明晓实理，增进实利，从而形成鲜明的质实之教育方法。

第二，功利教育所要培养的是实用型人才，所以非常注重培养学生的真才实学。叶适极其重视师友间的讲论，认为师友讲论、争辩是一种最好的学习方式。他时常与学友往来，共同讲论学问，并认为学校教育应该“变其故习，无以利诱，择当世之大儒，久于其职；而相与为师友讲习之道，使源流有所自出”（《叶适集·学校》）。《宋元学案·水心学案》中既记有叶适同刘愚、项平甫“讲学不倦”，又记有叶适批朱熹治学空寂虚妄，朱熹驳叶适之说“不成学问”。其实，叶适的事功教育思想，本身就是在同理学等学派的论争辩难中发展起来的，他的学术成就多得益于师友之间的讲论。

第三，强调创新，要求生徒敢于提出和发展自己的见解。叶适集中批判以朱陆为代表的理学教育思想，同时批判理学家所推崇的各种唯心主义教育思想流派，如儒家的曾参、孟子、董仲舒、程颐、程颢，道家的老庄，对佛学更是极为排斥，甚至对千百年来视为神圣不可侵犯的“六经”也敢于怀疑，只把它们看作一般的参考文献，可以损益变通。他对“至圣”孔子的言论也不盲从，如《论语·雍也》载，孔子独赞颜渊好学，认为其他弟子均不属好学之列，叶适认为孔子持论不公，“诬天下以无人，固余之所不敢从也”（《叶适集·习学记言》）。他反对泥古循旧，人云亦云，敢于补前人之不足，发前人之所未发。黄宗羲赞叶适“异识超旷，不假梯级……其意欲废后儒之浮论”（《宋元学案·水心学案》）。《四库全书总目提要》中称叶适“所论喜为新奇”“讲学析理，多异先儒”。

综上所述，叶适的功利教育思想，提倡以学以致用、开物成务为教育目标，实理实事为教育的中心内容，严谨治学、勇于批判创新为学风。叶适的这种教育思想，不仅在当时与理学等教育思想相抗衡，而且上承北宋王安石等“经世应务”的教育思想传统，下启明清黄宗羲、顾炎武、颜元等人的启蒙教育，对中国封建社会后期教育的发展产生了重要影响。

第二节 宋朝教育科技的发展及世界影响

在史家笔下，宋朝军事上孱弱无力，面对北方外敌时屡战屡败，并最终亡于外敌之手；政治上因循守旧，长期受“冗兵、冗官、冗费”拖累，而几次重要改革，如范仲淹的庆历新政、王安石推行的新法，结果都归于失败。对宋朝 319 年的历史，大家见仁见智。英国史学家汤因比曾说：“如果让我选择，我愿意活在中国的宋朝。”让这位史学家做出如此选择的，正是宋王朝辉煌灿烂的历史魅力。11 世纪的一百年中，宋王朝在“积贫积弱”“冗官”“冗费”的压力之下，创造了中国古代历史上少见的政治稳定、经济繁荣和文化昌盛的局面。

宋朝采取调整政治文化政策、改革科举制度、开展兴学运动等一系列措施，营造了良好的教育发展环境，促进了教育的发展，最终通过教育发展实现了科学技术的进步，对经济社会发展产生的促进作用和对世界经济社会发展产生的影响，足以使我们看到教育对经济社会发展和对世界格局产生的巨大影响。

一、政治开明和科举教育制度的改革促进了良好社会发展环境的形成

宋太祖赵匡胤鉴于历代政治之得失，在基本巩固了国内的局势之后，即着手加强中央集权，陆续将行政、财政、司法和军事诸权力集于一身，经过宋太宗、宋真宗、宋仁宗、宋神宗等的进一步完善，君主专制的中央集权制度在 11 世纪的宋朝达到了一个新的高度。与政治稳定相伴的是文化教育的繁荣和科学技术的发展。我们以今天的眼光看宋朝，至少有以下几点值得借鉴。

第一，政治上的开明创造了中国历史上学术与政治的自由时期。宋太祖赵匡胤以军功起家，凭个人的能力和人格魅力，创建了文教兴盛、社会繁荣的王朝。在古代社会，立朝之初的统治者往往是心机深重之人。共创大业的功臣们大多难逃“狡兔死，走狗烹”的命运。而宋朝应属例外。宋太祖赵匡胤虽是武夫出身，却不以暴治暴，而是立“不杀士大夫”的誓言，此后宋朝历代皇帝都以此言为戒律而不敢有违。在这种政策下，宋朝的政治开明、言论自由已经达到了空前的水平。这使宋朝成为中国历史上自春秋战国以来，又一个学术与政治相对自由的时期。司马光与王安石多次在朝廷上面红耳赤争执不下，不过私下还是彼此尊重，虽观点立场不一，可都以忠国爱民为己任，绝非为一己私利。

第二，科举和教育改革促进了适应经济社会发展需要的各类学校和学术思想的形成发展。宋真宗劝人读书，曾作《劝学诗》，其中“书中自有颜如玉”“书中自有黄金屋”“书中自有千钟粟”的句子千古传诵。在“朝为田舍郎，暮登天子堂”的宋朝，科举制度为天下读书人提供了较为公平的机会和优厚的待遇。中国历代王朝中，官吏数量最多、薪水最高的就是宋朝。由于朝廷官员大多数由科举选拔，有宋一代，从赵匡胤开始，不许任何宗室子弟下考场，并且废除了公荐制度，尽可能减少了官官相护、科考舞弊的情况。开宝六年（973），赵匡胤决定亲自当考官，从此殿试成为科举制度的最高等级，既考诗词歌赋，又写时文论政，一旦通过就成为天子门生，便可直接任官。

在文化教育上，宋既承隋唐前制“尊孔崇儒”，又依实际改革完善，使教育为维护和巩固宋朝的封建统治服务。同时采取一系列措施，改革科举考试，建立和完善考试、取士的规章制度，以培养“可以为天下国家之用”的人才为目的，推动了影响深远的三次兴学运动，促进了以中央官学和州县学校为主体的教育制度的建立。建立教育经费来源保障机制，人才培养与官员政绩挂钩，奖罚分明，成为地方经济发展及宋朝政府务实教育政策的具体体现。宋代的书院制度丰富了学校教育的类型，既弥补了官学的不足，又开启了自由讲学、活跃学术的新风，对教育发展产生了巨大影响。不少具有历史影响的重要人物在教育与政治、教育与经济的关系问题上进行了深入探讨，形成了具有深远影响的教育经济思想和观点。

作为古代教育经济思想的集大成者，范仲淹对教育与政治经济的关系、人才在经济社会发展中的作用、培养经邦治国的实用人才以及教育经费等问题均有论述。李觏认为人对社会的发展有重大作用，治国安邦必先发展教育，教育必须有一定的经济基础作为保障，教民必先养民，离开物质财富，国家的政治、教育，人们的道德风貌，都是一句空话。胡宏主张“学贵力行”，把“有体”作为书院的教育目标，“有用”作为书院教育的培养目标，使重践履的务实学风成为湖湘学派的重要特色。陆九渊的“先立乎其大”、明辨义利和堂堂正正地做一个人的思想，以及杨简在教育价值上特别是关于教育经济思想上的贡献，都集中体现了他们的个性特色。“永康之学”提倡“实事实功”，讲究“立国之本末”，提倡学习艺能艺事要实学、实用。“永嘉之学”倡导学以致用，教学内容上提倡百家之学，讲求实效功利的教育方法，培养实用型人才。闽学学派把知识的培养与道德的修炼结合起来，其“格物”包含有格求天地自然、草木器物之理的内容，这诸多思想，为明中叶以后中国自然科学的发展提供了精神资源。

第三，重用科技人才和鼓励科技发明创造的措施营造了良好的科技发展环境。宋政府鼓励科技发明和创造，积极创办科技专科学校，提拔重用科技人才，重视整理科技书籍。科技在宋朝获得了很好的发展环境，宋朝皇帝大多能够亲力亲为，这为天下做出了无声的榜样。我们可以从《宋史》里看到赵匡胤观制造战舰、阅战车、视察练习水战、亲授医官而黜其艺之不精者等。宋真宗赵恒用重金从占城国买回耐旱的水稻新种，又从天竺买回了绿豆新种，在自己的宫廷内院中试种成功，然后推广天下。正是这些措施调动了人们的创新动力，促进了科学技术的发展，使中国的科学技术对世界产生了巨大作用，甚至影响和改变了人类的社会制度。英国学者李约瑟在其著作《中国科学技术史》导论中提道：“每当人们在中国的文献中查找一种具体的科技史料时，往往会发现它的焦点在宋代，不管在应用科学方面或纯粹科学方面都是如此。”马克思对宋代的三大发明也给予了高度评价：“火药、罗盘、印刷术——这是预兆资产阶级社会到来的三项伟大发明。火药把骑士阶层炸得粉碎，罗盘针打开了世界市场并建立了殖民地，而印刷术却变成了新教的工具，总的来说，变成科学复兴的手段，变成创造精神发展的必要前提的最强大的推动力。”（《机器、自然力和科学的应用》）

二、教育的发展推动了科技的进步和经济文化的繁荣

历史证明，一个王朝的稳定必将促进教育和文化的繁荣，教育和文化的繁荣必将带来经济社会的发展，经济社会的发展又必将促进科技进步，宋代的历史就很好地证明了这个道理。宋王朝建立之初，在文教政策上既承隋唐前制，又依宋朝实际进行改革和完善，许多措施在维护和巩固宋王朝封建统治的同时，对后世的教育发展都产生了深远影响。文教发展推动了政治的完善，在政治上，宋朝从中央到地方逐步采取一系列加强中央集权的措施，把政治、军事、财政大权最大限度地集中到朝廷，其核心和要害正是“事为之防，曲为之制”。宋朝的立国之策，带来的是读书人的世界、文人们的天堂。宋人思想的解放，又带来科学文化的繁荣，进而推动生产力的蓬勃发展，一个繁荣的时代就这样出现了。

据不完全统计，宋代在世界上处于领先的科学技术达百项以上，内容涉及活字印刷、火药、指南针、天文学、数学、医药、农学、建筑技术等领域，这些科学技术广泛应用于文化传播、军事战争、农业和手工业等生产和生活领域，为宋代的经济繁荣和社会进步提供了可靠的保障。

宋代科技达到顶峰的原因，是高度发达的物质文明和精神文明的统一。宋朝的富裕程度从现存于故宫博物院的宋人张择端的《清明上河图》中可见一斑。

从农业方面看，宋朝农作物产量相当惊人。据蒙文通先生考证，唐时平均每亩产量约 1.5 石（唐比汉代高 50%），而宋代平均每亩产量约 2 石，比唐代高约 30%。经济作物无论种茶、种棉、种植甘蔗还是栽桑养蚕，产量均高于唐。生产分工也很具体，比如宋代的茶叶生产，在秦岭两淮以南地区，出现了以专门种植和加工茶叶为生的茶园户，且产量颇丰。宋朝对传统农作物大力推广，尤其是小麦在南方的推广尤为显著。而水稻在北宋时的淮河、黄河流域也得到了推广。同时南宋后期棉花种植从两广和福建扩展到了长江流域（甚至北宋时期还有“木绵收千株，八口不忧贫”之说），南方农业生产水平已超过北方。

在手工业方面，宋的手工业除了产地扩大、产量增加，技术提高也非常明显。比如“糖冰”（冰糖）的生产技术、“单筒井”的开凿、宋瓷的精良等无不反映了技术的成熟和创新。北宋时期已经开始大量开采金、银、铜、铁、煤等矿藏，全国各

地出现了世界上最早的制造加工厂，如造船厂、造纸厂、印刷厂、织布厂、火器厂、各地的官窑等。烧煤炼钢等大型手工业，往往雇佣几百名全职的产业工人，而政府的两处军工产业则聘用八千名工人。这反映出矿业、制瓷业、丝织业、航海业等行业的高度发达。

商业方面，唐朝的城市多趋于行政中心，而宋朝市镇则趋于工商业化。唐朝都市内的贸易区域由官员严格控制，宋代则更加自由。“新型都市”发展到很大的规模，如开封和杭州人口都达到一百万，而后者就是马可·波罗在元初所见的“前所未有”的城市。即使到了元朝后期，中国以外最大的城市是巴格达，其人口也只在三十万至五十万之间。阿拉伯旅行家伊本·白图泰也称杭州为“世上最大的城市”，从事工商业的人口逐步增多、产量增加、投入资本大幅度扩充，大大改变了财政税收的结构。熙宁十年（1077），宋朝财政总收入共 7070 万贯，其中农业两税 2162 万贯，占 30%，工商税达到 4911 万贯，占 70%。这个数字说明，构成国家财政收入主体的，已经不再是农业，而是工商业了。农业税一向是国家统治的基础，像宋朝这样的情况在中国古代历史上可以说是绝无仅有，直到清朝末年，工商业收入才再一次超过农业税。

宋朝人民富裕带来国库充实，宋哲宗时苏辙言：“元丰及内库财物山委，皆先帝多方蓄藏，以备缓急，若积而不用，与东汉西园钱，唐之琼林、大盈二库何异?”随着物质生活的富足，宋人的精神追求变得越发迫切。宋朝人民于是在经济发展的同时有了强烈的文化需要，国民闲暇的生活、审美趣味、生活情趣促成宋朝文化的高度繁荣，诗词歌赋、杂技戏曲、民间音乐、小说、书法、建筑等艺术都得到高速发展。与此同时，宋朝出现了一大批名垂青史的文人骚客，如苏轼、欧阳修、寇准、范仲淹、王安石、文天祥、沈括、辛弃疾、朱熹、李清照等，这些学者们即使现在看来也是风华依旧、光辉耀眼。直到今天，国外不少学者仍盛赞宋朝时中国经历了“文艺复兴”与“商业革命”。

我们可以看到，宋朝在相当长一段时间里，通过整肃宫闱，避免了后妃干政的现象；通过抑制宦官，避免了阉党乱政的现象；通过睦亲懿好，避免了宗室倾轧的现象；通过恩威防堵，避免了外戚跋扈的现象；通过罢典禁兵，避免了藩镇割据的现象。尤为值得注意的是，以上举措终宋一代都得到了很好的实行，虽然宋朝边衅不断，但国内的政治局势都是相对稳定的。

上述几点，即使是汉、唐、明、清等煌煌盛世都未曾全部实现过，这不能不说是个奇迹。宋朝国内的政治稳定，为经济社会的恢复和发展提供了良好安定的环境，宋真宗景德元年（1004）宋辽“澶渊之盟”的订立，基本结束了黄河流域长达二百余年的大规模战乱局面，为宋朝赢得了暂时的和平。借此良机，宋朝经济快速发展，无论是农业、手工业，还是国内商业、对外贸易，都取得了长足的发展，尤其是东南一带更是成为全国经济支柱之地，仅农业方面，无论是农田灌溉的面积，还是水渠沟堰的规模，无论是农业耕种技术，还是农作物的产量，都远远超过前代王朝。即使与后代王朝相比，就人均水平而言，其也是遥遥领先的。仅太湖流域所产粮食就能供应全国所需，于是时谚有“苏湖熟，天下足”的说法。从柳永的一首词里，我们可以窥见这一时期宋朝经济的发达程度：

> 东南形胜，三吴都会，钱塘自古繁华。烟柳画桥，风帘翠幕，参差十万人家。云树绕堤沙，怒涛卷霜雪，天堑无涯。市列珠玑，户盈罗绮，竞豪奢。　　重湖叠巘清佳，有三秋桂子，十里荷花。羌管弄晴，菱歌泛夜，嬉嬉钓叟莲娃。千骑拥高牙，乘醉听箫鼓，吟赏烟霞。异日图将好景，归去凤池夸。

三、宋朝科技、经济与文化成果对世界文明发展的影响

欧洲研究宋代历史的先驱，法国汉学家埃狄纳·巴拉兹认为：中国封建社会在宋代已经完全发育成熟，近代中国以前的诸多新因素已经显著呈现，因此研究宋史有助于解决中国近代开端的一系列重大问题。依据这一认识，巴拉兹于 20 世纪 40 年代中期制订了一个规模宏大的宋史研究计划，其目的就是研究宋代为什么比西方更早地成为“现代的拂晓时辰”。尽管巴拉兹的计划在其生前并未完成，但在他的带动和影响下，宋史研究中心在欧美各国纷纷成立，进而形成了一些国际性的学术组织。此后一些美国学者对宋代的研究进一步深入，如斯坦福大学教授施坚雅认为，在 11 世纪的中国开封，已经出现了资本主义萌芽。认为宋代商品经济发达，资本主义已经发展起来，大体上相当于欧洲的十六七世纪，宋代开启了世界近代化的序幕（国内很多学者认为资本主义萌芽是明中叶后出现的），并逐渐为很多欧美学者所接

受。耶鲁大学中国现代史教授乔纳森·斯彭斯的文章，是这样评价宋代时中国的国际地位的：

> 上一个中国世纪是11世纪。当时，中国是世界上最大也是最成功的国家。它的领导地位源于一系列的因素，从技术上的发明到工业企业的兴起和管理良好的农业，从普遍的教育和行政管理试验的传统到对宗教和各种哲学思想的宽容。……上一个1000年，公元11世纪之前的中国，是世界超级大国，也是世界上最强大的国家。当时宋朝的首都在东京汴梁，就是现在的河南开封，人口达百万，是世界最先进最繁荣最庞大的城市。

在军事和政治方面，宋朝未能取得汉唐时代的成就，长期采取退让政策，被很多人认为是中国历史上最懦弱和最令人难堪的一个时期。不过，美国当代著名历史学家勒芬·斯塔夫罗斯·斯塔夫里阿诺斯在其著作《全球通史》中指出：宋朝最初未能收复边沿诸省，后来又丢失了北半个中国，这遭到中国后来历史学家的严厉谴责。这种批评虽不可否认，但中国文明有许多方面在唐宋几个世纪中达到顶峰，这也是事实。印刷术的发明价值连城，被用来复制和发行大量书籍，科学技术的非凡的进展至今才得到充分理解。

除文化上的成就外，更值得注意的是宋朝空前发达的商业，这对整个欧亚大陆有重大的意义。

商业发达的根源在于中国经济的生产率显著提高，技术的稳步发展提高了传统工业的产量。同样，水稻早熟品种的引进，使作物在过去只能一年一熟的地方达到一年两熟，11至12世纪，水稻产量增加了一倍。兴修新的水利工程，大大扩大了农田灌溉面积，从而促进了农业发展。农业的丰收和生产率的提高，使人口的相应增长成为可能，而人口增长反过来又推动了生产。

经济活动的迅速发展还增加了贸易量，首次出现了主要以商业而不是以行政为中心的大城市。对外贸易突飞猛进，其发展比国内贸易更为显著。自汉代起，中国对外贸易的规模已相当大。到了宋朝，对外贸易量远远超过以往任何时候。这一贸易迅速发展的基础，当然是中国前所未有的经济生产能力。航海技术的改进——其中包括指南针，带有可调中心垂直升降板的平底船，以及代替竹帆的布帆的使用——也很重要。最后，商人和水手从事贸易的积极性，也加快了对外贸易的发展，当时，他们是亚洲诸海的伟大创业者。结果，海港而不是古老的陆路，首次成为中国同外界联系的主要通道和媒介。当时，中国的经济居主导地位，这可以由以下事实得出：中国的出口品大多是制成品，如丝绸、瓷器、书画等；而进口品多半是原材料，如香料、矿石和马匹等。

应该指出，宋朝时期，中国人首次大规模从事对外贸易，不再主要依靠外国中间商，因而，宋朝时的中国正朝着成为一个海上强国的方向发展。但对中国历史和世界历史而言，最重要的事实是，这一潜在的可能从未实现。此外，同样重要的是，宋朝时名副其实的商业革命，丝毫未对中国社会产生突破性的影响，而西方与此相应的商业革命却对西方社会生产了明显的影响。

传统纳贡体系的崩溃和岁币的输出，使国际贸易成为必要。丝绸之路的中断，指南针的发明，又推动了海上贸易的开展。特别是南宋，海外贸易成为国家收入的重要来源，在不增加百姓税赋的前提下，其同工商税赋一起，构成国家收入的支柱。海上贸易的繁荣，使南宋经济完全不同于中国其他朝代，它正在渐渐地背离其悠久的农业传统，悄悄地走向海洋经济形式。

宋朝工商业的高度发展和人文领域的巨大进步，不仅高度启发了读书人的智慧，也促进了社会中下层民众学识的提高。教育的进步和工商业的需要，有力地推动科学与技术的进步。与以前朝代相比，宋朝技术发明明显呈现出爆炸性的发展，许多划时代的技术发明在宋朝成熟地运用于生产与制造过程中。因此，到14世纪之前，中国都是技术革新的伟大中心，向欧亚大陆其他地区传播了许多发明。虽然来自中国的发明很多，但对文明起到根本推动作用的，就是我们通常所谓的“四大发明”中的三大发明（火药发明于唐代，正式使用于宋代，指南针、活字印刷则被认为是宋代发明并开始使用的）。“我们应该注意到这些发明的力量、功效和结果。人们将看到，这些发明远不如三大发明那么显著；这三大发明古人并不知道，它们的起源，即使现在仍模糊不清，无人知晓。它们是印刷术、火药和磁铁。因为这三大发明改变了整个世界许多事物的面貌和状态。”（斯塔夫里阿诺斯《全球通史》）

此后，蒙古军队远征欧亚的同时，在世界范围内传播了这些文明成果，这些文明成果是中国几千年文化的积淀。宋朝高度发达的技术及成果，被蒙古人成功地运用于军事，显然给所有的被征服者留下了深刻的印象。东方文明的高度成就，给他们的震撼是无法形容的，并深深地影响中世纪之后的欧洲学者。法国著名汉学家谢和耐在其《南宋社会生活史》一书中，对南宋时期的中国社会做过这样的评价："13世纪的中国在近代化方面进展显著，比如其独特的货币经济、纸币、流通证券，其高度发达的茶盐企业。……在社会生活、艺术、娱乐、制度、工艺技术诸领域，中国无疑是当时最先进的国家……"

第十章

辽、西夏及金朝的教育经济思想

公元960年，北宋在开封建立，随后逐个消灭割据政权，完成局部统一。在北方及西北还有与北宋并立的几个民族政权，多民族竞争形成中国历史上一个特殊历史时期。这些民族政权主要有契丹族建立的辽（916—1125），党项族在西北建立的西夏（1038—1227），以及1115年东北女真族建立的金。1044年，西夏与北宋签订“庆历和议”，加上辽宋的“澶渊之盟”，在此后的半个多世纪里，北宋、辽、西夏实际上处于一种“三国鼎立”的和平共处状态。金于1125年南下灭辽，于1127年又灭北宋，迫使宋室南迁临安（今浙江杭州）。

在南宋与金对峙中，北方草原上的蒙古族逐渐强大起来，1234年蒙古灭金后挥师南下，与南宋交战。元朝经过征战，于1279年灭南宋政权，建立了统一的多民族国家。

第一节 辽、西夏及金朝的文教政策

在两宋时期，除了以汉文化为主体的教育外，先后对峙于北方并一度占据过中原一些地区的北方少数民族政权辽、西夏、金，在与两宋政权交叉且频繁的政治、经济、军事、文化交往过程中，逐步接受了汉文化的影响，一方面继续保持本民族的文化特色，另一方面积极引进并扩大先进的汉族文化教育观念和制度，逐步建立起以儒家思想为主体的教育模式，成为公元 9 世纪至 13 世纪中国古代教育的重要组成部分。

一、辽对唐宋时的文化教育制度进行多方面模仿发挥，儒家伦理道德观念渗入社会的各个阶层

辽是中国北方地区的少数民族契丹族创建的政权，916 年，辽太祖耶律阿保机在今内蒙古西拉木伦河流域建契丹国，947 年定国号为“辽”，后一度改号，1066 年复号“辽”。契丹是个古老的民族，最初活动于潢河（西拉木伦河）与土河（老哈河）流域，过着逐水草而迁徙的游牧生活。北魏以降，契丹各部开始对外扩张，受到北魏、北齐政权的打击，隋朝时又受到隋军的攻击，势力大衰。唐贞观年间，契丹大贺氏联盟依附于唐朝，唐在契丹住地设置松漠都督府，封大贺氏联盟为松漠都督，赐姓李氏。此后，随着唐朝国势的盛衰，契丹屡附屡叛，一度沦为回纥汗国的属国。至公元 10 世纪初，耶律阿保机主政，积极对外扩张，取得一系列的战争胜利，掠夺了大量人口，国势渐强，成为唐末五代时期一个至关重要的少数民族政权。

契丹政权建立不久，便依靠汉族官员和儒士的帮助，仿照汉制，建立国家政治和文化制度，开始走上了政治、文化、教育等方面的逐步汉化道路。

在文化教育方面，辽对唐宋制度及其文化，进行了多方面的模仿和发挥。其中，辽太祖神册五年（920），由耶律鲁不古、耶律突吕不所创制的契丹大字，基本参照了汉字；这种契丹大字与其后不久创制的契丹小字及汉字并行于辽朝，成为辽朝主要的文字记录工具。其他如辽朝的官制、宫室制度、服制、婚制、选官制度及官学

制度，均不同程度地参用汉制，使得辽政权及其文化，逐步融入中原文化的氛围之中。辽的汉化倾向在历朝皇帝的统治下，都十分明显。

在辽太祖耶律阿保机时期，虽因立国之初，以鞍马为家，经略方内，未遑艺文之事，但阿保机仍然采取了一些汉化措施，起用汉人韩延徽营都邑，建宫殿，正君臣，定名分；任用汉人教其织纴工作，学习汉族的先进生产技术。辽朝的世宗、圣宗、道宗诸帝更是十分仰慕中华文化，显然，辽朝帝王的倾向，对于整个社会风俗民情的影响和导向作用是至关重要的，并且是十分广泛的。其中，一向在汉族社会奉行的儒家道德伦常，也在汉化的过程中逐步渗透到辽人的社会，成为辽人社会生活所遵循的伦理规范，对有关社会风化的道德教育产生了巨大影响。所谓忠、孝、节、义等儒家的伦常道德，或被视为保身保家的至宝，或被视为不可稍有懈怠的戒条。譬如，辽朝诸帝，除太祖和天祚帝之外，各帝谥号均标有“孝”的字眼，说明汉族传统的儒家伦理道德观念确已渗透到了契丹社会的各个阶层。

辽朝还建立了仿照汉制的官学制度。早在辽太祖立国之初的神册三年（918），便在上京设置了国子监及下属的国子学和孔子庙，这是中国北方草原上最早的教育举措。至辽太宗时，又在辽朝的南京（今北京）设置太学（又称南京学）。辽圣宗统和十三年（995）九月，以南京太学生员众多，特赐水硙庄一区。说明辽朝太学初建后，发展速度很快，规模不断扩大。辽道宗清宁元年（1055）十二月，又诏设学养士，颁五经传疏，置博士、助教各一员，从而正式确定以儒家经典为法定教材，并建学官，使太学走向正规。清宁五年（1059），辽朝又分别于东京、南京、西京、中京同时设学，合称“五京学”。随后又创置了中京和西京国子监，使辽朝的中央官学制度基本定型。辽朝中央官学的内部设置多仿汉置，一是国子监、太学的教职官员仿汉制设置，国子监设祭酒、司业、监丞、主簿等职，国子学及五京学设有博士及助教。这种体制的设置，说明辽朝中央官学实际是中原汉族体制的移置形式。二是辽朝国子监、太学均重视尊孔祭孔仪式，国子监依附于孔庙，并命“以时祭先圣先师”（《辽史·道宗本纪》）作为宗旨。

辽朝的地方官学，与中央官学的发展也大体呼应，初步形成了府州县学的多层学校网。据《辽史·百官志》记载：辽朝的黄龙府、兴中府都设有府学及博士、助教；各州县有州学、县学，也设有博士、助教。辽朝的州县学，以涿州州学设置较早，据光绪《畿辅通志》称，此州学始建于辽圣宗统和年间；而据应历十年（960）的《崇圣院碑记》，则可推断，涿州州学在辽穆宗时已出现，且已出现官费养士的廪膳制度。此后，其他州县先后仿效而陆续建成州县学。

其中，应州州学、滦州州学建于辽道宗清宁年间，中京川州创建庙学，良乡县在大公鼎任职县令时建孔子庙学，马人望在新城县建新城县学，肃萨八在寿昌元年（1095）建永清县学。至辽末天祚帝时期，仍有一些州县官员没有放弃创办教育的工作，如耶律孟简在高州观察使任内修学校，招生徒；乾统年间，玉田县创办县学；三河县令刘瑶则是领袖生徒，纪纲文会，重建孔庙，阐扬儒教，辅助国风。从这些情况来看，辽朝虽然没有详细的有关地方教育的史料留给后世，但仍然可以从片断零散的史料中，发现其地方教育的一般特征，即崇尚儒风，推行儒教。

辽朝官学的师资也主要倚重于汉族士儒。这些汉族士儒，有的是被辽军虏获的宋的国学教师，如《辽史・武白列传》所记的宋国子博士武白，被辽军俘获后，诏授上京国子博士，其后主持国子学教学，培养出一大批人才。也有的是自愿归顺辽朝的汉族士儒，如《续文献通考・选举考》记载，统和元年（983）三月，宋进士挈家来归者 17 人，令有司考其中第者辅学官，余授县主簿、县尉。

除普通官学之外，辽朝统治者还十分重视宫廷教育。在辽开国之初，耶律阿保机便为长子突欲（太子信）安排了学问渊博的张谏辅侍施教，寿安王则由学者宋琪担任侍读辅教。在以后诸帝时期，则设有诸王文学馆和“诸王教授”、伴读。辽圣宗太平七年（1027），辽中山郡王查葛、长沙郡王谢家奴、乐安郡王遂哥请求设置伴读书史，均得朝廷允准。契丹族礼教观念相对淡薄，故其后宫女学较少拘限，后宫中多出才学博雅的女中英杰。秦晋国妃“幼而聪警，明晤若神，博览经史，聚书数千卷，能于文词，其歌诗赋咏，落笔则传诵朝野，脍炙人口”，又“雅善飞白，尤工丹青，所居屏扇，多其笔也”（《全辽文・秦晋国妃墓志铭》）。史称秦晋国妃“轻财重义，广延群彦，座客常满，日无虚席，每商榷古今，谈论兴亡，坐者耸听……妃每读书至萧、房、杜传，则慨然兴叹，自为有匡国致君之术，恨非其人也”（《全辽文・秦晋国妃墓志铭》）。除秦晋国妃外，宣懿皇后、文妃也都是出色的女作家。其中文妃的诗词作品在《辽史》本传尚有残篇保留，其内容为讽谏君王应选取贤臣，亲近忠臣，堵塞奸邪之路，以图增强国力。

辽朝重视皇室子弟的教育，而皇室子弟自己也勤学自励。辽朝的历朝帝王及王室子弟大都接受了较全面的汉文化教育，皇帝成为兼通辽汉文化的学者皇帝。

除官学及宫廷教育之外，辽朝也出现了数量不等、形式各异的私学。这类私学，有依托藏书之所，可令学生潜心钻研，如《辽史》记载，文学家萧韩家奴少好学，弱冠入南山读书，博览经史，通辽汉文字。文学家王鼎幼好学，居太宁山数年，博通经史。这类南山、太宁山当与医巫闾山一样，均属藏书的所在，也有学者于此居家读书习业。《辽史·室昉列传》记契丹人室昉"幼谨厚笃学，不出外户者二十年，虽里人莫识"。他经过刻苦勤学考中进士，历仕辽太宗、辽世宗、辽穆宗、辽景宗、辽圣宗诸朝，死前被封为"尚父"。《辽史·邢抱朴列传》记邢抱朴兄弟受经于母陈氏，皆以儒术显。由此可见，辽朝私学尚不发达，主要是在山林藏书之所和家族内部进行。不过，由于辽朝已经出现了民间刻书的行业，因而一般的启蒙读物也在辽代广泛流行，儿童启蒙读物主要是《论语》《孝经》。当时流行的诗句称："小儿学问止《论语》，大儿结束随商旅。"（《杜诗镜铨·最能行》）又称："此老方扪虱，众雏争附火。想当训诲间，都都平丈我。"（《归田诗话·村学堂》）"都都平丈我"，即《论语》中的"郁郁乎文哉"，是宋人嘲笑村塾老师念错字。1974 年在山西应县辽朝佛宫寺木塔内发现的《蒙求》，是目前所见最早的刻本。从这些情况来看，辽朝民间的启蒙教育基本继承了唐宋诸朝的传统，已融为儒家文化的有机组成部分。

科举制度是辽朝重要的文官选拔制度，对辽代教育有着直接影响。叶隆礼《契丹国志》记载："太祖龙兴朔漠之区，倥偬干戈，未有科目。"至辽太宗会同年间，刘晞任燕京留守，"尝于契丹三知贡举"（《旧五代史·刘晞列传》）。《辽史》也记室昉在会同初登进士第，说明在辽太宗会同年间，辽朝已建立科举考试制度。辽保宁八年（976），诏复南京礼部贡院；辽圣宗统和六年（988），又诏开贡举。这说明，这一时期辽朝贡举正时续时断，尚无常规，直到统和年间才趋向稳定。

辽朝贡举及第名额很少，统和六年诏开贡举，仅及第一人，以后历年贡举概不出三人之数。直到统和二十四年（1006），才有进士杨佶等 23 人及第。此后历朝辽帝贡举人数或多或少，少则 2 人，多则 138 人。统和十八年（1000）后改为三岁一试。辽朝科举考试分为乡、府、省三级考试，乡中称乡荐，府中称府能，省中称及第。辽朝科举考试的科目以诗赋、经义为主。辽圣宗时也以词赋、法律取士，词赋为正科，法律为杂科。辽朝科举考试有一大特点，即科举考试主要以汉人为对象，禁止契丹族与医卜、屠贩、奴隶及悖父母或犯事逃亡者应进士举。“重熙中，（耶律蒲鲁）举进士第，主文以国制无契丹试进士之条闻于上，以庶箴擅令子就科目，鞭之二百。”（《辽史·耶律蒲鲁列传》）这说明辽朝统治者对契丹族人仍然侧重武事，不鼓励其习文。而对汉族士儒，则尽力抬高科举的身价，禁止一些被视为“下贱”职业出身的人参加。

二、西夏采用“兼容并蓄、博采众长”的文化政策，将汉文化、吐蕃文化、西域文化及其他文化一并吸收融合，从而形成了贯穿始终且颇具特色的西夏文化

西夏又称白高大夏国，是中国历史上由党项族建立的政权，由于位于北宋西北部，故被称为西夏。党项族原为羌族的一支，游牧于川西高原的山谷草甸之间，唐朝初年迫于吐蕃压迫迁徙至陕北一带，以牧畜为生。唐末时党项部落首领拓跋思恭因平乱有功获赐姓李，被封为夏国公节度夏州，成为当地的藩镇势力。夏州政权被北宋吞并后，部落首领李继迁起兵占据银州，攻破会州（今甘肃靖远、会宁一带），向辽称臣，与宋抗衡，形成了事实上的独立地位。其继位者李德明与李元昊倾力向河西走廊发展，陆续占领兰州以西、玉门关以东的广大地区。宋仁宗宝元元年（1038），李元昊在兴庆府（今银川市）称帝，建立西夏，之后经过数年的宋夏战争与辽夏战争，与宋、辽（后为金）形成三国鼎立之势，统治长达 190 年，公元 1227 年为蒙古所亡。

西夏立国前后，为了稳定局势，驾驭各部酋豪，与宋辽抗衡，在“严以刑赏、尚武重法”的同时，推行“兼容并蓄、博采众长”的文化政策，将汉族文化、吐蕃文化、西域文化及其他文化一并吸收融合，从而形成了贯穿西夏政权始终且颇具特色的西夏文化。极为重视发展教育的李元昊，于 1034 年命大臣野利仁荣效仿汉字创制了西夏文字，之后在建立官制的同时设立蕃学，选拔党项贵族和汉族官僚子弟入校学习，并提倡尊孔读经，吸取儒学营养，发展汉学，使各类文化教育机构迅速发展，日臻完善。李元昊继位后，注重使用汉族人才，重教兴学，成就显著。他在立国后的第二年（1039）即下令各州置蕃学、设教授，并对硕儒博学之士大加重用，使河西各州县学在重儒兴学之风中逐步设立，学校教育随之恢复、发展起来，并培

养出不少有用人才。镌刻于西夏仁宗乾祐七年（1176）的西夏黑河建桥敕碑，落款中有“都大勾当镇夷郡正兼郡学教授王德昌”之句，不难看出王德昌的职务除“都大勾当镇夷郡正”外，还兼郡学教授，由此也可证明李元昊统兵占领河西并在甘州设立镇夷郡后，镇夷郡的郡学就已建立。据《西夏书事》记述：“元昊思以胡礼、蕃书抗衡中国，特建蕃学，以野利仁荣主之；译《孝经》《尔雅》《四言杂字》为蕃语，写以蕃书，于蕃、汉官僚子弟内选俊秀者入学教之，俟习学成效，出题试问，观其所对精通，所书端正，量授官职，并令诸州各置蕃学，设教授训之。”

据《西夏书事》载，到西夏仁宗李仁孝时，令“州郡悉立庙祀，殿宇宏敞，并如帝制”，亦开办科举，策试举人，还再次下令“州县各立学校，复置小学于禁中”，接着又立太学。而所有州县的学校、禁中小学、京师太学，均以儒学为教授内容，儒学之盛与中原不分轩轾。

李仁孝仰慕汉文化，他继位之后，除着意维持与金朝的友好关系外，仍不忘怀与宋朝的交往。人庆元年（1144）五月，李仁孝遣使赴宋朝贺天申节，向宋朝贡献珠玉、金带、绫罗、纱帛、马匹等物，恢复了同宋朝中断了近二十年的聘使往来。同年十二月，又遣使到宋朝贺正旦，贡献金酒器、绫罗、纱縠等物，意在进一步密切同南宋的交往。宋朝的儒家文化对李仁孝很有吸引力，早在这一年的六月，李仁孝下令在各州县设立学校，进学的子弟增至3000人，比西夏崇宗朝的“国学”人数增加了十倍。李仁孝又于皇宫中设立“小学”，置教授，凡夏宗室子孙自7岁至15岁皆得入学。李仁孝与皇后罔氏也经常亲临训导。人庆二年（1145）七月，李仁孝更是模仿宋朝制度，建立“太学”，他亲自主持“释奠”大礼，又给予师生赏赐。同年，李仁孝下令乐官李元儒，参照汉族乐书，结合西夏现行制度，重新修订国家乐律，至人庆五年（1148）五月，历时三年始成，赐名《新律》。人庆三年（1146）三月，李仁孝尊孔子为文宣帝，下令州郡建立孔庙，祭奠孔子。人庆四年（1147）八月，仿宋朝制度，实行科举，正式策试举人，立唱名法。又设立“童子科”，逐步完善了通过科举选拔官吏的制度。次年三月，又建“内学”，李仁孝亲自选派名儒主持讲学。天盛三年（1151）十二月，李仁孝委任家学深厚、汉文和西夏文字著作丰富的学者斡道冲担任蕃汉学教授。天盛六年（1154）九月，借与金朝聘使之便，遣使向金朝购置儒、佛经典。天盛十三年（1161）正月，李仁孝于中央机构中设立翰林学士院，以王佥、焦景颜等人为学士，同年五月，命王佥等掌管国史，纂修李氏实录。天盛十六年（1164）八月，李仁孝追封西夏文字的创制人野利仁荣为广惠王，以表彰他发展西夏文化的功绩。李仁孝时期是西夏文化的鼎盛时期，大量的文化与学术著作问世，印刷与出版事业十分发达。已发现该时期的雕版印刷书籍，有诗歌集《月月娱诗》，谚语集《新集锦合辞》《圣立义海》，西夏文和汉文对照双解辞典《蕃汉合时掌中珠》，韵书《文海宝韵》，等等。

三、金建立之初即收罗汉族儒士，在仿汉制发展文化教育事业的同时仍保持女真文化特色和传统

金朝是由女真族建立的少数民族政权，是继辽之后中国北方又一个强大的割据王朝，其政权存在的年代从1115年至1234年，历时120年。女真族也是一个古老的民族，最早生活在黑龙江流域，是古代肃慎族的后裔。

《金史·世纪》记载金人祖先出自靺鞨氏，本号勿吉，勿吉是古肃慎之地。北魏时期，勿吉分为七部：粟末、伯咄、安车骨、拂涅、号室、黑水、白山。唐初，黑水靺鞨、粟末靺鞨依附高丽。李勣破高丽后，粟末靺鞨退居东牟山，后建渤海国称王，传十余世后始有文字、礼乐及官府制度。黑水靺鞨居肃慎地，曾助高丽抗拒唐军，开元年间臣服唐朝。唐置黑水府，以其部长为都督、刺史，置长史，赐国姓李氏。其后黑水依附渤海国，五代时又附属于契丹，其在南者籍契丹，称“熟女真”；在北者不籍契丹，称“生女真”。

生女真生活在黑龙江流域，号称白山黑水之间，以游牧、狩猎为生。约在辽兴宗时期，活动在按出虎水一带的女真完颜部逐步强大起来，联合女真诸部，结成部落联盟，由完颜部乌古迺为联盟长，接受辽朝加封的节度使封号，统领女真诸部。1113年，完颜阿骨打即位后，经过一系列的战争，于1115年建立国家，仿汉制称皇帝，国号“金”，建都于会宁府（今黑龙江省哈尔滨市阿城区）。1153年，海陵王完颜亮迁都燕京。

金建立后，先后发动了对辽和北宋的战争，于1125年灭辽，1127年灭北宋，成为控制中国东北及中原广大地区的强大政权。

金太祖在创业之初，便曾依靠汉族儒士杨朴的辅助，奠定基业，立国之初更是

积极收罗博学雄才之士，并仿照汉制筹谋文化教育事业。天辅二年（1118）九月下诏："国书诏令，宜选善属文者为之。令其所在访求博学雄才之士，敦遣赴阙。"（《金史·太祖本纪》）天辅五年（1121）又诏令："若克中京，所得礼乐仪仗图书文籍，并先次津发赴阙。"（《金史·太祖本纪》）金太宗天会元年（1123）又正式仿汉制，建立科举取士制度，开辟了辽朝故地汉儒读书仕进的途径，将金代教育发展推向了一个新的台阶。

金熙宗继位后，开始实施更彻底的汉化政策。除了在政治上废除传统的谙班勃极烈等辅政制，全面实行汉族官制之外，在文化教育方面，也采取了一系列有利于缩小女真与汉族文化差异的措施：天眷元年（1138）五月诏以经义、词赋两科取士；天眷三年（1140）十一月，册封孔子第49代孙孔璠袭封衍圣公；皇统元年（1141），金熙宗又亲祭孔庙，再拜而退，"谓侍臣曰：朕幼年游佚，不知志学，岁月逾迈，深以为悔。孔子虽无位，其道可尊，使万世景仰，大凡为善，不可不勉"（《金史·熙宗本纪》）。这表明金熙宗完颜亶高度重视汉族的儒家传统教育，并视之为万世可尊的学问之道。

金熙宗以后的历朝君主，都十分重视引进汉文化和发展教育事业。像海陵王完颜亮这样生性多疑残忍的人，在位期间虽然天下骚动，不暇他顾，却仍然主持建立了国子监等教育设施，并规定了以儒家经典、诸子、史传为主要内容的课程体系。到金世宗完颜雍时期，金的社会实际已经完全汉化了，以至金世宗反复告诫大臣及宗室子弟勿忘女真旧风，并声称"女真旧风最为纯直，虽不知书，然其祭天地，敬亲戚，尊耆老，接宾客，信朋友，礼意款曲，皆出自然，其善与古书所载无异，汝辈当习学之"（《金史·世宗本纪》）。他一方面强调不忘女真旧俗，对海陵王迁都以来女真人寖忘旧风的状态感到忧虑；另一方面则主张将女真的旧俗与汉族的典章文化融为一体，并组织翻译《易》《尚书》《论语》《孟子》《老子》及《新唐书》。指出："朕所以令译'五经'者，正欲女真人知仁义道德所在耳。"（《金史·世宗本纪》）遂命将上述译著颁行天下。金世宗之后的金章宗、金宣宗、金哀宗诸朝，也均对尊孔、读经有明文的规定，并在科举和兴学方面做了一定的努力，出现了"儒风丕变，庠序日盛"（《金史·文艺列传》）的文治局面，使得金成为较辽、西夏而言汉化程度更高、教育普及范围更广的政权。

在中央官学方面，天德三年（1151）始置国子监，分为词赋经义生和小学生，招收宗室及外戚皇后大功以上亲、诸功臣及三品以上官僚子弟，15 岁以下进小学，15 岁以上进大学。金世宗大定元年（1161）始置太学，定五品以上官僚子弟及曾得府荐及终场人入学，养士名额初为 160 人，后扩为 400 人。国子监与太学均设有专职人员管理教务或施教。国子监设祭酒、司业及丞，并有博士、助教和教授等职。太学则设博士与助教。凡补试学生，太学生由礼部主试，曾得府荐及终场人皆免试。

金朝的中央官学除国子监、太学之外，尚有大定十三年（1173）设置的女真国子学，专收各路女真学推荐来的猛安谋克内良家子弟中优秀学子，学习大小女真字和儒家经典，其中策论生百人，小学生百人，由新进士为教授，主持教学工作。除此之外，金朝还设有司天台及太医院，均肩负研究与教学的使命，并招收一定名额的学生。《金史·章宗本纪》记有国子祭酒率六学诸生上表陈请一事，虽不知“六学”所指的具体学校名称，也不知与唐代的中央六学有无对应的关系，但可肯定中央官学共有六类。

金朝地方官学也很发达，并形成了相对完整的学校体系。金世宗大定十六年（1176），金朝始设府学，凡 17 处，共千人，专收尝与廷试及宗室皇家祖先以上亲并得解举人（参见《金史·选举志》）。其后增设州学，专收五品以上官曾任随朝六品官子弟入学，另外收其他品级官僚子弟中曾经府荐及同境内举人，孔子阙里子孙及数经府荐和终场试者，也有一定的名额比例。女真学始于大定四年（1164），朝廷以女真大小字译《尚书》，颁行后，选猛安谋克内良家子弟为学生，诸路共达 3000 人之众。大定十三年（1173）以策论取士，京都设女真国子学，诸路设女真府学及州学，全国共设 22 所，学生选取方式与国子监的词赋经义生同制。女真府学始设于大定十三年（1173），以新进进士担任教授，分置于中都、上京、北京、西京、东京、河南、陕西诸路府州。女真学与一般的府州儒学相比，教学质量偏低，一般府州学教授须由“五举终场或进士年五十以上者”（《金史·选举志》）担任，而女真学教授，只须新进进士。教学内容主要是根据科举考试的词赋、经义二科的需要而设置，一般以儒家的经典著作为主。不难看出，金朝官学无论是一般儒学还是女真学，均以儒家经典为主要学习课程，同时兼学老庄学派、诸子百家及历史著作，词赋学问则着重参研唐宋各大家的作品。专业学科如律科在本科之外，兼学《论语》《孟子》，以涵养器度，并列入科举考试范围之内。

金朝十分重视对女真族子弟的教育，除了设置学校之外，还制定了一种近似强迫性义务教育的法令。《金史·选举志》记载："又定制：每谋克取二人。若宗室，每二十户内无愿学者，则取有物力家子弟年十三以上、二十以下者充。"也就是说，接受教育，是女真诸部子弟的法定义务，如果不愿入学，则要依法强制其充入学额。不仅如此，金章宗还要求身边的近侍及将要担任地方官职的人一律受教。大定二十九年（1189），他下发诏令："诸有出身承应人，系将来受亲民之职，可命所属谕使为学，其护卫、符宝、奉御、奉职，侍直近密，当选有德行学问之人为之教授。"（《金史·章宗本纪》）

金朝的学官设置十分广泛，不仅教学机构中设有学官，其他政府机构或内宫也多设有形式各异的司教人员，这些司教人员，有的主司专业教育，有的则是辅教帝王或王室子弟。如太乐署设置令、丞，"掌调和律吕，教习音声并施用之法"（《金史·百官志》）。设置益政院，置于内廷，以学问广博、议论宏达者上值，以备顾问，讲授《尚书》《通鉴》《贞观政要》。设置包括女史在内的官职，"掌经籍教学，纸笔几案之事"（《金史·百官志》）。亲王府设辅正。至于詹事院设置的教职，更是多样：除司经正及副正掌经史图籍外，尚有左右谕德及左右赞善，"赞谕道德，侍从文章"（《金史·百官志》）。这些宫廷内部司教人员的设置，反映了金朝保傅教育的概况。

金朝科举始创于太宗天会元年（1123），其时"急欲得汉士，抚辑新附，故设科取士"（《续文献通考·选举考》）。初无定制，也无定期、定数。天会五年（1127），因河北、河东职员多缺，以辽宋不同制，诏南北各因其所习业取士，号南北选。天眷元年（1138），诏南北选各以经义词赋取士，科举考试内容开始接近统一。至海陵王时，于天德三年（1152）废除南北选，增设殿试。贞元元年（1153），又定贡举程式条理格法。正隆元年（1156）命于五经之史正文内出题，始定为三年一举，科举考试制度从此有了统一的规定。

金朝科举考试制度兼采唐宋之制和辽制而有损益。考试科目有词赋、经义、策论、律科、经童。天德三年（1152）罢策试科，设女真进士科。女真进士科初仅试策，后增试论，故称“策论进士”。金朝取士，凡试词赋、经义、策论中选者，谓进士；凡律科、经童中选者谓举人；凡诸进士、举人由乡至府至省及殿廷，凡四试皆中选则官之；至廷试五被黜，则赐之第，谓恩例；又有特命及第者谓特恩。恩例者但考文之高下为第而不复黜落。凡词赋进士试诗、策论各一道，经义进士试所治一经义、策论各一道。

金朝科举为四试制：乡试—府试—会试—殿试。金朝教育及科举制度有以下几个特点：一是允许女真族人参加科举，但与汉族士人不同制，专设女真进士科，女真侧重策论，汉族侧重词赋、经义，这与辽朝的政策有所区别。二是科举中虽设有乡、府、会、殿四级考试，但进士、举人名分不是通过逐级考试获得资格，而是根据应举科目内容确定名分：应律科、经童试者为举人，应策论、词赋、经义试者为进士，所以分为三科进士，府试、会试、殿试均有进士的称谓，这与宋辽两朝均有所不同。三是同辽朝相比，金朝还设有制举，且体制完备。金朝在大定二十九年（1189）始创制科，明昌元年（1190）始定应制宏词科，次年设贤良方正、能直言极谏、博学宏词、达于从政等科。凡应荐者，经学士院及廷试考试列优等者，均可破格提拔，上等可升迁二官，次等升迁一官。四是金朝对学校养士及有关教育经费问题，采取法律的形式加以解决。金章宗泰和元年（1201）九月，更定《赡学养士法》，规定“国子生人给民佃官田百八亩，岁收以所入租，官为掌其数”（《续文献通考·学校考》）。这同宋辽两朝的养士之道虽大体相似，但在形式上有更加明确的规定，是一个历史性的进步。五是金朝统治者在加强汉化教育的同时，仍然十分重视本民族文化传统的教育。金朝创置女真文字及女真学，就是巩固女真文化的重要举措。金世宗完颜雍反复强调不忘女真旧风，并力图把女真风俗传统与儒家文化的教义融为一体，也是在这一方面的重要努力。这种努力显然是为了在缩小女真与汉族文化差异的同时，保持女真文化的特色和传统，维持并强化女真民族的团结，进而巩固女真族的统治地位。

辽、西夏、金的教育事业，对于开发北方少数民族地区的文化教育，促进各民族文化之间的交融，起到了重要作用。其中文化教育的广泛交流和融合，是促进社会发展的重要动因，也是促使各民族关系由干戈化为玉帛的主要因素之一。

第二节　辽推行“以国制治契丹，以汉制待汉人”的政策，制约了生产力和文化发展进程

辽是契丹民族于唐末五代之际在中国北方建立的国家。辽在建立以后，推行了一系列振兴文教的举措，有力促进了文化发展。进一步研究辽朝教育、科举的状况，还可以发现一些非常有趣的现象：辽朝的最高统治者，如皇帝、后妃、亲王等，对于吸收汉文化大多具有浓厚的兴趣，往往还有较高的文化造诣，但是契丹统治者对于契丹族人，却从未像女真人、蒙古人那样设立女真学、蒙古学，或是开设女真、蒙古进士科，真正全面地提高整个民族的文化素养，相反，兴办教育、开设科举只是为了笼络统治之下的北方汉族士人。辽朝的契丹统治者对汉族士人既没有像清朝那样实施残酷的文字狱，也没有组织人力去开展编纂《四库全书》那样浩大的文化工程，契丹统治者对实行文治其实是抱着一种漠然的态度，因此导致辽朝文化发展滞后，影响了生产力的发展，所以被既收罗博学雄才的汉族士人、仿汉制以筹谋文化教育事业，但又保持女真文化特色和既有传统的金朝所取代亦是历史必然。

产生这些现象的原因，主要是契丹统治者所采取的“北南分治”政策所致。辽在立国之初，就从政治、官吏制度上划分了北、南的界限。《辽史·百官志》称：“至于太宗，兼制中国，官分南、北，以国制治契丹，以汉制待汉人……辽国官制分北、南院。北面治宫帐、部族、属国之政；南面治汉人州县、租赋、军马之事。因俗而治，得其宜矣。”北南分治，对于两个文化传统、生活习俗迥然有异的民族在同一政权下相处，恐怕是不得已的权宜措施。北方的汉民族接受分治，是一种消极的避难措施。辽太宗攻克汴京后，其智囊人物张砺就曾经向太宗建言：“今大辽始得中国，宜以中国人治之，不可专用国人及左右近习。苟政令乖失，则人心不服，虽得之亦将失之。”（《辽史·张砺列传》）辽太宗没有采纳张砺的谏议，辽最终还是失去了中原。作为战胜者的契丹民族，在拥有北方大片的土地之后，一方面对汉文化需要大量吸收，对汉族士人需要大力接纳，以利于自身统治；另一方面对于契丹民族原来具有的鞍马游猎、崇尚武功的习俗也没有丢弃，不允许契丹的民族特性中融入汉民族文化因素，对契丹族人的汉化始终怀着畏葸抵御的态度，“以国制治契丹”就显得非常必要了，北南分治正是基于此目的而产生的。北南分治的负面影响是加深

了蕃汉之间的对立。蕃汉之别在辽代是极其严格的，即使是那些学习中原文化很突出的君主，他们的心目中也仍然存在着森严的壁垒。辽太宗第一次南征幽州失败，撤回上京时，太后告诫他说："使汉人为胡主，可乎?"太宗说："不可。"太后又说："然则汝何故欲为汉主?"（《资治通鉴》卷二百八十四）辽太后明确地批判了辽太宗觊觎中原的做法。后来辽太宗攻入汴京，做了短暂的中原皇帝，在中原汉族百姓的反抗下被迫撤离，对大臣说："吾在上国，以射猎为乐，至此令人悒悒。今得归，死无恨矣。"（《资治通鉴》卷二百八十四）这反映了辽太宗对契丹文化与中原文化的看法。

辽朝廷竭力鼓励士人参与科举考试。有的读书人不愿意赴考，州县还要"根刷遣之"（《契丹国志·试士科制》）。特别是对于归顺契丹的敌国士人，辽朝皇帝也采取了不拘一格、取才异代的宽容态度，统和七年（989），宋朝进士 17 人归附辽朝后的安置事例即为明证。统和十二年（994），辽圣宗又下诏各部："所俘宋人有官吏、儒生抱器能者，诸道军有勇健者，具以名闻。"（《辽史·圣宗本纪》）接着又下诏郡邑贡明经、茂才异等的人选。可见，辽代统治者对士人应举的态度是积极鼓励的。

然而，并非所有的人都有资格参加科举考试，国家对应试者的资格有种种限制。首先，辽朝廷拒不允许契丹人参加科举考试。据《辽史》记载，契丹人耶律蒲鲁曾于重熙年间参加进士科举并且及第，主考官以没有允许契丹人参加科考的条文为由，禀报辽兴宗，并以蒲鲁的父亲擅自让儿子参加考试，实属违法，处以鞭刑二百。这种限制，乃是对契丹民族的文化发展起着阻碍作用的行为。我们从有关文献中查找到的契丹籍进士仅有耶律大石一人，为天庆五年（1115）进士，而他本人原是皇室成员，后来建立西辽国，他能参加科举考试恐怕算是一个特例了。辽兴宗于重熙十九年（1050）下诏，要求医卜、屠贩、奴隶及悖父母或犯事逃亡者不得举进士，辽天祚帝乾统五年（1105）又明令禁止商贾之家应进士举。这些条例包括对应举者职业和所谓道德品质的限制，表现出辽统治者对医、贾等行业的轻视，同时也是对儒学士人科举专利的一种保护性措施。

辽实行南北分治，南用汉法，北用契丹"国制"治之；不允许契丹人参加科举考试，限制医卜、商贾之家应举，从客观上阻碍了南北文化的交融，固守鞍马为家的游牧文化。日常生产技能的教育主要是针对普通契丹女性的。对于契丹的普通女性来说，操持家务、掌握必要的生产生活技能，对于她们的生活是至关重要的。加之契丹族的游牧民族特性，女性要承担的生产劳动非常繁重，因此，对契丹普通女性进行日常生产技能的教育是必要的。在契丹社会中，生活环境和民族习俗使很多女性自小便需学习骑射，这也是其生存的技能之一。如《辽史·后妃列传》载："辽以鞍马为家，后妃往往长于射御，军旅田猎，未尝不从，如应天之奋击室韦，承天之御戎澶渊，仁懿之亲破重元，古所未有，亦其俗也。"这即说明了当时契丹女性从小便接受骑射方面的教育。但是在辽朝统治者尊儒文化政策的影响下，尤其是辽太宗会同元年（938），辽取得燕云十六州后，随着政治经济重心的南移，契丹社会的价值观发生巨大变化，当时的南京析津府"秀者学读书，次者习骑马，耐劳苦"，这标志着辽朝妇女开始弃武从文，同时，也意味着契丹女性的骑射教育走向没落。

综上，对辽的教育、科举制度，我们可以得出以下结论：辽朝的教育、科举制度上承唐、五代，仿效宋朝，下启金、元时代，是中国古代少数民族在中原地域立国以来的首创。契丹统治者所推行的"以国制治契丹，以汉制待汉人"的政策，一方面是对北方汉民族文明的延续，另一方面却又限制契丹民族接受汉文化，制约了契丹文明的发展进程。对于中原文化不能兼容并举，反而闭关自守加以封锁，这就历史性地决定了其生产力和文明发展进程的缓慢，辽的文化成就也便不及金、元等同为少数民族治下的政权。

第三节　西夏"自得灵、夏以西，其间所生豪英皆为其用"，在经济社会发展中奠定了与宋、辽、金抗衡的基础

西夏地处西北一隅，要维护政权稳定、保持经济发展并能与宋、辽抗衡，就需要大量的人才，重视教育、重视儒学就成为党项人吸纳各地贤才、培养高素质官员而采取的重要措施。创制和推行"蕃书"是西夏政权为适应局部统一、创造党项民族自己的文明、追求政权独立的又一重要教育措施。同时，在儒学和"蕃书"方面所取得的辉煌成就，表明西夏时期的西北一隅并非"龙荒朔漠"的"不毛之地"。

西夏立国之初，战事频仍。为平定局势、驾驭酋豪以求与宋、辽抗衡，西夏政权采用"兼容并蓄""博采众长"的文化政策。与所有入主汉文化区的少数民族一样，党项人起初对汉文化也采取抵触态度。李元昊在立国之初，大力兴办学校，但仅设蕃学而无汉学，史称"自曩霄创建蕃学，国中由蕃学进者诸州多至数百人，而

汉学日坏”(《西夏书事》卷八)。但实践证明，通过蕃学培养人才，不仅数量有限，而且质量也很难保证，仅仅受蕃学熏陶的官员曾出现“士皆尚气矜，鲜廉耻，甘罹文网”(《西夏书事》卷八)现象。为此，西夏王朝开始吸收各地精英，提倡尊孔读经，吸取儒学营养，开科取士，发展汉学，并采取了许多措施。

为了维护政权稳定，西夏尽力吸纳人才，同时注意加强人才培养。西夏建立之前，西北地区沙漠地带的教育发展极不均衡，像河西走廊除瓜、沙二州有一定基础外，其他地区的文化教育发展程度非常有限。西夏占据此地后，首先是尽力吸纳儒学精英。史载李元昊“自得灵、夏以西，其间所生豪英皆为其用”(《续资治通鉴长编》卷一百五十)。灵州、夏州以西各地是河西走廊地区，这里的儒学名士除本地人士外，还有不少是在宋地失意投奔而来的知识分子，当然，他们的才学正是初兴的西夏王朝的急需之物。

西夏自李元昊立国，一直存在“蕃礼”与“汉礼”之争，经过毅宗、惠宗两朝反复，到崇宗李乾顺时斗争更为激烈。李乾顺对高度发展的儒家学说与汉文化十分倾慕，他决定在西夏大力提倡汉文化，以改变西夏的落后风气。除尽量吸收各地人才外，还大力加强教育培养人才，并把人才的培养放在了十分重要的地位。在人才的培养上提倡尊孔读经，吸收汉文化的营养。贞观元年(1101)，他借御史中丞薛元礼之口倡导儒学。薛元礼在上疏中称：

> 士人之行，莫大乎孝廉；经国之模，莫重于儒学。昔元魏开基，周、齐继统，无不尊行儒教，崇尚《诗》《书》，盖西北之遗风，不可以立教化也。景宗以神武建号，制蕃字以为程文，立蕃学以造人士，缘时正需才，故就其所长以收其用。今承平日久，而士不兴行，良由文教不明，汉学不重，则民乐贪顽之习，士无砥砺之心。董子所谓‘不素养士而欲求贤，譬犹不琢玉而求文采也’，可得乎?(《西夏书事》卷三十一)

于是，李乾顺命于蕃学外特建国学，置教授，设弟子员三百，立养贤务以廪食之。《宋史》《钦定续通志》《钦定续文献通考》都记载了此事。《羌族教育发展史简述》则说：“元昊建国第二年(1039)，正式设置蕃学、汉学，选蕃、汉官僚子弟入学，任命野利仁荣为蕃学主持，并下令各州普遍设置蕃学，设教授训育学生。这是西夏建立学校之始。”可见，李乾顺时期就设立了300人规模的汉学，此前有蕃学，也有汉学，蕃学也是学校。李元昊的重蕃学，在客观实际上恰变成了重儒学，因为蕃学的基本任务，是以西夏文翻译汉文儒家经典来教育官僚子弟。故“蕃字”“蕃书”不过是传播儒家思想的工具。从民族政权的根本利益考虑，李元昊不得不打着“蕃旗”，极力“汉化”，这是他机智而大胆的抉择。

为了发展教育，西夏政权曾在全境范围内多次下发兴学政令，如1039年，李元昊令各州置蕃学、设教授；人庆元年（1144），西夏仁宗李仁孝下令州县各立学校；人庆三年（1146）三月，又尊孔子为文宣帝。至此，郡县学逐步设立起来。

西夏虽然力求以“胡礼”“蕃书”与宋抗衡，但对汉学多有学习和吸收。《重建高文忠公祠记》称赞西夏兴学之盛时云：“西夏盛强之时，宋人莫之能御也。学校列于都邑，设进士科以取人，尊信仲尼以‘素王’之名号，为未极于褒崇，则文风亦赫然昭著矣哉。”同时，大力推行庙学制，即在学校中设建圣庙，并在圣庙举行学礼。这是中国传统教学体制的一大特色，学有庙，庙依学，庙学一体。

西夏坐拥河西，地处西北，设州县蕃学，行庙学制，具有明显的民族特点，又具有强烈的兼容性，加速了汉化进程，促进了西夏经济社会的发展，使其得以雄踞一方。正如宋臣富弼所言：“得中国（宋）土地，役中国人力，称中国位号，仿中国官属，任中国贤才，读中国书籍，用中国车服，行中国法令，是二敌（契丹、党项）所为，皆与中国等。”（《续资治通鉴长编》卷一百五十）

教育为西夏政权培养了需要的人才，同时西夏也为元朝统治者储备了大量人才。《重建高文忠公祠记》记：“是时军旅未息，西北之儒多在俘虏中，公请于朝，皆遣为良民，或先以钱得之者，官出钱以赎，遣使拣阅，得儒者数千人。”出仕元代且有史料可证的西夏人物达370余人。西夏对文化教育的重视，对后起的元代文化产生了直接影响。

教育的发展与汉文化的传播，促进了经济社会的发展，这在农业方面表现得尤为明显。一些先进的生产技术、生产工具在这里得到使用，大大提高了生产力水平，这奠定了西夏政权与宋、辽、金相抗衡的基础。

西夏疆域的开发，首先需要足够的人力资源，在人才的使用上努力做到人尽其才。据史料记载，自中唐以后西夏区域的河西等地，历经270余年的动荡和萧条，区内原有人口或逃亡流逸，或殒于兵燹，较之盛唐损之大半，大量劳动力遂成为西夏发展经济的当务之需。党项占有河西后，从战争中掳掠来的汉人和其他民族成员多在这里安置。宋人王称《东都事略》卷一百二十七云：“曩霄……得中国无艺者，使耕于河。”宋人曾巩《隆平集》卷二十亦载，西夏“得中国人无艺者，使耕于河外，或守肃州城”。这清楚地说明，西夏在人才使用上真正做到了人尽其才，让儒士充实各级管理部门，对那些无一技之长的人，就安排他们耕于黄河以西、以北的广大地域。汉人带来了中原先进的生产技术，促进了西夏农业的发展。

史载，西夏境内“耕稼之事，略与汉同”（《西夏书事》卷十六）。其立国之初即有农田司、群牧司和受纳司的设置，以掌握农牧和粮食贮积。在其统治河西近200年中，区内农业开发遂有一定程度的发展。西夏文字典《文海》释“农”字为“农耕，灌溉之谓”，反映了西北绿洲地区农业土地开发与水利灌溉密不可分的关系。《宋史·夏国列传》载：“其地饶五谷，尤宜稻麦，甘、凉之间，则以诸河为溉；兴、灵则有古渠，曰唐来，曰汉源，皆支引黄河。故灌溉之利，岁无旱涝之虞。”水利灌溉的发展推动了西夏农业生产技术的进步。《文海》中多次出现渠、畦、垄、地畴等反映农田水利建设的字条，如“渠”释为“挖掘地畴中灌水用是也”。“地畴”释为“开畦种田之谓也”。“田畴”释为“种田也，出粮处也”。随着灌溉渠系的开浚与发展，大片农田被划分为一方方小畦，农业生产的精细程度逐步提高。

农业耕作技术在民间传播迅速，党项人向汉人学习农业生产技术和农具的使用。在河西从事农业开发的不仅有汉民，党项人和其他一些民族成员，虽然“衣皮毛，事畜牧”（《宋史·夏国列传》），由于受汉族影响，其中一部分人亦开始经营农业，“岁时以耕稼为事”（《续资治通鉴长编》卷一百三十五）。西夏农业中普遍使用牛耕和耧、犁等农具，其生产技术与中原地区十分接近。《文海》释“（牛）扛”为“农用（牛）扛拉犁者也”。这一挽、扛、耕的耕作方法，可以从位于今甘肃的榆林窟壁画中找到图形证据。榆林窟第3窟绘有耕犁图、踏碓图、酿酒图和锻铁图等表现农业、手工业生产的画面，犁耕图中二牛挽一犁，作二牛抬杠式，这与中原地区的耕作方法没有什么不同。

河西既受西夏王室的重视，且稳定发展的时间又长，绿洲的农业开发因而取得了一定成效。畜牧业是党项人的社会经济基础，回鹘、吐蕃人亦以经营畜牧业为主。长于畜牧业的党项羌人在获得“善水草，宜畜牧”的河西走廊后，自然可以大显身手。西夏时期，河西走廊位处东达灵州、兴庆，西通西域，南连吐蕃的要地，《西夏地形图》中即标绘有贯通河西走廊的交通大道。《西夏碑》载：“武威当四冲地，车辙马迹，辐辏交会，日有千数。”这些前来的车马行人大多应是从事商业和手工业活动的，这无疑有益于区内农牧业开发和城市经济繁荣。

总之，在西夏近两个世纪的统治下，西夏统治地区结束了中唐以来战乱纷争的局面，获得了较为安定的社会发展环境，农牧业开发取得诸多成效，生产结构大体为牧农并重，使其成为西夏政权与宋、辽、金相抗衡的重要条件。

第四节 金朝统治者认识到教育是人才培养有意识的组织活动，教育使人们形成良好风尚以实现对社会的作用

金是继辽之后中国北方的又一个强大政权，在不断发动对辽、北宋的战争中，控制了东北及中原广大地区。金在120年的时间里，前灭辽、北宋，后被蒙古军所灭，其教育制度在吸收辽、北宋教育的基础上，又对元产生了一定影响。同样，其教育思想也多上承先朝，下启后世，对稳定政权、推进经济社会发展产生了巨大作用。

金朝在教育思想方面，较同时期的宋朝大为逊色，保存下来的史料数量很少，很难获得对这一时期教育思想的完整认识。现从零散的史料出发，对部分教育家的教育思想作粗浅说明，重点对后期元好问的教育经济思想进行论述。对与元好问同一时期的耶律楚材，则放到元朝的教育经济思想中论述。

赵秉文（1159—1232），字周臣，金世宗大定二十五年（1185）进士及第，后历官州县，金章宗时入朝任职，累迁至礼部尚书、翰林学士、益政院说书官等职。任职期间读书著书不懈，著作有《易丛说》《扬子发微》《中庸说》《太玄笺赞》等十余部，收入《滏水集》中。元好问《闲闲公墓志铭》称他“不溺于时俗，不汩于利禄，慨然以道德、仁义、性命、祸福之学自任，沉潜六经，从容乎百家”。在教育思想方面，他主张以儒家的道德性命学说为宗旨，认为教育的任务就是“传道”，道之所用，则须开物成务。教育的任务既为传道，道之所言则以儒家的仁义礼智信为最基本内容；五者为“天下之通道”，至于扬雄、韩愈排斥佛老而倡立之道，则是“各有当”而未为正理。对于人性问题，他以孔孟学说为依据，强调“性之本体”的重要性，指责佛道人性论及荀子性恶论、扬雄“善恶混”及韩非“性三品”皆非性之本，执其一端而已。他强调性之本体与天理及道的同一性，认为修道便是教育的基本内容，而修道的目的便是“复天理之真”。在这一点上，他实际吸收了唐代李翱和宋代

理学家的观点。

在治学方法问题上，他强调理论与现实相联系。指出："夫道，何为者也，非太高难行之道也。今夫清虚寂灭之道，绝世离伦，非切于日用，或行焉，或否焉，自若也。至于君臣、父子、夫妇、兄弟、朋友之大经，可一日离乎？故曰：可离非道也。"（《滏水集·诚说》）因此，他主张修道之士应从最切近的事情做起，"由近以及远，由浅以至深"，切忌"贪高慕远，空谈无得"。赵秉文这种注重践行的务实学风，显然也是针对佛教的学说而言的，在金朝积极推进汉化教育的过程中，强调务实的学风，显然也有助于避免熏染理学空谈习气。

杨云翼（1169—1228），字子美，金章宗明昌五年（1194）登进士第一，后累官至翰林学士、礼部尚书等职，并一度任太学博士。他曾与赵秉文同掌文坛之事达二十年之久，时人有"杨赵"之称。

在教育思想方面，他主张以传统的儒家经典为基本教材，认为"学以儒为正，不纯乎儒，非学也；文以理为主，不根于理，非文也"（《滏水文集》引）。他回顾儒学发展的历史，认为魏晋以降，学者不究孔孟之旨而溺于异端，不本于仁义之说而尚夸词，因而造成了种种弊端，他效仿韩愈奋然捍卫儒学道统，提倡"儒之正理"，其治学宗旨，与唐宋以来的一些重要教育家如韩柳、宋初三先生及程、张、朱熹等人，也有异曲同工、先后呼应之势。

作为一个多年辅政于帝王的重臣，杨云翼十分重视阐发帝王之学的原理。在一次旁听侍读为金哀宗讲授《尚书》的过程中，他提出"帝王之学不必如经生分章析句，但知为国大纲足矣"（《金史·杨云翼列传》）。他列举"任贤""去邪""与治同道""与乱同事""有言逆于汝心"诸条，详加说明，深受金哀宗器重。同时，他还发挥韩愈尊师重道的观点，并建议帝王不仅要尊师，还要交友，以便能广泛地吸取他人之长为我所用。同时，杨云翼还重视自然科学技术的教育，一改鄙视方技工匠之学的传统儒学观念，主张博学兼通，服务社会，他本人便是一个精通文学、经义、天文、历法、医卜的博学大儒。

王若虚（1174—1243），字从之，号慵夫。他少年时颖悟好学，以文章德行著称于当地，承安二年（1197）中经义进士，以后历官州县，参与修撰国史，官至左司谏等职，蒙古灭金后，隐居泰山而逝。王若虚身为一代大儒，深受学者推崇，被认为是与赵秉文、杨云翼并称的学界"当代钜公""士林仪表"。有的学者称他"学博而要，才大而雅，识明而远”（《滹南遗老集·序》）。有的学者称他的学问“本诸天理，质诸人情，不为孤僻崖异之论”（《滹南遗老集·序》）。总体来说，他的思想受宋代理学的影响较大，但又不是对其完全接受。一方面他赞扬宋儒“使千古之绝学，一朝复续”，推崇理学家“推明心术之微，剖析义利之辨，而斟酌时中之权，委曲疏通，多先儒所未到”（《滹南遗老集·道学发源后序》）；另一方面，也指责理学流于佛道，“句句必涵气象，而事事皆关造化”（《滹南遗老集·〈论语〉辨惑序》），朱熹注《论语》也有“妄为注释”“过为曲说”的偏差。他反对理学家将天理与人欲对立起来的观点，主张圣人之学应当顺乎人情，这无疑是一种比较中肯的见解。

在学习儒家经典方面，王若虚强调经典的价值，反对断章取义或据注释及史传来解释儒学的真义。他主张全面理解儒家经典的精神实质，以积极的态度学习古代的志士仁人，既要明晓善恶，辨知是非，又要明哲保身，无有祸败，否则便是“愚暗妄行，不知理义”（《滹南遗老集·五经辨惑》）。王若虚在金元两朝教育界有相当的影响，他的学生不少在元代为官，继续传播他的学术思想和教育主张，他的著作也曾在元代兴贤书院、双桂书院等地重印，成为沟通金元教育思想的一座学术桥梁。

除赵秉文、杨云翼、王若虚外，金元之际的元好问也在教育思想方面颇有建树。元好问生于乱世，所处的时代战争连绵不断，正是这种现实生活促使他在宋金对峙时期成为北方的文坛盟主，又在金元之际成为文学上成为承前启后的桥梁，被尊为“一代文宗”。也正是这种社会现实生活成就了他的诗文词曲，其中又以诗作成就最高，其“丧乱诗”尤为有名。时势造英雄，时代成就了元好问的文学建树，同样，在教育问题上，元好问也有许多具有鲜明时代特点的观点和思想。

元好问（1190—1257），字裕之，号遗山，七岁能诗，十四岁从学郝天挺，六年后学成；兴定五年（1221）考中进士，不就选；正大元年（1224）中博学宏词科，授儒林郎，充国史院编修，历任镇平、南阳、内乡县令。金正大八年（1231）秋，受诏入都，除尚书省掾、左司都事，转任员外郎；金亡后不仕，被囚数年。晚年重回故乡，于家中潜心著述。蒙古蒙哥七年（1257）卒于获鹿寓舍。著有《遗山集》，又名《遗山先生文集》，编有《中州集》。

金亡后，元好问隐居不仕，把全部精力都集中于对金朝典籍的搜集、整理和编写上，为后人提供了宝贵的金朝历史资料。他在从事学术活动中，对兴办教育投入极大热忱，培养了众多生徒，对当时的社会安定、经济发展起到了促进作用。其教育经济思想主要集中在以下几个方面：

一是学校教育是国家政治之本，是国家的头等大事。兵火过后百废待兴，事情万端，犹如丝线缠绕，真可谓“剪不断，理还乱”。其中的结点、纲目是什么？法制、军事、经济，以及其他又怎样？元好问将目光投向了教育，把教育的价值意义衡定为国家政治的根本。他在《代冠氏学生修庙学壁记》中说：“学校，大事也。”他在学记与碑铭墓表等作品中，一再申述这种观点。“仁、义、礼、智，出于天性，其为德也四；君臣、父子、兄弟、夫妇、朋友，著于人伦，其为典也五。惟其不能自达，必待学政振饬而开牖之，使率其典之当然，而充其德之所固有者耳”（《遗山集》卷三十二）。四德、五典是人类社会的纲常伦理，但这些是无法“自达”的，也就是说不能够与生俱来，不学而能，不问自晓。人虽有善的“因子”、学的“潜能”或本性冲动，但应该由社会环境习染，由代表着意识规范主流导向的师长加以有计划、有组织的训导，尤其是必须通过学校这种社会化专门培养人的教育机构来有序地设计、精心地培养，从而使社会由乱而治并得以有秩序地正常运行。如果没有了学校教育，社会就会出现一种茫然无知、冲突动荡、混乱无序的状态。他在《东平府新学记》中批评当时的教育现状及弊病：

学政之坏久矣！人情苦于羁检而乐于纵恣，中道而废，从恶若崩。时则为揣摩、为捭阖、为钩距、为牙角、为城府、为穽护、为溪壑、为龙断、为捷径、为贪墨、为盖藏、为较固、为干没、为面谩、为力诋、为贬驳、为讥弹、为姗笑、为凌轹、为瘢癞、为睚眦、为构作、为操纵、为麾斥、为劫制、为把持、为绞讦、为妾妇妒、为形声吠、为崖岸、为阶级、为高亢、为湛静、为张互、为结纳、为势交、为死党、为囊橐、为渊薮、为阳挤、为阴害、为窃发、为公行、为毒螫、为蛊惑、为狐媚、为狙诈、为鬼幽、为怪魁、为心失位。心失位不已，合谩疾而为圣癫，敢为大言，居之不疑，始则天地一我，既而古今一我。小疵在人，缩颈为危；怨讟熏天，泰山四维；吾术可售，无恶不可；宁我负人，无人负我；从则斯朋，违则斯攻；我必汝异，汝必我同；自我作古，孰为周孔？人以伏膺，我以发冢。凡此皆杀身之学，而未若自附于异端杂家者为尤甚也。

学政荒废既久，社会风俗人情坏到不可收拾。苦于纪律约束，乐于放纵是人之常情。学政中道而废，人们效仿坏的行为就像山崩之势不可止。社会风俗变坏，人变得狡诈、阴险，唯利是图，为达到目的不择手段，党同伐异，自我本位，以自己利益判断是非。教育不振之害严重如此。元好问对教育缺失之危害的描述虽有夸大之嫌，但反映了其对现实教育流弊清醒而理性的认识，并能以思想家的睿智与勇气，敢于指陈、披露，甚至直率地加以批判，也正表明了他对学校教育在社会国家中崇高地位的定位：学校教育是国家政治之本，是国家头等大事。具体而言，社会的道德纲纪、风俗民情，乃至治礼之渊薮、制衡之枢纽均赖于学校教育，这是对先秦《礼记·学记》中“建国君民，教学为先”思想的诠释与深化。基于对教育的这种认识，元好问乐于写作议事论理的散文，并对兴学行为极力颂扬，热情讴歌，并期望通过发展教育培养人才来化民成俗，稳定社会。

二是教育使人们在道义中形成美俗，风尚使教育得到发展而实现对社会的作用。元好问不仅重视教育，而且对学校教育有着较为系统、明晰的理论思考。他对教育理想的憧憬和诉求，与原始儒家的看法一样，以周朝教育为理想状态。他在《令旨重修真定庙学记》中指出：“三代皆有学，而周为备……民生于其时，出入有教，动静有养，优柔餍饫于圣贤之化，日加益而不自知，所谓人人有士君子之行者，非过论也”。周朝的教育，系统而完备，其作用也是很大的，以至于人人有君子之行。同时，元好问对周朝教育的描述，很大程度上就是他的教育理想。周朝教育完备，使人们“于圣贤之化，日加益而不自知”。这正是他心目中教育的最高境界，亦即以圣贤教义为理念灵魂，谋求“化民成俗”的理想社会。教育要“化”，要“成俗”，使人们浸染在道义习俗中，渐进完善而不自知，这是教育影响的重要特色。环境、氛围及文化对人的养成价值，恰如春风化雨，潜移默化，陶冶习染，感化滋生，既是教育的力量，也是教育的巧妙与艺术。对此，他在《博州重修学记》做如下叙述：

> 先王之时，治国、治天下以风俗为元气。庠序党塾无非教，太子至于庶人无不学。天下之人，幼而壮，壮而老，耳目之所接见，思虑之所安习，优柔于弦诵之域，而餍饫于礼文之地。一语之过差，一跬步之失容，即赧然自以为小人之归。若犯上，若作乱，虽驱逼之、从臾之、诱引之，有不可得者矣。故以之为俗则美，以之为政则治，以之为国则安且久。理之固然，而事之必至者，盖如此。

在此，元好问将环境氛围及文化因素构成的潜在教育力量称为习俗、风俗，认为其带有政治道德或伦理关系的社会化取向，因此，也将教育与个体及教育与社会的两大功能自然移向了后者。在他看来，风俗是治理天下的“元气”，即好的风俗是实现“王政”最重要的因素。学校教育制度的完备，社会上无论贫富贵贱都积极向学，形成一种醇美的风俗。人们一生生活在此风俗之中，耳濡目染，一切美好当成为自然而然。一旦有任何微小错误，就会惭愧地认为自己堕入小人之伍。有了这种醇美的风俗，则政治清明、国家长治久安，所以“癃老扶杖，思见德化之成”（《遗山集》卷三十二）。风俗是教育资源力量，是影响社会的重要因素，而积极的环境文化——良好的风俗或习俗，又由学校教育而来。他在《寿阳县学记》中指出：“学校所在，风俗之所在也。吾欲涂民耳目，尚何事于学？如曰‘如之何使吾民君臣有义，而父子有亲也？夫妇有别，而长幼有序也？’则天下岂有不学而能之者乎？”没有好的学校教育，就没有好的风俗，从而就没有一个和谐、积极的教育力量或依据作为外在资源，其结果是削弱或降低了教育有效优化的支撑因子，这就是教育与文化基于社会政治的媒介而发生的互动双向耦合关系。作为一位“穷则独善其身，达则兼济天下”的儒学家，其活动及其创作的动因在于“为天地立心，为生民立命，为往圣继绝学，为万世开太平”。这种崇高的使命或责任，促使元好问将这两者的线性联系转向教育的社会化追求。

学校教育形成好的风俗境界，亦即教育对社会产生作用，在元好问看来，是一种“化”的作用方式或特征，其实现的过程，是多种因素作用的结果。他在《寿阳县学记》中描述了金皇统、正隆年间学校的设置情况：朝廷在京城设置大学，县官按月供给粮食，学生常不下数百人。教职人员有祭酒、博士、助教。各地方行政区也设置学官，州县各有相当数量的学生。更重要的是，由于朝廷的鼓励、官员的推动，当时以词赋、明经取士，入此选者，多可仕至公卿、达官。读书在当时成为一种仕进的捷径，促使大量士人争相从事。文中写道：“文治既洽，乡校、家塾，弦诵之音相闻。上党、高平之间，士或带经而锄，有不待风厉而乐为之者。化民成俗，概见于此。”朝廷鼓励、地方重视及仕进制度等多种因素的合力促成了以读书为乐的世风民俗的形成。

综合元好问的陈述，“化”的过程就是完善学校教育，结合各种有利条件或要素，使社会形成一种淳朴的风俗。在这种风俗的浸染之中，人们对一切美好的追求由自觉走向自发，走向一种无意而自至的境界，整个社会与教育形成一种良性循环；教育促成了美俗之形成，风尚又使教育很自然地得到进一步发展，尤其是提高办学的有效性及人才培养的实用价值，能更好地实现教育对社会的作用。元好问将好的风俗视为国家、社会良性发展的保证，又以学校教育为形成良好风俗的基本手段。

三是教育是有意识地组织的培养人才的专门活动，人才选拔与培养相依相存，缺一不可。与其美好的政治理想相联系，元好问十分重视通过教育培养时代需要的人才。他明确指出：

> 治国、治天下者有二："教"与"刑"而已。刑所以禁民，教所以作新民。二者相为用，废一不可。然而有国则有刑；教则有废有兴，不能与刑并。理有不可晓者，故刑之属不胜数，而贤愚皆知其不可犯；教则学政而已矣。（《遗山集》卷三十二）

教育作为一种"无用之用""化民成俗"，在正面引导人们全面而积极地发展，刑罚则在反面警示、制约着人们的言行，两者相互补充，共同促进社会发展。这无疑是非常正确的治国之道。

教育的目的是培养人才，其核心要素是人，主体或客体同样是在角色变化中的师生。教育的理想体现社会时代下的文化精神，作用于组织实践的运转过程，传承文化经验，塑造时代性差异及个性化风格的教育产品——人才，通过不同层次的人才又反作用于社会机体并发挥出相应功能，也就在现实中实现了不同层次人才的价值，这应是教育的本体问题。而为了实现人才的质量目标，就需要有资源素材及环境工具的媒介或手段，并运用一定的组织，调控及实施的方式、方法等。诚然，这是现代教育学的框架体系，不可能让金元之际的元好问完全应答或诠释，但同样可以借此来透视其教育理念。

元好问的人才观主要体现在《癸巳岁寄中书耶律公书》中，此文是给当时的宰相耶律楚材的一封信，其中指出："夫天下大器，非一人之力可举，而国家所以成就人才者，亦非一日之事也。"人才之于社会主要有两种作用："求百执事之人，随左右而取之：衣冠礼乐、纲纪文章，尽在于是……假而不为世用，此诸人者可以立言，可以立节，不能泯泯默默，以与草木同腐。"人才或者可以经略世事，佐助宰辅以成名臣贤相之不世功业；或者立言、立德，影响世人，亦在"三不朽"之列，其实肯定了不同层次人才的价值地位，反对以同一标准度量、苛求人的成长，因为这样只会压抑人才。

人才在社会发展历程中起着重要作用，是十分可贵的，应予以爱护和珍惜，但是人才的培养并非一日之功。在人才成长过程中，教育又是决定因素。“从古以来，士之有立于世，必藉学校教育、父兄渊源、师友之讲习，三者备而后可”（《中州集·辛愿传》）。元好问认为学校、家学、师友等教育是养成人才的必要条件。

文史名家郝经的成才，得益于元好问教导有方。这一事例亦恰能说明师友、家庭对个体发展的意义。蒙古海迷失后元年（1249），时年60岁的元好问来到顺天府，郝经拜元好问为师。元好问称“子貌类汝祖，才器非常，勉之”（《元史·郝经传》），认为郝经与郝天挺相类，才器非凡，勉励他虚心向学，成就一番事业。在顺天府，两人真诚交流，相谈甚欢。元好问非常赏识郝经，赞同郝经“读书为用，论尚时事”的思想，与其“相与论诗作文”。郝经献《寿诗》为元好问祝寿。元好问答诗：“故家珠玉自成渊，重觉英灵赋予偏。文阵自怜吾已老，名场谁与子争先。撑肠正有五千卷，下笔须论二百年。莫把青春等闲了，蔡邕书籍待渠传。”其中叙述郝家家学渊源，言自己有幸从郝天挺为学，纵有些许声名，现在年老了，郝经才是人杰，更应勉励，以延续一代学术。以学统传人相勉励，元好问对郝经的期许不可谓不高。郝经终也没有辜负老师的期望，成为著名学者。

为了发现人才，使具有潜质和能力的英才脱颖而出，元好问专门写信向重臣耶律楚材推荐一批人才，并希望朝廷能优待他们，“以阁下之力，使脱指使之辱，息奔走之役，聚养之，分处之，学馆之”，以促成更多“有用于世者”能发挥才智，推动社会进步。

蒙古蒙哥二年（1252），元好问与张德辉北上，觐见忽必烈，请忽必烈为儒教大宗师，忽必烈接受。复请降旨免儒户兵赋，得以应允。这与元好问上述思想形成互动关系，人才选拔与培养两者相依相存，缺一不可。教育培养学生，才能使人才厚积薄发，蒸蒸日上，否则只是杀鸡取卵，竭泽而渔。而要兴学重教，就必须解决经费问题，除了常规经费支出外，减轻学生负担，使其得以专心学业，无疑是有效举措。元好问重视教育，且能从实际考虑，为学统延续而请命，从物质和经费上为文化事业的发展争取了极大利益，这是极有魄力与远见的。此次觐见，忽必烈仍命张德辉主管真定府。德辉“与元裕、李冶游封龙山，时人号为龙山三老”（《元史·张德辉传》）。可见，古代河北最负盛名的封龙书院的教育事业，元好问必定参与其中并作出了应有的贡献。

元好问所主张的教育，目的是维护封建统治，创建封建时代的“王政”。其实，这也正体现了他对教育培养人才的目标取向或规格要求。在《赵州学记》中，他写道：“吾道之在天下，未尝古今，亦未尝废兴。君臣、父子、夫妇、兄弟、朋友之际，百姓日用不知。”又说：“仁、义、礼、智，出于天性，其为德也四；君臣、父子、兄弟、夫妇、朋友，著于人伦，其为典也五。惟其不能自达，必待学政振饬而开牖之，使率其典之当然，而充其德之所固有者耳。”（《遗山集》卷三十二）元好问认为学校教育就是要引导、培养四德、五典，维护、延续纲常伦理道德。基于此，他竭力维系儒学教育经典的正统性、伦理纲常道德规范的神圣性，并对佛教寂灭出世、无益现实生计及世俗人生的出世悲情做了讽刺与批评，以选择宋元新儒学——理学的知识内容及道德范畴。他认为“六经不可不尚，邪说不可不绌，王教不得不立，而旧染不得不新”（《遗山集》卷三十二）。他又作了如下剖析：

凡此皆杀身之学，而未若自附于异端杂家者为尤甚也。居山林、木食涧饮，以德言之，则虽为人天师可也；以之治世则乱。九方皋之相马，得天机于灭没存亡之间，可以为有道之士，而不可以为天子之有司。今夫缓步阔视，以儒自名，至于徐行后长者，亦易为耳，乃羞之而不为。窃无根源之言，为不近人情之事，索隐行怪，欺世盗名，曰：“此曾、颜、子思子之学也。”不识曾、颜、子思子之学，固如是乎？夫动静交相养，是为弛张之道；一张一弛，游息存焉。而乃强自矫揉，以静自囚，未尝学而曰“绝学”，不知所以言而曰“忘言”。静生忍，忍生敢，敢生狂，缚虎之急，一怒故在，宜其流入于申、韩而不自知也。古有之：桀纣之恶，止于一时；浮虚之祸，烈于洪水。夫以小人之《中庸》，欲为魏晋之《易》与崇观之《周礼》，又何止杀其躯而已乎？道统开矣，文治兴矣，若人者必当戒覆车之辙，以适改新之路。特私忧过计，有不能自已者耳，故备述之。既以自省，且为无忌惮者之劝。（《遗山集》卷三十二）

可见，在元好问看来，要更好地在社会中发挥教育的重要作用，实现教育的目标要求，教育内容的纯正性是首要条件。

人才培养有赖于组织活动及方法措施，缺乏教学的教育只是空想或价值思辨，缺乏任何现实意义。由于受封建小农经济模式及层次、状态的种种限制，在教育实施的具体手段上，元好问主张诵读和游学。他在学记、书信中多次强调诵读的学习方法。吟诵经典是其教育的重要内容，也是其常用而有效的经典知识课程巩固的方法。他喜欢“日课一诗”，以诗传授弟子，把诗当作教材。此外，元好问认为教学不应局限于学校，通过社会交往来丰富学识，加深理解，能够在一定程度上克服讲堂刻板灌输的缺点，并有利于师生关系的融洽。他特别提倡在学习过程中广泛交友和游历。他自己也交了很多朋友，包括当时金朝的许多学者，如王若虚、赵秉文、杨云翼、郝天挺、李纯甫、张德辉、李冶、赵复等人。元好问和他们辩论学术、友好往来，从他们身上吸取了不少思想精华，为他以后学术上取得成就奠定了基础。元好问的成功案例，恰恰印证了现代协作教学、团体小组学习以及活动情境体验的教学发展性真谛与学生成长的意义。

综上所述，元好问的教育思想虽不可避免地带有其历史局限性，但他对教育的高度重视，对教育目标、人才培养规格要求的设计，以及教育培养手段与养成条件的阐述，无疑是有其合理性的。前人多据“儿郎伟，抛梁东，人笑家山蕙帐空，老大读书无用处，且将耕获教儿童”，认为元好问重视实用，主张儿童耕获之艺。元好问没有将教育仅仅从属于实用，也不只是把教育作为职业培养的手段，而是以教育“化民成俗”，即主张教育应该是社会发展的依托力量，这种对教育价值或性质属性的理解是颇有创意的，或许是当前合理调整教育人力资本投资程度及产业化适度关系的一剂良方，而且颇符合可持续发展的理念。

第十一章

元朝的教育经济思想

当南宋与金对峙时，北方草原上的蒙古族逐渐强大起来。1206 年，成吉思汗建立蒙古政权，1234 年灭金后挥师南下。1260 年，忽必烈即蒙古国大汗位，年号先后有中统、至元，1271 年正式改国号为“大元”，年号未改。忽必烈先以开平府（今内蒙古正蓝旗境内）为都城，1279 年灭南宋，定都于大都（今北京市），建立了“北逾阴山，西极流沙，东尽辽左，南越海表”这样疆域辽阔的元帝国，较之汉唐盛世，领土更加广阔。

1368 年，朱元璋部下徐达和常遇春率军攻入大都，元朝灭亡。

第一节 元朝的文教政策

元朝是由兴起于漠北、以游牧经济为主的蒙古族统治者建立的统一的封建王朝。元朝建立后统治中国的时间虽然不到百年，但它结束了自唐末藩镇割据以来南北对峙、多个民族政权并存的分裂和战乱局面，不仅实现了全国统一，推进了社会的稳定和经济的恢复、繁荣，而且在提倡文治、推行汉化过程中，继承和发扬了以汉族儒家文化为主体的华夏文化传统，继承、充实和发展了我国古代具有悠久历史的文化教育传统，谱写了我国古代教育史上独具特色的一章，在我国教育发展史上占有重要地位。

元朝教育是中国教育史的一个重要组成部分，但研究者较少，所能参考的资料也十分有限，有关教育经济思想的研究更是少之又少。这是教育史研究的缺憾。这里笔者尽量对仅有的历史资料、学者的研究成果进行梳理提炼，把元朝教育经济思想的相关内容、资料加以整理，以管窥全豹。

元朝虽然是我国少数民族之一的蒙古族建立的朝代，但中原地区具有深厚根基的教育传统并没有中断，反而在新的历史条件下有所嬗变。起初，蒙古统治者还未能接受长期在中国封建社会建立起的一整套文化教育制度，对汉族儒生进行杀戮或用作“驱口”，但在灭夏、灭金、灭宋的历史进程中，他们逐渐认识到利用封建文人巩固其统治的重要性。元世祖忽必烈说过：“朕惟祖宗肇造区宇，奄有四方，武功迭兴，文治多缺，五十余年于此矣。”（《元史·世祖本纪》）元世祖对蒙古政权发展状况有清醒的认识，是有元一代文教政策的奠基人。他为了有效地辖制中国广袤疆域内的各个民族，尤其是辖制具有深厚封建文化传统的汉族，同时为了学习汉族的治国之道和先进科学文化、生产技术，以增强国力，巩固政权，采取了主张文治、尊孔重儒、兴学明教、推行汉化的政策，从而缓和了元朝统治者与汉族地主阶级及知识分子的矛盾，加速了本民族封建化的进程，推动了统一多民族国家的巩固和发展。此后，元朝统治者在近百年间采取了一系列的兴教政策和兴教措施，创办了诸多学校，使元朝教育一改传统的、单一落后的教育方式，在教育领域因诸多创新和鲜明特色而独树一帜。

一、倡导尊孔崇儒、推行汉化、重用人才等兼收并蓄的教育政策，推动教育事业蓬勃发展

以少数民族身份主政的元朝统治者，采取了积极的、兼收并蓄的、不同于其他任何朝代的教育政策，形成了元朝特色鲜明的教育内容、教育形式与方法，有效保障了元朝教育的蓬勃发展。

（一）尊孔崇儒，推行汉化政策。蒙古统治者在入主中原过程中，开始接受儒学思想，并逐步确立了以尊孔崇儒为核心的文化政策。早在蒙古军队南下伐金之初，著名的契丹族政治家耶律楚材曾多次向成吉思汗阐述以儒治国的道理。他强调："制器者必用良工，守成者必用儒臣。"（《元史·耶律楚材列传》）他的见解得到蒙古族统治者的赞同。窝阔台汗曾经敕修燕京孔庙，诏令以孔子五十一代孙孔元措袭封衍圣公。元世祖忽必烈自小修文习武，深知吸收先进制度和发展教育的重要性，为了改变蒙古族"武功迭兴，文治多缺"的情况，不顾大多数蒙古贵族的反对，把尊孔崇儒作为一项国策，极力推行。他早年就曾令宗室贵胄子弟秃忽鲁、不忽木等师从许衡学儒。统一后，诏令修缮孔庙，规定孔庙祭祀礼仪与帝王相等，通过祭孔加强儒学的社会教化作用。元武宗则加封孔子为"大成至圣文宣王"，盛赞孔子为"万世师表"，使其美誉达到无以复加的程度。并积极推崇忠孝等儒家道德，令中书右丞孛罗铁木儿用蒙古文字译《孝经》，称赞《孝经》"乃孔子之微言，自王公达于庶民，皆当由是而行"（《元史·武宗本纪》）。他还率先研读儒家经典，兴办学校，传播儒学，重用儒士，在他的大力倡导下，儒家文化的社会地位进一步提高，尊孔崇儒的立国之策得以确立。到元仁宗时，正式确立了程朱理学的官学地位。

此外，元朝的"高丽贡女"现象也对蒙古族接受儒学思想起到了特殊作用。先后有大批高丽女子被进献到元朝宫廷，这种"高丽贡女"制度延续了百年之久，其比较深厚的儒学观念对蒙古贵族的影响不言而喻。

元朝采取尊孔崇儒的政策，不仅缓和了社会矛盾，增进了民族团结，而且促进了游牧文化和农耕文化的融合与发展，奠定了元朝教育发展的政策基础。

（二）兼收并蓄，多民族教育并举的政策。随着统治地位的确立，蒙古族的教育主体地位也得以确立，在首次成为一个泱泱大国的教育主体民族后，蒙古族在主动

吸收汉文化、继承和发展汉文化教育的同时，也积极发展本民族以及回族等少数民族的教育。辽、金、元之前，我国的学校教育多集中在中原以南，基本都是汉族人办学并进行汉文化教育。到了元朝，统治者重视学校教育尤其是民族教育，为了鼓励人们到学校学习，元朝在中国历史上首次专门设立“儒户”阶层，并规定“愿充生徒者，许免一身杂役”（《续文献通考·学校考》）。

在积极、宽松的教育政策鼓励下，元朝从中央到地方兴办了大量学校，这些学校多数是汉族学校，但也有一定数量的少数民族学校。为了培养少数民族人才，元朝设立了用蒙古语授课的学校，相继成立了两级（大学、小学）、两类（中央、地方）少数民族官学及多种形式的私学，学习本民族的语言文字和传统文化，同时也招收汉族学生学习蒙古语，使蒙古族的文化通过制度化的教育得到更有效的传承。

（三）积极推行重用各族各类人才的政策。元世祖忽必烈以武功定天下之际，就责令属下在战俘中寻求“儒、道、释、医、卜、酒工、乐人”等有一技之长者，以备重用，求得了许衡等名儒。他即位后，更是不拘国别民族，广揽天下英才。元仁宗、元文宗也都不拘一格任用人才，一时名士云集：佛、道兼知的军政大员、水利专家刘秉忠，著有《湛然居士文集》的契丹族学者、政治家、教育家耶律楚材，著名的理学家、教育家许衡、吴澄，著有《彰所知论》的来自吐蕃的国师八思巴，制定“五户丝制”、进献《万年历》并制作了“西域仪象”的天文学家、波斯人扎马鲁丁，研究蒙古语语法的畏兀儿国师搠思吉斡节儿，天文学家郭守敬，数学家李冶，文学家虞集、姚燧……不同民族、不同身份的众多英杰皆为元朝所用，对元朝政治、经济、文化、教育等的发展产生了积极作用。

（四）创制蒙古文字，推广蒙古字学教育的政策。元世祖忽必烈深知文字对于一个民族的重要性，托付国师八思巴创制蒙古新字，并于至元六年（1269）二月，诏令颁行新制的蒙古字。诏书中说：“朕惟字以书言，言以纪事，此古今之通制。我国家肇基朔方，俗尚简古，未遑制作，凡施用文字，因用汉楷及畏吾字，以达本朝之言。考诸辽、金，以及遐方诸国，例各有字，今文治浸兴，而字书有阙，于一代制度，实为未备。故特命国师八思巴创蒙古新字，译写一切文字，期于顺言达事而已。自今以往，凡有玺书颁降者，并用蒙古新字，仍各以其国字副之。”（《元史·释老列传》）

为了推广蒙古语言文字的教学，元朝于至元六年（1269）设诸路蒙古字学，鼓励学习蒙古文字。第二年又在京师设蒙古国子学，把用蒙语翻译汉语经史典籍列为基础课。五年后，又创建了蒙古翰林院。至元二十六年（1289），还设立了回回国子学。蒙古国子学与回回国子学是与国子学并立的中央官学。前者学习蒙古文，后者学习亦思替非文字（即波斯文），这些学校均属首创。

二、采取一系列措施建立较为系统的学校教育制度，不仅推动了传统教育的发展，而且创造了蒙古族教育的奇迹

成吉思汗统一蒙古各部建立蒙古汗国后，命西域俘虏塔塔统阿教太子和诸王用畏兀儿文字书写蒙古语。窝阔台曾为蒙古大臣子孙在燕京、平阳设置了两所学校，可以说这是蒙古族历史上最早的学校。

忽必烈统一全国以后，采取了积极的教育政策，元朝统治者逐步建立了较为系统的学校教育制度，教育空前活跃，且大为普及，不仅推动了传统教育的发展，而且创造了蒙古族教育的奇迹。

元朝陆续设立了中央官学、地方官学、书院、私学、庙学等各级各类学校，州县学校的数量最高时达到24400余所，书院400余所。“元世学校之盛，远被遐荒，亦自昔所未有。”（《元史纪事本末·科举学校之制》）可知当时学校分布之广与数量之多，元朝大众教育的普及程度的确超过了前代，人才培养也出现了多样化的特点。

我们这里重点探讨当时的主体民族蒙古族学校的教育情况。蒙古族的学校教育类型主要有宫廷教育、端本堂教育；中央蒙古官学为蒙古国子学、国子学、回回国子学；地方蒙古官学为诸路蒙古字学、儒学等。此外也有私学。

（一）带有民族特色的元朝宫廷教育。所谓宫廷教育，主要指蒙古最高统治者及皇室成员的教育。这种教育主要包括帝王教育和皇子教育。

由经筵讲官主持的元朝帝王教育形式——经筵则是元朝统治者为研读经传史鉴而特设的御前讲席。皇帝的学习及教育，主要由经筵讲官们负责实施。奎章阁具体负责经筵官的选拔、任用和管理等工作。经筵官们主要承担两种特殊任务：一是向皇帝授课，给皇帝陈述祖宗遗训及经史格言，以揭示治国之道，以养君德；二是以典籍古训为鉴、联系实际向皇帝进言。经筵官所用的教材是《资治通鉴》《贞观政

要》《帝范》《孝经》《大学衍义》《皇图大训》及“四书”“五经”等，其中也有一部分蒙文翻译教材。由于经筵官们的授课对象是皇帝，所以他们的教学具有一定的灵活性，而且时间、地点也不确定。但是有一点是肯定的，那就是元朝不少皇帝，学习态度非常积极，他们会主动地邀请经筵官，或者在马背上，或者在皇宫里，与他们共同探讨经传史鉴或军国大事，这对于元朝帝王学习和积累统治经验，提高统治者的政治、文化素养大有裨益。

端本堂的皇太子“多语教学”——皇太子的端本堂教育，也叫作东宫教育，它是元朝宫廷教育的一个重要组成部分，也是早期蒙古族学校教育的雏形之一。端本堂为皇太子学宫，内设太子太师、少师、太傅、少傅、太保、少保及宾客、左右谕德、赞善、庶子、洗马、率更令丞、司经令丞、文学、通事舍人、校书、正字等学官。此外，詹事院、徽政院、储政院等机构与皇太子的教育也有密切联系。端本堂聘请高质量的师儒，向皇太子传授治国安民所需的各类知识，为其日后的即位主政打下基础。其讲授的教材主要有《资治通鉴》《贞观政要》《帝范》《世祖圣训》《皇图大训》《论语》《孟子》《孝经》《大学衍义》《尚书》等。此外，个别师儒还为皇太子编写了《端本堂经训要义》《大宝龟鉴》《承华事略》等读物，以开阔其视野。

元朝端本堂教育的特色在于实施“多语教学”，皇太子一方面向蒙古师儒学习畏兀儿字和八思巴字，另一方面也向汉族师儒学习汉语汉文，还跟随帝师学习藏语，为蒙古族接受多元文化开辟了一条语言教育通道。

（二）培养高端人才的中央蒙古官学。中央蒙古官学是元朝统治者在大都（今北京）为蒙古族官员子弟创办的“国家级”高等学校。国子学的创办受到元朝统治者的高度重视。元仁宗曾对属下说：“国子学，世祖皇帝深所注意，如平章不忽木等皆蒙古人，而教以成材。朕今亲定国子生额为三百人，仍增陪堂生二十人，通一经者，以次补伴读，著为定式。”（《元史·仁宗本纪》）元朝中央官学中除传统的国子学外，新增了蒙古国子学和回回国子学，是较早的少数民族高等学校，蒙古官员子弟可以在其中任何一所国子学就读。国子学为元朝培养了大批人才。

蒙语学校——蒙古国子学。至元八年（1271），元朝政府在京师设立蒙古国子学。蒙古国子学以蒙古族生员居多，但也选取朝中汉人、色目人、南人百官的子弟入学。蒙古国子学主要用蒙语授课，以蒙古语译写的《通鉴节要》为主要教材，学习结束后，出题考试，成绩优异者，量授官职。元朝政府还在上都设立了蒙古国子学分学，其授课时间与皇帝巡幸上都的时间基本一致，其余时间都在大都上课。蒙古国子学生员数量最多时曾达400多人，其中有一定比例的庶民子弟。蒙古国子学中的教师分为蒙古司业、蒙古博士、助教、教授、学正、学录、典给、典书等职。至元十四年（1277），元朝政府还设立了蒙古国子监，蒙古国子学归其管辖。监内设祭酒、司业、监丞、令史、知印等职。蒙古国子监既是管理机构，也是教学机构，它和蒙古国子学一道为元朝政府培养了众多的蒙古族人才。

蒙古族可以就读的汉语学校——国子学。元朝政府于至元六年（1269）设立国子学。国子学以汉语授课，传授儒学文化，生员先学《孝经》《小学》《论语》《孟子》《大学》《中庸》，后学《诗》《书》《礼记》《周礼》《春秋》《易》。国子学配备的老师与蒙古国子学大同小异。国子学最初学员定额200人，后来增加到300人，其中蒙古学员占一半以上。至元初还设置了隶属于集贤院的国子监，选七品以上朝官子孙为国子监生员，三品以上官员可以举荐“俊秀”的平民子弟入学，成为伴读。因此，国子学也是蒙古族生员学习汉文化的一个主要场所。著名学者冯志、许衡等人被延请到国子学执教。

当时国子学的师儒们为了搞好教学，对生员们实行升斋等第制、私试规矩制和黜罚科条制，调动生员的学习积极性。国子学为元朝政府输送了许多合格的官吏。

最早的外国语学校——回回国子学。元朝在扩张过程中，与西域多有接触，立国后，任用和吸引了一批自西域而来的人才。至元二十六年（1289）五月，尚书省臣言：“亦思替非文字宜施于用。今翰林院益福的哈鲁丁能通其字学。乞授以学士之职，凡公卿大夫与夫富民之子，皆依汉人入学之制，日肄习之。”（《元史·选举志》）朝廷采纳此议，在这年八月设置了回回国子学。元仁宗延祐元年（1314）四月，又设置回回国子监。回回国子学中用较正规的办法，训练通晓亦思替非文和阿拉伯文的翻译人才，这是我国古代教育史上的一件新鲜事，也是我国最早有组织地进行的外语教育活动。有相当一部分蒙古族儿童在回回国子学就读，其也属于蒙古族教育范畴。

回回国子学是中国教育史上最早建立的一所外国语学校，这与元朝政府的对外贸易有关，因为亦思替非文字是波斯创造的一种主要用以书写财务税收等经济内容的文字，所以颇具实用性。

（三）为数众多的地方蒙古官学。元朝的地方官学有路学、府学、州学、县学及诸路小学，这些都是普通学校，此外还有诸路医学、诸路蒙古字学、诸路阴阳学等专业学校。地方官学非常普遍，据《元史·世祖本纪》记载：至元二十四年（1287），“诸路学校凡二万一百六十六所”。具有蒙古特色的地方官学，主要有诸路蒙古字学及部分儒学和医学。

遍布全国的诸路蒙古字学。至元六年（1269）二月，元世祖忽必烈颁行新创制的蒙古文字后，为了推广蒙古新字，元朝政府于同年八月下令，在全国各地包括汉地广泛设立诸路蒙古字学，主要招收“诸路府官员子弟”及“民间子弟”，由蒙古学正、蒙古字学教授传授蒙古语，以《帝范》《贞观政要》《通鉴节要》及“四书”“五经”的蒙译本或节要本作为教材。学校还兼授算学。学习合格者出任译史、令史、通事、蒙古书写等职。为加强对蒙古字学的管理，还设立了蒙古翰林院、蒙古提举学校官、肃政廉访司等相应的蒙古字学研究、管理机构，为蒙古新字的推广和蒙汉文化的交流做出了贡献。蒙古字学的规模和影响非常大，据统计，当时仅蒙古字学教授就有921名，如果把蒙古字学的其他师儒和管理人员加在一起，其数字更为庞大。

可供蒙古族学生自主选择的各类地方官学十分普遍，包括各地的路学、府学、州学、县学、社学、阴阳学、医学等各级各类官学，就连各地蒙古驻军中也兴办学校。

元朝地方官学中，最有特色的是社学、医学、阴阳学。社学是元世祖创造的一种极为普及的教育形式。据《新元史·食货志》记载，朝廷颁布立社法令，其中规定：“诸县所属村疃，五十家为一社，择高年晓农事者立为社长。……每社立学校一，择通晓经书者为学师，农隙使子弟入学。如学文有成者，申复官司照检。”

在地方官学中，也有少量蒙古族官员子弟或百姓子弟就学。如北方的亦集乃路、净州路、德宁路、集宁路、应昌路、全宁路等地有相当一部分蒙古人定居或游牧，其子弟可以就读于这里的地方官学。

医学、阴阳学则属于科技专业教育，都有严格的教学、选拔规定。元朝官方医学教育也受到了统治者的重视，元世祖于中统二年（1261）派太医院副使到诸路设立医学，随后，各州县也相继设立了医学。为了提高医疗质量，防止庸医害人，元世祖至元九年（1272）诏置医学提举司，负责掌管各路医生资格考试、在职医官考核、医务人员培训等工作。医生资格考试每三年一次，凡考试合格者可录用为医官。若太医院不严格考试，而放纵行医者，一律交监察御史廉访司处置。私人医学传授活动也十分活跃，这对元朝官方医学教育起到很好的补充作用。

（四）书院、庙学、私学等“杂学”相辅。在元朝统一前后，忽必烈曾多次颁布法令保护书院和庙学，后来又将书院等视为官学，书院山长也定为学官，部分书院山长由朝廷派人担任，按期发放俸禄，因此元朝书院盛行。据《日下旧闻考》记载：“书院之设，莫盛于元，设山长以主之，给廪饩以养之，几遍天下。”据统计，元代共新建书院143所，复兴书院65所，改建书院19所，共227所，特别是在北方建立了书院，改变了南宋仅南方有书院的格局。有学者认为，儒家文化之不绝于金戈铁马的元朝，理学之传于北方，主要功劳应当归于书院。元朝的书院中也有一部分蒙古官员子弟，个别书院里还开设过蒙古语课，书院教育与蒙古族教育有着密切的联系。

元朝继承了两宋以来的庙学合一制度。庙学有广义、狭义之分，广义庙学指各级各类儒学，元代著作《庙学典礼》中的庙学即为广义；狭义庙学专指在孔庙进行的儒学教育，这是一种不定期的儒学宣讲仪式，祭祀、讲书是教学活动的重要内容之一。元朝庙学祭祀包括春秋丁祭、朔望祭祀及殿谒等内容，还包括地方举行的乡饮酒礼等。元朝庙学比较普遍，对于儒学的推行起了不小的作用。

元朝私学也很活跃，包括家学、私塾和游学等形式。元朝著名学者耶律楚材、许谦、孙辙等人就得益于家学。元朝书籍中多有关于私人办学的记载，私塾教师多为德高望重之人，学生慕名而投，有的私塾“受业者常数百人，后多为名士”（《元史·王磐列传》）。游学也是元朝比较流行的一种求学方式，元朝游学主要有到各级儒学游学、到国子学游学、民间拜师游学及到地方书院和义塾游学等方式。元朝游学的盛行，是当时的客观环境、元朝儒士的处境及元朝教育的特点等多种因素作用的结果。从教育发展的角度来看，游学有利于弥补元朝教育发展不平衡所造成的不足。

在空前大一统的条件下，元朝教育机构扩展到地方基层社会组织，以及以前教育从未涉足的边疆和军队驻地等处。学校教育逐步形成制度，并体现出大众教育的特点，不仅更能适应社会各方面的需求，同时也培养出不少蒙古族人才，涌现出一批蒙古族举人、进士，对提高民族文化素质做出了重要贡献。

三、实行向少数民族倾斜的科举考试制度，刺激了蒙古族子弟求学入仕的愿望，加强了各民族间的文化交流

元朝前期对科举考试不很重视，窝阔台九年（1237）实行过一次规模较大的汉人科举考试后，科举考试曾中断了半个多世纪。元朝的蒙古人真正参加科举考试是从元仁宗延祐二年（1315）开始，一直延续到元末。

元朝政府在科举考试中，对各色人等实行“双轨制”，即蒙古人、色目人为右榜，汉人、南人为左榜。蒙古人、色目人可以参加汉人、南人的左榜考试，但是汉人、南人不得参加蒙古、色目人的右榜考试。如果蒙古人、色目人参加汉人、南人的考试，中选者加一等注授，以此鼓励蒙古人、色目人在左榜进士的考试中施展自己的聪明才智。这是蒙古统治者在汉化过程中注重培养本民族人才的一个重大举措，并取得了一定的效果。

按规定，元朝蒙古人的科举考试每三年举行一次。乡试、会试、殿试分别考两场，汉人、南人则要考三场。与汉人、南人的考试相比，蒙古人、色目人的考试范围略微小一些，考试次数少一些。但是，两榜进士的考试内容都是儒家经典、对策文章，没有实质性的差异。蒙古人的录取名额分配到全国各地，及第率是相当高的，这一点汉人、南人无法与之相比。蒙古、色目学官和汉人出身的学官待遇也不相同，蒙古字学教授比儒学教授高一等。不过元朝统治者所组织的科举考试非常严密，蒙古进士也有较高的水平。

元朝的科举考试虽然存在一定弊端，但通过科举选拔了一批文化素质较高的官员，加强了各民族间的文化交流，推动了官学和私学的发展，刺激了本民族子弟求学入仕的愿望，因此对于巩固其封建统治起到了积极作用。

总之，元朝的教育政策、学校教育制度、科举考试制度以及文化教育交流等方面，都有很多创新举措，在教育内容的交融、教育对象的扩展、教育走向大众、教育机构广泛分布、教育形式灵活多样、培养多样化人才等方面，都具有鲜明的特点，显示了元朝的蒙古族在教育方面的不俗作为。

第二节 多元化的民族教育和职业技术教育

元朝统治者经过多年征战，建立了统一的多民族封建国家。在幅员辽阔的疆域内，居住着处于不同社会发展阶段的许多民族，他们的生产力发展水平和文化教育、科学技术发展状况是迥然有别的。元朝统治者在征服西夏、金、南宋、大理等政权，统一中国的历史进程中，必然要受到这些文化的影响，而以具有完备的封建文化传统的汉族为主构成的南宋政权，其社会制度、文化传统、科学技术、机构设置、政令措施等，对元朝更是产生了深刻而广泛的影响。元朝统治者充分认识到，要维护统治，必须以恢复生产、复苏经济、巩固政权、维护稳定为目的，所以在教育制度和政策上，就与宋代有着直接或间接的承袭关系，其根本目的就是恢复和发展生产，维护国家统一。但由于元朝的社会实际情况已发生了很大变化，其教育又有着自己的鲜明特色。

元朝教育的发展以实用为目的，一切传统、礼教都可以突破。例如中国历史上的官吏制度，一直继承和沿袭封建时代的士庶之分，官员多出身于中上阶层家庭，吏即办事人员，多来自基层百姓。而元朝的特殊情况在于汉族官员不完全通晓蒙古语言文字，而蒙古及色目官员又往往不通汉语，这就导致了不同民族官员间的沟通障碍，影响了正常的行政效率。于是元朝在大多数官府中增设了译史和通事，这些吏的来源“杂而多端”，可以由本地“耆老上户”推举，也可以是出身于学校，也有被征召的隐士，甚至有捕盗叙功者。

从窝阔台时期开始，起用士人就偏重实用，有亡金高官、名士、遗老、下级官吏，还有普通士人。此时，儒士并非以其具备的传统社会功能辅治天下，而仅仅被看作管理簿书、书写文案的专业人才，以往处于社会支配地位的士大夫集团由此衰落。蒙古国子学、蒙古字学及回回国子学的设置，旨在培养语文及通译人才，使教育内容出现了多样化和功用化倾向，吏学教育、医学教育、蒙古字学教育等实用教育，比以前有了较快的发展，这些职能之前通常是由儒士所鄙视的阶层完成的。

元朝以儒任吏，最根本的原因固然是因蒙古以少数民族统治中原，需要将统治权紧紧地控制在自己手中，仅仅需要一些从事辅助性事务的刀笔吏。另外，由于蒙古灭金后，中原地区政务繁多，也需要干练之才而非空谈义理的儒生处理庶事。由于大部分儒士失去了做官的机会，或去富豪大户的家塾执教，或受聘于民间社学、义塾、书院以求温饱，因此，处于元朝社会中下层的儒士，成为元朝基层启蒙教育的主要力量。这种情况不仅使元朝教育对象的数量和范围扩大，也使元朝儒学教育更加广泛地深入基层社会，促进了传统精英文化向基层社会的扩散。因此，元朝的儒学教育在中国古代精英教育向大众教育的转化过程中，迈出了重要的一步，对提高整个民族的文化素质产生了一定的影响。

国子学的授业也体现了实用功能，表现为匠艺兼授。《通谕受学弟子员》诏中说："习汉人文书之外，兼谙匠艺事，及药材所用，彩色所出，地理州郡所纪，下至酒醴、曲蘖、水银之造，饮食烹饪之制，皆欲周览旁通。"在汉人传统价值观中，匠艺乃属末流，不能成为精英教育的一部分。而元朝国子学传授匠艺，则反映出蒙古人对匠艺的重视，推崇实用。值得注意的是，元朝在地方书院的科目设置上也颇具特色，比如历山书院设有医科，博山书院设有数学、书学，鄱江书院设有蒙古字学，皆体现出注重实用的时代特点。

国子学授业的实用性功能，促使地方上力图培养儒、吏兼通的官员，加强了吏学的渗入，建立了岁贡制度。每年秋季按察司官员和学官一同对新生进行考试，选择"学业有成，名近上者"为"系籍儒生"，次年由司、路官员会同本校学官再次对其进行考核，选拔"行义修明，文笔优赡，深通经史，晓达时务，可以从政者，保申本路官司，再行体覆相同，然后解贡"(《元典章·吏部六·儒吏》)，或命为学官，或录为六部令史。元贞年间还通过国子学的积分法考核江南学子，也强调上贡儒生要"洞达经史，通晓吏事"，甚至有元人编写的《习吏幼学指南》一书大为流传。吏业教育的发展，促使学风转而务实化、功用化。

元朝统治者在实践中认识到，为了维护元朝的统治，不仅需要认真总结吸收南宋先进的文化教育政策，还必须培养大批各行各业的实用性人才。正是由于统治者对匠艺的重视并推崇实用主义的指导思想，教育与生产生活的关系在元朝变得愈加密切。所以，元朝各级各类学校在学制、课程设置上，不仅具有地方特色、民族特色，而且具有明显的职业教育特点。

中央的专科学校为司天台和太史院。中统元年（1260），设司天台“掌凡历象之事”，分天文、三式、测验、算历、漏刻等科，设教授、提学、学正各 2 人，天文生员 75 人。据《元史》载，至元十五年（1278），设太史院“掌天文历数之事”，内有教授、学正各 1 人，星历生 44 人。司天台和太史院皆掌管研习国家天文历算，但两者分工明确，“颁历之政归院，学校之设隶台”，司天台侧重于教育。

元朝的地方官学，开设具有专业划分及民族特色的蒙古字学和医学、阴阳学。诸路蒙古字学创设于至元六年（1269），招收诸路府州官员子弟及民间子弟，普及八思巴所创的“蒙古新字”。至元十九年（1282），将蒙古字学推广到州县，各置教授，以蒙古文《通鉴节要》《蒙古字百家姓》《蒙古字韵》等为教学内容。生员不限民族，数额上规定上路官员子弟 2 人，民间子弟 30 人；下路官员子弟 2 人，民间子弟 20 人。府州生员的数额在大德四年（1300）规定散府 20 人，上中州 15 人，下州 10 人。生员成年后可以通过考试担任学官和译史，以示对他们的重视和鼓励。命有司割地充作学田，为学官、生员提供俸禄和廪给。生员学成后若通过翰林考试，可授“学官译史”。诸路蒙古字学和蒙古国子学都是“国字”教学，都以蒙文译写的《通鉴节要》为教材，两者的学生来源大致相同，蒙古人、色目人、汉官子弟和民间子弟，都有前来学习的。该校的设置虽有普及蒙古文之意，但同时也有培养译史的作用。元朝与西域诸国交流频繁，除了蒙古字外，还提倡亦思替非文的学习，设有专门的亦思替非文字博士。

诸路医学创始于世祖中统三年（1262），直属太医院，建有医户制度，享有免除差役的权利。在诸路设置医学，置教授 1 人，至元二十二年（1285）将医学推广到州县，制定了“医学格例”，正式规定路医设教授、学正各 1 人，州医设学正 1 人，县医设教谕 1 人。学习内容以《本草》《素问》《难经》和仲景、叔和脉诀之类的医经文字为主，研习十三科（大方脉、小方脉、杂医科、风科、产科、眼科、咽喉科、口齿科、针灸科、正骨科、金疮肿科、祝由科、禁科），但也必须通“四书”，不通“四书”者不得行医。医学教官在医学创立之初采取“保举制”，即由各地保举名医，其经地方守官任命后成为医官，享有免除部分杂役的优惠待遇，以便于在短期内获得足够的医教人员，从而保证医学的顺利发展。

为了督促学生成才，元世祖还注意考核医学生员的平日成绩，方法是当医学生员学有所成时，每月考察各类疑难杂症，以成绩的优劣作为奖罚依据。同时又命各道按察司检察医学生员，每年出十三科题目，让医学生员每月研习医义医道，年终考查优劣。太医院也制定了考查医学生的方法，由中书省议行，颁行医学教官处罚条例，规定凡有医学生员不“坐斋肄业”和“有名无实”者，对教授、学正、学录罚其俸禄，以正学风。元朝对医学教师的管理制度日渐完善，至元九年（1272），正式在太医院下设立医学提举司，行省和诸路设官医提举司，设提举、副提举各一员，“掌考较诸路医生课义，试验太医教官，校勘名医撰述文字，辨验药材，训诲太医子弟”（《元史·百官志》），专门负责考核各地医学生和教官，成为全国医学事务的专管机构。

由于征战需要和迷信传统，元人十分重视天文、占卜、历数等阴阳知识，通晓阴阳之士往往随军出战，推测天气，占卜吉凶，因而对此方面人才的需求还是很大的。诸路阴阳学创设于至元二十八年（1291），隶属司天台，是培养训练天文、历算方面的人才的专门学校。按照儒学、医学的教学方法，每路都设有教授掌管教学，“其有术数精通者，每岁录呈省府赴都试验”。学习内容有天文、术数、测验、漏刻、阴阳、司辰等科，学有成就者可在司天台就职。延祐初年，又按照儒、医的学例在府州各设教授一人，阴阳教授由公众推选，再出题考核，经廉访司复核后呈集贤院定夺。学生来源则为阴阳户及其子弟，元贞元年（1295），将学习内容定为占算、三命、五星、周易、数学、入宅通真论等。阴阳学的创设对后世影响深远，并为明代所继承。

元朝之所以在地方诸路普设蒙古字学、医学和阴阳学，既是军事、对外贸易和农业上的需要，也是统治者本身利益之所在。非儒学学校的兴盛，表明了元朝统治者的草原本位政策及其对知识精英的态度。儒学在元朝务实少文的风俗习尚和多民族交融的政治形势下，未能取得以往朝代中的独尊地位，早期设立学校的诏令多是因许衡等大儒的号召，其目的是为国家培养、储备人才，儒学内涵并非核心。然而，国家诏令毕竟在客观上为知识的普及创造了条件，亦为沦落的精英提供了安身之所，对于理学的推广、知识的普及均有极大的推动作用。

民间办学的兴起使一般民众获得了接受知识的机会，而士人亦在维持生计的同时部分地实现了“教以化之”的传统职能。元朝按职业需要分设学校、培养人才的政策措施，已经显现出职业教育的特点和各类职业教育百花齐放的现象，充分反映出兼容、实用的文化特色，这是中国古代教育的一大进步。

第三节　元朝教育家的教育经济思想

元世祖忽必烈和元初杰出的政治家、思想家耶律楚材，是元朝文教政策的奠基人，对元朝教育事业的繁荣和发展起到了至为关键的作用。

元朝是一个特殊的朝代，北方蒙古族入主中原后，在如何使先进的中原文化为蒙古统治者服务这一问题上，统治集团内部存在着极大分歧。在其他各章中，我们展现的都是教育家们的教育经济思想，元朝部分本当如此。但是，在蒙古统治者们接受传统的汉文化的艰难过程中，有一位特殊人物不能不说，他就是耶律楚材。他不是教育家，而是杰出的政治家、思想家，汉文化被蒙古贵族和统治者们所接受，他功不可没。耶律楚材作为契丹皇族的后裔，随父辈一直生活在燕京，所以很早便接受了汉文化，接受了汉文化占据绝对统治地位的现实。他认为，蒙古统治者要维护国家统一和政权稳固，必须用先进的汉文化统一思想、治理国家。耶律楚材因本人的身份与蒙古统治者维护统治的需要，在维护政权稳固、形成教育思想、培养人方面发挥了重要作用。他作为蒙古政权的重臣，主要成就并不只是在教育方面。他重视教育，实施开明的文化教育政策，只是其卓越不凡政治活动的一个组成部分。但正是在他的思想的影响下，蒙古统治者做出了正确的选择，也正是他的思想影响使一大批教育家融入元朝社会。在元朝教育理论和教育实践方面做出重大贡献的，还有许衡、吴澄、程端礼、郑玉等人。所以，在这里，也把耶律楚材对元朝的影响过程和相关思想作一简述。

一、耶律楚材作为宋元之际杰出的政治家、思想家，是元朝文教政策的奠基人，对元朝教育事业的繁荣和发展起到了至为关键的作用

宋元之际是一个民族纷争的时期。蒙古政权的兴起使中原文化又一次与其他文化发生了碰撞。蒙古族作为一个草原游牧民族，以金戈铁马征服各国之后，其本来

的制度与文化能够使一个地跨欧亚、包括各种文化的庞大帝国正常运行吗？在逐步扩张与统治中，蒙古统治者逐渐明白只有适应各个不同统治区域的风俗与文化，才能维护政权稳定、巩固统治。在这个庞大帝国内部，有很多民族，也有多种统治方式。对于中原文化来说，情况则有所不同。他们很重视中原地区，这块土地可以供应其所需要的而其本身又制造不出来的东西，并且由于长期的交往，中原在他们的心目中有着不可替代的位置，这就是为什么蒙古把统治的重心放在中原而不是其他汗国。但这也并不意味着蒙古人会主动并且全面接受汉文化。

首先是因为两个民族的文化背景差异太大，汉族是个典型的农耕民族，而蒙古族是个典型的游牧民族，如果蒙古族要自觉接受外族文化的话，一般会选择与他们自身有很多相通之处的文化因素，比如推崇喇嘛教、大量吸收色目人的文化；蒙古统治者又是以征服者的身份统治中原的，他们深深地以自己的文化为荣，这是一种胜利者的心态，加之其统治者实行等级制度，在这个等级中，汉人和南人处于最下层。如果推崇儒家文化的话，那么南人和汉人的地位就会不可避免地得到提高，面对这个矛盾，蒙古统治者有意识地采用汉制，但一定程度上又把它当作权宜之计。

但历史有它的必然性，在文化上蒙古统治者又不可避免地要被中原文化所影响，这就使得蒙古统治者在历史进程中渐渐有了汉化的倾向与发展。与辽、金、西夏相比，蒙古贵族的汉化程度显然并不深，并且其汉化道路实在是曲折而又艰难的，特别是在元朝时期。在这期间，耶律楚材对蒙古族的汉化做出了突出贡献，也为忽必烈及其后代具有汉化性质的政策的推行，打下了坚实的基础。

耶律楚材是契丹皇族后裔，辽朝东丹王耶律倍八世孙。耶律倍是契丹皇族中最早接受汉文化的人之一，他治理东丹，一概采用汉法。他对中原文化十分推崇，有深厚的汉学功底，契丹贵族内部动乱时他逃到中原度过了其后半生。他的后代有一段时间也是在中原生活的，后来才辗转回到辽地，但汉学的影响一直在这个家族延续下来。自耶律楚材祖父起，他们家族世代为金朝的高官显贵，常居燕京。当时燕京是北方封建社会的经济文化中心，这里有深厚的汉文化基础。这使得耶律氏世代受到汉文化熏陶，形成了读书知礼的家风。耶律楚材从小就受到儒家思想的熏陶，他的理想是按照儒家学说来治理天下。

耶律楚材还曾师从佛教禅宗的曹洞宗宗师行秀，受到佛法影响。王国维在《耶律文正公年谱·余记》中评价说，耶律楚材“虽洞达佛理，而其性格实与儒家近。其毅然以天下生民为己任，古之士大夫学佛者，绝未见有此种气象”。他的一生在思想上深受佛教影响，在行动上又遵循儒家的济世安民之道。他自己说：“以吾夫子之道治天下，以吾佛之教治一心，天下之能事毕矣。”（《西游录》）这使得他的思想另有一番特色：他虽崇尚汉文化，但在他看来，没有什么“华夷之分”和“华夷之防”。

耶律楚材为了保持汉文化并使蒙古族上层接受汉文化，利用蒙古贵族的实用主义思想，名为因俗而治之，实则是从保护和任用儒才、传播儒家礼教方面入手。

蒙古统治者征服了中原地区后，面临着一个重要的问题：该如何治理这个文化繁荣的地区？耶律楚材上奏说：“天下虽得之马上，不可以马上治。”（《湛然居士文集·中书令耶律公神道碑》）他深知要统治中原非用中原的制度不可，而熟知汉族统治之道的是中原的儒士。于是，他在得势之时，大力保护儒士并引荐他们进入仕途。1230 年，耶律楚材在中原辖区设十路，每路都任命正副课税使，皆由儒士担任。这是蒙古统治者大批任用汉人之始。

在蒙古灭金和征伐南宋时，许多名士如元好问、赵复、窦默、王磐等人都被保护并被起用，这对于北方学风的兴盛有很大影响。1237 年，随着金朝的灭亡、统治地域的扩大，统治者需要大量的人才来治国。耶律楚材上奏说：“制器者必用良工，守成者必用儒臣。儒臣之事业，非积数十年，殆未易成也。”（《元史·耶律楚材列传》）窝阔台听从了他的意见，“乃命宣德州宣课使刘中随郡考试，以经义、辞赋、论分为三科，儒人被俘为奴者，亦令就试，其主匿弗遣者死。得士凡四千三十人，免为奴者四之一”（《元史·耶律楚材列传》）。这次选中的许多人才，如杨奂、张文谦、赵良弼、董文用等，他们后来都成为忽必烈时代的名臣，为推动蒙古统治者的汉化做出了巨大贡献。这次考试，使大批儒士得到身份提高和课役上的优待，在文化、教育、政治、经济各领域都发挥了重要作用。

在文教政策上，耶律楚材通过尊孔教、兴儒学、开科举，保存文献、编撰史书等方式，开蒙古文治之风，为中原文化的恢复和进一步发展做出了巨大贡献，受到后人敬仰。

首先，在蒙古统治阶级内部推行儒家的一套礼仪制度。窝阔台继承汗位时，“公定册立仪礼，皇族尊长皆令就班列拜。尊长之有拜礼盖自此始”（《湛然居士文集·中书令耶律公神道碑》）。他一步步地把中原的风俗习惯推行到蒙古。此外，耶律楚材还效仿中原王朝皇帝新立即大赦天下的方法，劝窝阔台“陛下新即位，宜宥之”（《元史·耶律楚材列传》），赦免了许多人的死刑。

其次，尊孔教，兴儒学，建议开科取士。早在汴梁还未攻下时，他就命人到汴梁城寻找孔子的第五十一代孙孔元措，将其封为“衍圣公”，并下令“收拾散亡礼乐人等”（《湛然居士文集·中书令耶律公神道碑》），找到当时的许多著名儒士如梁陟等，使他们归附蒙古朝廷，为重开儒家文治打好基础，“国朝之用文臣，盖自公发之”（《湛然居士文集·中书令耶律公神道碑》）。为了重启文治，耶律楚材建议朝廷开科取士，“以经义、词赋、论分为三科”，而且还命令“儒人被俘为奴者，亦令就试，其主匿弗遣者死”。这一次的科举取士，共取儒士四千多人，效果是比较明显的，但由于得不到统治阶级的大力支持，科举考试只进行了一次就作罢，没有能够继续下去。

最后，重视搜集、保存图书经籍和历史文献，开史馆，修史书。1226年冬（成吉思汗二十一年），蒙古军队攻下灵武，“诸将争掠子女财币。公独取书数部、大黄两驼而已”（《湛然居士文集·中书令耶律公神道碑》）。此后一年，他又奉监国拖雷的诏命，前往燕京搜索经籍，“丁亥之冬，予奉诏搜索经籍，驰传来京”（《湛然居士文集·燕京崇寿禅院故圆通大师朗公碑铭》）。耶律楚材去世后，有人谣传“公为相二十年，天下贡奉，皆入私门”。当时当政的乃马真皇后命令大臣麻里扎到耶律楚材家搜查，结果“唯名琴数张，金石遗文数百卷而已”（《湛然居士文集·中书令耶律公神道碑》）。由于耶律楚材在搜集图书文献方面所做的努力，许多重要的图书文献被保存下来，尤其是关于辽史方面的资料。据元人苏天爵说：“辽人之书，有耶律俨《实录》，故中书令耶律楚材所藏，天历间进入奎章阁。”（《滋溪文稿》）这对元人修《辽史》做出了重大贡献，也使后人受益良多。此外，耶律楚材还重视史书的编撰，在燕京设立编修所，在平阳设立经籍所，由众儒士充当文官，以开文治。这件事除《中书令耶律公神道碑》中有记载外，《元史·太宗本纪》中也有记载：“耶律楚材请立编修所于燕京、经籍所于平阳，编集经史，召儒士梁陟充长官，以王万庆、赵著副之。”对于中原传统文化的保护和恢复，耶律楚材做出了巨大努力，使中原的儒家文化不至于散佚。

在蒙古统治者初入中原，“国家承大乱之后，天纲绝、地轴折、人理灭”（《湛然居士文集·中书令耶律公神道碑》）之际，耶律楚材“毅然以天下生民为己任”（《湛然居士文集·耶律文正公年谱余记》），在“以儒治国”思想指导下，“谏革初制之苛猛，苏息民物之疮痍……振兴儒教，进用士人，以救偏任武夫及色目种人之弊……”（《湛然居士文集后序》），对社会的安定、百姓的安居乐业做出了巨大贡献。虽然他所施行的政策由于强大的反对势力的影响，“其见于设施者十不能二三”，但是“天下之人，固已钧受其赐矣！若此时非公，则人之类又不知其何如耳”（《湛然居士文集·中书令耶律公神道碑》）。王国维也感叹道：“加以蒙古入主中夏，武人专横，其君臣又绝不知有治民之术，若此时无文正之类，正有不如其何如者。宋周臣之言，非门弟子之私言，乃天下之公言也。”所以，在当时耶律楚材即得到各阶层人民的爱戴，他去世时，“蒙古诸人哭之如丧其亲戚。和林为之罢市，绝音乐者数日。天下士大夫，莫不茹泣相吊”（《湛然居士文集·中书令耶律公神道碑》）。甚至边远地区“月氏殊俗、蛮荆远方，莫不仰戴其威名”（《湛然居士文集后序》）。

在蒙古向元朝过渡的创业过程中，耶律楚材功不可没。遗憾的是，在他的有生之年，他的许多建议和构想都未能得到有力贯彻和实施，而是受到贵族和包买商人的阻挠和破坏，这与当时的社会情况及政治形势是分不开的，但是耶律楚材的作为却起到了承上启下的作用。即使在元朝灭亡之后，退回蒙古草原的那些贵族们在建立政权的时候，仍然不自觉地遵循了汉制中的若干原则。

二、许衡的“治生”观把经济生活与教育密切联系起来，主张教育的价值和功能应该是培育经世致用的务实型人才，对当时经济社会产生了重大影响

许衡（1209—1281），字仲平，号鲁斋，世称“鲁斋先生”，金末元初著名理学家、教育家。自幼勤读好学，之后为避战乱，常来往于河洛之间，从姚枢得宋“二程”及朱熹著作，与姚枢及窦默相互讲习。蒙哥四年（1254），许衡应忽必烈之召出任京兆提学，授国子祭酒。至元六年（1269），奉命与徐世隆定朝仪、官制。至元八年（1271），拜集贤大学士兼国子祭酒。又领太史院事，与郭守敬修成《授时历》。许衡得到元世祖忽必烈的尊敬和重用，在推行汉法、提倡理学、发展学校教育、促

进汉蒙文化交融等方面，起到了重要的作用。至元十七年（1280），因病归怀庆休养。至元十八年（1281），许衡去世，年七十三，获赠荣禄大夫、司徒，谥号文正，后加赠正学垂宪佐运功臣、太傅、开府仪同三司、魏国公。皇庆二年（1313），从祭孔庙。著有《读易私言》《鲁斋遗书》等。

许衡一生热爱教育事业，曾一为提学，三为国子祭酒，他在辞官还乡时，仍设教授徒，学者盈门。在长期的教学实践中，许衡形成了一套独具特色的教育理念。其中，“治生”观是许衡教育思想的精华，充分体现了他务实的教育理念。许衡“治生”观的产生与其所处时代环境及所受前代思想家的影响相关，其“治生”观有着特定的内涵，并渗透在其教育理念当中。许衡的“治生”教育理念是我国古代优秀传统文化的精华，也是我国教育史上的一个伟大创造，其教育经济思想体现在“设学校、养育人才，以济天下之用”，教育的价值和功能就是培养经世致用的务实型人才，把治学与治世结合起来，对当时的政治、经济、社会都产生了巨大影响。

（一）许衡“治生”观产生的背景及内涵。任何一种思想的产生都有其特定的历史背景，许衡“治生”观的产生正是与其所处时代环境及所受前代思想家的影响相关。

首先，许衡“治生”观的提出与其生活环境有关。许衡生于战乱时代，其家“世为农”，“稍长，嗜学如饥渴。然遭世乱且贫，无书”，后经逃难之苦，“家贫躬耕，粟熟则食粟，不熟则食糠覈菜茹”（《元史·许衡列传》）。对于生于乱世、家世贫寒的许衡来说，“九儒十丐”的社会现实使他认识到经世致用之学的重要性。同时，颠沛流离的社会实践更使他深感讲实用、重生计的现实需要。所以，许衡认为治学必须从现实出发，提倡“治生”，给百姓以生路，否则，社会根本不可能安定。

其次，许衡“治生”观的提出也与当时的社会大背景有关。许衡生活在宋金对峙、蒙古兴兵中原的年代，他的青少年和成年时期，是在金朝和元朝两个不同王朝的统治下度过的，而两朝均处于封建制的形成与发展时期，生产力发展水平远远低于中原的宋朝。同时，蒙古统治者一度靠军事扩张掠夺财富，游牧业发达而农耕业十分薄弱，加上长年战乱后的农田荒芜、工商业凋零，巩固元朝政权的当务之急便是恢复经济。因此，许衡适时提出儒者求学不忘“治生”的主张，这是对当时社会恢复与发展经济的迫切需要的回应。

最后，许衡“治生”观的提出亦受战国思想家孟子“民本论”影响。他说：“天之树君，本为下民，故孟子谓‘民为重，君为轻’。”（《元史・许衡列传》）因此，理学的治国之道首先便是养民富民，使民有恒产。许衡在传播理学的过程中，始终把民生放在首位，认为为政者要以民为本、发展生产，进而通过增加财富使民安居乐业，稳定社会秩序。由此可见，许衡重农桑、厚生产的“治生”思想，正是对孟子“民本论”思想的继承和发展。

在儒学史上，许衡第一次明确提出了儒者以“治生”为先务的思想。许衡的“治生”观，是基于当时儒者的经济状况而作出的一种应对，表达的是儒者学做圣贤，首先需要解决生计问题这样一个朴素的道理。

“治生”是谋生计之意，即满足个人生存需要的经济活动。在许衡看来，“为学者治生最为先务”（《鲁斋先生集・通鉴说》）。这和传统儒家知识分子重伦理、政治而轻经济不同，许衡视经济活动为“先务”，认为“治生者，农工商贾而已”（《鲁斋先生集・通鉴说》）。当时民生凋敝，许多不愿出仕为官的汉族知识分子，大多以务农为生。许衡适时提出学者可以为农，为百工技艺，甚至商贾“亦有可为者”，为其提供了一条反传统的生计之路，而不是只靠读书做官去发财致富。另外，许衡关于“治生”可以农耕，也可以经商的思想，对儒家忽略经济、轻视商贾的传统思想是一个重大突破，这在理学家中是不多见的。作为儒学大师，他是第一个提出“治生”观的人，对促进社会发展有着重要意义。

（二）许衡教育理念中的“治生”观。许衡的教育理念有很多，对后世的贡献也很大。这里主要从其教学宗旨、教学内容、教学价值与功能三个方面，分析其教育理念中“治生”观的意义。

“治生”是许衡教学宗旨中的一个重要思想。在许衡看来，办教育的基本前提便是解决经济问题，否则办学便无从谈起。为了解决这一问题，可以去发展农业，也可以去发展工商业。但许衡所说的为学要以“治生”为前提，而“治生”则“工农商贾而已”，这是从教育事业的目的说的，而不是说教育者要去谋取私利。他说：“若以教学与作官规图生计，恐非古人之意也。”（《鲁斋先生集・通鉴说》）传统的经济观念不仅影响教育条件的不断改善，阻碍教育的发展，而且使教育难以适应发展经济的需要，从而使教育的路子越走越窄。许衡“治生”观的提出，把经济生活问题与教育密切联系起来，必然会促进办学条件的改善、教育事业的发展和教育内容的扩大。因此，把“治生”作为教学宗旨，是我国教育史上的一个伟大创造，也是对当时教育要求不断发展、教育内容不断拓宽的理论概括。

许衡的教育理念，在继承宋代程朱理学的基础之上又有所发展。许衡对程朱理学推崇备至，奉若神明。在教学内容方面，许衡提倡儿童入学后“令习跪拜、揖让、进退、应对之节，或投壶习射，负者罚读书若干遍”（《鲁斋遗书》卷八）。学生不仅要熟悉封建礼仪，而且还要学习“四书”“五经”，教授他们以穷理、正心、修己、治人的道理。许衡特别重视对学生的扫洒应对之节和礼乐射御书数之学的小学教育，认为为学者的根本任务便是掌握务实、经商的实际能力。除此之外，还教授学生兵刑、书算、食货、星历、子史、名物等各方面的知识，这不仅使读书之人得以修身养性，而且也使他们掌握了“治生”的基本技能，提升了学者们的务实修养，得以用丰富的知识理论谋生财之道，解决经济生活问题。如此一来，许衡切近实际的教学内容又为其“治生”观奠定了坚实的基础。

许衡教育理念中一个重要的价值与功能就是育人才。他所谓的人才，包含德、才、体等诸方面的条件，所包含的内容更广。无论古今中外，学校的设立都是为了培养人才。不过，在不同的时代，培养人才的含义与内容却有所不同。许衡强调办学校是为了培养人才。他说：“先王设学校，养育人材，以济天下之用。及其弊也，科目之法愈严密，而士之进于此者愈巧，以至编摩字样，期于必中。上之人不以人材待天下之士，下之人应此者，亦岂仁人君子之用心也哉！虽得之，何益于用？上下相待，其弊如此。欲使生灵蒙福，其可得乎？先王设学校，后世亦设学校，但不知先王何为而设也。上所以教人，人所以为学，皆本于天理民彝，无他教也，无异学也。”（《元史·许衡列传》）在这里许衡指出，设学校是要“养育人材，以济天下之用”，而且强调所培养的必须是有用的人才，并对历史上培养无用之人表示不满。可见，许衡主张教育的价值和功能，应该是培育经世致用的务实型人才，这一思想正是许衡“治生”观的出发点和重要体现。首先，通过接受教育来掌握各种知识，从而实现“治生”的目的，进而更好地去做学问，为国家和社会出力，成为务实型人才。

（三）许衡“治生”教育理念的影响。许衡的“治生”教育理念是顺应当时的历史潮流而提出的，对当时政治、经济、社会和教育的发展都产生了重大影响。

在政治上，许衡的“治生”观是元朝汉化政策的理论基础，对维护国家统治有极其重要的影响。在阶级社会里，教育是为剥削阶级的政治经济需求服务的，许衡的“治生”理念亦不例外。他说：“今国家徒知敛财之功，不知生财之由，不惟不知生财，而敛财之酷又害于生财也。”（《鲁斋遗书》卷七）他以此来告诫元朝统治者，只知敛财会致使民众生怨，天下也不会太平，并进一步提出统治者不能靠搜刮民财来维护统治，而是要通过制民之产、发展经济来安定民心，进而维护其统治。他说：“上天下泽，履。君子以辨上下，定民志。伊川传理甚详，民志不定，天下之争未已也。”（《鲁斋遗书》卷二）许衡结合人的物质生活来谈治学，充分体现了其一贯主张的学以致用的务实思想。而作为汉化政策重要内容的“治生”观，更是把治学和治世结合起来，对元朝社会秩序的稳定有着重要作用。

在经济上，许衡的“治生”观对当时的经济产生了重大影响。他明确提出为了谋求基本的生计，不仅要发展被称为“本”的农业，而且要从事被称为“末”的工商业。他指出，经商虽然被认为是逐“末”，但只要“不失义理”（《鲁斋先生集·通鉴说》），或者是“姑济一时”（《鲁斋先生集·通鉴说》），经商也未必不可。这一理念不仅丰富了儒家传统的经济思想，为其增添了新的积极因素，使之破除了儒家重“本”抑“末”的传统观念，而且在一定程度上破除了儒者治生之学的陈腐观念，无论在理论上，还是对当时的社会生活都产生了积极影响，不断鼓励人们去“治生”，去谋生计，从而极大地促进了元朝社会经济的发展。

在传播理学的过程中，许衡尽量摆脱宋代理学家脱离实际的弊病，结合实际，提出了一些经世致用的主张，并在元朝获得了极大成功。许衡的“治生”观不仅成为元朝汉化政策的理论基础，在一定程度上维护了元朝的社会秩序，而且丰富了儒家传统的经济思想，为其注入了新的积极因素，并在一定程度上促进了元朝经济社会的发展。

三、吴澄主张德育与智育并重，注重教育与环境的关系，治事教学包括选举、食货、水利、星历、教育、礼仪、乐律、刑法等实用知识，以造就经邦济世人才

吴澄（1249—1333），字幼清，晚字伯清，元代杰出的理学家、经学家、教育

家。自幼聪慧，勤奋好学，宋末中试乡贡。宋亡后隐居家乡，潜心著述，程钜夫题其所居草屋为“草庐”，故学者称他为“草庐先生”。元武宗至大元年（1308），被征召任国子监丞，元英宗至治元年（1321）任翰林学士；元泰定帝泰定元年（1324）为经筵讲官，敕修《英宗实录》。其核定《老子》《庄子》《太玄经》《乐律》《八阵图》等，对《易》《春秋》《礼记》及郭璞《葬书》均有纂言。元顺帝元统元年（1333）因病逝世，享年85岁，追封临川郡公，谥号文正。吴澄与许衡齐名，并称为“北许南吴”。吴澄以其毕生精力为元朝儒学的传播和发展做出了重要贡献，曾被誉为“正学真传，深造自得”，有《草庐吴文正公全集》传世。

吴澄从二十几岁开始，到元顺帝元统元年（1333）病死家中，在长达近60年的岁月里，除四次入京做官，总计时间不到4年外，其余绝大多数时间都在从事著述和私人讲学工作，可以说是一个终生从事教育工作的教育家。他先后到过乐安、宜黄、福州、龙兴、扬州、袁州、真州、永丰、建康、燕京等地讲学，每到一处，学生莫不望风云集。正如《元史·吴澄列传》所说：“故出登朝署，退归于家，与郡邑之所经由，士大夫皆迎请执业，而四方之士不惮数千里，蹑履负笈来学山中者，常不下千数百人。”元贞初年，他游学龙兴时，按察司经历郝文将他迎接到郡学，每日听他讲授、论说，记录学生的提问和他的回答，共数千字。行省掾元明善以自己的文章和博学而自负，曾同吴澄一起探讨《易》《书》《春秋》等书的深奥意蕴，自愧不如地感叹说：“与吴先生言，如探渊海。”（《元史·吴澄列传》）于是，他在吴澄面前执弟子礼，终身如此。

吴澄是朱熹的四传弟子，他教育思想的哲学基础，远承孔、孟，近接朱、陆。全祖望评价说：“草庐出于双峰（饶鲁），固朱学也，其后亦兼主陆学。盖草庐又师程氏绍开，程氏尝筑道一书院，思和会两家。然草庐之著书，则终近乎朱。”（《宋元学案·草庐学案》）吴澄是个客观唯心主义者，他秉承朱熹的主张，也把抽象的“理”（精神）作为宇宙间万事万物的总根源，作为“气”（物质）的主宰，认为离开了理，也就不能有气。他说：“自未有天地之前，至既有天地之后，只是阴阳二气而已。本只是一气，分而言之，则曰阴阳。又就阴阳中细分之，则为五行。五气即二气，二气即一气。气之所以能如此者，何也？以理为之主宰也。理者，非别有一物在气中，只是为气之主宰者，即是无理外之气，亦无气外之理。”（《草庐吴文正公全

集·答人问性理》)

吴澄赞同二程、张载、朱熹等人主张的“性即理也”的观点，认为“正是针砭世俗错认性字之非，所以为大有功。……盖天地之性，气质之性，两性字只是一般，非有两等之性。故曰：‘二之，则不是言人之性，本是得天地之理，因有人之形，则所得天地之性，局在本人气质中，所谓‘形而后有气质之性’也。气质虽有不同，而本性之善则一’。”(《草庐吴文正公全集·答人问性理》)气质之性“本是得天地之理”而来，所以天地之性与气质之性是不能分开的，二者是同一的。“所谓性理之学，既知得吾之性，皆是天地之理。即当用功以知其性，以养其性。能认得四端之发现，谓之知。既认得日用之间，随其所发现，保护持守，不可戕贼之。”(《草庐吴文正公全集·答人问性理》)人的气质尽管不同，而其本性之善则是一致的。因此，善与不善的人，皆可通过教育“以知”“以养其性”，识见天理，恢复和发展他的本然之性，促使他向善、为善。

吴澄认为，人的气质中有不清、不美的一面，“污坏”了性善的本质，这就需要教育（学）去改变它、改造它。教育的目的就在于变化和改造人的气质。他说：“气质不清不美者，其本性不免有所污坏，故学者当用反之之功。反之如汤、武反之也。反之谓反之于身而学焉，以至变化其不清不美之气质。则天地之性，浑然全备，具存于气质之中。故曰：‘善反之，则天地之性存焉。’气质之用小，学问之功大，能学者气质可变，而不能污坏吾天地本然之性，而吾性非复如前污坏于气质者矣。”(《草庐吴文正公全集·答人问性理》)一个人气质的变化，靠的是为学，即教育的功夫。教育的任务便是“使人顺其伦理，克其气质，因其同，革其异”(《草庐吴文正公全集·送方元质学正序》)。“教者学者如之何？其必遵朱子之明训，拳拳佩服，弗至弗措，必洞彻于心，必允蹈于身，行必可以化民美俗，才必可以经邦济时，而非但呻哔摘辞之谓。”(《草庐吴文正公全集·儒林义塾记》)

在教育过程中，吴澄主张德育与智育并重，相得益彰。他把“尊德性”当作德育的范畴，把“道问学”当作智育的范畴，认为二者不可偏废，而应有机地结合在一起。他曾说过：“夫所贵乎圣人之学，以能全天之所以与我者尔！天之与我，德性是也，是为仁、义、礼、智之根株，是为形质、血气之主宰。舍此而它求，所学果何学哉？”(《草庐吴文正公全集·尊德性道问学斋记》)又说：“朱子于道问学之功居多，而陆子以尊德性为主。问学不本于德性，则其弊必偏于言语训释之末，故学必以德性为本，庶几得之。”（《宋元学案·草庐学案》）吴澄提倡以德性为本，即德育、智育并重，但整体教育却应以德育为根本，强调教书育人，培养高尚的道德情操，完善人格，这一观点至今仍有积极意义。

同孟子一样，吴澄也十分注重教育与环境的密切关系。他在《瑞州路正德书院记》中说过：“蒙山僻在万山之隈，近于宝货，则其民贪；远于都邑，则其俗陋。”但环境毕竟只是客观的外在条件，真正起决定作用的还在于后天的教育。所以吴澄又强调指出：“身不游于庠序，则耳目不濡染乎礼义，殆如孟子所谓饱暖逸居而无教者矣。故夫居之以群居之地，教之以善教之人，俾学者于是而学其当学之事。”（《草庐吴文正公全集·建昌路庙学记》）吴澄强调教育与环境有着一定关系，但他又不是环境决定论者，而是认为一个人的成才关键在于“学其当学之事”，这是符合客观实际的。

关于教学内容，因为吴澄是朱熹的四传弟子，又受到赵复的影响，所以他仍主张学习儒家传统经典“四书”“五经”和朱熹等人对这些书的注疏，即程朱理学。元仁宗皇庆元年（1312），吴澄在担任国子司业时，曾参考程颐的《学校奏疏》、胡瑗的《六学教法》、朱熹的《学校贡举私议》，把国子学分成经学、行实、文艺、治事四大门类。经学包括研读《易》《书》《诗》《仪礼》《周礼》等书；行实包括遵守孝、悌、忠、信、睦、姻、任、恤等封建伦理；文艺主要是学习古文和诗词歌赋；治事则包括学习选举、食货、水利、星历、教学、礼仪、乐律、刑法等，但主要的还是学习儒家经典和程朱理学。吴澄一生著作颇丰，多为精研儒家经典所得，继承和发展了程朱理学的道统。吴澄平生提倡学有用之学，反对一味死读儒家经典，认为“往往滞于此而溺其心。……而其为学亦未离乎言语文字之末。甚至专守一艺而不复旁过它书，掇拾腐说而不能自遣一辞”（《草庐吴文正公全集·尊德性道问学斋记》）。吴澄注重治事的实用教育，这一点是很珍贵的，他的这种主张与有些理学家的崇尚清谈是不同的，大大扩充了教学内容，使学生得以开阔视野，增强了适应社会生活的能力。

在教育和教学方法上，吴澄强调教学贵在“实悟”和“实践”。他认为，教学或读书，不应只满足于一般的读书穷理，而贵在“实悟”和“实践”。在他看来，教学的根本问题是“求诸己之心”而不是“求诸人之言”。什么是“求诸己之心”呢？“身，非身也，其所主者心也。心，非心也，其所具者性也。性，非性也，其所原者天也”（《宋元学案·草庐学案》）。这就是我们前面提到的“学必以德性为本”，教学的任务在于发扬天赋的德性，而不在于所获书本知识的多少。他曾说过：“若曰徒求之‘五经’，而不反之吾心，是买椟而弃珠也。此则至论，不肖一生，切切然惟恐其堕此窠臼。学者来此讲问，每先令其主一持敬，以尊德性，然后令其读书穷理，以道问学，有数条自警省之语，又拣择数件书以开学者格致之端，是盖欲先反之吾心，而后求之‘五经’也。”（《宋元学案·草庐学案》）他又说：“学者功夫，当先于用处着力……读‘四书’有法，必究竟其理而有实悟，非徒诵习文句而已；必敦谨其言而有实践，非徒出入口耳而已。”（《宋元学案·草庐学案》）并且一针见血地指出：“今不就身上实学，却就文字上钻刺，言某人言性如何……非善学者也。孔、孟教人之法不如此。”（《草庐吴文正公全集·答人问性理》）他还举例来形象地说明这个问题：好比有人打算到燕京去，观其行程节次，即日雇船买马启程，大约两个月可到达目的地。到了燕京以后，亲眼看到宫阙是什么样的，街道又是什么样的，风沙如何，风习如何，皆了然于心，不待问人。如今他本人不打算去燕京，却只是将曾到过燕京的人所记述的逐一去加以探究，参互比较，见其他人所记述的又有所不同，就必然愈添惑乱。这都是因为本人没有亲到燕京，但凭他人所说，因而愈探究愈难以了解真实情况。吴澄在这里反复强调的是“实悟”、实践的重要性，指出脱离实际只学书本知识的弊病。所谓“实悟”，是指读书时要深入思考，不能只限于了解表面文字的意思，而是要“必究竟其理”；所谓“实践”，是指读书时要将所学到的儒家经典内容付诸自己的行动，不能只知不行，而是要知行同进，也就是“必敦谨其行”。这样，理论联系实际，将知与行有机地结合在一起，通过“实悟”“实践”有了切身的体验，才能从中获得真实可靠的知识。

吴澄主张通过教育（为学）去识见天地，那么，又如何去达到这一目的呢？吴澄推崇孟子的“反身而诚”和“求诸己”的主张，即求自身去发现，从本心而求善端，而不是像朱熹所提倡的通过格物致知、读书穷理去达到。他说：“夫学，孰为要？孰为至？心是已。天之所以与我，我之所以为人者，在是。不是之求而他求焉，所学何学哉？圣门之教，各因其人，各处其事，虽不言心，非无心也。孟子始直指而言‘先立乎其大者’，噫！其要矣乎，其至矣乎！”（《宋元学案·草庐学案》）他认为，邵雍的“心为太极”、周敦颐的“纯心要矣”、张载的“心清时视明听聪”、程颢的“将已放之心约之”等看法，都得自孟子的正传，强调通过为学去修养心性，回复本然之性。正因如此，他才明确提出：“今不就身上实学，……非善学者也。”

四、郑玉主张耕读结合，劳心与劳力并重，教育和生产劳动是紧密结合在一起的，表现了其教育和教学方法的科学性、综合性和先进性，是其教育思想的精华

郑玉（1298—1358），字子美，号师山，他生活于元朝末年，当时政治黑暗，吏治腐败，农民起义风起云涌，社会极其动荡不安。郑玉幼时敏悟嗜学，年龄稍长，就对“六经”很有研究，尤其精于《春秋》，他生逢元末乱世，生活颠沛流离，志不得展，曾应进士举不第，于是绝意仕途，隐居山林，讲学授徒，受业的门人很多，乃至居所不能容纳。后由门生友人集资择地，修建师山书院，以广教泽。著有《周易纂注》，已佚。今尚存者辑为《师山先生文集》。

元顺帝至正十七年（1357），朱元璋的部将邓愈率军攻入徽州城，欲罗致郑玉为新政权服务。郑玉慷慨激昂地向邓愈说：“吾岂事二姓者耶！”因而被囚拘。他在狱中七日不食，犹作诗文，从容如平日。他的妻子程氏托人告诉他说：“君苟死，吾其相从地下矣！”郑玉让人转告：“若果从吾死，吾其无憾矣！”并在第二天“具衣冠，北向再拜，自缢而死”（《元史·郑玉列传》）。

郑玉自幼攻读程朱理学，尤其推崇朱熹，深有所得。他的教育思想，深受程朱理学，尤其是朱熹的主张的影响。关于教学的目的，郑玉也和一些前辈理学家一样，主张学道行道，学如圣人。他说：“古之学者，忧道而不忧贫，正谊而不谋利；苟其心俯仰无所愧怍，达则推以及人，穷者独善于己，所谓天地万物皆吾一体，以之参赞化育可也，以之垂世立教可也，岂但不辱其亲乎？”（《师山先生文集·肯肯堂记》）郑玉提出的这种“立教”主张，既体现了孔子、孟子、董仲舒的主张，又继承了理学家张载“民胞物与”的思想，比朱熹所提倡的“存天理，去人欲”“明人伦，知礼法”的范围要宽广得多，郑玉主要是强调向古代圣贤学习，继承和发扬光大古代圣贤的高尚情操和美德，做到“达则兼济天下，穷则独善其身”。然而，郑玉又说：

“圣人之所以异于人者，以其无欲也。无欲则静虚而动直矣。静虚故明而通，动直故公而溥，此圣人之所以合天德，而学者之所当学也。”（《师山先生文集·静虚斋记》）他认为，教学的目的还是在于使人“无欲”“合天德”，达到“静虚而动直”的境界，只有这样才能更接近圣人。这说明，他“立教”的目的虽与朱熹有所不同，却又受到朱熹的深刻影响。从本质上讲，他的教育思想仍然属于程朱理学的教育体系，不过是在继承的基础上有所发展罢了。

任何时代的教育都是为其社会服务的，那么元朝教育需要培养什么样的人才呢？儒家的人生哲学和教育思想，一贯是“达则兼济天下，穷则独善其身”。郑玉尊儒重道，推崇程朱理学，虽然“绝进取之心，深爱山林之趣”，但对儒家这一人生哲学和传统教育思想，仍是服膺的。在当时情况下，他不愿出仕，归隐山林，以传授儒家之“道”为己任。郑玉主张评价和选用人才应将品行放在首位，学识反在其次，即坚持以德行为本。他以元朝的科举选士为例来加以说明：“科举之士，台省馆阁，往往有之，不为不盛矣。其取士之法：经疑、经义，以观其学之底蕴；古赋、诏、诰、章、表，以著其文章之华藻；复策之以经、史、时务，以考其用世之才，亦既严且详矣。然朝廷不以是为难也，必曰乡党称其孝弟，朋友服其信义，然后得与是选焉，岂非以德行为本，文义为末乎！”（《师山先生文集·送唐仲实赴乡试序》）他举正反两方面的例子来进一步阐明自己的观点：“盖当天下离乱之际，苟德在己，则起而应天顺人，救民于水火。”只要坚持以德行为本，那么，不管在何种情况下，或贬官，或逐斥，或流离颠沛，或除名削籍，或被人误解，或遭人谤讪，都能忍辱负重，泰然处之。

关于学习的内容，郑玉认为就是“道”，别无其他。而“道”与“六经”又是密不可分的。他说：“道外无文，外圣贤之道而为文，非吾所谓文。文外无道，外‘六经’之文而求道，非吾所谓道。”（《师山先生文集·余力稿自序》）郑玉虽然主张教学内容应以“六经”为主，他从学道行道、学如圣人的教育和教学目的出发，在教学方法上提出了自己的一些独到见解。郑玉主张耕读结合，劳心与劳力并重。郑玉考察上古时代教育的状况及其发展，认为那时劳心与劳力是不分家的，教育和生产劳动是紧密地结合在一起的。他说：“夫古之时，一夫受田百亩，无不耕之士。家有塾，党有庠，术有序，无不学之人。秦废井田，开阡陌，焚诗书，坑学士，先王之道灭矣。汉兴，虽致隆平之治，卒不能以复淳古之风，而士农分矣。于是，从事于学者，则不知稼穑之艰难；从事于农者，则不知礼义之所从出。后世有能昼耕夜读，以尽人道之常者，人至以为异而称之，其去古道益远矣。鲍生从予游，粗知好古人之道，故能耕田以养其亲，读书以修其身。使比屋之人皆如鲍生，皆尽耕田之力，皆有读书之功，则人情自厚，风俗自淳，虽复三代之制，不难矣!”（《师山先生文集·耕读堂记》）显然，郑玉缺乏历史唯物主义史观，对上古社会过分地美化了。当时实际情况是上古社会同样充满着血与火的斗争，绝大多数直接从事繁重体力劳动的奴隶，完全被剥夺了受教育的权利；而处于统治地位的奴隶主贵族，他们上学就不一定参加耕作；至于民间办学，学者大多是自由民，也包括一部分中小奴隶主贵族，却根本没有处于社会最底层的奴隶参加；当时实行耕读结合，边耕边读，这是由上古时代生产力水平低下所决定的，是不得已而为之。所以，郑玉对上古时代教育状况的分析是不科学的，提倡“复淳古之风”“复三代之制”也是不可取的，这是一种倒退，是不切实际的。

然而，郑玉指出的“从事于学者，则不知稼穑之艰难；从事于农者，则不知礼义之所从出”的脑力劳动与体力劳动相对立的状况，即教育与生产劳动相脱离的状况是不好的，表现了他思想上的进步性；他当时主张耕读结合、劳心与劳力并重的教育思想，是弥足珍贵的。这是郑玉教育思想中的精华，表现了他教育和教学方法的科学性、综合性和先进性，对封建社会“劳心者治人，劳力者治于人”的传统儒家教育思想和教育与生产劳动相分离的教育、教学方法，是一个强有力的冲击。

第四节　教育的发展促进了元朝科学技术的繁荣

教育发展的目的是促进经济发展和社会进步，其表现形式是通过科学技术的进步实现经济发展，通过提高人们的素质促进社会文明进步，相互影响的作用周期性长且影响深远。元朝南征北战，人们的意识开放，在接受欧亚多民族文化和科技知识的同时，与传统的汉文化相结合，必然会创造出许多人类奇迹。

一、推行汉法有利于其在科技方面继承前代成果，经济社会繁荣为科技发展提供了可靠的物质保障

元朝是中国历史上最重要的民族交融时期，它结束了中国长期存在的南北分裂状态，建立了强大的统一的多民族国家。在政治上，首次在我国设立行省，即今天的省级区划制度，是自秦以来郡县制的一大发展，是中国行政管理制度的一次巨大革命，（行）省从此作为我国地方行政机构保留至今。在经济上，元朝奉行开放的政策，积极鼓励并参与同世界各国的贸易往来，使得中国成为当时世界上首屈一指的经济强国。

元朝统治者出身于游牧民族，自身对于中原的农耕文化以及先进的科学技术知识不甚熟悉，这就决定了元朝统治者在发展国家经济与科学技术、文化艺术诸方面，要吸收其他民族的智慧与创造。多元文化的结合，使元朝出现了许多领先于世界的人类文明成果，尤其是一些科学技术的出现，具有特别的意义。因为几千年来，中国在传统上一贯推崇“学而优则仕”及“重文章轻科技”的思想，例如缔造天府之国的李冰父子，远远无法与孔孟、朱熹等思想家或理学家，以及苏轼之类的文学家相提并论。但是这种状况在元朝却有所不同，元朝建立之初，汉地的农业经济逐渐成为元朝立国的根本，政治重心也随之从漠北南移，所以，元朝统治者非常注意学习汉法，注意吸收世界各民族的先进文化和先进技术，促进了元朝的经济繁荣和社会进步。

蒙古统治者进入中原后，非常重视对具有高度汉文化修养的儒、释、道、医、卜等文化技术人才的任用。当然这也有一个过程，在元朝统一全国前，应该说蒙古统治者对儒者是不够重视的，往往让被俘虏的儒士去做苦役。后来在耶律楚材等人的建议下，通过观察，统治者认识到儒者学的是周公、孔子治天下的学问，要管理好国家，没有他们是不行的，便转而重视儒学。1235 年，攻打南宋，又命姚枢到军中访求儒、释、道、医、卜等人物，从俘虏中发现了理学家赵复，将他带到北方传授程朱理学。1238 年，让儒士参加考试，对合格者准予豁免身役，并选用他们做官或用他们教书。元世祖取鄂州，赎还俘获士人五百余人。中统二年（1261），“诏军中所俘儒士，听赎为民”。

1261 年，政府还重申了儒户与免差的规定。在元世祖忽必烈周围，聚集了杨惟中、姚枢、宋子贞、郝经、许衡、张文谦、刘秉忠、窦默等儒学渊博的名士硕儒，以备顾问及讲解经学。对于汉文典籍，元世祖至元九年（1272）置秘书监，掌历代图籍并阴阳禁书。及大军南发，兵入临安，其将南宋官府的图书由海道运至大都收藏，使大批历代珍贵图书免遭兵火，并在全国广征图书，成为一时佳话。

在统治政策方面，元朝也完全继承了汉唐以来的政治经济制度，杂以一些蒙古汗国时期的特殊政策。为了顺利施行这套统治政策，蒙古统治者采取了一系列措施：号召蒙古子弟学习汉文化，熟悉中原礼仪政治；元太宗时期，置编修所于燕京，置经籍所于平阳，倡导学习汉族古代文化。太宗时设“经书国子学”，命侍臣子弟学习汉文化。元世祖忽必烈即位后设立国子学，亲择蒙古子弟使教之，遍学儒家经典文史，并开设科举考试，培养统治人才。统治者为了学习方便还翻译了许多汉文典籍，诸如《通鉴节要》《论语》《孟子》《大学》《中庸》《周礼》《春秋》《孝经》等。

元朝统治者重视学习汉文化，重用汉族官吏及知识分子，推行汉法，使元朝实际上成为与前代联系紧密的封建王朝，是中国历代封建王朝的延续。他们在文化、经济、科技方面既承袭前朝惯例，又有新的积极措施，表现出多民族交相辉映的时代特色。社会经济方面，蒙古汗国时期由于连年发动战争，造成人民遭屠戮，农田受破坏，财物被掠夺，工匠等技术人才被驱使的局面。蒙古统治者在初入中原时，一度用管理游牧民族的办法来管理较先进的中原汉族地区，使中原地区的社会经济受到冲击。但随着其政治经济重心的南移，后续的统治者逐步认识并适应了中原地区的封建经济，统治方法也随之改变。

元世祖忽必烈即位后，采取汉法，执行一套中国传统的封建统治方法，逐渐使社会经济走上恢复和发展的道路。另外，元朝由于地域辽阔，对外开放使得民族间的交往增多，农业、手工业、商业和交通运输业等，都得到了长足发展并具有相应的时代特色。边疆地区得到开发，各民族的生产技术互相交流，对外贸易空前发达，交通运输业有诸多创举，这些又为科学技术的发展提供了有利条件，使一些自然科学领域处于世界领先水平。

综上，元朝推行汉法，注重农业、手工业、商业的建设发展，使经济社会取得了长足进步，水陆交通空前畅达，中外交往空前活跃，这都为元朝科学技术的繁荣发展提供了极为有利的条件。推行汉法，说明其在科技方面继承了前代成果，经济社会繁荣为科技发展提供了可靠的物质保障。交通畅达、中外交往活跃，为吸收世界科技成果创造了条件。正因为如此，才使元朝科技取得了丰硕成果，这也正是元朝科技繁荣的原因所在。

二、教育奠定了科学技术发展的基础，创造了诸多世界闻名的优秀科技成果，中外科技交流空前活跃

元朝科技成就主要表现在天文历法、数学、农牧业、医药学、食疗养生学、地理学、建筑学、军事技术及纺织技术等方面，创造了许多优秀科技成果。

（一）在天文历法方面，在上都、大都、登封等处兴建了天文台，设立了远达极北、南海的 27 处天文观测站，在测定黄赤大距和恒星观测方面，取得了远超前代的突出成就，涌现出了郭守敬、王恂、耶律楚材、扎马鲁丁等一批杰出的天文学家。郭守敬等人主持编订了《授时历》，研制出了简仪、仰仪、圭表、景符、正方案、候极仪、立运仪、证理仪、定时仪、日月食仪等十几种天文仪器。《授时历》将一年分为 365.2425 日，废除了我国编历传统办法的上元积年日法，采用了近世截元法，是人类历法史上的一大进步。此历于至元十七年（1280）颁行，一直沿用了 400 多年。

（二）在数学方面，元朝是我国数学发展的高峰期，涌现出一批杰出数学家并出版了一批数学著作。如李冶及其《测圆海镜》《益古演段》，朱世杰及其《算学启蒙》《四元玉鉴》，李冶提出的天元术（即立方程的方法），朱世杰提出的四元术（即多元高次联立方程的解法），等等，都是具有重要影响的新成就。算盘也在元代得到初步完善。

（三）在农牧业方面，《农桑辑要》《农书》《农桑衣食撮要》等三部书，标志着元朝农牧业方面所取得的成就。《农桑辑要》由元朝政府主持编纂，全书分七卷十篇，对元及其以前的作物栽培、牲畜饲养做了总结，并保存了大量古农书资料，对推广农牧业技术、指导农牧业生产有重要作用。《农书》为著名农学家王祯所著，全书分农桑通诀、百谷谱、农器图谱三大部分。王祯认为，不违农时、适时播种、因地制宜、及时施肥、兴修水利才是农业丰收的保障。其中关于棉桑种植具有现实意义，绘制了 306 幅各种农具、农业机械图，对提高耕作技术有显著作用。《农桑衣食

撮要》为农学家鲁明善所著。此书重在实用，按月记载农事活动，特别是还涉及游牧生产，可补《农桑辑要》及其他古农书之不足。

（四）在医药学方面，“金元四大家”中有两位生活在此时。李杲师承张元素，强调补脾胃，创立了“补土派”，著有《脾胃论》。朱震亨拜罗知悌为师，发展了刘完素火热学说，主张以补阴为主，多用滋阴降火之剂，后人称其为“滋阴派”，著有《格致余论》《局方发挥》《伤寒辨疑》等书。外科骨伤科方面成就更为突出，危亦林在麻醉与骨折复位手术上有所创新，滑寿精于针灸。另外，少数民族医药学传入中原，涌现出萨德弥实、爱薛等少数民族医学家。

（五）在食疗养生学方面，以忽思慧的《饮膳正要》、无名氏编纂的《居家必用事类全集》、贾铭的《饮食须知》、倪瓒的《云林堂饮食制度集》为代表的食疗学成果丰硕。《饮膳正要》作为我国第一部食疗营养学著作，举凡314种饮食品种，详细介绍了其制作过程、烹调技艺、宜忌及医疗作用，在中国食疗营养史上占有重要地位。养生学方面以长春真人丘处机关于养生的论著、李道纯关于气功养生的专著《中和集》、李鹏飞的《三元延寿参赞书》、萧廷芝的《金丹大成集》为代表。

（六）在地理学方面，《元一统志》的编纂、河源的探索、《舆地图》的问世及大批游记类著作的出版是其主要成就。《元一统志》由政府主持，扎马鲁丁、虞应龙具体负责。该书对全国各路府州县的建置沿革、城郭乡镇、山川道里、土产风俗、古迹人物均有详细描述，具有较高的史料价值。至元十七年（1280），忽必烈命女真人都实探求黄河河源，认为星宿海（火敦脑儿）即河源，比较接近实际。潘昂霄还据此撰成《河源志》。道士朱思本考察了今华北、华东、中南等广大地区的地理形势，参阅《元一统志》等地理学著作，以“计里划方”法，绘制成《舆地图》，成为元朝地理学及中国地图史上划时代的人物。游记类地理学著作有耶律楚材的《西游录》、李志常整理的《长春真人西游记》、周达观的《真腊风土记》、汪大渊的《岛夷志略》等，对我国及国外的地理地貌、风土人情、贸易往来等描绘颇多，颇具史学价值。

（七）在建筑方面，元代疆域扩大，城市经济繁荣，为建筑学发展提供了条件。元朝新建或修缮的城市有元大都、元上都、和林城、集宁路城、应昌路城等。元大都是当时世界上规模最大、最宏伟壮观的城市之一。另外，由于元朝推行宗教信仰自由政策，佛教与伊斯兰教建筑风格也大量传入中原。佛教建筑以今山西洪洞县的广胜寺与大都妙应寺白塔为代表，伊斯兰教建筑以清真寺为主。这些建筑表现出与中国传统建筑布局、技术相融合的趋势。具有北方草原游牧民族风格的蒙古包，也受到各族人民喜爱。

另外，在军事方面，元朝时研制出了我国兵器史上第一个金属管形射击火器——火铳。陶瓷制造方面继承宋代诸窑烧制技术，形成自己的特色，花色品种增加，成为对外贸易的重要商品。在印刷术、造船技术、航海技术、水利工程技术等方面，也有很多新的成就。

元朝科学技术的发展，除继承前代成果外，还有自己鲜明的时代特色，突出表现有以下两点。

一是大批少数民族科学技术及科学家进入中原，为繁荣中华科学技术做出了自己的贡献。在天文历法方面，以契丹族天文学家耶律楚材和回族天文学家扎马鲁丁为代表。耶律楚材曾编订《西征庚午元历》；扎马鲁丁负责回回司天台，至元四年(1267)，进《万年历》和造西域天文仪器。各地古老的历法也丰富了中国古代的天文历法。在数学方面，身为统治者的蒙哥研究欧几里得的《几何原本》，被视为中国数学史上研究《几何原本》第一人。在农牧业方面，畏兀儿（今维吾尔族）农学家鲁明善著的《农桑衣食撮要》，是元代三大农书之一。在医药学方面，蒙古族医学家萨德弥实的《瑞竹堂经验方》，共十五卷，记载治疗各种疾病的成方数百个，以其丰富的内容和卓有成效的药方，在我国药物学史上具有一定影响。此书所载药方，比较注意北方的寒冷气候及蒙古族的游牧生活实际，有不少治疗骨伤及风寒湿痹的方剂，有的时至今日仍为医家所使用。蒙古族、藏族、维吾尔族等民族医药学历史悠久，各有成就，亦是中华医学宝库中的重要财富。

蒙古族人民在骨伤外科治疗方面积累的经验，是元朝在骨伤外科学方面取得突出进步的推进剂。少数民族地区的不少药材及其独特的治疗方法也传入内地，如放血、热敷、埋沙疗法等。在食疗养生学方面，以元宫廷饮膳太医、蒙古族营养学家忽思慧的《饮膳正要》为代表。此书不但在我国营养学史上占有重要地位，而且对当时国内各少数民族及其他中外人民的饮食文化交流也有记载，介绍了不少少数民族的食物及其营养保健作用。地理学方面，女真学者探访黄河河源；建筑学方面，阿拉伯等地建筑技术传入内地；纺织技术方面，黄道婆传入海南黎族人民纺织技术，推动了我国纺织业的发展；等等，这些无疑对元朝的科技发展产生了实实在在的作用。

二是中外科技交流空前活跃。中国古代的重大科技发明印刷术及火药武器等技术在元朝西传，促进了西方国家的科技进步。波斯、阿拉伯素称发达的天文、医学等成就，也在元朝被大量介绍到中国。元朝设有西域星历、医药二司，大都、上都设有回回药物院。这些医生除为宫廷服务外，还有不少人散在各地行医，很受民间欢迎。各种西域药物、医法传入中国，丰富了中国的医学宝库。今存明初刻本《回回药方》，即为元人所译阿拉伯医书。元朝还设有回回司天台，以扎马鲁丁为提点，并吸收了不少西域天文学者在其中工作。扎马鲁丁仿制的一套西域仪象，包括浑仪、天球仪、地球仪等 7 种，对郭守敬研制天文仪器启发颇多。波斯、阿拉伯的天文历法、数学、医药学、史地等各类书籍于元时也大量传入中国，仅秘书监所存即达百余部，其中包括蒙哥研究的欧几里得几何学著作。元世祖忽必烈下令修建大都城，也有阿拉伯建筑家也黑迭儿参加。由于东西贸易的兴旺，西域的玉石、纺织品、食品及珍禽异兽等也源源不断输入中原。据忽思慧的《饮膳正要》载，不少外来食物及烹调技艺也传入中国，受到中国人喜爱。另外，旭烈兀西征时，曾带去不少中国炮手、天文学家、医生等，他们后来多留居波斯。

波斯著名天文学家纳西尔丁·图西奉命建马拉盖天文台，编制天文表，均有中国学者参加工作，图西向他们学习了中国天文推步之术。图西主持编制的《伊儿汗历》就包含有中国历法的内容。波斯著名史学家拉施特主编的《伊利汗中国科技珍宝书》里，介绍了中国历代医学成就。中国的制瓷术等还传到了东南亚及非洲，促进了其制瓷业的发展。这样，中外的科技交流，促进了各自的科技进步，元朝为这种交流提供了比之前历代都更加优越的条件。

第五节　元朝教育经济思想的社会作用和影响

元朝教育是我国古代教育传统的延续和发展，由于当时实际情况发生变化，元朝教育又具有自己的鲜明特色。

元朝科举基本上是承袭唐、宋旧制而又有所兴革。元朝科举只设进士一科，虽然应试对象较为广泛，但不同人群差别很大，还规定以程朱理学为科举考试的主要内容。元朝科举制度规定得十分明细、周详，这都对明、清两朝产生了较大影响，明、清两朝科举，从总的方面看，仍是遵循元朝科举的程式和实施办法的。

元朝对宗教采取兼容并包的政策，萨满教、佛教、道教、基督教、伊斯兰教、摩尼教、犹太教等并存，各种宗教各自开展以传教为宗旨的宗教教育，在宫廷和民间产生了程度不等的影响，其中以佛教和道教影响较为深远。

元朝教育继承传统，采取兼容并包政策，在为封建统治者服务、促进民族交融的同时，推进了中国多元一体文化格局的进程，使各民族文化、教育的交融和发展出现了很多新气象。

（一）元朝教育提高了官僚群体的文化素质，促进了各少数民族的文化发展。元朝建立之后，为缓和民族矛盾，巩固新建政权，不得不逐步放弃其旧有的游牧经济及其剥削方式，而大力推行汉化，倡导文治，学习汉文化，重用儒士，尊重理学，兴办学校，开科取士，从而打破了过去单以武功、世袭、荫叙、保荐等授官的惯例，使汉族和其他少数民族知识分子有可能踏进仕途，成为元朝统治集团的成员，为元朝政权服务，从而大大提高了元朝统治集团官僚阶层的文化素质，改善了元朝官僚群体的知识结构。例如欧阳玄（1274—1358），为宋欧阳修之后，元仁宗延祐二年（1315）中进士，授岳州路平江州同知，调太平路芜湖县尹，后为国子监丞、翰林待制、兼国史院编修官；元文宗时，奉诏纂修《经世大典》；元顺帝时，编修《四朝实录》，并参与编纂宋、辽、金三史，任总裁官。欧阳玄累官至翰林学士承旨，朝廷制诰多出其手，有《圭斋集》传世。

不忽木（1255—1300），康里部人，忽必烈的侍从燕真次子。忽必烈即位后，命给事太子真金（元裕宗）东宫，师事太子赞善王恂。元世祖至元七年（1270），从学于国子祭酒许衡，熟习儒学。元世祖至元十三年（1276），与国子学同舍生坚童、太答、秃鲁等上疏，请兴儒学，设学校以育才化民。在元世祖、元成宗两朝，历任中书平章政事、昭文馆大学士、平章军国事等显职。他主张“建国君民，教学为先……为今之计，如欲人材众多，通习汉法，必如古昔遍立学校然后可”（《元史·不忽木列传》），反对败法乱政之人，反对佛教信徒耗财祠神迷信之行，是元朝卓有成就的著名政治家。

马祖常（1279—1338），先世为雍古部人，曾祖月合乃累官礼部尚书，父马润曾任漳州总管府同知。元仁宗延祐年间行科举，乡贡、会试皆中第一，廷试第二，授应奉翰林文字，拜监察御史。历任翰林待制、礼部尚书、御史中丞、枢密副使等职。祖常为人刚正不阿，元仁宗时，曾弹劾罢权相铁木迭儿。他工于文章，“宏赡而精核，务去陈言，专以先秦两汉为法，而自成一家之言。尤致力于诗，圆密清丽，大篇短章无不可传者”（《元史·马祖常列传》），是元朝著名的文学家。他曾预修《英宗实录》，又译润《皇图大训》《承华事略》等，受赐优渥，元文宗曾谓“中原硕儒唯祖常”。

元朝兴学崇教，培养人才，不仅提高了官僚群体的文化素质，而且使得蒙古族和其他少数民族人民群众的精神文明和物质文明水平也有不同程度的提高。有的少数民族，当时还处于原始氏族社会或奴隶社会阶段，在接受了汉族农耕文化、接受了儒家文化传统、学习汉族先进的科学技术之后，其发展程度有明显的提高。正如《元史纪事本末·科举学校之制》所言：

> “初，世祖下云南，以赛典赤为行省平章政事，时云南俗无礼仪，男女往往自相配合，亲死则火之，不为丧祭，子弟莫知读书者。赛典赤始教民跪拜之节，婚姻行媒，死者为之棺椁奠祭，创建孔子庙，明伦堂，购经史，置学田。”

其后，赛典赤之子纳速剌丁相继为行省右丞，复请于云南诸路遍立孔子庙，选经学之士为教官，文风始兴。元朝学校之盛，远被遐荒，亦自昔所未有云。不仅云南各少数民族的情况如此，国内其他生产力发展水平较为低下的地区的情况，也大抵如此。

（二）元朝兼容并包的文化教育政策，造就了一大批各民族知识分子。元朝通过各级各类学校和私学、书院，培养了一大批才华出众的知识分子。在这些人中，既有杰出的政治家、思想家，又有著名的理学家、名儒、学者，还有卓有成就的诗人、戏曲家、画家、书法家、史学家、科学家等。他们以自己独特的贡献，弘扬中华民族的优秀文化传统，推动了历史的前进步伐。

元朝的学校教育和科举制度虽然存在一些问题，但不管怎样，它还是为培养人才和让知识分子进入仕途提供了一条便捷的道路。通过各级各类学校教育和私学、书院，培养出的汉族杰出人物有陆文圭、徐明善、王祯、袁桷、郭守敬、柳贯、胡助、张养浩、揭傒斯、欧阳玄、虞集、王结、黄溍、程端学、吴师道、许有壬、陈旅、郑元祐、苏天爵、郑玉、贡师泰、余阙、刘仁本、危素、汪克宽、陶宗仪、陈高、吴海等，他们在各自的领域里都有所建树。

元朝统治者推行汉化，一些蒙古、色目权贵、官僚子弟得以进入国子学和其他学校、书院学习，接受儒家教育，深受儒家文化熏陶的蒙古人、西域人，其杰出人物有阔里吉思、拜住、阿邻帖木儿、廉希宪、阔阔、达识帖木儿、泰不华、月鲁不花、达理麻识理、潮海、普鲁不花、赡思丁、赡思、不忽木、夔夔、秃忽鲁、萨都剌、丁鹤年、高克恭、察罕、马祖常、铁木儿塔识等。其中如拜住（1278—1323），元世祖所重任的蒙古札剌儿氏安童之孙，元武宗至大二年（1309），袭为宿卫长，后历任太常礼仪院使、大司徒、中书平章政事、左丞相等职。每退朝，必延儒士谘访古今礼乐刑政、治乱得失，尽日不倦。拜住改革朝政，重视教育，“每以学校政化大源，似缓实急，而主者不务尽心，遂致废弛，请令内外官议拯治之”（《元史·拜住列传》）。他关心民生疾苦，起用汉人儒臣，颁行《大元通制》，为一代贤相。

（三）元朝教育在促进民族交融的同时，实现了中外文化的交汇。元朝在大力推行汉化教育的同时，力图保持本民族的文教风俗，建立一种适于当时经济基础和上层建筑的教育体系。总的来说，元朝教育从思想理论到方针政策以至学校体制、科举制度等，如前所述，基本上是承袭唐、宋的教育体系而加以改革，同时兼顾本民族的特性和习俗，使汉化教育与民族教育并举，中原儒学与北方部族风尚双行，并将回回语列入整个教育体系之中，从而呈现出这一历史时期具有鲜明特色的教育格局，丰富和发展着中华民族的文化教育事业。这一教育格局，不仅丰富了文化教育的内容和形式，扩展了古代教育的领域，而且推动了各民族间的广泛交往，推动着地区性文化的交流和相互渗透，从而加强了各民族间的团结，使中华民族的发展进入一个新阶段。

秦汉之前，我国的学校教育大多集中在黄河流域一带。而后，随着版图的扩大和经济重心的南移，学校教育也逐渐向南发展，出现了中原文化南移和南北文化的差异。到了元朝，由于统治者推行汉化，在各地兴建学校和书院，伴随着疆域的扩展和各民族间的大交融，又出现了中原文化回归和中原文化向北、向西、向西南扩展及南学、北学相融合的重大变化。在云南、东北、西域等广大边远地区，少数民族的文化教育兴旺发达，并被纳入元朝的整个教育体系，的确达到了“远被遐荒”“古昔未有”的局面，这对中华民族文化传统的形成和发扬、对民族精神和性格的认同、对民族大家庭的团结、对祖国的统一，都起到了良好的作用。

元朝是中外文化交流极为活跃的时期，成吉思汗及其继承者，通过连年征战，使势力向西、向北一直延伸到波斯和阿拉伯等国，并达到基辅罗斯；向南则深入到东南亚诸国，直至南洋群岛，这就在客观上为沟通中欧、中亚文化创造了有利条件。阿拉伯和欧洲民族曾有过大规模的迁徙，蒙古统治者进行三次西征，挟军事上的胜利，曾将大批被征服者迁徙到中国，这些移民中有工匠、商人、传教士和携带家族、部属投顺的上层分子。蒙古在兴起和发展过程中，在很大程度上借重阿拉伯文化的力量，许多西迁的畏兀儿人和那些被俘到中国或在中国经商、传教、传艺的欧洲人，这些人都被统称为色目人。色目人中有的在元廷供职，有的在地方上担任重要官职，通过他们的活动，伊斯兰教文化和基督教文化逐渐在中国传播开来，并由于伊斯兰教和基督教在民间的传教即宗教教育活动而得以加强。与此同时，汉人和蒙古人也成批地移民到各地，从而使得中华文明进一步走向世界。

总之，元朝各民族间的迁徙和交往，有力地推动了中西文化的交融互鉴，从而开创了一个人类文化史上绚丽多彩、繁荣发达的时期。

（四）大胆使用各民族人才，广泛吸收外来文化，丰富了教育内容，促进了科技发展。元朝统治者，尤其是元世祖忽必烈，对外来文化采取兼容并包的开明政策，接纳和重用外籍学者。如蒙古人原来使用的畏兀儿文，是经聂斯脱里教士借叙利亚文演化而成；曾在翰林院任职的益福的哈鲁丁，到回回国子学讲授亦思替非文即波斯文；据伊利汗国学者拉施特《史集》一书记载，在蒙古大汗的宫廷里也传授西方教育，蒙哥曾让少数民族学者讲授经波斯天文学家纳西尔丁·图西修订过的欧几里得的《几何原本》，并命旭烈兀在平定木剌夷后送纳西尔丁·图西来华，亲为讲授；波斯学者扎马鲁丁因精于历算，应召入华，讲授天文学，并进献《万年历》，在大都建立观象台，制造了七种天文、地理仪器；通晓多种语言的西域弗林人爱薛，在元廷执掌过星历、医药二司，向中国同行传授西域星历、医药知识。元世祖对爱薛非常器重，认为他“生于彼，家于彼，而忠于我”。

元世祖礼遇意大利学者马可·波罗一事，是中外文化交流史上的一段佳话。马可·波罗在元廷中任职 17 年，他回国后所著的《马可·波罗游记》在西方引起轰动，使许多欧洲人被东方，尤其是中国的繁荣富庶、文明昌盛所倾倒；被尊为“伊斯兰世界的旅行家”的伊本·白图泰，经由海上来到中国，见过元顺帝，他在所撰写的游记中，对中国文化赞扬备至。

当时，我国的科学文化正繁荣发展，中华文化在这一时期更加广泛地传入阿拉伯、欧洲和东南亚诸国。儒家学说被这些国家的学者所瞩目，丝绸、瓷器、茶叶等成为这些国家达官贵人的奢侈品。马克思曾经指出，代表中国发明的火药、雕版印刷和指南针的西传，是欧洲资本主义社会到来的三大预告，其中火药和指南针就是在元朝传入西方的。这是中国和世界教育史与文化交流史都应载入的具有重大历史意义的大事。

总之，元朝是中国封建历史上思想文化禁锢最少的王朝之一，目前尚未发现元朝人士因言论不当而遭受不幸的实例。元朝还是中国封建历史上唯一明确提出宗教信仰自由的王朝，当时世界上所有的主要宗教在中国都有活动场所和信徒，这在当时的欧亚大陆十分罕见，因为那正是一个宗教势力强势的时代，欧亚许多国家的文化教育都打上了深深的宗教烙印，而元朝的宗教信仰自由却与之形成鲜明对比。元朝除了蒙古萨满教以外，佛教、道教、伊斯兰教、基督教都很活跃，西域各民族文化进一步向中原传播。

元朝统治者实施思想文化包容政策，推进了中国多元一体文化格局的进程，使各民族文化教育的交融和发展出现了很多新气象。例如：在中国封建王朝历史上，元朝政府官员的民族构成最为复杂；元朝也是中国历史上第一个多民族文字并用的王朝，蒙古文字产生于这一时期，并沿用至今；北方游牧民族历史上第一部用本民族文字撰写的历史著作《蒙古秘史》诞生；《辽史》《宋史》和《金史》，是二十四史中仅有的由多民族史家共同编撰的史籍，为后世保存了珍贵的历史文化遗产；中原文化在边疆民族地区得到广泛传播，儒家经典著作被翻译成蒙古文；漠北、云南等偏远地区首次出现了传授儒家文化的学校；中国首次出现了由中央政府批准成立的、全国性的少数民族语言文字教育机构——蒙古国子学和回回国子学；蒙古、契丹、女真和色目人中间涌现出一大批汉文著述家；契丹、女真、党项等民族悄然融入蒙古族、汉族和周边其他民族之中，一个全新的民族——回族开始在中华大地上形成。对于元朝各种文化和谐并存的局面，中世纪欧洲“四大旅行家”之一的鄂多立克，曾感慨地称其为“世界上最大的奇迹”。

蒙古汗国的征服战争及随之建立的蒙古政权，沟通了欧亚大陆，开创了中国封建时期中西文化交流的繁荣时代。著名的全真教道士长春真人丘处机，于1220年应成吉思汗之邀，前往中亚讲道；蒙哥时，鲁不鲁乞受法国国王路易九世之遣，穿越蒙古高原，带来了东西友好的讯息；阴山汪古部景教徒的西去和西方基督教的东来，传递着东西宗教的声音；意大利旅行家马可·波罗及其父亲，带来了罗马教皇致蒙古皇帝的书信；元朝通过“海上丝绸之路”进行经贸往来的国家和地区由宋代的50多个增加到140多个；上都、大都、杭州、泉州、广州已具有国际化都市的色彩，泉州港成为国际最大的对外贸易口岸；波斯、高丽、波兰、匈牙利、英格兰、法兰西、意大利等地的人们，由陆路、海路涌向中国，其中部分人长期旅居中国，有些人还担任政府官员。归国后，马可·波罗等人记录了他们在中国的见闻，将一个文明、富庶的中国展现在世界面前，西方人第一次较为真实地了解了中国和东方。

同时，中国人的足迹甚至延伸到西亚和西欧，《岛夷志略》《长春真人西游记》《西游录》《北使记》《西使记》《真腊风土记》《异域志》等著作记载的异域见闻，使国人对外部世界有了新的认识，文化视野更加开阔。

第十二章

明朝的教育经济思想

元末，阶级矛盾和民族矛盾十分尖锐，出现了全国性的大规模农民起义，最终，朱元璋推翻了元朝的统治，于1368年建立了明朝。

明朝统治阶级为了恢复被破坏的社会经济，巩固自己的统治地位，采取了一系列恢复农村经济、安定农民生活的措施，使农业生产得到了恢复和发展，同时也推动了商业和手工业的发达。特别是在东南沿海地区，丝织业和棉织业等行业出现了许多手工工场，小商品经济逐渐繁荣起来，资本主义萌芽开始出现。

但到晚明时期，朝廷政治日趋腐败，苛捐杂税日益增多，人民生活又陷于水深火热之中，农民起义遍及全国。1644年，明朝政权被李自成率领的农民起义军所推翻。

第一节 明朝的文教政策

明朝自太祖洪武元年（1368）起，至明思宗崇祯十七年（1644）止，共276年。此时，正处于中国封建社会的后期。明王朝的建立者朱元璋面对元末战乱所造成的巨大破坏，一方面大力发展社会生产，医治战争带来的创伤；一方面加强中央集权，废除了实行一千余年的丞相制度。这使明王朝在经济高度发达、部分地区的某些行业出现资本主义萌芽的同时，专制主义中央集权也得到了空前强化，可以说在这一时期，专制主义中央集权开始走向极端。这一历史时期的教育，与当时的政治、经济和思想文化有着极为密切的关系。

元末的战乱，给当时的学校教育造成了极大的破坏，各级各类学校、书院或在战乱中被毁坏，或被迫停废，以致人们仅仅熟悉战斗之事，而不闻礼乐教化。明太祖朱元璋出身于社会下层，少年时未接受学校教育，目不识丁，但自参加反元义军后，于戎马倥偬之际发愤自学，已经有了较高的文化修养。他认识到“天下可以马上得之，不可以马上治之”的道理，借鉴了“克城以武，戡乱以仁”的统治经验，注意礼乐教化的作用。因此，他极为重视、提倡儒家学说，并注意利用释、道的作用，使之为维护明朝的统治服务。

明太祖以后的诸帝，亦无不重视儒家的教化作用，尤其是明成祖朱棣大力提倡程朱理学，颁布《五经四书大全》《性理大全》等儒家典籍于天下，令在校生员人人诵习。其他帝王莫不在重视儒家的前提下，或推崇佛教，或推崇道教，所有这些行为，其根本目的都是维护明王朝的封建统治。

统治者的指导思想对教育的影响巨大，它不仅关系到教育的内容，还关系到培养造就什么样的人才，更关系到政权的巩固和稳定等问题。所以，统治者根据需要调整指导思想也就十分正常，依据统治者的指导思想调整文教政策也就不足为奇。明朝在长达270余年的统治时间里，教育指导思想和教育政策大致经历了三次大的变化和调整。

明初沿袭宋元，程朱理学占统治地位。明朝建立之初，沿袭宋元时儒家对经学的解释，即以“二程”、朱熹为代表的理学，在学术思想上并没有什么创新。明太祖朱元璋继承了传统的统治经验，大力提倡儒学，极力尊崇孔子，规定诸生必须学习儒家经典，反对、禁止诸生学习《战国策》及阴阳家的著述。永乐年间，明成祖朱棣下诏纂修《五经大全》《四书大全》《性理大全》等书，并颁布于各级学校、衙门，摈弃了古注疏及其他各家学说，独尊程朱学说，使宋元以来占主导地位的理学成为明代官方的学术思想。在这一思想的笼罩下，明代弘治年间以前，学术思想界的代表人物薛瑄、吴与弼、胡居仁等，只是忠实地谨守程朱学说，笃行实践，在学术思想上并没有多少创新和贡献。他们所发表的言论、著述，也是蹈袭前人的陈说，附以自己的体会，而少有创见。这种局面持续了一百余年，直至正德年间以后，学术思想界才有了新的声音。

正德年间，以王守仁为代表的心学逐渐兴起，并取得了主导地位。正德年间以后，打破理学一统天下局面的是陈献章及其弟子湛若水，王守仁及其弟子王畿、钱德洪诸人，他们不满于学术思想的僵化状况，打出了学术思想方面新的旗帜。陈献章以“随处体认天理”为宗，在儒学范围内提出了新的观点。他的影响虽远逊于王守仁，但经弟子湛若水的大力提倡，到处讲学，开办书院，也产生了广泛的影响，成为当时有名的“江门学派”。王守仁以“致良知”的学说，讲学二十余年，门生弟子遍天下，影响非常大，其学说成为当时学术思想界的主流思想。

万历年间，心学的后继者们多因袭师说，不务实事，越来越流于空疏，对于当时的内忧外患毫无解决方法，于是经世致用之学——实学，经过东林书院等的大力提倡应运而生。他们反对阳明心学，提倡气节，以挽救时弊为己任，重新拥护程朱理学，重视经世致用的实学。他们的影响很大，以至于“东林党”名闻天下，天下学者以东林书院为旨归。但是，此时的明廷已是日薄西山，东林党人也无力挽救这一颓势，反而成为朝中对手的打击对象。

明朝规定，学校教育的主要内容是程朱一派对儒家经典的注疏，即理学。但是王阳明的心学兴起后，迅速渗入各级各类学校教育中，从国子监到府、州、县学，都有讲授阳明心学者。心学在各地书院大力传播，成为书院教育的主要内容，这对书院教育的影响尤为重大。天启年间，以东林书院为代表的讲求经世致用的实学开始兴起，这在当时产生了广泛的社会影响，对当时及后续的学校教育也产生了深远影响。

应该说，明初，在结束了元末以来社会动荡不安的混乱局面后，朝廷坚持“世治宜用文”的文教政策，集中精力发展教育，取得了明显成效：中央官学规模扩大，设施完备，制度完善，待遇优厚。《南雍志》中称，明代中央官学“规制之备，人文之盛，自有成均，未之尝闻也”。地方各级官学也普遍设立，并采取一系列措施，调动诸生入官学读书的积极性，一度形成“家有弦诵之声，人有青云之志”（徐一夔《送赵乡贡序》）的社会风气。经过近百年的努力，经济得以复苏和发展，政治和社会相对稳定。《明史·选举志》载：“郡县之学与太学相维，创立自唐始，宋置诸路州学官，元颇因之，其法皆未具。迄明，天下府、州、县、卫所皆建儒学，教官四千二百余员，弟子无算，教养之法备矣……盖无地而不设之学，无人而不纳之教，庠声序音，重规叠矩，无间于下邑荒徼、山陬海涯。此明代学校之盛，唐、宋以来所不及也。”

明朝统治者竭力推崇程朱理学，并将其作为文化教育领域的统治思想。明太祖朱元璋曾下令，学者讲学“一宗朱子之学”，“非濂、洛、关、闽之学不讲”。明成祖永乐十二年（1415）命翰林学士胡广等编纂《五经大全》《四书大全》和《性理大全》颁行天下，作为钦定的学校教科书。不仅如此，明代还禁止诸生读一些书籍。如洪武时，明太祖朱元璋下令删节《孟子》书中数条不利于君主专制的语句，曾晓谕国子监教官，要以孔子所订正的经书诲育诸生，不要以苏秦、张仪纵横之言败坏生员的心术，禁止学校讲习《战国策》及阴阳、谶纬、占卜等书。在推崇程朱理学的同时，还首创八股取士，从“五经”和“四书”中命题，以八股文为定式，“代圣人立言”，并以朱熹《四书集注》为标准。他还在国子监设“绳愆厅”，对违规师生执行刑罚；对地方学校则颁布禁例，镌刻卧碑，不遵者以违制论。以君主独裁为特点的封建专制政权，在文教领域里，实行种种禁锢思想的措施。

随着封建专制主义统治日趋反动与黑暗，以及封建理学的愈加保守，封建的教育制度也走向了腐朽。为了加强封建统治，明王朝对一切违反理学观点的书籍、思想、言论和行为都严加控制，对学校教育和科举考试的控制尤为严厉。在学校教育中，政府直接颁布各种训育条令，用以钳制师生们的思想，不准士人有丝毫的越轨行为。另一方面，当时正处于中国社会的变革阶段，一些早期启蒙思想家和教育家，对理学展开了猛烈的抨击。政治上，他们反对封建压迫和君主专制，提出了许多具有反封建性的初步民主思想；学术思想上，他们既反对空虚的宋学，又反对烦琐的汉学，大力提倡经世致用的实学，并在教育理论上提出了一系列具有唯物主义倾向的进步主张。

第二节　明朝招揽人才、培养人才的措施

朱元璋在近二十年的征战中，充分认识到读书人——儒士的重要性，行军所至，都大力征召当地名儒，置之帐下，以备顾问。先后征聘儒士范祖干、叶仪，商讨治国之道；召见儒士许元、胡翰等人，让其轮流侍讲经史治道；以书币征聘宿儒宋濂、刘基、章溢、叶琛四人，并特设礼贤馆处之。这些人为朱元璋出谋划策，制礼作乐，兴文教，明教化，对朱元璋稳固后方、战胜群雄、灭亡元朝、建立明朝起到了不可估量的作用。明朝统一全国后，从中央到地方，从省府部院到府州县，需要大量文人官僚稳定统治。征召既忠于明朝，又有一定才干的文人充当各级官僚，就成为当务之急。为此，明太祖总结历代封建王朝的经验，采取了一系列新的政策措施。其招揽人才、实行科举制度选拔人才、大力发展教育培养人才等措施，都具有鲜明的特色。

一、明太祖采取荐举法，广泛吸收元朝遗留下的旧官僚，征召文人儒士，选拔各色乡绅，充实各级衙门

朱元璋在建立政权的过程中，逐渐认识到人才的重要性。因此，在他即位以后，便极力地笼络人才。由于当时国家初定，各项制度还没有完善，为了获取人才，他采取了荐举法。洪武六年（1373），明太祖朱元璋下诏曰：“山林之士德行文艺可称者，有司采举，备礼遣送至京，朕将任用之，以图至治。”（《明史·选举志》）而且把荐举优秀的儒士放在了很重要的位置，因为“治国要靠制度，治国理政的各项制度是儒士们制定的，而再好的制度也要靠人，且主要是靠儒士们去推行”（《明代八股文史》），“致治之道在于任贤”（《明太祖实录》卷六十）。洪武十五年（1382）以后，他更是采取了一些重要措施，“天下郡县访求经明行修之士，年七十以下，三十以上，有司以币聘之，遣送至京，共论治道，以安生民”（《明太祖实录》卷一百四

十五）。由于上述措施的有力实施，“征至秀才不下数千”（《明太祖实录》卷一百四十七）。明太祖因此获得了大批人才，这对于明朝的巩固与发展起到了至关重要的作用。明太祖强调，将来治国“必选用贤能，以隆治化”（《明太祖实录》卷十五），这也可以说明荐举制的作用。这一做法也的确收到了成效，明王朝获得了一大批人才，如当时的名士刘基、宋濂等人。在通过科举选拔出的人才难以满足统治需要的情况下，洪武六年（1373），明太祖诏令暂停科举，改由地方官员荐举人才，荐举科目有贤良方正、孝悌力田、儒士、孝廉、秀才、人才、耆民等。

明太祖还广泛吸收元朝遗留的旧官僚，补充各级衙门。元朝遗留下的旧官僚，除了在农民战争中被消灭和早已投效过来的人外，有的是贪官污吏，有的则老朽昏庸，他们对明朝没有什么积极的作用。此外，还有那些有一定政治才干，又没有跟随元朝宗室贵族北逃，而埋名于市井、隐身于江湖的人，他们对新兴的明朝心有疑虑，这些人是明朝征募的对象。为此，明朝采用多种措施，劝说他们离开山野回归社会，吸收他们为朝廷效力。同时，对元朝各级衙门所遗留下来的吏员，择其品行端正者，补充到各级衙门中。

此外，他还大力征召文人儒士和各种读书人为官。应该说，未曾入仕的读书人才是明朝极力征用的主要对象。但是，这些人对新兴的明朝心存疑虑，持观望态度的居多，所以并不急于出来做官。他们或怀疑这一政权的稳固性，或慑于明初的严刑峻法，或耻于与匹夫出身的新贵们为伍，而甘愿隐居耕读，不想出来做官。为此，明廷多次下诏征用人才，敦促各地方政府以礼遣送他们进入京师，除授各级官职，甚至立下士大夫不为君用就要杀头的条文，强迫他们出仕。虽然明廷网罗人才的方法很完备，“不为君用之法亦特峻以深”（《古今治平略》卷三十三），但一些读书人仍不希望被荐举，甚至“阳喑为癞，借名他尸以违难”（《明书·选举志》）。这表明，当时一些读书人不愿出仕为官的态度是很坚决的，明廷的征用也是不遗余力的。在这种状况下，虽然明廷大力征召各种读书人为官，但仍然不能满足庞大的官僚队伍的需要。

上述措施的实施，并不能满足各级衙门对官吏的需求，明廷便在地方上选拔各色人才，如富户、耆民、税户人才等乡绅。明初，对于富户、耆民、税户人才等地主乡绅，曾多次召用。据记载，最多的一次征用了3700多人。但是，这些地主乡绅有很多品德不佳，他们往往是地方上的一霸，武断乡曲，欺压百姓。曾经生活于社会下层的朱元璋对此有深刻认识，因此即位后，一再以处世、安身、治家之道晓谕江南等地富户，并颁刻教民榜文，以使这些人安分守己。然而，这些地主乡绅，并不完全适合充当各级官吏，来治理百姓。因此，建立更加专业的官僚队伍，已成为当务之急。

二、明太祖吸取元朝教训，下诏“设科举以求天下贤才，务得经明行修、文质相称之士，以资任用”

相对而言，元朝对科举不够重视，以及实行以吏入仕，出现诸多问题，明太祖对此有深刻的认识：“前元待士甚优，而权豪势要，每纳奔竞之人，夤缘阿附，辄窃仕禄。其怀材抱道者，耻与并进，甘隐山林而不出。风俗之弊，一至于此。”（《明史·选举志》）为了改变这种局面，明太祖深感科举制度的重要性，因此在改元为洪武时便“下令设文武科取士”（《明太祖实录》卷二十二）。这是朱元璋关于设立科举制的最初诏令，此时明朝尚未稳定，但统治集团已开始重视科举制度了。

明洪武三年（1370）即正式恢复了科举制。明太祖诏曰：“自今年八月始，特设科举，务取经明行修、博通古今、名实相称者。朕将亲策于廷，第其高下而任之以官。使中外文臣皆由科举而进，非科举者毋得与官。”（《明史·选举志》）随后，便在京师、行省各举乡试，录用人才，而且还诏令“高丽、安南、占城，诏许其国士子与本国乡试，贡赴京师”（《明史·选举志》），即允许藩属国参加科举考试，因此也准许一些藩属国的举人到京师参加会试。明洪武四年（1371），在京师举行会试，取中120名，明太祖在奉天殿亲自进行了策问，任用第一名的吴伯宗为礼部员外郎，其余也都分别授予了相应的官职。这样，科举制度便在全国正式确立起来。但由于种种原因，“所取多后生少年，能以所学措诸行事者寡”（《明史·选举志》）。科举制度出现的一些弊端，使之选拔不出实用型人才。洪武六年（1373）二月，明太祖下诏说：“朕设科举以求天下贤才，务得经明行修、文质相称之士，以资任用”，“朕以实心求贤，而天下以虚文应朕，非朕责实求贤之意也”。（《明太祖实录》卷七十九）随即诏令暂停科举，实行荐举制。荐举制实行后，出现了更多的弊病。明洪武十七年（1384），又诏令“始定科举之式，命礼部颁行各省，后遂以为永制”（《明史·选举志》)，恢复科举。

元代科举对蒙古人、色目人与汉人、南人分别考试，分榜录取。明初取消此制，除法律规定的“贱民”外，一般平民不分族别和贫富都可应考。依此制度，明朝可以从社会上广泛吸收人才，补充官吏，但仅凭应考的文章并不能选取经世人才。此时的科举基本上仍是原来实行的考试程序和考试内容，依元朝旧制，只是增加了考察判语和诏诰章表等文体。四书义增为三道，经义增为四道，但各许减一道。经史时务策增为五道，许减二道。每道题目的答卷字数，要求为二百字或三百字。多承前制，但也有所创新。

明初科举考试的程序和办法，大体上沿袭元朝科举旧制。元朝的举人，原是各地推举应试考生的泛称，明朝才逐渐成为乡试中试而取得的专称。考试内容以朱熹、蔡沈等注本的“四书”“五经”为依据，以及考试经义、策论等体制，也都承袭了元朝。以经书为内容、以八股为格式的应试文章，自然会极大地束缚人们的才思和文思，流为应考求官的陈词滥调。

科举考试中的南北卷制度是典型的明朝特色。南北卷制度是在举行科举会试时，将全国按地区划分为南方和北方，最后按照一定的比例录取进士的制度。这一制度的初衷，是照顾教育条件相对落后的北方考生。元朝末年，北方地区遭受了比南方更大的战争破坏，使本就条件落后的教育受到了更大的打击，所以会试时南北方的中式人数相差悬殊。鉴于此，明朝宣德年间，朝廷把全国划分为南、北、中三个区域，南卷包括应天及苏松诸府、浙江、江西、福建、湖广（即今天的湖南湖北两个省)、广东；北卷包括顺天（即当时的北直隶，相当于今天的北京、天津以及河北地区)、山东、山西、河南、陕西（包括今天的陕西、甘肃、宁夏三个地区)；中卷包括广西、四川、贵州、云南，以及当时称为南直隶地区的庐州和凤阳、徐州、和州等三个府区。南、北、中三个区域按比例进行录取，对北方地区相对照顾。然而因为南北的差距由来已久，在短期内缩小非常困难，尽管实行了南北卷制度，南方的中式人数仍高于北方，这种现象直到明朝灭亡，也没有太大的改变。应该说，此举的初衷是好的，意在满足北方经济社会发展需求，加快培养北方的人才。作为明朝科举考试突出特点的南北卷制度，从另一个侧面说明了教育在一方经济社会发展中的重要作用。

明朝的科举考试，是中国古代科举制度的鼎盛阶段，考试程序比以前更加完善，而且学校教育与科举制度也达到了高度融合，各级学校的创制，都以科举制度作为向导，教学内容也以科举考试为主。明朝创制的南北卷制度，为以后的清朝所沿用，成为清朝科举制度的一项重要内容，这也是明朝科举制度的最大贡献之一。

三、明朝教育以中央官学、地方官学和社学为基础，武学、宗学和内书堂作为特殊教育机构，培养各类实用型人才

明洪武二年（1369），明太祖“令天下府、州、县各建儒学”（《明太祖实录》卷四十六），并亲自制定了天下的儒学教学和管理制度，规定了学校具体课程的设置、学官的俸禄。从中可以看出，明太祖不仅在指导思想上把兴学置于治国之本的地位，而且所采取的兴学措施也较为切实可行。这些做法，成为明朝地方官学发展超越前代的重要原因，也为明朝科举的发展奠定了坚实基础。

另外，元末近20年的战乱，造成了“人习战斗之事，莫识俎豆”的礼崩乐坏局面。学校被认为是礼仪所由出、人才所由兴的重要机构。既然旧有的各种“人才”已不敷所需，不能完全适应明王朝的要求，为了保证国家机器的正常运转，恢复礼乐，建立新的社会秩序，明廷只有大力兴办各级各类学校一途了。

明朝的官学主要有两种，即中央一级的国子监及地方一级的府学、州学和县学。此外，明廷还一再提倡兴办带有半官方性质的社学。

（一）中央官学国子监。明太祖在明朝建立前即设立国子学，作为培养人才之所。明朝建立后仍依元制在京师设国子监作为高等学府，设祭酒、司业及监丞、博士、助教、学正、学录、典籍、掌馔、典簿等学官。祭酒、司业、监丞主持国子监事，博士、助教司教育，其余为管理教务、庶务的官员。学生来源有贵族、官员子弟及各地送考的优秀学生，还有少数来自琉球、日本、暹罗等国的留学生。学生通称监生，由国子监负担费用，已婚者可携带家口就学。监生分为率性、修道、诚心、正义、崇志、广业六堂（班），每半个月有假一日。学习内容有《御制大诰》、《大明律》、“四书”、“五经”、《说苑》等书。学制两年到三年，初入学在正义、崇志、广业三堂（班），然后升入修道、诚心二堂，学习满七百天，经史成绩优秀者升入率性堂，如在一年内考试满八分者即可授任官职。

考试是明朝国子监衡量学生学习成绩的最终方式，考试从内容到形式都和科举考试是一致的，都是为科举考试做准备的。明朝国子监分为六堂，即正义、崇志、广业、修道、诚心、率性。其中正义、崇志、广业三堂为初级；修道、诚心二堂为中级；率性堂为高级。被选入国子监的贡生们入监后，要经过考试来确定进入初级或中级、高级班学习。“凡生员通‘四书’未通经者，居正义、崇志、广业堂；一年半以上，文理条畅者，许升修道、诚心堂；坐堂一年半之上，经史兼通、文理俱优者升率性堂”（《明会典》卷二百二十）。可见，这种分堂肄业的考试内容是根据科举内容而定的。国子监考试非常重视基本知识和技能，尤其重视对乡试和为官所必需的表、策、论、判等的训练。周而复始的循环式教学和考试，都是围绕这些内容进行的，以便学生熟练掌握从政的基本知识和技能。

据《南雍志》统计，洪武二十六年（1393），国子监的学生达到 8124 名，是当时规模庞大的高级学府。

明初中央一级的国子监共有 3 处，即南京国子监、中都国子监和北京国子监。其中中都国子监设置时间较短，所以一般来讲，明代有南、北两京国子监。此外，还包括武学和对宗室子弟、官吏子弟进行教育的宗学和内书堂等。

明朝对国子监的教育内容有严格规定。国子监立有严格的校规，对监生的思想行为、学习生活管束极严。明初，明太祖朱元璋继承了传统的儒家思想，一再强调学校“当以孔子之道为教”“一以孔子所定经书诲诸生”（《明书·学校志》），不能以苏秦、张仪纵横之术败坏诸生的心术。因此，国子监的教育内容以儒家经典等文化知识为主，此外还要进行习射等军事训练，以及明朝所独创的从政实践，即监生的历事制度。

“四书”和“五经”是儒家的经典，是历代学校教育的主要内容。洪武年间，对这些经典的解释，博采古注疏、宋儒注疏等多种解释。值得注意的是，《春秋》自宋朝以来各级学校都不讲习，而明太祖朱元璋认为，“孔子作《春秋》，明三纲，叙九法，为百王规范，未有舍是而能处大事、决大疑者”（《明书·学校志》），因此，要求学校要讲习《春秋》，以锻炼诸生“处大事、决大疑”的本领，研求孔子的大经大法。这表明，国子监教育以伦理道德、为人处世、治国平天下等实用内容为主，也反映出明太祖对人才的渴求和对培养生员经国治世能力的注重。

习射训练，也是监生的一项学习内容。洪武三年（1370）五月，诏令国子生练习射箭，由礼部制定习射的仪式、礼节，颁布于学校。洪武二十五年（1392），命令国子监建造“射圃”，发给监生弓箭，以便于监生们学习射箭。明太祖朱元璋很重视习射训练，他曾亲自召见国子生，询问他们的习射情况。监生们回答说：已经练习过，但还没有熟练掌握。于是朱元璋对监生们晓谕道：古时的学者，文可以经世治国，武可以戡乱安邦，所以能够出将入相，使国家永享太平，现在国家太平了，“尔等当务学，然武岂可忘哉!”（《明书·学校志》）这表明，明初规定国子监生习射，是为了培养文武兼备的通才。但是，由于科举考试中并没有关于射箭的考核，孜孜于功名与富贵的士子们并不十分重视这一训练内容，自洪武朝后，习射逐步废弛了。

从政实践，即国子监生的历事制度，是明朝教育方面的重要创造。洪武五年（1372），令国子监生员历习吏事于六部等衙门。这一命令，是为了让国子监生在学期间就能够了解并熟悉为官施政的方法和处理公文的程序，培养他们的实际从政能力，为日后做官做准备。既然明朝国子监是培养官僚的场所，生员进行从政实践也就十分必要了。明初规定以监生入监学习的先后为序，分拨到诸司历练吏事，历事完后或径直授官，或回监学习。后来，在监诸生都争着去历事，又重定以监生实际在监学习的时间长短为据，依次分拨历事。明朝监生历事的名目较多，包括正历、杂历、长差、短差、随事派遣等项。历事所在的衙门包括京城诸司，从六部衙门到监守城门，范围很广。监生历事期满后的待遇，有的直接授官，也有的仍回监读书。建文时，规定了历事监生考核法。监生历事期满后，由所在衙门进行考核，将历事监生分为上、中、下三等，上等选用，中、下等再历一年后再考定。一年后，评为上等的依上等使用；中等的，不拘品级，随才录用；下等的，仍回国子监读书。

监生历事制度，即学生的实践活动，它对培养学生的实际才能、解决各衙门办事人员短缺问题等都有积极意义。但是，监生历事期满后可以直接入仕，在鼓励监生历事热情的同时，也带来了弊端，监生争相历事，往往忽视了实学。天顺年间以前，监生往往坐监十年以上才有机会历事。此后，坐监监生太多，诸监生争相历事，于是用增加历事监生、减少历事时间等方法以解决监生积滞的问题，从而使历事制度逐步败坏了。

总之，明朝国子监的教育内容以文化知识、道德伦理方面的内容为主，程朱理学是学校教育的主要内容。同时，注意对监生进行习射等军事训练，以期培养文武兼备的全才，创立了历事制度，培养监生的从政能力。可以说，明初学校教育内容是较为合理、完善的，也正因如此，明初的国子监成功地培养了一大批名臣。

（二）地方官学以府学、州学、县学、卫学等为主。明朝地方所属的官学，以府学、州学、县学、卫学为主，还包括三氏学、阴阳学、医学等。

明朝建立后，在中央设立了国子监，招收了大量生员入学读书，但是全国各地的府、州、县学未能恢复。鉴于这种状况，洪武二年（1369）十月，明太祖朱元璋召见中书省的大臣，对他们说："今朕一统天下，复我中国先王之治，宜大振华风，以兴治教。今虽内设国子监，恐不足以尽延天下之俊秀。其令天下郡县并建学校，以作养士类。……学者专治一经，以礼、乐、射、御、书、数设科分教，务求实才。顽不率者黜之。"（《明太祖实录》卷四十六）诏令全国，在各府、州、县都设立学校。府设府学，州设州学，县设县学。

府学、州学、县学是明朝地方官学的主体。明朝在周边地区还建立了不少卫所，卫所设卫学。府学、州学、县学和卫学皆为地方儒学。明朝的儒学很发达，根据诏令，每一府、州、县都设立一所学校。当时全国计有 140 府、193 州、1246 县，当共设有儒学 1579 所。至于卫学，由于有单立和联立的不同，情况较为复杂。全国当时有 493 卫，单立和联立卫学也应该在百所以上。这样，明朝地方儒学的数量也是十分可观的。由此可以看出，明朝地方学校是很发达的，从经济、文化较发达的内地到相对落后的沿边地区，到处都建有学校。"盖无地而不设之学，无人而不纳之教。庠声序音，重规叠矩，无间于下邑荒徼，山陬海涯。此明代学校之盛，唐、宋以来所不及也。"（《明史·选举志》）

除了儒学外，明朝在地方设立的官学还包括三氏学、阴阳学和医学等学校。

洪武七年（1374），明政府沿袭元制，下诏设立孔、颜、孟三氏教授司（简称"三氏学"），令三氏子孙入学习礼。万历十五年（1587），明神宗下令将曾氏加入三氏学中，于是改三氏学为四氏学。万历四十一年（1613），进一步规定四氏学生员总数如府学之制。四氏学的创立，反映了明朝统治者对儒学的推崇及对圣贤之后的重视，因而，它是一种带有特殊意义的学校。

明朝在各府、州、县还设立了阴阳学和医学。阴阳学，府设正术一人，州设典术一人，县设训术一人。医学，府设正科一人，州设典科一人，县设训科一人。阴阳学和医学这类教育机构，并未受到明政府的重视，所设的教师，也不享受俸禄。

在沿边地区，还设有都司儒学、行都司儒学、都转运司儒学，宣慰、安抚等土司也设有土司儒学。这类学校，或设于边境地区，或设于少数民族聚居区，并不受到重视。这些学校的具体情况，也缺乏详细的记载。

地方儒学的教育内容，大致与国子监相似，确定于明太祖洪武年间。洪武二年（1369），明廷规定，府学、州学、县学诸生，专治一经（从“五经”中任选一种，作为本经），以礼、乐、射、书、数设科分教。洪武三年（1370）五月，又要求地方学校生员习射箭，规定诸生于每月初一、十五两天在公廨或闲地练习，以后有些儒学逐步开辟了射圃，以便诸生习射。洪武二十五年（1392），又重新规定了各地儒学的教育内容，改变了设科分教的做法，而规定生员要同时学习礼、射、书、数四科。这一规定，使儒学的教育内容与国子监的教育内容相差不多，但总体上讲，地方儒学对经书的学习程度要低一些；同时，地方儒学也缺乏从政实践（地方无历事制度），这是由地方儒学培养出来的生员不能直接做官的规定决定的。

（三）社学是府、州、县学的预备学校。社学是明朝倡导的由地方建立的小学，可以说是府、州、县学的预备学校。洪武八年（1375）正月，明太祖朱元璋下诏各地遍设社学，以教育民间子弟。诏书指出：“昔成周之世，家有塾，党有庠，故民无不知学，是以教化行而风俗美。今京师及郡县皆有学，而乡社之民未睹教化，宜令有司更置社学，延师儒，以教民间子弟，庶可导民善俗也。”（《续文献通考·学校考》）自此，全国各地都陆续设立了社学。

据《明史·循吏列传》记载，方克勤在洪武四年（1371）担任济宁知府，“立社学数百区，葺孔子庙堂，教化兴起”，使教化大兴。洪武八年（1375），方克勤入朝，由于政绩突出，受到明太祖朱元璋赐宴的奖赏。此前，一些地区已设立了社学，但明朝政府还没有下达在全国各地设立社学的诏令。洪武八年所颁布的诏令，只是在全国各地推广社学。

国家下诏设立社学，本来是劝导人们为善，但是众多府州县官吏无才，酷吏害民无已。社学刚一设立，官吏即以此舞弊：有愿意读书的人，因家贫无钱而不允许他们入学读书；有的家庭有三丁、四丁而不愿意读书，官吏们接受他们的贿赂而允许他们不读书，听任他们愚顽；有的家庭只有一子，或从事农业生产，或经商做工，根本没有时间读书，官吏们却逼迫其入学。

贪官污吏们将有钱的人“卖放”，将无钱的人和没有时间读书的人逼迫入学，充当生员，欺骗朝廷，致使洪武年间社学一度废止。明太祖称“朕恐逼坏良民”（《御制大诰·社学》），所以下令革罢社学。从其他材料看，此次革罢社学，大致在洪武十三年（1380）。三年之后，即洪武十六年（1383），明太祖又下诏恢复社学，并严禁有司干预，让民间自办。明孝宗弘治十七年（1504），明政府又下令各府、州、县都要建立社学，民间子弟年龄在 15 岁以下的，都要送入社学读书习礼。

明朝各地社学设立的情况，史书缺乏详细的记载，我们只能从零散的史料中窥见社学兴办的一些情况。洪武初年，方克勤为济宁知府，设立社学数百区；吴良为江阴知县，也大力兴办社学。成化初年，杨继宗升为嘉兴知府，十分重视发展社学，据《明史·杨继宗列传》载，他在任期间大兴社学，“民间子弟八岁不就学者，罚其父兄”。可以推知，此时嘉兴府的社学是十分普及的。嘉靖九年（1530），山东巡抚刘节上奏，在曲阜县治所在地设立四所乡塾（即社学），曲阜县所辖十六社每社各立一乡塾（即社学），选择孔氏生员、儒士 20 人为师，凡孔、颜、孟三氏子孙年龄在八岁以上的，都要进入社学读书习礼。这些事例表明，社学自明初至明中后期都得到了重视与发展，并未从弘治以后废弛。全祖望在《鲒埼亭集·明初学校贡举事宜记》中指出，当时社学是很普及的，“乡里凡三十五家皆立一社学，愿读书者，尽得预焉”（《续文献通考·学校考》）。

明朝社学是民间自办的教育儿童的小学，社学的教员不是朝廷官员，不享受俸禄。各地方政府鼓励兴办社学，但不得干预社学的教育活动。洪武十六年（1383），明廷规定，民间设立的社学，有司（即指府、州、县等地方政府）不得干预。凡是被官府判为有过失的人，不许担任社学的教师。

正统元年（1436），明政府又规定，各地提学官及府、州、县官要严厉督导社学，不允许使社学废弛。对其中优秀的学生，允许补充为儒学生员。成化元年（1465），明政府又重申各地方政府不得干预社学的政策，凡是民间子弟愿意进入社学读书的，官府不加阻拦；百姓因家贫而不愿让子弟入学的，官府也不得勉强。这些规定，反映出明政府对社学的重视，有助于社学的发展，也避免社学给贫穷百姓带来不便，从而使社学得以正常发展。

（四）武学、宗学和内书堂等特殊教育机构。明朝除中央官学、地方官学和社学外，还有为特殊教育对象所设立的武学、宗学和内书堂。武学生员主要是年幼袭职的武臣子弟及年纪较大而没有文化的武官；宗学生员是明朝的宗室子弟；内书堂生员是小内侍。这些学校的教育对象、目的，与普通学校有较大的区别。教育目的、对象的特殊性，决定了这些学校的教育内容也有其独特之处。

武学的教育内容包括两个方面，即文化教育与军事训练。文化教育方面以伦理道德、军事谋略为主，应读的教材：一是从《论语》《孟子》《大学》等中任选一种，这是伦理道德方面的著作；二是从《武经七书》《百将传》中任选一本，这是有关军事谋略方面的著作。军事训练以演练弓马为主，教官要率领幼官、武职子弟到城外空地演练弓马。幼官、武职子弟每五日演练弓马一次，各营总兵官、兵部正官要亲临监视考验，岁终奏报朝廷。武学生员还有一些特殊人物，即都指挥以下的朝廷武官，这些人年纪较大，文化程度很低，甚至为文盲。正统时规定，他们每五日入武学听讲一次，教官讲授《大诰武臣》、《百将传》、史鉴、古今名臣善言嘉行等内容。对都指挥以下朝廷武职官员的教育，是为了灌输忠君思想等伦理道德方面的内容。

明太祖朱元璋十分重视宗室子弟的教育，宗学的教育内容也以御制著作为主。万历十年（1582）规定，宗室子弟所读的书以《皇明祖训》《孝顺事实》《为善阴骘》等为主，兼习“四书”、“五经”、《性理》及史鉴等书。《皇明祖训》为明太祖朱元璋御制。朱元璋考虑到后世嗣君生于深宫之中，阅历较浅，对人情世故不了解，为了便于他们统治天下，乃设立家法，让后世子孙永为遵守，于是撰制了此书。全书分祖训首章及持守、严祭祀、谨出入、慎国政、礼仪、法律、内令、内官、职制、兵卫、营缮、供用等章，对宗室子孙、后世嗣君的起居、品德、处理政务等的方法和宫廷制度都作了明确规定。洪武二十八年（1395）九月，颁布于内外文武衙门。科举考试开设宗科后，宗室子弟可以参加科考。

内书堂的教育内容包括三个部分，一是社会上通行的儿童启蒙读物，如《百家姓》《千字文》《神童诗》《千家诗》《孝经》等书；二是当时士子们所诵读的《大学》《论语》《中庸》和《孟子》，即“四书”；三是小内侍的专业读物，即《内令》《忠鉴录》《貂珰史鉴》和判仿、习字等。判仿用于培养小内侍对廷臣所上章奏进行批答，对阁臣的票拟进行批红。但判仿仅仅是标明日子，并不真正解决问题。这说明“判仿”仅仅是为了供内侍学习批答章奏，为以后进入司礼监作准备。习字，即依据名人的字帖，练习书法。总之，内书堂作为特殊的学校，其教育内容既重视文化知识和伦理，也注意进行有针对性的教育。

武学、宗学和内书堂，是明朝的特殊学校，它们的教育内容有其独特性。除了进行社会上通行的伦理道德教育外，武学以军事谋略、弓马演练为主，宗学以皇家规范、《皇明祖训》等为主，内书堂以历代宦官的善恶、行事规范等为主。

明朝学校教育内容，随着社会思潮的发展也发生了很大的变化。明中叶以后，王阳明心学兴起，逐渐渗入学校教育内容之中。明后期，随着西学东渐，西洋科技也对学校教育内容产生了很大影响。

明朝的学校，不仅是培养人才的教育机构，而且也是行使社会教育职能的特殊机构，不同的教育机构培养社会所需的不同人才。明太祖朱元璋十分重视学校的教化作用，一再强调“治国之要，教化为先；教化之道，学校为本”（《明太祖实录》卷四十六）。洪武八年（1375），明太祖诏谕都御史：“惟致治在善俗，善俗视教化。教化行，使间阎可化为君子；教化废，中材不免于小人。”（《明书·学校志》）洪武十六年（1383），又敕谕国子监祭酒宋讷：“太学天下贤关，礼义所由出，人材所由兴。”（《明史·职官志》）此后，历代皇帝都注重学校的教化作用，每一位皇帝都要幸太学，祭祀孔子，以示范于天下。

明太祖朱元璋还直接规定了学校在社会教化方面的作用。洪武五年（1372），明政府规定全国各地的学校都要举行乡饮酒礼，每年春正月、冬十月，由学官率领士大夫举行。并试图通过乡饮酒礼，达到序尊卑、别廉耻、知礼让的教化目的。民间百姓也要举行乡饮酒礼，以百家为一单位，按年龄大小、分尊卑等级排坐，以里长或粮长主之。洪武十六年（1383），又颁布乡饮酒图式，下令各府、州、县，每年正月十五日、十月初一日在学校中举行乡饮酒礼。按规定，乡饮酒礼由司正、赞礼、赞引和读律等人负责组织实施，而司正、赞礼、赞引和读律诸人，都由学校教官中的贤能之人担任。司正在乡饮酒礼的仪式中，按照朝廷规定的内容讲话，其主要内容包括：朝廷崇尚礼教，举行乡饮酒礼，不是为了大吃大喝，而是要求大家长幼相劝，使做臣子的人尽忠，为子弟的人尽孝；长幼有序，兄友弟恭；内睦宗族，外和乡里。很明显，乡饮酒礼的主要意图是教化民众，使他们遵守朝廷所颁布的律令、礼法，从而达到行教化、善风俗的目的。乡饮酒礼由教官负责进行，场地设在学校，这并不是为了教育生员，而是为了发挥学校在社会教育方面的作用。但是，明中叶以后，世风日下，学校的教化作用日益萎缩。

综上所述，明朝的学校分为中央学校与地方学校，这便构成了明朝完整的教育体系。中央学校（国子监）和地方学校（府学、州学和县学）的生员都可以参加科举考试，中举人，成进士。但明政府又规定，府、州、县学诸生只有进国子监后，才可以得到官职，府、州、县学还有向中央学校即国子监选送优秀生员的义务。所以，二者之间的这种特殊关系，不能简单地理解为府、州、县学相当于中学，国子监相当于大学。明朝的社学是由政府倡导、民间兴办的教育儿童的学校。正统元年（1436）又规定社学中俊秀好学的生员，可以选补为地方儒学的生员。这说明社学实际为地方学校的预备学校，属于小学教育的领域。

明朝的学校体系完整，从儿童教育到成人教育，从地方到中央都设有学校，形成了一个庞大的教育网。这些学校除了教育生员、为朝廷培养官僚外，还有另一项重要任务，就是承担社会教化的任务，即正风俗、行教化，这也是明代社会教育的一个重要组成部分。

第三节　明初的教育经济思想

明朝建立统一的封建帝国后，在文化教育方面将程朱理学推上独尊的地位。洪武元年（1368），明太祖下诏说：“天下甫定，朕愿与诸儒讲明治道。有能辅朕济民者，有司礼遣。”（《明史·太祖本纪》）而明初统治者崇儒尊经，实际上是推崇宋儒，尊重程朱注释的儒经。因而，明初理学的教育思想，占统治地位的是程朱理学教育思想，这一时期涌现的理学家、教育家，主要是倡导、复述程朱学派的教育主张。但是，在明初的一百多年里，教育思想的发展并非完全是程朱理学的简单重复。明初涌现出不少理学家、教育家，诸如方孝孺、薛瑄、吴与弼、曹端、胡居仁等，尽管他们大多崇奉程朱，继续阐发程朱的教育思想，但是，他们在阐发过程中又都有自己的主张，形成了自己的思想，其中也不乏创新之处。

在教育经济思想方面，他们也有许多独到见解，不仅为教育的经济作用注入了新的内容，而且对明以后研究教育的经济作用也有所启发。在这方面，比较突出的是吴与弼，他长期从事教育活动，在十分艰难的条件下讲学，往往是和弟子们一边劳动一边讲学。《明儒学案·崇仁学案》载："居乡躬耕食力，弟子从游者甚众……雨中被蓑笠，负耒耜，与诸生并耕，谈乾坤，及坎、离、艮、震、兑、巽，于所耕之耒耜可见。归则解犁，饭粝蔬豆共食。"他就是在这样的生活实践中从事讲学授徒，培养出了一代学人。吴与弼这种重身体力行的教育方法，开教育与经济结合、教育与社会发展结合之端，于是从学者甚多，如娄谅、胡居仁、谢复、郑伉、胡九韶、罗伦、陈献章、周文等人。这种讲学授徒的方法，客观上促进了明代学术的繁荣与发展。

分析明初思想家的教育思想，我们从中亦可以体味到明初学术思想的变化趋势以及思想家的一些共同特点。

一、方孝孺主张教民与养民相辅相成，不可偏废，君臣百官时刻不能忘记教民、养民的职责，坚决避免"劳天下之民以自奉"

方孝孺自幼习读儒家经典，深受儒家民本思想影响，入仕后忠心辅君，纠正洪武时期烈猛治国、重典驭臣的弊政，与建文帝一起推行善政，治国以仁，爱民如伤。辅佐建文改制而成的"建文新政"效果明显，深得民心。"士大夫崇尚礼义，百姓乐利而重犯法，家给人足，外户不阖，有得遗钞于地，置屋檐而去者。"建文失国后，"哭声震天，而诸臣或死或遁，几空朝署。盖自古不幸失国之君，未有得臣民之心若此者矣。"(《客座赘语》卷一)

方孝孺（1357－1402），字希直，又字希古，号逊志，曾以"逊志"名其书斋。曾师从宋濂，文章、学问为宋濂诸弟子之冠。他轻文艺，重教化，以明王道、致太平为己任，洪武二十五年（1392）任汉中府教授，蜀献王聘他为世子师。建文帝时任翰林侍讲，颇受信任，凡大政多所咨询，当时《太祖实录》及《类要》等书皆由他总裁。建文元年（1399），燕王朱棣发动争夺皇位的战争。建文帝廷议讨伐，诏檄也都出于方孝孺之手。朱棣夺得皇位后，命他起草诏书，他却斥朱棣篡位，拒绝投效，本人及亲友学生870余人因此遇害，成为中国历史上唯一一个被诛十族的人，后追谥文正。

方孝孺以秦、隋二世而亡为例，指出秦与隋的第二任君主都是“昏惑之主，欲富国者，必厚敛民，以适其欲”（《逊志斋集·隋文帝》）。秦二世与隋炀帝为了满足自己的私欲，毫无节制地盘剥百姓，致使人民不堪重负而起义，“侈纵以致败亡”（《逊志斋集·隋文帝》）。历史的教训表明，君主应当藏富于民，让百姓富裕起来。在天下财富有限的情况下，一旦富国与富民出现矛盾，方孝孺主张富民为先，富国在后，宁愿让财富藏之于百姓之手，也不要收之于官家的府库之中。百姓富足，可以更好地促进生产发展，创造更多社会财富，进而促进国富目标的实现，由此，方孝孺强调以仁治国。

以仁义治国是儒家民本思想的重要内容，方孝孺亦然。他说：“古之圣人，不忍杀一不辜，行一非义而取天下。”（《逊志斋集·梁武帝》）圣人在取得天下的过程中行仁义，治理天下更是如此，“仁足以施法政，义足以洽乎民心”（《逊志斋集·君量》）。人君本着仁爱情怀，推行治国理民的各项政策，其恤民之心可以保证国家各项法令法规顺利贯彻实施。“义”又能使社会的方方面面祥和融洽。为形成这种“德洽令孚”（《逊志斋集·君量》）的美妙局面，方孝孺主张“推仁义而寓之于法”。他说：“古之圣人既行仁义之政矣，以为未足以尽天下之变。于是推仁义而寓之于法，使吾之法行，而仁义亦阴行其中。故望吾之法者，知其可畏而不犯；中乎法者，知法之立无非仁义而不怨。”（《逊志斋集·深虑论》）可见，方孝孺的治国主张乃是以仁施治，法为保障，主要包含下述内容。

主张“视民如伤”。他指出，“王者之学，以古为师，穷理正心，固守勇为，法尧为仁，法舜为孝，视民如伤，文王是效，简册所陈，善政嘉猷”（《逊志斋集·正学》）。在方孝孺心中，“视民如伤”是行仁政以治国理民的必然需要，有了“视民如伤”的政治立场与价值取向，治国者就能像上古圣王那样重民、惜民、爱民了。由此出发，方孝孺猛烈抨击了历史上盘剥万民、竭泽而渔、视民如草芥的做法，呼吁统治者“正德、利用、厚生”（《逊志斋集·周官》），对待百姓“当若冬日之阳、夏日之阴”（《逊志斋集·读邓析子》），在百姓需要的时候为他们提供雨露阳光。这样“物阜而民康，实皇家太平之基”（《逊志斋集·箴》）。方孝孺的这一主张在建文帝时得到很好的贯彻，为明王朝创建了“四年宽政解严霜”（《建文书法拟·过金陵吊方正学诸臣》）的新气象。

主张推行井田制，提倡藏富于民。洪武时期，朱元璋采取了一系列保民措施，并试图以残酷的刑罚震慑贪腐官员与豪强劣绅，却未能从根本上阻止强势群体对土地近乎疯狂的掠夺。有些地区的军卫屯田尚不能幸免，遑论普通百姓。有鉴于此，方孝孺强烈主张推行井田制，“孰非民乎？孰富孰贫乎？孰衣文绣，孰如悬鹑乎？屈为佣隶，天宁不仁乎？仁莫如井田”（《逊志斋集·杂问》）。可见，方孝孺行井田的目的很明确，就是抑制豪强势力的土地兼并，实现农民“耕者有其田”的千古梦想，让百姓拥有基本生存依托，而绝非腐儒式的简单复古。方孝孺希望井田制既能满足国家的基本赋税要求，又能让百姓在恢复、发展生产的基础上，依靠勤劳节俭致富，从而实现百姓的福祉。推行井田制，不仅能够阻遏贫富分化趋向，而且有益于缓解社会矛盾，钝化趋于尖锐的贫富及官民对立。显然，方孝孺的这一思想是朱元璋“厚民生”“重民命”治国策略的进一步细化与落实。

方孝孺认为，教民与养民相辅相成，不可偏废。在这个问题上，君臣应该厘清各自的职责，“天之意以为位乎民上者，当养斯民；德高众人者，当辅众人之不至，固其职宜然耳。”（《逊志斋集·君职》）所以，君、臣作为政治活动中的主要角色，一定要对自己的职责有准确定位，各司其职，各尽其责。否则，“不知君之职在乎养民，是以求于民者致其详，而尽于己者卒怠而不修。赋税之不时，力役之不供，则诛责必加焉；政教之不举，礼乐之不修，弱强贫富之不得其所，则若罔闻知”（《逊志斋集·君职》），教民与养民又怎能得到落实呢？所以，方孝孺主张，君臣百官时刻不能忘记自己教民、养民的职责，既要教育民众在政治体系中找准自己的位置，尽到自己为民的义务，又要通过政权通道，为社会制定政策法令以养民，尤其应该坚决避免“劳天下之民以自奉”（《逊志斋集·民政》）。

方孝孺认为，治国以仁最为重要的是重用人才，慎选治国理民之吏，这是根本。他说：“为国之道，莫先于用人。”（《逊志斋集·深虑论》）治国以仁、重民爱民的政治主张能否得到落实，关键在人才选拔与治国理民之吏的任用。“国之本，臣是也。”（《逊志斋集·杂诫》）方孝孺以史为鉴，剖析了用人与国家兴衰之间的因果关系：唐玄宗时期，张九龄一度为相，以其品行高洁使朝中“小人困，不得志”，张氏免相后，“唐室渐乱，而几亡国”（《逊志斋集·张九龄》）。“二世之任赵高，哀、平之任王莽，玄宗之任李林甫”（《逊志斋集·深虑论》），都是用人失当而导致国家走向衰亡的惨痛教训。故此，治国理民需要人才，人才务必有德。德才并具是方孝孺理想的人才标准。在方孝孺眼中，人才的首要品质是忠君，要有“慷慨赴国难，殉国忘其家”的精神。同时，还要胸怀天下，忧国忧民。此外，为官者还要具备“公廉”品质。方孝孺认为，“国之所尚者，公廉”（《逊志斋集·孝思堂记》）。也就是说，官员应该以“公”为心，以民为意，不贪货财。官员公廉与否，直接关系到民心向背、社稷安危、国家存亡。历史上的王朝兴替大多与官员廉洁与否相关。一个国家的官员如果不公廉，势必导致国贫，“聚敛之臣贵，则国贫”（《逊志斋集·杂诫》）。再次，为人臣要“大度”。方孝孺说：“天下之事，成于大度之君子，而败于私智之小人。智之于人，固可以成事，然用之以私意，则流为诡诈险侧。”（《逊志斋集·郑灵公》）在人才使用上，方孝孺主张“各尽其才，而如其所欲”（《逊志斋集·深虑论》）。这样，将人才安排在最适合的位置，使他们才尽其用。为了更好地调动人才的积极性，方孝孺主张对人才要“推之以诚，而待之以礼，使邪佞无所进其谗”（《逊志斋集·深虑论》）。对卓有贡献的人，“任之终其身不为久也，爵之极其崇不为滥也”，尸位素餐者“黜而屏之不为少恩也，罚而殛之不为过暴也”（《逊志斋集·深虑论》）。

方孝孺民本思想的可贵之处，首先在于他强调了封建执政者权力来源的合法性，基础在于“养民”，并据此提出打破官府借助国家权力进行垄断经营、与民争利的传统，主张让利于民，倡导富国必先富民，降低百姓赋税，实行官府俭省而赋税降低的爱民措施。此外，他力倡视民如伤，慎选官吏，仁政与礼法相结合，落实藏富于民的政策主张。方孝孺的上述主张在建文帝时期获得了很好的实践，一度创造出绚烂的繁荣局面。更为重要的是，他提出的教民与养民的主张具有重要的教育经济意义。在方孝孺看来，君臣百官时刻不能忘记自己教民、养民的职责，民众也要找准自己的位置，尽到自己为民的义务。二者相辅相成、不可偏废的思想，充分证明了教育的经济社会作用。

二、薛瑄倡导求实理、务实用学风，不仅明确提出“实学”概念，而且一生躬行实践，开明朝务实学风之先河

薛瑄是明朝著名的理学大师，他推崇程朱理学，在思想上与程朱理学一脉相承，

但又并非简单延续程朱理学，而是进一步完善和发展了程朱理学。他在“理无穷，故圣人立言亦无穷”（《读书录》卷六）思想的指导下，弃旧图新，提出了不少具有唯物主义思想倾向的观点，对明中叶兴起的理学唯物主义思潮起到了首倡和先导作用，对当时理学家、教育家的影响很大。

薛瑄（1389－1464），字德温，号敬轩，河东学派的创始人，世称“薛河东”。永乐年间，青年时期的薛瑄便在学者徐怀玉、魏希文、王素亨等人的指导下，专心攻读宋明理学，颇有造诣。从政以后，他更是勤学不辍，一有空闲，便亲自抄录《性理大全》一书，认真读诵，读书中如有心得体会，便立即记载下来，后来记得多了，便集成《读书录》和《读书续录》，共二十三卷，成为薛瑄在理学方面的重要论著。

薛瑄在近二十个春秋的从教生涯中，逐步形成了以求实理、务实用的“实学”思想和学风为本质特色的理学教育思想体系。薛瑄不但明确提出了“实学”的概念，而且赋予其丰富的内涵。他说：“人于‘实’之一字，当念念不忘，随时随处省察于言动居处、应事接物之间，必使一念一事皆出于实，斯有进德之地。”（《读书录》卷十）。又说：“为学不在多言，亦顾力行如何耳！”（《读书录》卷二）他在强调行的重要性的同时，也肯定了知对行的指导作用。他说：“知理而行者，如白昼见路分明而行，自无差错；不知理而行者，如昏夜无所见而冥行，虽或偶有与路适会者，终未免有差也。”（《读书录》卷四）由于薛瑄力倡“实学”，并一生躬行实践，所以他的学说被时人称为“笃实践履之学”，他本人也被誉为“实践之儒”。

薛瑄的教育方针主要强调力行实践，学以致用，反对“徒诵习纸上之经”而不“验于身心，力而行之”的空谈。这是薛瑄为学、为教之道的根本，也是他的实学思想的核心。从这个意义上说，薛瑄的实学理论和学风是他长期教育实践活动的产物，同时又指导着他的全部教育实践。薛瑄正是通过长期的教育实践活动，按照自己的实学理论和学风，培养造就了一批又一批学者。其学生有的继续讲学授徒，把薛瑄的思想和学风再传给他们的门生弟子，乃至三传、四传。

《四库全书总目提要》有以下几段描述：

> 大抵朱、陆分门以后，至明而朱之传流为河东，陆之传流为姚江，其余或出或入，总往来于二派之间。（《四库全书总目提要》卷五十八）

明河东一派，沿朱之波，姚江一派，嘘陆之焰，其余千变万化，总出入于二者之间，脉络相传，一一可按。（《四库全书总目提要》卷九十四）

朱、陆二派，在元则金、吴分承，在明则薛、王异尚，四百年中，出此入彼，渊源有自，脉络不诬。（《四库全书总目提要》卷五十八）

这几段论述，不仅阐明了薛氏河东之学的思想渊源及其学统传承关系，而且明确指出，以薛瑄为代表的河东学派和以王守仁为代表的姚江学派，是纵贯明代理学思潮的两个主要流派。

这不仅说明了河东学派具有“笃实近理”的思想风貌，体现了薛瑄的实学理论和学风，而且说明薛瑄倡导的实学理论和学风，经由他的门生弟子数代相传，得以长期流传不息。

薛瑄及其河东学派是明朝前期社会矛盾发展变化的产物。明朝“以理学开国”，明朝前期，程朱理学占据统治地位，社会也相对稳定与繁荣。但是，经过“土木堡之变”后，国势急剧颓败，而随着资本主义萌芽的破土而出，阶级矛盾又进一步加剧，明王朝封建政权更是岌岌可危。同时，程朱理学的固有矛盾也充分暴露，愈益支离庞杂、陈腐空疏，再也不能适应社会需要了。在这种情况下，许多忧国之士，在痛苦地探索国运不济的根源时，不能不对程朱理学进行深刻的历史反思。于是，一股批判与改造理学，企图另寻新义的社会思潮在学界兴起，程朱理学面临着挑战与解体的危机。薛瑄主要生活于明宣德至天顺年间，正值明王朝由极盛走向衰颓的历史转折时期。他目睹了诸如王振专权、土木堡之变、英宗复辟、于谦被害、曹石乱政等一系列政治风云变幻。作为忧国之士，薛瑄不得不从振兴明王朝国运出发，对程朱理学进行修正。他第一次旗帜鲜明地批驳了朱熹所谓“理在气先”和“理气决是二物”的宇宙观，推动了程朱理学开始向着“气学”方向发展，从而直接启迪了明中叶以后“气学”思潮的兴起。他尤其针对朱学的空谈性理、不求实用，以及俗儒醉心训诂、烦琐解经的学风进行批判。他大力倡导“笃实践履”“明经致用”的学风，由此开启了明代务实之风的历史先河，对明代实学思潮的形成起了重要的作用。

总之，薛瑄及其河东之学是明代理学解体过程中一个承前启后的中间环节，是由程朱理学向明清实学转化的一个重要环节。他按照自己的“为教之道”思想培育人才，其学生有的继续讲学授徒，把薛瑄的思想和学风再传给他们的门生弟子。河东学派弟子遍及山西、陕西、河南、湖北等地，他们在弘扬薛瑄思想学说和发展程朱理学方面发挥了巨大作用。其学传至明中期，又形成以吕柟为主的“关中之学”，其势“几与阳明中分其感”。清人视薛学为朱学传宗，称之为“明初理学之冠”“开明代道学之基”。高攀龙认为，有明一代，学脉有二：一是南方的阳明之学，一是北方的薛瑄朱学。其影响之大可见一斑。

三、吴与弼所开创的“崇仁学派”对明朝学术思潮和教育思潮的兴起具有“启明”作用，耕读教育思想独树一帜

吴与弼（1391—1469），字子傅，号康斋，7岁学对句，12岁进京探望在京任国子司业的父亲后，留在京城学诗赋，学举子业，19岁时偶然读到朱熹的著作《伊洛渊源录》，令其神往，慨然有志于道，说：“睹道统一脉之传，不觉心醉。”从此，吴与弼放弃学举子业，独处小楼，专攻“四书”、“五经”、诸儒语录，体贴身心，醉心于程朱学说，不下楼有两年之久。学成之后，在家乡小陂书院讲学授徒，但仍耕种田地，率领弟子过着耕读式的生活。晚年受到朝廷征召，授左春坊左谕德之位，辅佐太子读书，但吴与弼以年老多病为由，拒不就职。吴与弼一生过着读书、耕种、教学、出游、做圣贤功夫的生活，著有《康斋集》十二卷。

吴与弼创办的富有特色的小陂书院，培育弟子众多，其中不乏成就显赫者。学术史家黄宗羲编撰《明儒学案》时，以吴与弼的“崇仁学案”为开篇第一卷，其原因正如他所评价的：“微康斋，焉得有后时之盛哉？”吴与弼所开创的“崇仁学派”对明代学术思潮和教育思潮的兴起具有“启明”作用。在吴与弼的教育思想中，他的耕读教育思想更是独树一帜，影响深远。

吴与弼的耕读由两种形式组成。第一种形式是边耕边读，就是将书携带到田地里头，或辍或作，辍时读书，这时读书便成为一种休息方式。如《日录》记载：“莳蔬园中，虽暂废书，亦贫贱所当然，往亲农途中读《孟子》，与野花相值，幽草自生而水声琅然，延伫久之，意思潇洒。”劳动时读书与在书房中读书，有截然不同的感受。劳动时读书能体会到在书房读书时没有的感觉，劳动时读书能贴近大自然，直接感受自然界万事万物的生意盎然。边耕边读带给吴与弼的不仅是享受自然的快乐，

还有读书充实之乐。耕读带来的充实之乐，吴与弼描述得很多。例如《日录》所言："夜徐行田间，默诵《中庸》字字句句，从容咏叹，体于心，验于事，所得颇多。"

耕读的第二种方式是工余读书，《明儒学案》中称为"归则解犁，饭粝蔬豆共食"。一天的辛勤劳动结束之后，师生一起共进简便晚餐，之后就到了晚间集中读书时间。或由老师讲解，或读书自学。其诗《讲罢偶成》，反映了他工余讲学情形："万事应须任所遭，胼胝农圃敢辞劳。西斋讲罢心如水，又对凉天霁月高。"工余读书是件很享受的事情，甚至听弟子收工之后的琅琅读书声，对吴与弼来说也是一件乐事。如《日录》记载："东斋对月，花竹参差，清景可爱，听诸生诵声，甚乐。"反映工余读书的典型诗句是："田圃工夫日破除，小窗灯火夜诗书。"

吴与弼创办的小陂书院，就是一所为农家子弟提供受教育机会的学校。小陂书院实质上就是一所耕读式的道德教育书院，耕读教育旨在立德进德。至于耕读为什么可以立德进德，吴与弼有下面两种认识。

其一，学者耕读，可以抚育天地，从而立德。对于自然界的美景，吴与弼并不只是一个纯粹的审美家，而是从一个被大自然抚育的一分子的角度，来感受自然界的生气。《明儒言行录》记载了吴与弼外出视察农耕之轶事。相传吴与弼的弟子在田里耕地，吴与弼故意问他们在做什么，他们回答说在耕地，这时吴与弼微笑地纠正他们说："不，你们这是在改造和抚育天地。"吴与弼认为，学者在耕种的同时，也是在帮助抚育天地的过程。通过生产劳动，将自然界运行的"理"与学者内在的"理"建立联系，使生产劳动和立德建立联系。

其二，学者耕读，可以养成务实作风，从而进德。吴与弼很关心自己弟弟的成长，期望他养成为人踏实、做事务实的品行，所以他提议让弟弟到乡间来接受耕读教育锻炼。当他得知父亲要将弟弟送到乡间跟他学习时，他给父亲回信道："盖不惟乡里纯朴、清俭，可以为进学德之资，抑早有以知稼穑之艰难，则他日可不流于放逸。"（《康斋集》卷八）在信中，吴与弼大力陈述接受耕读教育的好处，同时也揭示了他创办耕读教育书院的目的之所在。

吴与弼所倡导的耕读思想，是中国古代道德传统中的一份宝贵财富，其中所蕴含的勤劳俭朴的美德培养、勇毅刚强的品德化育和师友共济的氛围营造，成为完善个人道德的基础。吴与弼耕读教育思想对崇仁学派产生了很大影响：对崇仁学派弟子进行儒家思想的系统传授，为其日后创立学说奠定了坚实的理论根基；对崇仁学派弟子为学精神和为学工夫的启发，为其日后发展打开了指路明灯；吴与弼耕、读、教三位一体的生活模式，为崇仁学派弟子提供了可效仿的典范。崇仁学派弟子从师还乡之后，多数像吴与弼先生一样，并不热衷于参加科举考试，反而选择在当地当一名教师，过着边耕边读的生活。

应该说，明初教育的发展，出现了百家争鸣的良好局面。这是从以中国传统儒学、理学思想主导向实学转变，进而由实学向西学东渐、崇尚自然科学的变化过程。尽管他们的思想观点还很稚嫩，但这一思想变化是明清之际实学思想的积淀，也是明清实学产生的基础，开明清实学之先声，应该引起我们的重视。

第四节　明中期“阳明学派”的教育经济思想

围绕程朱学派形成的教育传统窒息了人们的思想自由，针对宋明理学的日趋衰败，尤其是“心学”的禅化，以王守仁为代表的阳明学派反对空谈心性，主张尚实学、重实证，讲求“知行合一”，力倡“务实”之风。因王守仁曾筑室于会稽山阳明洞，自号阳明子，世称阳明先生，故该学派被称为阳明学派，亦称王学。

王守仁（1472—1529），字伯安，别号阳明，精通儒家、道家、佛教学说，且具有非凡的军事才能和精深的文学艺术造诣，官至南京兵部尚书，封新建伯，谥文成，故后人又称王文成公。他一生仕途坎坷，然治学不倦，成就卓著，堪称学界巨擘。他创立的“心学”思想体系，积极追求个性解放，冲破了“理学”的传统观念，在封建社会后期产生了重要影响。他敢于反对旧道学的禁锢，其教育思想有着浓烈的创新精神。他不仅有文韬武略，还是一位治世能臣。清代名士王士祯称赞他“立德、立功、立言，皆居绝顶”，为“明第一流人物”。

明朝中叶的教育传统，限制了人们的思想自由。当时的知识分子都把朱熹注的“四书”和《性理大全》等书奉为金科玉律，不敢稍有出入，否则即被视为离经叛道。王守仁对这种僵化沉闷的社会状况颇为不满，所以他在教学实践中，特别重视教育与社会实践的结合，并充分利用儒学、社学、书院等多种形式，宣传自己的教育主张，使其学术思想得以迅速传播。他最初主要是针对宋明理学的日趋衰败，尤其是“心学”的禅化，其后发展为对封建专制主义和封建蒙昧主义的批判，具有早期启蒙思想性质。这一进步思潮，由学术思想领域而影响到政治、经济、科学和文学艺术。其基本特点是尚实学，重实证，讲求经世致用，反对空谈心性，力倡务实之风。

王守仁生活的16世纪，是我国封建社会日趋没落及资本主义萌芽产生的时代。当时的阶级矛盾及统治阶级内部矛盾日益激化，大批自耕农的破产及商品经济的发展冲击着旧有的封建统治秩序，农民起义此起彼伏；各地藩王争斗不已，统治集团内部荒淫腐朽、奸佞立朝、宦官专权，使得明王朝处于一种危机四伏的状态，用王守仁的话说：“何异于病革临绝之时!”(《王文成公全书·答储柴墟》) 面对这一“沉疴积痿”的局面，王守仁认为，政治、经济的衰败是由于道德沦丧；道德沦丧是由于学术不明，而学术不明的根本在于朱学的流弊。于是，他以“正人心，息邪说”为目的，从攻讦朱学入手，试图为统治阶级另谋思想，借以挽救明王朝的统治危机。

明初以来，程朱理学已渗透到社会的各个角落，其所表现出来的弊端也愈来愈明显。在教育界，科举皆以朱熹所注的“四书”“五经”为标准，不许有任何的发挥，一度造成了学人士子“非代圣贤立言之学不讲”的僵化局面。在学术界，大多数人都笃信程朱，“谨绳墨”，“守儒先之正传”，不敢有任何不同的学术见解。到明中叶，已是学术衰退，人才不济，天下读书人皆空谈性理，而对经世致用之学、兵刑水利之事一概不知，对日益严重的社会危机无能为力。就王守仁个人而言，他早期的学术道路受程朱理学的影响也非常深。在当时，和大多数人一样，他“始泛滥于词章，继而遍读考亭之书”(《明儒学案·姚江学案》)，他曾信守朱熹的“格物致知”之说，并坐官署的竹园中“取竹格之”。但这样持续了一段时间之后，他除了“劳神成疾”，一无所获。由此，他开始对朱熹的“格物论”产生了怀疑。他说：“朱子所谓格物云者，在即物而穷其理也，即物穷理，是就事事物物上求其所谓定理者也，是以吾心而求理于事事物物之中……如求孝之理于其亲之谓也……假而果在于亲之身，则亲没以后，吾心遂无孝之理欤?”(《王文成公全书·答顾东桥书》) 他的这段话，揭露了朱熹学说中的“物理”与“吾心”之间的矛盾。王守仁认为，朱熹对“物理”与“吾心”的解释只能把人引上“支离考索”的邪路而最终无补于身心。

于是，他急起而攻，专从“吾心”出发，“继而出入佛老，三变其学”，最终建立了他的“致良知”的心学体系。他的这一理论，无疑摆脱了朱子学说中那套烦琐而又僵化的教条，而以一种直截了当的简易方法，满足了人们追求向上的心理要求，所以王守仁的学说，一度颇受桎梏于训诂词章之中的学人士子的青睐，以至在嘉靖、隆庆年间，阳明学派已遍及全国，特别是江淮以南，其影响更大，打破了程朱理学的学术一统局面。

可以看出，王守仁的学术思想之所以能够迅速传播，从根本上讲，是因为一味诠说经典、玄谈义理的程朱理学无助于解除当时越来越严重的社会危机，而以“拯救人心”为矢的，竭力宣扬理性作用的王学，则有利于明朝调整政治策略并维持下去。王守仁对程朱理学宣扬“谨绳墨”“守儒先之正传”而不问经世致用之学非常不满，所以在他的教学实践中，特别重视教育与社会实践的结合。成功的教育实践，使他的许多弟子学有所成，并在他去世以后，担负起传播王学、教育后人的重责，为丰富和发展阳明学派的教育思想作出了很大贡献。王守仁的教育主张，扭转了多少年来教育墨守经典的学风，使教育不断地贴近生活、贴近社会，开创了中国教育与经济社会相结合的先河。

这里，我们首先对王守仁关于圣学在于“能学成其用”思想作些分析，了解他关于教育怎样与社会相结合，教育又如何为社会服务的思想。然后，再从他提倡“知行合一”的教育方法，了解他的教育经济思想内容。当然，王守仁的教育思想还是为封建统治阶级服务的。他关于教育的主张是教人做人，而做人的模范是“圣人”。所以，他关于教育的最高理想，是通过“致良知”，把人的内在精神转化为道德的自觉，使“学者学为圣人”。他提出“圣人可学而至”的口号，成为人们努力的目标。无论中人以上的人，还是中人以下的人，甚至“愚夫愚妇”，只要经过“百死千难”的考验，对自己作一番存在价值的抉择，都可以达到成为“圣人”的目标。他认为，虽然人的资质不同，但这并不妨碍人能上达于“圣人”，所不同的只是每个人的努力程度，因此，“必须人一己百，人十己千，及其成功则一”（《传习录》卷上）。此外，还要重视教育的方法，只要根据每个人“资质不同”的情况，贯彻学不躐等、循序渐进的原则，不懈地琢磨，进行修身养性的“身心”教育，人人皆可以培养成为具备理想人格的“圣人”。王守仁的这一思想主张，在教育上有着重要的意义，能够鼓舞人们向上的追求——不论做什么行业，都可以达到最高的水平，做到人皆“圣人”。他的这一思想，不同于传统教育以书本知识作为衡量人格的标准，以及有知识就等于德高望重的观点，认为“圣人”是人人可做的，人人可学而成的，在这一点上，他比朱熹的思想前进了一大步。王守仁认为，平等是先天注定的，“良知”人皆同具，每个人都可以支配自己的命运。

王守仁培养“圣人”，其用意是以之代替当时统治集团内部的一批“外假仁义之名，而内行自私自利之实”和“相互为奸”、言行不一的人。因此，他培养的“圣人”，不是谈天说地的空论家，而是能言能行、内外若一、表里一致的实践者。他认为，圣学之培养“圣人”，关键在于要能“学成其用”。他甚至认为，虽然人人都具有可为“圣人”的一种“圣态”，而“凡人”之所以不能成圣，其原因之一，就是由于知行的分离，使其心为私欲所蔽，有“良知”而不能行（致），于是便失去了可以为圣的“圣态”。所以他主张“知行合一”，使良知转化为行动，以解决知和行、理论和实践的矛盾。需要特别指出的是，王守仁认为，培养“圣人”，不但要重视德操教育，而且还要注意事功训练。只有这样，才能“学成其用”。由此可见，王守仁似乎是从内省的德教出发，走向崇事功、反空言，主张有真实内容的实学实练教育。他的这一思想，对后世的影响较大。

在中国古代思想家中，王守仁是比较独特的。在思想上，他以倡导“知行合一”“致良知”，开创了中国思想的新境界。在事功上，他平定南中之变、平定宁王叛乱、平定西南边疆叛乱，以儒者兼事功，为古来所少有。作为一位知行合一和经世致用的典范，他的许多思想和经验值得我们借鉴。

王守仁是一个思想家。《明儒学案》作者黄宗羲认为，在王守仁之前，明代的学术思想不过是对宋儒亦步亦趋的模仿和实践，思想家们只不过是对朱子观点进行复述，很难称得上创新。学者们往往认为道理在“二程”、朱熹那里已经说明白了，现在人只要按照程、朱所说的去做，能够躬行实践就好了。

毋庸置疑，明前期的薛瑄、吴与弼等皆堪称修身笃实之儒者，但更像是宋儒的尾声，而非开创者。王守仁则主张心即理，主张从立志、内心上下功夫，正所谓“破山中贼易，破心中贼难”《王文成公全书·与杨仕德薛尚谦》。他认为人人都有良知，只要反求诸心，“致”的功夫做足，人人都可以走上成圣之路。在他那里，成为圣贤不再是士绅的专利，士、工、农、商不必好高骛远、心游万里，只需立足本职工作，“在事上磨”。就如同孔子，在担任掌管畜牧的乘田时，就要关心牛马茁壮；在担任管理粮仓的委吏时，就要把出入的账目弄清楚，素位而行，即可成为圣贤。可以说，王守仁为每一个人都打开了一个向善成才之门。王守仁的这一思想与孟子所说的“人皆有不忍人之心”“人皆可以为尧舜”可谓异曲同工，这也是后人称其有孟子气象的原因所在。

王守仁是“知行合一”的实践者。他主张“知是行的主意，行是知的工夫”（《传习录》卷上）。知而不行非真知，他反对人们懵懵懂懂地去行，也反对知而不行。所谓“圣人教人只是一个行”，博学、审问、慎思、明辨都是行，这一主张在一定程度上改变了当时重知识、轻实践的学风。

王守仁的事功主要体现在以下三个方面：在不大幅增加朝廷军事和经济压力的前提下，顺利解决了困扰明朝多年的江西、湖南、福建、广东交界地区的叛乱；平定宁王朱宸濠的叛乱，有效地维护了政权稳定；平定西南地区的土司叛乱，稳定了边疆，为此后改土归流和民族交流创造了条件。王守仁以其功绩被封为新建伯，其谥号文成也属于美谥。《明史》对其高度评价：“终明之世，文臣用兵制胜，未有如守仁者也。”除了众所周知的平定朱宸濠叛乱的功绩之外，王守仁在山东出任学政时期的一些作为，也可以为我们提供一些借鉴。他在为山东士子出题时，强调要有伊尹之志能，在策论中针对当时纪纲废弛提出了急务六条，皆为宗藩、军事、水旱灾害、赋税、节制官僚贪欲等当世急务。显然，他在山东乡试中的命题也体现出很强的经世致用色彩。

王守仁的事功和学问雄辩地说明了这样一个道理：“通经致用，方为实学。”相反，空疏的学风不仅于国于民无益，而且对自己也有害。明末大儒顾炎武在总结明亡清兴历史经验时认为，明末士人“以明心见性之空言，代修己治人之实学”（《日知录》卷九），进而导致“神州荡覆、宗社丘墟”（《日知录》卷七）的流弊。他进一步从思想上对明末学风进行系统的批判：“不习六艺之文，不考百王之典，不综当代之务，举夫子论学论政之大端一切不问，而曰一贯，曰无言。”（《日知录》卷九）经世致用、知行合一，或许就是王守仁的学问和事功给予我们今人最重要的启示。

第五节　明中后期实学的教育经济思想

从明英宗正统年间到明神宗万历初年的明朝中期，封建自然经济体系内萌发了资本主义生产关系因素，封建统治日趋腐败，社会危机深重，思想界居于统治地位的程朱理学堕入寻章摘句、支离烦琐的境地，王守仁的心学逐步取代了朱学的一尊地位。阳明心学强调“一点良知是尔自家的准则”（《明儒学案·姚江学案》），不以圣贤经书和理学教条为是非善恶标准的主张，在客观上为某些进步思想家反对圣贤偶像、反对封建礼教束缚的“异端”思想提供了思想条件，从而把理学推进到一个新的阶段。此时，有人已敏锐地指出阳明心学走向虚无、空谈的祸害，提出要从事“兴道致治之术”（《雅述》下），要求学术为治世服务。特别是以罗钦顺、王廷相为代表的唯物主义思想家，开创了明清之际的实学思潮，成为中国古代思想向近代思想转化的中介和桥梁。

一、以罗钦顺和王廷相为代表的唯物主义思想家，提倡“知行兼举”的认识论，强调学校教化功用和对自然科学知识的学习

以罗钦顺和王廷相为代表的唯物主义思想家，既反对程朱理学的“理为气本”“理先气后”说，同时也批驳陆王心学的“心外无物”“心外无理”说，主张“理只是气之理”和“理在气中”的观点。他们反对理学家的“知先行后”或“现成良知”的先验论，提倡“知行兼举”的认识论。

（一）学校之教关系天下安危和社会兴衰，罗钦顺的实学思想开创了明清之际的实学思潮，成为中国古代思想向近代思想转化的中介和桥梁。

罗钦顺（1465—1547），字允升，号整庵，弘治六年（1493）进士，授翰林院编修，后任南京国子监司业。刘瑾专权时，因不肯阿附，被削职为民。刘瑾被诛后复职，历任南京吏部侍郎、吏部尚书等职。

罗钦顺笃守程朱，一生以求道、卫道为己任，对周程张朱之说崇信不疑，张伯行曾评价说：“前代硕儒巍然在西江者，余干则胡敬斋、泰和则先生。”其被誉为“江右硕儒”和“宋学中坚”。罗钦顺是一位满怀入世热情和济世抱负的思想家，是

明代第一个从气本论观点出发提出“经世实学”的学者。他的实学思想，开创了明清之际的实学思潮，成为中国古代思想向近代思想转化的中介和桥梁，蕴含了丰富的教育经济思想。他“开辟了重实际、尚实践的一代学风，尽量抛弃宋明以来理学形成的空谈风气”（刘蔚华、赵宗正《中国儒家学术思想史》）。他的经世实学思想对后世产生了较大的影响，使“实学”成为明清时足以与“理学”“心学”相抗衡的重要学派，直接影响着社会风气与文化氛围的转向。

罗钦顺所处的时代，是一个君昏政暗、危机丛生的时代。为挽救处于风雨飘摇中的明朝，作为具有强烈经世意识的学者，罗钦顺反对空谈心性、谈玄弄虚的学风，在对程朱理学进行改造的同时，对少言经世的心学加以痛斥，倡导“黜虚求实”的学风，提倡“学贵践履”的“实学”。他强调要关心时事、经世致用，认为“士惟笃行可以振化矣，士惟实学可以经世矣”（《王氏家藏集·送泾野吕先生尚宝考绩序》）。他将政治上的变革与学术上的求实结合起来，认为研究学问应当联系现实，解决现实问题。

罗钦顺的经世实学思想，也是为惩王学及其后心学空疏的流弊而兴。“明清实学则是对理学末流空疏之弊否定的产物”（辛冠洁《明清实学思潮散论》）。罗钦顺不满心学漠视客观世界而用心玄妙的“局于内而遗其外”（《困知记》附录《与王阳明书》）的状态，认为“于天地万物之理，一切置之度外，更不复讲，则无以达夫一贯之妙，又安能尽己之性，以尽人、物之性，赞化育而参天地哉”（《困知记》附录《答欧阳少司成》）。他认为，当王守仁以心外无物将儒家的超越追求主体化为个体的人生境界时，就出现了疏忽于现实关怀的危险，阳明心学的“遗外”倾向，客观上会对出世思想起到推波助澜的作用，会助长人漠视社会现实与人伦日用的心态。因此在心学兴盛之际，罗钦顺在《整庵存稿》中感叹“古人实学今谁讲”，这句话本身也透露出他对实学的向往。

罗钦顺“经世宰物”的实学思想，是以气本论为理论基础，从理一分殊的宇宙本体论的高度来论证的。他说：“盖通天地，亘古今，无非一气而已。气本一也，而一动一静，一往一来，一阖一辟，一升一降，循环无已，……是即所谓理也。初非别有一物，依于气而立，附于气以行也。”（《困知记》卷上）他强调理气的客观性和实在性，“理”不仅是宇宙万物的“根实处”，也是寓于宇宙万物之中的实有之理，因此，他把自己的理学称为“实学”。罗钦顺在本体论上推崇客观性的气学，在学风上崇尚现实性，突出现实关怀，关注人伦日用。他说："君子之学，有以明其体，必有以周其用。礼乐法制，工虞教养，钱谷甲兵，其为事虽有精有粗，或巨或细，无非一理而已。"（《整庵存稿》卷六）也就是说，君子之学必切于人伦日用，关注社会民生。他写的"学成假使遂行之，要见黎民饱暖时"的诗句，正是他经世实学思想的生动写照。

罗钦顺是一位有着强烈的责任感与使命意识的士大夫，他在《困知记》和《整庵存稿》中，多处阐述了经世实学思想：提出了政失妖兴、虐政致灾的著名理论及建立善政的种种主张；在经济上，要求宽征裕民和平赋薄赋；在政治上，提出了"官德"之说，以加强官员的道德修养；同时重视学校教育，强调学校的教化功用。

在国家治理上，提出实行善政，实行德治。"夫政必有以仁其民，使蒙安居乐业之休，而叹息之声不作，然后为善。"（《整庵存稿》卷五）。而仁政则要建立在民惟邦本的基础上，实行民本德治。要求官吏廉洁清明，不贪赃枉法，认为贪赃聚敛而伤民，就会斫伤国本。

在经济上，实行宽征裕民与平赋薄赋。他继承前人宽征裕民的薄赋思想，反对横征暴敛，主张休养生息。他说："夫爱民莫切于宽征……昔人有言，宽之一分，民受一分之赐，况积以岁计，其为赐也不亦多乎？"（《整庵存稿》卷四）他认为宽征才能真正使百姓得到实惠，反对对百姓竭泽而渔式的横征暴敛。而要做到"宽征"，则在于"平赋"，在于赋税之"平"。"催科之政，惟平乃善。夫所谓平者，豪强不得以苟免，贫弱不至于见侵。"（《整庵存稿》卷五）也就是说，豪强地主也必须缴纳赋税，并保护"贫弱"，减轻农民负担，改变赋税不均的现象。罗钦顺还提出了足民裕民的主张："古之立政也，将以足民，今之立政也，惟以足国。"（《困知记》卷上）》把足民裕民看作巩固国家的根本。而为了裕民，不仅要宽征，而且要节省开支，减少军费。要实现上述善政举措，关键在于各级官吏，他非常欣赏"安静之吏"，认为"安静吏之有益于人家国也，审矣"（《整庵存稿》卷六）。安静之吏，要不滋事，不扰民，应有长远的眼光，要考虑到长远的利益。

罗钦顺认为，善政德治得以实现，在很大程度上取决于官员的操守和才识，官员的操守与人民的祸福密切相关，因而要加强官吏的道德修养。他提出为官修德就要加强自身的学习，"夫始之以知，终之以仁，其德可谓成矣……吾是以知为政者，不可无学也"（《整庵存稿》卷五）。官员不仅要有好的品德，还要有文化素养，要德才兼备。他针对官吏的选拔和考核制度提出了“久任与超迁”的观点。他认为“祖宗盛时，在外巡抚大臣，及方面府州县正佐官员，莫不久于其任……故人无苟且之心，而事无废弛之急”（《整庵存稿》卷五）。以久任来稳定官员，使其有较多的时间和精力做些实事，以避免经常改迁而造成官员无力施政，因循守旧，不愿作为的状况。

罗钦顺认为，做好学校教育是治理天下的急务。“作养人才又诚为治之急务。欲本之正，而急务之不知，犹临川而乏舟楫，吾未见其能济也已。”（《困知记》卷上）“学校之教，所以明伦理，育人材，厚风俗，隆治化，自古帝王君临天下，必以此为先务焉。”（《整庵存稿》卷一）学校之教关系天下安危和社会兴衰，这已有前车之鉴：“唐之祸乱本于李林甫，宋之祸乱本于王介甫。林甫之祸唐，本于心术不端；介甫之祸宋，本于学术不正。”（《困知记》续录下）

罗钦顺强调学校是育才之地，要起到“尊道明统”和“佐理承化”的功用。首先是“明道”的文化传承。“天下郡邑皆有学，所以敦教而育才也。学必有庙，以事先圣先师，所以尊道而明统也。”（《整庵存稿》卷一）他把继承孔孟之道、传承先师思想和业绩的“尊道明统”，作为学校教育的基本功能和职责。另一功用是“佐理承化”，培养读书人的远大志向：“学乃教化所从出，人才所自成。”（《整庵存稿》卷一）陶冶人的道德品格，培养理想情操，学习做人的道理，使其成人。强调教育不仅仅在于博取功名，更有“佐理承化”和“敦教育才”的作用。

罗钦顺对学校教育的内容和形式，也提出了自己的观点：“学校之教，大抵先经而后史，祖孔孟而宗程朱，至于诸子百家，则亦随其力之所及而博观焉。以考其是非得失之归，而定夫取舍之极，务明其体以适诸用，是惟圣祖建学育才之大旨也。”（《整庵存稿》卷一）在教学的原则上强调要宽，主张因材施教，不强求一律，使学生个性充分施展。同时，教学的内容，也要多种多样，除书本外，也还包括实迹遗物、文物古迹，以“观其名，考其迹，钦其望，伟其功，而思与之匹休”（《整庵存稿》卷一），起到睹物思人、见贤思齐的作用。

罗钦顺继承了传统儒学中的经世传统和求实作风，主张经世致用，他强调客观的决定性和第一性，在学风上崇尚现实性和实践性，强调君子之学必切于人伦日用，关注百姓民生，对明代“空谈心性”“束书不观，游谈无根”，以致“学风荒陋”“空疏顽固”等空疏学风进行了有力的批判。他提倡“经世致用”的活泼学风，开启明末清初的经世致用之风，实为明清之际实学思潮之滥觞。当代学者刘蔚华先生认为，罗钦顺“开辟了重实际、尚实践的一代学风，尽量抛弃宋明以来理学形成的空谈风气”，誉之为中国早期启蒙思想家。他关于学校教育的种种观点，对后世有一定的启示和借鉴意义，影响深远。

（二）王廷相在强调教育的社会政治作用的同时重视教育经济作用的思想，集中体现在他注重自然科学内容的学习上。

王廷相（1474—1544），字子衡，号浚川，明代著名文学家、哲学家。王廷相自幼聪慧，文才显现。弘治八年（1495），21岁乡试中举，弘治十五年（1502），28岁进士及第，授庶吉士并选入翰林院，曾任兵科给事中，辅助处理奏章，因得罪大宦官刘瑾，被贬为地方官，任御史并巡抚四川，继而升为兵部左、右侍郎，最后升任南京兵部尚书。主要著作有《慎言》《雅述》和《王氏家藏集》等。

王廷相猛烈抨击封建君权及为它服务的封建纲常道德，大批空谈性理之士为“腐儒”，认为他们“误人家国”，提倡经世致用的思想，具有“崇实黜虚”的时代精神。他说：“人主用贤，要之在图治；君子为学，要之在具夫济世之资而已。”（《慎言·君子》）又说“学者读书，当以经国济世为务”（《浚川公移集·督学四川条约》），简明地阐述了为学的“经世”目的。王廷相明确指出：教育应以培养“有益于治”的实用人才为目的，“国家养贤育才将以辅治”（《雅述》下）。所谓“圣人”，无非就是“辅治”之才。他说：“圣人之道，为天下国家，故道德仁义、礼乐、刑法并用，是以人道清平，宇宙奠安，通万世而可行。”（《雅述》上）基于这样的人才标准，他批判了学习和教育不为国为民、脱离社会需要的现象，一针见血地指出理学空谈误国。他批评一些宋明学者尤其是王守仁的学说，“讲求良知、体认天理之说，使后生小子澄心白坐，聚首虚谈，终岁嚣嚣于心性之玄幽；求之兴道致治之术，达权应变之机，则暗然而不知”（《雅述》下）。对这种无异于释氏“禅悟生死之说”围绕“心性”“良知”的空谈，王廷相深表忧虑：

> 以是学也，用是人也，以之当天下国家之任，卒遇非常变故之来，气无素养，事非素练，心动色变，举措仓皇，其不误人家国之事者几希矣！（《雅述》下）

因此，王廷相主张，学习和教育的目的就在于培养拯众救世的人才。这样，他就将理想人格与治世之才打通了。

这种“辅治”之才又应符合怎样的标准呢？王廷相认为：

> 迂儒强执，不识古今之宜；鄙儒依阿，不顾国家之计；俗儒浅陋，不达治忽之机，皆不堪委任。(《慎言·君子》)

看来，理想的人才应该是通古今之变、洞察政治动态和以国家利益为重的人。总之，王廷相主张的教育、提倡的人才观，均依据一条原则，即《雅述》中的“以之当天下国家之任”，当“非常变故”到来时，能够不误天下国家之事。在程朱和陆王学说盛行的环境下，王廷相坚持这样一种教育目的和人才观，其用意十分清楚。他所指出的宋明理学反映在教育上的弊端，也确实已经显现或正在显现，这正体现了王廷相的独立见解和思想的远见性。

王廷相认为，教育的作用必须在社会的综合治理中才能得以实现。他说：

> 君子惠民之政五，而立政之本则存乎农。制礼乐者敷教，严法令者明刑，比什伍者治兵，覈勤力者课工，劝耕桑者督农。(《王氏家藏集·刻齐民要术序》)

在这惠民“五政”之中，教育实际上被王廷相置于先行的地位。由于诸政之本在于农，因此，教育作用的发挥也必须以发展农业生产、保障人们的物质生活条件为前提。“使农事不修则稼穑灭裂，稼穑灭裂则刍粟减输，刍粟减输则仓庾虚耗。由之，子弟寡赖而教不率矣。”(《王氏家藏集·刻齐民要术序》)

强调教育在社会政治中的地位与作用，是中国古代不少思想家的共同思想特点，而王廷相的思想却显得更开明并具有较显著的人民性。他很明确地说：“御民以道不以术……术不可久，民不可愚，虽暂得之，终必失之。民以我非诚也，故圣人王道。”(《慎言·御民》)从长远来看，统治者的愚民权术终非良策，而唯有在保障人民物质生活条件的基础上，积极推行教育，才是国家长治久安的良策。

王廷相在强调教育的社会政治作用的同时，也十分重视对教育的经济作用的研究，这集中体现在他注重自然知识内容的学习上。作为一位封建社会的思想家、教育家，王廷相所主张的学习内容必不能脱离经学。他认为“六经”是最为理想的学习教材，因为“六经之所陈者，皆实行之著，无非道之所寓矣”(《慎言·文王》)。具体说来，比如：“《尚书》，政也；《易》，神也；《诗》，性情也；《春秋》，法也；《礼》，教也，圣人之蕴，不于斯可睹乎？”(《慎言·文王》)既然“六经”从各个方面提供了有益于治理国家、修身养性的训诫，对于学者，这些是须臾不可离弃的。

对于每一个学习者来说，他最终的目的是行之天下，因此，“学不本之经术者，不可言治”（《雅述》上）。

值得注意的是，王廷相的教学内容还包括了十分丰富的自然知识内容。王廷相在他的《华阳稿序》中记载：他在巡抚四川的三年中，“得所著诗文杂说几三百余首”，并以之示于门人，相与讨论其主旨所在。这三百余首内容如何？我们可以从他的学生阅后的对话中看出：

浚川子游于蜀者三年，得所著诗文杂说几三百余首，萃为帙而橐之。门人问曰：“群品效材，万象呈美，何若是多？子将以言示于世耶？饬旨摛辞，归综于道，何若是严？子将以贤示于世耶？”浚川子不答。

门人退而思之，三日而再见，曰：“感于天机，万物皆入吾之会，虽言之而非溢言耶？存乎道符，言也举不畔其则，恐淆乱于外，而卓守其贞耶？夫子殆不得已而言，非乎？”浚川子不答。

门人退而思之，又三日而再见，曰：“得之矣。云之生于山，气机也，升于太空，其象为峰峦、为水波、为白衣、为彩锦、为人物、为花卉。其变也，云何尝以意而为之？龙之乘乎云矣，自适其性尔，感而为雨，泽彼下土，不几于神乎？使曰龙之致之，虽问之龙，龙亦不知。夫子之为文，以是求之，可乎？”浚川子辗然而笑曰：“有是哉！”（《王氏家藏集·华阳稿序》）

这则笔记，生动记述了他们师生通过自然现象去探讨、认识自然规律，进行自然知识的教与学的情景。事实上，王廷相的确有相当丰富的自然知识，他在著文和与人讲论辩答时，经常随手援引相关的内容。

以下是王廷相部分关于自然知识方面的见解。

《礼运》曰：“播五行于四时，而后月生也。是以三五而盈，三五而缺。”嗟乎！月之生与月之盈缺，由于日之远近为之，与五行之播何涉乎？以其实言之，日月往来，乃成四时。今曰“而后月生”，是四时生月矣，可乎？五行家之谬论，类如此。（《慎言·五行》）

虽然王廷相未必清楚地球和星系的概念，但他已经认识到了四时变化是由于日月的往来运行，尤其是太阳的运行，月亮的盈缺也是由太阳所处位置决定的。他的这一认识，在当时确属新颖，难能可贵，而这些认识往往又是来自他的观察和实验。

他曾说，“愚尝验经星河汉位次景象”（《内台集·答柯柏斋〈造化论〉》），正是因为有细心的观察和亲自实践，才使他有了广博而较为科学的自然知识。

在罗钦顺和王廷相之后，王学中还分化出以王艮、何心隐、李贽等为代表的“异端”学说，提出了“吃饭穿衣即是道”“穿衣吃饭即是人伦物理”等命题，以与理学家的“天理论”相对抗。他们还敢于“凭恃聪明，轻侮先圣，注脚六经，无复忌惮”，反对“以孔子之是非为是非”，宣称“六经”、《论语》、《孟子》中的话绝非“万世之至论”。嘉靖年间，杨慎坚持求实，首开考据之风，主张实地考察古文、古音，以历史事实和科学知识辨伪。朱载堉创建十二平均律，并把数学作为探求自然规律的方法，提倡实证和“试验之法”。他们和其他一些学者的实学思想，都为明后期实学思潮的兴起提供了思想条件。

二、以顾宪成、高攀龙为首的东林学派，把能否治国平天下作为衡量学问是否有用的标准

针对明后期思想学术界王学末流禅化说玄、空谈误国的学风，实学思潮蔚然兴起。万历中期以后，明王朝已“天崩地陷”，危机深重，地主阶级革新派和新兴市民阶层这两个群体结合，构成了实学思潮兴起的主要社会基础。一大批进步思想家充分意识到学术沦于虚空、脱离实际，导致误国，他们倡导“实学”，发扬儒家经世致用的优良传统，从事实事、实政，“贵实行”，力主改革弊政，提倡“有用之学”。而东林学派的出现，正是在这一特定历史条件下，对实学的发展起到了推动作用。该学派从一开始，就与皇帝、宦官、权贵、豪绅势力对立。他们从“济世”“救民”的“实念”“实事”观点出发，对朝政的腐败进行抨击，并在经济、政治、学术、文化等方面，提出了一套革新的思想和主张。他们的这些思想和主张，吸引了朝廷的部分正直官吏，形成了朝野呼应、南北相连的声势，推动了实学思潮的发展壮大。

以顾宪成、高攀龙为首的东林学派，把王学末流的空谈心性而不务实学，看成“以学术杀天下后世”，并把能否治国平天下作为衡量学问是否有用的标准。

明朝王学末流泛滥，学风不正，表现为图浮器、追声利、尚空谈、崇义理、言行不一、空疏无用。顾宪成在《东林会约》中针对这种空疏学风进行批评，严厉地批评其“二惑”“九损”的流弊。这种学风压抑了正在兴起的学习西学、讲求实学的风气，不利于资本主义生产方式的发展。在晚明的江南地区，商品经济得到发展，

资本主义萌芽产生，市民阶层和市民运动兴起，必然要求打破这种空疏腐败、空谈义理的学风，提倡讲求实学、学用一致。这时，顾宪成提出读书济世、救正学风的主张，正是追求求实务本良好学风的表现。

顾宪成反对言行不一，提倡“学贵躬行”，实际上就是要求教育更好地为社会、为政治服务，使教育与社会发展密切联系。他批评王学和教育界言行脱节、迂阔空疏的学风，揭露当时教育界、学术界不切实用、知行分离的怪现象，指出产生这种怪现象的根源：“病在所讲非所行，所行非所讲耳。”（《东林会约》）他还分析了这种怪学风造成的“迂阔而不切”“高远而难从”的严重恶果，提出了“协而破之，是在吾党”的主张。他提出：“学问不贵空谈，而贵实行。”“窃惟伦必惇，言必信，行必敬，忿必惩，欲必窒，善必迁，过必改，谊必正，道必明，不欲必勿施，不得必反求。学者学此者也，讲者讲此者也。”（《东林会约》）这种言行一致、学用统一的思想，比起王学末流“迂阔而不切”“高远而难从”的空疏腐败学风，自然实在得多、进步得多。

在学术与政治的关系上，顾宪成力主诸生关心国家与社会，读书济世。他是一位忧时忧世、爱国爱民的爱国者。他平时念念不忘国家，不忘政治民生：“惟见国家出一善政，登一正人，则跃然喜；或增一秕政，进一奸回，则悄然忧。”（《顾端文公遗书·祭文》）他临终前还念念世道，教儿做好入世的道德修养：“作人只‘伦理’二字，勉之！”高攀龙对此赞曰：“此绝笔也！公一生念头，无日不在世道上。至是其益信矣！”（《顾端文公年谱》）顾宪成平时讲学，亦以有益于世道为目的，他反对闭门讲学，脱离时政。

顾宪成对明末士人不忧国事，只顾埋头读书讲学极为愤慨，反对读书与救时脱节、学术与政治分开的风气，主张学者“立志救世”“起旧图新”。他强调说：“士之号为有志者，未有不亟亟于救世者也。”（《顾端文公遗书·泾皋藏稿》）他带头践行自己的诺言，“亟亟于救世”，念念于国家政治。“故其讲习之余，往往讽议朝政，裁量人物。朝士慕其风者，多遥相应和。由是东林名大著，而忌者亦多。”（《明史·顾宪成列传》）顾氏修复东林书院，讲学其中，既课士，又论政；既引导诸生勤奋读书，又启迪弟子关心政治与国家大事。其题东林书院对联云：

风声、雨声、读书声，声声入耳；

家事、国事、天下事，事事关心。

上联十一个字，着重写实，描写书院师生勤教勤学勤读、读书声与大自然风雨声交织在一起的浓厚的学习气氛。下联十一个字，着重言志，抒发了东林学派及东林党人“立志救世”“兼善天下”、关心国事与天下事的政治抱负。

顾氏兄弟及东林党人，在政治思想上同阉党群小进行了激烈的斗争，东林书院成为东林党人重要的舆论阵地。他们这些中小地主、工商业者及市民代表，一开始就受到大地主大贵族集团的恶毒攻击和谩骂：“庙堂所是，外人必以为非；庙堂所非，外人必以为是。”顾宪成等东林党人针锋相对地反驳说：“外人所是，庙堂必以为非；外人所非，庙堂必以为是。”（《顾端文公年谱》）不难看出，这种文化思想上的激烈斗争，正是以顾宪成为首的东林党人与以魏忠贤为头目的阉党集团在政治斗争、经济斗争上的继续。在顾宪成主持下的东林书院、东林学派之所以闻名中外，不仅因为它的学术主张新颖高超，切中时弊，更重要的是它把学术研究与关心政治、读书与国事紧密结合起来，形成了东林书院颇有特色的良好学风。

东林学派的另一代表人物高攀龙主张用真切的实践来诠释、倡导学问，以身立教，这种高绝超拔的气节具有很大影响力。高攀龙认为，《大学》之道的根本在于“治国平天下”。他把《大学》格物致知的认识论、正心诚意的道德修养论和治国平天下的政治原理紧密地结合起来，并把治国平天下看作格物致知和个人道德修养的必然结果。

高攀龙还提出了“学问通不得百姓日用，便不是学问”的观点。他的“格物草木”之说，既反对王学的“格物”即“格心”，也不赞同朱学的把“至善”作为“格物穷理”的主要目标，这一思想与稍后方以智的“大而元会、小而草木蠢蠕”的“质测”之学似有相通之处。东林学派还严厉批评“良知”学说，反对王学末流的“空言之弊”，而“贵实行”，重视“躬行”，提倡做学问要“参求”“理会”“判明”“印证”“体验”，要“讲”“习”结合并进行“印证”。

明晚期刘宗周的“离气无理”和“道不离器”的自然观，否定并批评了王学的虚无。黄道周提倡“实测”和重躬行、重实践的思想也都丰富了实学思潮的内容。以张溥、张采、陈子龙为代表的复社名士，“接武东林”，提出造成明末吏治腐败、士人无行的原因，就在于“士子不通经术”，王学末流“其说汪洋，其旨虚渺”。他们从学术“务为有用”出发，立志事功，务为实学，提倡以通经治史为内容的“兴复古学”。

此时的一些学者，从务实出发，在从事自然科学的实践中，为实学思潮的兴起提供助力。徐光启编撰《农政全书》，主张引进西方历法、数学等“主于实用之学”；徐弘祖在游记中提倡实地考察之学；宋应星在《天工开物》中倡导“开物成务”；徐渭强调“本色”，追求“自然”，提倡“即村坊小曲而为之”的市民通俗文艺；李贽力倡“童心说”，推崇“发于情性”的自然，主张荡除传统的观念和俗套；汤显祖提倡“因情成梦，因梦成戏”的至情论；等等。这些都成为实学思潮的组成部分。

出现在实学思潮中的民主性思想内容尤为可贵。东林学派除了在经济上提出“惠商恤民”和视工商与士农一样为“生人之本业”的进步观点外，还从“利国”“益民”的政治原则出发，大胆提出“天下之是非，自当听之天下”这一具有民主思想色彩的口号。高攀龙更是把百姓看作社会的主体，指出“有益于民而有损于国者，权民为重，则宜从民”。黄道周也提出了“天下非一人之天下，乃天下人之天下”的观点。这些闪烁着民主光彩的进步观点，为明清之际的早期启蒙思想提供了思想启迪，也为明清之际实学高潮的形成创造了思想条件。

顾宪成等一批东林党人开一代读书爱国、匡济时艰的新风。其实学教育思想的主要特征是：出现了带有近代色彩的早期民主教育思想，对为君主专制和封建特权服务的理学教育及八股取士制度进行了尖锐批判；在教育内容上，提出了科技教育的新课程，客观上冲击了千百年来的经学垄断地位，开近代教学内容改革之先声；在教育理论和学风上，对过去作了批判性的总结，使教育理论进一步深化，从实用理性和经世致用出发，揭露当时教育“不以经国济民为本”的痼疾，提倡以实学、致用的教育来代替理学、心学及其末流之空谈。这种具有民主性、科学性和实用性的教育思潮，是新教育思想的萌芽，是传统教育通往近代教育的桥梁，有些思想给中国近代的政治变革和教育革新带来启示。

第六节　明朝教育对科技发展的影响

科技进步与否是衡量一个时期教育成败的重要因素，在任何时候科技与经济都是相互影响、相互促进的。归根结底，教育发展的成败影响着科学技术的发展水平，同样也影响着经济社会的进步与发展。中国古代的科技水平，在明朝开始和西方渐渐拉开距离，其原因是多方面的，但教育在其中扮演了重要的角色，其中高等教育发展的滞后对科技发展的影响不可低估。这里我们通过对明朝最高学府——国子监的培养目标、教育内容、考试形式等进行分析，就不难看出，它在教育的诸多方面都排斥科技教育，严重阻碍了科技发展，最终影响了经济社会发展进步。

3到14世纪，中国科学技术水平相较于西方有着一定优势，缓慢而持续地发展着。到14世纪以后，才开始有落后之势，16世纪以后则大大地落后于西方。在历史上长达千余年的时期内，我国的科学技术曾处于世界领先地位，并对整个人类文明作出了许多有决定性影响的贡献。那么，为什么在14世纪以后的三四百年中，西方科学技术会突飞猛进，远远超过中国呢？中国古代的科技水平为什么会在明朝开始和西方渐渐拉开距离？

明朝是我国历史上教育相对发达的时代。前述明朝学校教育分为中央和地方两级，中央有国子监，地方有州、县学。明初国子学教育最初是针对皇室子弟的，后来逐渐扩大到功臣子弟及各阶层子弟。国子监是明王朝的最高学府，也是当时世界上最大的高等学府之一。所以国子监的机构设置、教学内容及运作，在很大程度上反映了明朝教育发展的方方面面。

明朝统治者从开国之时就确立了重教兴学的政策，明太祖朱元璋亲自管理南京国子监，并制定监规，强调“开设太学，教育诸生，所以讲学性理，务在明体适用”（《明会典》卷二百二十）。这里的“明体适用”，就是教育学生要“以孝悌忠信、礼义廉耻为先，隆师亲友，养成忠厚之心”（《皇明太学志》卷三），而最终成为符合统治阶级需要的人才。

在“明体适用”思想的指导下，明朝统治者对国子学教材的选择有着严格规定。洪武初年国子监初建时，明太祖朱元璋就令博士孔克仁给自己的儿子讲授经书。洪武六年（1373）八月，博士赵俶等朝于奉天殿，朱元璋强调国子学要“一以孔子所定经书诲诸生，若苏秦、张仪，由战国尚诈，故得行其术，宜戒勿读”（《南雍志》卷一）。朱元璋要求国子学以经书为教材，在明代，儒家经书是国子学教学的首选内容。国子学的教材具体来说有“四书”、“五经”、《御制大诰》、《大明律》及刘向的《说苑》等书。

洪武十四年（1381），朱元璋令国子生兼读刘向《说苑》及律令：“卿以朕命导诸生读经史之暇，兼《说苑》，讲律令，必有所益。”（《明太祖实录》卷一百三十七）永乐年间，国子监教材又增加了《四书大全》《五经大全》《为善阴骘》《孝顺事实》。“四书”“五经”是维护封建统治秩序的经典著作，自然是封建士子的必读课本。《御制大诰》是明太祖颁布的，内容多系打击豪强、惩治贪污以及防止人民流亡的事例和律令，其目的是规范社会秩序，要人民安分守己，纳田租，出徭役，充当朝廷的顺民。《大明律》“载国家法制，参酌古今之宜，观之者亦可以远刑辟”，“多载前者往行，善善恶恶，昭然于方册之间。朕尝于暇时观之，深有劝戒”（《明太祖实录》卷一百三十七）。所以，这些都被指定为必读教材。

根据《明实录》《南雍志》《明会典》和《辟雍纪事》等史料记载，在必修课中，“经史”是各朝皇帝都十分重视的。“律”虽然是选修，但被纳入科举考试的范围，因此实际上变成了必修。礼、乐、射、书同样是必修，但并不是主要的科目，是“经史律”科目的陪衬，仅是作为未来官吏必备技能的培训而已。在洪武三年（1370）的科举考试中，尚有算学一科。但洪武十七年（1384）的规定却把书学、算学完全排斥在外，考试的内容仅仅是文学、时务策等。因此在宣德四年（1429），北京国子监助教王仙言：“学校教养人材，故当讲习经史，至于书数之学亦当用心。近年生员止记诵文字，以备科贡。其于字学算法略不通晓，乞令兼习。”（《明会要》卷二十五）。说明算学的教学，大约只在洪武年间实行过一段时间，之后则被排除在国子监教学之外。其后，在学校教育中也就不见算学的影子，科技教育遂完全退出官方主流教育体系之外。数学是自然科学的基础，数学成就的高低，常被认为是科技发达与否的重要指标。对于中国数学史来说，明代是一个不堪回首的朝代。明建立后的二百年间，除珠算外，数学非但没有充分发展，连古代数学成就都有荒废，数学水平一落千丈，算书几乎失传。因此，徐光启才会在《同文指算》序言中感叹“算数之学特废于近世数百年间尔”。数学发展在明代出现了“中断”期，也使引领世界千余年的科技根基受到极大破坏。

学校是专门承担教育人、培养人任务的场所，其教育职能体现在两个方面，即个性发展职能和个体社会化职能，二者是辩证统一的关系。也就是说，学校的培养目标应该是德智体全面发展的人，同时又是适应社会需要的人，其既可以是国家官吏，也可以是科学家、学者、技术人员……然而，国子监把培养目标定位为统治者所需要的驯服的官吏，学校教育训练的是做官的技巧，而不是让受教育者具备多种才能，选拔和培养有实际能力的人才，这就造成了人才的畸形发展，限制了人才培养类型的多样化。明朝国子监涌现出一些著名的政治家、思想家、文学家、诗人、教育家，却缺少科学家，缺少专门从事科学技术研究的人才。

明朝国子监教材的选用，主要是“四书”“五经”、律令及史书等，自然科学类书籍极少，这就极大地限制了学生视野和学习取向。纵观近代科学技术发展的历史，科技的重大发现和发明，不少发生在高等学校，学校教育的发展有力地推动了世界科技的发展。而作为当时中国最高学府的国子监，从培养目标、教材、课程设置到考试形式，都排斥科技教育。国子监学生所学的内容没有吸收当时最新的科学成果，甚至没有自然知识内容，而且不适应当时经济社会、政治文化的发展，它既不具有前沿性，又不具有专业性。这势必降低专业教育水平，使教育的培养目标远离经济社会需要。所以，明朝教育对明代科技的发展产生消极影响，进而影响经济社会发展也就不足为奇了。但我们必须清醒地认识到，作为明朝最高学府——国子监的教学中没有科技内容，主要原因不在教育本身，而在于落后的封建政治、经济、文化等方面的阻碍和破坏。

第七节　明清之际的实学教育经济思想

明万历中期至清康熙中期，这一时期史称“明清之际”，是中国历史上一个“天崩地解”的大动荡时代。鉴于它横跨两朝，此时的实学教育，虽发端于明末，但却成熟、鼎盛于清初，所以本书在明朝教育经济思想的最后，对发生在这一特定历史时期的实学教育经济思想作一概括总结，既是对明朝教育经济思想的总结，又能体现中国传统教育向近代教育发展的脉络。

明中叶出现的实学教育思潮，伴随着社会的巨大变革，在这一时期达到鼎盛，并涌现出一批重要的思想家和教育家。虽然他们具体的教育主张各放异彩，表述的方式也各不相同，然而都呈现出“崇实黜虚”的共同特征。他们鄙弃理学教育的空疏无用，提倡“明道救世”；揭露科举制度的腐朽没落，要求变革人才选拔制度；抨击理欲对立，主张理欲统一；反对空谈心性，强调学习经世实学；等等。黄宗羲更是明确提出“公其非是于学校”的主张，发前人所未发，拓展了中国古代关于学校教育职能的理论。

这期间，实学思潮的主要代表人物有朱之瑜、黄宗羲和王夫之等人，他们从教育的目的作用、教育的内容、形式等多方面发表各自观点，阐发思想主张，产生了巨大的社会作用和深远影响。

一、朱之瑜经世利民的社会改革思想，揭示了教育与经济、教育与社会之间相互影响和制约的关系

朱之瑜继承了儒学“建国君民，教学为先”的传统，十分重视教育的社会作用。他认为：“敬教劝学，建国之大本；兴贤育才，为政之先务。”（《朱舜水集》卷二十一）这几句话的大意是：敬重教师、勉励后学是建国的根本，培育贤才是从事政治的首要任务。短短十多个字，言简意赅，深刻论述了为政治国必先抓好教育的道理，较多论述了教育与经济、教育与社会的关系问题。他由亲身经历认识到了贤才在国家政治生活中的作用和地位，而贤才的产生在于教育，因而“敬教劝学”被提到“建国之大本”的高度。谈到教育，又把它分为“教”与“学”两个范畴，二者并提，说明二者不可偏废；“敬教”必须“劝学”，“兴贤”必须“育才”，说理透彻，思路清晰，使人一目了然。

朱之瑜（1600－1682），明清之际的学者和教育家。字楚屿，又作鲁屿，号舜水，明末贡生。因在明末曾三次被皇帝特别征召，未就，而被世人称作“征君”。清兵入关后，流亡在外参加抗清活动。后东渡日本定居，传播儒家思想。著有《朱舜水集》。

朱之瑜少年时代就抱有经世之志，积极关心国家存亡和人民安危。中年以后，目睹明朝末年“国事日非，世道日坏”的现状，遂绝意仕途，多次辞却朝廷征召。在明清政权交替之际，他积极参加抗清斗争，颇具气节。为了不做清朝顺民，于清顺治十六年（1659），再次东渡日本，先寄居，后定居，直到去世。在流寓日本的二十多年中，朱之瑜深刻总结了明朝覆灭的历史教训，猛烈抨击了封建社会的腐朽制度，尖锐揭露了理学末流的空疏弊端，着力倡导以“实用”“实功”“实行”为核心的启蒙思想。

朱之瑜在对明朝覆灭的历史教训的总结分析中，深刻地认识到了封建社会制度的腐朽弊端。他指出，明朝覆灭的原因在于政治腐败和经济崩坏，而政治腐败和经济崩坏的根本原因，则在于封建官僚士大夫的腐化堕落、恶贯满盈。他说："崇祯末年，缙绅罪恶贯盈，百姓痛入骨髓，莫不有'时日曷丧，及汝偕亡'之心。故流贼至而内外响应，逆虏入而迎刃破竹，惑其邪说流言，竟有前途倒戈之势；一旦土崩瓦解，不可收拾耳……总之，莫大之罪，尽在士大夫。"（《朱舜水集》卷一）

他认为，明朝的灭亡，实由士大夫所致。朱之瑜指出，士大夫不行辅君治天下、兴利除害之政事，专营图谋私利、欺君害民之恶行，他们的腐败无能和残酷剥削，败坏了整个社会的道德风尚，破坏了封建社会秩序，激化了社会矛盾，导致国家政权覆灭。朱之瑜进而指出，封建官僚政治的种种弊端，都源于八股取士的科举制度。同时，朱之瑜在对明朝灭亡的分析中，亦看到了民众在社会发展中的作用。他指出，明亡的一个重要原因在于"失其民也"。民心的向背和民众的力量，决定着国家政权的兴衰存亡。基于对封建官僚罪恶的揭露和对民众社会作用的认识，朱之瑜提出了他经世利民的社会改革思想。朱之瑜在儒家"民本"思想的基础上，又进一步提出民众是社会的根本和基础，只有重视利民爱民，才能治理好国家和社会。

进行经世利民的社会改革，绝不能忽视教育的作用。在朱之瑜看来，教育的社会作用有两个方面。一是教育有培养人才的功能。只有重教兴学，才能"兴贤育才"，而贤才是辅助君主治平的"重宝"。二是"重教兴学"可以移风易俗，改变社会风气，使政治清明，民风淳厚。而整个社会风气好转又反过来促进国泰民安。他认为，改变社会风气不仅是教育的重要功能，也是教育的重要目的。他指出，历史上有时"教化陵夷，未必便是不仁，只是悠悠泄泄，不以风俗为急"（《朱舜水集》卷十八），只是为兴学而兴学，不以改变民风为目的，结果教育自身也日渐衰落。正因为朱之瑜亲眼见到了明王朝走向衰亡的历史，才能总结出这么深刻的教训。他痛心明末世风日下，指出明朝"亡于圣教之隳废。圣教隳废，则奔竞功利之路开，而礼义廉耻之风息"（《朱舜水集》卷七）。

朱之瑜的实学教育思想在当时具有一定的影响。值得一提的是，他和那个时代的许多实学思想家一样，从朴素唯物主义出发，比较明确地提出了教育与经济、教育与社会之间的相互影响和制约关系，这一点是具有一定远见的。

朱之瑜看到了经济社会是教育的基础，经济社会对教育有一定的制约作用。所以，他十分重视民生，认为“男耕女织”是“民之常经”，是“本根”，甚至更为明确地指出：“伏以治道有二，教与养而已。养处于先，而教居其大。盖非养则教无所施，以奚暇治礼义之说也；非教则养无所终，此饱食暖衣，逸居无教之说也。”（《朱舜水集》卷六）朱之瑜这种“养”和“教”相辅相成的思想，源于儒家的“仁者爱人”，特别是孟子的“重民”“仁政”思想。由此出发，他认为教育要和社会政治、经济建设和改革结合起来，才能达到孔子描述的“大同”的理想社会。在经济上，他提出了“富民当以礼节之，贫民当以省耕省敛以补助之”（《朱舜水集》卷十一）。即使在实施这种“节富补贫”的社会改革过程中，也万万不能忽视教育的作用，必须把教育和社会改革结合起来，才能“更化善俗”。在政治上，他提出了“以一人劳天下，不以天下奉一人”（《朱舜水集》卷十三）的命题。尽管这一命题尚未跳出忠君爱民的窠臼，但给忠君赋予了一种民主主义的阐释。

朱之瑜在强调教育作用的同时，也看到教育受到社会经济、政治的制约，这种思想含有朴素的唯物主义因素。正是因为他看到教育有培养人才、移风易俗的作用，有利于经济发展，能促进社会变革，所以，他的教育思想中贯穿了经世致用的功利主义倾向。

朱之瑜处在国家丧乱、民族危亡的时代，目睹在这紧急关头，由变了质的科举制度孕育和选拔出来的官僚士大夫们，或道德沦丧，或空谈心性，以致国破家亡。所以，他不仅和同时代的实学思想家们一样，严厉抨击腐朽的科举制度，而且发扬了南宋事功学派德才兼备、文武双全、博学多能的传统人才观，提出了自己的主张。朱之瑜的人才观，充分体现了他的教育经济思想内容。朱之瑜认为，中国历史上的儒生有两大类，即学士和贤士。前者以学识见长，后者以德行见长。他认为只有将“学士”和“贤士”的长处结合起来，才能算是经世致用的人才。这样的人才可以用“学士”的才识辅助君主治平，以“贤士”的德行来移风易俗。朱之瑜明确提出把儒生分为三类：道德之儒、事功之儒、文史之儒。从这里可以看出，朱之瑜在看重才识和德行之外，也把事功看作衡量人才的一个重要标准。

对于如何把德、才、艺（事功）在实践中结合起来，他引用了《左传》中的“太上有立德，其次有立功，其次有立言”之说，提出了有关“三不朽”的人才观。

他解释说，修德、立功是主要的，对于立言，只是圣人怀才不遇时才会去著书立说。何况一个人在时运不济时很难按其主张去施展抱负，往往只能“卷藏之”，倒不如有一技一艺之长，尚可养家糊口。一技一艺也是一种“功”，如果有了技艺，再在德行上磨炼，那就是立德了。这里朱之瑜对教育与经济的关系讲得十分透彻，他运用朴素的道理告诉人们，接受教育，虽可能难以完全实现自己的抱负，但是，有了一技之长，能够种田或者从事其他生产活动，养家糊口，就是立德，就是在实现抱负。这一思想，是对传统教育思想的挑战，为教育经济思想输入了新的内容。他认为，一个人的功有大小，德有偏全，但只要根据自身条件，发挥个性和特长，学就一门实艺，照样也是立德立功。这是对朱熹“一艺一能皆以为不足自通于圣人之道”的否定。朱之瑜定居日本二十多年，确是为了保全名节，念念不忘抗清复明。他不仅自己坚持民族气节，而且把爱国主义教育贯穿于家庭教育之中。他告诫儿孙：“汝辈既贫窘，能闭户读书为上，农圃渔樵，孝养二亲，亦上也。百工技艺，自食其力者次之。万不得已，佣工度日又次之。惟有虏官不可为耳!”(《朱舜水集》卷四)

朱之瑜继承了南宋事功学派的传统，提出了以经学为基础、史学为要途、实艺为必备的主张。朱之瑜在日本的教育实践中，教育内容已经不局限于儒家著述和史学。他向日本弟子介绍祭祀仪礼、服饰演变、园圃农事、建筑工程、医术兵学，乃至屠宰之法等。当然，这并不等于说他把所有的艺能、技能都列入了儒家的教育内容之中，只是足见其经世致用、“实事实理”的教育思想，已经贯彻到他的教育实践中去了。在这一点上，他要比南宋事功学派前进了一大步。

朱之瑜经世利民的思想，是明清之际学术史的重要组成部分，他的思想虽然直至清末才对中国的社会文化发展产生影响，但对日本的社会文化发展影响较早，而且发挥了极其重要的作用。梁启超曾说：“舜水之学不行于中国，是中国的不幸；然而行于日本，也算人类之幸了。”(梁启超《中国近三百年学术史·朱舜水》)。朱之瑜的社会启蒙思想，影响了日本明治维新及日本社会道德的发展。朱之瑜实行实功的思想，就学术文化发展而言，促成日本儒学形成了以经世治民为要、不务空谈虚论的学术特点。朱之瑜的学术思想，推进了日本儒学的发展，对中日社会和文化的交流发展，起到了一定的积极作用。

二、黄宗羲从“学贵适用”的原则出发，把教育与经济社会发展紧密联系起来，倡导大力学习自然科学知识

黄宗羲在我国教育史上具有十分重要的地位，他所讲授的自然科学知识，既是对我国古代科学技术成就的继承与弘扬，也吸纳了部分传入中国的西方科技思想。他广泛汲取古今中外的科学思想，并将其作为自身讲学材料的重要组成部分。从这个意义上来讲，黄宗羲提倡的教学内容，无论在广度上还是深度上，都达到了当时的最高水平。

黄宗羲（1610—1695），字太冲，号南雷，学者称其为梨洲先生。黄宗羲不仅是我国 17 世纪一位伟大的启蒙思想家、杰出的史学家，而且是一位卓越的教育家。他早年积极参加东林党人反对以魏忠贤为首的阉党的斗争。在清兵南下时，他又积极参加了抗清斗争。中年以后专门从事著述和教育活动，先后讲学近五十年。在黄宗羲宏富的著述中，《明儒学案》是中国学术史上第一部系统完整的断代哲学思想史巨著，对教育界和教育思想界也有不少影响。成书于 1663 年的《明夷待访录》，也是他带有民主色彩的教育思想的代表作。他在该书中大胆地反封建、抗专制、轻君权，“为天下之大害者，君而已矣”；并抨击“工商为末”的传统思想，在历史上第一次提出“工商皆本”的主张。这明显适应了我国明清之际资本主义萌芽产生和发展的历史潮流，并为其提供了理论根据。

黄宗羲对政治学、史学、哲学、文学诸学科均有卓越的贡献，在教育领域更有令人钦佩的建树，他的教育思想在一定程度上代表了当时先进的社会意识，有着超前的时代精神，形成了颇具特色的教育思想，在我国教育史上占有十分重要的地位。

在人的知识来源问题上，黄宗羲虽然认为“穷天地万物之理，即在吾心之中”（《明儒学案·序》），存在“穷理”即“穷心”的王学思想残余，但其基本方面则是主张躬行实践，力学致知。获取知识是人生立本之要义，也是教学的最基本原则。黄宗羲认为，教育的根本目的在于培养能“立功建业”“经天纬地”的治国之才，为此，致知是成才的必然途径，一切教学也就应当围绕致知而进行。在黄宗羲看来，许多人并不具备与生俱来的良好素质，若缺乏知识积累，便不能成才。因此他主张广泛地读书，以求知识广博，并通过长期的知识积累达到成才的目的。他自己更是

以身作则，一生勤奋好学，并且老而弥坚。其弟子李杲堂在《奉答梨洲先生书》中说道："先生年逾六十，尚嗜学不止，每寒夜，身拥缊被，以双足置土炉上，余膏荧荧，执一卷危坐。暑月，则以麻帷蔽体，置小灯帷外，翻书隔光，每至丙夜。"直至年逾八旬，仍终日手不释卷。

黄宗羲在《孟子师说·曹交章》中说道："'人皆可以为尧舜'一语，此孟子继往圣开后学一大节目。徐行尧服，人人能之，即人人可以为尧舜也，只在著察之间耳。后之儒者，将圣人看得烦难，或求之静坐澄心，或求之格物穷理，或求之人生以上，或求之察见端倪，遂使千年之远，亿兆人之众，圣人绝响。"又说："人人可以认取圣脉，后来近溪只求人所行所习，当下指点出著察一路，真觉人人去圣不远。"黄宗羲在教学实践中，对那种脱离社会现实、一味空谈心性的静坐参悟一类功夫表示极为反感，他曾明确指出："道无定体，学贵适用。奈何今日之人执一以为道，使学道与事功判为两途。事功而不出于道，则机智用事而流于伪，道不能达之事功，论其学则有，于适用则无，讲一身之行为则似是，救国家之急难则非也，岂真儒哉?"（《黄梨洲文集·姜定庵先生小传》）在他看来，学习最终是为了应用，若只是讲究个人"一身之行为"，而在"国家之急难"时刻无能为力，绝非真正的士人。要成为一个"真儒"，就必须将"学道"与"事功"紧密结合，既有学问，也会应用。这些观点和思想，都有力地说明黄宗羲在实践致知的教学原则时，既重视读书活动，也十分注重在实践中学习各种本领，即对实际才能的培养。黄宗羲提出这一思想，是为了改变晚明士大夫在谴责天崩地裂之变的情况下，不思为国家分忧解难，依然如故地逍遥自在，醉生梦死，"落然无与吾事，犹且说同道异，自附于所谓道学者"（《黄梨洲文集·留别海昌同学序》）的社会状况。他提出要从教育入手，要解决教学中抱残守缺、脱离实际的问题，要使学生扩大知识面，对所学的东西能结合实际，融会贯通，"敛于身心之际，不塞其自然流行之体，则发之为文章，皆载道也，垂之为传注，皆经术也"（《黄梨洲文集·留别海昌同学序》）。他力主文以载道，经世致用，反对做两脚书橱、一介腐儒。

黄宗羲从反对君主专制、主张民主政治的思想出发，在教育问题上总是激烈地抨击八股取士的科举制度。为了适应民主政治的要求，他提出必须改革教育制度，扩大教育的作用，以限制君权，使"治天下之具皆出于学校"（《明夷待访录·学校》)。他认为，学校不仅要具有培养人才、改进社会风俗的职能，而且还应该议论国家政事，“公其非是于学校”(《黄梨洲文集·序言》)，这是他对中国古代教育理论的独特贡献。但是，在中国古代封建社会里，学校教育与取士制度紧密相连，取士制度对于人才考核的具体内容、方式和方法有极大影响，在很大程度上影响甚至左右着学校教育对人才的培养。因此，黄宗羲在《明夷待访录》中，对科举考试使士人在富贵利禄的引诱下，以研读时文为获取名利的捷径，而摒弃经、史、古文及兵、农、礼、乐等“切于民生日用”之学，造成学术衰落的情况，给予严厉的批判。他总结了中国历史上关于人才选拔的各种成功经验，提出了八种人才选拔的方法，集中反映了他强调应该采取多种方法和途径选拔人才的思想：对人才需严格考核，重视人才的实际才能，把人才选拔与培养紧密结合起来，等等。这是中国古代教育史上一个较为深刻的人才思想成果，对于我们研究和借鉴都有十分重要的意义。

黄宗羲从他的人才思想出发，提出了“学贵适用”的原则，批判了鄙视经世才能、不关心社会变革的空疏学风，反映了当时城市市民与工商业者在历史变革时期对于教学的期望与要求，其时代意义是明显的；而这种强调经世致用、培养应用型人才以服务于国家、民族的教学观念，其价值意义非常深远。自明中叶以后，理学教学的空疏无用已发展到了极端。当时的大部分学者都严重脱离实际，热衷于空谈心性，专注于八股文，而对正在发生变革的社会却漠不关心。正是为了改变这种学风，黄宗羲提出了“学贵适用”的思想。黄宗羲的观点十分明确：求学贵在实用，只有学问与事功相结合，学用一致，方为真儒。从这一思想出发，他强调只有实用的知识才是真正的学问，主张把自然科学知识列为教育的重要内容，既要继承传统科学技术，又要接受西方的科技知识，反映了资本主义生产关系萌芽对教育的影响。并且主张将是否有真才实学作为选拔人才的重要条件。

黄宗羲的这些观点，正是他经世致用思想在教学上的反映，折射出当时那些比较注重实际、迫切要求发展社会生产的城市工商业者对教育的要求，对改变当时的学风也有积极的作用。我们从黄宗羲论述的教育内容来分析，可以看出其思想有以下几个特点：

第一，主张“文武合一”。学生既学文，又学武，以适应当时社会的需要。黄宗羲就是一位文武双全的人，清军南下时，为了捍卫国土，他组织子弟兵数百人，随诸军于江上，江上人呼之曰“世忠营”。后来，他被鲁王任命为兵部职方，整顿军纪，策划和指挥“西渡之战”。后来的学者称赞他的部下“军容甚整”，所至之处受到百姓的欢迎。他认为学者学“兵法”“习射”等科，还可使“儒生者知兵书战策非我分外”，“习之而知其无过高之论”，克服“空疏不学”的空谈学风。武夫学文，亦可使“武夫者知亲上爱民为用武之本”，克服粗暴害民的毛病。使“儒生”和“武夫”互相取长补短，并各有所专。这对社会上重文轻武的传统观念，也是一个有力的冲击。

第二，提倡自然科学，开中国古代学校教授自然科学先河。明清之际，学风浮躁，教学内容固化不变，黄宗羲以其思想家的无所畏惧的胆略和高瞻远瞩的才识，全面否定了明清之际的官方哲学——宋明理学——以教学和考试为主要内容的陈腐体系，提出了崭新的课程方案，表明了鲜明的战斗性和科学性。黄宗羲批判了理学信徒们认为善于理财者“聚敛”、有军事才能者为“粗材”、关注时政者为“俗吏”、长于读书写文章者为“玩物丧志”等迂腐的谬论，提出了自己的新课程蓝图。除将经、史、子、集列为教学和考试的内容外，还倡议学校开设自然科学、工程技术方面的“绝学”课程。他在《明夷待访录》中说：“绝学者，如历算、乐律、测望、占候、火器、水利之类是也。”他还强调学习理工医农专门技艺的儒生，应当和学习五经的儒生有一样的晋升机会：“郡县上之于朝，政府考其果有发明，使之待诏，否则罢归。”（《明夷待访录·取士下》）对确有发明者，格外奖励，破格录用。在教学过程中，给学生传授天文、地理、数学等自然科学知识是黄宗羲教学的一个显著特点。早在顺治四年（1647），他就在极其困难的情况下，向王正中传授历学、乐律等知识。

特别值得注意的是，黄宗羲已受到当时传入中国的西方科技知识的影响，在《赠百岁翁陈赓卿》诗中，他写道：“西人汤若望，历算称开辟。为吾发其凡，由此识阡陌。”黄宗羲推崇《崇祯历书》，称其“所列恒年表、周岁平行表之类，犹之未来历也……盖作者之精神，尽在于表，使推者易于为力”。《崇祯历书》由徐光启主持编订，西方传教士汤若望也参与其中。由此可知，黄宗羲将天文、数学、地理等自然科学知识列为重要的教育内容，既是对中国古代科技教育传统的继承和发展，同时也是受到西方科技知识的影响，反映了资本主义生产关系萌芽对教育所提出的新要求。黄宗羲不仅开辟清代“哲人研治西洋天算之风气”，而且还开清代浙人传授西洋历算之先河。

第三，重视学科的“实用”性。黄宗羲思想的一个重要特点就是崇实致用，博大通达。他公开把当时盛行的、为封建王朝所提倡的、脱离实际的“时文”等，均列为禁止学习的内容。他认为这些课程没有实用性，不但不能养士，反而“害士”。他指出，用这些东西培养出来的学生，或只会“高谈仁义”，同那些“灶养学究”一样，完全脱离实践，或是“丐贷江湖”的骗子，或是“拈香嗣法”、神前进香的迷信者，或是糊涂守旧的“迂儒”。这些人的所作所学，“与治乱无关”，一旦国家有事，“当报国之日，则蒙然张口，如坐云雾”（《南雷文定·赠编修弁玉吴君墓志铭》）。这是科举制度下当时学校教育的共同特征。黄宗羲提倡的教学内容与当时传统僵化的教学内容不同，要求学者在掌握作为古代士人必须熟知的经史典籍之外，还应该广泛地学习各种具有实用价值的知识。黄宗羲从其经世致用的教育观念出发，在教学内容上力主多读书，以为“读书不多，无以证斯理之变化”（全祖望《梨洲先生神道碑文》）。所读之书既要包括各类经籍，也应“取近代理明义精之学，用汉儒博物考古之功”（《黄梨洲文集·陆文虎先生墓志铭》），竭力将基础知识与应用性知识结合在一起，共同充实于能培养人才的教学内容之中。所以，黄宗羲提出的教育内容，既有针对性，又有科学精神。

三、王夫之欲“安天下”当以“文教为重”的思想，不仅揭示了教育对治理国家的重要作用，而且指出了教育的发展又受政治与经济的影响

王夫之以唯物主义思想家的眼光看待明清之际的教育，对理学教育进行了批判。他在著作中，提出了许多卓越的教育观点，其中尤以“安天下”当以“文教为重”的思想突出；在揭示教育对治理国家的作用时，指出了教育与政治、经济之间的辩证关系，在我国古代教育思想史上占有重要地位。

王夫之（1619—1692），字而农，号姜斋，与顾炎武、黄宗羲并称明清之际三大思想家。王夫之自幼跟随自己的父兄读书，青年时代，他以“东林”“复社”为楷模组织了“匡社”，曾举兵起义，阻止清兵南下。失败后，投身于桂王的南明政权，任翰林院庶吉士。嗣后，辞职返家，坚持反清。王夫之晚年隐居于石船山，著书立说，

自署船山病叟、南岳遗民，学者遂称之为船山先生。著有《周易外传》《黄书》《尚书引义》《家世节录》《春秋家说》《噩梦》《读通鉴论》《宋论》等书。

王夫之作为我国17世纪一位忧国忧民的思想家，通过总结历史上各个朝代兴衰存亡的经验教训，深刻认识到教育对治国的重要作用和意义。他指出："王者之治天下，不外乎政教之二端。语其本末，则教本也，政末也。"（《礼记章句》卷五）。认为治理国家不外乎政治和教育两大问题，其中教育最为重要。他说历史上许多王朝的败亡，并非因"其政之无一当于利病也"，而只是因为"言政而无一及于教育也"，即败在"失其育才"。明朝灭亡，在他看来也是因为"教化日衰"，学校教育"名存实亡"，培养不出国家"可用之士"，结果以"锢人之子弟"开始，以"误人之国家"告终。因而，他告诫"谋国者"，必须吸取这个历史教训，欲"安天下"，当以"文教为重"，必须把教育置于重要地位。

尤为可贵的是，王夫之还认为，教育固然重要，但教育的发展又离不开政治，只有"政立民安"，政治清明，人民安居乐业，才能"学校兴"。所以他又说，在政治和教育的关系上，"语其先后，则政立而后教可施焉"（《礼记章句》卷五）。同时，教育的发展还必须以经济为基础，人民"衣食足"而"天下治"，"乃可以文"。由上可见，王夫之不仅揭示了教育对于治理国家的重要作用，而且还指出了教育的发展又受制于政治与经济，他的这一认识，弥足珍贵。

教育不仅是治国之本，而且对人的个体发展也起着十分重要的作用。王夫之的这个思想，同他的人性论联系在一起。王夫之认为，人性不是一成不变的，而是处在不断发展变化的过程之中，由此提出了人性"日生日成"的著名论断。他说："性者，生也，日生而日成之也。"（《尚书引义》卷三）又说："夫性者，生理也。日生则日成也……性屡移而异……故善来复而无难，未成可成，已成可革。性也者，岂一受成侀，不受损益也哉?"（《尚书引义》卷三）在中国古代教育史上，关于人性问题的讨论由来已久，有的主张性善，有的主张性恶，还有的主张善恶相混，而王夫之继承和发展了孔子"性相近，习相远"的见解，提出了人性是在后天不断生长变化的过程中逐渐形成的，这是前人从来没有系统阐述过的新观点，充满了辩证法思想。

正因为"人性随习易"，是在后天的不断发展变化过程中形成的，所以，王夫之十分重视教育对人的发展所起的作用。他认为，这种作用主要表现为两个方面。一是继善成性，使之为善。他说："道之不息于既生之后，生之不绝于大道之中，绵密相因，始终相洽，节宣相允，无他，如其继而已矣。……滋之无穷之谓恒，充之不歉之谓诚，持之不忘之谓信，敦之不薄之谓仁，承之不昧之谓明。凡此者所以善也，则君子之所以为功于性者，亦此而已矣。继之则善矣，不继则不善矣。"（《周易外传》卷五）这种继善成性的过程，就是不断积累的过程，亦即不断接受教育的过程。二是可以改变因"失教"而形成的"恶习"。他说："教是个大炉冶，与其洁，而不保其往者，无不可施。"（《读四书大全说》卷九）不过，要改变人的"恶习"而使之为善，这不是一件容易的事，必须要花大工夫才能奏效。"人不幸而失教，陷入于恶习，耳所闻者非人之言，目所见者非人之事，日渐月渍于里巷村落之中，而有志者欲挽回于成人之后，非洗髓伐毛，必不能胜"（《俟解》）。正因为如此，他主张对儿童要及早施教。他指出："《易》言：'蒙以养正，圣功也。'养其习于童蒙，则作圣之基立于此。"（《俟解》）这是颇有道理的。

总之，教育既对治国至关重要，又同人的发展密切相关，它或使人继善成性，或使人改恶为善，这是王夫之关于教育作用的基本观点。

既然教育对于治理国家有着十分重要的作用，那么必须把教育放到十分重要的地位，还必须重视教育与社会实践的结合。所以，王夫之主张教与学都应有"当世之务"，即无论教与学，都要为当前的政治服务。他说："学者之所以学，教者之所以教，皆有其当务焉。"（《四书训义》卷五）教师的教，学生的学，都要心怀"当世之急务"，不能以"流俗之心"去教书、读书。不能把读书仅当成一种嗜好，来"销日靡月，废事丧德"。他提倡教与学都要从"有为于当世"出发，教者要"因时立义"，学者要"读古人之书，以揣当世之务"（《读通鉴论》卷二十一）。应察其书中的精义，结合当世的"时会"而用之。

王夫之认为，过去教育的最大弊端表现在教学上，就是只重讨论，不重实践。因此，他提出"教必著行"的主张，作为救弊纠偏的一项重要措施。他认为，要使教与学皆能结合世用，就必须从躬行实践的观点出发，去求知和安排教学工作。他在《四书训义》中指出，"力行而后知之真"，力行而后才能"讲习之非虚"。所以，力行是获得真知的可靠途径，力行比之读书讲习，甚至比见闻都更加真切。百闻不如一见，百见不如一行。他说："学以求知之，求知之者，固将以力行之也，能力行焉，而后见闻讲习之非虚，乃学之实也。”（《四书训义》卷五）。他的结论是，行可以得知，求得知识不是为了高谈阔论，而是为了“行事”。

王夫之从学到知识是为了“行事”的观点出发，将“教必著行”作为他教育、教学思想的归宿。他说：“行不足以尽教之理，而教必著于行。”（《礼记章句》卷二十四）教的东西，虽不能尽付之于实行，但老师必须要求学生实行。学到的知识，不是为了今天之用，就是为了以后所用。学与用结合，才达到了教学的目的。“知之尽，则实践之而已。”（《张子正蒙注》卷五）

王夫之主张“教必著行”“教期于行”，不仅是因为“行可得知”，而且还由于“知必以行为功”，知识的效能，只有在实践中才能得到验证。他认为学者如果自恃其知，而不能“行”，如此则不可教了。他说：“不足以明行者，自恃其能，不可教诲也。”（《周易内传》卷一）

王夫之在教育、教学经验及活动中，极少谈到有不可教的人，唯认为那种自以为有知识，而不能也不愿意“用知于行”的人，才是不可教育的，由此可知他对“行”的重视。也只有这样，才可以培养出满足国家需要的各类人才，从根本上保障国家的长治久安。

综上，明清之际的教育思想，代表了中国古代教育向近代教育的发展与转化，具有重要的学术价值和历史意义。这一转化与交替，突出地表现在实学教育思潮的多个方面，它既是当时地主阶级改革派对封建传统教育，尤其是宋明理学教育的自我批判，又是新兴市民阶层的启蒙意识在教育理论上的反映，具有历史的进步性。

明朝处于我国封建社会后期，商品经济虽然逐步发展形成资本主义萌芽，但封建的自然经济仍占统治地位。反映在思想意识上，表现为维护封建统治的理学，表现得愈加专横，以及出现了早期启蒙思想。此外，明清之际的文学艺术和科学技术，亦有较大的发展。例如一些文学名著，也都在不同程度上反映了当时封建制度的腐朽和没落，揭露了封建社会的丑恶面貌。在科学技术方面，也出现了一些总结性的著作，如李时珍的《本草纲目》、徐光启的《农政全书》、潘季驯的《河防一览》和宋应星的《天工开物》等。从这些辉煌的科学巨著中可以看到，在封建社会末期，我国劳动人民的生产经验不断增加，科学技术也在不断进步。特别是明清之际的实学思潮，推动了中国古代思想向近代思想的转化。

第八节　西学科学技术教育对教育经济思想的影响

明清之际，我国的科学技术教育思想得到发展，这与由反对理学、心学末流的空谈心性而发展起来的实学教育思潮密不可分。另一个对科学技术教育起到重要推动作用的是西学东渐。自明末以来，西方科学知识伴随着西方传教士东来，西学东渐与实学思潮相结合，二者相互补充、互为条件地促成此时中国科学技术教育思想的大发展。

明朝后期，西方传教士纷纷踏上中国国土，以意大利人利玛窦为代表的耶稣会教士标榜“学术传教”，最早于1582年来华。他们在传教的同时，也带来了西方的科学技术知识。随后有西班牙人、葡萄牙人、德意志人、波兰人、比利时人、法国人先后来华。在实学思潮和西学东渐两者相辅相成的条件下，明清之际的科学技术教育取得了多方面的成果，如天文、历法、数学、地理学、医学以及技术等，均有较明显的发展，出现了中西文教汇合的趋势。西学传入之时，适值国家多事之秋，一些进步学者及有识之士，满怀救亡图存的忧患意识，纷纷学习西学，致力于科学技术的教授与传播。

一、徐光启于中国教育史的意义，在于他睁眼看世界，在于他不满足于西方科学中的一技一艺，而是从中得到启迪，建设中国自己的教育科学体系

徐光启（1562—1633），字子先，号玄扈，明代著名科学家、政治家。官至崇祯朝礼部尚书兼文渊阁大学士、内阁次辅。徐光启毕生致力于数学、天文、历法、水利等方面的研究，勤奋著述，尤精晓农学，译有《几何原本》《泰西水法》，著有《农政全书》等。同时，他还是一位沟通中西文化的先行者，为17世纪中西文化交流作出了重要贡献。崇祯六年（1633），徐光启病逝，崇祯帝赠太子太保、少保，谥文定。

嘉靖、万历年间，我国江南一带手工业、农业得到发展，已经出现了资本主义萌芽，这促使一些科学家去总结传统科学，如天文、历法、数学等。同时，西方科学由传教士传入，又给中国人以新的启迪。徐光启的成就，不仅在于其在各个具体

的领域中进行的科学研究，更在于他睁眼看世界，着眼于东西方科学和文化的比较研究，提出了著名的“会通”思想，对学习方法和学术风气等做出了异于传统的选择。在教育经济思想方面，他融儒家与西洋科学于一体，提出以数学为宗，由数达事与理的观点，真正意义上认识到自然科学在经济社会发展中的作用，找到了中国科学技术发展缓慢的症结。

中国传统的学术风气，是重人伦而轻物理，并非不研究大自然的诸种现象，但其要旨在于阐发哲理、附会人事。如见乌反哺、羊跪乳之象，则联系到如何事亲。而《汉书》中《天文志》和《五行志》所记载的大量星象灾异，并非为了科学研究，而是以“自然之符”告诫君主，使之“饬身正事，思其咎谢”（《汉书·天文志》）。天文、历数如是，中国传统的地理亦是所记者“惟疆域建置沿革、山川古迹、城池形势、风俗职官、名宦人物诸条耳”，而这些“皆人事”，于“人地之故”则“概乎未之有闻也”（刘献廷《广阳杂记》）。在西学东渐之际，大多数封建士大夫仍以此重人伦、轻物理的学术风气为标准，去评判西洋科学和文化优劣。故清初大儒李光地论西洋历算，认为其虽比中国细密，“但不知天人相通之理。如古人说日变修德，月变修刑，西人说日月交食”。儒家正统是以“通天地人之谓儒”，以“知天而不知人则技”（李光地《榕村语录》卷二十六），故西洋历算只是“技”而已。因此，当时的士人多认为自然科学和技术是形而下者，天道是形而上者，君子为道而不为技。

然而，徐光启却认为，人伦与物理、形而上与形而下，皆是学问，当并传于世，而无贵贱高下之分。所谓“实行实功”“有体无用”，才是孔子、朱子学说的正脉，是“真儒”当为之事。他认为，真儒学当“大者修身事天，小者格物穷理，物理之一端别为象数”（《徐光启集·刻〈几何原本〉序》）。千载以来，儒者皆喋喋不休于所谓修身事天之大者，以治经学、谈性命为正宗，徐光启在此却将格物穷理和象数之学与之并立。更重要的是，徐光启的“格物穷理”，其物其理显然是指自然科学的“物理”，故以象数之学为其一端。这样，自徐光启开始，空谈性命的“格物穷理”被定义为研究自然科学的“格致之学”。在徐光启的教育主张中，真儒学是以数学为宗的，即以数学为一切学问的统领，而替代了经学的统治地位。徐光启坚持这个观点的理由有以下几点：

第一，象数之学是率天下人归于实用的所由之道。以科学技术论，数学犹如“工人之斧斤寻尺”（《徐光启集·刻〈几何原本〉序》），历数、音律、器用、宫室等，皆需以数学为基础。如果无数学根基，则其他各门实学皆“未可易论”（《徐光启集·刻〈几何原本〉序》）。以古代之“六艺”论，数虽仅占一席之地，但其他“五艺”若“不以度数从事”，则“不得工也”（《徐光启集·刻〈几何原本〉序》）。因此，古代圣贤皆重视数学，“自羲和治历暨司空、后稷、工虞、典乐五官者”，皆“非度数不为功”（《徐光启集·刻〈几何原本〉〉序》）。由此，徐光启指出，圣贤之学即崇尚实学，而数学，则正是率天下人而归于实学。从这个意义上说，圣贤之道并不仅存于历代相传的字纸章句里，亦存于数学之中；若“数学可废，则周、孔之教踳矣”（《徐光启集·刻〈同文算指〉序》）。

第二，数学即真儒学，而西洋数学亦能缀续圣贤之阙典遗义。在徐光启看来，数学是作为真儒学流传万世的，如唐代就曾设算学以供博士弟子习于其间。只是明代以来，数学始废。原因有二：“其一为名理之儒士苴天下之实事；其一为妖妄之术谬言数有神理，能知来藏往，靡所不效。”（《徐光启集·刻〈同文算指〉序》）轻视实学和迷信妄言，使知识分子摒数学于正学之外，专务空疏无用的性命之学，致使圣学传统中断。所以，徐光启积极翻译《几何原本》，以为此书虽为西洋典籍，但能缀续“唐虞三代之阙典遗义”，能“裨益当世”（《徐光启集·刻〈几何原本〉序》），故“举世无一人不当学”（《徐光启集·〈几何原本〉杂议》）。

第三，象数之学能锻炼人的思维能力。古代中国人论智力，以为有生知、学知和困知三等，没有着意从人的思维能力方面去做研究。比如教学，一般仅关心学生记诵多少章句，掌握多少掌故典实，而不甚重视逻辑推理。徐光启以科学家的眼光论智愚，以为“人具上资而义理疏莽，即上资无用；人具中材而心思缜密，即中材有用”（《徐光启集·〈几何原本〉杂议》）。人极聪明，但没有受过思维训练，思辨能力差，则仍不能得圣贤之道。虽聪明一般，但经过尚好的逻辑推理训练，抽象思维能力强，则同样能成材，掌握自然与社会的各种规律，学习几何，便是“练其精心”，即训练思维能力。而已习得一技一艺者，亦须藉数学以“资其定法，发其巧思”（《徐光启集·〈几何原本〉杂议》）。因为，事与理相关联，皆为治学之要，而数学则是习事得理之根基，所以，教育当重视思维能力的培养。徐光启看到了西洋教育的长处，说：“闻西国古有大学，师门生常数百千人。来学者先问能通此书（指《几何原本》），乃听入。何故？欲其心思细密而已。其门下所出名士极多。”（《徐光启集·〈几何原本〉杂议》）。徐光启敏锐地抓住西洋教育之胜于传统教育的长处，指出：若要科学发达，就须重视人才思维能力的训练；高智低能，则无用于世。因此，使学生“心思缜密”，是学校教育中的一项重要任务，也是能否出人才的关键一环。他的这一观点，是十分接近现代思想认识的。

第四，数学为道德修养之基址。中国的传统教育历来重视修身，而数学不仅可以增才，亦是德之基址。这是因为，《几何原本》有五不可学：“躁心人不可学，粗心人不可学，满心人不可学，妒心人不可学，傲心人不可学”（《徐光启集·〈几何原本〉杂议》）。躁、粗、满、妒、傲，皆为儒家道德学说力戒者，其方法无非是静心养气，易落于空寂无寻。而徐光启则从数学入手，由实而虚，则尽归于实学而不至于空谈性命。

综上所述，徐光启融儒学与西洋科学之精华为一体，提出了教育内容的新范式：以数学为宗，由数而达事与理，并至修身之道。这样，便无所谓形而上与形而下之差别，亦没有大道小技之分，真儒学即包容了高下精粗的一切实用之学，惟以经世致用为准绳。因此，西洋科学与传统儒学不相冲突，它能继圣贤之绝学，亦能补儒学之不足，是“所以制世利用之大法”（《徐光启集·刻〈同文算指〉序》）。徐光启这一教育内容的新范式，不同于以往的实学思想，因为它特别强调明理辨义，由数达理。徐光启编译《测量法义》，撰写《测量异同》，皆是因为他认识到中国古典科学与西洋科学相比较，“其法略同，其义全阙，学者不能识其所由”（《徐光启集·〈测量异同〉绪言》），认为缺“义”，是中国古典科学的致命弱点。

现代从事自然科学史研究的学者，从中国古代数学体系本身的角度寻找中国的数学传统在宋以后中断、在近代落伍的原因时，曾指出这样两点：中国古代数学一是缺少形式语言，二是未能公理化。而徐光启数百年前的认识，与现代学者颇为相近。这是因为，他的传统学问的根基十分扎实，故学习西洋科学之后，能一一与之相较，既不以虚无主义的态度对待中国古典科学，又不夜郎自大，拒绝排斥先进的科学知识。他在批评中国传统学问弊病的同时，也指明西学中可吸收的精华：说理具体切实，令人信服。

徐光启认为，任何事物中皆“有理、有义、有法、有数”。其所谓“义”，即自然科学中的所以然之理。“理不明不能立法，义不辨不能著数”（《徐光启集·测候月食奉旨回奏疏》）。中国古典科学，虽然正确表达了某些现象或规律，发明了一些极为实用的器物，但往往停留在孤立的经验知识和搜集观测事实的阶段，只满足于某一方面的具体运用，而不求其上升为理论。如《九章算术》言勾股自相求、容方容圆、各和各较相求者，“第能言其法，不能言其义也”（《徐光启集·〈勾股义〉绪言》）。刘徽注《九章算术》，言测望仅“能说一表不能说重表”，“言大小勾股能相求者，以小股大勾、小勾大股、两容积等，不言何以必等能相求也”。这是由于没有求“何以”，求“所由”，即“无以为之藉”，更不知“藉之中又有藉焉”（《徐光启集·题〈测量法义〉》）。所以，中国古典科学多经验而少理论，中国古代教育亦有轻理性思辨的特征。而这有法无义的特点，常使一些发明或发现的萌芽很难蓬勃发展。西方人由苹果落地而发现了地心引力，由水沸腾掀动壶盖而发明了蒸汽机，而中国之印刷术、火药和麻醉药的发明，皆先于欧洲，却不像欧洲那样能生机勃勃地发展，引出更多的发明创造，而是无声无息，这就是因为理不明而法不立，义不辨而数不著。即使有“法”，亦因不能明理辨义，而不能发展、完善。所以，教育与治学，皆当力求明理辨义。

要明理辨义，就需要加强学生逻辑思维能力的训练。在中国传统学术中，逻辑学不甚发达，古典哲学侧重人生，而朴素的辩证法给科学发展提供的思想武器，仅适合于初级阶段，仅能用于解决一些具体问题。工匠们的创造发明，虽口口相授以传徒弟，但仅示以具体的规矩尺度，却不能究其所以然之理，缺少理性反思即实践向理论飞跃的过程，其术便终为术而不能得以深入发展。数学则能使人“心思缜密”，提高理性反思的能力。传授数学，注重学生逻辑思维能力的培养，使学生掌握对直观性材料进行高层次的抽象、概括而形成系统理论的武器；匠人子弟则能由此而发巧思，引申出更多的创造发明。所以，徐光启以为《几何原本》是人人当学的数学教材，是研究科学理论、掌握科学技术的基础学科，“有形有质之物，有度有数之事，无不赖以为用”（《徐光启集·〈泰西水法〉序》）。

徐光启这一教育内容的新范式与以往实学思想的不同之处，还在于他力图构建中国的自然科学体系。他的构想是以数学为基石，旁及天文气象学、水利学、乐学、军器制造学、会计学、建筑学、机械力学、舆地测量学、医学、钟表学。也就是说，以数学指导各项实用科学，使“济时适用”的实用科学建立在牢固的数学基石上，不仅要“尽巧极妙”，还须在科学应用中进一步发现自然界的客观法则，由“数”而达“理”。同时，又不能让工匠传统流失，要为工匠、农人的实际经验著书立说，使理论与实践经验相结合。徐光启著《农政全书》，编译《泰西水法》，既是为总结中国传统的科学技术，又补之以西洋科学中合于己用的先进理论和方法，以指导人们更好地实践。因而，徐光启的教育思想，是既深受西方科学文化的影响，又源于传统的实学理论。他幼年时，耳濡目染父亲的课农学圃，又习闻诸战守方略，立志以天下为己任。青年时，他亲眼所见历年水旱灾祸，知其影响民生甚巨，遂留意于水利之学，对农田、水利诸事不断周咨博访。而于科举考试，则屡试不第，只能教授于乡里，以馆谷自给，遂淡于功名之志，仅因家贫亲老，才赴试应考。虽每每遭挫，但“陋巷不改，惟闭户读书，仍以教授为业。尤锐意当世，不专事经生言，偏阅古今政治得失之林”（李杕《徐文定公行实》）。45 岁时，他入翰林读书，更加留意经世致用之学，虽“尝学声律，工楷隶”，但此时“悉弃去”，专心致志于“习天文、兵法、屯盐、水利诸策，旁及工艺、数学，务可施用于世者”（邹漪《启祯野乘·徐文定传》）。尤其是向利玛窦学习后，他更矢志以毕生精力研究自然科学，而将应酬文墨及其他百端俱废。

总之，在西方科学文化的影响下，在前人实学思想的基础上，徐光启提出了自己独到的教育主张。他的教育主张的特点是：反对经学正统地位，以数学为一切学问的基址；补中国学术传统之不足，重视理性思辨；将以往之实学分门别类，以数学统之，筑成自然科学体系。这样的主张，在内容安排、课程设置上，均不同于传统教育，而接近现代的学校教育。徐光启“以数学为宗”的思想，在中国教育史上有着深刻的意义，他开启了中国近代思想之大门。读西人之书，是中国由传统教育趋向近代教育的第一声呐喊，其教育内容和具体科目，皆有了不同于以往的新面貌，这是以后的许多实学思想家所不及的——他们开列的兵农、水利、钱谷等实学书目，在内容上很少有近代科学知识的印记。直至梅文鼎继续徐光启会通中西文化的事业，新的科学知识才比较多地补充到传统教材之中。但是，知识结构更新的最终完成，则是在近代。当帝国主义的枪炮强加于中华民族的躯体时，中国的教育才开始其“师夷长技”的艰难历程，才步履坎坷地走向近代。

徐光启不仅重视自然科学的教育内容，更为重要的是他从中国的实际出发，提出了在重视自然科学的教育中，必须有“吾爱吾师，吾尤爱真理”的追求以及创新精神。而知识唯有不断更新，才算有成。

可以说这是我国较早吸收外来文化为我所用的“洋为中用”思想。“会通中西”，即徐光启所说的“欲求超胜，必须会通”（《徐光启集·历书总目表》）。在这里，我们对他提出的“超胜”，既可以理解为超过西方的科学文化水平，又可以理解为超过以往的学术水平。“会通”，就是要会通中西两方面的学说，从而重铸中华民族的科学文化范型。但其时主要的任务，是熟谙、研究西方的科学文化。因为，当时的中国知识分子对传统学说是深谙于心的，他们的治学经历大致相同：自幼习经书，成年赴科举，数十年而一贯。如徐光启42岁中进士，对中国传统的学术思想和古典科学知识，皆有着深厚的根基，唯独不知除此之外的学问。徐光启自从跟利玛窦学习西洋科学后，深深感到中国古典科学已不足为现实所用，必须会通西洋的科学知识以补之。

科学知识是不会历久而弥新的，若不创新，就会落伍。中国古代科学曾一度领先于西方，后来则落后于西方，就证明了这一点。因此，在自然科学教育中，首先要培养学生不断探索、勇于创新的精神。应该说，徐光启是能认识到这一点的，因而，他反对传统的治学方式，提倡吸收最先进的知识，而不固守古代圣贤之说，提倡创新，努力超过前人和西方的科学成就。更难能可贵的是，徐光启不仅提出了要今胜于古，而且主张要使后人能胜今人。所以，他著书、翻译，不但是为了使当代人学习新的科学知识，还要使后人能借这些著作而“循习晓畅”，为其提供“因而求进”“更胜于今”（《徐光启集·历书总目表》）的科学资料。这就不仅超越了传统的治学风尚和保守心理，而且具备了今胜于古，而未来更胜于今的历史发展观。

徐光启在西方科学文化的影响下，努力以近代的科学思维治学，符合教育发展的方向和潮流。因此，我们说，徐光启之有功于中国教育史，在于他不满足于西方科学中的一技一艺、一鳞半爪，而是由西学得到启迪，抓住近代的科学方法和思维方法，以求建设中国自己的科学体系。以后的洋务派向西方学习，则限于枪炮船舶的制造，而无意于中国近代科学体系的构建。他们对西方科学文化的认识，是仅识其皮毛而不知其精华之所在，是远远落后于徐光启的。

二、梅文鼎教育经济思想着眼于吸收西方的自然科学知识，熔中西文化于一炉，发展自然科学，使教育为富国利民服务

梅文鼎（1633—1721），字业久，号勿庵，是清初民间天文家、数学家，有“清代历算第一名家”之誉。在西方科学逐渐传入中国的时候，他孜孜于天文、数学等自然科学的学习，殚精竭虑于阐发中西学术的精华，并计划改革学校教育和教材。

因而，对西学东渐时的中国传统教育而言，梅文鼎的自然科学教育思想，在重视传统教育的同时倡导实学，在学校开设专门的自然科学课程，经义与经济并举，提出吸收西方的自然科学知识，为富国利民服务。他的这些思想虽不能扭转中国传统教育的方向，但颇具去陈布新的影响和意义，从中亦可窥见清初教育之一斑。他的主张本应放入下一章介绍，但因下一章并无专门与科技相关的内容安排，故仍放置在此，以展示明清之际西方科技传入对我国古代教育经济思想的影响。

梅文鼎认为，中国的传统教育历来不重视科学技术教育，特别是自然科学教育。科举制度建立后，更是尽驱天下英雄入封建帝王之彀中。举世滔滔，皆为利禄仕途而束缚于经学之中。至明代，更明确规定“中外文臣皆由科举而进，非科举者毋得与官”（《明史·选举志》）。而所习读书目与考试范围，皆在“四书”“五经”之内。虽然，明代国子监生员所习除“四书”“五经”外，还得兼及刘向《说苑》及律令书数、《御制大诰》，府、州、县学的学生，则须按“六艺”之旧，“生员专治一经，以礼、乐、射、御、书、数设科分教，务求实才”（《明史·选举志》），但实际上，各级在学生员皆只重经史，对“数”或其他实学皆不甚了了。梅文鼎痛叹：“圣教日以远，六艺同榛芜。”（《绩学堂诗文钞·寄怀青州薛仪甫先生》）“六艺”之废的缘由，乃“制文盛文藻”，所以“实学弃如土”（《绩学堂诗文钞·李安卿孝廉刻余〈方程论〉于安溪古诗四章寄谢》）。及至康熙年间，为统治汉族知识分子，康熙皇帝明知八股取士于文化和科学的发展毫无裨益，却仍将之大力提倡。梅文鼎在这样的政治、文化和学术氛围中，开始其科学研究的生涯，而在教育上提倡“实学”。

梅文鼎所标举的“实学”内容、范围甚广，是“经史而外，诸如医方、葬术、六书、九数、制器、审音、丹经、子集百家众流，兼收并蓄”（《绩学堂诗文钞·与刘望之书》），包括列朝记载等。概括来说，一切“经济有用”之学，都属其所言的实学范畴，而核心则是数学。梅文鼎说，他的实学是周代圣教之嫡传。周代教育不唯读诵经典、记忆词章，而是经义与经济并举，即“保氏教德行，三物艺相辅。专科肄五年，爰同经义举”（《绩学堂诗文钞·李安卿孝廉刻余〈方程论〉于安溪古诗四章寄谢》）。从三代之教至苏湖遗轨，都提倡经义与经济并举的实学，其是儒学之教的一脉真传。

当时，欲学天文、数学者，“请益无从”；同道之人，虽同时却“不相闻知”，及读其遗书，“常用为恨”。（《绩学堂诗文钞·复锡山秦二南书》）而教师欲教学生天文、数学知识，却因为此学“无关进取”（《绩学堂诗文钞·复锡山秦二南书》），故“复求之不可得也”（《绩学堂诗文钞·〈经星同异考〉序》）。在自然科学教育极为衰落的情况下，梅文鼎却竭力标举数学，欲创办不同于以往的学校，使“苦问津之无从自矢”的学生有受教之地，使教师有传授之课堂，“使古人遗绪不致为异学掩抑，后有达者必将见采”（《绩学堂诗文钞·寄李安卿孝廉书》），而同道之人亦可有切磋商讨天文、数学的场所，由此而形成崇尚科学的风气。梅文鼎设想的这种学校，不同于以往的学校，从内容上说，它更强调专门的自然科学研究，尤标九数之功，以之为“经世有用之学”（《绩学堂诗文钞·南楼记》）。这里，自然科学成为一门独立的科目而设教于学校之中，“计日为程，因材而笃，随其资力，各有所成”（《绩学堂诗文钞·与刘望之书》）。另一方面，它又是科研机构，所谓“问辨集群彦，欢然泠主宾”（《绩学堂诗文钞·七夕后两日试算法限二十四韵》），科研成果用于教学，科研与教学相辅相成，从而使被科举之学淹没的数学、天文知识，亦能得以复兴和发展。

梅文鼎的这种设想，在中国教育史上可谓是空前之举。在学校设自然科学之目，是向传统教育挑战。在中国古代，科学技术的发展往往被封建统治者所阻滞。康熙皇帝虽然关注天文、历数的学习，隆遇梅文鼎，但大兴文字狱，提倡科举考试，其主要的文教政策仍然以维护其统治地位为目的，而不惜扼杀科学文化发展的生机。梅文鼎的理想终究难以实现。

进行教育改革，教育内容的变更、教材的更新是很重要的一环。梅文鼎的学校规划，是为学习和研究天文、历数等自然科学而制定的，不仅与传统官学和官学化的书院教学主旨相悖，而且也不同于唐代以后的算学。梅文鼎的改革思想，着眼点在于发展自然科学，为富国利民服务，因此，他不满足于中国古代的几部算学典籍，而提出要学习西方的近代科学知识，这就突破了传统教育的藩篱。他的这一改革思想是要吸收西方的自然科学知识，熔中西文化于一炉，使中国的科学技术重放异彩。

梅文鼎对中国教育的发展作出了巨大贡献，这主要体现在以下两个方面。一是他首先着力于教育制度的改革。他的“治事”就是现代意义上的独立的自然科学——数学和天文学。梅文鼎认为欲培养科学人才，就需要改变学校这一途径。因此，他主张将天文学与“四书”“五经”并举，作为学校的教程，使之作为一门不依附经典而独立的学科传授给学生。二是梅文鼎要求使用新的数学、天文学教材。梅文鼎充分认识到科学日趋进步，而要以最先进的科学成果教授学生，就必须不囿于古而更新，这是教育发展的重要环节，他的这种认识及编著新教材的实践，是很有现实意义的。

教育与科学的发展是相辅相成的，梅文鼎对这一问题的认识是特别深刻的，这在于他不仅将教育场所另设一斋，而且把这里作为科学研究的机构。梅文鼎认为科学越辩越明，学不能成孤学，人不能成孤人。科学要昌明，当是学有所问津、有师可拜，教当有徒可授，研当有友切磋。他的这些思想与西方科技、教育的发展不无关系，在明末清初之际，西方的科学研究组织和学校教育皆有很大进步，许多国家都创立了学会和科学院。如1560年，自然科学社在那不勒斯创立；1666年，法国巴黎科学院成立；1700年，柏林科学院建立；1725年，俄国建立了彼得堡科学院。这些科学研究组织，对世界各地的科研教育产生了很大影响，随着西方传教士的到来，中国的知识分子虽不能对此了解得很详细，但亦当有所耳闻，艾儒略的《西学凡》就介绍了当时的西洋教育；而且我国的书院历来就有教学与学术研究相结合的传统，再加上自己从事科学研究的孤独和艰辛，西方文化的影响和我国书院的优良传统，这多种因素相结合，促使梅文鼎提出应专设一所攻学数学的学校，以供有志于发展中国自然科学的莘莘学子学习和科研。到20世纪初，我们才废除了科举制度，兴办学校，中国科学技术在近代的落后与教育的落后不无关系。梅文鼎在这种历史条件下竭其所能，为中国科学文化的昌盛做出了努力。但是，他仍不能扭转中国传统教育的方向，因而无法改变当时中国科学落后的状况。

第十三章

清朝早中期的教育经济思想

清朝是中国封建社会最后一个王朝，前后历10帝，共268年，即自1644年定都北京至1911年在辛亥革命中被推翻。按历史分期，可分为三，即清朝早期（1644—1735），历顺治、康熙、雍正三朝；清朝中期（1736—1850），历乾隆、嘉庆、道光三朝；清朝晚期（1851—1911），历咸丰、同治、光绪、宣统四朝。清朝在确立全国统治地位后，从康熙二十三年（1684）至乾隆中期，是其鼎盛时期；从乾隆晚期开始，自诩“物产丰盈，无所不有”的“天朝上国”盛极而衰；嘉庆至道光及以后，是清王朝日益衰败腐朽的时期。

本书是按历史分期编写的中国古代教育经济思想史，但由于王朝的教育政策、教育制度有延续性，所以在论述文教政策、教育制度时会向后有所延伸，但对教育思想的论述则严格按历史划段，故本章还是以“清朝早中期的教育经济思想”为题。

第一节　清朝的文教政策

作为我国历史上最后一个封建专制王朝，清朝的教育也相应地服务于这种封建专制制度的发展，处处贯彻了这种专制政治的要求。1644年入关后，为巩固封建专制统治，清朝推行了一系列文教政策。“乱世重武，治世则用文”，一般来说，在乱世，统治者都非常重视武功，而到治世——天下太平的时候，则非常重视文教事业，这是历代封建王朝的一个共同特点。同样，在清朝的文教政策中，也是由入关后的第一位皇帝——顺治皇帝开始注重文教事业的。清朝的文教政策，可以概括为以下几个方面。

一、尊崇孔子，倡导儒学。封建统治者大都视儒家思想为支配人们思想和行为的主导思想，清朝统治者也不例外

清统治者入关之初，战争还没有结束，就开始提倡孔教儒学，开始把孔子以及他所代表的儒家思想作为整个社会的共同规范，其主要目的就是借儒学思想来凝聚人心，笼络知识分子。当时，满汉之间无论在政治还是在文化方面，矛盾都非常激烈。为了达到稳定统治的目的，顺治皇帝开始推崇孔子以及儒学。清朝统治者入关后大力提倡尊孔读经，给孔子加封尊号，称其为“大成至圣文宣先师”（又称“至圣先师”），大修孔庙，每年举行祭孔典礼，给孔子的后裔加封衍圣公，给予种种荣耀和特权，给孔府增拨土地，赏赐财物。康熙南巡，过曲阜，谒孔庙，召集官吏儒生讲论经义，甚至以天子之尊，向孔子行三跪九叩之礼。对历代重要的儒家代表人物都优礼有加，为他们建祠庙、立牌坊、赐匾额。“先儒”的后裔都世袭五经博士，备受荣宠。清朝千方百计把儒家思想贯彻到全国的每一个角落，其教育也配合了这种封建专制制度的要求。

清朝尊孔活动中对学校教育影响最大的，是皇帝到国子监举行释奠礼。释奠礼历朝帝王都曾经举行过，但清朝的释奠礼是最频繁、最隆重的。顺治九年（1652），顺治皇帝首次举行视学礼，后来雍正时改为诣学，就是指皇帝到国子监举行祭祀孔子的活动。根据史书记载，从顺治到乾隆，前后举行的释奠礼有12次之多，充分体现了清朝对孔子的尊崇。

清王朝之所以大力尊崇孔子，倡导儒术，目的是用其巩固封建秩序，加强专制统治。雍正皇帝有一段话说得很清楚："若无孔子之教……势必以小加大，以少凌长，以贱妨贵，尊卑倒置，上下无等，干名犯分，越礼悖义。所谓君不君，臣不臣，父不父，子不子，虽有粟，吾得而食诸？其为世道人心之害，尚可胜言哉！"（《东华录·雍正五年七月》）可见，统治者尊孔是虚，借以钳制人民思想、保证社稷永固是实。

二、推崇理学，扶植汉学。清朝对程朱理学极力提倡，把程朱理学定为官方的权威思想，作为支配人们思想行动的准则

康熙皇帝不但重新刊行《性理大全》，还亲自主编《性理精义》。《性理精义》亦作《御纂性理精义》，是一部辑录两宋理学家学说的书。雍正皇帝也根据程朱理学，亲自主编《大义觉迷录》《朋党论》，强调学生、知识分子和大小官员必须熟读，以进行思想控制。

为了表示对程朱理学的尊崇，顺治十三年（1656）和康熙五年（1666），分别下诏以朱熹十五世孙朱煌、十六世孙朱坤承袭翰林院五经博士，在籍奉祀。康熙皇帝特别推崇朱熹，他说："惟宋儒朱子注释群经，阐发道理，凡所著作及编纂之书，皆明白精确，归于大中至正，今经五百余年，学者无敢疵议。朕以为孔孟之后，有裨斯文者，朱子之功最为弘钜"（《圣祖仁皇帝实录》卷二百四十九）。清代对朱熹的推崇，达到无以复加的地步。并且把朱熹从孔庙两庑的先贤中抬出，放在大成殿四配十哲之次，其成为第十一哲。由于统治者的大力提倡，程朱理学成为清朝办学育才的指导思想和科举考试的基本内容。对于程朱理学的要求，清政府规定一律不得违反，否则就是离经叛道。如雍正时，谢济世注解《大学》，从《礼记》本，而不从朱熹的《四书集注》本，被告发后罚为苦役。

为了笼络人心，乾嘉时期的清朝统治者感到意识形态领域单靠采取高压政策并非良策，发现可以利用考据学，从阴柔方面达到维护统治的目的，所以在推崇程朱理学的同时，适当扶植以烦琐的考据作为治学方法的考据学（汉学），遂使考据学盛行一时，考据学家蜂拥而起，终于在清代学术领域中成为占有优势的专门之学。考据学成了专制统治的点缀和消耗知识分子精力和才华的工具。考据学的繁荣，使得

统治者既利用它使知识分子脱离社会实际来巩固政权，学者也利用它以全身远祸。清代统治者也正是看中了考据学的这个特点，才在一定程度上支持它，使之得到发展。可以说，以考据学为主业的乾嘉学派是封建统治阶级实行恩威并济的文化教育政策所产生的畸形儿。

三、广泛兴设学校，严格管理。清朝的国学和地方学校基本承袭明朝旧制，在京师设国子监，在地方设府州县学

顺治元年（1644）置国子监，分设率性、修道、诚心、正义、崇志与广业六堂。设祭酒、司业总理各项事务，设博士、助教、学正、学录负责教学，设监丞负责绳愆厅。随后，又陆续创立了算学、八旗官学、宗学、觉罗学、俄罗斯馆等。各省地方除府州县学外，乡间还设有社学。康熙九年（1670），曾令各省设社学置社师，此外还有义学。从中央到地方建立起完整的学校体系，各种学校的数量增加很快。

清朝在广泛兴设学校的同时，制定严格的管理制度，加强对各级学校的管理和控制。尤其是在清朝官学中，从生活到学习，各种制度一应俱全，生员的衣食住行都有严格的规定。清朝采取的是“恩威并施”的方针，一方面给生员以优厚的待遇，另一方面又施以高压管理手段强迫生员就范。在教学上规定有必读教材，如《圣谕广训》，它从道德、伦理、风尚、法律等方面规范了封建行为准则，成为清代学校道德训练的标准。这些必读教材有一个共同特点，那就是将具体事例与法律结合起来，将行为规范的约束与专制思想的灌输结合起来。在生活管理、教学管理上作出严格的规定，并且监规禁例条目繁多。即使上厕所，都得持牌通行。清朝统治者为了吸引优秀人才入学深造，不惜给予优惠的政策和巨额的投资。生员的身份高于庶民，一人读书，全家皆受其利，其社会地位自然令人羡慕。这样软硬兼施，造就了一批安分守己的奴仆。

四、实行文化教育的封建专制主义，大兴文字狱。清朝为了维护自己的统治，在意识形态领域交替使用镇压和欺骗手段，即实行一手高压、一手笼络的政策

在教育领域，清朝统治者实行封建专制主义。康熙三十九年（1700），颁《圣谕十六条》于直省学宫，指出应“隆学校以端士习，黜异端以崇正学”，特别强调“每月朔望，令儒学教官，传集该学生员宣读，务令遵守。违者责令教官并地方官详革治罪”（《清朝文献通考·学校考》）。雍正二年（1724），又颁布《圣谕广训》。这些“圣谕”意味着清政府正加紧在思想上、教育上对知识分子进行禁锢和控制。尤其是道德教育，更重灌输、重劝诫，更具有文化专制主义的性质。清朝官学把以“德行”为本的方针贯彻于学校管理的各个方面，落实到各项管理措施之中，从而加强了对生员的思想钳制，形成了独特的思想管理体制。顺治九年（1652），题准刊立卧碑于明伦堂，“晓示生员：朝廷设立学校，选取生员，免其丁粮，厚以廪膳，设学院、学道、学官以教之，各衙门官以礼相待，全要养成贤才，以供朝廷之用。诸生皆当上报国恩，下立人品。”（《钦定大清会典事例》卷三百八十九）碑文有八条，归纳起来主要有两层含义：第一层意思是要求官学生员在校必须“诚心听受”，读书明理；第二层意思是要求官学生员在校外要“爱身忍性”，少说少管。这意味着清朝统治者从自身利益出发，用一种封闭的管理手段和高压的强迫手段来排除社会对官学生员的影响，把官学生员引入埋头读死书、一心死读书的途径，以塑造他们所需要的封建卫道士。这是封建专制主义教育最显著的特征。

清朝统治者在文化教育和思想教育上实行的高压政策，除上文提到的官学教育外，还主要表现在以下两个方面：

一是大兴文字狱。从康熙到乾隆时期，清朝统治者大兴文字狱，其镇压手段之严厉和残酷，在中国历史上是骇人听闻的。清朝文字狱，较早的是顺治、康熙两朝的两大文字狱案，一个是庄廷铑的“明史案”，另一个是戴名世的“南山集案”。这两个案子，其实是由于两部书《明史》《南山集》表现出了怀念明朝的一种民族情结，这是清朝统治者所不能容忍的。在“明史案”中，当时受到牵连的名士大概有200人，“南山集案”受到牵连的人数也非常多。雍正年间的文字狱案，多和统治集团内部的权力斗争有关，雍正皇帝用文字狱这样一种手段，来打击自己的对手。雍正四年（1726），礼部侍郎查嗣庭任江西考官，他以《大学》中的“维民所止”作为考题。维民所止的“维”，恰好是雍正的“雍”去掉一点一横；维民所止的“止”，正好是雍正的“正”字去掉上面的一横。这被雍正皇帝理解成“雍正去头”。就是因为这样的一个题目，查嗣庭被革职下狱。最后他自己死在狱中，他的整个家族都被流放。不仅如此，由于查嗣庭的老家在浙江省，雍正皇帝还下令浙江省停止乡试、会试六年。雍正时期，还有汪景祺之狱、吕留良之狱等。乾隆年间的文字狱案，更是捕风捉影，任意联想。如乾隆年间，名士徐骏写了一首诗，其中两句“清风不识字，何故乱翻书”，就被理解成讽刺清朝统治者没有文化，这是当时一个重要的文字狱案。此外，还有湖南学政胡中藻，他写的一首诗当中，有一句“一把心肠论浊清”，就被认为把这个“浊”字放在清朝的国号之上，是在讽刺清朝的统治，胡因此被处死。有学者统计，清朝最强盛的时代是康熙、雍正、乾隆这三朝，但文字狱案最厉害的也是这三朝，总共有115起文字狱案，这还只是有记载的数据，实际可能还不止这么多。清朝的文字狱是文化专制的体现，大兴文字狱的目的，在于消灭异己，钳制思想，维持其封建专制统治，这也是封建社会中没有政治民主和言论自由的必然结果。

二是大规模销毁书籍。凡是认为对清政府不利的著作、诗文，一概毁版焚书，严禁发行。乾隆三十九年（1774）的上谕中提出“明季末造，野史甚多，其间毁誉任意，传闻异辞，必有诋触本朝之语。正当及此一番查办，尽行销毁，杜遏邪言，以正人心而厚风俗，断不宜置之不办”（《东华录·乾隆三十九年八月》）。对于明末学者的一些著作，清朝统治者不遗余力地搜罗检查，特别是明末遗民的著作，只要发现有一些隐讽的迹象，就要被销毁。据记载，从乾隆三十九年（1774）至乾隆四十七年（1782），仅浙江省就先后焚书24次，共销毁图书538种、13862部。销毁书籍的目的在于消灭异说，进行思想教育的钳制。

清政府在大兴文字狱、大规模销毁书籍的同时，也实行一定的怀柔政策笼络人才。这主要表现在两个方面。一是开科取士，提高官学地位。清统治者在入关之前，于天聪三年（1629）便开始实行考试取士。定都北京后，沿袭明朝旧制，建立起完备的科举考试制度，使其成为吸收士人入仕参政的主要途径。另外，在官学生员的政治前途上许以特殊政策和优待，在社会中许以特权，以此网罗人才。二是编辑书籍。为了笼络汉族知识分子，表示“稽古右文，崇儒劝学”之意，清政府招集大批知识分子，大规模地搜集、编纂和注释古代典籍，这是一种很高明的文化专制手段。因为在明末清初，中国已出现了启蒙教育的思潮，黄宗羲、顾炎武等已经提出了初步的民主思想。清初统治者为了加强专制统治，维护封建皇权，是不能允许知识分子在私下议论时政的，而成立一些编书局，把全国有名的知识分子尽可能地组织起来，让他们去编订古书，去搜集各种古籍，可以使之无暇编写讽议朝政的文章。

从康熙年间开始，清朝统治者就组织了一大批学者，编了许多大部头的类书、工具书，比如说，在康熙年间有《明史》《康熙字典》《佩文韵府》，还有一部大型类书《古今图书集成》，共收集图书1万卷，是中国古代的一部大百科全书。康熙年间，还编有一些理学方面的书以推崇程朱理学，比如《朱子全书》有66卷，《性理精义》有12卷。在诗文方面，有《御定全唐诗》900卷。

乾隆时编有《续通志》《续文献通考》《大清会典》等。其中最著名的是由纪晓岚组织编修的《四库全书》。这是乾隆年间历经十余年方才完成的大型丛书。《四库全书》分为经、史、子、集四部，总共收书3000余种，近8万卷，是中国古代最大的一部丛书。当时为了编写《四库全书》，动员了全国各地的学者。把重要的学者组织起来编写这样一些书，最直接的影响，就是使这些知识分子开始走向脱离现实的治学道路，很多有思想、有才气的人，也只能埋首于这些故纸堆。于是在乾隆到嘉庆年间，形成了所谓的乾嘉考据学派。他们埋首考证古书当中的字词，而不敢去妄议政事，这十分有利于清朝的统治。清朝采用的文教政策，就是用这样的一种手段，既笼络了知识分子，同时又使他们没有余力对清朝的政治进行评论，这是一种非常高明的文化专制手段。

总之，一方面，清朝统治者把文教事业放在非常重要的地位，因为治世要重文，这使得清朝学校教育和科举制度都得到了空前的发展。另一方面，清朝统治者又采取种种措施加强对知识分子的思想控制，这种文化专制的程度，也是历代所罕见的。应该说，清朝的文教政策，在相当长的一段历史时期内，对于文化教育的恢复和发展是起了积极作用的。但是，随着时间的推移，科举制度控制学校教育的消极影响暴露无遗，使得整个教育变成了以科举考试为中心的应试教育，使得清朝的教育体制不可避免地走向腐朽、没落。

第二节　清朝的学校教育与人才培养

清朝教育制度最初承袭明朝教育制度，建立了从地方儒学到国子监的官学教育体系，并逐渐恢复了以民办形式出现的书院制度，使之成为官学教育的辅助手段。在恢复明朝官学体制的同时，清朝形成了独具特色的八旗教育体系，它既包括皇室及贵族教育，又包括满洲八旗、蒙古八旗和汉军八旗的普通旗丁教育。多种教育体系都同科举制度有密切关系，从而使清朝的教育体系成为科举制度的附属物，成为士子求得“出身”（摆脱对国家承担徭役的平民身份谓之“出身”）、跻身仕途的手段。

一、科举制度下的学校教育以“敦教化、育人才”为目的，培养满足封建统治需要的各级官吏

清朝建立全国性政权之后，沿袭明朝的学校制度，建立了以国子学和府州县儒学为基干的学校体系。这个学校体系，以教化和育才为宗旨，其中教化为基础、育才为目标。所谓育才，就是为政府机构培养各级官吏。人才的培养标准寓于教化之中，以封建社会的政治伦理道德为标准，使之具备一定的社会文化知识。科举考试是选拔人才的方法，通过考试，将人才的培养标准加以量化，按成绩的等第录用为官。人才的培养标准虽然标榜“教化为先”，但实际上是把科举考试的标准确定为人才的培养规格。因此，在整个人才培养体系中，学校是育才的基础，科举考试是选拔人才的途径，入仕做官是培养人才的目标。在这种体制下，人才培养标准强化了以科举考试为参照系的量化标准，弱化了教化的内涵，使学校成为科举制度的附庸。正是这一点，成为清朝学校弊病的根源。

历代王朝兴办学校的宗旨都不外乎“敦教化”“育人才”这两条。而清朝的“敦教化”“育人才”又有其特殊的含义。“敦教化”的目的在于利用汉文化来统治人口众多的汉人，“育人才”的目的在于培养一批统治汉人的官员。而在其确立统治之初，“育人才”又优先于“敦教化”。

努尔哈赤建立后金政权之初，仅是一个僻处一隅、同中央政权对立的地方政权。随着后金势力的扩大，越来越多的汉人被纳入后金政权的统治之下，如何统治汉人成为一个日益重要的问题。皇太极继承汗位，实际上确立了入主中原、取代明朝统驭全国的战略目标。如何利用汉文化、借鉴明王朝的统治方法来统治汉族人口聚居地区的问题便被提到日程上来。天聪三年（1629），皇太极曾举行过一次考试。他下令贝勒府以下满洲八旗、蒙古八旗、汉军八旗，属下各家具有明朝生员身份的人，不拘身份，一律参加考试，即使已沦为奴隶，家主也不得阻挠。参加这次考试的有300多名汉族生员，其中200多人被选中。这次考试，奠定了《东华录》中所载皇太极“以文教兴治”的方针。天聪八年（1634），又举行了一次举人考试。考试由礼部主持，令通晓满、蒙、汉文义的人参加考试，取中16名举人。礼部设宴嘉奖，并

各赐衣服一套，每家免除四丁徭役。从这次取士人数之少可以推知，后金民众整体的知识水平较低，能达到举人程度的不过16人。这反映出后金人才匮乏，因而在这以后一段时间，后金也未再举行任何考试。

顺治元年（1644），清迁都北京，正式建立了全国性政权，建立起阁、部、院、寺、司、府等20多个中央机构，15省千余个府州县的地方机构，而政府官员则明显不足。在中央机关尚有一批早年降清的汉族官员，而地方府州县，则多利用故明官吏进行统治。由于反清情绪方兴未艾，许多地方官叛服无常，地方局势极为不稳，人才之需迫在眉睫。顺治元年（1644）农历十月初一，顺治皇帝正式登基，并在即位诏书中宣布：承认故明生员、监生、举人、进士的身份和地位；举人和进士到有关各部听用；恢复南、北两京国子监，各地府州县学仍按旧制向国子监考送生员；恢复科举考试制度，定于辰戌丑未年进行会试，子午卯酉年进行乡试，凡无反逆行径的生员、监生、举人，都可以参加乡试、会试。次年，也就是顺治二年（1645）乙酉年，定于八月举行乡试，将全国划分为15个考区，录取举人1428人。下一年为丙戌年，三月，天下举子会试于北京，取中400人。乡、会两次考试，得人之盛令清朝统治者感到意外。这次乡试和会试，产生了清朝自己的举人和进士。这些人参加清朝举行的科举考试，已经表明他们要效忠清朝。新举人和进士的产生，对于充实清朝的官员队伍起到极为重要的作用。

顺治元年（1644）至顺治七年（1650），仅仅是恢复了因战乱而废弛的学校制度，而清朝学校制度的建立是从顺治七年开始的。这一年，清朝正式废除了明朝的南京国子监，将其降为江宁府学。还下令修复被战乱破坏的地方学校。康熙皇帝亲政后，各地学校都得到恢复。顺治九年（1652），顺治皇帝亲自撰写给各省学校敦告士子读书的《卧碑文》，把培养官吏放在办学宗旨的首位。碑文中有“养成贤才，以供朝廷之用”（《大清会典》卷三十二）。顺治皇帝谕礼部曰：“帝王敷治，文教为先。臣子致君，经术为本。……今天下渐定，朕将兴文教，崇经术，以开太平。……明体则为真儒，达用则为良吏。果有实学，朕必不次简拔，重加任用。”（《清史稿·选举志》）碑文和顺治皇帝谕旨表明，顺治皇帝把培养官员当作教育的第一宗旨，且一直延续到康熙四十一年（1702），在举行了近20次会试，国家政权机构的官员队伍基本建立起来之后，在办学宗旨方面才正式将教化提到育才之前。

“敦教化”和“育人才”是两个并行不悖的目标，应该说清朝统治者从来没有偏废其中任何一方，只是由于客观情况的不同而有所侧重。清初，统治者把培养人才、充实官员队伍当作急务，但并未忽视教育的教化功能。此前，努尔哈赤父子在同明朝打交道的二三十年中，对中原文化已有了充分的了解，他们深知孔孟之儒学在汉人士民中的地位，明确利用儒家思想作为教化工具。此举一方面可以改变清朝统治者的形象，另一方面是因为儒学确实能充当统一汉人思想的武器。

二、官学以“治事”为教育内容，形成了富有特色的学校教育

尽管清代官学也分中央和地方两大体系，但官学已经不再拘泥于旧有的体系，出现了不少富有特色的教育机构。如由国子监管理或兼管的八旗官学（生员身份与贡生、监生同）、宗学（爱新觉罗·努尔哈赤及其同父兄弟的直系后裔子弟学校）、觉罗学（宗室以外的其他爱新觉罗姓子弟学校）、景山官学（上三旗佐领、管领以下各幼童学校，兼收少量西北贵族子弟）、咸安宫官学（入学者与景山官学同，生源扩大到其他旗俊秀子弟）、算学馆（满、蒙、汉八旗子弟及额定的汉人子弟，学数学；后钦天监亦派天文生入馆学习）、俄罗斯馆（供俄罗斯贵族子弟学汉语、满语）等。

国子监贡生、监生肄业之所通称国学，设于监内和南学。此外还有若干隶属于国子监而在监外另辟学舍的学校，相当于国子监的附属学校。这类学校有算学馆、俄罗斯馆、八旗官学、宗学、觉罗学。而八旗官学、宗学和觉罗学是以特殊方式附于国子监的，但自成系统，学业由国子监兼管。

算学馆设于康熙五十二年（1713），是从钦天监算学的基础上发展而来的。钦天监是国家天文台，以观测天象、编制日历为职责，需要计算天体运行速度，预测二十四节气发生的日时，预报日食、月食等天文现象的发生。钦天监历来有天文生，在钦天监官员的带领下边观测边学习。康熙九年（1670），从八旗官学生中挑选满族学生 6 人、汉军学生 4 人，在钦天监学习算学。康熙五十二年，将钦天监算学生拨出，在畅春园设立算学馆，仍派八旗官学生学习算学。乾隆四年（1739），将算学馆划归国子监，仍在畅春园，称为国子监算学馆。乾隆十年（1745），准许钦天监派天文生 24 人交算学馆代培，称为“附学肄业”。此后，算学馆确定学生数额为满洲八旗官生 12 名、蒙古八旗官生 6 名、汉军八旗官生 6 名，均由考试录取；汉人 12 名，由国子监会同算学馆教官考试录取。

算学馆学制为五年，前三年学习《御制数理精蕴》，分线、面、体三部，每部限

学一年，后两年学《七政》。所谓《七政》，原本指北斗七星以及北斗七星与日、月、金、木、水、火、土七星的运行关系，后被推广到人道。《七政》包括春、夏、秋、冬、天文、地理、人道，即天象与四季的确定，各种天文现象及不同地域的表现。此外，还将天文现象与人间治乱联系在一起，通过天人感应学说把自然灾异和天体祥瑞（正常天体运行象征吉祥，反常天体运行象征灾异和乱世）等等，与施政之良善联系起来，用以推测人心向背。算学生毕业后，由吏部安排就职。

俄罗斯馆，是为在华留学的俄国人设立的专门学校。中俄《尼布楚条约》签订以后，中俄往来渐多，不断有俄国人来华留学。雍正六年（1728），俄罗斯官方正式派遣其陪臣子弟鲁喀、佛多德、宜畹、喀喇西木、米海拉等到京，要求在华学习，雍正帝批准在会同馆设学。会同馆是礼部属下的机构，主管接待外宾、翻译外国贡书。会同馆懂俄语的官员充任教师。其后俄国每十年派遣一批留学生来华，换回学成者。此外，俄国东正教传道团亦每十年派人来留学。乾隆六年（1741），在国子监设俄罗斯馆，从汉、满助教中选二人专门教授俄国留学生。俄国留学生在华学习语言、四书五经、中国历史、中国地理和其他方面的知识，对俄国了解中华文化和清朝国情起到了重要作用。中国文化亦通过俄国留学生传到俄国和欧洲。中国的“四书”、《资治通鉴纲目》、《本草纲目》均曾由留华学者翻译成俄文。中国政府的许多文件也被翻译成俄文寄回。

值得注意的是，在地方官学中，与治事相关的教育，也已经引起了统治者的高度重视。地方官学虽按府、州、县及相当于府、州、县的厅设立，但此外还有商学、卫学、土苗学等。商学是为盐商子弟所设，辖于盐运使。清朝在长芦、两淮、山东、陕西、山西等盐场，为从事食盐专卖的商人单独设立户籍，由当地的盐运司管理，称为商籍。对于长芦、两淮、山东、陕西盐运司的子弟，单独给名额就近入所在府学读书。山西河东盐运司所辖盐池比较集中，产量也大，因而盐商比较多地集中于山西解州府解安县的运城镇，众多的盐商子弟就近入府学会影响当地居民就学，因而顺治十一年（1654），特准河东盐运司设立商学，按府学规格建学，由山西学政统一管理。

土苗学设于顺治十五年（1658），各地土司子弟凡有愿意学习的，令各地官府单独设立一所学校，安置苗、瑶等少数民族子弟入学，通称土苗学。教师由地方官物色，称为教读，每人每年给白银 32 两。土苗子弟有通汉文、汉书者，允许土司将名单提交学政，安排他们参加岁试。

卫学在一些维持了明朝卫所的地区建置。顺治十六年（1659），准许直隶、山海、宣府等地无可并归的卫学继续存在。府州县学按其规模大小分为大、中、小学。大学生员40名，中学生员30名，小学生员20名，增广、附学生员不计在内。以后名额虽有变化，但仍保持着名额差距。

清朝统治者为弥缝满、汉畛域，以重视儒学取得汉族士子的归附，对学校教育十分重视，从顺治到乾隆，在对国子监管理体制进行重大改革的同时，乾隆二年（1737），还大胆改革了教学内容和考试方法。把课程定为"经义"和"治事"两类。同时，还任用由"明经科"荐举而来的制科人士任教，深入讲授"五经"经义，探其原本，讲明人伦日用之理。所谓"治事"，即历代典礼、赋役、律令、边防、水利、天官、河渠、算法之类有关从政方面的知识，大大超出经学范围。在季考和月课中，将"治事策论"列为考试内容。在教学方法上，允许学生有独立的见解，甚至存有异议，同教师讨论。因此，乾隆年间的教育出现了十分活跃的局面。教官中有进士出身，有举人出身，有贡生出身，甚至有监生出身。教师人才济济，有"四贤五君子"之称；学生则以研究实学为务，各自奋发砥砺。

三、书院在重视实务的同时，增加了天文地理、农田水利、兵事兵法等基本知识的教育

清朝初期是严禁设立书院的，但书院作为存在数百年的教育学术机构，已根深蒂固地生长于士子心中，长期抑制是不可能奏效的。于是清廷改变政策，由抑制而放松，由放松而扶植。纵观清代书院的发展，大体分为三个时期：顺治时期、康雍时期、雍正十一年（1733）以后的时期。书院在其发展过程中，受到社会文化大环境和清政府文教政策的影响，向着官学化方向发展，但书院毕竟不是官学，因而在教育思想、教学内容和教学方法，以及培养目标等方面有一定的自主权。

明末清初，经过多年战乱，各地的学校和书院多遭到破坏。清朝为了加强统治，实行了重儒尊道的文教政策，逐步恢复了各地的官学体系。但是，对于重要的文教设施——书院，却并未提倡恢复。随着中原和江南一带战事的平息，一些士子试图恢复本地的书院。但是，鉴于明末书院活跃，学术自由，许多士大夫借兴办书院群聚讲学、清议朝政、裁量人物，在很大程度上左右了朝政，清朝统治者对此并不予

以支持。特别是江南地区，这是明末讲学活动最活跃的地方，也是抵抗清兵南下最顽强的地方，清朝统治者心中尚有余悸。他们担心书院活动会使反清思想滋蔓，于是，顺治九年（1652）便以圣谕的名义禁止建立书院。圣谕云："各提学官督率教官、生儒，务将平日所习经书义理着实讲求，躬行实践，以需他日之用，不许别创书院、群聚党徒，及号召地方游食无行之徒，空谈废业。"（《古今图书集成·选举典·学校部》）这是清政府第一个书院禁令。其不仅禁止书院，而且还要求对各地官学生员严加管束，不许出现类似书院中的那些现象。同年又颁布《条教》，刻于石碑，立于各地官学的明伦堂前。《条教》的第六条规定，"军民一切利病，不许生员上书陈言，如有一言建白，以违制论，黜革治罪"；第八条规定，"生员不许纠党多人，立盟结社，把持官府，武断乡曲；所作文字，不许妄行刊刻，违者听提调官治罪"。但是禁令虽有，却禁而不严，亦未发现有人因办书院而受到处罚的记载，似乎有一些未被毁坏的明代书院仍然存续下来。顺治九年，湖南有悠久历史的岳麓书院经地方官聘任主持人，仍然继续存在，亦未受到处罚。地方官将同年颁布的《条教》八条刻石立于岳麓书院，并聘攸县生员刘自烶主持书院。顺治十四年（1657），当地巡抚袁廓宇请求恢复历史悠久的衡阳石鼓书院，居然得到朝廷的批准。石鼓书院获准恢复给各地发出了一个弛禁信号，各地的书院也悄然兴起。

康熙年间，虽然尚未解除对书院的禁令，但对其限制表现得相当宽松。康熙七年（1668），以强烈的反清意识著称的黄宗羲，在浙江宁波府甬上证人书院讲学亦未受到制裁。康熙二十四年（1685），湖南长沙岳麓书院扩建竣工后，巡抚丁思孔担心书院禁令未开，他日或许有人以禁令为由毁坏书院，便两次上疏请皇帝题额。康熙二十六年（1687）春，康熙皇帝御笔题写匾额"学达性天"，并赐予十三经、二十一史、经书讲义等，岳麓书院得到赐额后很快兴旺起来。此次赐额是在国内已无战事的安定情况下题写的。为了表示扶植理学，康熙皇帝还将同样文字的题额赐予江西庐山白鹿洞书院，及以周敦颐、张载、程颢、程颐、邵雍、朱熹等宋代名儒祠堂为名的书院。康熙四十二年（1703），又给山东济南的白雪书院赐额"学宗洙泗"，此外，还曾给苏州紫阳书院赐额"学道还淳"，给胡安国书院赐额"经术渲士"，等等。康熙皇帝的御赐匾额，象征着书院禁令已经失效，书院的发展已经势不可当，雍正年间书院发展速度加快。书院正式开禁以后，各地兴办之风十分活跃，除了地方长官大力兴办书院以外，地方邑绅个人出资兴办书院的事也屡有所见。雍正以后，兴建书院出现了两个活跃时期，即乾嘉时期和道光时期。

从数量上说，清朝书院以县级书院为主体，以府、州级书院为骨干，以省级书院为鳌头，以乡镇级书院为辅助，形成了一个极为庞大的教育体系。当时内地18省计有府184个，直属州61个，县（含散州、厅及没有属县的直属厅）1504个，此数据不含今黑龙江、吉林、辽宁、内蒙古、新疆、青海、西藏等当时未设省级行政机构的地方。平均每个行政单位有一两个书院，全国18省的书院（不含乡镇级）当有1800至3600所。

清朝书院的课程设置与地方官学、国子监的课程设置相近，以“四书”“五经”为主，阐述其义理的辅助性教材，完全采用宋明理学家们的讲义、语录和注疏等。在课程分类方面，又可分为小学和大学两类。小学是基础，包括识字及其深化，如文字学、训诂学、音韵学等。大学主要讲四书五经，特别是以经学为基础，讲授朱熹的“明德、亲民、止于至善”的三纲领和“格物、致知、诚意、正心、修身、齐家、治国、平天下”的八条目。

可喜的是，清朝的书院，已经增加有关本朝史实、本朝典礼、本朝律令以及《文献通考》《大学衍义》《大学衍义补》等涉及实务的内容，同时增加有关天文地理、农田水利、兵事兵法等方面的基本知识。清朝初年，反对宋明理学的著名思想家顾炎武、黄宗羲、王夫之、朱舜水、傅山等人的思想有广泛影响，从其学者络绎不绝。顾炎武批评理学不过是禅学的变种，指出理学弃“五经”而学语录，比学习八股文还容易。朱之瑜斥责理学家不做任何实事，只尚空谈。傅山责骂理学家不过是“奴君子”。稍后的学者，甚至发出“理学杀人”的呼声。这些反对理学的思想家，主张经世致用的实学，对清后期的书院及整个学校教育都产生了巨大影响。

第三节　清初实学的教育经济思想

清初，统治者为了巩固其统治，在思想文化领域大力提倡程朱理学，使在明清之际遭到沉重打击的程朱理学又借助于政权的力量，重新居于统治地位。另一方面，统治者大兴文字狱，残害知识分子，迫使他们远离社会现实，从事训诂考据，从此考据学代替理学居于主要地位。然而，无论是程朱理学居主导地位期间，还是考据学执学坛牛耳之后，仍然有学者坚持提倡实学教育思想，以颜元、李塨等为代表的颜李学派，就是当时思想界的一股强劲思潮。颜李学派对理学的批判最为彻底，倡导以“习”“行”“实”“动”训士，一反宋明以来的传统教育。

颜李学派，产生在中国封建社会大动荡的明末清初，在经济上处于封建主义经济关系逐渐衰落、资本主义经济关系的萌芽时期；在政治上，明朝已经衰亡，清朝刚刚建立。当时的阶级矛盾和民族矛盾交织在一起，空前尖锐，一方面是清朝贵族勾结一些汉族官僚、军阀，血腥镇压农民起义；另一方面是清朝贵族集团对汉族地区先进生产力的破坏，圈地、掠夺等行为，使民族矛盾日益激化。特别值得一提的是，由于清初统治者采取打击市民阶级和抑制商品经济发展的政策，明末已经发展起来的市民运动与封建主义的矛盾更加尖锐，一时形成了以农民和市民为主体的，有一部分汉族地主及知识分子参加的反民族压迫的群体。颜元、李塨就是这个群体中的知识分子，其主张在一定程度上反映了农民和市民的一些要求。颜、李的反理学思想和经世致用主张，无疑与家国之变故和资本主义萌芽有着密不可分的关系。此外，这种反映时代精神的思想体系，无疑继承了前代的思想，其思想和学术都有着历史渊源。

一、颜元从“经世致用”的观点出发，认为教育与政治经济有密切关系，富民强国必须兴办学校，发展教育，培养学用结合的“实学”人才

颜元生活的时代，正值明末清初，社会政治急剧动荡、资本主义萌芽产生，工场手工业在一些城镇兴起，传统教育已不能适应当时社会变革的要求。颜元看到了这种矛盾，并试图加以解决。他的教育理论，较系统地阐述了教育与经济的关系，他的教育以服务生产需要为目的、教育发展必须以经济为基础、教育以培养学用结合的“实学”人才为宗旨的思想，是我国封建教育思想史上的宝贵遗产。

颜元（1635－1704），原字易直，后改浑然，号习斋，学者称习斋先生。他早年怀抱经世之志，阅史籍，读兵书，向往上古三代之治。24 岁以后，笃信陆王心学，而后又转宗程朱理学。至其中年，将程朱陆王之学尽行摈弃，力倡周孔之学。自此为学，崇实致用，以习行并重。他重视实践、讲求实用的学术风尚，对清初朴实学风的形成产生了积极的影响。颜元之学，名为复古，实则自创一说。他的实学思想为其学生李塨继承和推衍，形成清初学术史上一个颇有影响的流派，史称“颜李学

派”。颜元一生不以著述为事，其主要著述为《四存编》《习斋记余》。

颜元的教育经济思想，是在批判宋明理学教育思想，反对科举制度、八股文教育，继承总结前人教育经济思想的基础上建立起来的。在颜元生活的时代，医学、天文、数学、几何、土地测量、水利、建筑、手工业等都有了一定发展，我国封建时期的经济发展达到了新的水平，资本主义的萌芽已经出现。在这种背景下，理学所鼓吹的死读书本、空谈玄理、皓首穷经、闭门修学已远远不能满足当时社会生产教育的要求，所以，颜元对当时和过去的学校教育进行了批判，认为中国自汉以来就走入了“文墨世界”，只在文字和书本、清谈和讲论上做功夫，慨叹“学校之废久矣”（《存治编·学校》）。他猛烈抨击八股取士制度，指出“八股行而天下无学术，无学术则无政事，无政事则无治功，无治功则无升平矣。故八股之害，甚于焚坑”（《颜习斋先生言行录》卷下）。他认为，这种教育毫无用处，培养出的是毫无能力的人，只能“无事袖手谈心性，临危一死报君王”（《存学编·学辨》）。他甚至说，在这种教育下，“读书愈多愈惑，审事机愈无识，办经济愈无力”（《朱子语类评》）。应该说，他的批评是切中要害的。

颜元的教育经济思想，概括地说主要体现在以下几个方面：

（一）教育以服务生产需要为目的。颜元极为重视教育的职能，提出了“本原之地在学校”（《习斋记余·送王元德教谕清苑序》）的思想。主张以周公的“六德”“六行”“六艺”和孔子的“四教”来教育学生。在他开设的讲堂上，安放着琴、竽、弓、矢、筹、管，每日带领学生从事礼、乐、射、书、数的学习，探究兵农水火等实用之学。晚年应聘主讲肥乡漳南书院，拟定规制，分设文事、武备、经史、艺能等科。颜元认为，只有尧舜、周孔时代所谓的“六府”“三事”“三物”才是真实的学问。他说：“三事、三物之学可复，而诸为儒祸者自熄，故仆谓古来《诗》《书》，不过习行经济之谱，但得其路径，真伪无可问也，即伪亦无妨也。”（《习斋记余·寄桐城钱先生晓城书》）意思是说，古代《诗》《书》上所记载的“尧舜三事，周孔三物”，未必合乎历史真实，但“三事”“三物”之学，所主张的“习行经济”，却不失为为政的“路径”与教人的“正学”，而书的“真伪无可问”。这清楚地说明，教育就是要以服务生产需要为根本目的。在当时情况下，他高擎反宋明理学的旗帜，是于学术形式复古而在思想内容上求新，以复古求解放。根据颜元的著述及有关的资料，他的学术思想源流，除原本经训归于圣贤之外，其事功之学还受胡瑗、陈亮、王安石、张载等人的影响。他融会了胡瑗的实学、陈亮的事功之学、荆公新学中的事功思想及张载的政治伦理思想，建立了自己经世致用之学的思想体系。他以此为武器，尖锐地批判了程朱理学和陆王心学，在历史上作出了划时代的贡献，成为当时思想文教界“破块启蒙”的新潮流。颜元出身贫寒，“四岁失父，十岁离母”，十分孤苦。养祖父朱氏，因吃官司，“讼后家落”。因此，颜元在青年时期为生活所迫，亲身“耕田灌园”，参加生产劳动，得资以赡养家庭。颜氏之学，自蒙养时就与众不同。他广泛涉猎，如对兵法、医术、天文历算、地理等实用学科的研学，来自生产，来自实践，这为他以后教育学术思想的创新打下了基础。

（二）教育发展必须以经济为基础。颜元认为教育与经济的发展有密切的关系。他说：“教以济养，养以行教，教者养也，养者教也。”（《存治编·井田》）他主张“教”“养”并重，强调了“教”“养”的关系。“教”是指教育，“养”是指经济的发展。“教”可以推动生产以济养，即教育可以促进生产和经济的发展；而“养”又可以在生产劳动中来行教，即经济又是推行教育的条件。在“教”与“养”的先后关系上，他主张“养”先于“教”，推崇孔子的“先富后教”。颜元关于教育可以促进生产和经济发展的思想，使人们对教育的作用重新得到认识。应该说，自学校教育产生以来，我国的传统教育就与生产劳动相脱节，教育可以促进生产发展的思想被埋没了。而颜元则发掘了这方面的宝贵遗产，继承发展了墨家思想及颜之推等人的观点，认为要富国强民，必须依靠教育，认为人才是“政事之本”。而所谓的“政事”就是“以七字富天下：垦荒，均田，兴水利。以六字强天下：人皆兵，官皆将。以九字安天下：举人材，正大经，兴礼乐”（《颜习斋先生年谱》卷下）。指出要想国家富强，社会安定，必须靠人才，而人才来源于学校，依赖于教育。教养出富国强民的人才，推动社会的发展，正是教育的任务和责任。他认为，要进行教育，首先要有一定的经济基础，只有在达到一定的经济条件之后，才会出现学校教育，因为经济社会为教育提供一定的人力、物力、财力，而教育要发展，也必然是以经济的发展为基础的。

（三）教育以培养学用结合的“实学”人才为宗旨。颜元从“经世致用”的观点出发，认为要安定社会，发展其政治、经济，就必须兴办学校，发展教育，培养管理政治和经营经济的人才。因此，教育与政治经济有着密切的关系，教育可以通过培养人才，直接为国家的“富强”服务。他“教以济养，养以行教；教者养也，养者教也”的思想，将“养”与“教”相提并论，相资相辅，这在轻视劳动生产的理学统治时代，实在难能可贵。他在自己的“富、强、安”的政纲中，把“举人才”，也就是兴教育，置于很重要的地位，把办学校、育人才看成政事的根本。因而，他认为“有人才则有政事，有政事则有太平”（《颜习斋先生言行录》卷下）。他57岁的时候，曾会晤过邢台教谕贾聿修，相与言教育的重要性时说：“人才为政事之本，而学校尤为人才之本也。”（《颜习斋先生年谱》卷下）所以，颜元特别强调“兴学校”，并说“昔人言本原之地在朝廷，吾则以为本原之地在学校”（《习斋记余·送王允德教谕清苑序》）。学校是培养人才的主要途径，而那些传统的科举制度，以时文（八股文）取士，这不仅不能选拔真才，反而使学校跟着科举走，引学者入歧途，因科举而贻误人才。颜元说：“八股行而天下无学术，无学术则无政事，无政事则无治功，无治功则无升平矣。故八股之害，甚于焚坑！”（《颜习斋先生言行录》卷下）因此，颜元极力主张废除科举，大兴学校。认为国强民富，“其本莫重于谨庠序之教”。而兴学校，又得破除传统的文字教育，而代之以“实学”。他说：“逮于魏晋，学政不修，唐宋诗文是尚，其流毒至今日，国家之取士者，文字而已；贤宰师之劝课者，文字而已；父兄之提示，朋友之切磋，亦文字而已。……求天下之治，又乌可得哉？”（《存治编·学校》）学者终日“困于纸笔”，“而真才不出”。因此，要想培养“经世”人才，必须“浮文是戒，实行是崇”，若大力提倡“实学”“实行”，“使天下群知所向”，久之，则“人才辈出”。倘仍旧习，虽有聪明之士，亦不能“逞其才华”，致使“真才不出”。

颜元尖锐地批判传统教育培养出来的尽是些“白面书生”、无用的老学究，只能背诵经传，或空谈心性，结果是“实学”灭，真才无，而庸人日增，学风愈坏，国将不治。他们对尖锐复杂的民族矛盾，不是不加闻问，就是束手无策。自宋以来，由于理学的产生和发展，教育“徒事口笔”，“而终归无用”，当国家危亡之时，“上不见一扶危济难之功，下不见一可相可将之材”，而“两手以二帝畀金，以汴京与豫矣！”至南宋末年，国家贫弱，政治腐败，而“推手以少帝赴海，以玉玺与元矣！”（《存学编·性理评》）。到了明末，则更是积重难返，理学流毒愈深，而培养出来的士子，更是不能“扶危济难”。他们面对危机，就只能一筹莫展，束手无策。由于终日“伏首诵读，而忘民物”，因“其学术之误，而徒抱忠愤之心”，不仅无力扶危定倾，相反，以腐朽的明心见性之学，而加剧其危机，把明朝的万里锦绣江山，拱手让与清军。空言之害，浮文之无用，“观宋元明，深可悲矣!”他痛斥传统教育脱离实际，提出要以学用结合的“实学”代替无用的“浮文”教育，以培养德才兼备的各级官吏和各行各业的专门人才。他说：使“天下之学校，皆实才实德之士，则他日列之朝廷者，皆经济臣”，若“天下之学校，皆无才无德之士，则他日列之朝廷者，皆庸碌臣”，故教育“实最要”(《习斋记余·送王允德教谕清苑序》)。按颜元的看法，教育是为国家培养德才兼备的“经济臣”的，即培养既懂得政治，又懂得经济，上自“君相”，下至“百官”，能为国家和人民办事的官吏；而不是培养无才无德无益于国家，不能为生民办事的“庸碌”官吏。由此可见，颜元培养人才的目的，是“以经世为宗”的。

(四)教育要培养为“生民办事”的专门人才。颜元认为，要“经世”治国，光有中用的“君相”和“百官”还不行，还必须有“百职”的专门人才。他进而提出把士子大夫培养成各行各业的专门人才，而为“生民办事”。他举例说：“禹之治水，非禹一身尽治天下之水，必天下士长于水学者分治之，而禹总其成。伯夷之司礼，非伯夷一身尽治天下之礼，必天下士长于礼学者分司之，而伯夷掌其成。推之九官、群牧咸若是，是以能平地成天也。”(《存学编·总论诸儒讲学》)教育必须把“群士”培养成“群贤”“群能”，才能治理天下，“平地成天”。教育培养“治术”人才来管理国家政事，这是封建社会一向所重视的，而培养各种生产部门的专业技术人才，在封建社会则一向被忽视，甚至认为这些都是卑贱职业。而颜元主张各专其业，各得其用。他说：“人于六艺，但能究心一二端，深之于讨论，重之以体验，便可见之施行，则禹终身司空，弃终身教稼，皋终身专刑，契终身专教，而已各成其圣矣。”(《颜习斋先生言行录》卷下)他认为“圣贤”不都是无所不知无所不能的人，而不过也是有专才、有专职的人，“学须一件做成便有用，便是圣贤一流”(《颜习斋先生言行录》卷下)。他在著作中，列举了许多古今圣贤豪杰，都是“各专一事”。在他看来，教育的培养目标，就是要培养各种专业人才。他常鼓励弟子各专一艺，如李塨专于乐，李植秀专于礼，颜士俊专于骑射，颜尔俨精于数学，颜修己专于律，宋希廉专于书，张鹏举长于兵法，朱敬专攻水、火诸学，集中精力于一二技艺，以便深造。

颜元培养专门人才的教育思想，除了“业各殊”的社会分工的根据之外，还有其“材各异”的个性差异的理论。他主张教育要结合学者的不同个性进行，注意发挥每个学生的特长，因其材而施其教。于是，他对自古以来培养“全智全能”的“圣贤”教育，进行了一次大改造，提出有各种行业就有各种圣贤，一技之长、一专之能，都可为“圣”成“贤”。他还说：“圣人是肯做工夫庸人，庸人是不肯做工夫圣人。”（《颜习斋先生言行录》卷下）“圣人”与“庸人”并非命定，唯一的区别是勤奋。他说：“大善大恶，固非命可囿也，在乎人耳。”（《颜习斋先生言行录》卷下）颜元在教育目标上的“经世致用”思想，强调专于技艺、学用一致，培养出来的人要能“利济苍生”，为社会生民办事。他说：“生存一日，当为生民办事一日。”（《颜习斋先生年谱》卷下）主张从功利出发，注重实用，特别是分科教学，培养专门人才。从社会生产的发展来看，它反映了十七世纪工商业的发展引起的行业分工，需要科学技术和实用知识，也需要实用人才；从阶级关系的变化来考察，由于资本主义生产关系的萌芽、市民阶层的发展，颜元的思想也直接或间接地受其影响。

在教育内容上，颜元突出了一个“真”字，去掉“伪”字、“虚”字，提出“彼以其虚，我以其实”的原则，对宋明理学的教育内容进行批判改造。他的所谓“实学”，即是有用之学，而衡量“实学”的标准，则是“经世致用”。它的特点是反传统、反教条、反程朱理学脱离实际的教育，提倡“实文、实行、实体、实用”，以“实”代“虚”，以有用代无用。

他主张开展“身心道艺”兼顾的全面教育。颜元在批判旧的传统教育时，发展了自己的教育观点，大胆地否认了“礼乐”教育就是封建的“伦理纲常”教育，到了宋明又变为“存天理去人欲”的所谓“天理”教育；他也否认“礼乐”教育就是“典章制度”教育的知识教育，而认为“礼、乐、射、御”的教育，是对学生正常的礼节教育，是进行形体锻炼和性情陶冶的手段。它既可以涵养学生的性情德行，又可以增进身体健康，从而使学生的身心获得全面发展。他说：“习行礼、乐、射、御之学，健人筋骨，和人血气，调人情性，长人仁义……小之却一身之疾，大之措民物之安。不积痰郁气，安内捍外也。”（《颜习斋先生言行录》卷下）所以，“六艺之学”是对学生德（包括操行、礼节、性情）、智（包括知识、技能）、体的全面训练，即既能“固人身心，化人性情”，又使儿童及青少年从小就得到“身心道艺”的全面发展。他说：“六艺之学，不待后日融会一片，乃至童龆，即身心道艺一致加功也。”（《存学编·学辨》）颜元极为重视体育教育，经常教弟子们“举石”（举重）“习刀”“超距”（赛跑）“击拳”等，主张不要对青少年和儿童娇生惯养，对其“勿美衣饱食，勿怀抱娇脆”（《恕谷先生年谱》卷四）。

颜元不仅是体育教育的践行者，而且是体育教育的理论家。他认为，体育不仅能使人体质日壮，而且有德育、智育的作用。同时，在德育和智育的过程中，亦有着体育的效果，如“习礼则周旋跪拜，习乐则文舞武舞，习御则挽强把辔，活血脉，壮筋骨”（《颜习斋先生言行录》卷上）。在“礼范民性”“乐和人心”的道德教育过程中，就含有“舒其筋骨，和其血脉”的体育作用。颜元的体育教育思想，有德、智、体、美统一和互相促进的意义。

颜元还主张开展“实事”“实物”“实用”的经济教育。在颜元看来，唐虞之世和周公的“三事”“三物”教育内容，都是结合客观事物的，而秦汉以来的教育，特别是宋明以来的教育，则局限于书本文字和“存性空谈”，使学者“崇尚浮文”，只获得一些无济于事的“虚理”，由此，他主张“以实济空，以动济静”。他说：“宋儒偏处，只是废其事；事是事实，他却废了，故于大用不周也。人皆知古来无无体之用，不知从来无无用之体。既为无用之体，则理亦虚理。”（《朱子语类评》）“实学”教育的“实”，就是注重客观事物，它所认识的对象是客观的具体事物，不是书本，书本文字只是认识和控制客观事物的工具。他说：“书之文字固载道，然文字不是道。”（《颜习斋先生年谱》卷下）他区别了“文”与“道”、书本知识与实际知识，并论证了它们之间的关系，这在教育问题上是很有现实意义的，对于纠正那些崇尚本本的教条主义很有帮助，对于把书本知识与实际知识结合起来的学习很有启发，对于验证书本知识、衡量一个人是否有真才实学有着极大的帮助。如熟读经史与“穷理处事”，就不是一回事。他说：“以读经史、订群书，为穷理处事以求道之功，则相隔千里。”（《存学编·性理评》）汉宋诸儒，两千年来造成一种“虚花无用之局”，认为能“纂修文字”著书立说的人，就是“圣人”；能“传述注解”四书五经的人，就是“贤人”；能对古书“读之熟，讲之明，而会作书文者，皆圣人之徒”（《四书正误》卷三），全不管是否能“经世致用”，结果是“误人才，败天下事”，使“普地昏梦”“偏迷贤知”。他认为：“仙佛之害，止蔽庸人，程朱之害，偏迷贤知”（《颜习斋先生年谱》卷上）。

颜元认为，要改变两千多年“虚花无用”的教学内容，必须提倡结合实际的“践迹”教材。他说：“三物之学，圣人之迹也……吾人须践迹。”他认为，任何真正的学术，都是与客观事物相结合的。因此，我们的教育应该追踪事物的痕迹，结合文字记载的事迹去学去教。而离开事实的教材和脱离事物的纯文字符号的教学，都是无用的。他说："周孔似逆知后世有离事物以为道、舍事物以为学者，故德、行、艺总名曰物，明乎六艺固事物之功，即德行亦在事物内……空寂静悟，书册讲著，焉可溷哉！"（《颜习斋先生年谱》卷上）

颜元根据"实学"和"实用"的原则，将利国利民的有实用价值的学科，都列为教育的课程。他在晚年主持漳南书院时，设有文事、武备、经史和艺能四科。如文事斋除"六艺"外，还开设数学、天文、地理等自然科学。武备斋，课黄帝、太公及孙、吴等诸子兵法，并有射御技击等军事科目；经史斋，开设十三经、历代史、诰制、章奏、诗文等；艺能斋，课水学、火学、工学、象数等技术科。对颜元开设学科的具体内容，他的大弟子李塨曾作过进一步的阐述，特别是对技术科，如水学、火学等，在《瘳忘编》中都做了详细的说明。

在颜元的教学计划中，有众多的自然科目，这绝非偶然。除了他本人重视对自然科学的学习和研究外，还在于当时封建社会开始解体，资本主义生产关系业已萌芽。他痛斥宋明理学教育是使人"减弃士、农、工、商之业"的"无用"和"无生"教育，表露出新兴市民阶层对发展工商业的迫切要求。

颜元也主张开展经世致用、文武兼修的劳动教育。颜元指出，程朱理学统治学界六七百年来，士子都是"穷理居敬""静坐读书"，使"四海溃弱"，不仅"殃其一代君臣"，而且"流毒奕世"。颜元针对这种"重文轻武""四海溃弱"的现实情况，从"经世致用"的思想出发，改造了"六艺"教育，把礼乐与兵、农作为教育的三大基本内容。他认为反对外敌的侵略和压迫，建立富强的国家，必须"垦荒、均田、兴水利"，以发展农业经济。只有"人皆兵，官皆将"，"兵农合一""文武兼备"，才能建立强盛的国家。这些任务，都要依靠"举人才、正大经、兴礼乐"，发展教育，培养"文武兼备"的人才方能完成。所以，颜元主张"教文即以教武"，"治农即以治兵"（李塨《存治编序》）。他在漳南书院设有"文事"与"武备"两斋，以进行"文武合一"的教育，认为这样培养出来的人才，平时可以"修己治人"，战时则可以"持干戈，卫社稷"，成为"出将入相"的文武全才。要培养出文武兼备的人才，教育必须做到"惟凡礼必射，奏乐必舞，使家有弓矢，人能干戈，成文治之美，而具武治之实。无事时，雍容揖让，化民悍劲之气；一旦有事，坐作击刺，素习战胜之能"（《颜习斋先生言行录》卷上），这就叫"寓将于学"。但是要做到这些，必须纠正并且坚决反对宋元以来轻武的“衣冠之士”，以及培育“白面书生”的亡国教育。他说：“白面书生微独无经天纬地之略，礼乐兵农之才，率柔脆如妇人女子，求一腹豪爽倜傥之气亦如之。”（《习斋记余·未坠集序》）同时，还必须肃清轻武的社会流毒，而实现“文武并重”“文武合一”。他说：“朱子重文轻武……其遗风至今日，衣冠之士羞与武夫齿，秀才挟弓矢出，乡人皆惊。甚至子弟骑射武装，父母便以不才目之。长此不返，四海溃弱，何有已时乎！”（《存学编》卷二）理学家论人，必“先取不喜兵能作文读书”，已成后世“不可疗之痼癖”。所以，要经世救弊，必须进行尊重军者及兵学的教育，提高军人的地位。他说：“军者，天地之义气，天子之强民，达德之勇，天下之至荣也。”（《颜习斋先生言行录》卷下）军人是人民中的“至荣”豪杰，而兵学则是“重教之所先，经世之大务也”，不可一日而无。

当时，关于农业和农学的学习，多为时人所讥笑，为士大夫所耻。而颜元从小就参加力所能及的劳动，稍长即参加农事劳动。他的一生从未脱离农业生产劳动，自己“平生非力不食”，教人也自食其力。他说：“不当穿天下人的衣，吃天下人的饭”，“偷安白吃”是可耻的。他认为人人当以生产劳动为己任，“上至天子，下至庶人，皆有所事，早夜勤劳”（《存人编》）。颜元在长期的农圃劳动中，积累了许多宝贵的经验。他在35岁时，曾教其弟子王法乾学习农业知识，并写了《农政要务》一书，对于耕耘、收获、辨土、酿粪、区田、水利等都有陈述，可惜此书已经失传。他在与门人所定的《习斋教条》中，就列农学为一科，并说：“凡为吾徒者，当立志学礼、乐、射、御、书、数，及兵、农、钱谷、水、火、工、虞。予虽未能，愿共学焉。”（《颜习斋先生年谱》卷上）颜元认为，教授生产劳动的知识和技能，不仅有利于经世，而且有益于身体、思想和智力的发展。颜元的教育内容具有众多的科学技术科目，这冲破了几千年来封建教育的陈旧框架，包含了一些科学技术教育的新因素。这是中国近代教育内容改革的雏形和先声，是中国古代教育史上前所未有的新现象。

颜元主张教育应以服务生产需要为目的，教育发展必须以经济为基础，教育应以培养学用结合的“实学”人才为宗旨，教育要培养为“生民办事”的专门人才，这些观点，把教育的作用与经济社会发展、富民强国有机地联系在一起，应该说颜元的教育经济思想是相对完整的、系统的。他除对教育的作用和目的、教育可以促进生产和经济发展的思想进行论述，还从教育目的论出发，提出了与之相适应的教育内容。在当时情况下，对教育有这样深刻的认识是难能可贵的，这些见解在当时大放异彩，别具一格。可以说，颜元的教育思想已经勾画出教育经济学的基本轮廓，具有承前启后的作用，对中国教育，特别是中国教育经济思想的发展产生了深远影响。

二、李塨“实学”“实用”“实效”的思想，开辟了教育理论与教育实践结合的新方向，继往开来，蹊径独辟

李塨是颜元的学生，受颜元教育思想的影响比较大，他在自己的教育活动中，把颜元的教育思想特别是教育经济思想发扬光大。李塨继承、补充、传播了习斋之学，大力提倡“实学”“实用”“实效”的教育，并突出地讲求经济作用，有其独到之处。所以，梁启超在称颂清初启蒙教育思想时，李塨和其师颜元具有同等重要的地位。

李塨（1659－1733），字刚主，号恕谷，康熙二十九年（1690）中举。李塨早年接受父亲的教育，懂得“学贵实践”“为有用之学”的重要性；懂得明末儒者空谈心性的过失，意识到“力矫其弊”的迫切性。他在21岁时，“即从习斋游，躬耕善稼穑。虽俭岁必有收，而食必粢粝”。从这时开始，从师习斋，立志专务实学，“自此深以习斋学习六艺为是，遂却八比，专正学”（冯辰《恕谷先生年谱》卷一）。嗣后，他从习斋学，“以三物六行六艺为学之本，期于致用”。他还奔走全国各地，“凡六佐友人幕事，桐乡、郾城、富平之外，又尝北至保定，西如应州，东赴济南，任学政”，“三十八，至京师，计以馆至者十，以试至者八，其余二十往返，大抵皆为明行圣道计耳”（《颜李师承记》）。综观其足迹所到之广，目的在于设馆授徒、访贤讲学，兼以实践他的教育主张，扩大颜李致用之学的影响。

李塨在习斋死后，奉其遗命，题其斋曰“习斋学舍”，而“讲习其中，历廿余年不废”（《恕谷先生年谱》卷五）。一时各地学生都来此肄业。他留存著作不少，在教育方面，有《大学辨业》《小学稽业》《圣经学规纂》《论学》《学礼录》《学乐录》《学射录》等，可以考见其继承、补充、发展习斋先生学说之所在。

李塨的教育思想十分丰富，这里我们仅就他有关教育经济方面的一些思想作以论述，以展示他对颜元教育思想的继承和对中国教育经济思想方面的贡献。李塨的教育思想具有十分鲜明的特征，他始终以讲实学、收实效为教育目的，其特征突出

地表现在以下方面：

（一）主张教育学生要“立品制行，以图经济”。李塨一生的教育活动，大都记载在《颜李师承记》《恕谷先生年谱》中。李塨把对学生讲述他自己躬行经济的经历和体会作为对学生进行教育的一项重要内容，以勉励学生学习。他要求学生敦品立行，通晓世务，关心民生。他在答温益修问时，就反复地说明只知学识博洽不能算是做学问，为学必须首先做到“先立品制行，以图经济”。他还根据自己的切身体会，认为无论是写文章，还是从事教学，都必须讲明“六府三事之学”，首先应明确经济作用。他在祭颜元文中，自称师承有自，说：“塨受业后，知操存，知省察，知礼知乐，知射、御、书、数，知一时经济，百世经济，不敢负先生。”（《恕谷先生年谱》卷三）李塨在选韩愈文章时，认为《原道》一篇留意经济，赞其为“固唐之柱础圣道者也”，专录了韩愈有关经济者若干篇，认为“学者经济天下，欲窥其大，尤欲切于时”（《恕谷先生年谱》卷二）。

从《恕谷先生年谱》看，李塨接触学生或其他后辈，经常采用当面讲学问答、书信函授、解疑释难等多种形式，突出经济作用这一重点，如主持阳村舍学，中心就是“习数，议经济”。他还和张丰村、郭子坚、邵允斯、冯壅、冯辰等，不止一次地谈论经济，力主“学礼，学射，学韬铃，学数”（《恕谷先生年谱》卷三），认为研究古今成败是学习的要务，并督促学生身体力行。他针对丰村单纯注重书本知识的观点，提出重实学、重经济的必要性。他称“先生曰：纸上阅历多，则世事之阅历少；笔墨之精神多，则经济之精神少。宋明之亡，此物此志也。望贤者勿溺”（《恕谷先生年谱》卷二）。

（二）订立教学章程，明确要求学生在“六府”“六艺”等实用之学方面下功夫。李塨的学生很多，有的属于入室叩问，如《清儒学案·恕谷学案》所附冯辰、郑知芳、王复礼、郭金成等；也有的属于习斋学舍中一般学生，李塨专门为他们制定了《恕谷学教》十七条，标明“从颜习斋先生教条而斟酌之”。这是针对学舍诸生而厘定的，前十一条关涉操行要求，如“敬尊长”“习幼仪”“尚和睦”“修威仪”等，后六条关涉学习内容，重点突出告诫“取士以八股”“非正务”，要求学生在“六府”“六艺”等实学方面下苦功夫。其中“习六艺”一条说：

> 昔周孔以六艺教人，近世取士以八股，自不得不随时立教，然非正务也。诸生愿学礼乐射御书数，及兵农水火诸学者，是予所望也，随其材而

教之，以考厥成。

李塨自己学“六艺”，多从实处学，力求经济之用，所以21岁学数于刘见田，45岁又“问西洋三角算法于吴子淳”（《恕谷先生年谱》卷四），51岁仍“过杨仁澍学五步剑法”（《恕谷先生年谱》卷四），学书于彭雪翁，学兵法于王五公，还从张函白学琴，从毛大可学乐、定律吕。由此可见，李塨学“六艺”等实学，转学多师，躬行实践。他严格要求学生及后辈，学生问业时，往往用启迪式教育，让学生多思考。

李塨崇尚实学，所以在他的教育思想中，关于实学教育的内容十分丰富，而且继承了颜学的精髓。李塨的教学内容，沿用习斋“三事”“六府”“三物”之学。“三物”包括了“六德”“六行”“六艺”。他根据自己躬行实践的体会，坚持切实有用的原则，曾对“六府”“三事”加以具体阐述。他认为，“六府”“三事”是利民之至道。“六府”中“金”的内容，具体包括了冶铸、泉货、修兵、讲武；“木”的内容，包括茶榷之类；“水”的内容，包括沟洫、漕挽、治河、防海、水战、藏冰之类；“火”的内容，包括焚山、烧荒、火器、火战以及禁火等法；“土”的内容，“体国经野，辨五土之性，治九州之宜，井田、封建、山河、城池诸地理之学统之”；“谷”的内容，则为“屯田、贵粟、实边、足饷诸农政统之”。他对“三事”有着自己独到的见解，认为其事关国计民生。他说：“正德，正此金、木、水、火、土、谷之德；利用，利此金、木、水、火、土、谷之用；厚生，厚此金、木、水、火、土、谷之生也。”（《瘳忘编》）

李塨常以发扬颜元所倡导的实学为己任，例如肯定黄宗夏所主“颜先生之学，如布帛菽粟，不可一日离；一离之，非饥则寒”（《恕谷后集·复黄宗夏书》）之说，即是一例。他之所以发扬颜元之学，在于习斋经邦济世，旨在造福“斯世斯民”。他在51岁时，答郑若洲的一段话可作佐证——“若洲曰：‘行道而不辩，若何？’先生曰：‘不可。君子得位则行道，不得位则明道。’不明是，则弃道也。且世之辨先儒者在章句，颜先生所恻者，在斯民斯世。学术不明，民物终无起色”（《恕谷先生年谱》卷四）。

可以看出，颜李都痛感宋明诸儒、科举八股，皆空言无补，不能匡世济时，因此，李塨重点对其进行了有力的抨击。他反对宋儒脱离实际的本本教育，指责宋儒学说空虚大之弊。李塨主张“理在事中”，谓“夫事有条理曰理，即在事中”。他批判程朱学派的唯心主义理气观，反对宋代理学家所倡导的“主静立教”“白昼静坐”。

他在《论宋人白昼静坐之非经》一文中，直斥周敦颐“以主静立教，程朱陆王因之，用白昼静坐，以为存心立本”，其无异于南郭子綦隐机而坐，佛道之参禅入定，不可为训。这和“昼讲庶政，夕序其业”的经训是背道而驰的。李塨还进一步斥之为无用之学：

> （塨）语长举曰：宋儒内外精粗，皆与圣道相反。养心必养为无用之心，致虚守寂；修身必修为无用之身，徐言缓步；为学必为无用之学，闭户诵读。不去其痼尽，不能入道也。（《恕谷语要》）

李塨为了宣传自己的教育主张，奔走四方，遍历边远之地；游学授徒，范围极广。其目的就是既推广务实教育，又使习斋实学学说得以远播天下，扩大影响。

（三）因材施教，把“六府”“三事”教学具体化。李塨的教学贯穿着利国利民、有用于时的思想，倡导实学，把“三事”“六府”教学具体化。为了推广实学，他除晚年在习斋学舍授徒外，更多时间是到处讲学。李塨的学生众多，据《恕谷先生年谱》所载，在李塨实学思想影响下，或研究河工，或学习兵事，或治刑名钱谷，或好音乐，或讲治平，正是各有专攻，不拘一格。李塨认为学生应当专“一长一技”，掌握一门实际有用的知识。他一再教学生掌握有用之技能，说：“卞庄子之勇，臧武仲之知，见许圣门；养由基之射，造父之御，传名至今，只在一长一技……贤如由求，兵农各务；圣如禹益，水火不兼。”（《恕谷后集·答长举问》）他特别强调学生必须学法律（刑名），要看到学法律的重要性。他说：“皋陶明刑，三代划一；萧何造律，唐、宋是规，知明处当，谈何容易！”（《恕谷后集·答长举问》）

李塨在教育学生掌握“六府”“三事”时，认为能掌握“六艺”中的一种，取得实效实绩，已是“谈何容易”。因此，他主张要根据学生个体实际情况，因材施教。这就在无形中采用了分科单项或双项教育（例如他的学生吴关杰学数学及乐学），且教法也是灵活多样。他在“六艺”教学中，首重师生学习、实践并重的教学思想。先从音乐一门来看，李塨以身作则，自己从毛奇龄学律吕，返桐乡，“寻能歌者问歌法，能乐器者问色谱，以与乐录相质对”，并著《宫调图》及《七调全图》就正于毛氏。在研究和实践中，撰成了《学乐集》，实际上这是一部理论与实践相结合的音乐讲义。此后，能在听《桃花扇》作者孔尚任歌乐时，敢于当面纠正孔尚任“黄钟为徵之误”（《颜李师承记》）。

李塨的教学思想，是教有用之学，反对单纯教本本。教师必须让学生在实践中加以领悟，然后再进行有用的点拨。例如他 48 岁时，“吴次公问律吕，作《律吕问》示之”（《恕谷先生年谱》卷四）。这仿佛是把讲义交给学生，让他自己去体会实践。51 岁时，鲁圣居相从学乐，后来在李塨寓所，曾经出现过“弹琴吹蓬歌诗”（《恕谷先生年谱》卷四）的生动活泼场面。

基于李塨的有教无类、学以致用、匡世济时的教学思想，他在教育、传播“三事”“六府”之学方面有和颜元不同的途径。据《恕谷先生年谱》载，颜元不交时贵，不游说四方，而李塨则所交不论贵贱（包括学生），唯以推行实学，“唯道是问”，“可明则明，可行则行”。只要有利于民，能解决一些实际问题，就不惜“于地方利弊”，直抒所见。他论时政，务教育，都是“以求学术有用”（《恕谷语要》）。尤其是在他中年以后，为了实践“三事”，检验教学实效，多次考察一些当了地方官的学生。

李塨继承颜元所主“三事”“六府”之学，其教学思想是有所发展的。除主张在实践中学、在学中用外，他还从各种渠道，逐一付诸实践。《清儒学案·恕谷学案》认为，李塨在实学方面，继承、发展“习斋家法”，对颜元论著，时加补充。李塨为贯彻他的“实学”“实用”“实效”“检验实效”等教学思想，在实践之余，托古论今，以为士农工商各有职掌；举凡农田水利、理财、武备、刑法等，各宜设科教学，无一非经世致用之学的具体内容。他系统地归纳理论，并在实践中贯彻运用到教育思想上，似乎比颜元更具体。

李塨的教育著作及教育思想，在当时的学术界曾引起普遍影响，在其学生和弟子中起到了潜移默化的作用。冯辰认为李塨“修明礼乐，谋画经济，更有补习斋所未及者”（《李恕谷先生年谱序》）。程启也说李塨继习斋之后，致力实学，“大有造于当时后世者”（《恕谷先生年谱》卷五）。梁启超称颜李是启蒙派，“抱经世致用之观念”，致力经世之务，和当时专崇宋学“或为考证而考证，为经学而治经学”（梁启超《中国近三百年学术史》）的正统派截然不同。

李塨实学、实用、实效的教育思想，如同颜习斋一样，开辟了教育理论与教育实践的新方向，继往开来，蹊径独辟，他在中国古代教育史上的影响，确可远播千秋万代、异方远域。

第四节　理学和考据学派的教育经济思想

在当时，理学教育和考据学派对清前期的教育思想都产生了较大影响，而在教育的经济功用方面亦各有千秋，均有所建树。

一、理学教育中的教育经济思想

理学发端于北宋中期，到明末清初，已经传衍了六七百年，其间理学大师辈出，学派纷繁。但到了清前期，一方面由于理学末流空谈性命、不务实用而使理学教育理论面临被摈弃；另一方面，社会动荡以及其他学术思潮的兴起，对理学教育理论产生了直接的、巨大的冲击，在一定程度上抑制了理学教育理论的独立发展，但理学本身及其对教育实践的影响，却持久未衰，理学家诸如孙奇逢、陆世仪等，都在围绕理学探索构筑一种新的教育理论体系。值得注意的是，陆世仪、李颙无论是在教育内容，还是教育思想上，都使得理学教育有了较大发展，明确指出了教育的经济作用。

（一）陆世仪教育思想体系中对西方科技的开放态度具有近代启蒙意义，他的实学思想在明清之际影响了一代学人。

陆世仪（1611—1672），字道威，号刚斋，晚号桴亭，别署眉史氏，明末清初著名的理学家、文学家，被誉为江南大儒。明亡，隐居讲学。他一生为学不立门户，志存经世，博及天文、地理、河渠、兵法、封建、井田，无所不通。其理学以经世为特色，这既是对晚明理学空疏学风的批判，也是适应明清之际社会变革的需要。著有《思辨录辑要》《论学酬答》《性善图说》《淮云问答》及诗文杂著等 40 余种、100 余卷。

陆世仪理学宗程朱，反对王守仁的“致良知”。他说：“致良知，虽是直截，终不赅括，不如穷理稳当……天下事有可以不虑而知者，心性道德是也。有必待学而知者，名物度数是也。假如只天文一事，亦儒者所当知，然其星辰次舍，七政运行，必观书考图，然后明白，纯靠良知，致得去否？”（《清儒学案·桴亭学案》）他的学说以“居敬穷理”为本，着重内心修养，主张读书要讲求实用。认为除“六艺”外，天文、地理、河渠、兵法之类，都是安国兴邦不可缺少的有用知识。他认为朝廷用人要大破成格，不拘资地，他鼓励青年要有“体用具备，文武兼资”的才干，以救亡图强、振兴国家。

作为明遗士子，陆世仪不愿做清朝臣子，但作为儒士，他不能隐遁出世，置圣道于不顾，置时务、民生于不理。他说：“历观古今以来，大抵经时变革，一时贤者，不死于忠节，则归于隐遁，其或去而入于空释者，更多有之。盖君臣之义已定，改节易操，固无其事，而夙有抱负者，又不甘与齐民同老，其逃于禅说，而更为主张门庭，亦士君子不得志于时之所为也。”（《思辨录辑要》卷二十）康熙十年（1671）秋，“大中丞马公（即马祜，字伯瞻，满族人），闻君贤，聘为公子师，间咨以江南利病”（陈瑚《尊道先生陆君行状》），陆世仪并未推辞。每逢改朝换代，忠臣节士便将“不事二君”作为最高信条，但在陆世仪看来，明朝虽亡，天下还在。朱氏皇室被推翻了，但百姓仍在生活。清朝统治者并非汉族，作为明遗士子，上可以不致君，但下不可以不济民。他一生虽无官无爵，但终身忧国忧民。由此可见，儒家的入世精神和陆世仪的务实思想中，均凝聚着古代志士仁人的高贵品格。陆世仪认为，“道乃天下后世公共之物，不以兴废存亡而有异也”（《思辨录辑要》卷二十），世界也是“公共之物”，儒士岂可因朝代兴替而弃之不顾！他认为以死抱忠、隐遁空门的结果则是“圣道自此日晦，世界自此日坏矣”。所以，陆世仪既“以道自任”，又关心天下时弊，他把“理学”与“经济”统一起来，由理论引入实践。他既有天理性命的修养，又有人伦日用的实用；他既有千古天下的宏论，又有乡邑民生的探讨。总之，他在有关社会批判与改造方面的论述，体现了他在明清之际实学思潮下注重经世致用的思想特征。

陆世仪不仅对“理气观”、“知行观”、“人性论”、动静之学等传统理学命题有深刻的研究和体悟，而且对关系到国计民生的农田、水利、军事等经世之学也有广泛的研究和实践。

第一，实践农耕技术，躬行农事，“以验农田水利之学”。陆世仪年轻时身体孱弱，又久居城中，未习农田之事。顺治二年（1645），南明弘光政权覆灭，陆世仪仅存的复国之望破灭。这年年底，由于“教授不行，养生之道几废”，“躬耕自给”的念头在陆世仪心中便油然而生。他在“廿三都”（江苏太仓附近）本有“薄田二十亩”，出于学“古人省耕省敛之方”和自己从前体弱“不习农事”，而今“欲涉猎其事，以验农田水利之学”的考虑，遂于明亡第三年，“出工本，买牛具”，亲自到田里与佃农一起耕作。他的这次行动，实践了农书中的主要种植理论，并写下了长篇论文，即《思辨录辑要》中的“修齐类”数卷。

陆世仪常常访求乡民，把农书中的耕作方法向农民介绍，以求推广，在《思辨录辑要》中，他记录了“遍商”农夫和自己体验所得到的关于“区田法”“代田法”“撮谷法”等研究结果，并提出了自己认为在当时、当地合适的种植法。

陆世仪还研究了各种农具。他见江南没有耙、耖、耧，便加以提倡，介绍了方耙、人字耙、耪耖、推铲及华北耧车、华中秧马、江浙耘瓜等当时太仓一带还没有的便农工具。这是当时许多学者所不及的，足见陆世仪的学用结合、关心民生、切于用世。

第二，钻研水利之学并用于实际。与重视农田相关，陆世仪也注重研究水利问题。他说：“水利与农田相表里，故善治水者以水为利，不善治水者以水为害。”（《思辨录辑要》卷五）使水害变为水利，就必须了解治水的规律。他说：“水利只是蓄泄二字，高田用蓄，水田用泄；旱年用蓄，水年用泄，其所以蓄泄之法只在坝闸。知此数语，水利之道思过半矣。”（《思辨录辑要》卷五）他又指出：“凡诸水之泛溢，皆从山水来。山水之暴发皆从霪雨来，盖雨下诸山水悉入太湖，仓卒不能归海，则泛溢田间为大害。治之者不过欲安其流入海而已。安流入海大是难事……欲同江南七郡同心并力，开河筑圩，置坝建闸，必使江高于海、浦高于江，水由地中节节有制。”（《思辨录辑要》卷五）水利问题在江南，特别是陆氏家乡十分突出。太仓地区因娄江之塞，常有水害，其影响遍及苏、松、常、杭、嘉、湖六地。因娄江河塞问题严重，他详细研究开河中的各种具体施工计算，尤注重算土、派工、算方。陆世仪认真学习治水方法，并且在实践中认真验证，取得了很好的效果。

第三，习武并研究兵阵。23 岁这一年（崇祯六年）是陆世仪前期生活的转折点，这时其思想发生了两点明显的变化：一是注重“习武”，以求实用；二是加强修养，意在明体。明崇祯六年（1633），陆世仪“延陈确庵于家”，“两人知不久将乱，又见天下人才落落，颇自负，欲为盖世奇男子而后快”（陈瑚《尊道先生陆君行状》）。二人便一边读书作文，切磋学业，一边讨论天下事，设计未来。他们拜“娄东”石敬岩为师，弓刀之艺，无所不学。陆世仪自称“问技三年”，“三年中颇得其术”（《桴亭先生文集·石敬岩传》），近代以来，在太仓一带就流传着“陆桴亭先生梨花枪法冠天下”的说法。其间陆世仪不仅学得武艺，而且开始研究阵法，并兴趣渐浓。此时“中原丧乱”，百姓涂炭，一种救危济难的神圣使命和责任感，使陆世仪由舞剑弄枪转到专研兵阵、督将率兵方面。由于阵法可使“勇者不得独进，怯者不得独退”，能充分发挥群体力量的优势，故世仪“尤好言阵法”（陈瑚《尊道先生陆君行状》）。他研究了前人各家阵法，著成《八阵发明》。他的《八阵发明》对“诸家原图说”加以解释，体现了他个人的阵法攻守思想。陆世仪也重视兵器研究，他对火炮在当时的发展十分注意。他说：“火器之害烈矣，历代之炮不过以机发石，然至元人之襄阳炮则已前无坚城。若夫近代之火器，则始于交趾而弥甚于西洋。西洋之器其大者能摧数仞之城，能击数十里之远，当之者无不糜烂。自有此器而守者不可以为守，战者不可为战矣。”（《思辨录辑要》卷十七）

陆世仪以他的远见卓识和儒学士子的责任感及良知意识到，火炮特别是西洋炮的发展，已经给中国传统攻战防守体系带来了危机，所以他研究兵器，还曾设计战车。他说：“愚尝欲创为战车，状如拒马，下施两轮，欲战则为拒马，欲守则以步兵团牌挂搭成车，似为轻利。”（《思辨录辑要》卷十七）此外，他对弩、铳以及攻守城法也有所研究。他曾说：“教阵先教队，教队先教器，虽一技之微，儒者亦不可不学，学而后知其用，而后可以教士，可以制队。……儒者欲存心兵学，慎勿以一技为可忽，虽不能行之，亦务为知之。”（《思辨录辑要》卷十七）陆世仪把兵学作为儒者必不可少的世用学问。他对儒者之学的这种理解并不同于古典儒家“游于艺”的“六艺”之学，从内容上更加表现出经世致用的实质。

陆世仪认为，科学方面的知识不同于心性道德方面的知识，其认知方法也不相同，儒者应当学习科学知识，研究科学。与此同时，陆世仪还从经世致用的角度，论述学习科学的重要性。他说：“今人所当学者，正不止‘六艺’。如天文、地理、河渠、兵法之类，皆切于世用，不可不讲，俗儒不知内圣外王之学，徒高谈性命，无补于世，此当世所以来迂拙之诮也。”（《清儒学案·桴亭学案》）由此，陆世仪提出了一系列的教育改革思想。

陆世仪的教育思想，以“人处天地之间，无不学而成其能者”（《思辨录辑要》卷一）为依据，肯定教育对培养人才的重要作用，同时强调学校教育要与社会实际需要相结合。他认为教育应该“切于世用”，他针对当时学校教育的弊端，提出了一整套有关教材设置、教学内容、教法实施的改革建议。

陆世仪认为，在5至15岁的小学阶段应实施诵读之法。“小学之设，是教人由之；大学之教，乃使知之。”（《思辨录辑要》卷一）即对于刚入学的五六岁幼童，只需教他们做什么就行了，没有必要让他们知道为何这样做。他说：“凡人，有记性，有悟性。自十五以来，物欲未染，知识未开，则多记性，少悟性。自十五以后，知识既开，物欲渐染，则多悟性，少记性。故人凡有所当读书，皆当自十五以前，使之熟读。不但四书五经，即如天文、地理、史学、算学之类，皆有歌诀，皆须熟读。若年稍长，不惟不肯诵读，且不能诵读矣。今人村塾中开蒙，多教子弟念诗句，直是无谓。”（《思辨录辑要》卷一）在孩子们“记性”强的时候，师长就应该努力使学生多记有用的东西。“不但四书五经，即如天文、地理、史学、算学之类”“切于世用”的科目，都应编成顺口的“歌诀”，让孩子们背诵。陆世仪对那些庸师不珍惜孩子们具有较强记忆力的年龄段，只是整天“教子弟诵诗句”的误人行为，表示愤慨。

陆世仪教育思想中最重要的方面，是他对“国学”的改革主张。他认为，教育的终极目的是培养对国家有用的人才，而“国学”是实现这一目的的最后环节。他说：“学校之制，其在乡学不过读书识字、歌诗习礼而已。至于国学，决当仿安定湖学教法而更损益之。”（《思辨录辑要》卷二十）他根据时代要求，增加了新的教学内容。他说：“如经义则当分为《易》《诗》《书》《礼》《春秋》诸科，治事则宜分为天文、地理、河渠、兵法诸科，各聘请专家名士以为之长。”（《清儒学案·桴亭学案》）这表明他反对以前作八股的教育内容，建议“今人所当学者，正不止‘六艺’。如天文、地理、河渠、兵法之类，皆切于世用，不可不讲”。

他从教育要“切于世用”的立场出发，强调学校要开设“六艺”之科，还要增设“天文、地理、河渠、兵法”等科。他尤其指出，无论“经义”还是“治事”，都应该聘请各科目学有所长的“专家名士”，以改变当时“学校设官”而“教授、训导之类，徒立虚名”（《思辨录辑要》卷二十）的局面。陆世仪反对空讲学与讲空学，指出“天下无讲学之人，此世道之衰；天下皆讲学之人，亦世道之衰也”（《思辨录辑要》卷一）。所以，他要求把“躬行”“实行”引入教育内容，把学校教育与社会功业直接联系起来，对汉唐以来儒家的传统教育体制做进一步的改革完善。

有学者指出，他所主张的学校制度，已接近现代学校制度，这不仅是道德教育，也不仅限于经义教育，还兼有科学教育，即包括天文、地理、水利、兵法；小学亦不仅是识字教育，还有歌诗习礼。陆世仪不仅将“切于世用”的新内容纳入传统学校的教育体制，而且还要求学校为社会培养出“明体达用之士”。为此，他拟订了一个三十年成就人才的“读书法”，提出了从乡学到国学、从小学到太学的三十年一整套的教育教材，书目涉及之广是前所未有的。其中列举了许多必读书目，并主张“力能兼者兼之，力不能兼，则略其涉猎而专其讲贯。又不然，则去其诗文，其于经济中，或专习一家，其余则断断在所必读，庶学者俱为有体有用之士”（《思辨录辑要》卷四）。

这些观点体现出他的办学宗旨，他认为学校教育不是“帖括”之徒的培养场所，让学子科考入仕也不是办学的唯一目标，学校的真正目标是为国家和社会培养出各个方面的有用人才，而“有用人才”的标准则是“有体有用”，即既有道德心性的修养，又有经世致用的本领。陆世仪还对新传入的西方自然科学知识抱着欢迎的态度，并以实事求是的精神，把它同中国的自然科学知识加以对比，指出其长短优劣之所在，而不因为它是“泰西之学”便盲目地排斥。

陆世仪把当时最新的西学科技成果引入教学中，他说：“西学有几何用法，《崇祯历书》中有之，盖详论勾股之法也。勾股法《九章》算中有之，然未若西学之精。”（《思辨录辑要》卷十五）同时，他还肯定西方天文学“近理”，说“西学绝不言占验，其说以为日月之食，五维之行，皆有常道、常度，岂可据以为吉凶，此殊近理”（《思辨录辑要》卷十四）。又说：“天文图，盖天不如浑天，人知之矣。然浑天旧图，亦渐与天不相似。惟西图为精密，不可以其为异国而忽之也。”（《思辨录辑要》卷十四）他认为，中国应该不断吸收外来文化中有用的东西，他对中西科学的评判反映出他实事求是的求知态度。

陆世仪的实学思想，在明清之际影响了一代学人。由于陆世仪思想体系中对西方科技持开放态度，具有近代启蒙意义，因此，他被认为是对中国思想进程有重大影响的思想家之一。杨向奎先生对陆世仪的教育思想有这样的评价：“他所主张的学校制度，已接近近代规模，这不仅是道德教育，也不仅限于经义教育，而兼有科学教育，天文、地理、水利、兵法都是，而小学亦不仅是识字教育，还有诗歌习礼。这比颜习斋的教育思想还要完备。如果见诸实行，中国近代科学的发展会早若干年。”（《清儒学案新编》第一卷）

（二）李颙强调教育对个人、对社会发展所具有的价值作用，把自然、科技书目列为教材，体现了他的“适用”之学以经世致用为指归。

这一时期，李颙的教育思想比较突出，他的教育主张大体糅合了朱、陆诸派的思想，其中在教育内容上强调“适用”一类，在教育经济思想方面有许多独到见解。

李颙（1627—1705），字中孚，号二曲。明清之际哲学家。家贫，借书苦学，遍读经史诸子以及释道之书。曾讲学江南，门徒甚众，后主讲关中书院。与孙奇逢、黄宗羲并称海内三大鸿儒。清廷屡以博学鸿词征召，李颙以绝食坚拒得免。为学主张兼采朱熹、陆九渊两派，以为“朱之教人，循循有序”，“中正平实，极便初学”；“陆之教人，一洗支离锢蔽之陋，在儒者中最为儆切”（《二曲集》卷四）。著有《四书反身录》《二曲集》等。

李颙在清初进步学者经世致用思想影响下，积极反思理学，他曾写出《匡时要务》，著有《帝学宏纲》《时务急策》等书。他对张横渠、吕泾野、冯少墟等关学先辈“注重实践”“学贵于用”的治学精神尤为赞颂。他以倡明关学为己任，对张载关学提出的“为天地立心，为生民立命，为往圣继绝学，为万世开太平”的“四为”远大理想，给予极高评价：“志不如此，便不成志；学不如此，便不成学；做人不如此，便不成人。”但在清朝实行思想禁锢和文字狱的文化政策面前，他却一筹莫展，思想逐渐抑郁苦闷起来。于是，他又在宋明理学中寻找出路，卧床养病中，通过对理学的反思，他幡然醒悟，提出“悔过自新说，使学而有用，必先明学术，醒人心。学术不明，则人心不正，否则便是舍本求末”。他专心研究濂、洛、关、闽之学，并与眉县李柏多次探讨朱学和王学。李颙 40 岁以后，把全部精力放在讲学活动中，试图用教育解决当时的社会矛盾，“关中士子翕然师之”，前来向他求学问教的不仅有学者士人，也有不少农、工、商、贾。他的得意门生遍及关中各地，著名的有户县王心敬、同州白焕彩、富平惠思诚等。李颙讲学的稿子和学术问答，被其弟子辑成《二曲集》广为传播，使传统的关学又得以复盛。

李颙的教育经济思想，主要体现在强调教育对个人、对社会发展所具有的价值上，这也一直是理学教育理论的一个重要论题。李颙重视实学，提倡“明体适用”。他同顾炎武反复辩论“体用”问题，提出“明道存心以为体，经世宰物以为用”（《二曲集·答顾宁人先生》）的见解，将“格物致知”的“物”扩充到“礼乐兵刑、赋役农屯”，以至“泰西水法”等实用学问。他力主自由讲学，与清廷钳制思想的政策相对立，这些在《二曲集》中都留下了不少探讨，同时也有许多新的教育思想和主张。

李颙主张“明心、体理、修身”实乃“明体适用”之学，在于“治乱世”“醒民心”。李颙用了大量篇幅阐述为学的目的和作用。他在《两庠汇语》中指出：“教化必自学校始，未有教化不行于学校而可以言教化者也。然教化不在空谈义理，惟在明此心，体此理。”古今心、理同一，然为学的目的与性质则有根本区别，一种是“为己”之学，一种是“为人”之学。所谓“为人”之学，“不但趋名趋利，为圣贤所弃，即聪明才辩，无一可恃”。而“为己之学，不过明此心，体此理，修此身。心未发之前要涵养。既发之后省察，总不外日用常行。纲常伦理间，随时随处体认而已”（《二曲集·两庠汇语》）。李颙认为，为学就要以“为己”为目的，以修己而治人。因为人生在世，“立身要有德业，用世要有功业”。既要明白“为己之学”，就应当知道学术真伪之辨。《二曲集》批评后世学术不明，教化陵夷，“父兄之所督，师友之所导，当事之所鼓舞，子弟之所习尚，举不越乎词章名利，此外茫不知学校为何设，读书为何事”。学术不明，使“为人之学”以学术杀天下后世；而为己之学“日晦”，人心不正，“治化不兴”。所以，李颙认为“为今日计，惟在明学术。学术明则人才兴。人才兴，则风俗正而治化翔洽矣”（《二曲集·常州府武进县两庠汇语》）。讲明学术，目的在于治乱。而“天下之治乱，由人心之邪正；人心之邪正，由学术之明晦，学术之明晦，由当事之好尚”（《二曲集·匡时要务》）。在这里，李颙将学术之明正与否，归咎于统治者对学术的提倡与否，指出近世统治者所“加意”的不过是“会课、改文、供馔、给赏而已”。

有鉴于此，李颙在《匡时要务》中指出：“夫天下之大根本，莫过于人心；天下之大肯綮，莫过于提醒天下之人心。然欲醒人心，惟在明学术。此在今日，为匡时第一要务。”这是他针对当时社会时弊所提出的观点。在他看来，当时“学术之晦至是而极矣，人心陷溺之深至今日而不忍言矣”。因此，必须加强教化，对其讲明道德人伦、父子、君臣之义，提醒其廉洁奉公、爱国忠君之心。《二曲集》所要阐明的学术是什么呢？或者说要以什么学术来“提醒天下之人心”呢？这就是所谓的“明体适用之学”。

李颙在《盩厔答问》一文中指出：“能经纶万物而参天地，谓之儒；务经纶之业而与天地参，谓之学。”“儒者之学，明体适用之学也。”具体来说，“其实道学即儒学”，“穷理致知，反之于内，则识心悟性，实修实证；达之于外，则开物成务，康济群生。夫是之谓明体适用。”

他在《富平答问》一文中也指出："'六经''四书'，儒者明体适用之学也。"然而，读"六经""四书"能否达到"明体适用"的目的，这就要看读书的目的与方法。如果读书不求明体适用，研究虽深，论著虽富，不过是夸精斗巧、炫耀流俗而已。又如支离于繁说，埋没于训诂，"实厄于俗学之口耳"。这种为学目的与方法是不能达到"明体适用"目的的。读"六经""四书"而不能明体适用，是因在方法上追求了"杂"。何谓"杂"呢？即"叩之而不竭，测之而益深。见闻虽富，致远则乖，此杂学也"。凡为杂学者，役有用之精神，亲无用之琐务，"内不足以明道存心，外不足以经世宰物，亦只见其徒劳而已矣"。这些学问方法都不能明体适用，那么正确的方法又在何处？

李颙认为，为学能否以"明体适用"为根本，关系到儒学的明晦。"儒学明晦，不止系士风盛衰，实关系生民休戚，世运否泰。儒学明，则士之所习者，明体适用之正业，处也有守，出也有为，生民蒙其利济，而世运宁有不泰？儒学晦，则士之所攻者，辞章记诵之末技，处也无守，出也无为，生民毫无所赖，而世运宁有不否？"由此可见，《二曲集》所论述的"明心、体理、修身"之学，乃所谓"明体适用"之学，其作用与意义在于"治乱世""醒民心"。

李颙提倡明体适用、真体真用，提倡学以经世宰物、集会结社，主张以经世致用为读书目的。李颙在《答顾宁人先生》论学书中，与顾炎武反复辩论"体用"问题，指出："明道存心以为体，经世宰物以为用，则体为真体，用为实用。"他说："明体而不适用，便是腐儒；适用而不明体，便是霸儒。"（《二曲集·四书反身录》）又说："明体适用之正业，处也有守，出也有为，生民蒙其利济，而世运宁有不泰？"并强调："道不虚谈，学贵实效，学而不足以开物成务，康济时艰，真拥衾之妇女耳。亦可羞已！"李颙的"明体适用"成为一家之言、闻名海内，是宋明理学家所没有的。

为了阐明他的这一重要思想，李颙在《体用全学》中，将学术分为"明体类"和"适用类"。属于明体类的学术有《象山集》《阳明集》《龙溪集》《近溪集》《慈湖集》《白沙集》，以为这是"明体中之明体也"。此外还有《二程全书》《朱子语类大全》《朱子文集大全》《吴康斋集》《读书录》《胡敬斋集》《困知记》《语录》《冯少墟集》等，这些是"明体之功夫也"。李颙指出："自象山以至慈湖之书，阐明心性，和盘倾出，熟读之，则可以洞斯道之大源。夫然后日阅程朱诸录，康斋、敬轩等集，以尽下学之功，收摄保任，由工夫以合本体，由现在以全源头。下学上达，内外本末，一以贯之，始成实际。”除上述著作外，还有《邹东廓集》《王心斋集》《钱绪山集》《薛中离集》《耿天台集》《吕氏呻吟语》《辛复元集》《魏庄渠集》《周海门集》，也可以作为参考教材。

“适用类”的著作有《大学衍义》《大学衍义补》《文献通考》《吕氏实政录》《衡门芹》与《经世石画》《经世挈要》《武备志》《经世八编》《资治通鉴纲目大全》《大明会典》《历代名臣奏议》《律令》《农政全书》《水利全书》《泰西水法》《地理险要》等。他指出：“以上数种，咸经济所关，宜一一潜心。”

从所列主要思想学术著作来看，李颙所主张的“明体适用”之学，其所谓“明体”，即指道德心性的修养——弄通理论问题，要精心研习程朱、陆王的理学与心学，取舍其间，明道存心；其所谓“适用”，则指治国平天下及其有关的政治、军事、律令、农田、水利、地理等的应用，要求学会经济实学如礼、乐、兵、刑、赋役、农屯，乃至外国水法，等等，并且必须紧密联系实际，须臾不可分离。

在每部书之后，李颙都写了按语，指出每部书的性质和意义，在“明体”或“适用”方面占有怎样的地位。这些反映了李颙的学术价值取向，最明显的是他把陆九渊、王守仁等人的著作看成“明体中之明体”，而把“二程”、朱熹等人的著作，只看成“明体中之功夫”，这反映了他倾心于心学。既要明道存心，又要经世宰物，则辨析古今疑误字句、考据训诂，或求于口耳见闻之间，只是求末。由此可见，李颙虽大谈道学心性修养，但他却是以实用为指归的。

在“适用类”方面，他把《经世挈要》《武备志》《农政全书》《水利全书》《泰西水法》《地理险要》等书列入教材范围，这表明他对实际学问确实关心。如《经世挈要》一书，其内容涉及屯田、水利、盐政，以及国计、选将、练兵、车制、火攻等。《武备志》的内容包括古今战阵以及用兵之法，其中《孙子》《吴子》《纪效新书》《练兵实纪》都是古代兵家的经典著作。而《农政全书》《泰西水法》等都是当时的科技新书，他把这些列入教材，表明他的“适用”之学是以经世致用为指归的。

《二曲集》虽成书于清初，但当时的清朝统治者却极力推崇程朱理学，而猛烈攻击阳明心学，学者也多贬低阳明心学。在这种情况下，李颙却认为阳明心学和程朱理学正是“明体适用之学”。《富平答问》指出，后世学者都以为朱、王之学水火不相容，这是相当错误的。阳明心学有“明体”的作用，而程朱理学有“适用”的意义。故“必也，以致良知明本体，以主敬穷理、存养省察为功夫。由一念之微致慎，从视听言动加修，庶内外兼尽，姚江、考亭之旨不偏废，下学上达，一以贯之矣。”只有这样，才能“明体适用”。

由此可以看出，李颙是一个理学家，大多数时候强调要通过提高人的道德修养来维持天下治平，但他作为一个经历了朝代更替、处于实学思潮兴起时代的人，其思想不可能不受到时代的影响。他在教学内容上强调对屯田、水利、兵政等极具实用特征的课程的教学，当亦是他思想所受影响的具体体现。

二、考据学派的教育经济思想

清代乾隆、嘉庆时期，思想学术领域以考据为主要治学方式的学术流派——“乾嘉学派”逐渐发展成熟。因为此一时期的学术研究，采用了汉代儒生训诂、考订的治学方法，与着重于理气心性抽象议论的宋明理学有所不同，所以有“汉学”之称。又因此学派的文风朴实简洁，重证据罗列而少理论发挥，因而有“朴学”“考据学”之称。

一般认为，考据学派是清朝统治者实行残酷镇压和笼络控制知识分子政策的产物。雍正、乾隆时期，清朝的统治相对稳定，对文人则采取了严酷的统治政策。尤其是乾隆时期，屡次禁毁书籍，大兴文字狱。当时的文人学士不仅不敢抒发己见、议论时政，即使是诗文奏章中有一言一名的疏失，也有招致杀身灭族惨祸的危险，于是他们把时间和精力用在古代典籍的整理上，寻章摘句，逃避现实。乾隆皇帝即位后，大力提倡经学考据，一些达官贵人如阮元、毕沅等，也倡导经学。

考据，作为治学的一种内容和方法，各代都存在。但时至清代初期方有学者专业从事考据，把学术全部纳入考据的轨道，甚至在考据和学问之间划一等号。乾嘉时期学人从反对宋明理学好发空论、言之无物的弊病，走上在书本中寻找疑难问题进行考据的务实道路。在思想发展史上，他们建树不大，但在学术研究方面，却有一定的造诣和贡献。考据学派分为吴、皖两大派，吴派以惠栋为代表，其特点是崇古崇汉，最终走上脱离现实为考据而考据的道路。皖派以戴震为代表，其特点是不盲目崇古，主张为学有根有据，所谓“实事求是，不偏重一家”，它既不同于旧汉学，又与宋学彻底分离，建立了新汉学的思想体系。从考据的求真求是之实学而言，皖派的影响在吴派之上。

（一）戴震汲取自然科学发展成果，提倡实用科学以补宋儒教育之空疏，被誉为中国近代科学界的先驱者。

戴震（1724—1777），一字东原，又字慎修，号杲溪，清代著名语言文字学家、哲学家、思想家。乾隆二十七年（1762）举人，乾隆三十八年（1773）被召为《四库全书》纂修官。乾隆四十年（1775）第六次会试下第，因学术成就显著，特命参加殿试，赐同进士出身。戴震治学广博，音韵、文字、历算、地理无不精通，又进而阐明义理，对理学家“去人欲，存天理”之说有所抨击。其视个体为真实、批判程朱理学的思想，对晚清以来的学术思潮产生了深远影响。戴震努力钻研并教授自然科学，提倡实用之学，强调学习实用科学要与人事相结合，为生产服务，把教育、科学和经济社会发展有机地结合在一起，这一思想适应了当时资本主义生产关系的萌芽。梁启超称其为“前清学者第一人”，胡适称其为中国近代科学界的先驱。

戴震作为皖派的代表，在教育和教学理论方面有独到见解。戴震少时因家贫，曾随父亲走南闯北经商，广泛接触社会生活，见多识广，从小就养成了独立思考、追本穷源的思维习惯。其一生的学术成就，也得益于他敢于怀疑、敢于批判的学术品格。戴震22岁写成《策算》，23岁写成《六书论》，24岁写成《考工记图》，25岁写成《转语》，27岁写成《尔雅文字考》……可谓天资聪颖，著述繁富。他一生汲汲于科举考试，但屡遭败绩，将近40岁才考取举人，50岁被召为《四库全书》纂修官，52岁才得到乾隆皇帝特别开恩，赐同进士出身，两年后逝世。他的生活经历和所处时代的政治经济影响，使他汲取了当时市民阶层的思想因素和自然科学发展的一些成果，并继承了先辈的思想，上承荀子，下接颜李，尤其是在反对程朱理学和理学教育思想上，完成了前人所未完成的任务，把反理学教育推向了一个新阶段，对后来的民主主义和唯物主义教育思想的发展产生了深远影响。

在学术研究中，戴震首先是以乾嘉考据学大师著称于世。但与清代中叶其他经师钻故纸堆不同的是，戴震从事考据学的出发点在于有意识地继承并发扬顾炎武以来的学术传统，他提出过“由故训以明义理”“执义理而后能考核”的学术思想，既反对程朱理学空谈义理的虚玄无物，又反对乾嘉考据的矫枉过正。他说：“凡学始乎离词，中乎辨言，终乎闻道。”（《沈学士文集序》）在戴震看来，故训明物，乃是明道之具，两者是不能分开的。他说：“夫今人读书……文字之鲜能通，妄谓通其语言；语言之鲜能通，妄谓通其心志。”（《题惠定宇先生授经图》）戴震的意思是，义理、考据、文章（词章）同为学问之途，“义理即考核、文章二者之源”（《与方希原书》），义理是最为重要的，考据、词章只不过是通向义理的手段，这是戴震的考据学具有与众不同性质的直接原因。

戴震生活在雍、乾两朝，这是中国商品经济和商业城市经济经过破坏又逐渐恢复和发展的时代，又是统治阶级掠夺压制工商业、严重阻碍中国封建生产方式向资本主义生产方式转变的时代。戴震对清朝黑暗统治进行抨击，提出了“体民情，遂民欲”的要求，这在很大程度上适应了当时在资本主义生产关系萌芽基础上发展起来的市民运动，反映了工商业市民的要求。戴震提倡实用，以补宋儒教育之空疏。戴震为了弄通经文，除研究音韵、文字、名物、制度以外，对于天文、数学、地理、水利、工程等自然科学，皆有精湛造诣。他汲取了当时自然科学发展的成果，并写了许多有创见的著作，如“其测算之书，有《原象》四篇，《迎日推策记》一篇，《勾股割圆记》三篇，《续天文略》三卷……发古人所未发者”（凌廷堪《戴东原先生事略状》）。而且他认为这些科学，“儒者不宜忽置不讲”。所以，戴震不仅是当时的考据学家、经学家，同时还是当时的科学家。戴震研究经学，提倡经学教育，其目的是以经学代替理学；而努力钻研并教授自然科学，在于提倡实用之学，以补救宋明理学教育的空虚。

戴震所说的“实学”，指的就是实用的学问、实用的科学，其中包括考据训诂和自然科学。他研究自然科学，最初的出发点及用心，是会通诸经。他认为，“至若经之难明，尚有若干事”，诸如天文、算学、舆地之类，“不知恒星七政所以运行，则掩卷不能卒业”，“不知古今地名沿革，则禹贡、职方失其处所”，“不知少广旁要，则考工之器不能因文而推其制”，“不知鸟兽虫鱼草木之状类名号，则比兴之意乖”（《戴东原文集·与是仲明论学书》）。戴震认为，自然科学知识是明经所不可缺少的学问，若没有自然科学知识，则经典上所讲的东西，是无法精审识断的。因此，治经教经者，不得不学，不可不讲。于是，他在教学内容中，常常把天文、数学、地理、工艺等作为治经、教经的大端，列为学生必学的科目。他还常以经师的资格鼓励学生学习这些自然科学，一反一般士大夫专门从圣贤经传中去探讨生活的学风。他的弟子中，也有不少从事自然科学方面的研究。戴震从中年开始，对天文、数学就“悉心探索”，学不厌倦。他在天文方面很有研究，留下了许多有价值的著作，如《原象》《历问》《古历考》《策算》《勾股割圆记》《续天文略》等。戴震提倡学习、研究实用科学，是要求与人事相结合、为生产服务的。如他为整理《夏侯阳算经》写的跋中说：“学习研究天文绝非‘妄语机祥’，而是掌握‘日月星运行有常’，然后‘施之于用’，‘用知时节，而趋耕作’，以‘示农事女工勿怠缓也’。”（《戴东原文集·续天文略序》）。在戴震的教育思想中，可以说他把教育、科学、经济社会发展有机地联系在了一起，他一生中编了许多地方志，如《直隶河渠书》，后人称此书为“有用之书，为国家水利农田利泽无疆之助”（《戴东原先生年谱》），这些都有为生产服务的作用。

戴震认为，教育的任务、教育的目的是要求得万物之“理”，只有获得这种“理”，才是“智”。他说：“条理得于心，其心渊然而条理，是为智。”这才是科学的教育，才是发展智能的教育。人们智力的发展，首先是通过传授和掌握知识体系的过程来实现的。戴震在这里所谈的“理”或者“条理”，就是关于科学的知识，“理”的传授和掌握的过程，也就是智力发展的过程。戴震的这一观点，是符合科学的认识论和教学论的，这在中国古代教育发展史上，也是一种很难得的见解。我们从戴震的著作和教育活动中也可以看出，他不限于治经教经，而是突破了经的范围，研究经以外有关外界事物的知识和其他独立的科学门类。他的这些科学理论体系的提出，反映了当时资本主义生产关系萌芽和市民阶级兴起的需求，也反映了明中叶到清代西方自然科学知识输入的影响。

戴震对于教育问题本身没有像王夫之、颜元那样有比较缜密的系统见解，对于教与学的问题也不曾提出多少具体意见，但是，他所提出来的见解，却是富有创造性的。他一生从事学术，为清代学术中坚；一生从事教学，积累了丰富的教学经验；在他的思想中已蕴含着新的时代新的教育要求的思想开端，这是非常可贵的。他的教育思想是带有唯物主义色彩的，虽不能完全摆脱旧约束，而且是在儒家的封建道德内立言，但他却在新的解释之中，抛弃了他认为旧的、错误的东西，初步表现出了一些新的思考方向，足以反映出当时理学教育思想已在没落途中，反映出一个新时代的教育趋向，从他的教育思想中，可以看到明清之际早期启蒙教育家的积极意义。

（二）阮元倡导学习自然科学知识，并在修水利、建炮台、著《浙江图考》时亲履其地进行实践，对传统文化向近代文化过渡的教育改革产生了很大的影响。

阮元（1764—1849），字伯元，号云台、雷塘庵主，晚号怡性老人。乾隆五十四年（1789）进士，先后任礼部、兵部、户部、工部侍郎，山东、浙江学政，浙江、江西、河南巡抚及漕运总督、湖广总督、两广总督、云贵总督等职。历乾隆、嘉庆、道光三朝，体仁阁大学士，太傅，谥号文达。他是著作家、刊刻家、思想家，在经史、数学、天文历算、舆地、编纂、金石、校勘等方面都有着非常高的造诣，被尊为三朝阁老、九省疆臣、一代文宗。

阮元是考据学派的另一位代表人物，他作为乾、嘉、道“三朝阁老”“九省疆臣”，又是乾嘉学派中著名的大学者和大教育家，作为过渡时期的重要人物，他的思想和活动，不仅对中国封建社会末期的教育发展起过重要作用，而且对我国近代教育的发展也产生了一定的影响。阮元认为，教育必须起到“育之以成其材，教之以端其术”（《嘉庆四年己未科会试录后序》），让人顺着一定的轨道发展的作用。针对当时一切围绕着科举功名转的腐败教育和空谈性命、讳言功利的理学教育，他提出了新的培养目标。在他看来，当时一般书院、官学教育培养出来的大多数人才，只可称之为陋儒，“惟习词章，攻八比是务”。这些人没有学术根底，只能应付科举考试的需要。即使有少量有学问的学者，也难逃空谈性命、不务实学、流于空疏和“守一先生之言而不能变通”的藩篱。受明清之际启蒙学者经世致用思潮的影响，他十分欣赏像顾炎武那样能“留心经世之务”的学者，认为他们“精力过人，志趣远大”，“世之习科条而无学术，守章句而无经世之具者，皆未足与于此也”（《研经室三集·顾亭林先生肇域志跋》）。他特别强调要培养出一批能“所行事功及于家国”、学仕结合、“博学有耻”、有经世之举的人才来。阮元说，“天下国家以立政行事为主”（《研经室一集·大学格物说》），故学者学习的目的之一，就应是“其所以为学者，即其所以为政”。他不仅在思想认识上，而且在实践中努力去做到“本经术之学，展经济之用”，并且使他的学生也受其影响，颇能研究一些与经世济民有关的课题。阮元在浙江任巡抚时，曾与学生张鉴等一起用心研究过海运问题，提出了一些可行的方案。后来张鉴著《海运刍言》，提到“凡料浅占风之法，定盘望星之规，放洋泊舟之处，考之甚悉。……道光四年，河决高家堰，漕运阻，英和遂奏行海运，多采用鉴说”(《清史稿·张鉴传》)。这充分说明，阮元在培养经世人才方面，是颇有成效的。

但是，阮元并不满足于培养一般的能通经致用、好古敏求、束身践行的学者，他理想中的培养目标是“笃信好古，实事求是，汇通前圣微言大义而涉其藩篱”(《传经图记》)“博学有文，行己有耻”的通儒，这种通儒的最大特点是“通天地人之道”(《研经室三集·里堂学算记序》)，在理论上有重大突破和创新，这在他对教学内容的论述中表达得很明确。阮元和当时许多教育家一样，坚持经史是学问根本的观点，强调“欲论经济，舍经史未由也”(《京师慈善寺西新立顾亭林先生祠堂记》)。所以，他在日常的教学活动中，十分重视将“稽古之学”与“政事之学”结合起来进行传授，不光讲“经史、仓雅、星纬、金石、考订、文艺之学”，而且也讲“兵刑漕河诸经济之学”(《颐道堂诗选序》)。阮元在开办学海堂时称，“此堂专勉实学”，他所称的实学排除了科举之学，在某种程度上把理学也拒之门外。除了上面所讲的经史、稽古、政事、文艺等，实学的一项重要内容便是自然科学。重视自然科学知识的传授和研究，是阮元教学内容的一个显著特点。这既是当时整个社会政治、经济、学术思想影响下的产物，也是阮元本人寻求经世济民之学、发扬实事求是学风、锐意改革、顺应时代发展趋势的表现。

明末清初，西学东渐，西方的一些自然科学知识由传教士带入中国，在朝野引起极大的反响。清朝虽自雍正以后闭关锁国，中西文化交流陷于停顿，但是西方先进的自然科学知识和实验方法，却在学术界引起了强烈的震动和积极的思索。此外，由于考据学的兴起，人们也开始重视对我国古代天文算学著作的研究和整理，并将自然科学作为研究经学的工具和辅助知识。乾隆开四库馆后，经戴震等的发掘和编辑，一些久已散佚的古代自然科学著作重见天日，把人们在西学冲击下对自然科学的研究推向一个新阶段。阮元撰写的《畴人传·戴震传论》云：“庶常以天文、舆地、声韵、训诂数大端，为治经之一，故所为步算诸书，类皆以经义润色，缜密简要，准古作者。而又网罗算氏，缀辑遗经，以绍前哲，用遗来学。盖自有戴氏，天下学者乃不敢轻言算数，而其道始尊。”

阮元受到戴震等的影响，一方面“博通古人之书”，研求六经；一方面“兼明西洋泰西之说”，对自然科学有所研究，并为蒋友仁的《地球图说》作过补图。在任漕运总督时，运用自己所掌握的数学知识，“立粮船盘粮尺算法”，较旧法节省一半时间，简便易行。

阮元认为“数”乃“六艺”之一，用处很大，是儒者必学的知识。他说：“数为六艺之一，而广其用，则天地之纲纪，群伦之统系也。天与星辰之高远，非数无以效其灵；地域之广轮，非数无以步其极；世事之纠纷繁赜，非数无以提其要。通天地人之道曰‘儒’，孰谓儒者而可以不知数乎？”（《研经室三集·里堂学算记序》）天文算学等自然科学是真正的学问，不仅能加深对经的理解和发挥，还有利于经世济民、国计民生，古今名公大儒都从事过自然科学的研究，成绩很大。但是“后之学者喜空谈而不务实学，薄艺事而不为，其学始衰”（《研经室三集·里堂学算记序》）。他还在《畴人传·利玛窦传论》中特别指出明代理学家“空谈性命，不务实学”，是中国天文算学落后于西方甚至失传，西方之学遂趁“中法湮替之时”传入中国，“乘闲居奇”的重要原因。为此，他强烈要求对当时的传统教学内容进行改革，恢复自然科学知识的重要地位。

在科举八股之学尚在教育领域盛行之时，阮元为了表扬和选拔那些肯钻研自然科学的学生，在浙江“以天文算学别为一科”，让那些“精于西人算术，通授时宪诸法，明于仪器”的士子“握算就试”。如参与编纂《畴人传》的周治平就是被阮元“特拔入学”，后又送入诂经精舍深造的一位天文算学家。阮元还在自己所办的书院内传授自然科学知识，希望学子们不要因天文算学深奥而不敢学习。他还专门出了有关中西天文算学交流和比较的策问来考查学生，为学生积极钻研自然科学创造了条件，提供了机会。在阮元的督促和指导下，当时诂经精舍学生中“能习推步之学者不乏人”。

为了让广大学者士子懂得自然科学知识的重要性，了解我国历史上自然科学的辉煌成就，“庶几起其向慕之心”，阮元亲定凡例，主编了我国第一部大型自然科学家群体传记《畴人传》，大力提倡“实测”精神，反对迷信和墨守成规，要求发扬民族自信心。他自称编《畴人传》的目的是“综算氏之大名，纪步天之正轨，质之艺林，以谂来学。俾知术数之妙，穷幽极微，足以纲纪群伦，经纬天地，乃儒流实事求是之学，非方技苟且干禄之具。有志乎通天地人者，幸详而览焉”（《畴人传序》）。《畴人传》的出版，推动了当时学习和研究自然科学知识的教育活动，并对传统文化向近代文化过渡的教育改革产生了很大影响。

阮元既然倡导学习自然科学知识，也就必须正视西方自然科学知识在中国的流行和影响。他承认“西人尚巧算，屡经实测修改，精务求精”（《畴人传序》）。西方学者比中国天文算学家高明的地方，值得学习。西方重视仪器制造，制器巧且精，日用日出，人心之灵，实在应使中国固守卦气之说者、无所用心者感到自愧。世人不应疑其奇而避之，特别是西方有关实验的方法、求实的精神，更应该吸取和借鉴。他觉得中国的学界不重视实验，不注意利用仪器实测取得确切的数据，一些学者只知道高谈阔论而未实验其事，这都背离了实践的原则，甚至还杂以方术迷信的内容，更是不可取。这亦是造成中学落后于西学的重要因素。在这个问题上，阮元展现出自己的远见卓识。他说：“唐宋说部性理诸书，惟高陈其理，而未能实验其事。西洋天文诸书，略能于事求理，而未抉其微。余观古人之书，兼采泰西之说……惟期理明事实而已。”（《定香亭笔谈·海潮辑说序》）他本人在修水利、建炮台、写《浙江图考》时都能亲履其地，实地勘测，并形成自己的“实践”论，在某种程度上确实是受到了西方实验方法的影响。

阮元认为，无论是学习西学还是学习中学，都应该实事求是，盲目崇拜西方理论或中国古法都是错误的。针对当时一些人过分迷信西学，丧失了民族自尊心和自信心，另一些人又全盘反对西学的倾向，他提出要集中外古今之长而为之，“会通两家之长，不主一偏之见”（《研经室三集·里堂学算记序》）。对西学要能“取其精华，而去其糟粕”（《畴人传·薛凤祚传论》），反对闭关自守，反对对西学“喜其新而宗之，疑其奇而辟之”（《地球图说序》）。他反对人们崇洋媚外，要求弘扬中华文化的成就，提高民族自尊心和自信心。他认为：“学者苟能综二千年来相传之步算诸书，一一取而研究之，则知吾中土之法之精微深妙，有非西人所能及者。彼不读古书，谬云西法胜于中法，是盖但知西法而已，安知所谓古法哉！”（《畴人传·利玛窦传论》）当然，他也承认中国的自然科学由于受到明代空疏学风影响，自明末落后于西方的事实，所以说“然则但可云明之算家不如泰西，不得云古人皆不如泰西也”（《畴人传·利玛窦传论》）。中国古代的自然科学成就是十分辉煌灿烂的，这是一个不容置疑的事实，他在《畴人传》中努力发掘这些成就的精神是值得肯定的。阮元认为，西法和中法都有一个由浅入深、由疏而密的过程，“盖步算之道，必后胜于前，有故可求，则修改易善”（《畴人传·汤若望传论》），“西术之密，亦密于今耳，必不能将来永用无复差忒”（《畴人传·汤若望传论》）。所以他指出：“若使今之人益明古法，不但有所接续，且使西法不得擅为秘术，庶几中土之书明明布列，步天之士蔼蔼周行，是所望也”（《畴人传·汤若望传论》）。如果全社会都重视自然科学的教育和研究，中国学者便能“遍通古今推步之法，亲验七政运行之故，精益求精，期于至当，则其造诣当必有出于西人之上者”（《畴人传·汤若望传论》）。他根据事物发展的观点，认为中国不可能总是落后于西方，他预言中国的自然科学必会不断前进，赶超西方，这充分体现出他的民族自信心。

综上，明中叶以后，由于商品经济的发展，资本主义生产关系萌芽，新的市民阶层出现，为封建社会服务的经学教育已日益衰落，成为维护封建统治、阻碍社会前进的畸形教育。随着封建社会政治经济的衰退，作为上层建筑的经学教育，也合乎规律地经历了由萌芽、发展、没落到灭亡的发展过程。到了清初，中国教育的发展已经具有了实学教育的时代特征，它在教学上以科技教育课程为主要内容，使教育发展与国家命运、民族兴衰紧密地联系在一起，应该说这是顺应时代发展的教育思潮。

中国自孔子刊定“五经”之后，特别是汉代“罢黜百家，独尊儒术”政策后，在漫长的封建社会中，几乎是舍经学便无学问可言。经学越来越禁锢士子的思想，束缚他们的独立思考能力，阻碍了科学技术的发展，使科技教育在历史的长河中日渐衰微。或者说“经世致用”之学，是明清一个有着广泛影响的大思潮。而明清的实学教育思潮，从中国教育史的历史地位来看，是传统的旧教育通往近代新教育的中间环节，或者说是一座桥梁，它既保存有浓重的旧教育痕迹，也孕育着新教育的萌芽。

宋以后的经学教育，特别是杂有佛老的程朱之学持续发展，到了明代中叶，由于反映市民阶级的民主主义思想的产生和发展，反理学、反封建主义的思想得以不断发展，于是便出现了对一向被认为是天经地义“永恒真理”的“四书”“五经”的怀疑，甚至是否定。首先发难的是李贽，他认为《论语》《孟子》等不过是当时弟子们的笔录，有头无尾，得前遗后，并非什么“圣人之言”，也不是“万世至论”。因此，不能“以孔子之是非为是非”，若世变事更的今天仍以孔丘的是非为是非，则

“未尝有是非耳”（《藏书·藏书纪传总目论》）。李贽的反理学思想，获得了当时广大青年士子的拥护，有所谓“后学如狂”之说。这就猛烈地冲击了宋明以来理学的堤防，使它有发生溃决的危险。但是由于时代的限制，李贽没有明确提出“救时”的具体教育内容，批判有余而建树不足。

到了明清之际，对国家兴亡具有高度政治责任感、有着崇高民族气节的顾炎武说：“孟子曰：‘其文则史’。不独《春秋》也，虽‘六经’皆然”（《日知录·鲁颂商颂》）。把经书置于史的地位，予以等量齐观，以破经学独尊的传统，然后又把学术研究引向“经世救国”的方向。

具有民主思想的黄宗羲，在为未来市民社会设计的学制体系中，除了设置经学以外，还安排了一向为“前圣不教”的自然科学，别开兵法、历算、医学等科，并提倡所谓“绝学”，如测望、火器、水利之类的科学技术，类似近代的测量学、铸造学和水利学。他还要求政府对这方面的学者，“考其果有发明”者，就予以奖励。他不仅从理论上提出科技教育的思想，而且在海昌讲学时，常教弟子学习数学，曾说“海昌陈言扬因余一言发药，退而述为勾股书”。后来陈言扬在数学、水利学、地理学等方面有不少成就，著有《勾股术》《太湖水利考》《宁盐海塘议》《地理迩言》和《地理演禽》等，并传授后代。黄宗羲在甬上证人书院讲学时，不仅讲说经史，而且特别重视自然科学，如其弟子万经在《寒村七十寿序》中说：“维时经学、史学及天文、地理、六书、九章至远西测量推步之学，争各磨砺，奋气怒生，皆卓然有以自见。”这就比李贽更进了一步，他以肯定其他内容的形式否定了“四书”“五经”在教育内容上的独尊地位，发展和丰富了教育内容。

这个时代，在教育内容上具有创新意识的当推颜元，他的一些思想的确反映了历史的新趋势。特别是他对“博学于文”的解释不再是简单地指经、史、子、集。他说：“博学之，则兵、农、钱、谷、水、火、工、虞、天文、地理，无不学也。”（《四书正误》卷二）这些教学内容，近似于近代的军事学、农林学、财务会计学、水利学、热力学、工艺学、织造学、天文学和地理学。这些学科，都是有关工农业生产和商业经营的知识。李颙也竭力提倡“救世济时”的实学，重视技术的实践性和学以致用的精神，主张“明道存心以为体，经世宰物以为用”，并把“格物致知”扩充到“礼乐、兵刑、赋役、农屯”，以至“泰西水法”等实际问题上。他在为弟子们开的书单中，除了力求结合实际的“明体类”以外，还特别列出了“适用类”。在适用类学科中，要求学生学习《农政全书》《水利全书》《泰西水法》和《地理险要》等，认为学校有了这些学科，学生掌握了这方面的知识，才能称得上是理论与应用相结合的“全学”。

这些新的教育思想的产生，使延续中国两千年来的“四书”“五经”教育，在思想上和实践上被突破，特别使人从束缚人心的理学统治下，从高谈性命、羞言钱谷、不讲科学的思想和“知识技能非所与论”而贱工商、薄工技的思想中，得到了一次解放。这种实学教育思潮，为中国近代教育内容的改革，提供了思想上的准备和科学技术课程上的尝试，并以指导思想上的民主性、教学内容上的实用性和科学性，开启了中国教育发展史上新的一页。

1997 年 7 月 15 日　开始初稿写作

1999 年 10 月 6 日　初稿成于陕西西安后村

2017 年 10 月 14 日　二稿成于河北三河燕郊

2018 年 6 月 19 日　三稿成于北京林大北路柏儒苑

2021 年 1 月 21 日　定稿于陕西西安航天城

参考文献

1. 普通图书

[1] 陈邦瞻. 宋史纪事本末 [M]. 北京：中华书局，2015.

[2] 陈邦瞻. 元史纪事本末 [M]. 北京：中华书局，2015.

[3] 陈　亮. 陈亮集 [M]. 北京：中华书局，1987.

[4] 陈　述. 全辽文 [M]. 北京：中华书局，1982.

[5] 崔瑞德. 剑桥中国隋唐史 [M]. 北京：中国社会科学出版社，1990.

[6] 崔瑞德，鲁惟一. 剑桥中国秦汉史 [M]. 北京：中国社会科学出版社，1992.

[7] 崔瑞德，牟复礼. 剑桥中国明代史 [M]. 北京：中国社会科学出版社，1992.

[8] 董　诰，等. 全唐文 [M]. 北京：中华书局，1983.

[9] 范文澜. 中国通史简编（修订本）[M]. 北京：人民出版社，1964.

[10] 范仲淹. 范文正公文集 [M]. 北京：北京图书馆出版社，2003.

[11] 方孝孺. 逊志斋集 [M]. 北京：国家图书馆出版社，2014.

[12] 费正清，刘广京. 剑桥中国晚清史 [M]. 北京：中国社会科学出版社，1985.

[13] 高时良. 中国古代教育论著丛书：明代教育论著选 [M]. 北京：人民教育出版社，1990.

[14] 高占祥. 二十五史 [M]. 北京：线装书局，2011.

[15] 葛　洪. 抱朴子 [M]. 上海：上海古籍出版社，1990.

[16] 龚笃清. 明代八股文史 [M]. 长沙：岳麓书社，2015.

[17] 顾明远，武修敬，袁小眉，等. 中国教育大系：历代教育制度考 [M]. 武汉：湖北教育出版社，1994.

[18] 国学整理社. 诸子集成 [M]. 北京：中华书局，2006.

[19] 韩荫晟. 党项与西夏资料汇编 [M]. 银川：宁夏人民出版社，1983.

[20] 韩　愈. 韩愈文集 [M]. 北京：北京联合出版公司，2018.

[21] 侯外庐，赵纪彬，杜国庠. 中国思想通史 [M]. 北京：人民出版社，1992.

[22] 胡寄窗. 中国经济思想史 [M]. 上海：上海人民出版社，1962.

[23] 黄宗羲. 宋元学案 [M]. 北京：中华书局，1986.

[24] 黄宗羲. 黄梨洲文集 [M]. 北京：中华书局，2009.

[25] 纪　昀，等. 四库全书 [M]. 北京：线装书局，2011.

[26] 姜广辉. 经学今诠三编 [M]. 沈阳：辽宁教育出版社，2002.

[27] 李　翱. 李文公集 [M]. 上海：上海古籍出版社，1993.

[28] 李大钊. 李大钊选集 [M]. 北京：人民出版社，1959.

[29] 李　觏. 李觏集 [M]. 北京：中华书局，1981.

[30] 李　焘. 续资治通鉴长编 [M]. 北京：中华书局，1995.

[31] 李国钧. 中国古代教育论著丛书：清代前期教育论著选 [M]. 北京：人民教育出版社，1990.

[32] 李约瑟. 中国科学技术史 [M]. 北京：科学出版社，1990.

[33] 梁启超. 中国近三百年学术史 [M]. 北京：商务印书馆，2010.

[34] 刘蔚华，赵宗正. 中国儒家学术思想史 [M]. 济南：山东教育出版社，1996.

[35] 柳诒徵. 中国文化史：上下 [M]. 上海：东方出版中心，1988.

[36] 陆九渊. 陆九渊集 [M]. 北京：中华书局，1980.

[37] 陆世仪. 陆子遗书 [M]. 扬州：广陵书社，2019.

[38] 罗钦顺. 整庵存稿 [M]. 上海：上海古籍出版社，1991.

[39] 吕可英，董　操. 中国职业技术教育学 [M]. 济南：齐鲁书社，1991.

[40] 吕祖谦. 东莱吕太史文集 [M]. 北京：北京图书馆出版社，2004.

[41] 马克思，恩格斯. 马克思恩格斯全集 [M]. 北京：人民出版社，1973.

[42] 马秋帆. 中国古代教育论著丛书：魏晋南北朝教育论著选 [M]. 北京：

人民教育出版社，1988.

［43］毛礼锐. 中国教育史简编［M］. 北京：教育科学出版社，1984.

［44］毛礼锐，瞿菊农，邵鹤亭. 中国古代教育史［M］. 北京：人民教育出版社，1983.

［45］孟宪承. 中国古代教育文选［M］. 北京：人民出版社，1985.

［46］邱汉生，熊承涤. 中国古代教育论著丛书：南宋教育论著选［M］. 北京：人民教育出版社，1992.

［47］邵　雍. 邵子全书［M］. 北京：九州出版社，2017.

［48］《十三经注疏》整理委员会. 十三经注疏［M］. 北京：北京大学出版社，1999.

［49］史仲文，胡晓林. 中国全史（思想卷）：隋唐五代教育史［M］. 北京：中国书籍出版社，2011.

［50］史仲文，胡晓林. 中国全史（思想卷）：宋辽金夏教育史［M］. 北京：中国书籍出版社，2011.

［51］史仲文，胡晓林. 中国全史（思想卷）：元代教育史［M］. 北京：中国书籍出版社，2011.

［52］史仲文，胡晓林. 中国全史（思想卷）：明代教育史［M］. 北京：中国书籍出版社，2011.

［53］史仲文，胡晓林. 中国全史（思想卷）：清代教育史［M］. 北京：中国书籍出版社，2011.

［54］斯蒂芬·F. 梅森. 自然科学史［M］. 上海：上海人民出版社，1977.

［55］司马光. 资治通鉴［M］. 北京：中华书局，2009.

［56］孙培青. 中国古代教育论著丛书：隋唐五代教育论著选［M］. 北京：人民教育出版社，1993.

［57］孙培青，李国钧. 中国教育思想史［M］. 上海：华东师范大学出版社，1995.

［58］W. C. 丹皮尔. 科学史及其与哲学和宗教的关系［M］. 李　珩，译. 北京：商务印书馆，1975.

［59］王安石. 王文公文集［M］. 上海：上海人民出版社，1974.

［60］王炳照，阎国华．中国教育思想通史［M］．长沙：湖南教育出版社，1994．

［61］王　明．太平经合校［M］．北京：中华书局，2014．

［62］王　溥．唐会要［M］．北京：中华书局，1960．

［63］王先谦．东华录［M］．上海：上海古籍出版社，2007．

［64］闻人军．考工记译注［M］．成都：上海古籍出版社，2008．

［65］吴定初，张传燧，朱晟利．羌族教育发展史［M］．北京：商务印书馆，2011．

［66］吴广成，龚世俊．西夏书事校证［M］．兰州：甘肃文化出版社，1995．

［67］吴天墀．西夏史稿［M］．成都：四川人民出版社，1983．

［68］吴　云，冀　宇．唐太宗集校注［M］．天津：天津古籍出版社，2004．

［69］熊承涤．中国古代教育论著丛书：秦汉教育论著选［M］．北京：人民教育出版社，1986．

［70］徐光启．徐光启集［M］．北京：中华书局，2014．

［71］徐世昌．清儒学案［M］．北京：中华书局，2008．

［72］徐　松．宋会要辑稿［M］．北京：中华书局，1957．

［73］杨荣春．中国古代教育论著丛书：先秦教育论著选［M］．北京：人民教育出版社，1997．

［74］叶隆礼．契丹国志［M］．北京：中华书局，2014．

［75］叶　适．叶适集［M］．北京：中华书局，1961．

［76］耶律楚材．湛然居士文集［M］．北京：中华书局，2021．

［77］张鸣岐．董仲舒教育思想初探［M］．长春：吉林教育出版社，1988．

［78］张鸣岐．中国古代教育论著丛书：辽金元教育论著选［M］．北京：人民教育出版社，1991．

［79］张岂之．中国思想史［M］．西安：西北大学出版社，1993．

［80］张习孔，田　珏．中国历史大事编年［M］．北京：北京出版社，1986．

［81］周德昌．中国古代教育论著丛书：北宋教育论著选［M］．北京：人民教育出版社，1998．

［82］周敦颐．周敦颐集［M］．北京：中华书局，2009．

[83] 朱舜水. 朱舜水集 [M]. 北京：中华书局，1981.

[84] 朱　熹. 晦庵先生朱文公文集 [M]. 北京：北京图书馆出版社，2006.

[85] 邹德秀. 中国农业文化 [M]. 西安：陕西人民教育出版社，1992.

2. **论文集**

[1] 黄寿祺，张善文. 周易研究论文集（第1辑）[G]. 北京：北京师范大学出版社，1987.

[2] 《云梦睡虎地秦墓》编写组. 云梦睡虎地秦墓 [G]. 北京：文物出版社，1981.

[3] 中国中学教学百科全书总编辑委员会. 关于唐代的科技教育和留学生教育——中国中学教学百科全书教育卷 [G]. 沈阳：沈阳出版社，1996.

3. **报纸中析出的文献**

[1] 王志民. 稷下学宫：文明史上的奇观 [N]. 光明日报，2015-09-17 (7).

[2] 韦祖辉. "日本的孔夫子"朱舜水 [N]. 北京日报，2004-04-26.

[3] 朱　偲. 经世致用，知行合一 [N]. 中国纪检监察报，2016-05-09 (8).

4. **期刊中析出的文献**

[1] 蔡方鹿，邓　洁. 南宋时期理学与功利学关系探讨 [J]. 社会科学战线，2016 (2).

[2] 段　超. 晚明"学风空疏"考辨 [J]. 社会科学战线，1998 (1).

[3] 冯会明，刘佩芝. 罗钦顺经世实学思想述论 [J]. 江西社会科学，2006 (9).

[4] 胡祖信. 唐太宗对科举制度的发展 [J]. 池州学院学报，2010 (4).

[5] 李星云. 中国古代教育经济思想探源 [J]. 教育与经济，2001 (4)

[6] 廖健琦. 论唐代科举制的改革及其对当时教育的影响 [J]. 河南师范大学学报（哲学社会科学版），2004 (1).

[7] 刘德清. 范仲淹的人才理论与实践 [J]. 井冈山师范学院学报（哲学社会科学），2002 (4).

[8] 牛翠萍，于佳媚. 从明代中西方大学教育比较看中国科技落后的原因 [J].

学术交流，2009（8）.

［9］孙开太. 战国农家的代表人物——许行的思想［J］. 天津社会科学，1982（5）.

［10］孙文阁. 试论颜元教育经济思想及其现代价值［J］. 河北师范大学学报（教育科学版），2007（6）.

［11］谭清宣，王丽琼，霍　敏. 试论明代地方学校的类型及功能［J］. 重庆社会科学，2007（11）.

［12］王　成，王彦迪. 方孝孺以民本为主旨的政治思想解析［J］. 湖南大学学报（社会科学版），2013（2）.

［13］王栋亮. 试论先秦兵家的农战思想［J］. 河北民族师范学院学报，2015（3）.

［14］王　涛. 黄宗羲教育思想对明清实学思潮的影响［J］. 西北第二民族学院学报（哲学社会科学版），2005（5）.

［15］辛冠洁. 明清实学思潮散论［J］. 社会科学战线，1998（1）.

［16］徐书业，韦玉娟. 戴震教育思想研究［J］. 广西教育学院学报，1999（2）.

［17］魏宗禹. 明清“实学”思潮的三个发展阶段［J］. 晋阳学刊，1988（1）.

［18］袁　东，张素蓉. 中国古代教育经济政策思想研究——特征及其历史导向［J］. 集美大学学报（社会科学版），2007（2）

［19］赵　磊，上官霞云. 颜元教育经济学思想浅探［J］. 临沂师专学报，1998（4）.

［20］周毛毛，徐　宁. 浅析孔子的教育与经济的思想及对当代的借鉴意义［J］. 文教资料，2014（6）

［21］周青山. 韩愈的人才思想及其对现时代青年的启示［J］. 中国青年研究，2006（8）.

5. **学位论文**

［1］郭　晖. 薛瑄教育思想研究［D/OL］. 桂林：广西师范大学，（2008－08－29）. https：//d. wanfangdata. com. cn/thesis/D042700.？

［2］李丽萍. 论吕祖谦的实学教育思想及其价值［D/OL］. 开封：河南大学，（2008－6－17）. http：//www. docin. com/p－100139980. html.

［3］齐　丹. 从“治生”观看许衡的教育理念［D/OL］. 保定：河北大学，中国论文网（2011－12－20）. http：//www. xzbu. com/3/view－1382307. htm.

[4] 王 彧. 多元实用的元代职业教育 [D/OL]. 青岛：青岛大学师范学院，(2013－2). http：//www. xzbu. com/9/view－4079395. htm.

6. **电子资源（不包括电子专著、电子连续出版物、电子学位论文、电子专刊）**

[1] 杜 钢. 试论元代“遵用汉法”的文教政策与教育措施 [EB/OL]. 内蒙古师范大学学报（教育科学版） (2004－07－07). http：//www. doc88. com/p－3167133871632. html.

[2] 高明峰. “宋初三先生”学术思想论 [EB/OL]. 山东省青年干部管理学院学报（2010－07－04). http：//lib. cqvip. com/read/detail. aspx? ID=34708867.

[3] 郭绍林. 唐太宗与佛教 [EB/OL]. 史学月刊（1997－02). http：//www. fox2008. cn/ebook/stlswh/027. html.

[4] 姜云飞. 周公姬旦的教育思想 [EB/OL]. http：//www. xzbu. com/9/view－2699765. htm.

[5] 金林祥. 胡瑗教育思想研究 [EB/OL]. 南通师范大学学报（哲学社会科学版）2000－06－02). http：//www. doc88. com/p—000808460979. html.

[6] 林 敏. 浅谈宋代文化教育背后的经济基础 [EB/OL]. 海峡科学(2012—4). http：//www. lwlm. com/wap. aspx? nid=662934&p=1&cid=587&sp=21.

[7] 刘桂林. 吴澄教育思想探析 [EB/OL]. 江西教育科研（1993－04). https：//www. doc88. com/p—1512101320551. html? r=1.

[8] 刘 墨. 王安石的教育改革思想 [EB/OL]. http：//www. xzbu. com/9/view—6002169. htm.

[9] 刘再聪. 西夏时期河西走廊的教育——以儒学和“蕃书”为中心的探讨 [EB/OL]. 宁夏社会科学（2005－09－05). http：//www. doc88. com/p－7068304175624. html.

[10] 吕旭峰. 李斯的私学教育思想 [EB/OL]. 河南师范大学学报：教育科学版（2007－2). http：//www. cqvip. com/Main/Detail. aspx? id=25303063.

[11] 孙岩梅. 试论二程教育思想的独特价值 [EB/OL]. 洛阳工学院学报（哲学社会科学版）(2002－9). http：//www. doc88. com/p—9704747532287. html.

[12] 唐兆梅，李 莉. 论湖湘学派大师胡宏的教育思想 [EB/OL]. 零陵师范高

等专科学校学报（2000－5）. http：//www. doc88. com/p—0823167512669. html.

［13］王素怡. 简介黄宗羲“经世致用”的治学风范［EB/OL］. https：//xueshu. baidu. com/usercenter/paper/show? paperid＝1e550ae08q1u0c30rj7p06e0aw161346&site＝xueshu _ se.

［14］王亚晖. 浅论陈亮事功教育思想及其现实意义［EB/OL］. 河北大学成人教育学院学报（2003－12－04）. http：//www. doc88. com/p—9913789102751. html.

［15］肖正德. 略论叶适的功利教育思想［EB/OL］. 宁波大学学报（教育科学版），（2003－2－1）. http：//blog. sina. com. cn/s/blog _ ebb86bdf0101k7g3. html.

［16］杨安邦，陈 凌，周秀斌. 李觏教育思想探析［EB/OL］. 抚州师专学报（2002－11－4）. http：//www. doc88. com/p—4075251274577. html.

［17］于天娇. 浅议明朝的科举制度［EB/OL］. 中国论文网（2014－05－10）. http：//www. doc88. com/p—2387088704717. html.

［18］乐爱国. 朱熹的农业科技思想［EB/OL］. http：//www. lunwentianxia. com/product. free. 9571640. 1/.

［19］张 勇. 周敦颐“圣希天，贤希圣，士希贤”教育思想的现代价值［EB/OL］. 濮阳职业技术学院学报（2011－10－5）. https：//max. book118. com/html/2014/0315/6622124. shtm.

后 记

我产生写作这本书的念头，是 20 世纪 90 年代初的事。那时候，百花齐放、百家争鸣，各种新学科、新思想如雨后春笋般涌现。我也产生了研究中国古代教育经济思想的强烈冲动，但心里没有底。中国古代教育经济思想史作为一门学科的组成部分是否成立？要总结其发展历程，不仅需要翻阅整理大量的历史资料，还要参考已有的研究成果，工作量是非常浩大的，靠个人一己力量能不能完成？此研究与自己的本职工作又没有直接关系，如与工作冲突了怎么办？这些问题一度困扰着我。

1994 年 10 月，在宜昌参加中国教育学会中青年教育理论工作者研究会第六次学术研讨会期间，我带着这些困惑与问题，和与会同仁进行了广泛深入的交流探讨，希望得到指点，与人合作完成。当时得到的意见大体有四个方面。一是大家认为，古代教育经济思想作为我国教育思想史的一个组成部分，无疑是不可或缺的。二是作为一门新兴学科，教育经济学仅仅产生几十年时间，研究成果和可以借鉴参考的资料非常少，研究难度比较大。三是对教育理论问题的研究，许多同志都是在工作之余进行的，由于承担着繁重的工作和教学任务，时间和精力很难保证。四是这项工作无疑是非常重要的，必须有人为此做出努力。正是这次会议，给了我写作的动力，也坚定了我研究这一问题的决心和信心。

《中国古代教育经济思想史稿》以教育经济学理论为指导，对我国古代教育家、思想家和政治家的观点进行了梳理，从教育经济学的角度，论述了教育与经济的关系，教育在提高人的素质、促进经济发展、保障社会稳定、巩固统治秩序中的作用以及教育投资的有关问题。初稿始于 1997 年，成于 1999 年。初稿完成后，放下手中的笔，我心里并不踏实，觉得有许多的认识和观点还需要进一步完善，需要实践检验。

教育经济学作为一门新兴学科，产生时间比较短，体系还在不断完善。早在两千多年前，人们对教育的作用及其与经济社会的关系已经有了一定的认识，史料中也有这方面的论述和记载，但都比较零散，不成体系。随着时代的发展和社会的进步，人们的认识不断深化，相关的论述也更为丰富，尤其是对教育在维护阶级统治中的作用论述比较多。但受生产力发展水平、人们的认知能力和科学技术手段的限制，还不可能在教育对经济发展产生的影响、教育所产生的经济效益等方面做出量的计算，也难以对教育的社会作用做出宏观的综合评估，因而没有形成教育经济学的思想体系，对其研究也没有得到应有重视。20世纪70年代，教育经济学概念才被人们所接受。一些研究者对教育在经济增长和社会发展中的作用开始进行广泛深入的研究。探讨的领域和主要观点包括：经济增长要求教育部门输送大批有一定文化技术水平的劳动者；教育事业的发展始终是同一国的国力相适应的；经济越发达越有可能提供较多的教育经费以促进教育的发展；随着时代的进步，教育对经济社会的发展发挥着越来越重要的作用；等等。这些认识在当时都是比较浅显的，有待于进一步深化，也有待于实践检验。实践证明，20世纪70年代及以前的许多教育经济观点，在我国改革开放的实践中逐步得到验证。应该感谢我们所处的这个时代，为教育的改革发展提供了诸多机会和条件，如今人们普遍认识到教育投资的重要性，我们看到的是由于教育的发展，劳动者素质普遍提高，掌握丰富知识和技术的人才投身于国民经济的各个部门，技术进步促进科技成果不断涌现，教育在经济发展、社会进步中的推动作用日益凸显，教育越来越引起人们的高度重视，全社会形成了“尊重知识，尊重人才”“尊师重教”和“教育兴国”“教育强国”的共识。

丰富的社会实践为理论研究提出了新课题。人们在研究教育对经济社会发展作用的同时，开始关注我国古代教育经济思想的研究，时有文章发表。拜读这些成果之后，反观自己已经形成的初稿，觉得有许多内容有待补充，一些观点还须提炼深化。但因彼时时间有限，我只能暂时放下这“正在孕育的生命”，希望未来有足够时间完成它生命机体的发育、成熟。

一晃二十多年过去，笔者也由青壮年加入退休人群，这使我有充足的时间来修改完善当年的书稿。事实证明，这多年的搁置是有意义的、是值得的。这些年，理论工作者已经不满足于对教育经济学理论在我国的实践总结，而把目光聚焦到对我国古代教育经济思想的挖掘，学术界对我国古代教育经济思想的研究探讨已经相当广泛和深入，大量历史典籍中的教育经济观点被搜集整理出来，总结出了一系列新思想，产生了一大批有价值的、具有开拓创新性的学术理论文章。这对本书的材料搜集、结构安排、观点提炼、思想升华都有很大帮助，亦有助于中国古代教育经济思想学科体系的建设与完善。信息网络技术的发展，也为书稿内容的充实修改提供了更多可供参考的资料和条件。

为了保持论述的连续性，写作中笔者尽量努力收集我国历史上各朝代、各学术流派的众多学者的教育经济观点，结合当时经济社会发展状况，分析教育在经济社会生活中的作用和影响，逐步完善了《中国古代教育经济思想史稿》的手稿。中华文化博大精深，中华民族历来尊师重教，仅以几十万字对我们祖先的教育经济思想进行概括，所涉内容是极其有限的。当前，对中国古代教育经济思想问题的研究，已经引起广大理论工作者的关注，常有研究文章和新的观点见诸报刊。我将拙作奉献给读者，意在抛砖引玉，希望能有更多学者加入对中国古代教育经济思想的研究探讨中。

在写作过程中，我收集和参考了不少的图书和资料，并尽量地把这些作者、报刊、网络信息索引收于附录中，但难免有所遗漏。谨向这些文章、专著的作者、出版者和信息网络媒体致以诚挚的谢意！

在思考全书架构和章节体例的过程中，武会儒同志给予不少帮助，提了不少好的建议。荆成恭等同志对书稿的修改也提出了建设性意见。书稿完成后，我将电子版发给郑欣淼先生，他在百忙中读了书稿，对书名进行了反复推敲，提出了具体的修改意见，并欣然作序。王改民先生应允题写书名，并当面书写墨宝赠予笔者。在“十四五”时期国家重点图书出版专项规划项目申报工作中，亦师亦友的张斌贤教授作为中国教育学会教育史分会理事长，推荐并认为这是“一部完整的古代教育经济思想史，应该是第一部系统研究我国古代教育经济思想的专著”。司晓宏教授认为，“《中国古代教育经济思想史稿》的出版，可以弥补古代教育经济思想史研究的缺憾，填补史学研究的空白”。他们的付出和支持，都为拙作增色添彩。张纪芳、米山、张超英、山关武、罗卫军等同志，十分关注本书的出版并做了不少工作。在此，对他们的付出和帮助，表示诚挚感谢！

在学术著作出版尤为不易的情况下，我当特别感谢陕西人民教育出版社的同志，赞赏他们始终把出版当作重要的民族文化传播事业，赞赏他们始终坚持积极扶持优秀图书和学术著作的出版，赞赏他们领导班子和出版人不忘初心，始终如一地把社会效益放在第一位。我与陕西人民教育出版社结缘于三十多年前，1988 年末一场大雪后，我把《邓小平教育经济学思想探析》书稿递给社长兼总编辑赵喜民先生，他即安排责任编辑，要求抓紧时间编排，甚至在出版过程中顶着压力，旗帜鲜明地支持该书出版，并引起舆论和学界关注，新华社为此书的出版发了消息。此书获得陕西省优秀社会科学成果二等奖。随后，我的《报复在21世纪——中国教育若干问题初探》亦享受到学术支持，成功出版。《中国古代教育经济思想史稿》完成后，我首先想到了陕西人民教育出版社。经过探讨教育理论问题、研究教育现实问题两本书的出版，教育系列研究的第三部作品——对教育历史问题的研究若能在陕西人民教育出版社出版，对自己来说当然是最完美的事。在学术著作出版颇为不易的今天，当我把书稿交给副总编辑董文利女士时，心里仍有不安。令笔者没有想到的是，责任编辑马晓侠女士告诉我，经过认真研究，他们决定将《中国古代教育经济思想史稿》作为重点选题，申报“十四五”时期国家重点图书出版专项规划项目，次年又顺利入选“2023年度国家出版基金资助项目”。在此，笔者由衷感谢陕西人民教育出版社始终坚持“为人民服务，为社会主义服务”的精神，把社会效益放在第一位，积极扶持优秀图书和学术著作的出版。正是由于有这样一批不忘初心的出版人，才促进了学术研究、文化积累和中华优秀传统文化的繁荣与发展。对他们为弘扬中华文化、挖掘教育遗产而虑、而作之举表示崇高敬意！同时，这也唤起了我写作《中国古代教育经济思想史稿》的续篇《中国近代教育经济思想史稿》的激情，我把收集多年的资料从书柜中拿了出来，集中精力及时间一气呵成，享受着写作的快乐！

感谢陕西人民教育出版社为此书的出版所做的大量工作，感谢出版社领导和学术团队的支持，感谢副总编辑董文利同志。感谢责任编辑马晓侠、刘政源同志，他们认真查证引文，校正文字，消除了不少的技术性差错，使书稿的体例更严谨，材料更精准，文字更简练，语言更通畅。对在项目申报、出版等环节中参与编排、校对、印刷的同志的辛勤付出，对他们尽心尽责、一丝不苟的工作态度谨致谢忱！

郭 华

2022年10月26日于西安少陵原